# 鋼構造の性能と設計

桑村 仁・著

共立出版株式会社

# まえがき

　本書は，筆者が建築学科で担当している「鉄骨構造」と大学院で担当している「鋼構造物の終局挙動」の2つの講義ノートをもとに執筆したもので，鋼構造の入門と応用の両方が含まれたものになっている．学部の学生は本書の1章から3章とそれに続く各章の最初の数節に目を通せば鋼構造がどのようなものであるかが理解できるように構成してある．大学院の学生は建築構造学を将来の仕事の糧としようする人たちが中心であるので，鋼構造の重要テーマである座屈と破壊および実務に必要な設計技術について解説し，本書の大半をそれに当てた．最近の大学院学生は留学生や他分野からの転向など経歴が多様化しつつあり，そのような学生は初歩の部分を本書で自習しながら鋼構造の応用技術が修得できるであろう．

　建築では鋼構造建築物をかねてより鉄骨構造と呼んでいる．鉄骨という名称には，西洋を拠点とする鉄の時代に先人が築いた基本技術への尊敬の念が込められている．'てっこつ'という言葉の響きには力強さも感じる．しかしながら，20世紀以降の建築における鋼の利用技術には目覚ましいものがあり，特に，地震という自然の猛威にさらされるわが国は世界に誇ることのできる鋼構造の技術革新を成し遂げてきた．現在，わが国は世界で最も鋼構造建築物が普及している国である．そのようなことから，本書の名称は鉄骨構造に惜別し鋼構造の名をいただくことにした．

　本書のねらいは，「鋼構造の性能と設計」という書名がそのまま表している．鋼構造の性能を理解し，それを基に設計してみようということである．これは，仕様規定型から性能規定型に建築基準法が改正されたことを反映したということではなく，構造物の性能をよく理解することがよい設計を生むというごく自然な考えから来ている．したがって，性能と設計の両立という視点はことさら自慢できるものとはいえないが，このようなコンセプトで書かれた鋼構造の書物は意外に少ないのが実情である．

まえがき

　読者に享受していただきたい本書の特徴として，次のことをあげておきたい．国際化に対応できるように数量をすべて SI 単位系で表記したこと，実務に関わる設計式を今回の基準法改正に伴う施行令や告示および関連する学会諸規準などの最新情報に基づくものとしたこと，設計例を通して実践力が身に付くように配慮したこと，章ごとに設けた演習問題に解答を付け自習の便に供したこと，索引を充実させて辞典としても活用できるようにしたこと，1995 年兵庫県南部地震の教訓を盛り込んだこと，などである．

　鋼構造の技術は今なお成長段階にあり，新しい金属材料や構法の開発にとどまらず，構造挙動に対する斬新な数理モデルの提案など，まことに活発である．これらを含めた鋼構造技術の全貌を単行本にまとめることは到底不可能であるので，本書では実績で裏付けられたものや定説として認められているものを中心に記述した．必要に応じて新技術や著者見解も述べたが，これにはあまり深入りせず，参考資料を明記しておくにとどめた．

　本書が鉄骨構造と鋼構造に興味をもたれる方々に役立てば誠に幸いである．

2002 年 10 月

桑　村　　仁

# 目　　次

## 1 章　鋼と鉄骨

1.1　鉄骨・鋼構造の特徴 …………………………………………………………… 1
1.2　鉄骨・鋼構造の歴史 …………………………………………………………… 4
　　　1.2.1　欧米の鉄骨・鋼構造　　1.2.2　日本の鉄骨・鋼構造
1.3　設計法 …………………………………………………………………………… 13
　　　1.3.1　設計法の仕組と種類　　1.3.2　許容応力度設計法
　　　1.3.3　塑性設計法　　1.3.4　限界状態設計法　　1.3.5　性能設計法
1.4　生産システムと技術体系 ……………………………………………………… 20
　　　演習問題・参考図書 …………………………………………………………… 22

## 2 章　規模と形態

2.1　鉄鋼材料の進歩と鉄骨構造 …………………………………………………… 23
2.2　中低層建築 ……………………………………………………………………… 24
2.3　高層建築 ………………………………………………………………………… 26
2.4　大スパン建築 …………………………………………………………………… 29
2.5　プレファブ住宅建築 …………………………………………………………… 32
2.6　耐震・免震・制震建築 ………………………………………………………… 34
　　　演習問題・参考図書 …………………………………………………………… 36

## 3 章　鋼　　材

3.1　鋼材の性能 ……………………………………………………………………… 39
3.2　鋼材の断面形状と寸法 ………………………………………………………… 42
3.3　鋼材の力学的性質 ……………………………………………………………… 44
3.4　鋼材の化学成分 ………………………………………………………………… 47
3.5　鉄骨造建築物に用いられる JIS 鋼材 ………………………………………… 48
3.6　特殊な性能をもった鋼材 ……………………………………………………… 52
3.7　降伏条件 ………………………………………………………………………… 58
3.8　残留応力 ………………………………………………………………………… 59
　　　演習問題・参考図書 …………………………………………………………… 60

## 4章　引張材

4.1　引張材の種類と性質 …………………………………………………… 63
4.2　引張材の挙動 …………………………………………………………… 64
4.3　破断形式と破断耐力 …………………………………………………… 67
　　　4.3.1　有効断面破断　　4.3.2　端抜け破断　　4.3.3　ちぎれ破断
　　　4.3.4　ファスナ破断　　4.3.5　溶接継目破断
4.4　偏心接合 ………………………………………………………………… 73
4.5　筋かいの保有耐力接合 ………………………………………………… 74
4.6　細長比と繰返し挙動 …………………………………………………… 75
4.7　引張材の設計 …………………………………………………………… 77
　　　演習問題・参考図書 ………………………………………………… 80

## 5章　圧縮材

5.1　圧縮材の種類と性質 …………………………………………………… 85
5.2　オイラー座屈 …………………………………………………………… 86
　　　5.2.1　オイラー荷重　　5.2.2　座屈応力度と細長比
　　　5.2.3　支持条件と有効座屈長さ　　5.2.4　座屈軸
5.3　座屈補剛 ………………………………………………………………… 90
5.4　初期不整 ………………………………………………………………… 92
　　　5.4.1　初期不整　　5.4.2　元たわみ　　5.4.3　偏心圧縮
5.5　組立圧縮材 ……………………………………………………………… 95
5.6　非弾性座屈 ……………………………………………………………… 98
5.7　設計用座屈曲線 ………………………………………………………… 101
5.8　圧縮材の設計 …………………………………………………………… 104
　　　演習問題・参考図書 ………………………………………………… 106

## 6章　曲げ材

6.1　曲げ材の種類と性質 …………………………………………………… 109
6.2　たわみ曲線と曲げ応力度 ……………………………………………… 110
6.3　断面の主軸と2軸曲げ ………………………………………………… 115
6.4　せん断応力度とせん断変形 …………………………………………… 116
6.5　せん断中心とねじり …………………………………………………… 119
6.6　降伏モーメントと全塑性モーメント ………………………………… 121

|   |   |   |
|---|---|---|
| 6.7 | 横座屈 ···················································································· | *125* |
|   | 6.7.1 横座屈モーメント　6.7.2 モーメント勾配と支持条件 |   |
|   | 6.7.3 横座屈補剛　6.7.4 非弾性横座屈 |   |
| 6.8 | 細部設計 ················································································ | *131* |
|   | 6.8.1 ウェブ・クリップリングと荷重点スチフナ　6.8.2 孔あき梁 |   |
| 6.9 | 曲げ材の設計 ············································································ | *133* |
|   | 演習問題・参考図書 ···································································· | *137* |

## 7 章　曲げ圧縮材

| 7.1 | 曲げ圧縮材の性質 ······································································ | *141* |
|---|---|---|
| 7.2 | 断面の $M$–$N$ 相関式 ································································· | *144* |
| 7.3 | 面内挙動 ················································································ | *147* |
| 7.4 | 曲げねじり座屈 ········································································ | *150* |
| 7.5 | 曲げと圧縮の設計用相関曲線 ······················································· | *152* |
| 7.6 | 曲げ圧縮材の設計 ······································································ | *153* |
|   | 演習問題・参考図書 ···································································· | *157* |

## 8 章　ね じ り

| 8.1 | ねじり問題の沿革 ······································································ | *161* |
|---|---|---|
| 8.2 | サン・ブナンねじり ·································································· | *163* |
|   | 8.2.1 サン・ブナンねじり定数　8.2.2 プラントルの膜類似理論 |   |
|   | 8.2.3 薄肉開断面　8.2.4 薄肉閉断面 |   |
| 8.3 | 反りねじり ············································································· | *169* |
|   | 8.3.1 反りねじり定数　8.3.2 反り応力 |   |
| 8.4 | ねじりの方程式と境界条件 ··························································· | *175* |
| 8.5 | ねじりの計算例 ········································································ | *177* |
|   | 演習問題・参考図書 ···································································· | *180* |

## 9 章　板 要 素

| 9.1 | 板要素の性質 ············································································ | *183* |
|---|---|---|
| 9.2 | 平板の局部座屈 ········································································ | *185* |
|   | 9.2.1 局部座屈荷重と幅厚比　9.2.2 支持条件と板座屈係数 |   |
|   | 9.2.3 非弾性局部座屈 |   |
| 9.3 | 円筒の局部座屈 ········································································ | *190* |
| 9.4 | プレートガーダーのせん断座屈 ···················································· | *192* |

9.5 座屈後挙動 ································································· 194
      9.5.1 圧縮板要素の有効幅　9.5.2 ウェブパネルの張力場理論
9.6 板要素の設計 ································································· 197
      9.6.1 幅厚比制限　　　　　9.6.2 有効幅厚比
      9.6.3 幅厚比と塑性変形能力
  演習問題・参考図書 ····························································· 202

## 10章　リベット・ボルトおよび高力ボルト

10.1 機械的接合の沿革 ··························································· 205
10.2 機械的接合の原理 ··························································· 207
      10.2.1 力の伝達機構　　10.2.2 支圧接合
      10.2.3 摩擦接合　　　　10.2.4 引張接合
10.3 ファスナの種類と規格 ······················································· 214
      10.3.1 リベット　10.3.2 ボルト　10.3.3 高力ボルト
10.4 リベット・ボルトの設計耐力 ················································· 220
      10.4.1 せん断接合　　　　　10.4.2 引張接合
      10.4.3 引張とせん断の組合せ
10.5 高力ボルトの設計耐力 ······················································· 223
      10.5.1 設計耐力の考え方　10.5.2 摩擦接合
      10.5.3 引張接合　　　　　10.5.4 引張とせん断の組合せ
10.6 ファスナの標準配置と孔径 ··················································· 227
10.7 併用継手 ··································································· 229
      10.7.1 異種ファスナの併用　10.7.2 ファスナと溶接の併用
10.8 高力ボルト接合の設計 ······················································· 231
10.9 高力ボルト接合の施工 ······················································· 236
      10.9.1 高力ボルトの管理　10.9.2 締付け　10.9.3 摩擦面の処理
10.10 特殊な高力ボルト ·························································· 239
      10.10.1 溶融亜鉛めっき高力ボルト　10.10.2 ステンレス鋼高力ボルト
  演習問題・参考図書 ····························································· 241

## 11章　溶　　接

11.1 溶接の沿革 ································································· 243
11.2 溶接方法の種類と原理 ······················································· 245
      11.2.1 溶接方法の種類　　　11.2.2 被覆アーク溶接
      11.2.3 ガスシールドアーク溶接　11.2.4 サブマージアーク溶接

           11.2.5 エレクトロスラグ溶接    11.2.6 その他の溶接方法
11.3 溶接熱影響と溶接性 ·································································· 254
           11.3.1 溶接熱影響    11.3.2 鋼材の溶接性    11.3.3 硬化曲線
           11.3.4 脆化曲線
11.4 溶接欠陥と検査 ······································································ 260
           11.4.1 溶接変形と残留応力    11.4.2 溶接欠陥    11.4.3 非破壊試験
           11.4.4 溶接欠陥の補修
11.5 脆性破壊 ················································································ 267
           11.5.1 脆性破壊と事故例    11.5.2 脆性破壊の発生条件
           11.5.3 脆性破面           11.5.4 シャルピー衝撃特性
           11.5.5 破壊力学と破壊靱性試験    11.5.6 建築鉄骨の地震による脆性破壊
11.6 疲労破壊 ················································································ 276
           11.6.1 疲労破壊と事故例    11.6.2 疲労破面
           11.6.3 繰返し応力のパターン    11.6.4 S-N 曲線
           11.6.5 グッドマン線図        11.6.6 マイナー則
           11.6.7 マンソン-コフィン則
11.7 溶接の強度設計 ······································································ 284
           11.7.1 溶接継目の種類    11.7.2 完全溶込み溶接
           11.7.3 隅肉溶接         11.7.4 部分溶込み溶接
11.8 溶接のディテール設計 ····························································· 289
           11.8.1 溶接継手の形状    11.8.2 開先形状    11.8.3 溶接記号
11.9 溶接施工 ················································································ 293
11.10 溶接と地震被害 ······································································ 294
     演習問題・参考図書 ································································· 298

# 12 章　柱梁接合部

12.1 柱梁接合部の形式と性質 ·························································· 305
           12.1.1 柱と梁の接合形式    12.1.2 耐力比と降伏メカニズム
12.2 仕口接合部の耐力 ··································································· 309
           12.2.1 保有耐力接合       12.2.2 柱端接合部の最大耐力
           12.2.3 梁端接合部の最大耐力
12.3 パネルゾーンの耐力 ································································ 313
12.4 柱梁接合部の設計 ··································································· 316
     演習問題・参考図書 ································································· 318

## 13章 柱　　脚

13.1　柱脚の形式と性質 ……………………………………………………………… 321
13.2　露出柱脚 ………………………………………………………………………… 324
　　　13.2.1　破壊形式とその対策　　13.2.2　弾性剛性
　　　13.2.3　弾性応力状態と降伏耐力　13.2.4　終局状態と最大耐力
　　　13.2.5　アンカーボルト
13.3　根巻き柱脚 ……………………………………………………………………… 336
13.4　埋込み柱脚 ……………………………………………………………………… 340
13.5　柱脚の設計 ……………………………………………………………………… 342
　　　演習問題・参考図書 …………………………………………………………… 345

## 14章 合　成　梁

14.1　合成梁の構成と性質 …………………………………………………………… 349
14.2　床スラブの有効幅と有効厚さ ………………………………………………… 351
14.3　合成梁の弾性挙動 ……………………………………………………………… 353
　　　14.3.1　梁理論の適用　14.3.2　正曲げ挙動　14.3.3　負曲げ挙動
　　　14.3.4　鉄骨梁ウェブとコンクリートスラブのせん断応力
　　　14.3.5　許容耐力　14.3.6　たわみ
14.4　合成梁の塑性挙動 ……………………………………………………………… 359
　　　14.4.1　全塑性状態　　14.4.2　正曲げ全塑性耐力
　　　14.4.3　負曲げ全塑性耐力
14.5　スタッドのせん断耐力 ………………………………………………………… 363
14.6　合成梁の設計 …………………………………………………………………… 366
　　　演習問題・参考図書 …………………………………………………………… 369

## 15章 基　　礎

15.1　基礎の役割と形式 ……………………………………………………………… 373
15.2　地盤と土の性質 ………………………………………………………………… 376
　　　15.2.1　地盤で決まる基礎形式　15.2.2　地盤の種類と性質
　　　15.2.3　土の性質　　15.2.4　地盤調査
15.3　直接基礎 ………………………………………………………………………… 382
　　　15.3.1　接地圧　15.3.2　地盤の許容支持力
　　　15.3.3　沈　下　15.3.4　液状化
15.4　杭基礎 …………………………………………………………………………… 394

|  |  |  |
|---|---|---|
| 15.4.1 杭の種類 | 15.4.2 杭基礎の荷重伝達 | |
| 15.4.3 杭の鉛直支持力 | 15.4.4 杭の水平抵抗 | |
| 15.4.5 杭の引抜き抵抗 | | |

15.5 基礎の設計 …………………………………………………………………… *403*
  15.5.1 基礎の設計規範  15.5.2 直接基礎の設計例
  15.5.3 杭基礎の設計例
 演習問題・参考図書 ……………………………………………………………… *410*

演習問題解答 ………………………………………………………………………… *413*
付録 断面性能表 …………………………………………………………………… *431*
索 引 ……………………………………………………………………………… *445*

# 1 鋼と鉄骨

## 1.1 鉄骨・鋼構造の特徴

鋼による構造を**鋼構造**(steel structure)といい，建築ではかねてより**鉄骨構造**と呼んでいる．鉄骨構造は**鋼**(steel)という材料の性質によって木質構造や鉄筋コンクリート構造とは異なる特徴をもっている．次の（1）～（10）は鉄骨構造の利点といえるが，（11）～（15）はその逆に注意すべき点である．

（1） 鋼材は**比強度**(specific strength)と**比剛度**(specific modulus)が高いので，軽量・超高層・大スパン建築に適している．比強度と比剛度はそれぞれ引張強さとヤング係数を密度で除したものである．表1.1に示すように，建築に用いられる鋼・コンクリート・木・ガラスのなかで，比強度と比剛度がともに高いのは鋼と木である．鋼はさらに不燃性や耐磨耗性も兼ね備えているので，軽くて丈夫な構造物がデザインできる．このため，鋼は建築だけでなく橋梁・船舶・車両・家電製品などさまざまな分野で利用されている．

（2） 鋼材は**延性**(ductility)に富む材料である．表1.1にあるように，鋼が破壊するまでのひずみ能力はほかの材料より格段に大きい．地震や台風などの測り知れない自然の外力にさらされる建物に鋼の延性は粘り強さを与えてくれる．

表 1.1 鋼・コンクリート・木・ガラスの標準的な力学特性

| 材料 | 引張強さ $N/mm^2$ | ヤング係数 $\times 10^3 N/mm^2$ | 密度 $\times 10^{-5} N/mm^3$ | 比強度 $\times 10^5 mm$ | 比剛度 $\times 10^8 mm$ | 破壊ひずみ % | 備考 |
|---|---|---|---|---|---|---|---|
| 鋼 | 400～570 | 205 | 7.85 | 50～70 | 26 | 20%程度以上 | 普通鋼 |
| コンクリート | 15～27 | 18～24 | 2.3 | 6～12 | 8～10 | 0.5%程度 | 普通コンクリート |
| 木 | 50～100 | 5～10 | 0.3～0.7 | 100～250 | 10～25 | 1%程度 | ひのき，松，杉，けやき等の繊維方向 |
| ガラス | 30～90 | 70～80 | 2.4～2.6 | 12～35 | 28～30 | 0.05%程度 | 普通板ガラス |

（注） コンクリートは圧縮性能，他は引張性能

（3） 工場で大量生産される鋼材は，天候の影響を受ける現場打ちコンクリートや自然のなかで生育する木に比べると**品質**（quality）が安定している．設計で用いる鋼材のヤング係数や強度などの材料特性値は誤差が小さく信頼性が高い．

（4） 鋼材は**均一性**（homogeneity）と**等方性**（isotropy）に優れている．均一性とは材料の特性が物体内の位置によらないことをいい，等方性とは方向によらないことをいう．木材のように節や年輪による**不均一性**（heterogeneity），繊維方向と繊維直交方向で性質が異なる**異方性**（anisotropy）をもった材料に比べ，鋼材は力学的な扱いが容易で初等力学の理論がよく適合する．

（5） 鋼材は降伏するまで**線形弾性**（linear elasticity）に優れている．これは構造解析における重ね合わせの原理が精度良く適用できることを保証し，鉄骨構造の弾性設計体系を整合性のとれた合理的なものにしている．

（6） 鋼材は，常温で使用する限り，木材やコンクリートで問題となる**クリープ**（creep）と**リラクセーション**（relaxation）が生じない．クリープは一定の応力が作用した状態で時間の経過とともにひずみが増大する現象をいい，リラクセーションは一定のひずみのもとで時間とともに応力が弛緩する現象をいう．このような力学緩和現象がなければ，構造物に発生する応力やひずみが経時変化を受けないので設計がやりやすい．

（7） 鋼材は**加工性**（workability）に優れている．切断や孔明け，研磨などのほか曲げやプレスによる**成形**（forming）が容易であるし，**溶接**（welding）や**鋳造**（casting）によって自由な形態をした連続体をつくることができる．鋼の加工性を利用した美術品や工芸品なども古くからある．

（8） 鋼材は**プレファブ性**（prefabrication）に優れている．工場で加工した部材を建設現場で組み立てることによって作業能率が上がり建設工程が短縮できる．また，部材のサイズや形状，組立て方などを標準化することによって自動化・省力化を図ることができると同時に，安定した品質も期待できる．わが国のプレファブ住宅のうち鉄骨系が最も多いのはこれによるところが大きい．

（9） 鋼材は**リサイクル**（recycle）が容易であり，しかもリサイクルを前提とした生産システムがすでにでき上がっている．スクラップとなった鋼材は，製鋼工場で溶解され，品質を落とすことなく再び製品として再利用されるので

(10) 鋼は鉄（Fe）に微量の炭素（C），ケイ素（Si），マンガン（Mn）などを含んだ合金である．鉄は地球上に無尽蔵に存在するので，その利用には**永続性**（sustainability）がある．

(11) 鋼材が軽くて強いことを利用した鉄骨構造は部材が細長くまた薄くなるので，**座屈**（buckling）と呼ばれる不安定現象が問題となる．たとえば，細長い柱が圧縮力を受けると真直ぐな状態から突然弓なりに曲がった状態になって崩壊する．これはオイラー座屈と呼ばれている．このほかにも細長い梁の横座屈や薄い板の局部座屈などがあり，鉄骨構造の設計においてはいろいろな局面で座屈を防止する配慮が大切となる．座屈は建築鉄骨だけでなく軽量化を目指した設計を行う航空機や橋梁などに共通する問題である．

(12) 高強度の鋼材を利用すると**剛性**（stiffness）が不足し，変形や振動が問題となることがある．これは鋼の**ヤング係数**（Young's modulus）が強度と無関係に一定であるためである．季節風による建物の揺れや地震時の層間変形による内外装材の損傷，床を支える鉄骨梁のたわみによる居住性の障害などに注意を払う必要がある．

(13) 鋼材そのものは上で述べたように品質が安定しているが，構造物に組み立てる際の溶接の品質は溶接工の技量や溶接の方法に負うところが大きい．**溶接欠陥**（weld defect）が破壊の原因となることがあるし，鋼材の厚さが増すと延性が発揮されないまま**溶接熱影響部**（heat affected zone）が**脆性破壊**（brittle fracture）を起こす可能性もあるので，溶接に対しては慎重な品質管理が必要である．

(14) 鋼の成分のほとんどを占める鉄は水や酸素と親和性が強いため，酸化反応：$Fe + H_2O + (1/2)O_2 \rightarrow Fe(OH)_2$ を起こして表面が錆び，いわゆる**腐食**（corrosion）が起こる．錆は美観上好ましくないが，これによって部材の厚さが減少すると構造安全上も問題となることがあるので，鉄骨には適切な防食処理，たとえば塗装や亜鉛めっきを施す必要がある．過酷な腐食環境では，ステンレス鋼や耐候性鋼などのように表面に強固な不働態皮膜を形成し錆の進行を食い止められる材料を使用するなどの配慮が必要になる．

(15) 鋼は不燃材であるが，**耐火性**（fire resistance）に欠けている．鋼は温

度の上昇とともに降伏強さとヤング係数が徐々に低下し，最終的に1,500℃を超えたあたりで溶融する．350℃で鋼の降伏強さは常温時のおよそ2/3に低下し，これは鋼材の長期許容応力度に相当するので，そこまでは建物自身を安全に支持することができる．したがって，火災時に鉄骨の平均温度が350℃を超えないように**耐火被覆**を施すのが従来からの基本的考え方である．最近では，高温での構造挙動を考慮した詳細な安全性評価を行ったり，高温でも強度の低下が小さい耐火鋼の適用などさまざまな耐火対策がある．

## 1.2 鉄骨・鋼構造の歴史

### 1.2.1 欧米の鉄骨・鋼構造

鉄骨構造は鉄鋼材料の製造技術と足並みを揃えながら発展してきた．現代の鉄鋼製造プロセスは，大きく分けると，鉄鉱石をコークス（石炭を蒸し焼きしたもの）で溶融還元して**銑鉄**(pig iron)をつくる製銑工程，次に銑鉄から余分な炭素や不純物を酸素による酸化精錬で取り除いて**溶鋼**(liquid steel)にし，それを凝固させて**鋼塊**(ingot)あるいは**鋼片**(semi-finished steel product)をつくる製鋼工程，最後に**鋼板**(steel plate)や**形鋼**(steel shape)などの所定の形をした製品をつくる圧延工程の3工程からなっている．この鉄鋼製造技術が完成するまでに人類は相当の年月を要し，その途中で生まれた不完全な鉄を上手に使いながら鉄骨構造が発展してきた．以下，表1.2を見ながらその歴史をたどってみよう．

人類は紀元前から鉄を利用することを知っており，建造物においても石材や木材の補助や装飾に鉄を部分的に使用していたが，**鉄骨**(iron skeleton)という姿で世界に初めて登場する建造物は，図1.1のアイアンブリッジ（1779年）とされている．これはセバーン河に架かるスパン30mの鉄橋で，イングランド中西部のコールブルックデール（Coalbrookdale）にある．使われたのは**鋳鉄**(cast iron)で，その性能は現在の鋼とはほど遠い．鋳鉄は鉄鉱石を高炉で溶融還元してできる銑鉄を鋳型に流し込んだだけの鋳物であるので，炭素や不純物が多く含まれており，引張力が作用する構造に使用するには不安があった．そのため，アイアンブリッジはアーチ構造になっている．

このコールブルックデールという町は，1700年代の初めアブラハム・ダー

表 1.2　18〜20世紀の製鉄技術と構造力学の歴史年表

| 産業・社会の出来事 | 力学理論の発見 |
|---|---|

| | |
|---|---|
| | 1678　フックの法則（英） |
| | 1705　ベルヌイの梁理論（ス） |
| **1735　ダービー2世が石炭高炉を操業（鋳鉄の工業生産, 英）** | 1744　オイラー座屈（ス） |
| 1769　ワットが高効率の復水式蒸気機関を発明（英） | 1744　オイラーのたわみ曲線の方程式（ス） |
| 1779　アイアンブリッジ（世界初の鉄橋，鋳鉄，英） | 1807　ヤング係数（英） |
| **1784　コートがパドル法を発明（錬鉄の工業生産, 英）** | 1822　コーシーの応力－ひずみテンソル（仏） |
| 1796　亜麻工場（鋳鉄による工場建築架構，英） | 1823　ナビエの単純支持板の解（仏） |
| 1824　アスプディンがポルトランドセメントを発明（英） | 1828　グリーンのひずみエネルギー関数（英） |
| 1825　スチーブンソンが蒸気機関車を完成 | 1829　ポアソン比（仏） |
| 1825　ガウンレス橋（世界初の鉄道用桁，錬鉄，英） | 1837　サン・ブナンの原理（仏） |
| 1831　ファラデーが電磁誘導を発見（電動機の原理，英） | 1839　ポンセレの金属疲労（仏） |
| 1832　チャンスが板ガラスの連続圧延製造法を発明（英） | 1840頃　クラペイロンの力学エネルギー保存則（仏） |
| 1837　ユーストン駅（錬鉄，英） | 1843　ニューマンの光弾性（独） |
| 1851　クリスタルパレス（錬鉄，英） | 1850　キルヒホッフの平板理論（独） |
| **1856　ベッセマーが転炉法を発明（鋼の工業生産, 英）** | 1854　ジョラウスキーの梁のせん断応力度（露） |
| 1858　大島高任が洋式高炉の操業に成功（釜石） | 1855　サン・ブナンねじり（仏） |
| **1864　シーメンスとマルタンが平炉法を発明（鋼の工業生産, 英, 仏）** | 1860　リューダース降伏線（独） |
| 1866　英国海軍艇庫（世界初のラーメン，錬鉄） | 1860頃　ヴェーラの疲労 S-N 曲線（独） |
| 1867　モニエが鉄筋コンクリートの特許（仏） | 1863　エアリーの応力関数（英） |
| 1870頃　ジーメンスとグラムが電動機を完成（独） | 1864　マックスウェルの相反作用の定理（英） |
| 1874　イーズ橋（世界初の鋼橋，米） | 1864　トレスカの降伏条件（仏） |
| 1877　軍艦アイリス号進水（世界初の鋼船，英） | 1872　ベッティの相反作用の定理（伊） |
| 1880　電動エレベーターの発明（独） | 1875　カステリアーノの定理（伊） |
| 1885　ホームインシュアランスビル（鋼による初の高層建築，米シカゴ） | 1878　グラショフの平板近似解法（独） |
| 1887　ベナードスがアーク溶接法を発明（露） | 1882　モールの応力円（独） |
| 1889　エッフェル塔（錬鉄，仏） | 1883　ヘルツ応力（独） |
| 1894　秀英舎印刷工場（日本初の鋼による鉄骨造建築物，ただし輸入鉄骨） | 1886　バウシンガー効果（独） |
| 1899　エルーが電炉法を発明（仏） | 1889　エンゲッサーのタンジェント・モデュラス荷重（独） |
| 1901　官営八幡製鉄所が操業開始 | 1891　ブライアンの板座屈理論（英） |
| 1901　USスチール設立（米） | 1903　プラントルの膜類似理論（独） |
| 1911　フォードが自動車生産（米） | 1913　ミーゼスの降伏条件（独） |
| 1912　ストラウスが 18-8 ステンレス鋼を発明（独） | 1920　グリフィスの脆性破壊理論（英） |
| 1913　ウールワースビル（米 NY, 242 m） | 1924　ヘンキーのせん断ひずみエネルギー説（米） |
| 1923　関東大震災 | 1929　ワグナーの反りねじり（独） |
| 1929　三井本館（国産の鋼による本格的鉄骨造） | 1932　カルマンの板座屈有効幅（米） |
| 1931　エンパイアステートビル（米 NY, 381 m） | 1934　ベニオフの地震応答スペクトル（米） |
| 1938　ウィルソンが高力ボルト接合の実験（米） | 1937　ナダイの正八面体せん断応力説（米） |
| 1950代　連続鋳造法の実用化 | 1943　ヨハンセンの降伏線理論（デンマーク） |
| 1951　レイクショアドライブ AP（米シカゴ） | 1945　フローデンタールの信頼性理論（イスラエル） |
| 1956　第1回世界地震工学会議（バークレー） | 1947　シャンレーの有限変形座屈理論（米） |
| 1958　東京タワー | 1951　グリーンバーグとプラガーの上界・下界定理（米） |
| 1961　ユニバーサル圧延による H 形鋼（堺製鉄所） | 1953　イングリッシュのモーメント分配法（米） |
| 1962　31 m 高さ制限撤廃（建築基準法改正） | |
| 1968　霞ヶ関ビル（日本初の超高層，147 m） | |
| 1973　ワールドトレードセンタービル（米 NY, 417m） | |
| 1974　シアーズタワー（米最高の超高層，442 m） | |
| 1993　横浜ランドマークタワー（日本最高の超高層，296m） | |
| 1995　阪神・淡路大震災 | |
| 1997　ペトロナスタワー（20世紀最高の超高層建築，RC柱，452 m） | |
| 1998　明石海峡大橋（20世紀最長の吊橋，中央スパン1,990m） | |

図 1.1 アイアンブリッジ（1779年架設，1986年世界遺産，Ironbridge Gorge Museum提供）

ビー親子が石炭を燃料とするコークス高炉技術を開発した石炭製鉄発祥の地である（1735年操業）．それまでは木炭を燃料とする鋳鉄の製造が中世から続いていたため大量の薪を必要とし，産業革命によって急増する鉄の需要がイギリスの森林資源を枯渇荒廃させる大問題となっていた．この石炭による製鉄技術はそれを救ったばかりでなく，イギリスに他国の追随を許さない近代製鉄業のリーダーの地位を与えることとなった．ダービー親子が確立した**石炭製鉄法**は現在の高炉による製鉄技術の原点となっている．この石炭による還元技術で生まれた鋳鉄を使ってダービー3世が建設したのが上述のアイアンブリッジである．その後，鋳鉄を使った鉄橋が西欧諸国で18世紀末までに30橋あまり建設されたようである．

鋳鉄の建物への利用は，クリストファー・レンによる英国下院（1714年）の支柱のように，圧縮材としての部分的使用に初期の例が見られる．鋳鉄柱には鋳造による優美な装飾が施されている．その後，チャールズ・ベイジによる亜麻紡績工場（英，1796年）などのように，鋳鉄柱とれんがで覆った鋳鉄梁により防火を目的とした工場建物の架構が広まった．ただし，曲げを受ける鋳鉄梁はその脆性的挙動のためやがて錬鉄梁に置き換わっていく．しかし，鋳鉄がもつゴシック様式の造形美に対する建築家のこだわりは強く，錬鉄出現後も，パクストンによる大温室（グレートストーブ）（英，1840年），ラブルーストによる聖ジュネヴィエーブ図書館（仏，1850年），バルタールによるパリ中央市場（仏，1858年），バリイによるウェストミンスター宮殿（英，1868年）などが鋳鉄で建てられている．

曲線装飾に適した鋳鉄はやがて 19 世紀末のアールヌーボー芸術家が賞用するところとなる．

　石炭製鉄の誕生から 50 年後，石炭炊きの反射炉によって銑鉄を精錬する**パドル法**（撹拌法）がヘンリー・コートによって発明され（1784 年），鋳鉄よりも延性に富み鍛錬しやすい**錬鉄**（wrought iron，**鍛鉄**（forged iron）ともいう）が生産されるようになった．ちょうど都合のよいことに，当時ジェームズ・ワットによって発明されたばかりの熱効率の高い蒸気機関（1769 年）を使った圧延機によって錬鉄は板やレールなどの鍛造製品にすることができた．このような錬鉄は鉄道や鉄船，産業機械の発達に重要な役目を果たしたが，建造物へも次第に普及し，ヴィクトル・ルイによるフランス座のアーチ屋根（1786 年），世界初の鉄道用鉄橋となったイギリスのガウンレス橋（1825 年），ユーストン駅（1837 年）・パディントン駅（1854 年）・セントパンクラス駅（1868 年）などの鉄道駅舎，ロンドンで開かれた第 1 回万国博覧会の水晶宮（クリスタルパレス）（1851 年），梁と柱によるラーメン構造の原点といわれている 4 階建て英国海軍艇庫（1866 年），外壁を耐力壁としない**カーテンウォール構法**の始まりといわれている筋かい付き骨組による 4 階建てメニエ・チョコレート工場（仏，1872 年），パリ万国博のシンボルとなったエッフェル塔（1889 年），ニューヨークの自由の女神像（1886 年）などが錬鉄または錬鉄と鋳鉄の組合せでつくられた．ただ，当時の構造設計者は錬鉄の使用に対してかなり慎重で，エッフェル塔（296 m）は後に鋼でつくられた東京タワー（333 m，1958 年）の 3 倍もの重量の鉄骨を使っている．しかし，これらはまさに'鉄の骨'という名にふさわしい構造物であった．

　鋳鉄・錬鉄という鉄による構造物が開花した 19 世紀は，**弾性力学**が確立された世紀でもあった．表 1.2 に示すように，1807 年にイギリスのトーマス・ヤングが弾性係数を提唱したことに始まり，今でも材料力学や構造力学でおなじみの定理や理論が続々と発表されている．これは，数理に基づく力学理論と鉄の性能が相性の良いものであったというだけでなく，技術者が初めて手にした貴重な人工の構造材料を無駄なく合理的に使用しなければならない社会的使命があったからであろう．その前の世紀に数学者レオナルド・オイラーが発表していた座屈理論（1744 年）を多くの技術者が鉄を使って検証しているのは，軽

量な鉄材の耐力が座屈で決まることにいち早く気づいたためである．

19世紀後半になると，ヘンリー・ベッセマーが**転炉法**（1856年）を，ウィリアム・シーメンスとピエール・マルタンが**平炉法**（1864年）を発明する．これにより溶融銑鉄から余分な炭素や不純物を取り除く精錬プロセスが格段に向上し，それまでるつぼ法によって少量しか生産できなかった**鋼**（steel）が大量生産できるようになり，能率の悪いパドル錬鉄は鋼に置き換わっていく．この転炉法と平炉法は，脱ガス技術などの改良を経て現在に至っている．

19世紀末になると，高炉による製銑工程，転炉または平炉による製鋼工程，および動力源が蒸気機関から機動性のある電動機に移行した圧延工程を一貫させた鉄鋼生産システムがアメリカで大規模に展開されることとなり，安価な鋼が大量に供給されるようになった．1890年にはアメリカの鉄鋼生産量がイギリスを抜き，アメリカを中心とする鋼の時代に入っていく．鋼でつくられた世界初のイーズ橋（1874年）がセントルイスに完成し，また高層建築の先駆けとなった10階建ての**ホームインシュアランスビル**（1885年）がシカゴ大火（1871年）後の再興の中で建設された．ウィリアム・ル・バロン・ジェニーによるこのビルは，床だけでなく外壁も骨組で支える世界で最初の完全な高層骨組構造といわれている．このビルは柱が鋳鉄で，梁は5階以下が錬鉄，6階より上はベッセマー鋼（カーネギー社で開発されたばかりの圧延I形鋼）が使われた（1931年解体）．また，水平方向の安定性を組積壁に頼らず風に対して筋かいで抵抗する高層ビルも現れ，その第1号はシカゴの16階建てマンハッタンビル（1890年）といわれている．このビルにはターンバックル付きの錬鉄製鉄筋が使われた．この頃の高層建築には，鋼よりまだ安価であった鋳鉄と錬鉄が鋼と併用されることが多かったが，構造躯体のすべてが鋼で建てられた最初の高層建築はシカゴの9階建て第2ランドマクナリービル（1889年）である．シカゴから始まった高層建築の幕開けには，1870年代にエレベータが実用化されたことも関係している．

20世紀に入ると，**摩天楼**（skyscraper）と呼ばれる超高層建築がシカゴとニューヨークに次々に建設された．初めて行われた国際競技設計の当選作で建てられたシカゴ・トリビューンビル（1925年）のほか，ニューヨークのウールワースビル（242m，1913年）・クライスラービル（319m，1930年）・エンパイ

アステートビル (381 m, 1931 年) などである．また，ニューヨーク・マンハッタン島のまわりにはいくつもの鋼橋が架けられた．

　鉄骨造が高層化するにつれて鉄骨建方のスピードアップが要求され，それに追い付けないれんが壁工法は衰退し，それに代わってガラス壁面やカーテンウォール構法が開発される．現在の鋼とガラスによる高層建築は，ミースが設計したシカゴの 26 階建てレイクショアドライブ・アパートメント (1951 年) が始まりとされている．外壁の標準化にともなって鉄骨は柱間隔や階高を均一にした規則的な格子状の構造形式が一般化してくる．わが国初の高層建築となった霞ヶ関ビル (147 m, 1968 年) もこの様式である．このような鋼を使った現代建築は，語義からすれば，鉄骨というより**鋼骨** (steel skeleton) あるいは**鋼構造物** (steel structure) と呼ぶのがふさわしいであろう．

　一方，ジョセフ・モニエが 1867 年に特許を取得した**鉄筋コンクリート**は当初錬鉄の鉄筋が使われていたが，やがて大量生産されるようになった鋼の鉄筋に代わり，20 世紀の建造物の一翼を担うこととなる．

　2 つの世界大戦を経て 20 世紀後半には鋼が産業社会の隅々まで行き渡り，その過程でさまざまな性能が付加された高性能鋼が開発された．鋼構造の分野では，溶接性と塑性に優れた鋼を構造物に有効利用する塑性設計が開花する．この設計技術は，グリーンバーグとプラガーが提唱した塑性解析の定理 (上下界定理，1951 年) をはじめ，1950 年代に基礎が確立された**塑性力学**に負うところが大きい．さらに，ディジタル・コンピュータの発達によって構造物の地震による動的な挙動を弾性のみならず塑性域まで追跡できるようになり，従来の**静力学** (statics) から**動力学** (dynamics) に基づく耐震設計が萌芽する．この耐震設計技術は，ベニオフが提唱した地震応答スペクトル (1934 年) の概念から始まる応答解析法や，計器観測網の整備による地震動記録の蓄積，計装化された大型実験装置による構造物の弾塑性挙動の解明などに支えられて発展し今日に至っている．

### 1.2.2　日本の鉄骨・鋼構造

　わが国独自の製鉄技術は弥生時代まで遡ることができるようである．それは砂鉄を原料とし木炭を燃料とする高殿法（たたら）と呼ばれる精錬技術で江戸時代まで続

いた．この古来製鉄法は鍛冶（かじ）と呼ばれる鍛錬技術と結び付き，精緻な刀剣や大工道具・農工具・日用品を生み出したが，生産量は少なかった．

わが国の近代製鉄は西洋からの技術導入で始まったが，これは開国を迫る欧米列強に対する国防の危機感から生まれたものである．最初に本格的な工業生産に成功したのは大島高任（たかとう）による南部藩（岩手）釜石鉄山の洋式高炉である（1857年）．高炉でつくられた銑鉄を当時すでに普及していた反射炉で精錬した．釜石で成功した高炉はたちまち全国諸藩に広がり，砂鉄を用いた高殿法は衰退し，採掘の容易な鉄鉱石を原料とする高炉製鉄へ移行していった．明治維新後，釜石鉄山は工部省によって官営化され（1873年），その銑鉄は長崎造船所へ海上輸送されて艦船や砲弾用に精錬・圧延された．その後，官営釜石製鉄所は，イギリスから技術を導入して増強されたが周辺設備が整わず失敗した（1882年）．これを引き継いだ民間人田中長兵衛は，帝国大学教授野呂景義を顧問に迎えて技術改良を加え，見事に大型コークス高炉を成功させた（1895年）．これが来たる20世紀に躍進するわが国製鉄産業の礎となっている．

明治維新（1868年）を機に，開国したわが国に西欧列強の鉄鋼材料が輸入され，このとき同時に，アジアで植民地経営を展開していたイギリス人技術者たちが鉄を使った建設技術をわが国にもたらしている．たとえば，鉄道寮新橋工場（1877年）などの工場建屋や石造・れんが造の官庁建物の床や屋根が，輸入された鋳鉄と錬鉄の鉄骨で建設されている．わが国初の鋼による鉄骨造建物は東京・京橋に建設された**秀英舎印刷工場**（1894年，造船技師若山鉉吉設計）といわれており，これはフランスからの輸入鉄骨によって建てられた3階建てである（1910年焼失）．

20世紀の初年1901年に官営八幡製鉄所が筑豊炭田を控える北九州で操業を開始した．それに続いて民間でも製鉄所が次々に設立され，自国で鋼を本格的に生産するようになった．国産の鋼材による最初の鉄骨造建物は八幡製鉄所ロール施削工場（1909年，機械技師景山斉設計）である．その後，鉄骨造の軍工廠建物が機械技術者らによって数棟建設されている．しかし，日露戦争（1904〜5年）や第1次世界大戦（1914〜18年），関東大震災（1923年），満州事変（1931年），日華事変（1937年）など不穏な情勢の中で民間の建築鉄骨はしばらくの間，輸入鉄骨に頼っていた．旧三井本館（1902年，横河民輔），旧両

**図 1.2** 三井本館（1929年竣工当時，1998年重要文化財，三井不動産提供）

国国技館（1908年，辰野・葛西），日比谷図書館（1908年，三橋四郎），日本橋丸善書店（1909年，佐野利器），有楽町帝国劇場（1911年，横河民輔），丸の内東京駅（1914年，辰野金吾），東京帝国大学法科大学講堂（1914年，設計者不詳），旧丸の内ビル（1923年，フラー社）などは，輸入鉄骨で建てられている．

　国産の鋼材が本格的に使用されたのは，図1.2の三井本館（1929年，トローブリッジ・アンド・リヴィングストン）で，この建物は関東大震災で類焼した旧三井本館を取り壊して建てられたものである．ただし，設計者がアメリカ人であったために鋼材の規格がアメリカ基準ASTMとなり，圧延ロールの変更を迫られた八幡製鉄所の生産が間に合わず，全鉄骨9,800トンのうち2,200トンがUSスチールに肩代わり発注となった．この頃の鉄骨造は，関東大震災の教訓から地震力をすべて鉄骨でもたせ，れんが壁を耐火の目的に用いている．「絶対に耐震耐火たるを要す」が当時の設計思想であった．

　わが国で鉄骨造建築物が国民生活に普及し始めるのは第2次世界大戦（1941〜45年）後のことである．戦前は，まだ鋼材の生産量が少なく，しかも軍事に供給されていたためである．図1.3のグラフに示すように，戦後しばらくの間は木造の建物が大半を占めていたが，戦後の復興期を経た後の高度経済成長の中で鉄鋼生産量が急速に伸び（終戦直後の1946年に55万トン，1960年に2,200万トン，1970年に9,300万トン），それにともない鉄骨造と鉄筋コンクリート造が急激に増加している．特に，鉄骨造の成長は目覚ましく，1960年代後半には鉄筋コンクリート造を追い抜いており，最近では，鉄骨造建築物の着

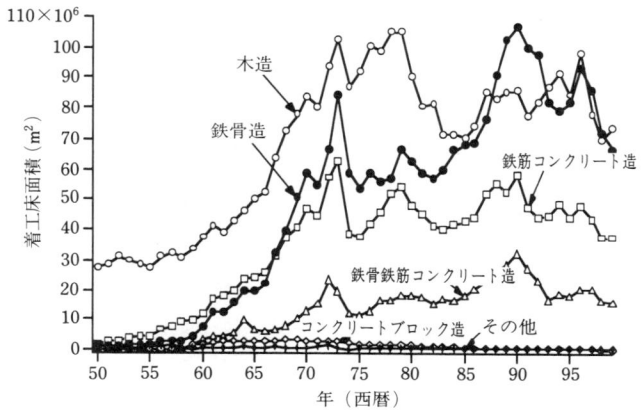

**図 1.3**　20世紀後半におけるわが国の構造別建築着工床面積の推移

工床面積は木造と肩を並べ，全着工床面積の40%近くを占めるに至っている．

　鉄骨造建築物の発展の過程でいくつかの重要な技術のブレークスルーがあった．そのなかで最も注目すべきものはH形鋼，高力ボルト，アーク溶接で，これらは鉄骨の生産性向上に直結する技術革新であった．高力ボルトとアーク溶接についてはそれぞれ10，11章で述べることとし，ここではH形鋼の沿革について簡単に紹介しておこう．

　わが国で**H形鋼**の製造が始まったのは1959年八幡製鉄所である．この後すぐ1961年に堺製鉄所でH形鋼専用のユニバーサル圧延機によって断面の幅と成を多種類に組み合わせたH形鋼が本格的に生産できるようになった．ユニバーサル圧延は1901年にドイツ人メイヤーがルクセンブルグのアーベット社で開発し，その後1908年に米国ベスレヘムスチール社が改良した技術をわが国が導入したものである．H形鋼の断面は図1.4 (a)，(b)，(c)に示す形をしており，広幅，中幅，細幅の系列に分けられる．広幅H形鋼は主として柱，中幅は柱または梁，細幅は主として梁に使われる．H形鋼の出現によって，それまで図(d)のように山形鋼や鋼板をリベットで接合してH形断面に組み立てる手間が省け，鉄骨の生産性が格段に向上した．1966年には広畑製鉄所で**極厚H形鋼**（フランジ最大板厚60 mm）の製造に成功する．これは，建物の31 m高さ制限撤廃（1962年）後の三井霞が関ビル（1968年）に始まる高層建築の時代

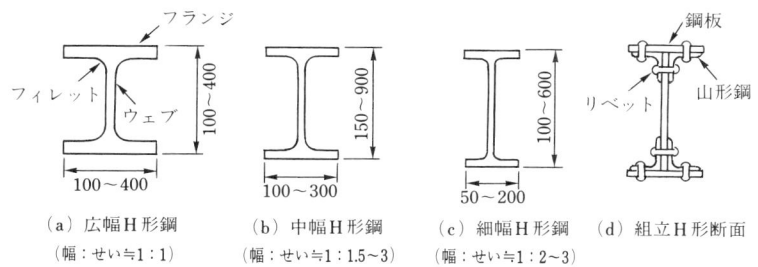

図 1.4 圧延 H 形鋼とリベット組立 H 形断面

につながっていく．1967 年には超極厚 H 形鋼（フランジ最大板厚 125 mm）が堺製鉄所で開発され，ニューヨーク・ワールドトレードセンタービル（417 m，1973 年）にも輸出されている．最近では，**外法一定 H 形鋼**（フランジ厚が変わっても同一シリーズでは断面の成と幅が一定の値をもつ H 形鋼）が開発され，接合部のディテール設計が便利になっている．

建築鉄骨専用の鋼材が JIS で規格されたのは 1994 年で，これは世界でも初めてのことである（**建築構造用圧延鋼材**，JIS G 3136，通称 SN 鋼）．それ以前は，土木橋梁や船舶・産業機械などと共通に，一般構造用圧延鋼材（JIS G 3101，SS 鋼）や溶接構造用圧延鋼材（JIS G 3106，SM 鋼）を使用していた．しかし，建築鉄骨はほかの構造物と異なり，地震に対する安全性を塑性解析によって確認するので，それに適した鋼材を規格化する必要に迫られていた．この建築用 SN 鋼には，降伏比や降伏点の上限が規定され，地震に対して粘り強い構造物が設計できるようになっている．

このほかにも，耐久性や耐火性の設計要求に対応してそれぞれ建築構造用ステンレス鋼や耐火鋼が開発され，また 1995 年兵庫県南部地震で被災した鉄骨の脆性破断の教訓から，破壊に強い高靭性鋼や大入熱溶接用鋼の開発も進められている．鋼材の性能向上と設計技術の進歩が調和して，より高い機能性と安全性をもった鉄骨構造が 21 世紀に実現されつつあるといえるであろう．

## 1.3 設 計 法

### 1.3.1 設計法の仕組と種類

鉄骨構造の設計には 3 つの方法がある．**許容応力度設計法**（Allowable

Stress Design, ASD),**塑性設計法**(Plastic Design, PD),および**限界状態設計法**(Limit State Design, LSD)である.世界においても,またわが国においても,この順番で誕生あるいは導入された設計法である[1.6)-1.8)].現時点におけるわが国では,許容応力度設計法がもっとも広く普及しており,限界状態設計法は実用化に向けた検討が行われているところである.塑性設計法は1981年の改正建築基準法施行令以来,大地震に対する設計法として一般化している.

それぞれの設計法は,表1.3に示すように,**設計荷重**(design load),**構造解析**(structural analysis),**設計規範**(design criterion)がセットになって構成されている.いずれの設計法も鉄骨の挙動を計算によって評価し,所要の性能を有することを定量的に確認する方法を採用しているので,狭い意味で**性能設計法**(performance-based design)といえる.これら3つの設計法にはそれぞれ得失があり,それを含めて以下で概要を説明し,その後に,21世紀の新しい設

表1.3 鉄骨構造の設計法

| | 弾性設計<br>(許容応力度設計) | 塑性設計<br>(終局耐力設計) | 限界状態設計<br>(荷重抵抗係数設計) |
|---|---|---|---|
| 設計荷重 | 公称荷重<br><br>D+L(長期)<br>D+L+S(短期)<br>D+L+W(短期)<br>D+L+E(短期) | 係数倍荷重<br>(荷重係数×公称荷重)<br>1.1D+1.6L<br>1.1D+0.6L+1.6S<br>1.1D+0.6L+1.6W<br>1.1D+0.4L+2.0E<br>(係数値は例) | 係数倍荷重<br>(荷重係数×公称荷重)<br>塑性設計と同様であるが,荷重係数の値は統計的検討に基づいて定める. |
| | D:固定荷重　L:積載荷重　S:積雪荷重<br>W:風荷重　E:地震荷重 | | |
| 構造解析 | 弾性解析<br>D+L<br>曲げモーメント図 | 塑性解析<br>$\alpha_1$(1.1D+0.4L)<br>$\alpha_2$(2.0E)<br>崩壊機構図 | 係数倍荷重に対して,塑性変形能力の乏しい構造物では弾性解析を行い,塑性変形能力に富む構造物では塑性解析を行い,構造各部の必要耐力を求める. |
| 設計規範 | 構造各部について<br>作用応力度≦許容応力度<br>(長期,短期)<br>$\sigma \leq f$ | 構造全体について<br>崩壊荷重≧係数倍荷重<br>$\alpha_1, \alpha_2 \geq 1.0$ | 構造各部について<br>保有耐力≧必要耐力<br>$\phi R_n \geq \sum_i \gamma_i Q_{ni}$ |

## 1.3 設計法

計法として注目されている性能設計法について触れることにする．

### 1.3.2 許容応力度設計法

許容応力度設計法は，表 1.3 の左列に示すように，**公称荷重**（nominal load）の組合せに対して構造骨組を弾性解析し，構造各部に発生する**作用応力度** $\sigma$ がいかなる部位においても**許容応力度** $f$ を超えないように部材や接合部のサイズを決定する設計法である．

設計で用いる公称荷重は，通常考えられる標準的な大きさをもつ荷重であり，**固定荷重**（dead load），**積載荷重**（live load），**積雪荷重**（snow load），**風荷重**（wind load），**地震荷重**（earthquake load）の 5 種類の荷重を一般に考慮する．それぞれを D，L，S，W，E の記号で表す（建築基準法施行令では D，L，E の代わりにそれぞれ G，P，K で表記している）．荷重の組合せには，長期と短期の区別を設け，長期は D+L，短期は D+L+S，D+L+W，および D+L+E である（ただし，多雪地域はこれに加え，D+L+0.7S を長期とし，D+L+0.35S+W，D+L+0.35S+E を短期とする）．これ以外にも必要に応じて，土圧，水圧，衝撃荷重，温度変化がもたらす温度荷重などを加えることがある．

許容応力度は，荷重の長期と短期に対応して，それぞれ長期許容応力度と短期許容応力度がある．短期許容応力度は，材料の降伏強さを上限とし，部材の座屈や接合部のすべりなどの不具合が生じない限界の応力度としている．長期許容応力度は短期許容応力度を 1.5 で除したもので，この係数値 1.5 が鉄骨構造の許容応力度設計における**安全率**（safety factor）と呼ばれているものである．許容応力度設計は，材料を弾性範囲で利用するので，**弾性設計法**（elastic design）ということがある．なお，鉄骨構造では設計荷重によって生じるたわみを許容たわみ以下にするという規定も許容応力度設計法の枠組の中に含めている．

許容応力度設計法の最大の利点は，線形弾性論とそれに基づく**重ね合わせの原理**が利用できることである．これは，応力度の大きさが荷重の大きさに比例するということ，および荷重群によって生じる応力度が個々の荷重によって生じる応力度の単純和となることであり，このことが設計計算の手順を明快で統

一のとれたものにしている．しかしながら，構造物の中の 1 箇所が降伏や座屈しても構造物の安全性を直ちに脅かすとは限らないので，許容応力度設計法の規範は必ずしも構造の安全性と 1 対 1 に対応していないこと，および安全率 1.5 の根拠が曖昧であるという批判がある．前者の安全性の問題は次に述べる塑性設計法で解決策が示されるが，許容応力度設計法は崩壊に対する安全性の確保よりも構造物の損傷や機能的障害を防ぐことによって財産的価値や居住性の保全を図るために有用であるという見方が性能設計の視点から強くなってきている．後者の安全率の数値的根拠の問題については，3 番目に述べる限界状態設計法で確率統計的な解釈が示される．

### 1.3.3 塑性設計法

構造物が崩壊するときに発揮する耐力を用いて安全性を検定する設計法を**終局耐力設計法**（ultimate strength design）といい，その中で構造物の塑性変形能力を利用して耐力を算定する場合を塑性設計法と呼んでいる．塑性設計法は，考えられる最大級の荷重，すなわち**極限荷重**（ultimate load）の組合せに対して構造物の**塑性解析**（plastic analysis）を行い，構造物の**崩壊荷重**（collapse load）がそれを下回らないように，部材や接合部のサイズを決定する設計法である．

設計に用いる極限荷重は公称荷重に係数を乗じた**係数倍荷重**であり，係数の値は荷重の大きさの不確定性が高いほど，たとえば地震荷重のような場合に，確率論的な配慮から大きな値が付与される．したがって，この荷重係数が安全率と同じような意味をもつことになる．崩壊荷重は，部材が降伏した後に**塑性ヒンジ**（plastic hinge）が形成され応力再配分が生じることを前提に計算される．塑性設計法は，構造物の崩壊を限界状態としているので，安全性を直接対象とした設計法であるという明確な位置付けがあり，わが国では大地震に対する安全性を確かめる方法として定着している．

しかしながら，塑性ヒンジに必要な塑性回転能力を付与するための条件が完全に明らかになっているわけではないことや，地震崩壊荷重を算定するときに用いる水平荷重群の比例漸増載荷解析（push over analysis）が動的に作用する地震力の分布を正しく反映していないという批判もある．また，荷重係数の

値の設定についても許容応力度設計法と同様にやや数理的な根拠を欠いている面がある．しかし，塑性設計法における荷重係数は荷重の不確定性をある程度考慮したものであるので，限界状態設計法において確率統計的に定められる荷重係数の前身といえよう．

塑性設計法は，塑性ヒンジの塑性回転能力を利用した設計法であるので，降伏する前に座屈が起こる薄肉部材や細長い部材で構成される軽量構造物，および降伏後直ちに耐力が低下するトラス構造物などには適用できない．このような場合には，座屈崩壊するときの耐力を用いて終局耐力設計を行うことができる．しかし，部材の座屈が内部で進行する構造物の崩壊荷重を計算するのは容易でないため，骨組の弾性解析を行って最初に座屈崩壊する最弱部材の崩壊をもって構造物の終局耐力とする安全側の方法がとられている．

### 1.3.4 限界状態設計法

限界状態設計法という名称は，各種外乱による構造物の応答が**限界状態**（limit state）を超えないように設計するという設計規範に由来している．限界状態とは，外乱による構造物の応答がそれを超えると構造物が所定の性能を満たせなくなる状態をいう．所定の性能には種々のものがあり得るので，それに応じて限界状態にもいろいろな状態が設定可能であるが，一般には，**使用限界状態**（serviceability limit state）と**終局限界状態**（ultimate limit state）が用いられる．このほかに，**損傷限界状態**（damage limit state）や**修復限界状態**（repairability limit state）などを加えることも可能である．使用限界状態は，降伏限界，座屈限界，たわみ限界，ひび割れ限界などを含み，建物の継続的使用に支障をきたす構造的問題が生じない限界状態を総称したものである．後者の終局限界状態は構造物の全体または部分が崩壊する寸前の状態を指し，人命が保全できる限界状態である．このようなことから，降伏や座屈を限界とした許容応力度設計法および崩壊を限界とした塑性設計法も限界状態設計法の1つと考えることができ，限界状態設計法はそれらを総合したものといえる．

限界状態設計法の特徴は，むしろ，確率統計的手法に基づく**信頼性設計**（reliability-based design）を導入しているところにある．すなわち，作用する荷重とそれに抵抗する構造耐力をそれぞれ確率変数と見なし，その確率分布を統計

データに基づいて定め，設計規範を $\mathrm{Prob}(R \leq Q) \leq P_{fa}$ で表すところから出発する．この意味するところは，荷重によって生じる構造応答 $Q$ (**荷重効果** (load effect) という) が，設定した限界状態における構造耐力 $R$ (**構造抵抗** (structural resistance) という) を超える確率，すなわち**破壊確率** (probability of failure) が**許容破壊確率** $P_{fa}$ 以下となるようにすることである．$R$ や $Q$ は軸力や曲げモーメントあるいは，たわみであったりする．ただ，この確率表示の規範式をそのまま設計実務で運用するのは面倒であるので，$R$ と $Q$ の統計的独立性や線形近似法を適用し，規範式を $\phi R_n \geq \sum_i \gamma_i Q_{ni}$ の形に簡略化して設計を行うこととしている．これを**荷重抵抗係数設計法** (Load and Resistance Factor Design, LRFD) という．$R_n$ は公称抵抗値，$Q_{ni}$ は公称荷重効果，$\phi$ は抵抗係数，$\gamma_i$ は荷重係数と呼ばれ，$\sum_i$ は荷重の組合せを表している．$\phi$ と $\gamma_i$ はそれぞれ $R$ と $Q$ の公称値や確率分布関数および許容破壊確率から決まる．許容破壊確率は，従来の許容応力度設計や塑性設計によって建設された建物からその破壊確率を逆算し，それを是として設定する．これを**キャリブレーション** (校正 (calibration)) という．

　以上のように，限界状態設計法は安全率に曖昧さを残さない合理的な設計法のように見えるが，2つの批判がある．1つは，設計規範式による合否判定は構造各部について行われるだけであるので，構造各部には目標とする安全性を与えることができても，構造全体のシステムとしての安全性のレベルが不明であるという批判である．もう1つは，新しい材料や新しい構法を採用しようとするとき統計データが乏しいために確率計算ができず，$\mathrm{Prob}(R \leq Q)$ の値や $\phi$, $\gamma_i$ の値が設定できないという問題である．限界状態設計法は，許容応力度設計法と塑性設計法による建設実績の積み重ねの上に誕生したというところに，そもそも限界状態設計法の限界があるといえよう．新しい構造に挑戦するときは，少ない実験データから工学的判断に基づいて安全率を決めるという設計者の智恵と勇気が依然として必要なのである．

### 1.3.5　性能設計法

　いままでの設計法は，許容応力度設計法や塑性設計法，限界状態設計法のいずれにおいても，すべて建築設計者の専門用語で語られていた．これに対して，

## 1.3 設　計　法

**表 1.4　性能マトリックスの例**[1.11]

|  | ほぼ確実に生起 | おそらく生起 | まれに生起 | きわめてまれに生起 |
|---|---|---|---|---|
| レベル0<br>機能維持 | ○ | ◎ | ☆ |  |
| レベル1<br>軽微な損傷 |  | ○ | ◎ | ☆ |
| レベル2<br>修復可能 |  |  | ○ | ◎ |
| レベル3<br>甚大な損傷<br>但し人命保全 |  |  |  | ○ |
| レベル4 |  |  |  |  |

（横軸：荷重の大きさ　小→大、縦軸：被害の大きさ　小→大）

○ は標準的な性能，◎ は高度な性能，☆ はきわめて高度な性能を有する建物を例示したものであるが，基本的にはユーザーが選択する．

　性能設計法は一般ユーザーと共有できる言葉で設計を語ろうとするところにその特徴がある．建物の構造性能に対して設計者と使用者が認識のすり合わせを行い，自動車や家電製品などと同様に，性能とコストが見合うように建物をつくっていこうとするのが性能設計法の神髄である．

　設計者と建築主は，表1.4のような性能マトリックスで理解を共有しようとする．表の横軸は想定する荷重の大きさ，縦軸は建物の被害の大きさを表している．マトリックスの中にマークを付けることによって，建物の性能を指定することができる．想定する荷重が大きくなるにつれて建物の被害も大きくなるので，マークを結んだ線は右下がりになる．マークが上に位置するほど高度な性能をもった高品質の建物となるが，それが建物の建設コストの上昇をともなうことを設計者は建築主に説明しなければならない．

　この性能マトリックスは一般ユーザーが理解できる言葉で表されているが，実際の設計作業では，構造力学の法則など専門的知識に基づいて計算が行われる．したがって，性能マトリックスに表示された荷重の大きさと被害の大きさは的確な物理量に置き換え，構造計算の方法と合否判定の規範式が必要とな

る．このとき，地震や台風などの荷重の大きさについては，その統計的性質を反映させる必要があるし，被害の大きさにおいては構造躯体のみならず非構造部分や付帯設備を含めた被害レベルに対応する限界状態を力学量で表現しなければならない．

性能設計法については，その理念が形成されたばかりであり，その具体的な運用について現在検討が進められている．

## 1.4 生産システムと技術体系

鉄骨造建築物の建設には，さまざまの業種が関わっている．図1.5に示すように，物の流れからおおまかにとらえると，製鉄メーカーが鋼材を製造するところから始まり，鋼材が鉄骨加工メーカーで鉄骨部材に加工され，次にそれが建設現場に運ばれて施工業者によって建方され，内外装工事や設備工事を経て最終的に施主へ引き渡される．

製鉄メーカーから供給された鋼材には，角形鋼管・軽量形鋼などの成形鋼材

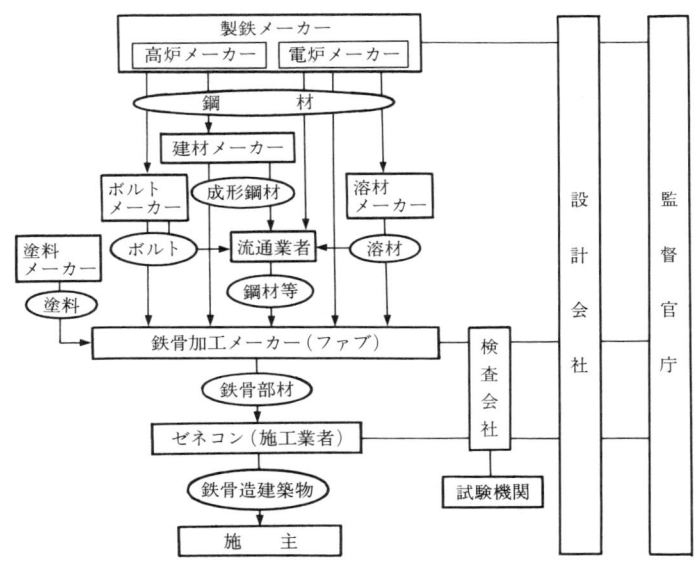

図 1.5 鉄骨造建築物の建設における物の流れと関係業種[1.9]

や溶接材料・ボルトなどの副資材となって，鉄骨加工メーカーに渡るものもある．プレファブ住宅メーカーなどは，鉄骨加工と現場施工の両方を行っている．この物の流れの全体に関わるソフト技術を担うのが設計会社である．施工会社が設計業務をあわせて行う場合もある．鉄骨の品質管理においては，検査・試験機関が支援している．さらに，建築基準法にのっとって建物が建設されるので，監督官庁がさまざまの局面に関係することとなる．

図 1.6 に示すように鉄骨造建築物の建設には，さまざまな技術が集約されている．設計技術，材料技術，工作技術，溶接技術，現場施工技術，検査・試験技術である．このほかにも法令に関する知識や生産システム全体に関する知識も身に付けておかなければならない．本書はこれらをほぼ全体にわたって解説したものである．

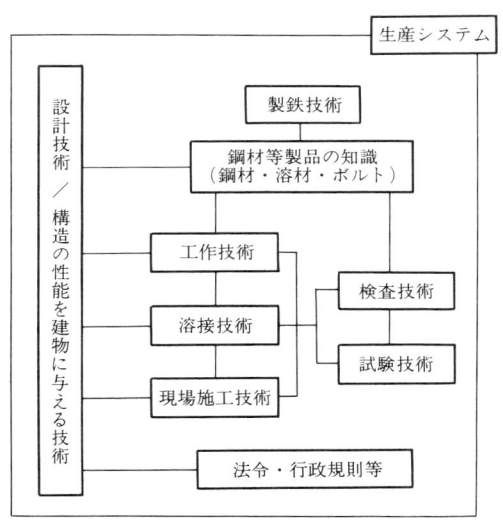

**図 1.6** 鉄骨造建築物の技術[1.9]

## 演習問題

**1.1** 鉄骨構造を木質構造と鉄筋コンクリート構造と比較してその特徴を述べよ．
**1.2** 鋼でつくられた建築骨組を鋼骨と呼ばず鉄骨と呼んでいる理由を述べよ．
**1.3** 鉄骨構造の材料が鋳鉄から錬鉄へ，さらに鋼へ変遷する過程でどのような構造方法の変化があったかを述べよ．
**1.4** 許容応力度設計法，塑性設計法，限界状態設計法のそれぞれの長所短所を述べよ．
**1.5** 鉄骨構造に関わっている先輩や知人が鉄骨生産システムのなかのどの分野で活動しているかを述べよ．

[参考図書]

1.1) オットー・ヨハンゼン（三谷耕作訳）：鐵の歴史，慶應書房，1942
1.2) 日本鉄鋼協会：鉄鋼製造法（第1分冊/製銑・製鋼），丸善，1972
1.3) Timoshenko, S. P. : History of Strength of Materials, Dover Publications, Inc., New York, 1983 (republication of 1953 original publication by McGraw-Hill)
1.4) European Steel Design Education Programme Society : Steel Construction-Introduction to Design（鋼材倶楽部訳，鋳鉄から錬鉄を経て鋼にいたる鋼構造発展の歴史），2001
1.5) 藤本盛久：構造物の技術史，市ヶ谷出版，2001
1.6) 日本建築学会：鋼構造設計規準，1970（SI単位版，2002）
1.7) 日本建築学会：鋼構造塑性設計指針，1975
1.8) 日本建築学会：鋼構造限界状態設計指針，1998（SI単位版，2002）
1.9) 日本鋼構造協会：鉄骨の技術教育，2000
1.10) 桑村 仁：建築の力学―弾性論とその応用―（1.2 弾性設計法と塑性設計法，2.7 微小変形理論と重ね合わせの原理），技報堂出版，2001
1.11) 桑村 仁，田中直樹，杉本浩一，向野聡彦：鋼構造躯体の性能表示―鋼構造建築物の性能設計に関する研究その1―，日本建築学会構造系論文集，No. 562，2002. 12

# 2 規模と形態

## 2.1 鉄鋼材料の進歩と鉄骨構造

　鉄骨構造は，1章で触れたように鉄鋼材料の進歩とともに，その規模と形態が変遷してきた．18世紀半ば初めて工業的につくられた鋳鉄は引張力に対して脆い材料であったため支柱やアーチ構造に使われた．その後，延性のある錬鉄が開発されると，19世紀には錬鉄を引張材に鋳鉄を圧縮材としたトラス構造やプレートガーターがつくられ，鋳鉄柱と錬鉄梁による低層の骨組架構も出現した．19世紀後半に鋼が工業生産されるようになると，鋼を鋳鉄・錬鉄と併用し柱と梁で躯体を構成する10階規模の多層骨組構造が建設され，高層建築への道が開けた．20世紀になって鋼が大量生産されるようになり，それと同時に，H形鋼の登場や溶接・高力ボルト接合の開発に助けられ，柱と梁を剛に接続した空間効率の高いラーメン構造が鉄骨の主要な構造形式として定着し始めた．また，軽量形鋼を使ったプレハブ住宅も普及した．さらに，大断面・高強度の鋼が開発されると，100階規模の超高層建築の時代を迎える．しかし，鋼のヤング係数が強度にかかわらず一定であることから変形が問題となり，それを解決するためにコア構造やメガ構造，チューブ構造などが生まれた．最近では，高張力鋼線をケーブルに用いた吊り構造やケーブルネット構造，延性に富む低降伏点鋼をデバイスに用いた制震構造などさまざまの形態の鉄骨造建築物が考案され建設されている．

　この章では，わが国における最近の鉄骨構造の形態を中低層建築，高層建築，大スパン建築，プレファブ住宅建築，耐震・免震・制震建築に分けて，その構造的特徴を概説しておくことにする．

## 2.2 中低層建築

はっきりした定義はないが，2〜3階くらいまでの建物を低層建築，10〜15階くらいまでを中層建築と呼んでいる．これらの**中低層建築**（low to medium rise building）は住宅や商業ビル，工場などさまざまな用途に利用され，国民生活の中でもっとも広く普及している．中低層建築が全建物の大半（床面積で95％以上）を占めていることを図2.1の建設統計から読み取ることができる．本書の大部分は，この中低層建築を念頭において記述されていることをここで断っておく．

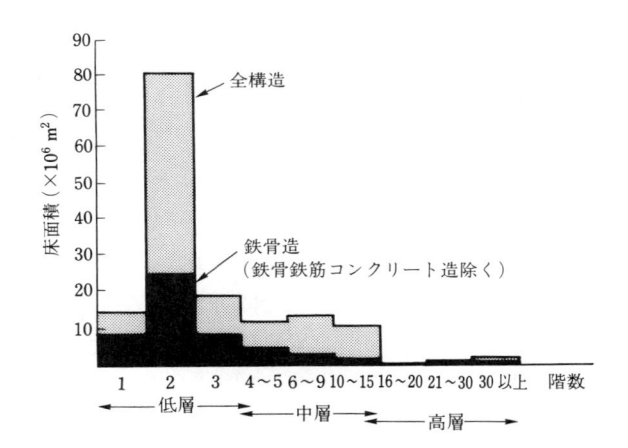

**図 2.1** わが国における建物の規模（階数）と着工床面積（1999年新築工事）

中低層の鉄骨は，後で述べる大スパン建築やプレハブ住宅を別にすると，**ラーメン構造**または**筋かい付きラーメン構造**が多い．ラーメン構造は図2.2 (a) のように**柱**と**梁**を剛に接合し，曲げモーメントによって荷重・外力に抵抗する構造形式である．水平方向の剛性や強度を補うために，**筋かい（ブレース）**を入れると図 (b) のような筋かい付きラーメン構造となり，水平力の大部分を筋かいが負担するようになる．このとき，柱と梁の接合をピンとすれば純粋な筋かい構造となるが，梁上の鉛直荷重によって生じる梁中央の曲げモーメントやたわみが大きくなる．

## 2.2 中低層建築

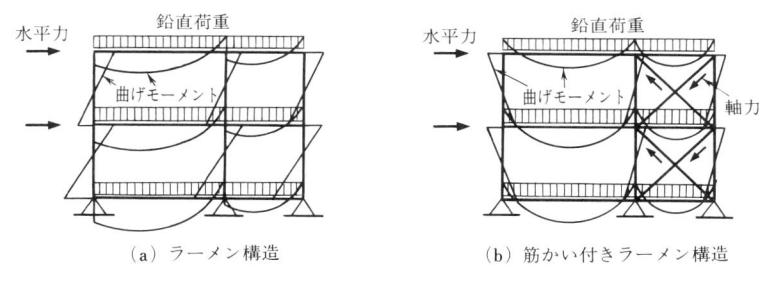

**図 2.2** ラーメン構造と筋かい付きラーメン構造の応力分布

(a) ラーメン構造　　(b) 筋かい付きラーメン構造

柱に**箱形断面**を用いると，2方向すなわち張間方向と桁行方向がともに柱の強軸方向となるので，図2.3 (a) のような2方向ラーメン構造とすることが多く，空間の利用効率や区画の自由度が高くなる．柱に**H形断面**を用いるときは，図 (b) のように柱の強軸方向はラーメン構造とし，弱軸方向は筋かい付きラーメン構造とすることが多い．このとき，筋かいを階段やエレベーターが配置されるコア部分に設けると空間の利用上妨げとならない．ただし，筋かいの配置が平面的に偏在すると**偏心率**が大きくなり，地震時に建物全体の**ねじれ振動**を引き起こす原因となるので注意が必要である．また，筋かいは高さ方向にもバランスよく配置しておかないと，**剛性率**の小さい階が地震時に過大な**層間変形**を起こすことがある．偏心率と剛性率はラーメン構造においても構造計画の段階で十分配慮しておくことが大切である．

梁には床荷重によって鉛直面内に曲げモーメントが作用するので，曲げに対する性能の高いH形断面（圧延H形鋼または溶接組立H形断面梁）が用いられる．梁には，柱に接合されて架構を形成する**大梁**と床を支持したり大梁を横補剛するための**小梁**がある．梁の上面には**シアコネクタ**（多くは**頭付きスタッド**）を溶接し，これを介して梁を**鉄筋コンクリート床スラブ**と一体化することが多い．この場合の梁は**合成梁**と呼ばれ，鉄骨梁だけよりも剛性と強度が高くなる．床スラブの施工においては，鋼製の**デッキプレート**を梁の上に敷き，これを型枠代わりにしてその上にコンクリートを打設するのが一般的である．プレキャストコンクリート版を床に用いる場合は，金具を用いて要所を梁と締結し，床面全体の剛性を確保する．

(a) 2方向ラーメン構造　　(b) 1方向ラーメン・1方向筋かい付きラーメン構造

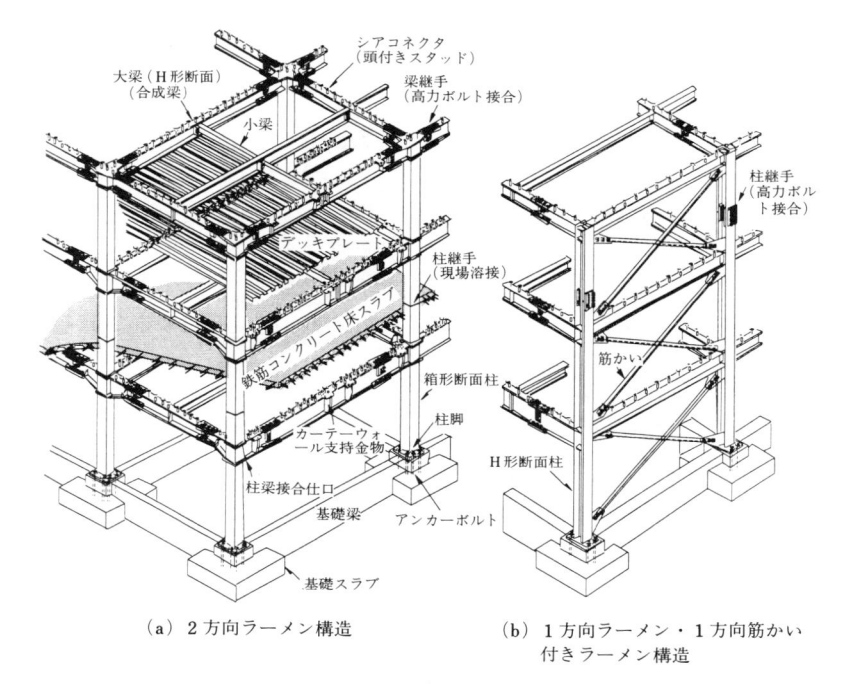

図 2.3　中低層の鉄骨構造

　このような中低層の鉄骨を構成する柱，梁，筋かいなどの個々の部材の挙動と設計については，4章～9章（合成梁は14章）で順次解説していくことにする．これらの部材は建設現場で接合して骨組に組み立てられる．その接合方法にはボルトまたは高力ボルト接合および溶接接合があり，これについてはそれぞれ10章と11章で学ぶことにする．接合部のうち特に重要な柱-梁接合部と柱脚については，それぞれ12章と13章で個別に解説する．

## 2.3　高層建築

　軽くて強い鋼は**高層建築**（tall building, high-rise building）に適した材料である．20世紀になって開発された高張力鋼や極厚H形鋼が100mを優に超える**超高層建築**（super tall building）を可能にし，都市空間の高度利用を促進した．しかし，鋼材は強度が高くなってもヤング係数は一定のままである．そ

## 2.3 高層建築

のため，高強度鋼を用いた細長い高層建築は柔らかくなる傾向があり，居住性を確保するためには，水平剛性を高めて風による揺れを押さえることが構造計画における1つの大きな課題となる．その代表的な解決策に，コア構造，メガ構造，チューブ構造があり，高層になるほど後者が採用される．

**コア構造**（cored structure）（**連層耐力壁構造**（continuous shear wall structure）ともいう）は，図2.4 (a) に示すように，大型の組立柱を縦に通した構造である．組立柱の部分が脚部を固定端とするカンチレバーとして働き，風圧力に抵抗する．組立柱は，多くの場合，隣接する柱をラチスで大組みしたトラスとなるが，その代わりに鋼板壁などを用いることもある．

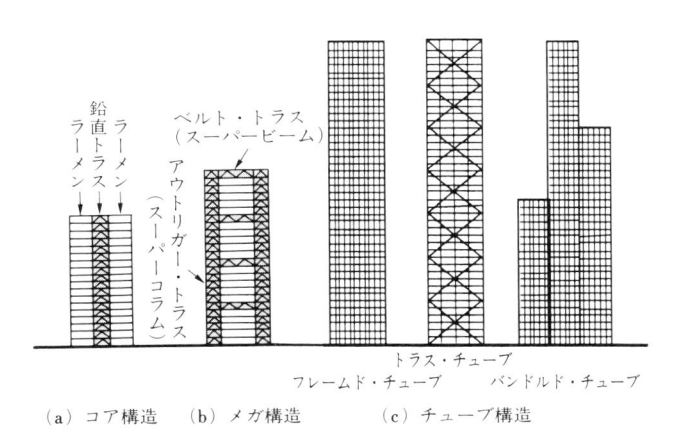

図 2.4 高層建築の構造システム

**メガ・ストラクチャー**（mega-structure）（**スーパー・ストラクチャー**（super-structure）ともいう）は，図 (b) に示すように大型の柱と梁で大架構を組んだ構造を指し，多くの場合，このような大型部材はトラス形式となる．図の網掛け部分が大きな剛性をもつ1つの柱や梁のように振る舞い，構造全体としては巨大なラーメン構造（フィーレンデール橋を縦にした形式）となる．メガ・ストラクチャーの例として，芦屋浜高層住宅群（最高のもので84 m，29階），NEC本社ビル（180 m，43階）や東京都庁（243 m，48階）がよく知られている．

100階を超えるような超高層建築は，図 (c) に示す**チューブ構造**（tubular

structure）で建てられることが多い．チューブ構造はその全体が地面を固定端とするカンチレバーになっている．図2.5 (a) に示すように，建物の外周に配置された柱群があたかも1つの筒（tube）のように振る舞う．このとき，外周は風上側が引張り，風下側が圧縮となり，外周の柱の軸変形（伸び縮み）が建物の水平方向のたわみとなって現れる．図 (b) に比較してあるように，個々の柱と梁が曲げで抵抗するラーメン構造とは変形の形態が異なっている．外周の近接した柱を階ごとに短いつなぎ梁で剛接合したフレームド・チューブ構造（framed tubular system）としてニューヨークのワールドトレードセンター（110階，417 m）がよく知られていたが，2001年の航空機テロによりツィンビルの2棟とも崩壊した．また，外周を筋かいでくるんだトラス・チューブ構造（trussed tubular system）としてシカゴのジョンハンコックセンター（100階，332 m）や，複数のチューブを束ねたバンドルド・チューブ構造（bundled tubular system）としてシカゴのシアーズタワー（110階，443 m）がある．なお，チューブ構造は**シアラグ**によって辺の中央部分にある柱群の働きが低下するので，構造設計ではこれを考慮して水平剛性を補正する必要がある．

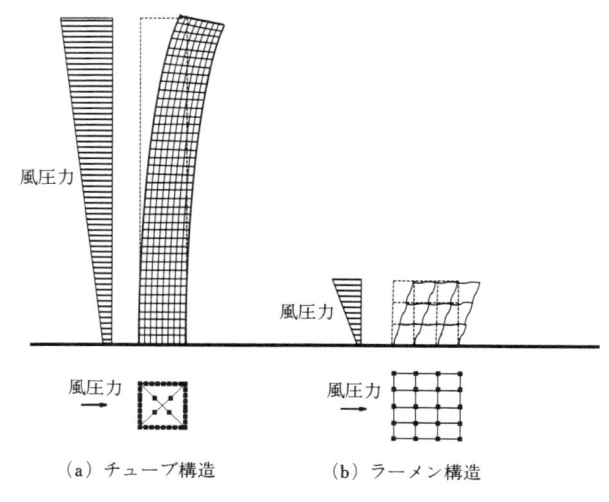

図 2.5　チューブ構造とラーメン構造の水平力による変形

## 2.4 大スパン建築

軽くて強い鋼を有効に利用する建築の形態として屋内競技場・飛行機の格納庫・工場などに代表される**大スパン建築**がある．このような柱のない広い空間を覆う構造を**空間構造**（space structure）といい，その形態としてトラス構造，アーチ構造，ケーブル構造，シェル構造，プレストレスト構造などが採用される．

**トラス構造**（truss structure）は古くからあり，建物の屋根トラスだけでなく橋や塔にも用いられてきた．トラスには**平面トラス**と**立体トラス**がある．平面トラスは，上下の**弦材**（chord）とその間を結ぶ**ラチス材**（lattice）で構成されており，それらがすべて1つの平面内に配置されている．上下の弦材が平行な**平行弦トラス**と平行でない**山形トラス（迫りもちトラス）**がある．ラチスの組み方によって図2.6に示すようなさまざまの呼び名のトラスがある．これらは，19世紀の錬鉄の時代に考案されたものが多い．立体トラスには，図2.7のように，1つの曲面にラチスを配置した**単層ラチス**と複数の曲面にラチスを配

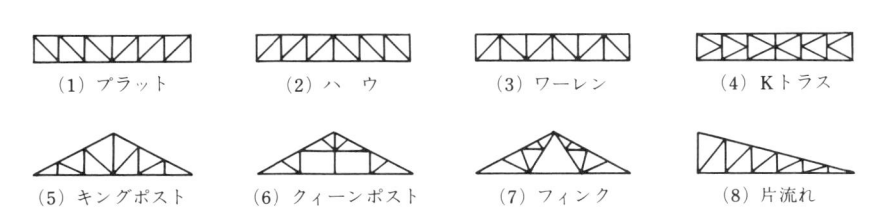

(1) プラット (2) ハウ (3) ワーレン (4) Kトラス
(5) キングポスト (6) クィーンポスト (7) フィンク (8) 片流れ

図 2.6 平面トラスの種類（上段：平行弦トラス，下段：山形トラス）

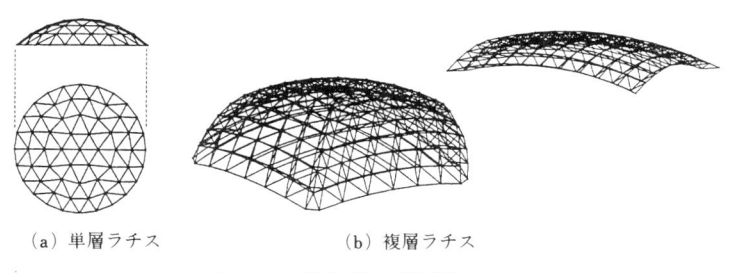

(a) 単層ラチス (b) 複層ラチス

図 2.7 立体トラスの例（太陽工業提供）

置した**複層ラチス**の形式がある．

　トラスの部材はボルトや溶接で連結され，実際には曲げ抵抗をもつが，曲げよりも軸力のほうが卓越するので，節点をピンと仮定して応力解析をすることが多い．この場合，力の釣合いだけで応力状態が決まる静定トラスと変位の適合条件を合わせ考えなければ応力状態が決まらない不静定トラスがある．一般にトラスは三角形のユニットを連結することによって剛性の高い架構を形づくるが，クィーンポストのように四角形のユニットが部分的に含まれるものもある．トラス構造では荷重を節点に作用させ，部材に曲げが生じないようにするのが構造計画の基本である．

　**アーチ構造**（arch structure）は，元来，引張力を負担することのできない石やれんがによる組積造として誕生したものであるが，鉄骨にすることによってより広いスパンを覆うことができるようになり，体育館の屋根などに利用されている．図 2.8 に示すように，単一材に曲率を与えた**単材アーチ**とより大きなスパン用の**トラスアーチ**がある．一般にアーチは不静定構造であるが，両支点とアーチの途中 1 箇所にピンを設けた 3 ヒンジアーチは静的構造となる．

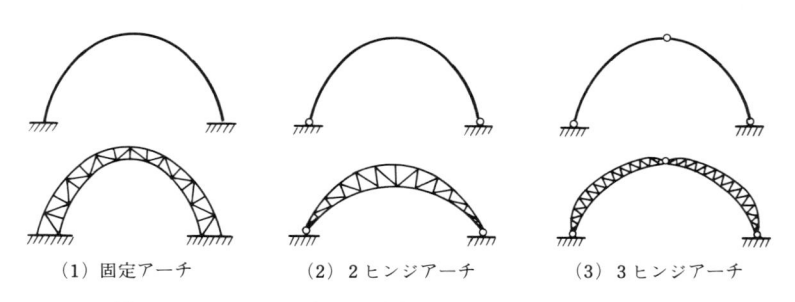

(1) 固定アーチ　　(2) 2 ヒンジアーチ　　(3) 3 ヒンジアーチ

**図 2.8**　アーチの形態（上段：単材アーチ，下段：トラスアーチ）

　**ケーブル構造**（cable structure）（**吊り構造**，**張力構造**ともいう）のケーブルは，引張軸力のみで荷重を支持する構造であり，座屈による不安定から解放されるので，超大スパンを張りめぐらすことが可能である．吊橋や斜張橋などの橋によく見られるが，図 2.9 のように無柱の大空間を必要とする建物の屋根や床を支える構造にも用いられる．このとき，ケーブルを支える柱には圧縮や曲げが作用する．ケーブルの曲線形は，自重のみの場合に懸垂線（カテナリー）

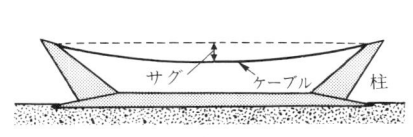

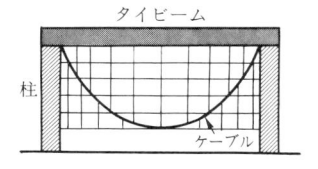

(a) 屋根を支えるケーブル　　　　(b) 床を支えるケーブル

図 2.9　ケーブル構造の形態

となり，水平線上の等分布荷重に対しては放物線となることが知られているが，懸垂線と放物線の形態上の差は小さい．また，水平荷重が作用しない場合にはケーブルの張力の水平成分はどの位置でも同じであるという性質をもっている．

**シェル構造**（shell structure）はコンクリートで建設されることが多かったが，鋼材を用いたシェルも普及してきた．鉄骨シェルにはいろいろな形態があるが，図 2.10 のように，多くは引張りまたは圧縮の膜応力によって荷重を支える**膜構造**（membrane structure）である．引張膜構造の代表は，ケーブルを網目状に交叉させて曲面を形成する**ケーブルネット構造**（たとえば，代々木競技場，スパン 126 m），および空気圧を利用して風船のように膨らませた**空気膜構造**（東京ドーム，スパン 201 m）である．空気膜構造においても可撓性のある軽

(a) ケーブルネット構造　　(b) 空気膜構造

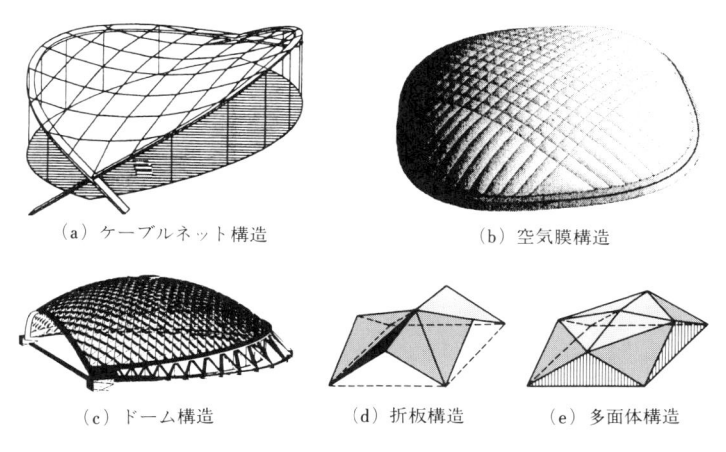

(c) ドーム構造　　(d) 折板構造　　(e) 多面体構造

図 2.10　シェル構造の形態[2.3], [2.8]

いガラス繊維膜の形を保持するためにケーブルで補強してある．圧縮膜構造の代表としては，アーチを交叉させて上に凸な曲面をつくる**ドーム構造**がある．この場合は膜応力だけでなくアーチの曲げ抵抗を含めた設計を行う．また，曲面に内接あるいは外接する平面を立体的に組み立てた**折板構造**や**多面体構造**もある．

**プレストレスト構造**（prestressed structure）としてよく知られているのは，コンクリートに埋め込んだ高張力鋼線（あるいは鋼棒）に張力（プリテンション）を導入したプレストレストコンクリートであるが，これと同じ原理を適用したプレストレスト鉄骨構造も成立する．コンクリートにはクリープがあるので応力弛緩を考慮した設計が必要であるが，鋼にはクリープがないのでその心配がない．たとえば，図 2.11 (a) に示す**タイド・アーチ**のように，アーチの支点をケーブルでつなぐと，それだけで支点のスラスト（水平反力）を支持でき，自己釣合い系が形成できる．このとき，ケーブルにプリテンションを導入するとアーチには上面が引張りとなる曲げモーメントがあらかじめ導入されることになる．すると，自重や積載荷重によって生じる逆向きの曲げモーメントを打ち消すことができる．図 (b) のように，梁とケーブルの間に束材（strut）を入れてケーブルにプリテンションを導入すると同じ効果が得られる．これを**張弦梁構造**（beam string structure）といい，むくり（ライズ）の低い扁平・大スパンの屋根構造として利用されている．

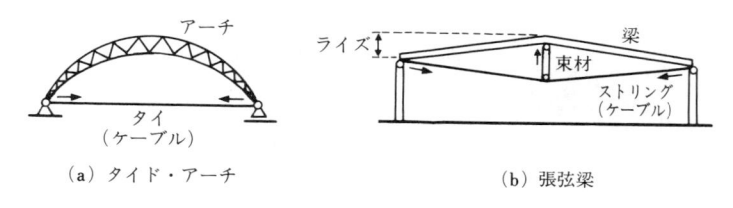

(a) タイド・アーチ　　(b) 張弦梁

図 2.11　プレストレスト構造の例

## 2.5　プレファブ住宅建築

**プレファブ住宅**（工業化住宅，システム住宅ともいわれる）には，木質系・鉄骨系・コンクリート系がある．1999 年の建築統計によると，新設プレファブ

## 2.5 プレファブ住宅建築

住宅のうち,鉄骨造は約15万戸,木造は約3万戸(ツーバイフォーを含めると約10万戸),鉄筋コンクリート造は約6千戸となっており,鉄骨系がもっとも多い.鉄骨系プレファブ住宅の普及は1955年に生産が始まった軽量形鋼に負うところが大きい.鉄骨系プレファブ住宅は,木質系と同様に,軸組形式,パネル形式,ユニット形式に分類され,後者になるほど工場でのプレファブリケーションが進んでいる.これらを組み合わせた形式もある.

**軸組形式**の鉄骨系プレファブ住宅は,柱と梁によるラーメン構造,あるいは筋かいを含んだ筋かい付きラーメン構造である.2.2節で述べた一般の中低層建築と異なるのは,部材のサイズが小さいというだけでなく,柱と梁を現場で接合する際の作業性を高めるために溶接を用いず標準化された機械的接合を用いていることである.多くは,図2.12(a)に示すような高力ボルト引張接合が用いられている.

**パネル形式**は,工場生産された長方形のパネル(図(b))を現場で組み立てたもので,鉛直荷重と水平力を壁で支持する**壁式構造**である.パネルの4辺は鋼製枠(多くは軽溝形鋼の枠)になっており,枠の中に筋かいまたは面材を入れて補強してある.上で述べた軸組形式とこのパネル形式を組み合わせた軸組・パネル併用形式もあり,このときは鉛直荷重を軸組に水平力をパネルに負担させている.

**ユニット形式**は,軽量鉄骨ラーメンの箱形ユニット(図(c))を工場で製作し,現場で水平と上下に連結していくものである.

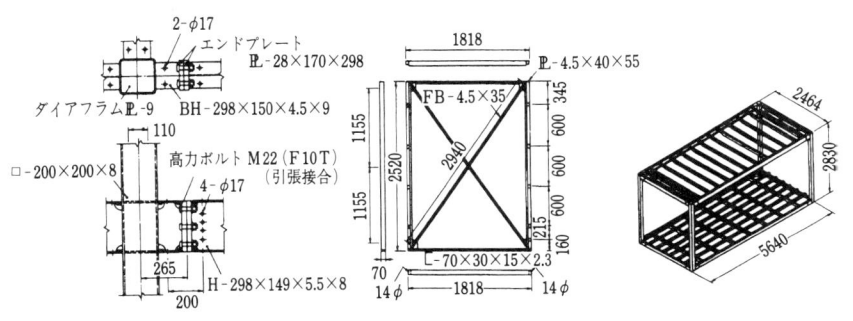

(a) 軸組形式の柱-梁接合の例　(b) パネル形式のパネルの例　(c) ユニット形式のユニットの例

**図 2.12** 鉄骨プレファブ住宅の構造形式[2.9]

以上のほかに，木造ツーバイフォー工法（枠組壁工法）を模した**スチールハウス**がある．これは，枠材を木材から軽量形鋼に置き換えたもので，壁や床はツーバイフォーと同じ合板などが用いられる．

## 2.6 耐震・免震・制震建築

地震が頻発するわが国では，地震に対する建物の安全性と機能性を確保する構造設計が重視されている．そのような構造物をあえて分類すれば，耐震構造・免震構造・制震構造となる．いずれも，動力学理論に基づいて構造物の強度と変形を制御した構造であるという点では共通している．違いは，耐震構造では柱・梁・筋かいなどの架構を構成する構造要素に地震入力エネルギーを弾性変形あるいは塑性変形で吸収させるのに対して，免震・制震構造では架構の中に装備した特殊なデバイス（装置）で地震入力エネルギーを吸収させる．

鉄骨の**耐震構造**は，静的震度法で設計していた頃（1980年以前）には，必要な弾性限耐力を構造各部に付与して地震水平力に抵抗する構造であったが，現在では，中小地震に対しては弾性限耐力と弾性限変形で，大地震に対しては塑性耐力と塑性変形で抵抗する構造に進化している．このとき，構造物の動的特性に基づいて地震水平力の分布を計算し，その分布形に適合するように構造各部に適切な強度を配分することによって変形や損傷の集中を防いでいる．特に，中高層の鉄骨では，図2.13(a)に示すように，**梁降伏型骨組**（**強柱弱梁骨組**ともいう）で設計されることが多い．これは，大地震を受けたときに生じる降伏損傷をすべての梁に分散させて，骨組全体としてのエネルギー吸収能力を高めた構造形式である．

**免震構造**は，図(b)に示すように，免震層を設けて地面の揺れから建物を絶縁することを狙ったものである．免震装置（base isolator）として，滑り支承や転がり支承などが昔から提案されていたが，1980年頃に**積層ゴム**（ゴム板と鋼板を交互に貼り合わせたもの）が開発され，建物の重量を支える一方で地震水平力を伝達しないという免震のアイデアが実現されることとなった．ただし，水平抵抗がなくなってしまうと，建物と地面との相対変位が大きくなってしまい，積層ゴムが破壊したり，地面から建物に接続されている配管などに損傷が生じる．そこで，免震層の過大な変形を抑制するために**ダンパー**（減衰装

## 2.6 耐震・免震・制震建築

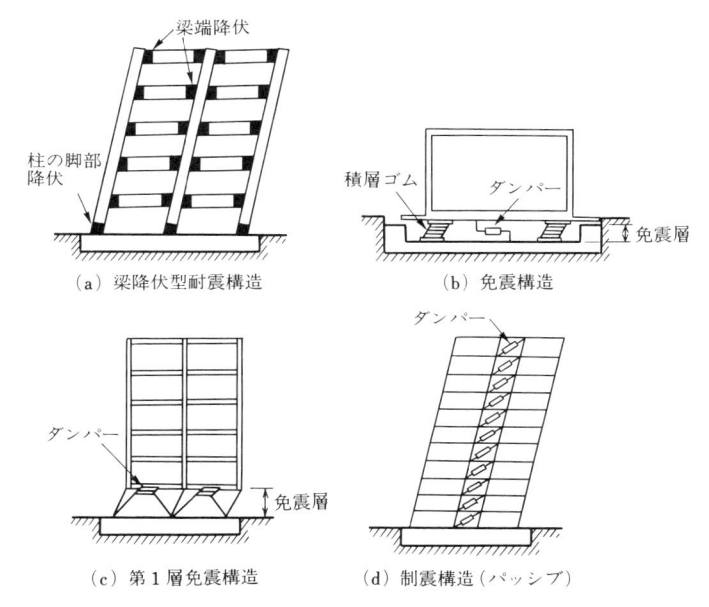

**図 2.13** 耐震・免震・制震構造の例

(a) 梁降伏型耐震構造 — 梁端降伏、柱の脚部降伏
(b) 免震構造 — 積層ゴム、ダンパー、免震層
(c) 第1層免震構造 — ダンパー、免震層
(d) 制震構造（パッシブ）— ダンパー

置，damper）を設ける必要がある．ダンパーには，メタルダンパー（鉛や鋼），オイルダンパー，摩擦ダンパーなどさまざまのものが考案されている．図（b）のような免震構造は建物の剛性が高い鉄筋コンクリート構造に適しており，また基礎が二重構造になるということから，鉄骨では1階部分を免震層とした**ソフト・ファースト・ストーリー**（第1層免震）がある．これは建物重量と地震水平力をそれぞれ柱とダンパーに役割分担させたもので，柱は座屈しない程度に柔らかくし，ダンパーは剛性が高くかつ塑性変形に富むように設計するので，柔剛混合構造とも呼ばれている．

　**制震構造**には，アクティブ（能動的，active）とパッシブ（受動的，passive）がある．アクティブ制震は，建物の振動をセンサーで感知して振動を打ち消す自動制御機構をもったものである．アクチュエータで付加質量を加振して地震力を相殺するもの（アクティブ・マス・ダンパー，AMD）や，筋かいなどの水平抵抗要素を電気的にオン・オフさせて構造の剛性を変化させ共振を回避する可変剛性構造などがある．ただし，AMDについては大地震時の大きな入力に

は制御力が不足するので，むしろ風による振動を制御する目的に使用され，その場合には制振構造と称している．パッシブ制震は地震入力エネルギーを吸収する制震ダンパーを骨組に装着したもので，油圧を用いた粘性ダンパーや低降伏点鋼を用いた履歴ダンパー，あるいは同調質量と組み合わせたチューンド・マス・ダンパー（TMD）などがある．上で述べた免震構造はパッシブ制震の一形態ともいえる．

## 演習問題

**2.1** 身近にある鉄骨造の商業建築や住宅，体育館，展示場，アーケードなどを見学して構造形式を調べよ．

**2.2** 筋かいは骨組の水平剛性を高める上で非常に有効である．図2.14のように，柱脚がピン支持された1層1スパンのラーメンがある．これに筋かいを入れると水平剛性が何倍になるか計算せよ．ラーメンの階高を$l$，スパンを$2l$，柱と梁の断面を$a \times a$の正方形中実断面，筋かいの断面を$\frac{a}{10} \times \frac{a}{10}$の正方形中実断面，材料のヤング係数はすべて$E$，および$l=30a$とする．なお，柱と梁の軸方向の伸縮は小さいので無視してよい．

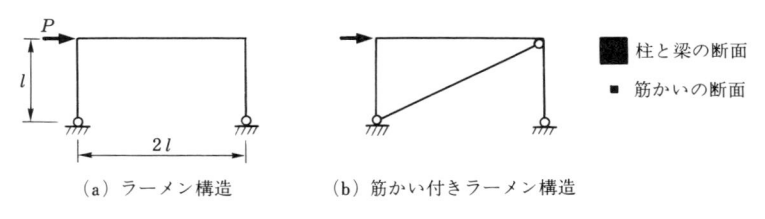

（a）ラーメン構造　　（b）筋かい付きラーメン構造

図 2.14

**2.3** 超高層建築では風による揺れを押さえるためにラーメン構造よりも水平剛性の高いチューブ構造とすることが多い．その理由を図2.15に示した例で確かめよ．高さ$H=270$m，幅$B=27$m，階数$N=90$，階高$h=3$mの建物の頂部に水平力$P$が作用したときの頂部の水平変位$\delta$をチューブ構造とラーメン構造について計算せよ．このとき，柱の曲げによるものと柱の伸縮によるものを分けて計算し，それを足し合わせて$\delta$を求めよ．簡単のため，柱の断面は最下層から最上層まで同じとし，個々の柱は，断面積が$A_0 = \frac{h^2}{150}$，断面2次モーメントが$I_0 = \frac{h^4}{60{,}000}$，ヤング係数を$E$とし，梁は剛とする．$\delta$を$P, h, E$で表してチューブ構造とラーメン構造を比較せよ．なお，シアラグは無視するものとする．

演習問題

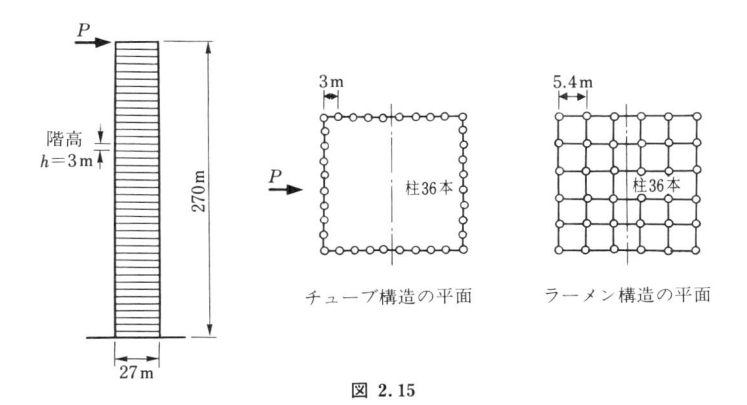

図 2.15

2.4 大スパン構造の屋根にケーブルを用いたとき，ケーブルのたるみ（サグ）がケーブルの張力や支点反力に大きな影響を与える．これを図 2.16 に示した例について計算せよ．スパン $L$，サグ $h$ のケーブルに等分布荷重 $p_0$ が作用したときの支点における鉛直反力 $V_0$，水平反力 $H_0$，ケーブルの最大張力 $T_{max}$ を求め，それらに及ぼす $h$ の影響を述べよ．

（ヒント）ケーブルの任意の点 A におけるモーメントの釣合い（図 (c)）からケーブルの方程式 $H_0 y = V_0 x - \int_0^x (x-\xi) p_0 d\xi$ が得られる．ケーブルの途中には水平荷重が作用しないので，ケーブルの張力の水平成分は一定であり，$H_0$ と等しい．ケーブルの張力は図 (b) より $T = H\sqrt{1+\left(\dfrac{dy}{dx}\right)^2}$ である[2.1]．

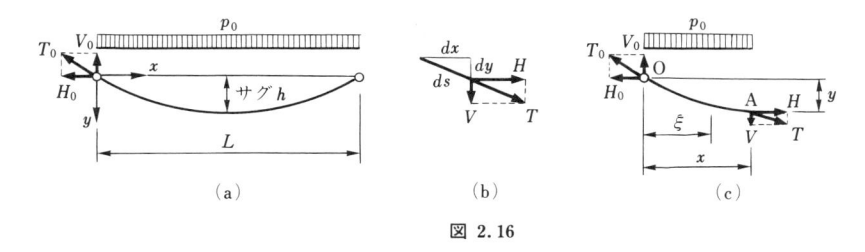

図 2.16

2.5 鉄骨を網目状に組んだ球形ドームがある（図 2.17）．このドームに雪が均一に積もったとき（単位水平面積当たり $p_0$），ドームの経線方向と緯線方向の鉄骨に作用する膜応力（単位幅当たり）を角度 $\phi$ で表せ．経線方向の膜応力 $N_\phi$ は常に圧縮で，緯線方向の膜応力 $N_\theta$ は上部から下部に向かって圧縮から引張りに変化することを確認せよ．

図 2.17

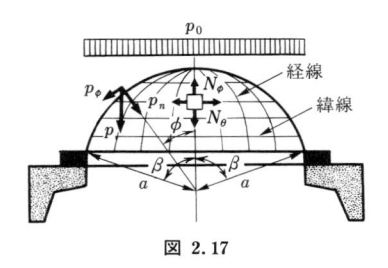

（ヒント）　軸対称荷重を受ける回転シェルの問題である[2.1]．

## ［参考図書］

2.1)　桑村　仁：建築の力学―弾性論とその応用―（2.6 筋かい，2.8 トラス，2.9 ケーブル，2.10 アーチ，3.7 シアラグ，7.5 プレストレス，11 シェル），技報堂出版，2001

2.2)　メインストン，R. J.（山本学治・三上祐三訳）：構造とその形態　アーチから超高層まで，彰国社，1984

2.3)　エンゲル，H.（JSCA 訳）：空間デザインと構造フォルム，技報堂出版，1994

2.4)　Blanc, A., McEvoy, M., and Plank, R. eds.: Architecture and Construction in Steel, E & FN Spon, 1993

2.5)　日本建築構造技術者協会：図説　建築構造のなりたち，彰国社，1998

2.6)　日本建築学会：構造用教材，1985

2.7)　日本建築学会：ちからとかたち，1994

2.8)　日本建築学会：建築構造パースペクティブ，1994

2.9)　日本鋼構造協会：鋼構造技術総覧［建築編］，技報堂出版，1998

2.10)　日本建築学会：制震・免震の将来を探る，建築雑誌，1993.2

2.11)　鋼材倶楽部：紙模型でわかる鋼構造の基礎，技報堂出版，2001

# 3 鋼材

## 3.1 鋼材の性能

鋼という物質でつくられた形のある製品を**鋼材**という．その中で，建築鉄骨や土木橋梁，船舶，車両，機械，容器などの構造物に使用される鋼材を**構造用鋼材**と総称している．構造用鋼材の性能は，断面の**形状と寸法**（shape and size），**力学的性質**（mechanical property，**機械的性質**ともいう），および**化学成分**（chemical composition）の 3 要素でほぼ決定づけられる（このほかにも，特殊な用途には表面処理や防錆処理などが追加されることがある）．日本工業規格（JIS）などで規格化されている鋼材は，この 3 項目がセットとなって性能が規定され，それにのっとって工場生産される．製造者は鋼材が規定を満足していることを証明する**ミルシート**と呼ばれる検査証明書を発行する．

設計者は，構造部材に作用する引張や圧縮軸力，曲げモーメント，せん断力，ねじりモーメントなどの応力の種類に応じて，適切な断面形状（H 形や円形など）を選択する．次に，作用応力の大きさに応じて，それに耐えうる断面の寸法と適切な力学的性質をもった鋼材を選定する．さらに，溶接施工に困難が生じないように鋼材の化学成分にも留意しなければならない．

鋼は鉄に約 0.02～2% の炭素が含まれたものをいい，炭素の含有量がそれ以下のものを**純鉄**（(pure iron) または単に鉄（iron）），それ以上のものを**鋳鉄**（cast iron）と呼んでいる．鋼をさらに炭素含有量のみで単純に分類するとき，炭素が約 0.25% までを低炭素鋼，約 0.5% 以上を高炭素鋼，その中間を中炭素鋼といっている．

主として炭素によって所要の性能を付与した鋼を**炭素鋼**（carbon steel）という．炭素含有量は鋼の硬さと高い相関があることから，炭素の含有量が約 0.12% 以下を**極軟鋼**，約 0.12～約 0.30% を**軟鋼**，約 0.30～約 0.50% を**硬鋼**

という（0.50%以上のものに最硬鋼や炭素工具鋼がある）．炭素以外の合金元素の添加によって所要の性能を付与した鋼を**合金鋼**（alloy steel）といい，合金成分が数%程度以下の少ないものを**低合金鋼**，それ以上のものを**高合金鋼**と呼んでいる．

熱処理による分類では，焼入焼戻しの熱処理を施して鋼に所要の性能を与えたものを**調質鋼**（quenched and tempered steel）といい，熱処理を与えず圧延のままあるいは圧延後の自然な焼ならし状態のものを**非調質鋼**（as rolled or normalized steel）という．

強度による分類では，**軟鋼**（mild steel）と**高張力鋼**（high-strength steel）に分けられるが，その線引きは明確ではなく利用分野でも異なっている（ここでの軟鋼は炭素含有量で分類した軟鋼と必ずしも対応していない）．建築では引張強さの規格最小値が 490 N/mm² を境に，それ未満を軟鋼，それ以上を高張力鋼と呼んでいる．引張強さが 1,000 N/mm² を超えるものを超高張力鋼ということがある．引張強さが約 600 N/mm² 以上の高張力鋼は一般に調質鋼である．

鋼を**普通鋼**と**特殊鋼**に分けることがある．これはもともと商取引き用語で，両者の区別は必ずしも明確ではなく，一般的な用途に使われる量産鋼と特殊な用途に使われる特別な品質の鋼といった意味合いである．

建築鉄骨で用いられるのは，炭素鋼のなかの軟鋼が圧倒的に多く，低合金鋼のなかの高張力鋼（多くは非調質）や高合金鋼のなかのステンレス鋼なども用いられる．軟鋼と低合金高張力鋼は普通鋼の範疇に入り，ステンレス鋼は特殊鋼に入る．

鉄骨構造にはいろいろな種類の鋼材が用いられるが，それらに共通する材料定数を表 3.1 に示しておいた．ただし，これは普通鋼の設計で用いられる数値であり，ニッケルやクロムなど多量の合金を含むステンレス鋼のような特殊鋼では，これらの材料定数の値が異なるので注意が必要である．

建築鉄骨に用いられる鋼材には，高炉メーカーがつくる**高炉材**と電炉メーカーがつくる**電炉材**がある．高炉メーカーは銑鋼一貫メーカーとも呼ばれ，製銑・製鋼・圧延の 3 工程をすべて完備している．**製銑工程**は，高炉（溶鉱炉）で鉄鉱石から溶けた銑鉄（溶銑）をつくる工程である．**製鋼工程**は，転炉で溶

## 3.1 鋼材の性能

**表 3.1** 普通鋼の材料定数

| 弾性定数 | | | 常温における線膨張係数 $\alpha(1/℃)$ | 基本質量 $\rho(\mathrm{kg/mm \cdot m^2})$ |
|---|---|---|---|---|
| ヤング係数 $E(\mathrm{N/mm^2})$ | せん断弾性係数 $G(\mathrm{N/mm^2})$ | ポアソン比 $\nu$ | | |
| 205,000 | 79,000 | 0.3 | $1.2 \times 10^{-5}$ | 7.85 |

(注) 重力加速度 $g=9.80665$ m/sec$^2$, 1 tonf/cm$^2=98.0665$ N/mm$^2$

銑を精錬して溶けた鋼（溶鋼）をつくり，さらにそれを凝固させた半製品（連続鋳造法または分塊圧延法による鋼片）をつくる工程である．**圧延工程**は，鋼片を高速回転するロールに通して圧下し（これを圧延という），さまざまの形をした製品をつくる工程である．一方，電炉メーカーは高炉をもたず，鉄くず（スクラップ）を主原料にして電炉（電気炉）で溶融・精錬し鋼片をつくる製鋼工程とそれに続く圧延工程をもっている．また，鋼片を単に圧延する圧延工程だけをもっている単圧メーカー，鋼板またはコイルから軽量形鋼や角形鋼管などを製造する圧延または成形工程のみをもつ建材メーカーもある．これらのプロセスは図3.1にフローチャートで描かれている．上で述べた鋼材性能のうち，形状・寸法は圧延工程で決まり，力学的性質は製鋼工程と圧延工程の両方で決まり，化学成分は製鋼工程で決まる．

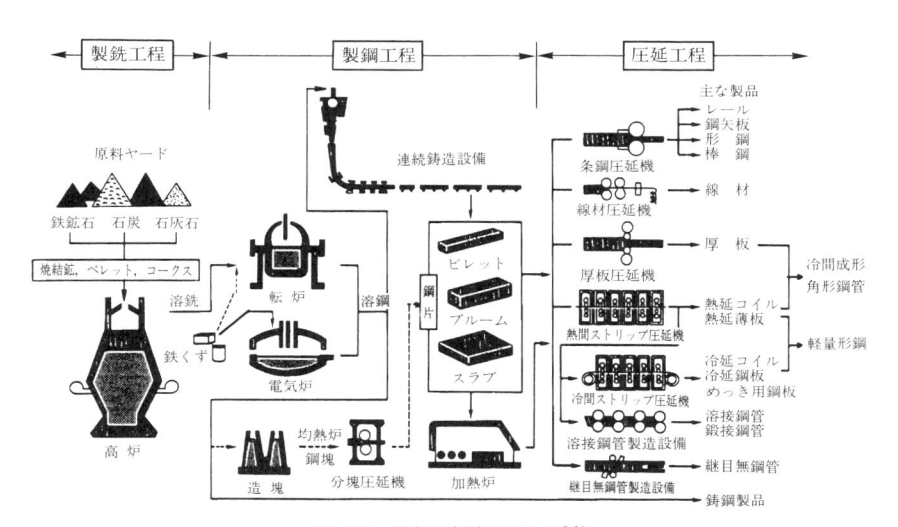

**図 3.1** 鉄鋼の製造プロセス[3.1]

## 3.2 鋼材の断面形状と寸法

鉄骨構造で用いる鋼材の断面形状はさまざまであり，その代表例を図3.2に示す．それぞれの断面形状には図中に示す名称が付いている．設計図では，断面の形状と寸法を表記する方法が決まっているので，それも断面ごとに併記しておいた．

鋼材のもっとも一般的な圧延プロセスは**熱間圧延**で，これは鋼を約800℃以上の高温で圧延し所定の形に仕上げる方法である．H形鋼に代表される形鋼は熱間圧延で製造され，**熱間圧延形鋼**(hot rolled section)といわれる．これに対して，鋼の温度が常温の状態で圧延することを**冷間圧延**という．

**鋼板**(steel plate)は，厚さが3 mm以上を**厚鋼板**(または**厚板**)，3 mm未

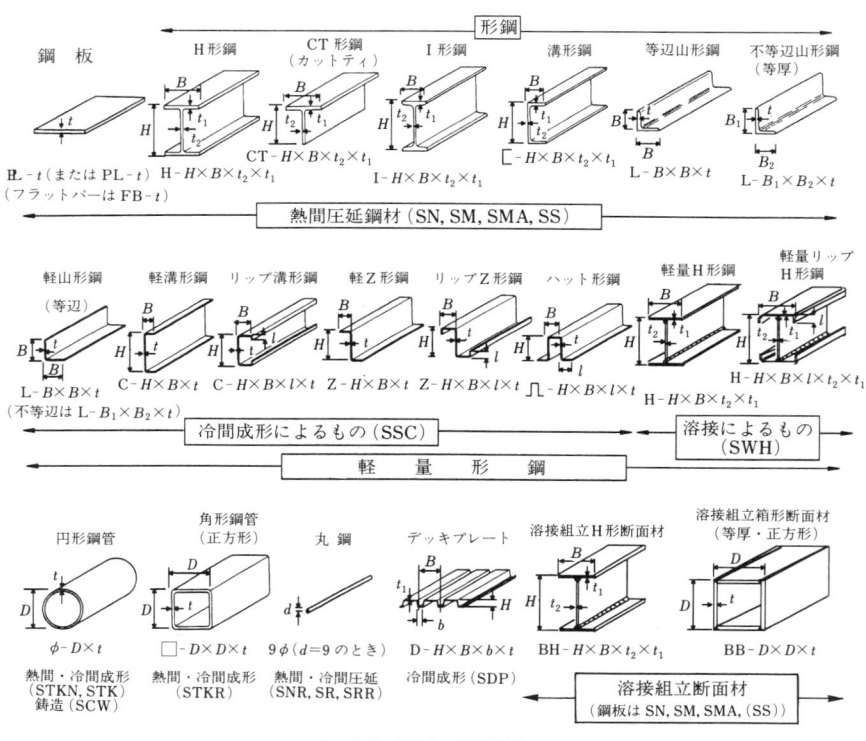

図 3.2　鋼材の断面形状

満を**薄鋼板**（あるいは薄板，steel sheet）という．なお，3 mm 以上 6 mm 未満のものを**中板**ということがあり，また，厚板工場で製造されるのが通常 6 mm 以上であることや軽量形鋼の最大厚さが 6 mm であることから 6 mm までを薄板ということがある．厚鋼板は多くは熱間圧延で，薄鋼板は熱間圧延または冷間圧延でつくられる．薄鋼板は板のままで構造材に使われることは少なく，軽量形鋼や円形または角形鋼管に成形して用いられる．フラットバーとも呼ばれる**平鋼**（flat bar）は長方形断面の 4 面とも熱間圧延された棒状の鋼板で（厚さは 4.5〜36 mm），通常は棒鋼に分類される．鋼板の表面にすべり止めとして突起状の縞模様を入れた**縞鋼板**（checkered plate）があり，床板や階段の踏み板に使われる．長い帯状の鋼板を巨大なトイレットペーパーのようにコイルに巻き取ったものあるいはそれを巻き戻したものを**鋼帯**（strip）といい，軽量形鋼などの 2 次製品に加工される．

　薄い板で構成され種々の断面形状をした**軽量形鋼**（light gauge section）は**冷間成形**（cold forming）と呼ばれる方法で製造されるが，溶接組立による H 形断面もある．冷間成形は薄鋼板を常温で曲げたり引き伸ばしたりする塑性加工を施して所定の形をつくる方法である．冷間成形によって与えられる塑性ひずみが，鋼の硬化と脆化を引き起こすため（それぞれ**加工硬化**，**ひずみ脆化**という），冷間成形鋼材は原板よりも強度が高くなる反面，延性と靱性が低下していることに注意が必要である．

　**円形鋼管**（単に**鋼管**ともいう）と**角形鋼管**は熱間成形と冷間成形があり，熱間成形のものは熱間圧延鋼材と同様の性質をもつが，冷間成形では上記のように塑性加工の影響を受けることとなる．なお，円形鋼管には熱間圧延による**継目無鋼管**（シームレス鋼管）や遠心力鋳造による**遠心力鋳鋼管**もある．

　建築鉄骨の柱や梁に多く使われる H 形鋼や角形鋼管は規格化されているため寸法の種類が限られている．そこで，より大きな断面を必要とする場合などには鋼板を必要な幅に切断し，それを溶接で組み立て，H 形断面や箱形断面の部材をつくることも一般に行われている．これらを**溶接組立断面**（built-up section）と呼んでいる．このとき，注意しておいたほうがよいのは，鋼板の厚さには常用板厚（3.2, 4.5, 6, 9, 12, 16, 19, 22, 25, 28, 32, 36, 40 mm）があり，この板厚以外の鋼板は製造量と在庫量が少ないので入手に時間がかか

ることがある．

　断面の寸法には公称値に対して許容差が設定されている（熱間圧延鋼材については，棒鋼が JIS G 3191，形鋼が同 3192，鋼板が同 3193，平鋼が同 3194，ほかは当該規格）．建築構造用圧延鋼材（SN 鋼）では，厚さのマイナス側の許容差（公称厚さより小さくなる側の誤差）が小さ目に押さえられている．

## 3.3　鋼材の力学的性質

　鋼材の力学的性質には，材料力学的性質と破壊力学的性質がある．**材料力学的性質**には，降伏強さ，引張強さ，降伏比，一様伸び，破断伸び，絞り，硬さなどがあり，これらは鉄骨部材を設計するときに必要な降伏耐力（弾性限耐力ともいう），全塑性耐力，延性破断耐力（単に破断耐力あるいは最大耐力ともいう），塑性変形能力などを支配する材料因子である．**破壊力学的性質**には，種々のものがあるが，建築鉄骨では 0 ℃におけるシャルピー吸収エネルギーが用いられることが多く，これは脆性破壊に対する鋼材の抵抗能力に関係している．破壊力学的性質については 11 章「溶接」の脆性破壊で触れることとし，ここでは材料力学的性質について説明する．

　鋼材の材料力学的性質は，図 3.3 に示すような平行部とつかみ部のある**引張試験片**を用いて引張試験を行うことによって知ることができる．試験片の形状と試験方法は，それぞれ JIS Z 2201 と JIS Z 2241 で定められている．試験の前に，平行部の両端からそれぞれ内側の対称な位置に**標点**（gauge mark）と呼ばれる目印を付け，その間の原寸法 $l_0$（**標点距離**（gauge length）という），および平行部の厚さと幅（円形断面の試験片では直径）から原断面積 $A_0$ を測定する．引張試験は，載荷を行いながら荷重 $P$ と標点間の伸び $\delta$ を測定し，応力度 $\sigma = P/A_0$ とひずみ度 $\varepsilon = \delta/l_0$ を計算する．すると，図 3.4 に示すような**応力-ひずみ曲線**（stress-strain curve）を描くことが

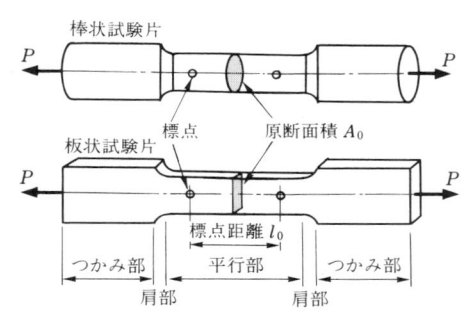

図 3.3　材料引張試験片

## 3.3 鋼材の力学的性質

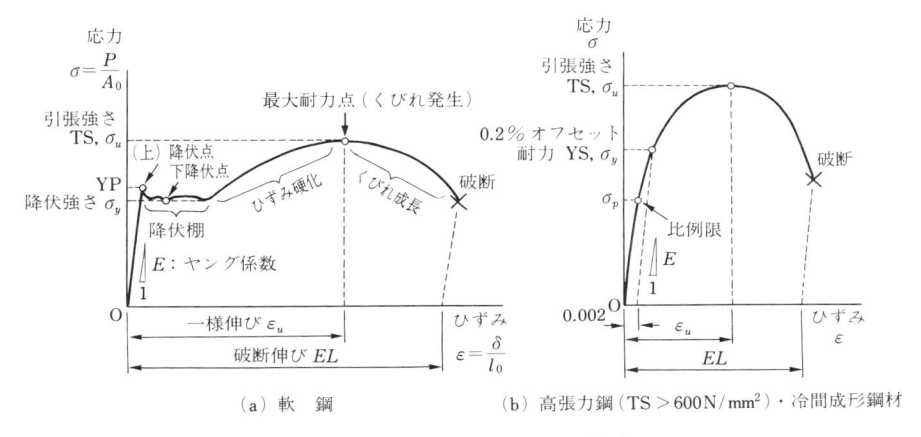

図 3.4 材料引張試験から得られる応力-ひずみ曲線
(a) 軟鋼
(b) 高張力鋼（TS > 600 N/mm²）・冷間成形鋼材

できる（単位断面積当たりの応力を応力度，単位長さ当たりのひずみをひずみ度と定義しているが，本書では混乱が生じない範囲で，応力度を単に応力，ひずみ度を単にひずみということにする）．鋼材の強さは**載荷速度**の影響を受けるので，引張試験はゆっくり荷重を加える準静的載荷で行う．軟鋼では，10%/secのひずみ速度で上降伏点が約20%，下降伏点が約10%，引張強さが約5%，準静的載荷よりも上昇することが知られている．

応力-ひずみ曲線は降伏する前の弾性域と降伏した後の塑性域に分かれ，その境界点を**降伏点**（yield point）または**弾性限**（elastic limit）という．弾性域で荷重を取り除くと（これを除荷という），元の状態に完全に戻るが，塑性域で除荷すると**永久ひずみ**（permanent set）（**残留ひずみ**（residual strain）ともいう）が残り，元の長さより長くなっている．弾性域は，厳密には，さらに**比例限**（proportional limit）を境に線形域と非線形域に分かれる．線形域では応力とひずみがヤング係数を比例定数とする比例関係にあるが，非線形域では比例関係にない．ただし，熱間圧延による軟鋼では非線形域が降伏点のごく近傍でしか現れないので，実用上は，弾性域では応力とひずみが線形であるとしてよい．ただし，高張力鋼や冷間成形鋼材では比例限が降伏点よりかなり低い応力レベルで現れることがある．

熱間圧延で製造された軟鋼では，図3.4(a)のように，降伏して後，応力が

ほぼ一定のままひずみが進行する**降伏棚**（yield plateau）が現れる．降伏棚が出現する直前で**上降伏点**が見られることが多く，その場合には，材料規格上の降伏強さはこの上降伏点を採用し，これを単に降伏点と呼んでいる．降伏棚における最小応力度を**下降伏点**といい，研究分野では下降伏点を**降伏強さ**（yield stress）とすることが多い．冷間成形鋼材や引張強さが 600 N/mm$^2$ 以上の高張力鋼では，降伏棚が現れないことが多く，図（b）のように応力-ひずみ曲線が**丸屋根型**（round house type）となる．このときの降伏強さは，便宜上，0.2% の永久ひずみが残るときの応力度を降伏強さとし，これを **0.2% オフセット耐力**（0.2%-offset strength）あるいは単に**耐力**と呼んでいる．

降伏棚を経た後（丸屋根型では降伏後直ちに），応力が上昇する．これを**ひずみ硬化**（strain hardening）という．最大耐力点に達すると試験片の平行部にくびれが発生し始める．このときの応力を**引張強さ**（tensile strength）といい，このときのひずみは平行部に一様に進行しているので**一様伸び**（uniform elongation）という．また，降伏強さを引張強さで除したものを**降伏比**（yield ratio）という．

最大応力に達した後は，くびれの進行とともに応力が低下し，遂に破断する．破断した試験片を取り出して破断部分を突き合わせて標点間の伸びを測定し，それを標点距離で割ったものが**破断伸び**（rupture elongation）または単に**伸び**といわれるものである．破断伸びは，くびれた部分の局所的な伸びを含むので，標点距離が長いほどまた板厚が薄いほど小さい値となる．したがって，JIS 規格における破断伸びの規定値は試験片の形状に応じて決められている．一方，一様伸びは試験片の形状の影響をほとんど受けず，材料固有の特性値である．破断伸びや一様伸びは材料の延性の指標として用いられる．

建築の構造計算書では，降伏強さ，引張強さ，一様伸びは，それぞれ記号 $\sigma_y$，$\sigma_u$，$\varepsilon_u$ で一般に表される．ミルシートでは，降伏点，オフセット耐力，引張強さ，破断伸びをそれぞれ yield point, yield strength, tensile strength, elongation を略して記号 YP, YS, TS, EL で表示されている．

鉄骨部材は，主応力の作用する材軸方向が鋼材の圧延方向となることが多いので，引張試験片は図 3.5 のように鋼材の**圧延方向**（L 方向という）に合わせて採取する．鋼板の場合は，**圧延直交方向**（C 方向という）から採取する場合も

図 3.5　引張試験片の採取位置

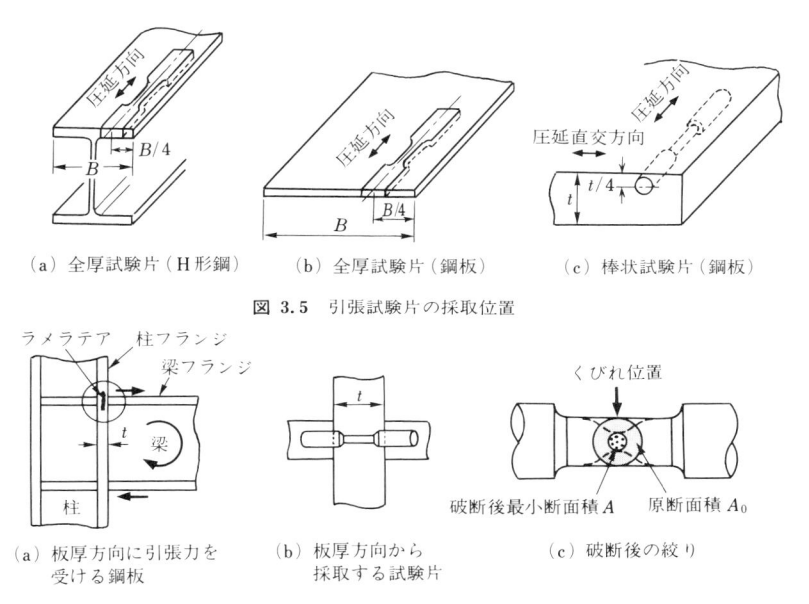

(a) 全厚試験片（H形鋼）　(b) 全厚試験片（鋼板）　(c) 棒状試験片（鋼板）

(a) 板厚方向に引張力を受ける鋼板　(b) 板厚方向から採取する試験片　(c) 破断後の絞り

図 3.6　板厚方向の引張試験片と絞り

ある．試験片の採取位置は製品に応じて JIS で定められている（JIS G 3136 など）．図 3.6 (a) のような接合部では，柱のフランジ板の厚さ方向に梁フランジから引張力が作用するので，このような場合には，図 (b) のように**板厚方向**（Z 方向という）から円形断面の棒状試験片を採取し，その**絞り**（reduction of area）の下限値を規定することがある．絞り $\phi$ は，図 (c) のように，引張試験片の破断部の最小断面積を $A$，原断面積を $A_0$ とすると，$\phi = ((A_0 - A)/A_0) \times 100$（％）で定義される．絞りの下限値を規定するのは，板厚方向に作用する局部的な引張集中力による板の**ラメラテア**（lamellar tear，剥離破壊）を防止するのが狙いである．

## 3.4　鋼材の化学成分

鋼は，鉄（Fe）を主成分とし種々の元素を含有した合金である．鉄以外の元素は，微量であっても鋼の性質に大きな影響を及ぼす．代表的な合金元素は**炭**

素（C），硅素（Si），マンガン（Mn），燐(りん)（P），硫黄(いおう)（S）で，これらを**主要5元素**と呼んでいる．これ以外にも用途に応じて微量元素が意図的に添加されることがあるが，鉄骨構造に用いられる鋼材は，ほとんどこの5元素で規定されている．

合金元素は互いに関連し合いながら鋼の性質に複雑な影響を及ぼすが，おおむね次のように説明される．まず，炭素は鋼の引張強さに決定的な影響を与え，高強度の鋼はより多くの炭素を含有することとなる．その反面，炭素が増えると延性が低下して硬くなる．また，炭素の多い鋼は溶接した後の冷却過程で硬化が著しく，割れが発生しやすくなる．後出の表3.3の注にあるように，溶接性に関わる炭素当量や溶接割れ感受性組成に炭素Cがもっとも大きな比重を占める．次に，硅素は鋼中の酸素を取り除く脱酸材として精錬過程で添加されるので，鋼材には必ず十分の数％含まれている．硅素は炭素と同様に鋼の強さを高める効果をもっているが炭素ほどの影響はなく，また，1％程度以下であれば延性の低下を招かないことが知られている．マンガンも炭素と同様に鋼の強さを高めるために用いられ，しかも破壊靭性の向上にも役立ち，溶接性をあまり阻害しないので，炭素よりも多目に添加される．燐と硫黄は有害な影響しかもたらさないので，不純物として嫌われ，精錬過程でできる限り除去する脱燐・脱硫が行われている．燐は鋼の破壊靭性を著しく損ない，硫黄は硫化マンガンMnSという介在物となって鋼材の中心部に層状に偏析し，前に述べたラメラテアの原因となる．

以上の主要5元素以外では，耐食性を改善する**銅**（Cu）が耐候性鋼には欠かすことができない元素であったり，高温での強度を増す**モリブデン**（Mo）が耐熱鋼材には重要な添加元素であったりする．**ニッケル**（Ni）と**クロム**（Cr）は少量で強度を増すが，多量になると耐食性や耐熱性を向上させるので，ステンレス鋼の10％以上を占める合金元素になっている．なお，**水素**（H），**酸素**（O），**窒素**（N）などの気体元素も鋼中に微量ではあるものの侵入しており，これらは鋼の破壊に対する抵抗力を減じる有害な元素である．

## 3.5 鉄骨造建築物に用いられるJIS鋼材

鉄骨構造にはさまざまな種類の鋼材が用いられ，その多くはJISで規定され

ている．主要構造部に用いられる主な鋼材は，建築構造用圧延鋼材（SN），一般構造用圧延鋼材（SS），溶接構造用圧延鋼材（SM），一般構造用炭素鋼管（STK），一般構造用角形鋼管（STKR），一般構造用軽量形鋼（SSC）などである．JIS 規格品以外にも業界団体が定めた鋼材（建築構造用冷間成形角形鋼管など）がある．

代表例として，建築構造用圧延鋼材（JIS G 3136）の力学的特性と化学成分をそれぞれ表 3.2，表 3.3 に示す．鋼材の種類は SN 400 A や SN 490 B などの記号で表される．記号の見方は，最初の S が鋼（Steel），次の N が用途（この場合 New structure），数字の 400 や 490 は引張強さの下限値を N/mm$^2$ で表したもの，A や B はさらに細分類するための記号である．ほかの鋼材についても記号の説明をしておくと，SS の 2 番目の S は Structure，SM の M は Marine，STK の TK は Tube と Kozo（構造），STKR の TKR は Tube と Kozo と Rectangular，SSC の SC は Structure と Cold forming からとった記号である．

**建築構造用圧延鋼材（SN 鋼）**は，1994 年に制定された世界的にも画期的なもので，それまでの構造用鋼材がもっていた強度と溶接性の保証に加えて，耐震設計に必要な塑性変形能力を保証するための新たな性能が B 種と C 種に付

表 3.2 建築構造用圧延鋼材の力学的性質の規定値（JIS G 3136）

| 種類の記号 | 降伏点または 0.2%オフセット耐力 (N/mm$^2$) | | | | 引張強さ (N/mm$^2$) | 降伏比 (%) | | | | 伸び(%) | | | 厚さ方向の絞り (%) | 0℃シャルピー吸収エネルギー (J) |
|---|---|---|---|---|---|---|---|---|---|---|---|---|---|---|
| | 厚さ $t$ (mm) | | | | | 厚さ $t$ (mm) | | | | 1A号 | 1A号 | 4号 | 厚さ$t$(mm) | 4号試験片圧延方向 |
| | $6 \leq t < 12$ | $12 \leq t \leq 16$ | 16 | $16 < t \leq 40$ | $40 < t \leq 100$ | | $6 \leq t < 12$ | $12 \leq t \leq 16$ | 16 | $16 < t \leq 40$ | $40 < t \leq 100$ | 厚さ $t$ (mm) | | |
| | | | | | | | | | | $6 \leq t \leq 16$ | $6 < t \leq 50$ | $40 < t \leq 100$ | $16 \leq t \leq 100$ | |
| N400A | 235以上 | | | 215以上 | | 400以上510以下 | 制限なし | | | 17以上 | 21以上 | 23以上 | 制限なし | 制限なし |
| N400B | 235以上 | 235以上355以下 | | 215以上335以下 | | | 制限なし | 80以下 | | | | | | |
| N400C | | | 235以上355以下 | | | | | 80以下 | | 18以上 | 22以上 | 24以上 | 3個の平均25以上，最低15以上 | 27J以上 |
| N490B | 325以上 | 325以上445以下 | | 295以上415以下 | | 490以上610以下 | 制限なし | 80以下 | | 17以上 | 21以上 | 23以上 | 制限なし | |
| N490C | | | 325以上445以下 | | | | | 80以下 | | | | | 3個の平均25以上，最低15以上 | |

表 3.3 建築構造用圧延鋼材の化学成分の規定値（JIS G 3136）

(%)

| 種類の記号 | 板厚$t$(mm) | C | Si | Mn | P | S | Ceq | Pcm |
|---|---|---|---|---|---|---|---|---|
| SN400A | $6 \leq t \leq 100$ | 0.24以下 | — | — | 0.050以下 | 0.050以下 | — | — |
| SN400B | $6 \leq t \leq 50$ | 0.20以下 | 0.35以下 | 0.60 ~1.40 | 0.030以下 | 0.015以下 | 0.36以下 | 0.26以下 (当事者間協定による) |
|  | $50 < t \leq 100$ | 0.22以下 |  |  |  |  |  |  |
| SN400C | $16 \leq t \leq 50$ | 0.20以下 |  |  | 0.020以下 | 0.008以下 |  |  |
|  | $50 < t \leq 100$ | 0.22以下 |  |  |  |  |  |  |
| SN490B | $6 \leq t \leq 50$ | 0.18以下 | 0.55以下 | 1.60以下 | 0.030以下 | 0.015以下 | $t \leq 40$ で, 0.44以下 | 0.29以下 (当事者間協定による) |
|  | $50 < t \leq 100$ | 0.20以下 |  |  |  |  |  |  |
| SN490C | $16 \leq t \leq 50$ | 0.18以下 |  |  | 0.020以下 | 0.008以下 | $t > 40$ で, 0.46以下 |  |
|  | $50 < t \leq 100$ | 0.20以下 |  |  |  |  |  |  |

炭素当量 $Ceq = C + Si/24 + Mn/6 + Ni/40 + Cr/5 + Mo/4 + V/14$
溶接割れ感受性組成 $Pcm = C + Si/30 + Mn/20 + Cu/20 + Ni/60 + Cr/20 + Mo/15 + V/10 + 5B$

与されている．A 種の SN 400 A は旧来の SS 400 の規格を踏襲し強度を保証したもので，原則として弾性範囲で使用し溶接を行わない構造部材に使われる．B 種の SN 400 B と SN 490 B は，旧来の SM 400 B と SM 490 B に準拠し強度と溶接性を保証したものであるが，厚さが 12 mm 以上については降伏比を 80% 以下，降伏点の幅を 120 N/mm$^2$ 以下にしてあり，耐震上重要な部材に使用する．降伏比を低く押さえることによって鉄骨部材の塑性変形能力を高めることができる[3.8]．また，降伏点の幅を制限することによって設計で意図した崩壊メカニズムを確実に実現し，構造全体の塑性変形能力を高めることができる[3.9]．C 種の SN 400 C と SN 490 C は，B 種に加えさらに板厚方向の絞りを規定したもので，板厚方向に引張力を受ける柱フランジなどに使用する．なお，B 種と C 種については 0 ℃シャルピー吸収エネルギーを 27 J 以上に規定しているが，この規格が制定された翌年の兵庫県南部地震で鉄骨に脆性破断の被害が多数生じたことを教訓に，さらに高い値に改訂する必要性が唱えられている[3.10]．

種々の力学的特性値のうち，構造設計に直接関与するのは降伏強さ $\sigma_y$ と引張強さ $\sigma_u$ である．これに基づいて**設計基準強度**（$F$ 値）および**設計最大強度**（$F_u$ 値）が定められている．$F$ 値を使って，鉄骨部材の許容応力度設計に必要な許容応力度や塑性設計に必要な全塑性モーメントなどが算定される．また $F_u$

## 3.5 鉄骨造建築物に用いられるJIS鋼材

**表 3.4** 鉄骨造建築物に用いられる鋼材の設計基準強度と設計最大強度

| 鋼材の種類 | 鋼材の厚さ $t$(mm) | 設計基準強度 $F$(N/mm²) | 設計最大強度 $F_u$(N/mm²) | 備　考 |
|---|---|---|---|---|
| SN400A, B, C<br>SNR400A, B<br>SM400A, B, C<br>SMA400AW, AP, BW, BP, CW, CP<br>SS400<br>SSC400 | $t \leq 40$ | 235 | 400 | SN：建築構造用圧延鋼材<br>　　（JIS G 3136）<br>SNR：建築構造用圧延棒鋼<br>　　（JIS G 3138）<br>SM：溶接構造用圧延鋼材<br>　　（JIS G 3106）<br>SMA：溶接構造用耐候性熱間<br>　　圧延鋼材（JIS G 3114）<br>SS：一般構造用圧延鋼材<br>　　（JIS G 3101）<br>SSC：一般構造用軽量形鋼<br>　　（JIS G 3350）<br>SWH：一般構造用溶接軽量H<br>　　形鋼（JIS G 3353）<br>STK：一般構造用炭素鋼管<br>　　（JIS G 3444）<br>STKR：一般構造用角形鋼管<br>　　（JIS G 3466）<br>STKN：建築構造用炭素鋼管<br>　　（JIS G 3475）<br>SKK：鋼管ぐい<br>　　（JIS A 5525）<br>SHK：H形鋼ぐい<br>　　（JIS A 5526）<br>SC：炭素鋼鋳鋼品<br>　　（JIS G 5101）<br>SCW：溶接構造用鋳鋼品（JIS<br>　　G 5102），溶接構造用遠心<br>　　力鋳鋼管（JIS G 5201）<br>SDP：デッキプレート<br>　　（JIS G 3352）<br>SR, SD：鉄筋コンクリート用<br>　　棒鋼（JIS G 3112）<br>SRR, SDR：鉄筋コンクリート<br>　　用再生棒鋼（JIS G 3117）<br>SUS：建築構造用ステンレス<br>　　鋼材（JIS G 4321） |
| SWH400<br>STK400<br>STKR400<br>STKN400W, B<br>SKK400<br>SHK400, SHK400M | $40 < t \leq 100$ | 215 | 400 | |
| SN490B, C<br>SNR490B<br>SM490A, B, C<br>SM490YA, YB<br>SMA490AW, AP, BW, BP, CW, CP<br>STK490<br>STKR490<br>STKN490B | $t \leq 40$ | 325 | 490 | |
| | $40 < t \leq 100$ | 295 | 490 | |
| SS490 | $t \leq 40$ | 275 | 490 | |
| | $40 < t \leq 100$ | 255 | 490 | |
| SKK490<br>SHK490M | $t \leq 40$ | 315 | 490 | |
| SM520B, C | $t \leq 40$ | 355 | 520 | |
| | $40 < t \leq 75$ | 335 | 520 | |
| | $75 < t \leq 100$ | 325 | 520 | |
| SC480 | — | 235 | 480 | |
| SCW410, SCW410CF | — | 235 | 410 | |
| SCW480, SCW480CF | — | 275 | 480 | |
| SCW490CF | — | 315 | 490 | |
| SDP1T | $t \leq 40$ | 205 | — | |
| SDP2, SDP2G, SDP3 | | 235 | — | |
| SR235 | D6～D51 | 235 | 380 | |
| SRR235 | D6～D13 | | | |
| SR295 | D6～D51 | 295 | 440 | |
| SDR235 | D6～D13 | 235 | 380 | |
| SD295A, B | D6～D51 | 295 | 440 | |
| SD345 | | 345 | 490 | |
| SD390 | | 390 | 560 | |
| SUS304A, 316A | — | 235 | 520 | |
| SCS13AA-CF（鋳造） | — | | | |
| SUS304N2A | | 325 | 690 | |

値を用いて，接合部の破断耐力が算定され，部材の塑性変形能力を確保するために必要な保有耐力接合の確認が行われる．$F$ 値と $F_u$ 値を表 3.4 にまとめておく．

## 3.6 特殊な性能をもった鋼材

**低降伏比高張力鋼（低 YR 高張力鋼）**：　一般の鉄骨造建築物では引張強さが規格値で 400〜490 N/mm$^2$ の鋼材が使われるが，建物の規模が大きくなると，より高い強度をもった鋼材が必要となる．合金元素の添加や熱処理，塑性加工などによって強度の高い鋼材を製造する技術はすでに確立されており，引張強さが 1,000 N/mm$^2$ を超える超高張力鋼も分野によっては実用化されている．しかし図 3.7 に示すように強度が高くなると，それにつれて降伏比の上昇すなわち降伏後の余耐力の低下と延性の低下が起こる．これは，耐震部材に使用したとき塑性変形能力が不足することを意味し構造安全上好ましくない．そこで，柔らかいフェライト粒子を鋼の結晶組織中に生成させる特殊な熱処理によって，降伏比を 80% 以下に押さえ，しかも 600〜800 N/mm$^2$ の引張強さをもつ高張力鋼が開発されている．大臣認定規格（1996 年）に SA 440 B, C があり（440 は降伏点の下限値で，引張強さは 590〜740 N/mm$^2$），その前身の 60 キロ高性能鋼[3.11]がキーエンス新大阪ビル（1994 年）に初めて使用された[3.7]．

**TMCP 鋼**：　鋼材は厚さが増すと圧延後の冷却速度が遅くなって強度が低下

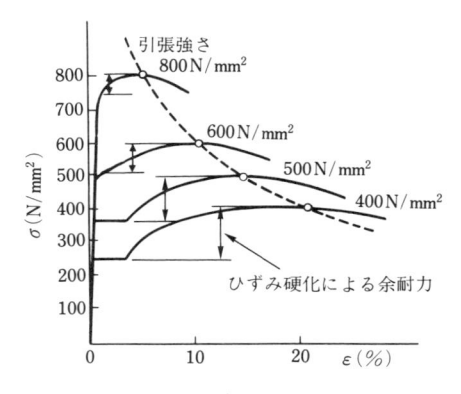

図 3.7　鋼材の強度と応力-ひずみ線図

する傾向があるので，厚肉の鋼材は強度を確保するために合金含有量を増やす必要がある．すると，炭素当量が高くなるので溶接性を損なうことになる．この問題を解決するためにTMCP（Thermo-Mechanical Control Process，熱加工制御プロセス）による鋼材が開発されている．TMCP鋼は，熱処理と圧延を組み合わせて鋼材の結晶組織を調整し，図3.8に示すように，通常の熱間圧延鋼材よりも炭素当量が低くても強度が維持されるようにしたものである．もともと造船用に開発されたものであるが，降伏比を低く押さえる工夫もされ，高層建築などの極厚断面の部材にSN 490 B-TMCなどとして使用されており，厚さが40 mm以上でも$F$値を低減しなくてよいという利点がある．ただし，TMCP鋼は熱処理鋼であるので，溶接や加工には特別な配慮が必要である．たとえば，溶接熱影響部が軟化して局所的に強度が低下するということ，比較的大きい残留応力が封じ込められているので切断によって変形が発生すること，圧延方向と圧延直交方向で音速が異なる音響異方性をもっているので超音波探傷試験の際に注意が必要であることなどである．TMCP鋼は新川崎三井ビル（1989年）に初めて使用され，その後，東京都庁（1991年）にも1万トンが使われている[3.7]．

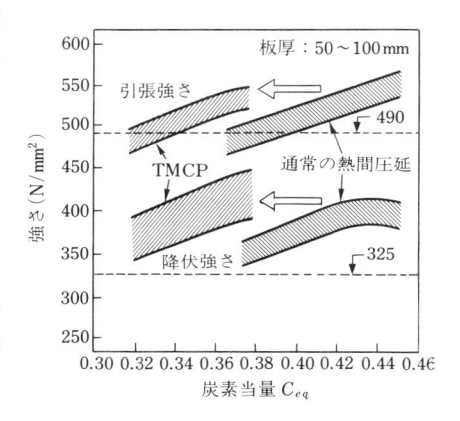

**図 3.8** TMCPによる炭素当量の低減[3.11]（490N/mm$^2$級高張力鋼）

**狭降伏点鋼（狭YP鋼）**：　多層ラーメン構造では，骨組に生じる塑性ヒンジがどのように形成されるかが骨組の耐震性能に大きな影響を及ぼすので，技術力の高い設計者は降伏させる部材を指定する設計を行うことがある．たとえば，図3.9のように，梁降伏型の骨組は，柱降伏型に比べて粘り強い性能を発揮することが知られているので，設計者は柱を弾性範囲にとどめ，梁を降伏させることを選ぶ．このとき，鋼材の降伏強さにばらつきが大きいと，梁が設計どおりに降伏しないで柱が降伏して早期に崩壊する可能性が出てくる．そこで，梁に用いる鋼材に降伏点のばらつき幅を狭く押さえた鋼材を用いると，梁

降伏型骨組を実現しやすくなる[3.9)]．このような鋼材を狭降伏点鋼（狭 YP 鋼）と呼んでおり，北品川 ON ビル（1988 年）に初めて使われ，その後，1994 年に制定された SN 鋼の B 種と C 種が降伏点の幅を 120 N/mm$^2$ に制限した狭降伏点鋼となっているのはすでに述べたとおりである．

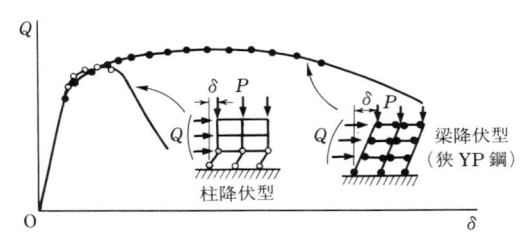

**図 3.9** 狭 YP 鋼を用いた崩壊モードの制御と骨組靱性の向上

**低降伏点鋼（低 YP 鋼）：** 高張力鋼と反対に，強度を低く押さえた低降伏点鋼がある．これは，炭素含有量を少なくして純鉄に近づけた極軟鋼である．低降伏点鋼は強度は低いものの延性に富むので，免震・制震構造におけるダンパーとして使われ，地震エネルギーを吸収する役目をする[3.12)]．図 3.10 に示すように，軟鋼の約 1/2 の低応力で降伏し（降伏強さ 100 N/mm$^2$ 程度），その後の繰返し履歴における変形能力が大きいので，大量のエネルギーを吸収することができる．**バウシンガー効果**（Bauschinger effect）により繰返しとともに降伏点が低下していくが，ひずみ硬化により耐力が上昇するので**完全弾塑性型**に近い履歴ループを描く．王子製紙本社ビル（1991 年）やシーフォートスクウェア住宅棟（1992 年）に低降伏点鋼による制震ダンパーの初期の例を見ることができる．その後，ねじり円管やせん断パネル，アンボンドブレースなどさまざまな形で低降伏点鋼ダンパーが利用されている．

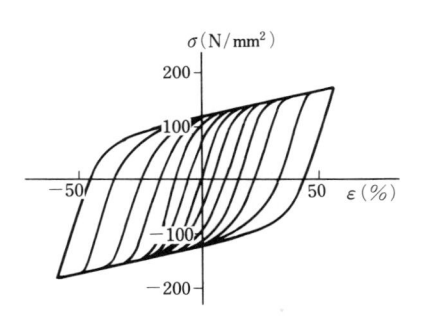

**図 3.10** 低降伏点鋼の繰返し応力-ひずみ曲線

**ステンレス鋼（SUS）：** ステンレス鋼は，約 11％ 以上のクロム（Cr）を含有

## 3.6 特殊な性能をもった鋼材

した錆びにくい高合金鋼である．これはステンレス鋼地金が空気中の酸素と結合して強固で緻密な不働態皮膜が表面に形成され，それが内部を保護するためである．クロム以外の合金も添加され，その組合せによって非常にたくさんの種類があるが，もっとも多く使われているのは 18% のクロムと 8% のニッケルを含むオーステナイト系ステンレス鋼 SUS 304 である（SUS は Steel と special Use（特殊用途）と Stainless からとった記号）．厨房用品などに使われていることからわかるように，錆びにくく耐久性の高い材料であると同時に耐熱性にも優れている．ただし，ステンレス鋼は合金成分が多いため，普通鋼とは力学的特性が異なることを知っておく必要がある．特に，図 3.11 に示すように，弾性域における非線形性が顕著で比例限が低いため設計では 0.1% オフセット耐力を降伏強さとしていること，ヤング係数が普通鋼よりやや小さいこと，降伏比が低くかつ延性が大きいので塑性変

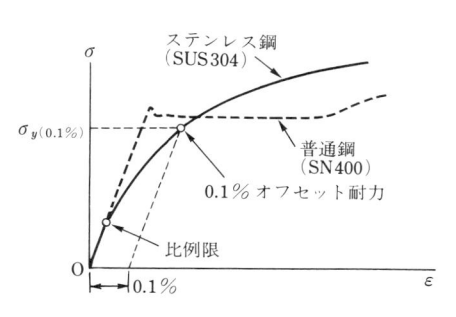

図 3.11 ステンレス鋼の応力-ひずみ線図

形能力に優れた耐震部材を設計できることなどの特徴があげられる．ステンレス鋼の設計に用いる材料定数を表 3.5 に整理しておいた．また，加工や溶接に関わる特徴として，普通鋼よりも熱伝導率が低く（常温で普通鋼が約 50 W/m℃，SUS 304 が約 15 W/m℃）しかも線膨張係数が高いので（常温で普通鋼が約 $1.2\times10^{-5}$/℃，SUS 304 が約 $1.7\times10^{-5}$/℃）ステンレス鋼は溶接の際に熱変形が起きやすいこと，粘り強いので孔あけ・切断などの機械加工の手間がかかることがあげられる．なお，ステンレス鋼は，普通鋼のような全面腐食は起きにくいが，塩素イオン $Cl^-$ によって不働態皮膜が破壊され所局的に進行する腐

表 3.5 ステンレス鋼の材料定数（SUS 304）

| 弾性定数 | | | 常温における線膨張係数 $\alpha$(1/℃) | 基本質量 $\rho$(kg/mm・m²) |
|---|---|---|---|---|
| ヤング係数 $E$(N/mm²) | せん断弾性係数 $G$(N/mm²) | ポアソン比 $\nu$ | | |
| 193,000 | 74,000 | 0.3 | $1.7\times10^{-5}$ | 7.93 |

食(孔食)が生じることがあることにも注意が必要である．ステンレス鋼が建築構造材として初めて使われたのは，トキワ松学園の屋内スイミングプール上屋のトラスアーチ(1987年)である．その後，アトリウム上部のトップライト，アーケード，温室，寺院建築などのようなメンテナンスフリーや長寿命あるいは意匠性が要求されるところに使われており[3.7]，高耐久軽量構造として住宅などへの適用も検討が進められている[3.14]．

**耐火鋼(FR鋼)**： 耐火鋼(Fire Resistance steel)は，高温強度(耐熱性)を改善するためにモリブデン(Mo)を0.5%程度含有する低合金鋼である．これは，ボイラなどに使われるモリブデン鋼をベースに開発されたものである．図3.12に示すように，一般の鋼材は350℃になると降伏強さが常温の2/3程度まで低下するが，耐火鋼は600℃まで2/3以上を保持している．このことから，鉄骨の耐火被覆を低減させることができ，また外部鉄骨のように火災時の熱負荷が小さいところでは無被覆での使用も可能となる[3.15]．耐火鋼が初めて使用された建物は新日鐵第2ビル(1989年)で，耐火被覆の厚さが従来の1/3～1/2に軽減されている．無被覆で使用されたのは八幡製鉄所第2ビル(1990年)の外部鉄骨架構が最初である．

**高ヤング係数鋼**： 鋼材は強度に関わらず弾性係数がほとんど一定である．

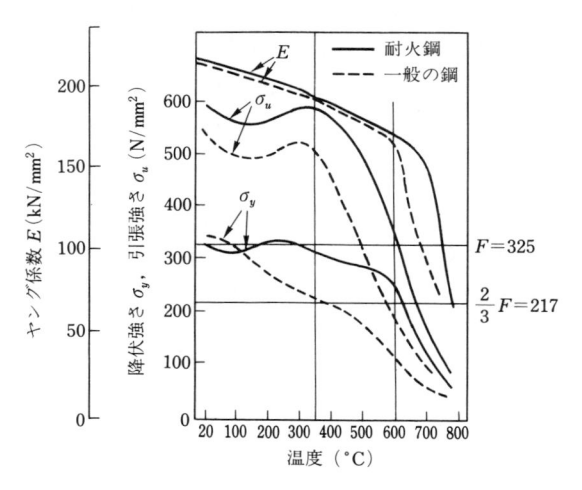

図 3.12 耐火鋼の高温特性[3.15]

## 3.6 特殊な性能をもった鋼材

これは,鉄の結晶構造に起因している.鉄という固体は無数の小さな**結晶粒** (crystal grain) が無秩序な方向に集まった多結晶体で,その様子は光学顕微鏡で図 3.13 のように観察できる.X線を使ってさらにミクロに調べると,個々の結晶粒は単結晶(原子が規則正しく格子状に並んだ結晶格子)になっており,結晶粒の中は無数の単位格子がすべて同じ方向に揃ってつながっている.鉄の単位格子は,図 3.14 のように**体心立方格子** (body centered cubic lattice, bcc と略す) をしており,格子の辺の長さ(格子定数という)は約 3 Å ($3 \times 10^{-7}$ mm) である.この単位格子は**異方性** (anisotropic) をもっている.すなわち,原子間距離がもっとも短い [111] 方向のヤング係数 $E_{111}$ がもっとも高く,原子間距離がもっとも長い [100] 方向のヤング係数 $E_{100}$ がもっとも低い.その値はそれぞれ $E_{111} = 290,000$ N/mm$^2$, $E_{100} = 135,000$ N/mm$^2$ である.しかしながら,図 3.13 に見られるように鋼材の中では結晶粒(直径 0.01〜0.1 mm)がランダムに配列しているため,鋼材のマクロ挙動は**等方性** (isotropic) となり,ヤング係数は方向によらず安定して $E ≒ 205,000$ N/mm$^2$ となる.もし,鋼材の中の結晶粒がすべて [111] 方向に勢揃いしたとすると,ヤング係数が $E_{111}/E = 1.4$ 倍の鋼材が理論上得られることになる.冷間圧延をすると結晶粒の方向が揃う傾向があり,ある特定の方向(一般に圧延直交方向)のヤング係数が通常の 1.2 倍程度になる[3.16].ヤング係数はたわみの抑制や座屈耐力の向上に直接有効であるので,大空間構造のトラス部材などへの適用が考えられているが,まだ実用化には至っていない.

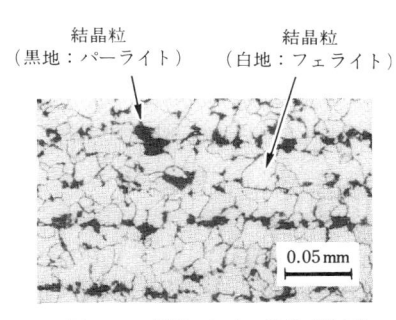

図 3.13 鋼材のミクロ組織(軟鋼)

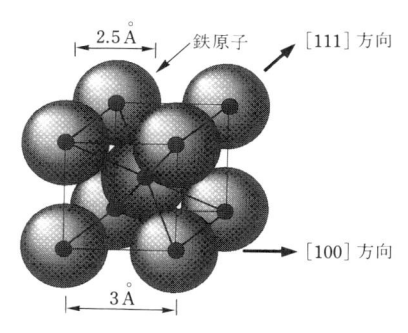

図 3.14 鉄の単位格子(体心立方格子)

## 3.7 降伏条件

材料引張試験から得られる鋼材の降伏強さは，一方向のみに引張応力が作用するときのものである．また，一方向のみに圧縮応力が作用するときの降伏強さは，一方向引張の場合の降伏強さと絶対値が等しいことが知られている．これを**一軸応力状態**における降伏強さといい，以下では $\sigma_y$ で表すことにする．多方向から応力が同時に作用する場合，すなわち**多軸応力状態**の場合における鋼材の**降伏条件**（yield criterion）として，**ミーゼスの降伏条件**（Mises yield criterion）と**トレスカの降伏条件**（Tresca yield criterion）が知られている[3.17]．いずれも仮説であり，理論的には証明されていないが，その適用性が実験的に確かめられている．鉄骨構造では，ミーゼスの降伏条件のほうが数理上の扱いやすさからよく用いられている．

ミーゼスの降伏条件は，次のように，**等価応力度** $\sigma_{eq}$ が上記の $\sigma_y$ に達したとき降伏するというものである．

$$\text{降伏条件}：\sigma_{eq} = \sigma_y \quad (4.1a)$$

$$\sigma_{eq} = \frac{1}{\sqrt{2}}\sqrt{(\sigma_X - \sigma_Y)^2 + (\sigma_Y - \sigma_Z)^2 + (\sigma_Z - \sigma_X)^2 + 6(\tau_{XY}^2 + \tau_{YZ}^2 + \tau_{ZX}^2)} \quad (4.1b)$$

上式中の記号は，図 3.15 に示すように，添字 $X$, $Y$, $Z$ が直交座標系を表し，$\sigma$ と $\tau$ はそれぞれ直応力度とせん断応力度である．

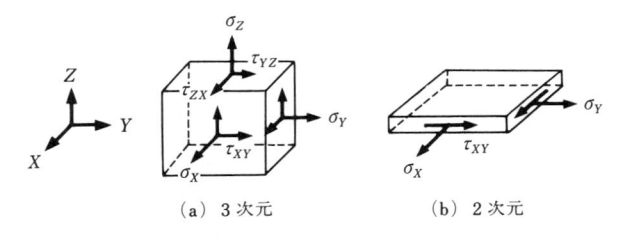

(a) 3次元　　(b) 2次元

図 3.15　多軸応力状態

鋼板の面内のみに応力度が生じる場合には，$\sigma_Z = \tau_{YZ} = \tau_{ZX} = 0$ となるので，降伏条件は次式で表される．

$$\sqrt{\sigma_X^2 + \sigma_Y^2 - \sigma_X \sigma_Y + 3\tau_{XY}^2} = \sigma_y \quad (4.2)$$

さらに，直応力度が存在せず，せん断応力度だけで降伏するときの降伏せん断応力度 $\tau_y$ は，上式で $\sigma_X = \sigma_Y = 0$ とおくと，次式で表されることがわかる．

$$\tau_y = \frac{\sigma_y}{\sqrt{3}} \tag{4.3}$$

式(4.2)は曲げあるいは軸力とせん断力を同時に受ける部材や接合部に適用され，式(4.3)はせん断力を受けるパネルやボルトに適用され，降伏を検定する式として鉄骨構造の設計で用いられている．

ブリッジマン(P.W.Bridgman)は，次式で定義される直応力度の平均値すなわち**静水圧応力度**(hydrostatic stress) $\sigma_h$ が，延性を有する材料の降伏に関与しないことを実験的に確かめている[3.17]．

$$\sigma_h = \frac{1}{3}(\sigma_X + \sigma_Y + \sigma_Z) \tag{4.4}$$

静水圧応力度をミーゼスの等価応力度で除した $\sigma_h/\sigma_{eq}$ を**応力三軸度**(stress triaxiality)といい，鋼材の切欠きなどで応力三軸度が高いほど延性き裂が発生しやすいことが実証されている[3.18]．

## 3.8 残留応力

鋼材の内部には荷重が作用しない初期状態において多かれ少なかれ**残留応力**(residual stress)が存在することが多い．たとえば，H形鋼には図3.16に示すような応力が封じ込められている．これは，熱間圧延後の冷却過程における収縮変形が断面内で均一に進行しないことから生じるものである．すなわち，先に冷却して固まるフランジの両縁部が遅れて冷却収縮する部分によって圧縮され，逆に，後から冷えて縮もうとする部分が先に固まった部分から拘束を受けて引張られるからである．引張と圧縮の残留応力は作用反作用の関係にあるので，断面全体の残留応力度の合力は0である．

圧延H形鋼の残留応力の大き

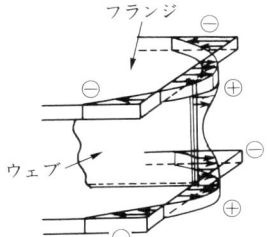

**図 3.16** H形鋼の残留応力

⊕ 引張残留応力度
⊖ 圧縮残留応力度

さは，断面の寸法比によって変化するが，フランジ縁に生じる圧縮残留応力度の最大値は降伏強さの 0.3 倍程度である．溶接組立断面の場合には，溶融状態から凝固するまでの温度変化が大きいので，残留応力は降伏強さのレベルまで達することがある．

断面の応力は外力の作用によって生じる応力と残留応力が足し合わされることになるので，残留応力が存在すると早く降伏する部分が生じ，断面剛性が早期に低下することになる．したがって，残留応力の存在は座屈耐力の低下を招くことになる．また，繰返し応力が作用する部分では，残留応力の存在によって平均応力が上昇し，疲労寿命が低下するという現象も生じる．しかし，断面全体が降伏し全塑性耐力を維持しながら変形するときの塑性変形能力には残留応力の影響はない．残留応力を取り除く方法として，**応力除去焼なまし**（stress relieving）と呼ばれる熱処理の方法がある．

## 演習問題

**3.1** 10 mm × 10 mm の正方形の断面をした真直ぐな鋼棒がある．
（1） 鋼棒の長さが 1 m のとき，これを 1 mm 伸ばすのに必要な引張力はいくらか．
（2） 上の（1）において，断面の幅はいくらに縮んでいるか．
（3） 鋼棒の長さが 1 m のとき，均一に加熱して 1 mm 伸ばすのに必要な温度上昇量はいくらか．
（4） 鋼棒を曲げて外周の直径が $D$ (mm) の円形リングをつくったとき，外周の引張応力度はいくらになるか．リングの半径方向は断面の辺に垂直とする．
（5） 上の（4）において，鋼棒の降伏強さが 235 N/mm² のとき，降伏しないためには，$D$ がいくら以上でなければならないか．

**3.2** 図 3.17 のような断面積が等しい細幅と広幅の H 形断面がある．
（1） 曲げモーメントが作用する梁に使用するとき，どちらの断面が有

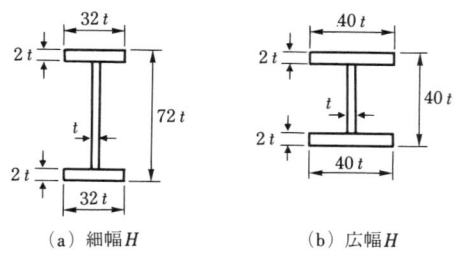

(a) 細幅 $H$   (b) 広幅 $H$

**図 3.17**

効であるか．最外縁の曲げ応力度が降伏強さ以下となるように設計するとき，どちらの断面が大きな曲げモーメントに耐えられるかを計算して答えよ．
（2） 圧縮軸力が作用する柱に使用するとき，どちらの断面が有効であるか．弾性範囲でオイラー座屈するときの座屈荷重を計算して答えよ．

**3.3** 図3.18（a）に示すスリットのあいた板を最大荷重まで引張ったとき，標点間の伸びが，図（b）の2種類の鋼材でいくらになるかを計算せよ．鋼材Aと鋼材Bは降伏比がそれぞれ0.9と0.6であることに注意して，伸び能力に及ぼす降伏比の影響を述べよ．なお，スリットの隙間は0で，その先端に生じる応力とひずみの集中は無視してよい．

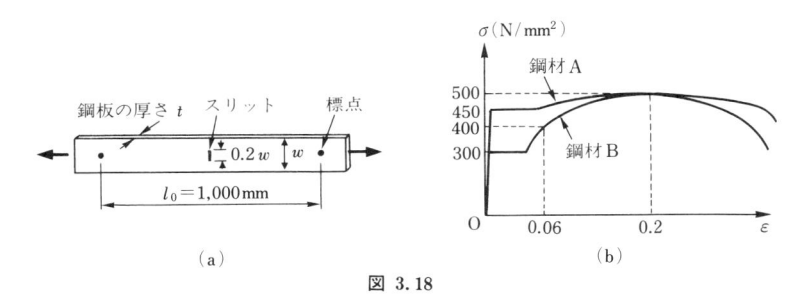

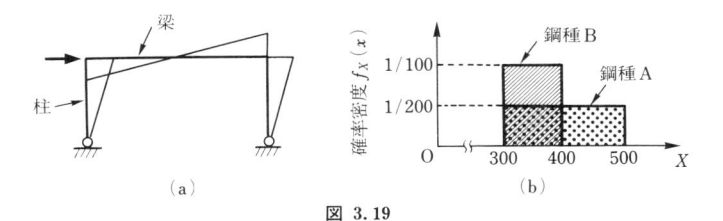

図 3.18

**3.4** 図3.19（a）に示すピン支持された門形ラーメンが地震水平力を受けたとき，梁が柱に先行して降伏し梁に塑性ヒンジが形成されるように設計する場合を考える．そのためには，柱を梁より強くしなければならないので，梁と柱の塑性断面係数がそれぞれ $Z_p$ と $1.25Z_p$ となるように断面を選んだとする．しかし，現実には，梁と柱に用いる鋼材の降伏強さにばらつきがある．降伏強さを確率変数と見なし，記号 $X$ で表すことにする．図（b）に示すように，鋼種Aの降伏強さは $300 \sim 500\,\text{N/mm}^2$ の範囲に一様分布し，鋼種Bは $300 \sim 400\,\text{N/mm}^2$ の範囲に一様分布しているとする．梁と柱は統計的に独立な製造ロットから入手するとしたとき，設計者の意図に

図 3.19

反して柱が先行降伏する確率が，鋼種AとBを使ったとき，それぞれいくらになるか計算せよ．柱と梁には同じ鋼種を使うものとする．この計算結果に基づいて，鋼材の降伏強さのばらつきを制限する意義を述べよ．

[参考図書]

3.1) 日本鉄鋼連盟：鉄ができるまで，1998
3.2) 普通鋼電炉工業会：最近の電炉鋼材，2001
3.3) 鋼材倶楽部：鋼構造建築物と鋼材，1990
3.4) 橋本篤秀監修：建築構造用鋼材の知識，鋼構造出版，1993
3.5) 特殊鋼倶楽部・ステンレス協会：ステンレス鋼の利用状況，1989
3.6) 日本建築学会：建築構造用鋼材および金属系素材に関する技術資料，2002
3.7) 日本鋼構造協会：鋼構造技術総覧［建築編］事例集，技報堂出版，1998
3.8) 加藤　勉：構造用鋼材の降伏比について，鉄と鋼，1988.6
3.9) 桑村　仁，佐々木道夫，加藤　勉：降伏耐力のばらつきを考慮した全体崩壊メカニズム骨組の設計，日本建築学会構造系論文報告集，1989.7
3.10) 桑村　仁：地震時における鋼構造骨組の破壊現象—材料的側面からの破壊原因と対策—，日本建築学会構造部門鋼構造パネルディスカッション資料，1995.8
3.11) Kuwamura, H.: High Performance Steels for Earthquake Resistant Building Structures in Japan, Stability and Ductility of Steel Structures under Cyclic Loading, CRC Press, 1992
3.12) 佐伯英一郎ほか：低降伏点鋼の低サイクル疲労特性に関する研究，日本建築学会構造系論文集，1995.6
3.13) 志村保美，桑村　仁：ステンレス鋼の力学的特性に関する基礎的研究，日本建築学会大会学術講演梗概集，1988.10
3.14) 桑村　仁：軽量ステンレス鋼構造の研究開発，ステンレス建築，2002.3
3.15) 作本好文ほか：構造用耐火鋼材の高温強度特性，日本建築学会構造系論文集，1991.9
3.16) Kuwamura, H.: Mechanical Behaviors of High Young's Modulus Steel, Proc. Third Pacific Struc. Steel Conf., 1992.10
3.17) 桑村　仁：建築の力学—弾性論とその応用—（1.1材料の弾性と塑性，2.5残留応力，8.11材料の降伏条件），技報堂出版，2001
3.18) 桑村　仁，山本恵市：三軸応力状態における構造用鋼材の延性き裂発生条件，日本建築学会構造系論文集，1995.11

# 4 引張材

## 4.1 引張材の種類と性質

　引張力のみが作用する部材を**引張材**(tensile member)という．このとき厳密には，引張力の合力が断面の図心を通らなければならないが，現実にはそのような理想状態を満たすことができないので，**偏心**（引張力の作用線と断面の図心軸とのずれ）がわずかに存在する場合も引張材として扱っている．明らかに偏心がある場合には偏心引張材といい，引張力×偏心量の曲げモーメントが同時に作用する曲げ引張材として扱う．

　一般の鉄骨造建築物において最も代表的な引張材は，**筋かい（ブレース，brace）**である．図 4.1 (a) に示すような鉛直構面に配置される軸組筋かい，屋根や床などの水平構面に配置される屋根筋かいや床組筋かいがある．また，同図 (b) のようなトラスの弦材やラチス材，同図 (c) のような柱の脚部を基礎に緊結するためのアンカーボルトも引張材である．このほかにも，吊り構造におけるケーブルなども引張材となるが，ここでは，一般の鉄骨構造の機能と安全性にもっとも関係の深い**軸組筋かい**に主眼をおいてその挙動と設計の方法について述べる．なお，アンカーボルトについては 13 章で学ぶことにする．

　図 4.1 (a) では引張力が作用する筋かいを太実線で，圧縮力が作用する筋かいを細実線で描いてある．しかし，荷重の向きが逆になると，筋かいの引張力と圧縮力が反転する．筋かいは，一般に地震や風によって建物に作用する水平力に抵抗する役目をする．地震力や風圧力は向きが変動するので，筋かいには引張と圧縮の繰返し力が作用することになる．この問題についてもこの章で触れるが，圧縮力を受けるときの座屈については次の 5 章で扱うことにする．

(a) 筋かい

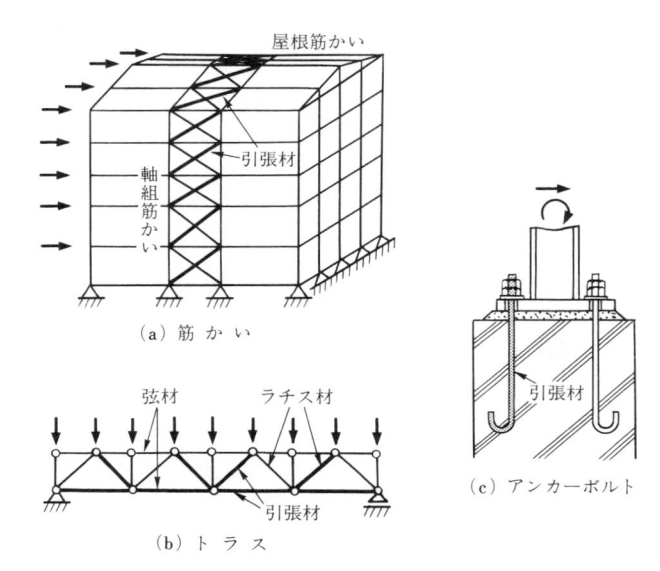

(b) トラス

(c) アンカーボルト

図 4.1 鉄骨構造における引張材

## 4.2 引張材の挙動

引張材は，3章で学んだ引張試験片と同じ引張応力状態となるが，リベット・ボルト・高力ボルト（以下，ファスナと総称する），あるいは溶接によってほかの構造要素と接合されているため，引張試験片と同じ挙動を示すとは限らない．特に，ファスナによる接合の場合には，孔があくことによる断面欠損の存在が，引張材の降伏耐力，最大耐力，伸び能力に大きな影響を与える．

図4.2に示す軸組筋かいについて考えてみよう．図 (a) のような筋かい付き骨組に水平力が作用すると，筋かいには引張力が生じる．このとき，筋かいの端部が骨組と図 (b)，(c) のようにファスナで接合されているとする．図では筋かいを2つの山形鋼で構成してあり，このような引張材を**組立引張材**といい，単一材の場合を**単一引張材**という．

筋かいの端部にはファスナ孔による断面欠損がある．**欠損断面積**を $a$ とし，筋かいの**全断面積**（gross sectional area）を $A_g$ とすると，引張力に対して有効に作用するのは次式で与えられる**有効断面積** $A_e$（effective sectional area）

## 4.2 引張材の挙動

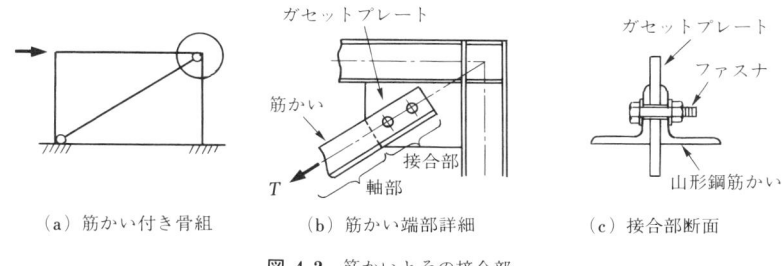

図 4.2 筋かいとその接合部

である．
$$A_e = A_g - a \tag{4.1}$$
この場合のように，全断面積から孔欠損断面積を単純に差し引いたものを**正味断面積**（net sectional area）ともいう．

ここで，材料の降伏強さを $\sigma_y$ とすると，引張力が
$$T_y' = A_e \sigma_y \tag{4.2}$$
に達したとき，ファスナ孔の中心を通る全断面が降伏する．$T_y'$ を**有効断面の降伏耐力**または**弾性限耐力**という．さらに引張力を増加させると，有効断面の耐力は材料のひずみ硬化によって上昇する．その過程で，こんどは筋かいの**軸部**（孔のない一般部）が降伏し，筋かいが全長にわたって降伏する．そのときの引張力は
$$T_y = A_g \sigma_y \tag{4.3}$$
である．$T_y$ を**軸部の降伏耐力**（あるいは単に**降伏耐力**）という．さらに，軸部がひずみ硬化して荷重が上昇する過程で，孔欠損部の応力度が材料の引張強さ $\sigma_u$ に達し最大荷重を迎える．このときの最大荷重は
$$T_u = A_e \sigma_u \tag{4.4}$$
である．これを**接合部の最大耐力**または**破断耐力**という．その後は，孔欠損部がくびれを起こし荷重が低下しながらついには破断する．

以上述べた引張力と伸びの関係をグラフで表すと図 4.3 の OABCD の曲線となる．ここで，伸びは筋かいの端から端までの伸び変形である．この例では，筋かいが破断するまでに大きな伸び能力を発揮するので，耐震上好ましい挙動といえる．このようなとき，筋かいは**靱性**（粘り強さ）あるいは**塑性変形能力**

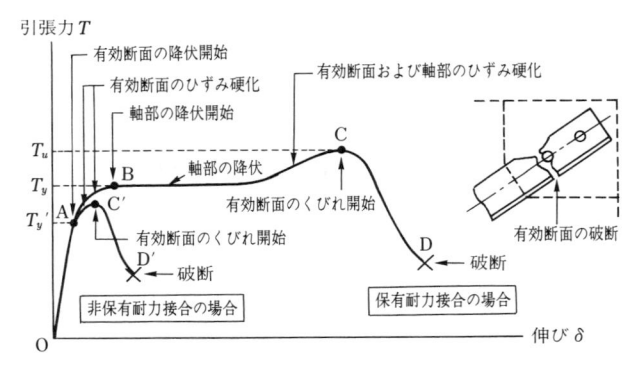

**図 4.3** 孔欠損のある引張材の引張力と伸びの関係

（単に変形能力または変形能ともいう）が優れているという．しかし，そのためには，次の条件が不可欠であることは明白である．

$$T_y \leq T_u \tag{4.5a}$$

$$\therefore A_g \sigma_y \leq A_e \sigma_u \tag{4.5b}$$

これは次のように書き換えられる．

$$\frac{\sigma_y}{\sigma_u} \leq \frac{A_e}{A_g} \tag{4.5c}$$

　この式の左辺は材料の降伏比であり，右辺は有効断面積の全断面積に対する比すなわち**有効断面積比**である．軸部が降伏して十分な伸びを発現するためには，材料の降伏比よりも有効断面積比が大きくなければならない．3章で紹介した建築構造用圧延鋼材（SN）のB種とC種は降伏比を0.8以下に制限してあるので，式（4.5c）を満たすように設計することが容易である．これについては，後の保有耐力接合のところでもう少し詳しく説明する．

　一方，ファスナ孔による断面欠損が大きいときや，材料の降伏比が高いときは式（4.5c）が成立しなくなる．これが満たされないときは，軸部が降伏する前に接合部が破断するという事態が起こり，引張力と伸びの関係は図のOAC'D'となる．このときは，筋かいの破断までの変形が小さいので，大地震によって簡単に破断してしまう．

## 4.3 破断形式と破断耐力

### 4.3.1 有効断面破断

ファスナ孔を有する引張材の破断は孔欠損のある最小断面部で起こる．これを**有効断面破断**（net section fracture）という．**破断線**は孔を縫うように形成されるので，それから有効断面積を計算することができる．降伏するときの**降伏線**も破断線と同じとしてよい．もっとも簡単なファスナ配置は，図 4.4 (a) のように，孔が規則正しく整列している場合である．このときの破断線は孔の中心を通り材軸に垂直な直線となる．1つの孔の欠損断面積を $a_0$（＝孔径 $d$ × 板厚 $t$），孔の列数を $\bar{n}$（図 (a) では $\bar{n}=2$）とすると，欠損断面積は

$$a = \bar{n} a_0 \tag{4.6}$$

で表される．これを式 (4.1) に代入すれば有効断面積が得られる．

次に，図 (b) のようにファスナ孔が**千鳥**（stagger）に配置された場合は，破断線の経路に応じて欠損断面積を決める必要がある．破断線の経路は，孔の

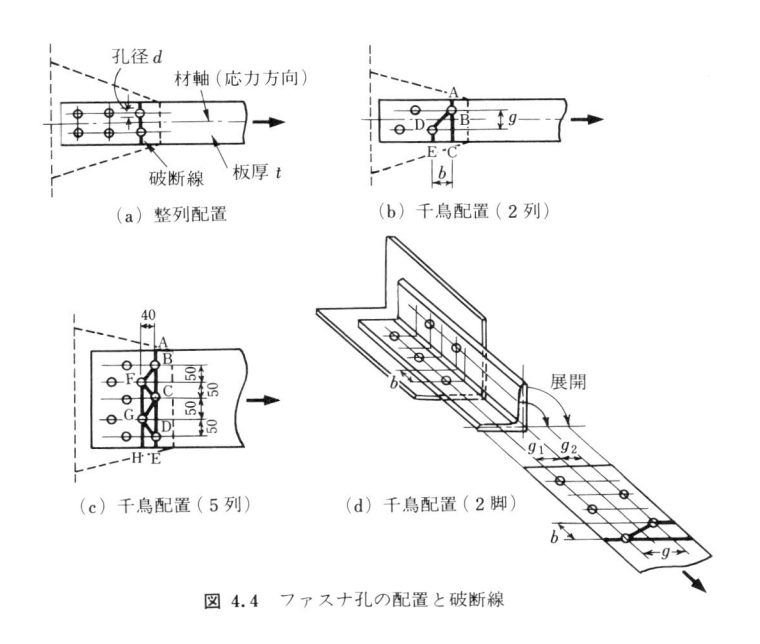

(a) 整列配置

(b) 千鳥配置（2列）

(c) 千鳥配置（5列）

(d) 千鳥配置（2脚）

図 4.4　ファスナ孔の配置と破断線

列の間隔 $g$ と応力方向の孔のずれ $b$ で決まる．$b$ が $g$ に比べてそれほど大きくないときは，破断線が千鳥孔を通る経路（図の ABDE）となる．逆に，$b$ が $g$ に比べて十分大きいとき，破断線は千鳥孔を通らない経路（図の ABC）となる．この問題はリベット接合が盛んであった20世紀初頭から研究されている[4.1]．今日では，次の式を使って図（b）の欠損断面積を計算している[4.2]．

$b \leq 0.5g$ のとき， $\qquad a = a_0 + a_0 \qquad$ (4.7a)

$0.5g < b \leq 1.5g$ のとき， $\qquad a = a_0 + \left(1.5 - \dfrac{b}{g}\right)a_0 \qquad$ (4.7b)

$b > 1.5g$ のとき， $\qquad a = a_0 + 0 \qquad$ (4.7c)

上の諸式において，右辺第1項は第1孔（B孔）の欠損断面積 $a_0$ をそのまま用い，第2項は千鳥にずれている第2孔（D孔）の**等価欠損断面積**である．この諸式は $b < 1.5g$ ならば破断線が第2孔を通り，$b > 1.5g$ ならば第2孔を通らないことを表している．

図（c）のように千鳥孔の列数が3以上の場合には，孔を縫う可能なすべての破断線を描き，それぞれの破断線について板の側縁にもっとも近い第1孔に対する第2孔，第2孔に対する第3孔の順に上式を用いて等価欠損断面積を算定し，それらを第1孔の欠損断面積 $a_0$ に足し合わせればよい．図（c）について計算すると，破断線が ABFCGDE のときに欠損断面積が最大値 $3.8a_0$ となるので，有効断面積は $A_g - 3.8a_0$ となる．

図（d）の山形鋼のように2つの脚が接合される場合は，板厚の中心を通る面を1つの平面に展開して，$g = g_1 + g_2$ として欠損断面積を計算すればよい．$g_1$，$g_2$ は孔の中心から相対する板の厚さの中心までの距離である．

図4.5に示すように，引張材のファスナ接合部でもっとも大きな応力が作用するのは先頭の孔を通る断面（図の ABC）である．後尾にいくにつれて前方にあるファスナの伝達力（図では $T/3$）が引張力 $T$ を減じていくので，有効断面に作用する応力が減衰していく．したがって，降伏や破断が生じるのは先頭の孔を通る

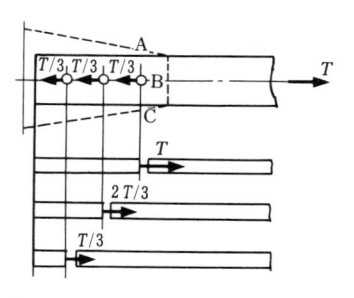

**図 4.5** ファスナ接合部の断面力の減衰

有効断面となる.

　筋かいの軸力は**ガセットプレート**（gusset plate）を介して骨組に伝達することが多い.そのとき,ガセットプレートには図4.6(a)のような引張応力度が分布する.設計では,ガッセットプレートの有効幅を図のように先頭のファスナ孔中心から両側におのおの30°の角度をもち底辺が最後尾の孔を通る二等辺三角形（図(b)では台形）の底辺の長さから孔径を引いたものとする.ただし,底辺がガセットプレートの幅からはみ出した場合は,はみ出した部分を除く.図4.6のガセットプレートの有効断面積は

図(a)では,　　$A_e = \dfrac{2}{\sqrt{3}} l \cdot t - a_0$ 　　　　(4.8a)

図(b)では,　　$A_e = \left(\dfrac{2}{\sqrt{3}} l + g\right) \cdot t - 2a_0$ 　　(4.8b)

となる.$l$ はボルト列の長さ,$t$ はガセットプレートの板厚,$g$ はゲージ長さである.ガセットプレートの厚さや幅が十分でない場合には,引張材よりもガセットプレートのほうが有効断面破断することがある.一般に,ガセットプレートの板厚を引張材の板厚（組立引張材では板厚の合計）よりも大きくしておけばガセットプレートの破断を防ぐことができる.

　以上のように有効断面破断が起こるときの破断耐力すなわち最大耐力は,上で求めた有効断面積に材料の引張強さを乗じることによって計算される（前出式(4.4)).ただし,厚さが3mm程度以下の薄板を応力方向に2本以下のファ

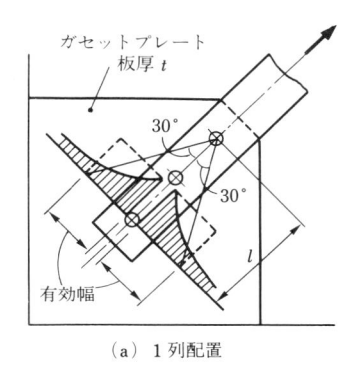

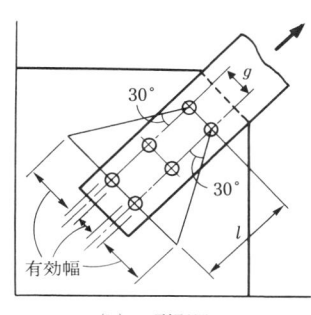

　　　(a) 1列配置　　　　　　　　　(b) 2列配置

図 **4.6**　ガセットプレートの応力分布と有効幅

スナで接合した場合には，板が**カーリング**（curling）と呼ばれる面外変形を起こして有効断面積が低下するので注意が必要である[4.7]．なお，1本の山形鋼（単一山形鋼）がガセットプレートの片面に接合されるような場合は偏心接合となり，そのときの有効断面積については，後の 4.4 節で説明する．

### 4.3.2 端抜け破断

引張材のファスナ接合部には上述の有効断面破断に先行して**端抜け破断**（end opening fracture，支圧破壊（bearing failure）ともいう）が起こることがある．これは，応力方向の縁端距離やファスナのピッチが小さいときに起こる．**応力方向の縁端距離**とは引張力の方向に並んでいる最後尾のファスナの中心と被接合材の端までの距離で，**ピッチ**とは応力方向のファスナ中心間の距離である．端抜け破断は図 4.7 に描かれているように，ファスナと被接合材との間に生じる支圧力で被接合材が破壊され，最後尾のファスナが飛び出す破断形式である．

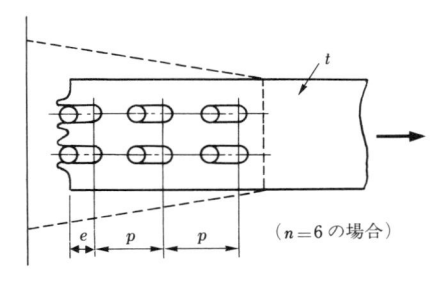

**図 4.7** 端抜け破断

端抜け破断で決まる破断耐力の算定には次の実験式が使われている[4.3]．

$$T_u = n \cdot e_1 \cdot t \cdot \sigma_u \tag{4.9a}$$

ただし

$$e_1 = \min\{e,\ p,\ 12t\} \tag{4.9b}$$

ここで，$n$ はファスナの全本数，$t$ は被接合材の厚さ，$\sigma_u$ は被接合材の引張強さ，$e$ は応力方向の縁端距離，$p$ はピッチである．なお，薄板を用いた軽鋼構造では $12t$ の代わりに $13t$ としてよいとされている[4.4]．

式（4.9a）は1つの孔の両縁を通る応力方向の2側線がせん断破壊するときの耐力 $(\sigma_u/\sqrt{3}) \times 2 = 1.15\sigma_u$ を $\sigma_u$ としたものである．しかし，最後尾ファスナの後ろにある縁端部が梁のように曲げ破壊する現象が報告されている．このことから，縁端部が曲げ破壊する場合の耐力についても検定して，せん断破壊耐

力と曲げ破壊耐力の小さいほうを採用すべきであるとする提案もある[4.7]．

### 4.3.3 ちぎれ破断

被接合材の3番目の破断形式として**ちぎれ破断**（block shear fracture）がある．これは，図4.8に描かれているように，ファスナ群を囲む板が抜け出す形式で，幅の広い板が局部的にファスナで接合されている場合に起こる．図の破断線ABは有効断面破断と同様であるが，幅が広いと破断線が幅方向に進行せず，応力方向にせん断破壊が生じる．

(a) 板の中央部にファスナが偏在する場合

(b) 板の縁にファスナが偏在する場合

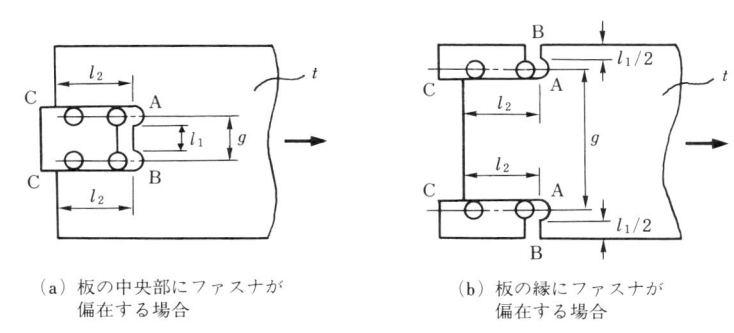

図4.8 ちぎれ破断

ちぎれ破断で決まる破断耐力の算定には次の実験式が使われている[4.5]．

$$T_u = l_1 \cdot t \cdot \sigma_u + 2 l_2 \cdot t \cdot \frac{\sigma_u}{\sqrt{3}} \tag{4.10}$$

記号は，図4.8を参照されたい．上式右辺の第1項は破断線ABの引張破断耐力で，第2項は破断線ACとBC（図(b)では2本のAC）のせん断破断耐力である．ミーゼスの降伏条件を延性破壊に拡張して，せん断破壊応力は引張破壊応力の$1/\sqrt{3}$としてある．

式(4.10)は，引張破断線とせん断破断線が同時に材料の最大強さに達することを前提としているが，一様伸びが非常に大きく降伏比の小さいステンレス鋼では必ずしも同時性が保証されないので注意が必要である[4.7]．

### 4.3.4 ファスナ破断

ファスナにはせん断力が作用するので，被接合材のほうが強ければ，図4.9のようにファスナがせん断破壊する．これについては，10章のボルトおよび高力ボルト接合で詳述するので，破断耐力を求める式だけを掲載しておく．

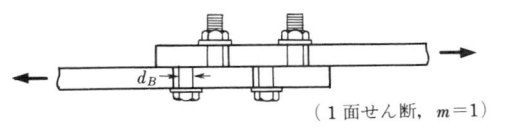

図 4.9 ファスナのせん断破壊（1面せん断，$m=1$）

$$T_u = \frac{\sigma_{uB}}{\sqrt{3}} \cdot \frac{\pi \cdot d_B^2}{4} \cdot n \cdot m \tag{4.11}$$

ここで，$\sigma_{uB}$, $d_B$, $n$ はそれぞれファスナの引張強さ，軸径，本数で，添字 $B$ はファスナを代表してBoltの頭文字をとった．$m$ はせん断面の数で，1面せん断のとき $m=1$，2面せん断のとき $m=2$ となる（図は1面せん断）．なお，せん断面がねじ部にかかるときは $d_B$ を有効径 $d_{Be}$ {$d_{Be} \cong \sqrt{0.75}\,d_B$} に置き換える必要がある．

### 4.3.5 溶接継目破断

引張材の接合がファスナではなく溶接による場合には，溶接継目の破断耐力を検討する必要がある．これについては11章で詳述するが，破断耐力を求める式を掲載しておく．なお，完全溶込み溶接の場合には，溶接継目の耐力は母材以上となるので特に計算を必要としない．以下は，隅肉溶接継目の破断耐力の計算式である[4.3]．

$$\text{側面隅肉溶接の場合，} \quad T_u = \frac{\sigma_u}{\sqrt{3}} \cdot a \cdot l \tag{4.12}$$

$$\text{前面隅肉溶接の場合，} \quad T_u = 1.4 \times \frac{\sigma_u}{\sqrt{3}} \cdot a \cdot l \tag{4.13}$$

ここで，$\sigma_u$ は溶接金属の引張強さであるが，溶接継目の強度は母材よりも高くなるように施工されるので，母材の引張強さとしてよい．$a$, $l$ はそれぞれ隅肉溶接継目の有効のど厚と有効長さで，図4.10に例示してある．

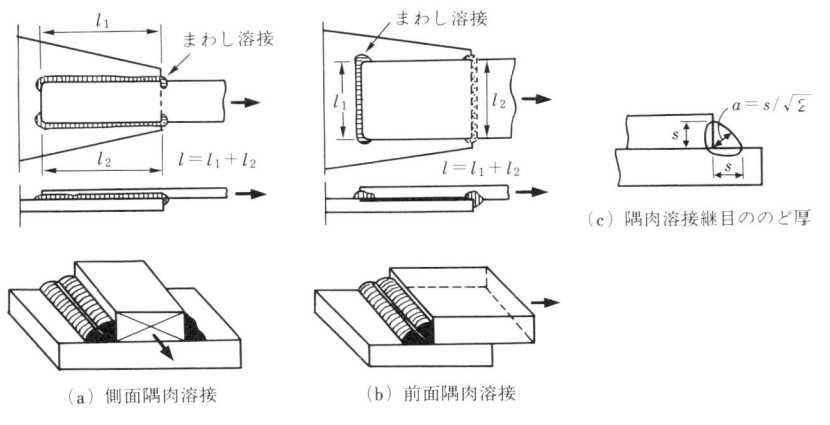

図 4.10 隅肉溶接継目の破断

## 4.4 偏心接合

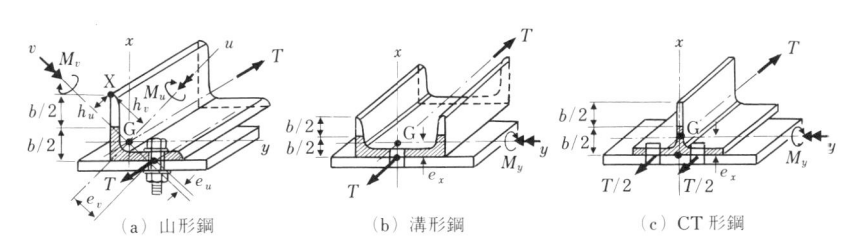

山形鋼や溝形鋼あるいは CT 形鋼が図 4.11 (a), (b), (c) のように 1 面のみで接合される場合には引張力が作用する断面の図心 G と接合面に作用する反力の作用点が一直線上に揃わないため偶力モーメントが生じる.これを**偏心モーメント**といい,このような接合を**偏心接合**と呼んでいる.図 (a) の山形鋼の場合には,断面の 2 つの主軸すなわち $u$ 軸と $v$ 軸(強軸が $u$ 軸,弱軸が $v$ 軸)のまわりにそれぞれ偏心モーメント $M_u=e_vT$, $M_v=e_uT$ が生じる.ここで,$e_u$, $e_v$ はそれぞれ $u$, $v$ 軸方向の**偏心距離**である.図 (b), (c) の溝形鋼と CT 形鋼では,$y$ 軸(弱軸)まわりに偏心モーメント $M_y=e_xT$ が生じる.

図 4.11 偏心接合

このような偏心引張によって，引張材の断面にはかなり大きな曲げ応力度が生じ，軸方向応力度に重ね合わされる．たとえば，図 (a) の山形鋼の突出脚先端 ($X$ 点) の応力度は，弾性状態にあるとき次のように計算される．

$$\sigma_X = \frac{T}{A} - \frac{M_u}{Z_u} + \frac{M_v}{Z_v} = \frac{T}{A} - \frac{e_v T}{I_u/h_v} + \frac{e_u T}{I_v/h_u} \qquad (4.14)$$

ここで，$I_u$, $I_v$ はそれぞれ $u$, $v$ 軸に関する断面2次モーメント，$Z_u$, $Z_v$ はそれぞれ $u$, $v$ 軸に関する $X$ 点の断面係数，$h_u$, $h_v$ は $X$ 点の $u$-$v$ 座標系における座標を表す．なお，山形鋼では脚に平行な軸 ($x$, $y$ 軸) は主軸ではないので，上の式で $u$, $v$ を $x$, $y$ に置き換えた式は成り立たないので注意が必要である．このような問題は **2軸曲げ** といわれる[4.8]．図 (b), (c) の溝形鋼と CT 形鋼では，$x$, $y$ 軸が主軸であるので $y$ 軸に関して曲げ応力度を計算すればよい．

以上のように，偏心接合された引張材は曲げ応力度を考慮して設計しなければならないが，ファスナによる孔欠損がある断面に式 (4.14) を適用するのはかなり困難である．なぜなら，孔欠損のある断面の主軸の位置を求めることや $I_u$, $I_v$ を計算するのは相当骨が折れるからである．そこで，設計では偏心モーメントを無視する代わりに突出脚の半分を無効とする便法がとられている．すなわち，次式で有効断面積を算定し，有効断面に一様な引張応力が生じるとして降伏耐力や破断耐力を計算するわけである．

$$A_e = A_g - A_{1/2} - a \qquad (4.15)$$

ここで，$A_g$ は全断面積，$A_{1/2}$ は突出脚の 1/2 の断面積 (図の白抜き部分)，$a$ はファスナによる欠損断面積である．なお，実験に基づいてより精密な設計式も提案されているが[4.3]，構造上重要な筋かいには偏心接合を避けたほうがよい．

## 4.5 筋かいの保有耐力接合

筋かいを耐震要素に用いるとき，降伏した後の変形能力が大切である．そのためには，4.2 節で述べたように，筋かいの接合部の破断が軸部の降伏より先に起こることを防止しなければならない．これは式 (4.5 a) を満たすことによって保証できることを説明したが，設計では次式を用いている．

$$T_u = \alpha \cdot T_y \qquad (4.16)$$

ここで，$T_u$ は接合部の破断耐力，$T_y$ は軸部の降伏耐力，$\alpha$ は **接合部係数** と呼ば

れ材料強度のばらつきを考慮した安全率の意味合いをもっている．式（4.16）を満たす接合を**保有耐力接合**と呼んでいる．

　$T_u$ の算定に当たっては，接合部のあらゆる可能な破断形式，すなわち有効断面破断・端抜け破断・ちぎれ破断（以上は筋かいとガセットプレートの両方），およびファスナ破断・溶接継目破断のうちもっとも小さな破断耐力を採用する．このとき，材料の引張強さ $\sigma_u$ の代わりに設計最大強度 $F_u$ を用いる．また，$T_y$ の算定においては材料の降伏強さ $\sigma_y$ の代わりに設計基準強度 $F$ を用いる．係数 $\alpha$ の値は，$\sigma_y/\sigma_u$ の実勢値が $F/F_u$ の何倍になっているかの統計的調査に基づき，1.2 前後の値が用いられている．しかし，建築構造用圧延鋼材（SN 鋼）の B，C 種以外の鋼材は，$\sigma_y$ の上限が定められていないため $T_y$ が設計値より予想外に大きくなる可能性があるので，耐震筋かいには使わないほうがよい．

## 4.6　細長比と繰返し挙動

　木質構造の筋かいはたいてい圧縮材で用いられるが，鉄骨造の筋かいは引張材で用いられることが多い．これは，引張で用いると座屈から解放されるので断面が小さくてすむということ，断面の小さい鋼材製品がたくさん用意されていること，引張材の接合耐力がファスナや溶接によって容易に確保できることなどに起因している．低層の鉄骨では小断面のフラットバーや山形鋼がよく利用される．しかし，このような細長い筋かいは建設時にたるみが生じやすく，地震や風が作用したときに有効に働かない恐れがあるので施工には注意が必要である．設計では筋かいの細長比をある限度以下にしておく対策がとられることがあるが，わが国の軽鋼構造設計施工指針[4.4]や米国 AISC マニュアル[4.6]では，軸組筋かいなどの主要な引張材の細長比を 240 以下，2 次的な引張材は 300 以下という推奨値がある．

　たるみを防止できる筋かいとして**ターンバックル**があり，低層建物によく用いられる．建築用ターンバックルは JIS A 5540, 5541, 5542 に規定されており，図 4.12 に示すように 1 個のターンバックル胴と 2 本のターンバックルボルト（SS 400）から構成されている．ターンバックルボルトを骨組に接続するために両端には，ファスナ孔のあいた羽子板が溶接されているもの（記号 S で表す），アイボルト形式のもの（記号 E），ねじ形式のもの（記号 D）の 3 種類がある．

2本のターンバックルボルトには逆ねじが切ってあり，ターンバックル胴を回転させることによってターンバックルボルトを締め付けることができる．ターンバックルボルトのねじの呼び径はM6〜M33で，ねじ部は転造ねじ法で製作されており，ねじ部の破断耐力は軸部の降伏耐力より大きくなっており保有耐力接合が確保されている（軸径はねじの呼び径より小さい）．ターンバックル胴は割枠式（記号ST）とパイプ式（記号PT）があり，ターンバックルボルトの軸部の降伏荷重に対して破壊しないようにつくられている．

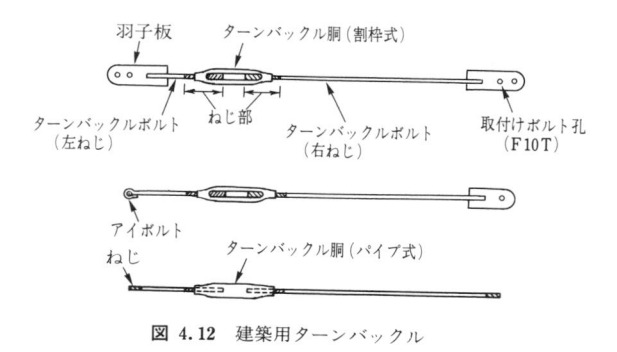

図 4.12 建築用ターンバックル

風や地震による水平力の向きが反転すると，引張力を受けていた筋かいの軸力は圧縮力に変わる．すると，細長比の大きい筋かいは，簡単に座屈してしまうので圧縮耐力がほとんど期待できない．そのときの水平荷重と水平変位の関係は図4.13(a)のようになる．荷重の向きが変わっても同じ水平耐力を維持

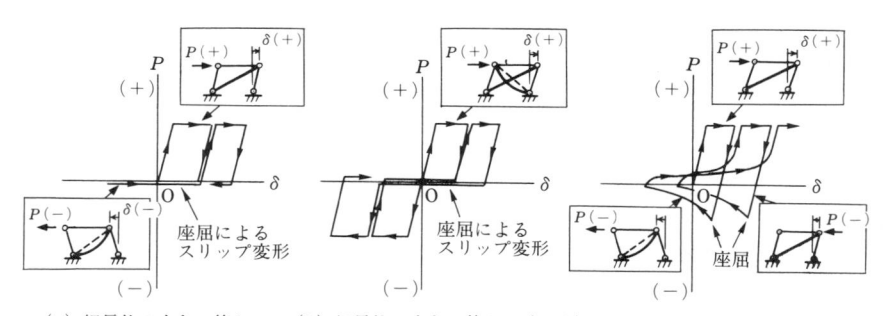

(a) 細長比の大きい筋かい　(b) 細長比の大きい筋かい（X形）　(c) 細長比の小さい筋かい

図 4.13 筋かいの弾塑性履歴曲線

するためには，図（b）のようにX形筋かい（通称バッテンブレース）にする．いずれの場合も，降伏して伸びた筋かいは元の長さに戻らないので，前サイクルの変形を超えるまでは耐力が発現せず滑るような挙動をする．このような履歴曲線を**スリップ形**という．筋かいの細長比が小さくなると，座屈するまでにある程度の圧縮耐力を負担することができ，そのときの履歴曲線は図（c）のようになる．

## 4.7 引張材の設計

引張材を許容応力度設計法で設計するときの手順は次のようになる．
（1） 引張材の断面形状とその寸法および鋼材の種類を仮設定する（鉄骨構造は，通常，不静定構造であるので，骨組の弾性解析に先立ってすべての部材の断面を仮定しておく必要がある）．
（2） 引張材に作用する引張力$T$を骨組の弾性解析によって求める．
（3） 接合部を設計し，引張材の有効断面積$A_e$を算定する．なお，接合部の許容応力度設計では，被接合材（筋かいとガセットプレート）の有効断面降伏耐力・端抜け降伏耐力・ちぎれ降伏耐力，ファスナの降伏耐力（高力ボルト摩擦接合ではすべり耐力，高力ボルト引張接合では離間耐力），および溶接継目の降伏耐力を当該材料の設計基準強度$F$を用いて計算したものを短期許容耐力とし，それを1.5で除したものを長期許容耐力とする（各降伏耐力は破断耐力式(4.4)，(4.9)，(4.10)，(4.11)，(4.12)，(4.13)の$\sigma_u$を$F$に置き換えて計算する）．これらの許容耐力がそれぞれ短期荷重と長期荷重によって接合部に生じる力を下回らないように設計する．
（4） 有効断面における引張応力度$\sigma_t = T/A_e$を算定する．
（5） $\sigma_t/f_t \leq 1.0$であることを確認する．$f_t$は**許容引張応力度**で使用鋼材の設計基準強度$F$に基づき，長期荷重に対しては$f_t = F/1.5$，短期荷重に対しては$f_t = F$とする．断面に$F$値の異なる鋼材が使われているときは小さいほうの値をとる．$\sigma_t/f_t \leq 1.0$を満たさない場合には，断面のサイズを上げるか，または強度の高い材料に変更する．$\sigma_t$が$f_t$よりかけ離れて小さいときは不経済な断面となっているので，必要に応じて断面サイ

ズを小さくする．断面サイズを変更したときは部材の剛性が変わるので，（2）に戻ってもう一度構造計算をやり直す必要がある．
（6） 耐震筋かいの場合には保有耐力接合の条件 $T_u > \alpha T_y$ を満たしていることを確認する．満たしていない場合は，（1）の仮定断面および（3）の接合部設計を見直す．

次に，引張材を塑性設計法で設計するときの手順を示しておこう．
（1） 引張材の断面形状とその寸法および鋼材の種類を仮設定する．
（2） 引張材の必要降伏耐力 $T_{yn}$ を計算する．
（3） 引張材の降伏耐力 $T_y$ を計算する．
（4） $T_y \geq T_{yn}$ であることを確認する．
（5） 接合部が保有耐力接合の条件 $T_u \geq \alpha T_y$ を満たしていることを確認する．

**（設計例）**

地震水平力を受ける図 4.14（a） の筋かいを設計してみよう．筋かいは圧縮力を負担しないものとする．

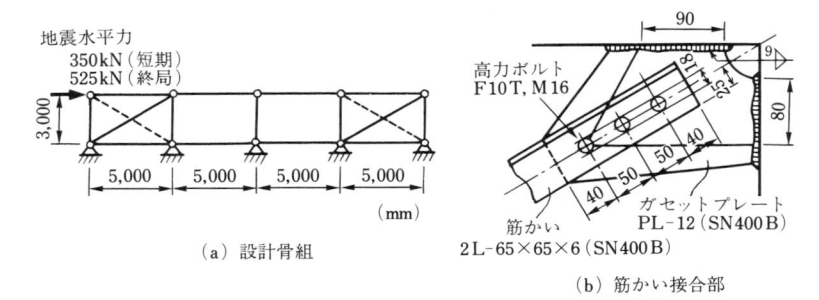

**図 4.14** 筋かいの設計例題

まず，許容応力度設計では，地震水平力（この例題では 350 kN）に対して筋かいが降伏しないように断面を決定することが命題となる．上で述べた手順でやってみよう．

（1） 筋かいの断面と鋼種の仮定：2 L-65×65×6（SN400B）
全断面積：$A_g = 753 \times 2 = 1,506$（mm²）

## 4.7 引張材の設計

設計基準強度：$F=235$（N/mm²），設計最大強度：$F_u=400$（N/mm²）

（2） 筋かいに作用する引張力：$T=350\times\dfrac{1}{2}\times\dfrac{\sqrt{5^2+3^2}}{5}=204$（kN）

（3） 接合部を図（b）のように設計する（詳細は 10 章で学ぶので，ここでは結果のみを図示してある）．

（4） ファスナ孔欠損断面積：$a=18\times 6\times 2=216$（mm²）
有効断面積：$A_e=1{,}506-216=1{,}290$（mm²）
有効断面の引張応力度：$\sigma_t=204\times 10^3/1{,}290=158$（N/mm²）

（5） 許容引張応力度（短期）：$f_t=F=235$（mm²）
判定：$\sigma_t/f_t=158/235=0.67\leqq 1.0$ 　よって，合格と判定できる．

（6） 軸部の降伏耐力：$T_y=A_gF=1{,}506\times 235\times 10^{-3}=354$（kN）
筋かいの有効断面破断耐力：$T_{u1}=A_eF_u=1{,}290\times 400\times 10^{-3}=516$（kN）
ガセットプレートの有効断面破断耐力：
$$T_{u2}=A_eF_u=\left(\dfrac{2}{\sqrt{3}}\times 100-18\right)\cdot 12\times 400\times 10^{-3}=468\text{（kN）}$$
筋かいの端抜け破断耐力：
$$T_{u3}=ne_1tF_u\times 2=3\times 40\times 6\times 400\times 2\times 10^{-3}=576\text{（kN）}$$
ガセットプレートの端抜け破断耐力：
$$T_{u4}=ne_1tF_u=3\times 40\times 12\times 400\times 10^{-3}=576\text{（kN）}$$
筋かいのちぎれ破断耐力：
$$T_{u5}=\left[l_1\cdot t\cdot F_u+l_2\cdot t\cdot\dfrac{F_u}{\sqrt{3}}\right]\times 2$$
$$=\left[\left(25-\dfrac{18}{2}\right)\cdot 6\cdot 400+(50+50+40)\cdot 6\cdot\dfrac{400}{\sqrt{3}}\right]\times 2\times 10^{-3}=465\text{（kN）}$$

ガセットプレートのちぎれ破断は問題ない．
ファスナ（ここでは高力ボルト）の破断耐力：
$$T_{u6}=\dfrac{F_{uB}}{\sqrt{3}}\cdot\dfrac{\pi\cdot d_B^2}{4}\cdot n\cdot m=\dfrac{980}{\sqrt{3}}\cdot\dfrac{3.14\cdot 16^2}{4}\cdot 3\cdot 2\times 10^{-3}=682\text{（kN）}$$

溶接継目（ここでは隅肉溶接）の破断耐力（側面隅肉で計算）：

$$T_{u7} = \frac{F_u}{\sqrt{3}} \cdot a \cdot l = \frac{400}{\sqrt{3}} \cdot \frac{9}{\sqrt{2}} \cdot ((80+90) \times 2) \times 10^3 = 500 \text{ (kN)}$$

筋かい接合部の破断耐力：$T_u = \min_i \{T_{ui}\} = 465$ (kN)

判定：$\dfrac{T_u}{T_y} = \dfrac{465}{354} = 1.31 \geq 1.2$　よって，合格と判定できる．

次に，塑性設計では，終局地震水平力（この例題では525 kN）に対して崩壊しないように筋かいの断面を決定することが命題となる．前述の手順でやってみよう．

（1）許容応力度設計と同様に，2L–65×65×6（SN400B）を仮定する．

$A_g = 753 \times 2 = 1{,}506$ (mm$^2$)，$F = 235$ (N/mm$^2$)，$F_u = 400$ (N＝mm$^2$)

（終局耐力の計算ではJIS鋼材の$F$値を1.1倍できるが，ここではそのままの値を用いる．）

（2）引張材の必要降伏耐力：$T_{yn} = 525 \times \dfrac{1}{2} \times \dfrac{\sqrt{5^2+3^2}}{5} = 306$ (kN)

（3）引張材の降伏耐力：$T_y = A_g F = 1{,}506 \times 235 \times 10^{-3} = 354$ (kN)

（4）$\dfrac{T_y}{T_{yn}} = \dfrac{354}{306} = 1.16 \geq 1.0$　よって，合格と判定できる．

（5）保有耐力接合は，$\dfrac{T_u}{T_y} = \dfrac{465}{354} = 1.31 \geq 1.2$ より，合格と判定できる．

## 演習問題

**4.1** 図4.15のような円孔を2つあけた短冊状の紙を引張って破る実験を行い，破断線を調べよ．$b/g$が小さいときは，破断線が2つの孔を通るABCDとなるのに対して，$b/g$が大きくなると破断線が1つの孔のみを通るABD′またはA′CDとなることを観察せよ．この破断線の遷移が$b/g = 1.5$で起こるという千鳥孔の断面欠損評価法の妥当性を確認せよ．

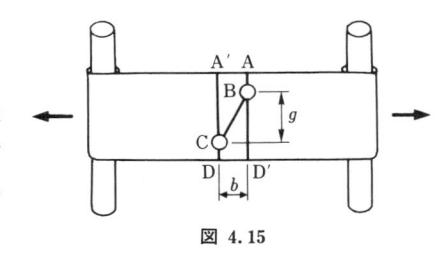

図 4.15

**4.2** 図4.16のように1脚のみがガセットプレートにボルト接合された山形断面の筋かいに引張力$T$を作用させたとき，次の計算をせよ．ボルト孔欠損は無視して計算し

てよい.
(1) $T=10\,\text{kN}$ のとき，断面がすべて弾性状態にあるとした場合，断面の A，B，C 点の応力度の値を求めよ．引張を正，圧縮を負とする．
(2) 材料の降伏強さを $\sigma_y=235\,\text{N/mm}^2$ としたとき，断面のいずれか1点が降伏するときの引張力 $T_y$ の値を求めよ．

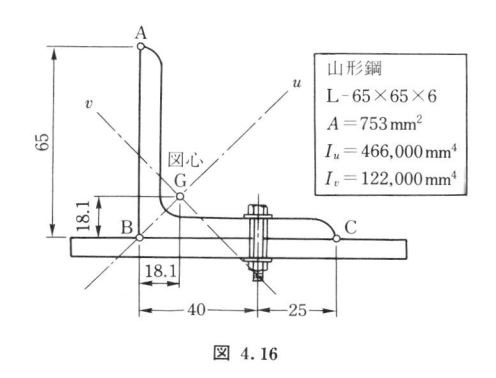

山形鋼
L-65×65×6
$A=753\,\text{mm}^2$
$I_u=466{,}000\,\text{mm}^4$
$I_v=122{,}000\,\text{mm}^4$

図 4.16

(3) 有効断面積 $A_e$ を $T_y=\sigma_y A_e$ で定義したとき，$A_e$ の値を求めよ．

**4.3** 図 4.17 のように (a) 半無限弾性板の縁に垂直な荷重 $P$ が作用したとき，および (b) 無限弾性板の内部に荷重 $P$ が作用たとき，$P$ の直下 $x$ における $P$ 方向の応力度 $\sigma_x$ は板厚を1としたとき，次式で表されることが知られている．

$$\text{(a) の場合}：\sigma_x=\frac{2P}{\pi x}, \quad \text{(b) の場合}：\sigma_x=\frac{3+\nu}{4\pi}\cdot\frac{P}{x}$$

これを用いて，図 (c) のガセットプレートの有効幅 $b_e$ を算定し，有効角 $\theta_e$ を求め，設計で用いている $\theta_e=30°$ と比較してみよ．ただし，ボルトからガセットプレートに伝わる荷重は均等とし，ボルト本数 $n$ が 2，3，4，5本の4ケースについて (a) の式を用いた場合と (b) の式を用いた場合について計算せよ．ボルト孔は無視し，ポアソン比は $\nu=0.3$ とする．なお，$\theta_e$ と $b_e$ は次のように定義する．

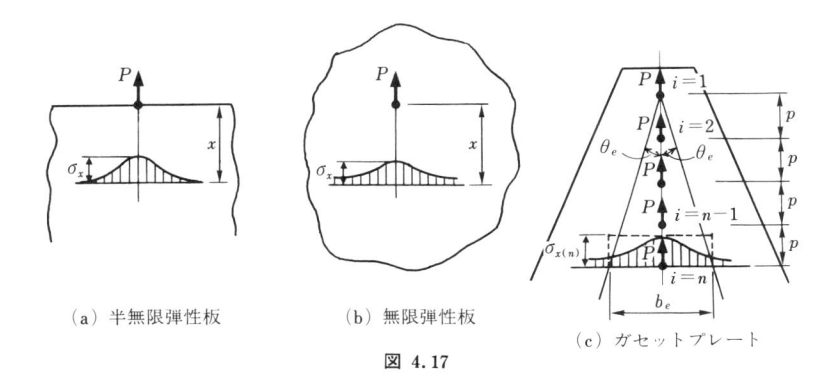

(a) 半無限弾性板　　(b) 無限弾性板　　(c) ガセットプレート

図 4.17

$$\tan\theta_e = \frac{b_e}{2(n-1)p}, \quad b_e \cdot \sigma_{x(n)} = n \cdot P$$

ただし，$\sigma_{x(n)} = \sum_{i=1}^{n-1} \sigma_{x(i)}$，$p$ はボルトピッチ

**4.4** スパン 50 m の人工地盤を支える鉄骨トラスがある．図 4.18 に示した荷重 $P=750$ kN は固定荷重と積載荷重によるものとする．

（1） 部材がすべて溶接接合され断面欠損がないとしたとき，もっとも大きな引張力が作用する弦材とラチス材の鋼種と断面を決定せよ．

（2） あるラチス（H-300×300×10×15, $A_g=11,840$ mm$^2$）が図 4.18 のように高力ボルトで接合されているとき，欠損断面積と有効断面積を算定せよ．

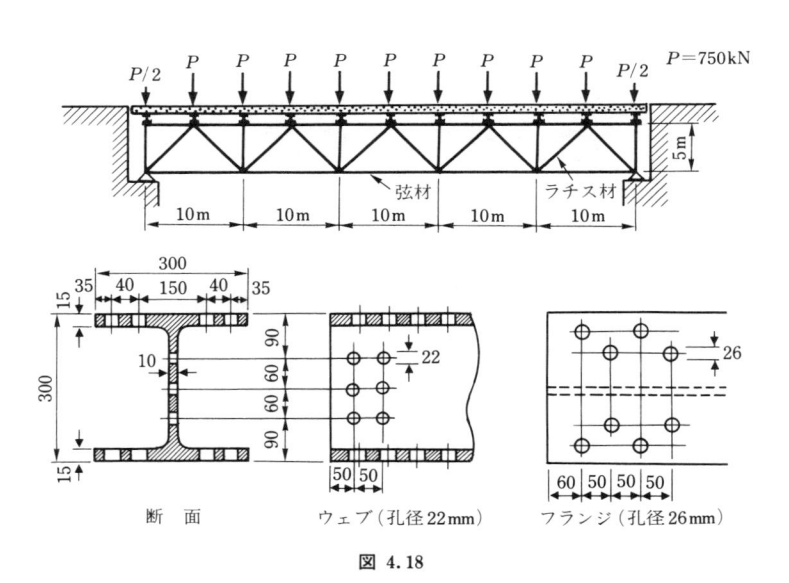

図 4.18

[参考図書]

4.1) Cochrane, V. H.: Calculating Net Section of Riveted Tension Members and Fixing Rivet Stagger, Engineering News, Vol. 8, No. 17, p. 465, 1908. 4

4.2) 日本建築学会：鋼構造設計規準，1970（SI 単位版，2002）

4.3) 日本建築学会：鋼構造限界状態設計指針，1998（SI 単位版，2002）

4.4) 日本建築学会：軽鋼構造設計施工指針，1985（SI 単位版，2002）

## 参考図書

4.5) 日本建築学会:高力ボルト接合設計施工指針,1993
4.6) American Institute of Steel Construction:Manual of Steel Construction, Eighth Edition, 1980
4.7) 桑村　仁,礒﨑あゆみ:ステンレス鋼薄板ファスナ接合部の終局挙動,日本建築学会構造系論文集,2002.6
4.8) 桑村　仁:建築の力学―弾性論とその応用―(4.5 2軸曲げ),技報堂出版,2001

# 5 圧縮材

## 5.1 圧縮材の種類と性質

**圧縮材**（compressive member）というのは，厳密には，圧縮軸力のみを受ける部材，すなわち圧縮荷重が断面の図心軸を通る部材で，これを明確にする必要があるときは**中心圧縮材**（centrally loaded column）と呼ぶ．しかしながら，現実の圧縮材は圧縮軸力がわずかながら図心から偏心して作用する**偏心圧縮材**となるので，これも含めて圧縮材と呼んでいる．偏心圧縮材では，偏心による2次的な曲げモーメントを考慮しなければならない．圧縮軸力と同時に材端曲げモーメントや中間荷重によって曲げを受ける部材は，**曲げ圧縮材**あるいは梁-柱，ビーム・コラム（beam-column）と呼ばれ，圧縮材とは区別して扱う．本書では曲げ圧縮材は7章で扱う．なお，力学では，単に**柱**（column, strut）というと中心圧縮材を指すことが多いが，構造物における柱，たとえばラーメン構造の柱はたいてい曲げ圧縮材となる．

鉄骨造建築物における圧縮材は，前章で学んだ引張材とペアになることが多く，代表的なものは，筋かい材，トラスの弦材やラチス材などである．このような圧縮材の設計でもっとも注意しなければならないのは，**オイラー座屈**と呼ばれる不安定現象である．圧縮材がオイラー座屈すると，荷重の支持能力が急激に低下し危険な事態に陥ることがある．また，圧縮材が薄い板で構成されている場合には，**局部座屈**といわれる板の座屈にも注意が必要である．局部座屈は，圧縮材だけでなく曲げ材や曲げ圧縮材にも共通する問題であるので，9章でまとめて扱うことにする．

## 5.2 オイラー座屈

### 5.2.1 オイラー荷重

真直ぐな棒の図心軸に圧縮力を加えると，図5.1に示すように，荷重が小さいうちは棒が材軸方向に縮むだけであるが（図のOA），荷重がある大きさに達すると突然横にはらんで荷重を支える能力が急激に低下する（図のAB）．この現象は**オイラー座屈**（Euler buckling）と呼ばれており，**曲げ座屈**（flexural buckling）あるいは**棒の座屈**（buckling of bar）ということもある．圧縮材の設計では，オイラー座屈に対する配慮が不可欠である．

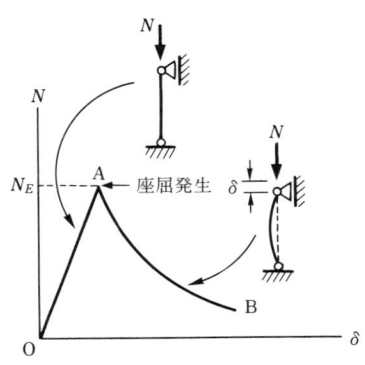

**図 5.1** 中心圧縮柱のオイラー座屈

棒の座屈問題を解いたのは，スイスの数学者オイラー（Leonard Euler）である（1744年）．オイラーは同時期に梁のたわみ曲線の方程式を導いており，棒の座屈と梁のたわみは曲げ剛性が関与するという点で共通の現象ともいえる．

オイラーは棒の座屈を変分法で解いているが，ここでは微分方程式を用いて解いてみよう．図5.2のように両端がピン支持された棒が座屈してたわんだ状態の釣合いを考える．両端がピンであれば，棒にせん断力が働かないことから，棒上の任意の点Aに生じる曲げモーメント$M$は，圧縮軸力$N$と横変位$y$の積，つまり$M=N\cdot y$となる．これを弾性力学で学んだたわみ曲線の方程式 $\dfrac{d^2y}{dx^2}=-\dfrac{M}{EI}$ に代入すると，次式が得られる．

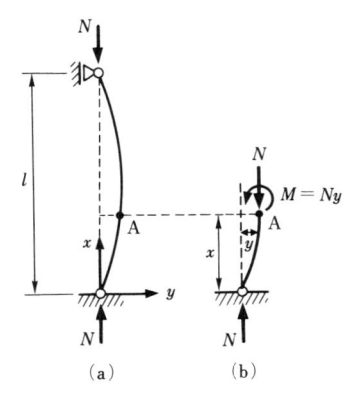

**図 5.2** 両端ピン支持された棒の座屈

## 5.2 オイラー座屈

$$\frac{d^2y}{dx^2} + \frac{N}{EI}y = 0 \qquad (5.1)$$

上式の $EI$ は棒の**曲げ剛性**と呼ばれるもので，ヤング係数 $E$ と断面2次モーメント $I$ の積である．ここで

$$\omega = \sqrt{\frac{N}{EI}} \qquad (5.2)$$

とおくと，式 (5.1) は

$$\frac{d^2y}{dx^2} + \omega^2 y = 0$$

となる．この微分方程式の一般解はよく知られているように次式で表される．

$$y = C_1 \sin \omega x + C_2 \cos \omega x$$

積分定数 $C_1$, $C_2$ は境界条件から定まる．まず，支点 $x=0$ で横移動がないこと ($y=0$) より，$C_2=0$ となる．次に，もう一方の支点 $x=l$ で同じく $y=0$ より，$C_1 \sin \omega l = 0$ となる．これには，次の2つの解がある．

$$C_1 = 0 \qquad (5.3a)$$

$$\omega l = m\pi \quad (m = 1, 2, \cdots) \qquad (5.3b)$$

$C_1 = 0$ のときは，すでに決まっている $C_2 = 0$ と合わせると恒等的に $y = 0$ となり，これは棒が真直ぐなままであることを表している．一方，$\omega l = m\pi$ のときは，$y = C_1 \sin(m\pi/l)x$ となり，棒がサイン曲線の曲がった状態にあることを表している．$\omega l = m\pi$ に式 (5.2) の $\omega$ を代入して，$N$ について解くと

$$N = \frac{m^2 \pi^2 EI}{l^2}$$

が得られる．荷重が0から増えていくと，最初に訪れる解は $m=1$ のときで，そのときの荷重は

$$N_E = \frac{\pi^2 EI}{l^2} \qquad (5.4)$$

となる．これを**オイラー荷重**と呼んでおり，設計でよく使うので暗記しておくのがよい．

$N$ が $N_E$ に達したときに，式 (5.3a) の真直ぐな状態と式 (5.3b) の曲がった状態の2つの解が数学的には存在するが，実際には後者の曲がった状態が生じる．これは，エネルギー原理により，低位のポテンシャルエネルギーをもった

状態に移行することから説明される[5.1)].

### 5.2.2 座屈応力度と細長比

座屈荷重 $N_E$ を棒の断面積 $A$ で割ると,次のように**座屈応力度** $\sigma_E$ が得られる.

$$\sigma_E = \frac{N_E}{A} = \frac{\pi^2 EI}{Al^2} = \frac{\pi^2 E}{l^2/(\sqrt{I/A}\,)^2}$$

ここで

$$i = \sqrt{\frac{I}{A}} \tag{5.5}$$

$$\lambda = \frac{l}{i} \tag{5.6}$$

とおくと,$\sigma_E$ は次式で表される.

$$\sigma_E = \frac{\pi^2 E}{\lambda^2} \tag{5.7}$$

ここで,$\lambda$ は**細長比**(slenderness ratio),$i$ は**断面 2 次半径**(radius of gyration)と呼ばれる.$\lambda$ は無次元で,$i$ は長さの次元をもっている.

### 5.2.3 支持条件と有効座屈長さ

座屈荷重は**支持条件**の影響を受ける.上では棒が両端でピン支持されている場合について解いたが,両端が固定されている場合($x=0$ と $x=l$ で,それぞれ $y=0$ および $y'=0$)について解くと

$$N_E = \frac{4\pi^2 EI}{l^2}, \quad \sigma_E = \frac{4\pi^2 E}{\lambda^2}$$

が得られ,両端ピン支持の場合の 4 倍の座屈耐力となる.これは,両端ピン支持の棒の長さが半分になったことと同等である.そこで,**有効座屈長さ** $l_\kappa$ および**有効細長比** $\lambda_\kappa$ を導入して座屈荷重と座屈応力度を次のように表示すると便利である.

$$N_E = \frac{\pi^2 EI}{l_\kappa^2} \tag{5.8}$$

$$\sigma_E = \frac{\pi^2 E}{\lambda_\kappa^2} \tag{5.9}$$

ただし

$$\lambda_\kappa = \frac{l_\kappa}{i} \quad (5.10)$$

支点間の実長を $l$ とすると，両端ピン支持のとき $l_\kappa = l$，両端固定支持のとき $l_\kappa = 0.5l$ である．$l_\kappa = \kappa \cdot l$ としたとき，$\kappa$ を**座屈長さ係数**と呼ぶ．そのほかの場合も含めて $l_\kappa$ を表 5.1 に整理しておいた．表中の実線で描いた座屈波形の変曲点（曲げモーメントが 0 となる点）の間の長さが有効座屈長さと等しい．

**表 5.1** 棒の支持条件と座屈長さ

| 横移動の有無 | 横移動なし | | | 横移動あり | |
|---|---|---|---|---|---|
| 回転の拘束状態 | 両端ピン | 両端固定 | 1端ピン<br>1端固定 | 両端固定 | 1端ピン<br>1端固定 |
| 座屈波形 | $y=0$<br>$y''=0$<br><br>$y=0$<br>$y''=0$ | $y=0$<br>$y'=0$<br><br>$y=0$<br>$y'=0$ | $y=0$<br>$y''=0$<br><br>$y=0$<br>$y'=0$ | $y'=0$<br><br>$y=0$<br>$y'=0$ | $y''=0$<br><br>$y=0$<br>$y'=0$ |
| 有効座屈長さ $l_\kappa$ | $l$ | $0.5l$ | $0.7l$ | $l$ | $2l$ |

### 5.2.4 座屈軸

圧縮材を設計するとき，座屈がどの方向に生じるかを見きわめることが大切である．オイラー座屈による変形は曲げ変形であるので，座屈変形は断面の主軸方向に生じる．図 5.3(a) のように，断面の主軸を $x, y$ とすると，オイラー座屈は $x$ 方向か $y$ 方向のいずれかに生じる．図 (b) のように $y$ 方向にたわんで座屈したとすると，$x$ 軸まわりに曲げが生じるので，これを $x$ 軸まわりの座屈といい，$x$ 軸をその**座屈軸**という．逆に，$x$ 方向にたわんで座屈した場合は，$y$ 軸まわりの座屈といい，$y$ 軸が座屈軸となる．

ここで，$x$ 軸を強軸，$y$ 軸を弱軸とすると，$I_x > I_y$ であるので，$i_x > i_y$ となる．$x$ 軸，$y$ 軸まわりの有効座屈長さをそれぞれ $l_x, l_y$ とすると，$x$ 軸が座屈軸となるときの有効細長比は $\lambda_x = l_x/i_x$ であり，$y$ 軸が座屈軸となるときの有効細長

比は $\lambda_y = l_y/i_y$ である．図 (b) のように，$l_x = l_y$ のときには $\lambda_x < \lambda_y$ となるので，座屈応力度の計算式 (5.7) より，$y$ 軸すなわち弱軸が座屈軸となるときのほうが座屈応力度が小さい．つまり，弱軸まわりに座屈が生じることになるので，$\pi^2 E/\lambda_y^2$ が座屈応力度となる．

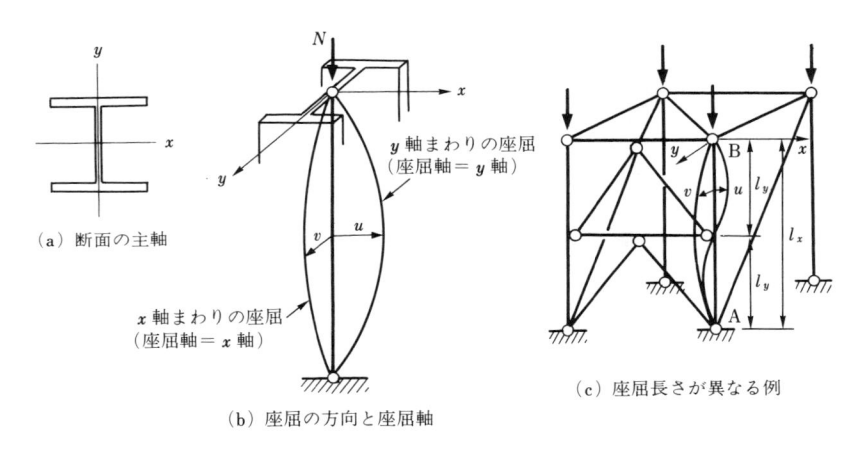

(a) 断面の主軸

(b) 座屈の方向と座屈軸

(c) 座屈長さが異なる例

図 5.3　座屈軸と座屈長さ

しかしながら，柱の支持条件や中間補剛の状態が強軸と弱軸に関して異なっていると，$l_x \neq l_y$ となり，座屈軸が逆転することがあるので注意が必要である．たとえば，図 (c) の柱 AB を見ると，$x$ 軸まわりの座屈に関しては中間補剛がないが，$y$ 軸まわりの座屈に関しては柱の中央で横補剛されている．したがって，$l_x = 2l_y$ となるので，$\lambda_y < \lambda_x$ となる可能性がある．そのときは，$x$ 軸すなわち強軸まわりに座屈が生じる．端部の拘束状態や中間補剛の状態を考慮した有効細長比が大きいほうの主軸のまわりに座屈が生じるわけで，断面の弱軸が常に座屈軸になるとは限らない．

## 5.3　座屈補剛

座屈によって発生する横方向への移動や回転を拘束すれば，座屈荷重は増大する．これを**座屈補剛**という．補剛効果を弾性ばねを用いて説明しよう．

図 5.4 (a) のような両端がピン支持された棒の中央がピンで接合されている

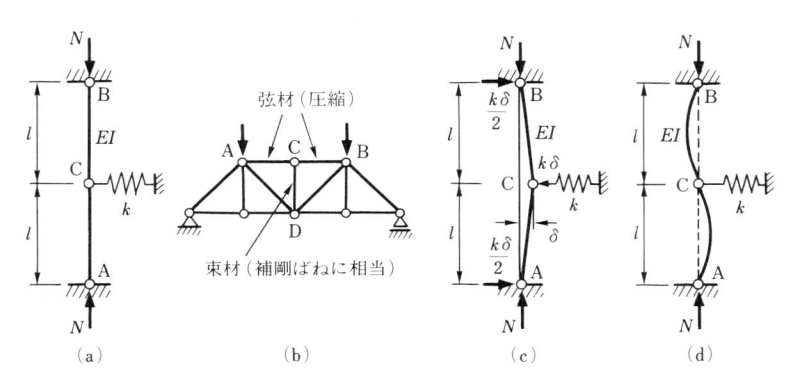

図 5.4 弾性ばねで横補剛された棒

　長さ $2l$ の棒の座屈について考えてみる．このままだと棒は不安定であるので荷重を支えることはできないが，中央の位置をばねで**横補剛**することによって荷重を支持する能力が生まれる．この状態は図(b)のように，トラスの圧縮弦材 AB が束材 CD で補剛されている状態に相当する．図(c)のように座屈して中央に横変位 $\delta$ が生じると，ばね反力 $k\delta$ が生じる．$k$ はばね定数である．このとき，棒 AC の C 点まわりのモーメントの釣合いを考えると

$$N\delta = \frac{k\delta}{2}l \quad \therefore \quad \left(N - \frac{1}{2}kl\right)\delta = 0$$

となる．座屈している状態では，$\delta \neq 0$ であるので，上式の（　）内が 0 であることより，座屈荷重は $N_{cr1} = (1/2)kl$ となる．これは座屈荷重がばね定数に比例することを表しており，もしばね定数が無限大になると座屈荷重も無限大となってしまう．しかしながら，図(d)のように C 点が移動せず，ピン節点間で座屈が生じるとばね定数にかかわらず座屈荷重は $N_{cr2} = \pi^2 EI/l^2$ である．したがって，$N_{cr1} \leq N_{cr2}$ を $k$ について解けば，$k$ が次式の $k_{cr}$ 以上になれば，座屈荷重はばね定数にかかわらず $N_{cr2}$ となる．

$$k_{cr} = \frac{2N_{cr2}}{l} = \frac{2\pi^2 EI}{l^3}$$

　このように座屈波形が図(c)から図(d)のように移り変わることを**座屈モードの遷移**という．その様子をばね定数と座屈荷重との関係で表示したのが図

5.5である．$k<k_{cr}$のときには1波の座屈モードが起き，$k>k_{cr}$になると2波の座屈モードが起きる．

図5.4(b)に例示したトラスでは，通常，束材の剛性は十分大きく，つまり$k>k_{cr}$であるので，トラスの節点の移動が起きない座屈モードが発生する．これを**節点間座屈**あるいは**個材座屈**という．こ

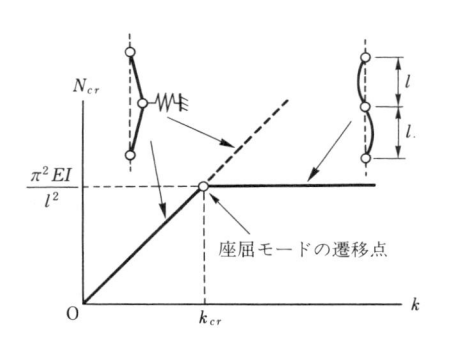

**図 5.5** 座屈モードの遷移

のような場合，弦材の設計における座屈長さは節点間距離としてよい．一般の座屈補剛では，補剛される圧縮材の軸力の2％の引張力および圧縮力（$0.02N$）に対して補剛する部材が降伏したり座屈しないことを確認している．これは，補剛される圧縮材には次節で述べる元たわみがあるので，補剛材には剛性だけでなく耐力が必要であるためである．

## 5.4 初期不整

### 5.4.1 初期不整

いままでは，棒が真直ぐで圧縮軸力が断面の図心軸を通る理想的な場合について議論を進めてきた．しかし，現実には棒は初めから少々曲がっているし，圧縮軸力が図心から少々ずれて作用する．これらを**初期不整**（initial imperfection）という．初期不整がある場合には，圧縮荷重を加えた途端に曲げモーメントが発生して曲がり始め，棒が支えることのできる荷重はオイラー荷重に到達できない．

### 5.4.2 元たわみ

現実の柱は初めから少しは曲がっていると考えなければならない．これを**元たわみ**（initial crookedness）という．元たわみを有する柱に圧縮力を与えると，直ちに横方向へたわみ始める．これは圧縮力が曲げモーメントを誘発し，

## 5.4 初期不整

その方向へたわむ現象であるので理論上は座屈といえないが，設計ではこれも座屈と呼んでいる．その理由は後で判明する．

図5.6のように，サイン波の元たわみ $y_0 = a\sin(\pi x/l)$ を有する棒について考えてみる．このときの釣合い方程式は，曲げ抵抗を生む曲げ変形が $y-y_0$ であることから，式(5.1)の左辺第1項の $y$ を $y-y_0$ に置き換えればよい．

$$\frac{d^2(y-y_0)}{dx^2} + \frac{N}{EI}y = 0 \quad (5.11)$$

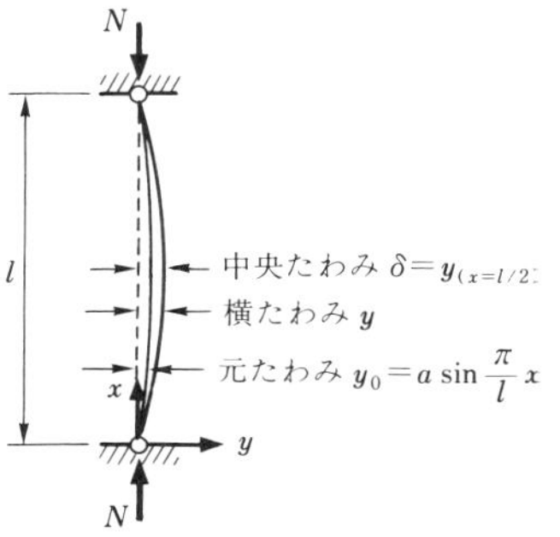

**図 5.6** 元たわみのある棒

元たわみがないときと同様，$\omega = \sqrt{N/EI}$ とおいて整理すると

$$\frac{d^2y}{dx^2} + \omega^2 y = -\left(\frac{\pi}{l}\right)^2 a\sin\frac{\pi}{l}x \quad (5.12)$$

となる．これは，2階線形非同次方程式と呼ばれるものであり，一般解はその特解と右辺を0とした同次方程式の一般解の和で表される．境界条件を考慮して解を導くと次のようになる[5.1]．

$$y = \frac{a}{1-(N/N_E)} \cdot \sin\frac{\pi}{l}x \quad (5.13)$$

最大たわみは $x=l/2$ で生じるので，これを $\delta$ とすると

$$\delta = \frac{a}{1-(N/N_E)} \quad (5.14)$$

となる．これを $N/N_E$ について解くと

$$\frac{N}{N_E} = 1 - \frac{a}{\delta} \quad (\delta \geq a) \quad (5.15)$$

となる．

この関係をグラフで表したのが，図5.7である．式(5.15)からわかるように，$\delta \to \infty$ とき，$N \to N_E$ となる．これは，元たわみのある棒が支えられる荷重は横たわみの増大とともにオイラー座屈荷重 $N_E$ に漸近することを意味している．元たわみがあっても支えられる最大荷重はオイラー座屈荷重ということになる．しかし，これは弾性を仮定したうえでの話であって，実際には横たわみ

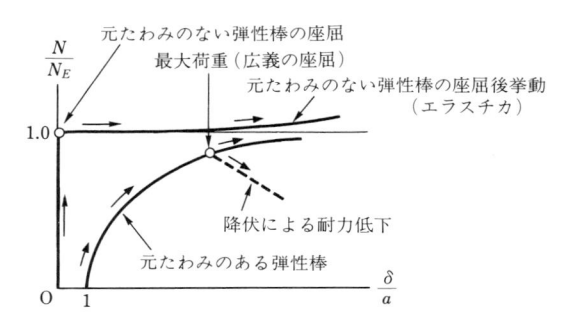

図 5.7 元たわみのある棒の圧縮荷重と横たわみの関係

の増大による付加曲げモーメントによって断面の最外縁近傍が降伏してしまうので,図の破線のように途中から荷重が低下しオイラー荷重には到達しない.このとき,最大荷重点を境に不安定となるので,広い意味でこれを座屈と呼んでいる.

以上のように,元たわみがあると圧縮荷重によって横たわみが増幅され,それが耐力の低下を招く.建築鉄骨では,元たわみが部材長さの1/1,000程度におさまるように柱の製作精度を定めている[5.10].

### 5.4.3 偏心圧縮

仮に柱が真直ぐであっても,図5.8(a)のように,圧縮荷重が断面の図心からずれて作用すると,荷重の作用と同時に曲げモーメントが付加されるので,柱は直ちにたわみ始める.荷重の作用線が図心からずれていることを**偏心**(eccentricity)という.このように圧縮荷重が偏心して作用する柱を**偏心圧縮柱**(eccentrically loaded column)という.

偏心圧縮柱の荷重と横たわみの関係は,上で説明した元たわみの問題と同様であり,図5.8(b)のような結果が得られる[5.1].この場合も,弾性を前提とする限り,偏心があっても支えられる荷重は横たわみの増大に伴いオイラー座屈荷重$N_E$に漸近する(これについては,演習問題で解くことにしよう).しかし,実際には,棒が曲げ降伏することによって途中から荷重が低下してしまう.

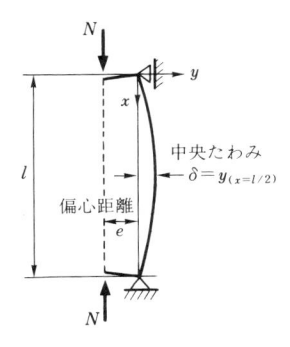

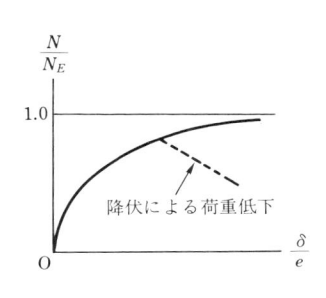

(a) ピン支持の偏心圧縮柱　　(b) 圧縮荷重と横たわみの関係

図 5.8　偏心圧縮柱の挙動

## 5.5　組立圧縮材

　鉄鋼材料がまだ高価であった頃は，材料を節約するために軽量断面をボルトや溶接で組み立てたものを柱に用いることが多かった．これを**組立圧縮材**という．今日では，材料よりも人件費のほうにコストがかかるようになったので，製作に手間のかかる組立圧縮材よりも大断面の形鋼を**単一圧縮材**として使うことが一般的になっている．しかし，ステンレス鋼やアルミニウム合金のような高価な材料は組立材として設計されることがあるので，本節で取り上げることとした．

　組立圧縮材は図 5.9 に示すように，両フランジを結ぶウェブ部分が板で満たされている**充腹材**（図 (a)）と帯板やラチスで隙間だらけの**非充腹材**（図 (b)，(c)）がある．このとき，ウェブ面を通る軸を**充腹軸**といい，ウェブ面に垂直な軸を**非充腹軸**という．一般に，充腹軸は組立断面の弱軸，非充腹軸は強軸となる．充腹材の座屈はいままで述べてきた単一圧縮材（H 形鋼など）と同様に扱うことができる．しかし，非充腹材が非充腹軸まわりに座屈するときはせん断変形を考慮して座屈荷重を算定しなければならない．

　5.2 節では，座屈後に曲げ変形だけが起こるものとして釣合い式を立て，せん断変形を無視した．しかしながら，座屈変形によって生じる曲げモーメント

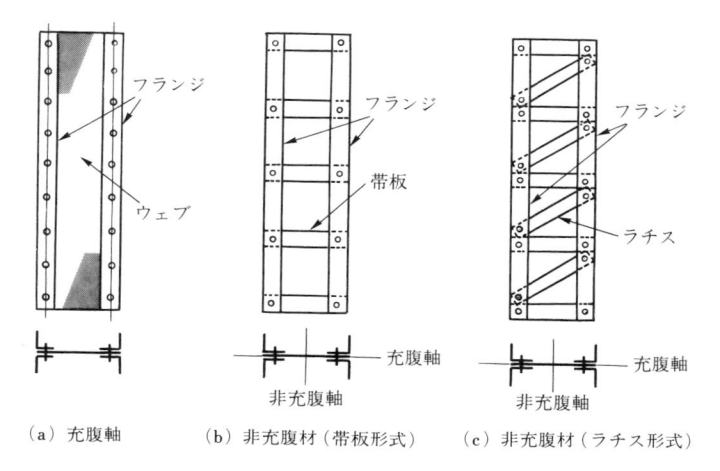

(a) 充腹軸　　(b) 非充腹材（帯板形式）　　(c) 非充腹材（ラチス形式）

図 5.9　組立圧縮材

$M=Ny$ にともない，弾性力学で学んだように，$Q=dM/dx$ のせん断力が生じる．断面の**せん断剛性**を $K_\theta$ とすると，$\theta=Q/K_\theta$ の変形角が生じる．これによる曲率 $\phi$ は

$$\phi = \frac{d\theta}{dx} = \frac{1}{K_\theta}\frac{dQ}{dx} = \frac{1}{K_\theta}\frac{d^2M}{dx^2} = \frac{N}{K_\theta}\frac{d^2y}{dx^2}$$

となる．式 (5.1) の曲率 $d^2y/dx^2$ からこれを差し引いたものが曲げ抵抗に関わる曲率であるので，せん断変形を考慮した座屈後の釣合いは次式となる．

$$\left(1-\frac{N}{K_\theta}\right)\frac{d^2y}{dx^2} + \frac{N}{EI}y = 0 \tag{5.16}$$

ここで

$$\omega_1 = \sqrt{\frac{N}{\left(1-\dfrac{N}{K_\theta}\right)EI}}$$

とおけば，式 (5.16) は $d^2y/dx^2+\omega_1^2 y=0$ となり，5.2 節の場合と同様に，座屈解は $\omega_1 l=\pi$ となる．これを解くと座屈荷重が次のように得られる．

$$N_{cr} = \frac{\pi^2 EI}{l^2} \cdot \frac{1}{1+\dfrac{\pi^2 EI}{K_\theta l^2}} \tag{5.17}$$

これを断面積で割って座屈応力度を計算すると

$$\sigma_{cr} = \frac{\pi^2 E}{\lambda^2 + \lambda_s^2} \tag{5.18}$$

$$\lambda_s = \pi \sqrt{\frac{EA}{K_\theta}} \tag{5.19}$$

となる．これを前に得られた座屈応力度の式（5.7）と比べると，細長比に $\lambda_s$ が付け加わり座屈応力度が低下することがわかる．$\lambda_s$ はせん断変形によるもので，せん断剛性 $K_\theta$ が無限大であれば消える項である．充腹材では $K_\theta$ が十分大きいので $\lambda_s = 0$ とすることができる．

具体例として，図 5.10 に示すラチス形式の組立圧縮材の $\lambda_s$ を算定してみよう．図（a）は座屈後の曲げ変形を表し，図（b）はせん断変形を表している．図（c）のように1ユニットを取り出し，ラチスの伸びからせん断剛性を計算すると

$$K_\theta = A_d E \cos^2 \alpha \sin \alpha = A_d E \frac{hb^2}{l_d^3}$$

が得られる．したがって

$$\lambda_s = \pi \sqrt{\frac{A}{A_d} \cdot \frac{l_d^3}{hb^2}} \tag{5.20}$$

となる．上式中の記号は，$A$ が組立圧縮材の断面積（$A = 2A_f$，$A_f$ は片側フラン

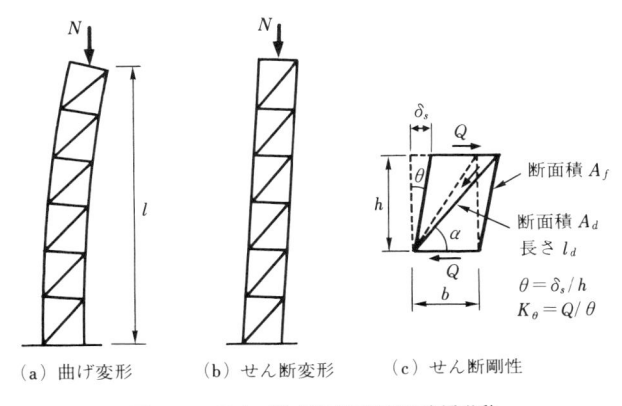

**図 5.10** ラチス形式組立圧縮材の座屈挙動

ジの断面積),$A_d$がラチスの断面積,$h$がラチスのピッチ,$b$が組立圧縮材の断面のせい,$I$が組立圧縮材の非充腹軸に関する断面2次モーメント($I=A_fb^2/2$),$\lambda$が組立圧縮材の非充腹軸に関する有効細長比($\lambda=l/i$, $i=\sqrt{I/A}=h/2$),$l$が非充腹軸に関する有効座屈長さ,である.

ここでは組立圧縮材のなかでも代表的なラチス形式について説明したが,それ以外の組立圧縮材(帯板形式や有孔カバープレート形式)については参考図書5.2),5.3)に詳しい.また,最近はあまり使われなくなったが,材軸に沿って断面が変化する**変断面圧縮材**については参考図書5.4),5.5)に詳しい.

## 5.6 非弾性座屈

いままでは材料の線形弾性を前提とした**弾性座屈**について説明した.しかし,現実には材料の弾性が失われる領域での**非弾性座屈**が問題となる.鉄骨構造に多く使われる軟鋼は降伏応力度まで応力とひずみの関係が線形ではあるが,実際の部材は圧延や溶接によって生じる残留応力や冷間塑性加工による材質変化によって,断面全体の応力-ひずみ曲線は多少なりとも非線形となる.軟鋼以外の多くの金属材料(たとえばアルミニウムやステンレス鋼)は,材料そのものがかなり低い応力レベルで非線形性を示す.このような場合,座屈荷重を支配するヤング係数は一定ではないので,ヤング係数が一定であることを前提としたオイラーの座屈理論は成り立たなくなる.

最初に非弾性座屈の解を発表したのはドイツのエンゲッサー(F. Engesser)である(1889年).座屈荷重は次のように表され,**接線係数荷重(タンジェント・モデュラス・ロード**,tangent modulus load)と呼ばれている.

$$N_{cr.t}=\frac{\pi^2 E_t I}{L^2}, \quad \sigma_{cr.t}=\frac{\pi^2 E_t}{\lambda^2} \qquad (5.21\text{a, b})$$

この式はオイラー式の$E$を$E_t$に置き換えたものである.$E_t$を**接線係数(タンジェント・モデュラス)**といい,図5.11(a)に示すように応力-ひずみ曲線における接線の勾配である.$E_t$は一般に応力度の上昇とともに値が小さくなる.

ところが,この理論には欠陥があることをA. Considere(1891年)とF. S. Jasinsky(1895年)が指摘した.それは,図(b)に示すように,真直ぐな状態

## 5.6 非弾性座屈

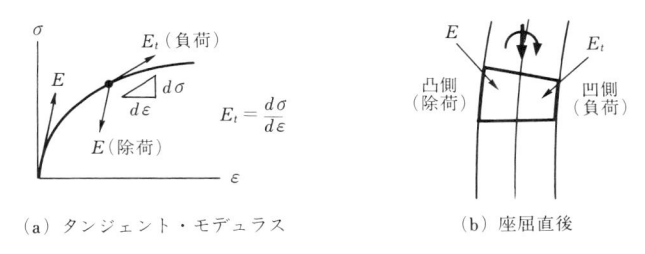

**図 5.11** タンジェント・モデュラスと非弾性座屈

から座屈して曲がったときに，凸側では座屈直前に作用していた圧縮応力度に曲げによる引張応力度が加わるために弾性除荷されるはずであるから，断面の凸側では $E_t$ ではなく初期ヤング係数 $E$ を用いなければならない．もし，曲げによる凸側の除荷が起きなければ荷重が増えることになりタンジェント・モデュラス・ロードでは座屈しないことになる，という批判であった．Engesser はこの批判を受け入れ，座屈解を次のように修正した（1898年）．

$$N_{cr,r} = \frac{\pi^2 E_r I}{L^2}, \quad \sigma_{cr,r} = \frac{\pi^2 E_r}{\lambda^2} \qquad (5.22\text{a, b})$$

この解は，**修正係数荷重**（リデュースト・モデュラス・ロード，reduced modulus load）あるいは**二重係数荷重**（ダブル・モデュラス・ロード，double modulus load）と呼ばれるもので，式中の $E_r$ は**修正係数**（**二重係数**）である． $E_r$ は， $E$ と $E_t$ の組合せで表現され，座屈前後で荷重が変化しないという条件から断面形状の影響も受ける．たとえば

長方形断面では， $$E_r = \frac{4EE_t}{(\sqrt{E}+\sqrt{E_t})^2} \qquad (5.23\text{a})$$

ツー・フランジ断面（強軸まわり）では， $$E_r = \frac{2EE_t}{E+E_t} \qquad (5.23\text{b})$$

となる．ツー・フランジ断面は H 形断面のウェブの断面積を 0 とした仮想の断面である． $E_r > E_t$ であるので， $N_{cr,r} > N_{cr,t}$ となり，リデュースト・モデュラス理論はタンジェント・モデュラス理論よりも大きな座屈荷重を与える．

このリデュースト・モデュラス理論は著明なドイツ人学者カルマン（T. von Karman）が再確認し（1910年），これにより非弾性座屈の問題は解決したかの

ように見えた．しかし，その後，多くの研究者が精密な実験を行ったところ，座屈荷重はリデュースト・モデュラス・ロードには到達せず，むしろタンジェント・モデュラス・ロードに近いという実験結果が出るにおよび，論争が巻き起こった．この論争は，「柱の不思議（column paradox）」と呼ばれ，20世紀半ばまで続いた．

この論争に終止符を打ったのが，アメリカ・ロッキード社の技術者シャンレー（F. R. Shanley）である（1947年）．シャンレーはアルミニウム合金の真直ぐな柱を使って注意深い実験を行い，タンジェント・モデュラス・ロードで座屈が発生して横にたわみ始め，その後，たわみの増幅にともない荷重が上昇してから初めて荷重低下が起こることを発見した．この観察に基づき，座屈後の有限変形での釣合いから，図5.12のように，最大荷重がタンジェント・モデュラス・ロードとリデュースト・モデュラス・ロードの間にあることを証明した．この座屈後の最大荷重を**シャンレー荷重**（Shanley load）と呼んでいる．シャンレーがこの論文を発表したのは，折しも第2次世界大戦の終結直後であり，戦勝国アメリカがドイツに代わって構造工学をリードしていくことになる象徴的な出来事であった．

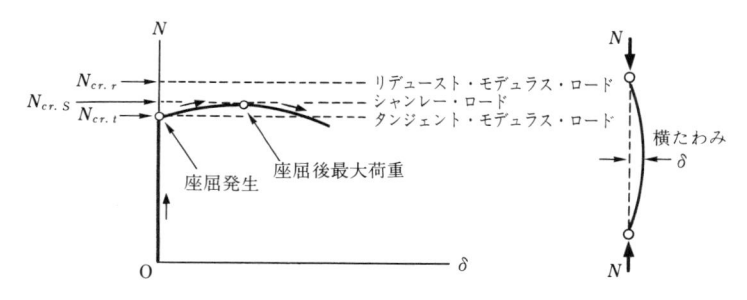

図 5.12　非弾性棒の座屈挙動（シャンレー理論）

以上のことから，現在の座屈設計では，タンジェント・モデュラス理論が使われている．これは，シャンレー荷重が有限変形論に基づいているため計算が複雑であること，実験値がタンジェント・モデュラス・ロードに近いこと，および柱の耐力を安全側に評価できるということによるものである．

## 5.7 設計用座屈曲線

棒が完全に線形弾性で初期不整がないならば，座屈応力度 $\sigma_{cr}$ はすでに述べた式（5.7）のオイラー座屈応力度 $\sigma_E = \pi^2 E/\lambda^2$ となる．この関係をグラフに表すと，図 5.13 の細実線のようになり，これを**弾性座屈曲線**という．

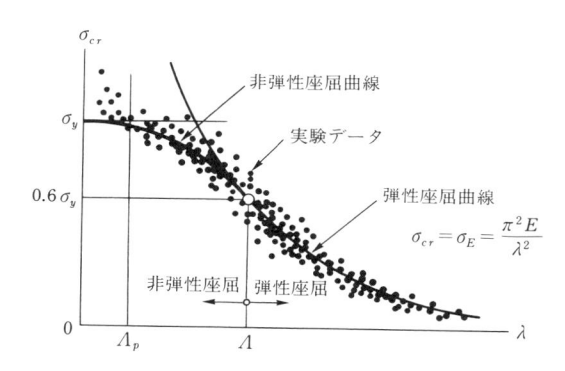

**図 5.13 設計用座屈曲線**

弾性座屈曲線では，細長比 $\lambda$ が小さくなるにつれて $\sigma_{cr}$ は上昇し，やがて材料の降伏応力度 $\sigma_y$ を超えてしまうことになるが，そうなるとオイラー式が成立しないのは明らかである．また，棒の中には多かれ少なかれ残留応力が封じ込められているため，作用応力が $\sigma_y$ 以下であっても断面が部分的に降伏するので非弾性座屈の理論を適用しなければならない．そればかりではなく，初期不整による2次的な曲げモーメントが降伏を助長する．このことから，$\lambda$ がある限界値 $\Lambda$ より小さくなると座屈曲線は弾性座屈曲線から下方へずれてくる．この領域の座屈曲線を**非弾性座屈曲線**といい，$\Lambda$ を**限界細長比**という．$\lambda$ がさらに小さくなってある限界値 $\Lambda_p$ 以下となると，材料のひずみ硬化が座屈に先行し，座屈応力度は $\sigma_y$ を超える．

非弾性座屈曲線は，材料の応力-ひずみ特性や上でも述べた残留応力・初期不整などさまざまな因子の影響を受けるので，理論的には決まらない．そこで，普通鋼の設計では，実験データに基づき次のような考えで設計式を与えている．

(1) 弾性座屈から非弾性座屈に移り変わる応力度は $0.6\sigma_y$ とする.
(2) 非弾性座屈曲線は 2 次曲線（放物線）で近似でき，$\lambda=0$ で $\sigma_{cr}=\sigma_y$ を通り，$\lambda=\Lambda$ で弾性座屈曲線に接するものとする.

上の（1）より $\pi^2 E/\Lambda^2 = 0.6\sigma_y$ の関係から，$\Lambda$ は次式で表される.

$$\Lambda = \pi\sqrt{\frac{E}{0.6\sigma_y}} \tag{5.24}$$

非弾性座屈曲線は上の（2）より，次式で表される.

$$\sigma_{cr} = \left\{1 - 0.4\left(\frac{\lambda}{\Lambda}\right)^2\right\} \cdot \sigma_y \quad (\lambda \leq \Lambda \text{ のとき}) \tag{5.25a}$$

また，$\Lambda$ を使って弾性座屈曲線を書き直すと

$$\sigma_{cr} = \frac{\pi^2 E}{\lambda^2} = \frac{0.6\sigma_y \Lambda^2}{\lambda^2}$$

$$\therefore \quad \sigma_{cr} = \frac{0.6}{(\lambda/\Lambda)^2} \cdot \sigma_y \quad (\lambda > \Lambda \text{ のとき}) \tag{5.25b}$$

となる.

設計では上式で $\sigma_y$ の代わりに，設計基準強度 $F$ を用いる．また，図 5.13 に実験データをプロットしてあるように，細長比の大きい領域では残留応力や初期不整に対して座屈強さが敏感で $\sigma_{cr}$ のばらつきが大きい．これを考慮して，安全率 $\nu$ を細長比の単調増加関数とし次式で与えている.

$$\nu = \frac{3}{2} + \frac{2}{3}\left(\frac{\lambda}{\Lambda}\right)^2 \quad (\lambda \leq \Lambda \text{ のとき}) \tag{5.26a}$$

$$\nu = 2.17 \quad (\lambda > \Lambda \text{ のとき}) \tag{5.26b}$$

式 (5.25a, b) を式 (5.26a, b) の安全率で除したものが許容応力度設計における**長期許容圧縮応力度**となり次式で表される.

$$f_c = \frac{1 - 0.4\left(\dfrac{\lambda}{\Lambda}\right)^2}{\dfrac{3}{2} + \dfrac{2}{3}\left(\dfrac{\lambda}{\Lambda}\right)^2} \cdot F \quad (\lambda \leq \Lambda \text{ のとき}) \tag{5.27a}$$

$$f_c = \frac{0.277}{\left(\dfrac{\lambda}{\Lambda}\right)^2} \cdot F \quad (\lambda > \Lambda \text{ のとき}) \tag{5.27b}$$

$$\Lambda = \pi\sqrt{\frac{E}{0.6F}} = \frac{1840}{\sqrt{F}} \tag{5.27c}$$

## 5.7 設計用座屈曲線

　上式で算定される $f_c$ の値を 1.5 倍したものが**短期許容圧縮応力度**となる．式中の $\lambda$ は材端支持条件や中間補剛条件を考慮した有効細長比である．なお，細長比が大きくなりすぎると，自重によるたるみが過度な元たわみを生じたり建方時の支障をきたしたりするので，圧縮材には**細長比制限**を設けている．具体的には，有効細長比を柱では 200 以下，筋かいや 2 次部材では 250 以下に制限している．

　以上のコラム・カーブと呼ばれる設計用座屈曲線は，国によっても異なり，また設計法によっても異なったものとなっている．また，ステンレス鋼のような非線形性の強い材料にはそのままでは適用できず，別途設計カーブが用意されているのでそれを参照する必要がある．

　終局耐力設計法によって圧縮材を設計するときは，圧縮材の塑性変形を利用する場合とそうでない場合で分けて考える必要がある．後者の塑性変形を利用しない例としては軽量構造物やトラスがある．このときの圧縮材の終局耐力の算定には式（5.25a, b）を用いることができ，$\sigma_y$ の代わりに $F$ とおけばよい．

　一方，塑性変形を利用した終局耐力設計すなわち塑性設計を行う代表例は筋かい付きラーメン構造の軸組筋かいである．このときの圧縮筋かいは，図 5.14 に示すように，座屈した後，塑性変形の進行にともなって耐力が低下していくが，あるレベルに落ち着く傾向がある．これを**座屈後安定耐力**といい，塑性設計で用いる筋かいの圧縮耐力となる．座屈後安定耐力は，座屈して曲がった筋かいの中央部に形成される塑性ヒンジの抵抗がもたらすものである．しかし，筋かいの幅厚比が大きいと，塑性ヒンジ部分で局部座屈が成長し，引張に転じ

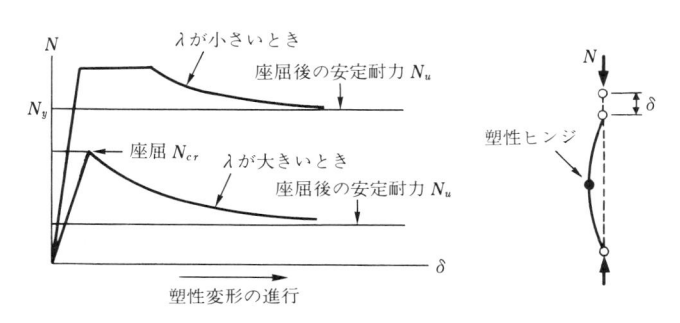

**図 5.14** 圧縮材の座屈後安定耐力

たときに破断してしまうので注意が必要である．座屈後の安定耐力については，あまり実験データがないが，次式を参照することができる[5.11]．

$$N_u = N_y \quad \left(\frac{\lambda}{\Lambda} \leq 0.1 \text{ のとき}\right) \tag{5.28a}$$

$$N_u = \frac{N_y}{14(\lambda/\Lambda) - 0.4} \quad \left(0.1 < \frac{\lambda}{\Lambda} \leq 0.2 \text{ のとき}\right) \tag{5.28b}$$

$$N_u = \frac{N_y}{8(\lambda/\Lambda) + 0.8} \quad \left(\frac{\lambda}{\Lambda} > 0.2 \text{ のとき}\right) \tag{5.28c}$$

ここで，$N_u$ は座屈後安定耐力，$N_y$ は降伏軸力で $N_y = A_g \sigma_y$ である（$A_g$ は全断面積，$\sigma_y$ は降伏強さで設計では $F$ を用いる）．

## 5.8 圧縮材の設計

引張材の設計で用いた図 4.14 の骨組の筋かいを圧縮にも有効に働くように設計してみよう．同じものを図 5.15（a）に再掲する．

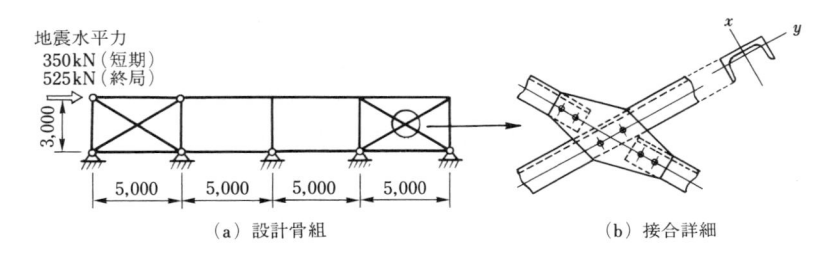

**図 5.15** 圧縮筋かいの設計例題

まず，許容応力度設計により，筋かいの鋼種と断面を算定してみよう．
（1） 筋かいの断面と鋼種の仮定：溝形鋼 [-125×65×6×8（SN400B）
全断面積：$A_g = 1{,}711$ （mm²）
断面 2 次半径：$i_x = 49.8$ （mm），$i_y = 19.0$ （mm）
設計基準強度：$F = 235$ （N/mm²）
限界細長比：$\Lambda = \pi \sqrt{\dfrac{E}{0.6F}} = 3.14 \sqrt{\dfrac{205{,}000}{0.6 \times 235}} = 120$

## 5.8 圧縮材の設計

（2） 筋かいに作用する圧縮力：$N = 350 \times \dfrac{1}{4} \times \dfrac{\sqrt{5^2 + 3^2}}{5} = 102\,(\mathrm{kN})$

筋かいに作用する圧縮応力度：$\sigma_c = \dfrac{N}{A_g} = \dfrac{102{,}000}{1{,}711} = 59.6\,(\mathrm{N/mm^2})$

（圧縮材では特殊な場合を除きファスナ孔欠損を考慮しなくてよい．）

（3） 筋かい断面の強軸と弱軸を図（b）のように配置する．

強軸（$x$ 軸）に関する座屈長さ：$l_x = \sqrt{5^2 + 3^2} \times 1{,}000 = 5{,}830\,(\mathrm{mm})$

弱軸（$y$ 軸）に関する座屈長さ：$l_y = l_x / 2 = 2{,}915\,(\mathrm{mm})$

（材端の支持条件はピンとする．これは安全側の評価となる．）

（4） 強軸（$x$ 軸）に関する細長比：$\lambda_x = \dfrac{l_x}{i_x} = \dfrac{5{,}830}{49.8} = 117$

弱軸（$y$ 軸）に関する細長比：$\lambda_y = \dfrac{l_y}{i_y} = \dfrac{2{,}915}{19.0} = 153$

$\lambda_x < \lambda_y$ より，$y$ 軸に関する座屈で決まる．

（5） 許容圧縮応力度（短期）：

$$f_c = \sigma_{cr} \cdot \dfrac{1}{\nu} \times 1.5 = \dfrac{0.6F}{\left(\dfrac{\lambda}{\Lambda}\right)^2} \cdot \dfrac{1}{2.17} \times 1.5$$

$$= \dfrac{0.6 \times 235}{\left(\dfrac{153}{120}\right)^2} \cdot \dfrac{1}{2.17} \times 1.5 = 60.0\,(\mathrm{N/mm^2})$$

（6） 判定：$\dfrac{\sigma_c}{f_c} = \dfrac{59.6}{60.0} = 0.99 \leq 1.0$　　よって，合格と判定できる．

次に，塑性設計では，終局地震水平力（この例題では 525 kN）に対して崩壊しないように筋かいの断面を決定することが命題となる．以下，その手順を示す．

（1） まず，鋼材として，溝形鋼 [ $-125 \times 65 \times 6 \times 8$（SN 400 B）を仮定する．

$A_g = 1{,}711\,(\mathrm{mm^2})$，　$i_x = 49.8\,(\mathrm{mm})$，　$i_y = 19.0\,(\mathrm{mm})$，
$F = 235\,(\mathrm{N/mm^2})$，　$\Lambda = 120$

（終局耐力の計算では JIS 鋼材の $F$ 値を 1.1 倍できるが，ここではそのままの値を用いる．）

（2） 必要保有水平耐力：$Q_{un}=525$ （kN）

（3） 引張筋かいの降伏耐力：$T_y=A_gF=1,711\times235\times10^{-3}=402$ （kN）

圧縮筋かいの座屈後安定耐力：

$$N_u=\frac{N_y}{8\left(\dfrac{\lambda}{\Lambda}\right)+0.8}=\frac{1,711\times235}{8\left(\dfrac{153}{120}\right)+0.8}=36.6 \text{ （kN）}$$

保有水平耐力：$Q_u=(T_y+N_u)\dfrac{5}{\sqrt{5^2+3^2}}\times2=752$ （kN）

（4） $\dfrac{Q_u}{Q_{un}}=\dfrac{752}{525}=1.43\geqq1.0$ よって，合格と判定できる．

## 演習問題

**5.1** 図 5.16 の横移動が拘束され，1 端ピン支持・他端固定支持の柱のオイラー座屈荷重 $N_{cr}$ を求め，座屈長さ係数が 0.7 になることを説明せよ．

（ヒント） 座屈後，せん断力が発生することに注意する．せん断力 $Q$ を未知数として釣合い式を立てると，$\dfrac{d^2y}{dx^2}+\omega^2y=ax$ の形の微分方程式が得られる．この一般解は $y=C_1\sin\omega x+C_2\cos\omega x+\dfrac{a}{\omega^2}x$ である．$\tan\omega L=\omega L$ の最小解は $\omega L=4.4934$ である．

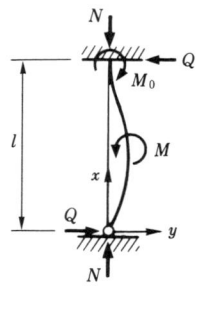

図 5.16

**5.2** 図 5.17 に示した圧縮材がオイラー座屈するときの座屈波形を描き，座屈荷重 $N_{cr}$ を求めよ．

演習問題

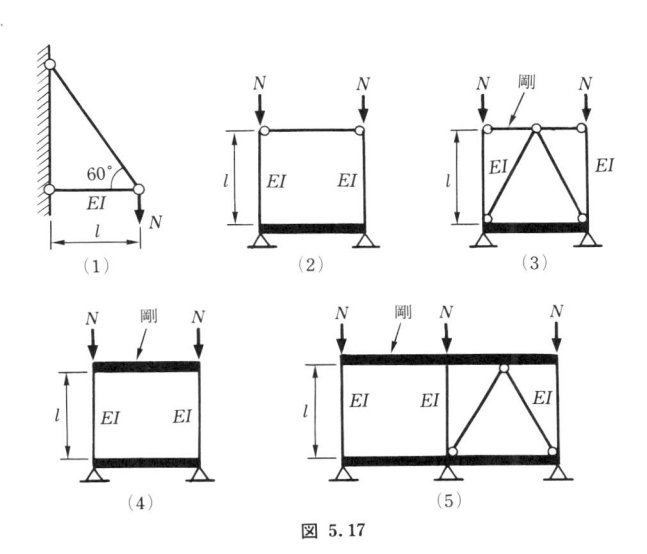

図 5.17

5.3 図5.18に示す中央に元たわみ $a$ を有し中央をばねで横補剛された3ヒンジの棒が圧縮力を受けるとき，次の問に答えよ．棒の曲げ剛性を $EI$ とし，中央の横たわみは長さ $l$ に比べて十分小さいとする．
　(1) 個材座屈（ヒンジ間 $l$ が座屈長さとなる2波の座屈モード）が起きるときの座屈荷重 $N_{cr}$ を求めよ．
　(2) 個材座屈へ遷移するために必要な限界ばね定数 $k_{cr}$ を求めよ．
　(3) ばね定数が $k=\beta \cdot k_{cr}$ で，$\beta>1$ のとき，個材座屈へ遷移するときのばね反力 $F$ を $a/l$, $\beta$, $N_{cr}$ で表せ．$a/l=1/250$, $\beta=5$ のとき，$F$ は $N_{cr}$ の何％であるか．

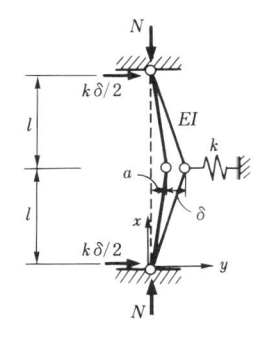

図 5.18

5.4 図5.19の長さ $l$，直径 $D$ の鉄筋（円形断面の棒）の両端が固定されている．この鉄筋を一様に加熱すると圧縮の**熱応力**（thermal stress）が発生して座屈する．これを**熱応力座屈**という．座屈するまでの上昇温度 $\varDelta T$ を求めよ．鉄筋の**線膨張係数**（coefficient of linear thermal expansion）を $\alpha$ とし，ヤング係数 $E$ は温度にかかわらず一定とする．次に，$l=1,000$ mm, $D=12$ mm, $\alpha=1.2\times10^{-5}/℃$, $E=205$ kN/mm² として，$\varDelta T$ の値を計算してみよ．

図 5.19

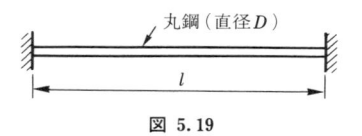

(ヒント) 両端が自由のときは, 加熱により $\delta = \alpha \cdot l \cdot \varDelta T$ 伸びる. これが拘束されるので, $\delta$ だけ縮める圧縮力が生じることになる.

5.5 本文の図 5.8 に示した偏心圧縮柱の荷重 $N$ と中央の横たわみ $\delta$ の関係式を求め, $\delta \to \infty$ で $N \to N_E$ となることを示せ.

5.6 引張材の演習 (演習問題 4.4) に用いたトラスにおいて, もっとも大きな圧縮力が作用する弦材とラチス材の断面と鋼種を決定せよ.

[参考図書]

5.1) 桑村 仁:建築の力学—弾性論とその応用—(6 座屈, 12 エネルギー原理), 技報堂出版, 2001
5.2) 仲 威雄ほか:建築学体系 12/座屈論, 彰国社, 1960
5.3) 加藤 勉:鉄骨構造, 彰国社, 1971
5.4) CRC Japan : Handbook of Structural Stability, コロナ社, 1971
5.5) 日本建築学会:鋼構造座屈設計指針, 1996
5.6) Timoshenko, S. P. and Gere, J. M. : Theory of Elastic Stability, McGraw-Hill Kogakusha, Ltd., Tokyo, 1961
5.7) Bleich, F. : Buckling Strength of Metal Structures, McGraw-Hill Book Company, 1952
5.8) Chajes, A. : Principles of Structural Stability Theory, Prentice-Hall, Inc., Englewood Cliffs, 1974
5.9) Galambos, T. V. ed. : Guide to Stability Design Criteria for Metal Structures, 4 th ed., John Wiley & Sons, New York, 1988
5.10) 日本建築学会:建築工事標準仕様書 JASS 6 鉄骨工事, 1996
5.11) 日本建築学会:鋼構造限界状態設計指針, 1998 (SI 単位版, 2002)

# 6 曲げ材

## 6.1 曲げ材の種類と性質

　曲げモーメントとそれに付随するせん断力を受ける部材を**曲げ材**という．軸力が作用する場合もその影響が無視できるほど小さい場合は，曲げ材として扱う．鉄骨造建築物における曲げ材は**梁**（beam）に代表されるので，曲げ材を梁ということが多い．ただし，2次構造部材の**母屋**，**根太**，**胴縁**なども曲げ材である．柱に接合されて架構を構成する梁を**大梁**といい，大梁と大梁の間を結び床を支えたり大梁を横補剛する**小梁**（sub-beam）と区別することがある．また，建物の桁行方向の側柱をつなぐ梁を特に**桁**（girder）ということがある．建物の梁はそれが支える鉄筋コンクリート床スラブと一体となっている場合が多く，そのときは**合成梁**（composite beam）と呼んでいる．合成梁については14章で扱う．

　曲げ材（梁）を設計するとき，面内挙動と面外挙動の両方に配慮しなければならない．**面内挙動**（in-plane behavior）というのは曲げモーメントが作用する面内に梁がたわみ，断面に曲げ応力度が生じる現象である．このとき，曲げ応力度が材料の降伏強さや引張強さを超えると梁は降伏あるいは破壊して構造の機能性や安全性を損なうことになり，たわみが過大になると居住性を損なってしまう．もう1つの**面外挙動**（out-of-plane behavior）というのは曲げモーメントが作用する面と異なる方向にねじりをともないながら横たわみが生じる現象で**横座屈**といわれる．横座屈が生じると，梁は不安定となり，荷重を支持する能力が低下してしまうので，構造安全性に支障をきたす．

　梁の多くには2軸対称のH形断面が使われるが，2次構造部材や軽量構造では1軸対称の溝形鋼や対称軸のないZ形断面が使われることがある．このようなときは，**ねじり**や**2軸曲げ**に注意しなければならない．これについてもこ

の章で扱うが，ねじりの詳細な議論は8章で扱うことにする．

梁の断面は一般に板要素で構成されているので，圧縮応力の作用による**局部座屈**にも注意が必要である．局部座屈は曲げ材だけでなく圧縮材や曲げ圧縮材にも共通するので9章にまとめてある．梁が柱と接合される部分（**柱−梁接合部**）はラーメン骨組の重要な構造部分であるので，別途12章で扱うことにする．

## 6.2　たわみ曲線と曲げ応力度

梁に曲げモーメントが作用すると断面の片側は圧縮されて縮み，反対側は引張られて伸びるので，梁は湾曲し，図6.1(a)のように**たわみ**（deflection）が発生する．このとき，図(b)のように断面内の圧縮と引張の境界線を**中立軸**（neutral axis）という．中立軸上では応力とひずみが0である．中立軸に垂直な材軸方向の線を**中立線**といい，中立線は伸び縮みしない．

梁のたわみと曲げ応力度については，弾性力学で学んだように，**平面保持の仮定**（Bernoulli–Eulerの仮定）と**微小変形の仮定**に基づき，次のことが知られている．

（1）　中立軸は断面の図心を通る．**図心**（centroid）とは，その点を通る任意の軸に関する断面1次モーメントが0となる点で，1つだけ存在する．

（2）　**たわみ曲線の方程式**は，たわみを$y$，材軸方向座標を$z$とすると，次式で表される．

$$\frac{d^2 y}{dz^2} = -\frac{M}{EI} \qquad (6.1)$$

　　　　　　　(a) たわみ　　　　　　　　　(b) 曲げ応力度

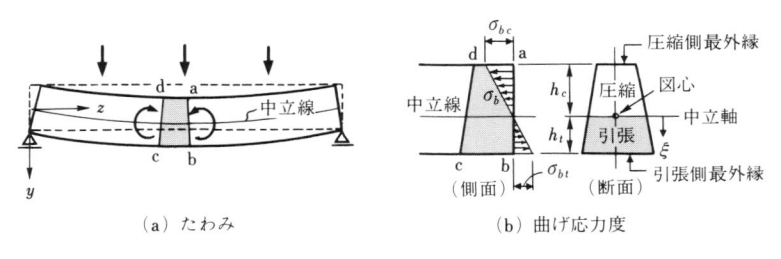

図 6.1　梁のたわみと曲げ応力度

ここで，$M$ は曲げモーメント，$E$ はヤング係数，$I$ は中立軸に関する断面2次モーメントで，$EI$ を曲げ剛性という．

(3) 断面に生じる曲げ応力度 $\sigma_b$ は，図 6.1 (b) のように，中立軸からの距離 $\xi$ に比例し，次式で表される．

$$\sigma_b = \frac{M}{I/\xi} \tag{6.2}$$

したがって，引張側および圧縮側の最大曲げ応力度 $\sigma_{bt}$，$\sigma_{bc}$ は断面の最外縁で生じ，次式で与えられる．

$$\sigma_{bt} = \frac{M}{Z_t}, \quad \sigma_{bc} = \frac{M}{Z_c} \tag{6.3a, b}$$

ここで

$$Z_t = \frac{I}{h_t}, \quad Z_c = \frac{I}{h_c} \tag{6.4a, b}$$

である．上式の $h_t$，$h_c$ はそれぞれ中立軸から引張側最外縁，圧縮側最外縁までの距離である．$Z_t$，$Z_c$ をそれぞれ**引張側断面係数，圧縮側断面係数**といい，両方を合わせて**断面係数**（section modulus）という．対称断面では $h_t = h_c$ であるので $Z_t = Z_c$ となる．なお，後で出てくる塑性断面係数と区別するために，ここでの断面係数を**弾性断面係数**ということがある．

以上を例で説明しておこう．図 6.2 (a) は**片持ち梁**（**カンチレバー**，cantilever）で，図のように座標系をとると，$M = -P(l-z)$ となる．これをたわみ曲

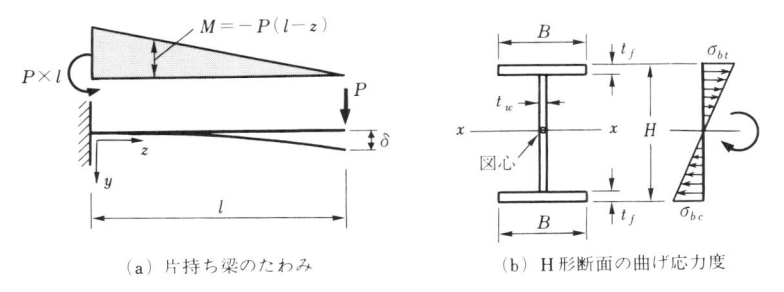

(a) 片持ち梁のたわみ　　(b) H形断面の曲げ応力度

図 6.2　たわみと曲げ応力度の例

線の方程式 (6.1) に代入すれば

$$\frac{d^2y}{dz^2} = \frac{P}{EI}(l-z)$$

となるので，これを積分すれば

$$\frac{dy}{dz} = \frac{P}{EI}\left(lz - \frac{z^2}{2}\right) + C_1, \quad y = \frac{P}{EI}\left(\frac{l}{2}z^2 - \frac{z^3}{6}\right) + C_1 z + C_2$$

が得られる．積分定数 $C_1$, $C_2$ は，境界条件（$z=0$ で $y=y'=0$）より，$C_1=C_2=0$ となる．したがって

$$y = \frac{P}{EI}\left(\frac{l}{2}z^2 - \frac{z^3}{6}\right)$$

となる．最大たわみ $\delta$ は自由端で生じるので，$z=l$ を代入すると

$$\delta = \frac{Pl^3}{3EI}$$

となる．これがカンチレバーのたわみ公式として知られているものである．

曲げ応力度は，曲げモーメントが最大となる固定端（$z=0$）にある断面の最外縁で最大となり，図 (b) のように H 形断面を強軸（$x$ 軸）が曲げの軸になるように用いたときは，最外縁曲げ応力度は

$$\sigma_{bt} = \sigma_{bc} = \frac{Pl}{Z_x}$$

となる．ただし，$Z_x$, $I_x$ は図 (b) の記号を用いると次のように表される．

$$Z_x = \frac{I_x}{H/2} \ (=Z_t=Z_c)$$

$$I_x = \frac{1}{12}\left[BH^3 - (B-t_w)(H-2t_f)^3\right]$$

代表的な梁のたわみ公式，および各種断面の断面特性をそれぞれ表 6.1，表 6.2 にまとめておいた．表 6.1 の梁のうち，両端固定梁以外は力の釣合いだけから曲げモーメント分布を求めることができる**静定梁**で，両端固定梁は変形の適合をあわせ考えることによって応力分布が求められる**不静定梁**である．

建物の床や屋根を支える梁は鉛直荷重によってたわみが生じるが，たわみが大きくなると種々の使用上の問題を起こす．たとえば，非構造材やそれに取り付いている仕上げ材の損傷，歩行時の不快感や不安感，床に設置されている機器の誤作動などである．たわみの許容値は個々の状況に依存し一義的には定め

## 6.2 たわみ曲線と曲げ応力度

**表 6.1** 代表的な梁のたわみ公式

| 梁形式 | 曲げモーメント | 境界条件 | たわみ $\delta$ |
|---|---|---|---|
| 片持ち梁 (集中荷重 $P$) | $M = -P(L-z)$ | $y=0$ at $z=0$ <br> $y'=0$ at $z=0$ | 先端たわみ <br> $\dfrac{PL^3}{3EI}$ |
| 片持ち梁 (等分布荷重 $w$) | $M = -w(L-z)^2/2$ | $y=0$ at $z=0$ <br> $y'=0$ at $z=0$ | 先端たわみ <br> $\dfrac{wL^4}{8EI}$ |
| 単純梁 (中央集中荷重 $P$) | $0 \leq z \leq L/2$ <br> $M = Pz/2$ <br> $L/2 \leq z \leq L$ <br> $M = P(L-z)/2$ | $y_1=0$ at $z=0$ <br> $y_1'=0$ at $z=L/2$ <br> $y_2'=0$ at $z=L/2$ <br> $y_2=0$ at $z=L$ | 中央たわみ <br> $\dfrac{PL^3}{48EI}$ |
| 単純梁 (任意位置集中荷重 $P$) | $0 \leq z \leq \alpha L$ <br> $M = P(1-\alpha)z$ <br> $\alpha L \leq z \leq L$ <br> $M = P\alpha(L-z)$ | $y_1=0$ at $z=0$ <br> $y_1=y_2$ at $z=\alpha L$ <br> $y_1'=y_2'$ at $z=\alpha L$ <br> $y_2=0$ at $z=L$ | 荷重点たわみ <br> $\dfrac{PL^3}{3EI}\alpha^2(1-\alpha)^2$ |
| 単純梁 (等分布荷重 $w$) | $M = \dfrac{wL}{2}z - \dfrac{w}{2}z^2$ | $y=0$ at $z=0$ <br> $y=0$ at $z=L$ | 中央たわみ <br> $\dfrac{5wL^4}{384EI}$ |
| 単純梁 (端モーメント $M_0$) | $M = \dfrac{M_0}{L}z$ | $y=0$ at $z=0$ <br> $y=0$ at $z=L$ | 中央たわみ $\dfrac{M_0 L^2}{16EI}$ <br> 端部回転角 <br> $\theta_A = \dfrac{M_0 L}{6EI}$ <br> $\theta_B = -\dfrac{M_0 L}{3EI}$ |
| 張出し梁 | $0 \leq z \leq L$ <br> $M = -\alpha Pz$ <br> $L \leq z \leq (1+\alpha)L$ <br> $M = P\{z-(1+\alpha)L\}$ | $y_1=0$ at $z=L$ <br> $y_2=0$ at $z=L$ <br> $y_1'=y_2'$ at $z=L$ <br> $y_1=0$ at $z=0$ | 先端たわみ <br> $\dfrac{PL^3}{3EI}\alpha^2(1+\alpha)$ |
| 両端固定梁 (中央集中荷重 $P$) | 材端 $M = \dfrac{PL}{8}$ <br> 中央 $M = \dfrac{PL}{8}$ | $y_1=y_1'=0$ at $z=0$ <br> $y_1'=0$ at $z=L/2$ <br> $y_2'=0$ at $z=L/2$ <br> $y_2=y_2'=0$ at $z=L$ | 中央たわみ <br> $\dfrac{PL^3}{192EI}$ |
| 両端固定梁 (等分布荷重 $w$) | 材端 $M = \dfrac{wL^2}{12}$ <br> 中央 $M = \dfrac{wL^2}{24}$ | $y=y'=0$ at $z=0$ <br> $y=y'=0$ at $z=L$ | 中央たわみ <br> $\dfrac{wL^4}{384EI}$ |

**表 6.2** 各種断面の主軸に関する特性

| 断　面 | 断面積 $A$ | 断面2次モーメント $I$ | 断面2次半径 $i$ | 断面係数 $Z$ | 塑性断面係数 $Z_p$ |
|---|---|---|---|---|---|
| (長方形) | $bh$ | $I_x = \dfrac{bh^3}{12}$<br>$I_y = \dfrac{hb^3}{12}$ | $i_x = \dfrac{h}{2\sqrt{3}}$<br>$i_y = \dfrac{b}{2\sqrt{3}}$ | $Z_x = \dfrac{bh^2}{6}$<br>$Z_y = \dfrac{hb^2}{6}$ | $Z_{px} = \dfrac{bh^2}{4}$<br>$Z_{py} = \dfrac{hb^2}{4}$ |
| (H形) | $2Bt_f + (H-2t_f)t_w$ | $I_x = \dfrac{BH^3-(B-t_w)(H-2t_f)^3}{12}$<br>$I_y = \dfrac{2B^3 t_f + (H-2t_f)t_w^3}{12}$ | $i_x = \sqrt{I_x/A}$<br>$i_y = \sqrt{I_y/A}$ | $Z_x = \dfrac{2I_x}{H}$<br>$Z_y = \dfrac{2I_y}{B}$ | $Z_{px} = \dfrac{BH^2}{4} - \dfrac{(B-t_w)(H-2t_f)^2}{4}$<br>$Z_{py} = \dfrac{t_f B^2}{2} + \dfrac{(H-2t_f)t_w^2}{4}$ |
| (箱形) | $2(H+B)t - 4t^2$ | $I_x = \dfrac{BH^3-(B-2t)(H-2t)^3}{12}$<br>$I_y = \dfrac{HB^3-(H-2t)(B-2t)^3}{12}$ | $i_x = \sqrt{I_x/A}$<br>$i_y = \sqrt{I_y/A}$ | $Z_x = \dfrac{2I_x}{H}$<br>$Z_y = \dfrac{2I_y}{B}$ | $Z_{px} = \dfrac{BH^2}{4} - \dfrac{(B-2t)(H-2t)^2}{4}$<br>$Z_{py} = \dfrac{HB^2}{4} - \dfrac{(H-2t)(B-2t)^2}{4}$ |
| (円形) | $\dfrac{\pi}{4}D^2$ | $I_x = I_y = \dfrac{\pi}{4}R^4 = \dfrac{\pi}{64}D^4$ | $i_x = i_y = \dfrac{D}{4}$ | $Z_x = Z_y$<br>$= \dfrac{\pi}{32}D^3$ | $Z_{px} = Z_{py} = \dfrac{D^3}{6}$ |
| (円管) | $\pi(D-t)t$ | $I_x = I_y = \dfrac{\pi}{64}\{D^4-(D-2t)^4\}$ | $i_x = i_y =$<br>$\dfrac{1}{4}\sqrt{D^2+(D-2t)^2}$ | $Z_x = Z_y$<br>$= \dfrac{2I_x}{D}$ | $Z_{px} = Z_{py}$<br>$= \dfrac{1}{6}\{D^3-(D-2t)^3\}$ |

難いが，従来より，鉄骨構造の設計では，固定荷重と積載荷重の組合せに対して，梁の**たわみ制限**の目安を設けているので（両端支持梁についてはスパンの 1/300，片持ち梁についてはスパンの 1/250），これを参照するとよい．スパンの大きい梁では，建物完成時に梁が水平になるように製作時にあらかじめ**キャンバー**（むくり，camber）を付けることがあり，そのときのたわみは積載荷重に対してのみ検定すればよい．クレーン走行梁についてはクレーンの走行に支障をきたさないように，手動クレーンではスパンの 1/500，電動クレーンでは 1/800～1/1,200 がたわみ制限の目安となっている．

## 6.3 断面の主軸と2軸曲げ

梁には2方向から曲げが作用したり，斜め方向から作用したりすることがある．そのときのたわみや曲げ応力度は，曲げモーメントを主軸まわりの成分 $M_x$, $M_y$ に分解し，それぞれによるたわみや曲げ応力度を計算して，それを足し合わせることによって得られる．これは，主軸まわりの曲げモーメントは，その方向にのみたわみが生じ，曲げ応力度は主軸からの距離に比例するという性質に基づくものである．断面の**主軸**（principal axes）には，弾性力学で習ったように，次の性質がある[6.1]．

（1） 断面の図心を通る無数の軸のうち，最大の断面2次モーメントを与える軸（**強軸**）と最小の断面2次モーメントを与える軸（**弱軸**）があり，それらは直交する．この1組の直交2軸を主軸という．

（2） 主軸に関する断面相乗モーメントは0である．図心を通る任意の直交2軸（$x'$, $y'$ 軸とする）の断面2次モーメント $I_x'$, $I_y'$ と断面相乗モーメント $I_{xy}'$ が与えられたとき，主軸（$x$, $y$ 軸とする）の方向 $\theta$ および $I_x$, $I_y$ は次式で求められる．

$$\tan 2\theta = \frac{2I_{xy}'}{I_y' - I_x'} \tag{6.5}$$

$$I_x, I_y = \frac{I_x' + I_y'}{2} \pm \sqrt{\left(\frac{I_x' - I_y'}{2}\right)^2 + I_{xy}'^2} \tag{6.6}$$

（3） 対称軸を有する断面では，その対称軸とそれに直交する軸が主軸となる．

（4） 直交しない対称軸が存在する断面（たとえば正方形断面）では，図心を通る任意の軸が主軸となり，どの軸についても断面2次モーメントは同じである．

図6.3に示した溝形断面では，対称軸（図の $x$ 軸）とそれに直交する軸（図の

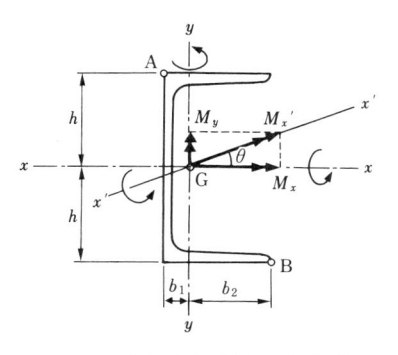

**図 6.3** 溝形断面の主軸と2軸曲げ

$y$軸)が主軸となる．この場合は，$x$軸が強軸で，$y$軸が弱軸である．図のように主軸から傾いた軸（$x'$軸）のまわりに曲げモーメント$M_{x'}$が作用するときは，これを主軸に関する2成分$M_x = M_{x'}\cos\theta$と$M_y = M_{y'}\sin\theta$に分解して応力度やたわみを計算し重ね合わせればよい．図の場合，断面のA点には$M_x$と$M_y$がともに引張応力度をもたらすので，最大の引張応力度が生じる．B点ではそれと逆のことが生じる．A点とB点の曲げ応力度は次のように計算される．

$$\sigma_A = \frac{M_x}{I_x/h} + \frac{M_y}{I_y/b_1} \quad (引張) \qquad \sigma_B = \frac{M_x}{I_x/h} + \frac{M_y}{I_y/b_2} \quad (圧縮)$$

たわみは，$x$方向に$u$，$y$方向に$v$とすれば

$$\frac{d^2u}{dz^2} = -\frac{M_y}{EI_y}, \quad \frac{d^2v}{dz^2} = -\frac{M_x}{EI_x}$$

により計算することができ，たわみの絶対量は$\sqrt{u^2+v^2}$である．

## 6.4 せん断応力度とせん断変形

梁には曲げモーメント$M$とせん断応力$Q$が同時に作用しており，両者には次の関係がある．

$$Q = \frac{dM}{dz} \tag{6.7}$$

たとえば，図6.4のような張出し梁の場合の曲げモーメント分布図とせん断力分布図を見るとわかるように，AB間では$M = -Pz$であるので$Q = -P$となり，BC間では$M$が一定であるので$Q = 0$となる．

次に，せん断力$Q$によって断面にせん断応力度がどのように分布するかについて説明する．これには古典理論とせん断流理論がある．まず，古典理論によると，せん断応力度$\tau$は次式で表されることを力学で習っているはずである．

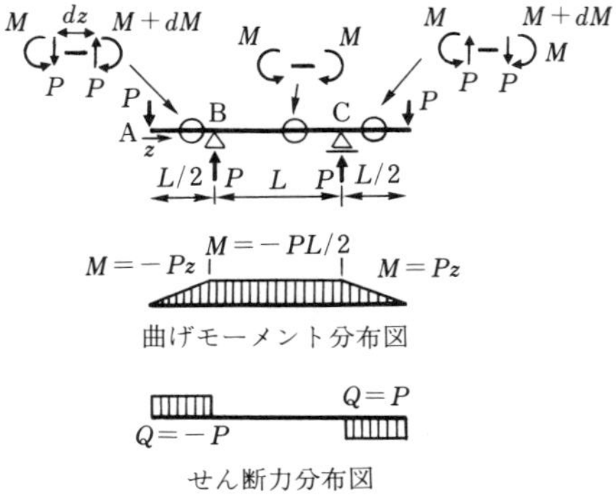

図 6.4 曲げモーメントとせん断力の関係

## 6.4 せん断応力度とせん断変形

$$\tau = \frac{QS_1}{b_1 I_x} \qquad (6.8)$$

ここで，$Q$ は，断面の $x$ 軸（主軸）まわりに曲げモーメントをもたらすせん断力とする．$I_x$ は $x$ 軸まわりの断面2次モーメントである．$b_1$ は $\tau$ を算定する位置における断面の幅で，$S_1$ は $\tau$ を算定する位置から最外縁までの部分の $x$ 軸に関する断面1次モーメントである．

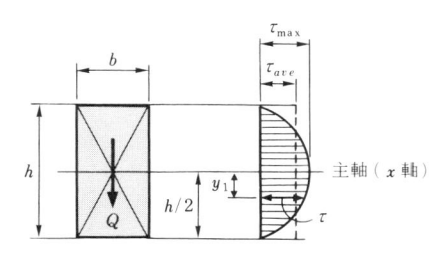

**図 6.5** 長方形断面のせん断応力度分布

たとえば，図6.5の長方形断面にこれを適用すると

$$S_1 = \int_{y_1}^{h/2} y \cdot b \, dy = \frac{bh^2}{8}\left\{1-\left(\frac{2y_1}{h}\right)^2\right\}, \quad I_x = \frac{bh^3}{12}$$

より

$$\tau = \frac{QS_1}{bI_x} = \frac{3}{2}\cdot\frac{1}{bh}\left\{1-\left(\frac{2y_1}{h}\right)^2\right\}Q$$

となり，せん断応力度 $\tau$ は放物線分布となる．自由表面となる最外縁で $\tau$ はもちろん0であり，中央（$y_1=0$）で次の最大値 $\tau_{max}$ をとる．

$$\tau_{max} = \frac{3}{2}\cdot\frac{Q}{bh}$$

これは，平均せん断応力度 $\tau_{ave} = \frac{Q}{bh}$ の1.5倍である．

同じ手法を図6.6(a)のH形断面に適用すると，図(b)に示すようなハッ、形のせん断応力度分布が得られる．フランジのせん断応力度は小さく，せん断力 $Q$ のほとんどがウェブのせん断応力度で受け持たれる．ところが，この古典理論では次の矛盾が生じる．1つは，フランジの内側にあるA点は自由表面にあるのでせん断応力度は0でなければならないのに $\tau_f$ という値をもってしまう．もう1つは，フランジとウェブが交差するB点において，フランジ側とウェブ側で異なったせん断応力度（$\tau_f$ と $\tau_w$）になるということである．このような問題は複数の板で組み立てられた断面，つまり幅が急変する断面で起こり，長方形断面のようなずんぐりした断面では起こらない．

このような古典理論の矛盾は，せん断流理論によって解決されている．この

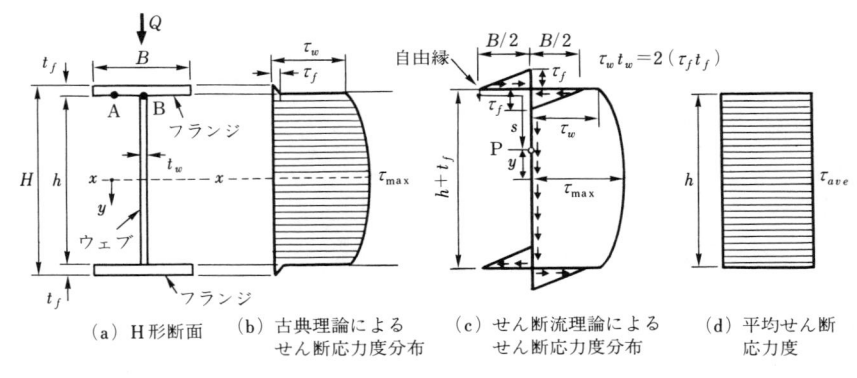

図 6.6　H形断面のせん断応力度分布

(a) H形断面　(b) 古典理論による　(c) せん断流理論による　(d) 平均せん断
　　　　　　　せん断応力度分布　　せん断応力度分布　　　　応力度

理論は，断面の幅に比べて厚さが十分小さい断面に適用され，板の厚さ方向のせん断応力度が0であることを仮定し，せん断応力度が板厚の中心線に沿って水のように流れるという考えに基づいている．このことから**せん断流理論**（shear flow theory）と呼ばれている．せん断流理論によると，せん断応力度は次式で表される[6.1]．

$$\tau \cdot t_1 = \frac{Q}{I_x} \int_0^s y t\, ds \tag{6.9}$$

ここで，$t_1$ はせん断応力度 $\tau$ を算定する位置Pにおける板の厚さ，$y$ はP点から中立軸までの距離，$s$ は自由縁から板の中心線に沿って測ったP点までの長さ，$t$ は板厚で $s$ の関数である．$\tau \cdot t_1$ を**せん断流**と呼ぶ．このせん断流理論によるH形断面のせん断応力度の分布を図(c)に示す．フランジとウェブの交差点Bでは，水が合流するのと同様に，ウェブのせん断流 $\tau_w t_w$ は左右のフランジのせん断流の和となる．

　せん断流理論は古典理論の矛盾を解消した点で学術上重要であるが，せん断応力度の大きさの評価については両者に大差がない．図(b)，(c)からもわかるようにウェブが大半のせん断力を負担し，比較的一様な分布となる．このことから，設計においては，図(d)のように，せん断応力度をウェブの平均せん断応力度で代用させ，次式で算定するのが一般的である．

$$\tau_{ave} = \frac{Q}{A_w} \tag{6.10}$$

ここで，$A_w$ はウェブの断面積である．

　せん断力によって生じるせん断変形について少し説明しておこう．せん断変形はせん断ひずみ度 $\gamma$ を材長に沿って積分して得られる．せん断ひずみ度 $\gamma$ はせん断弾性係数 $G$ を介してせん断応力度 $\tau$ と $\gamma=\tau/G$ の関係がある．上で見たように，$\tau$ は断面内で一様ではないので $\gamma$ も一様ではない．したがって，せん断変形を厳密に計算することはかなり面倒である．そこで，よく行われるのは，ウェブの平均せん断応力度 $\tau_{ave}$ を用いて，次式でせん断変形を計算する．

$$\delta_s = \int_0^l \gamma_{ave} dx = \int_0^l \frac{\tau_{ave}}{G} dx \tag{6.11}$$

たとえば，自由端に集中荷重 $Q$ が作用するカンチレバーのように材長に沿ってせん断力が一定で，断面も一様であれば

$$\delta_s = \frac{\tau_{ave}}{G} \cdot l = \frac{Q}{GA_w} \cdot l$$

となる．ただし，充腹形式の鉄骨梁のせん断変形は曲げ変形に比べて非常に小さいので設計ではせん断変形を無視することが多い．

## 6.5　せん断中心とねじり

　非対称な断面にせん断力が作用すると，**ねじり**（振り，torsion）が発生することがある．たとえば，図 6.7 に示す**溝形断面**の梁のウェブ軸上にせん断力 $Q$ が作用する場合について考えてみる．溝形断面は**チャンネル**とも俗称され，2

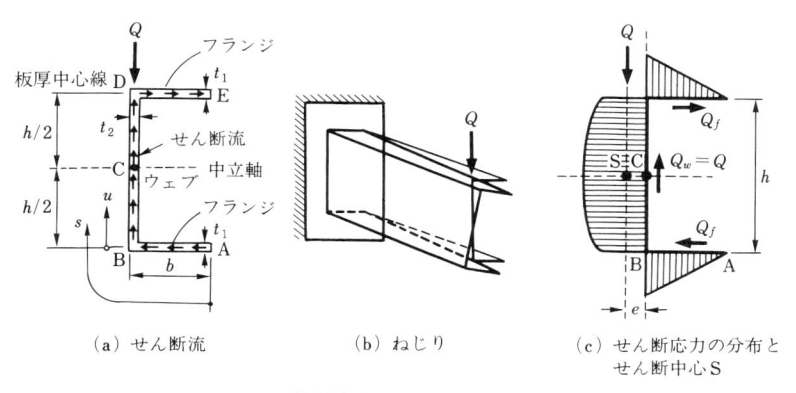

(a) せん断流　　(b) ねじり　　(c) せん断応力の分布とせん断中心 S

図 6.7　溝形断面のせん断流とせん断中心

次部材(母屋や胴縁など)によく使われる.上で述べたせん断流理論によると,断面に発生するせん断応力は図(a)のように流れ,自由縁のAとEではせん断応力度は0である.このとき,鉛直方向の応力成分は,ウェブのせん断応力のみであるので,その合力がQと等しい.一方,水平方向については,上下のフランジのせん断応力が等しく,逆向きであるので0となり,これもうまく釣合う.しかしながら,上下のフランジのせん断応力は偶力を形成するので,断面を回転させることになる(図では右回り).したがって,せん断力Qをウェブ軸上に作用させたのでは,図(b)のように,鉛直方向にたわむだけでなく断面がねじれてしまうことになる.この場合,ねじりを生じさせないためには,せん断力をウェブの外側(図(c)のようにウェブの左側)のどこかに作用させる必要がある.このように,せん断力を作用させたとき,断面にねじりが生じない作用点を**せん断中心**(shear center)(または,**ねじり中心**(torsion center))という.

せん断中心の位置を求めてみよう.図6.7(a)のように座標$s$をとると,せん断流理論により,AB間のせん断流は次のようになる.

$$\tau_{AB} \cdot t_1 = \frac{Q}{I_x} \int_0^s y t ds = \frac{Q}{I_x} \int_0^s \frac{h}{2} t_1 ds = \frac{Q}{I_x} \cdot \frac{h t_1 s}{2}$$

したがって,B点のせん断流は,$s=b$とおくと

$$\tau_B \cdot t_1 = \frac{Q}{2 I_x} \cdot h b t_1$$

となる.同様に,BC間のせん断流は次のようになる.

$$\tau_{BC} \cdot t_2 = \frac{Q}{I_x} \cdot \int_0^s y t ds = \frac{Q}{I_x} \cdot \left( \int_0^b y t ds + \int_b^s y t ds \right)$$

この式の右辺の第1項は上で求めた$\tau_B \cdot t_1$である.ウェブ下端から座標$u$をとると,$s=u+b$より上の式は次のようになる.

$$\tau_{BC} \cdot t_2 = \tau_B \cdot t_1 + \frac{Q}{I_x} \cdot \int_0^u \left( \frac{h}{2} - u \right) t_2 du = \tau_B \cdot t_1 + \frac{Q}{I_x} \left( \frac{h}{2} u - \frac{u^2}{2} \right) \cdot t_2$$

$$= \frac{Q}{2 I_x} [h b t_1 + (h u - u^2) t_2]$$

したがって,ウェブの中心点Cのせん断流は,$u=h/2$を代入すれば次のようになる.

$$\tau_C \cdot t_2 = \frac{Q}{2I_x} h \left( bt_1 + \frac{h}{4} t_2 \right)$$

対称性より，断面の上半分の ED 間と DC 間のせん断応力度は，それぞれ AB 間と BC 間と同じになるので，せん断応力度は図(c)のように分布する．

フランジとウェブの断面に生じているせん断応力の合力をそれぞれ $Q_f$，$Q_w$ とすると，まず鉛直方向の力の釣合いから，$Q_w = Q$ である．念のため，計算してみると，次のように確かに成立している．

$$Q_w = 2\int_0^{h/2} \tau_{BC} t_2 du = 2\int_0^{h/2} \frac{Q}{2I_x}[hbt_1 + (hu - u^2)t_2] du = \frac{Q}{I_x}\left[\frac{1}{2}bh^2 t_1 + \frac{1}{12}h^3 t_2\right]$$

$$= Q \quad \left(\because I_x = \frac{1}{2}bh^2 t_1 + \frac{1}{12}h^3 t_2\right)$$

次に，図の C 点に関して上下の $Q_f$ は時計まわりのねじりモーメントを生む．これを打ち消して，ねじりを生じさせないために外力 $Q$ を C 点から外側に $e$ 離れた S 点に作用させて，ねじりモーメントの釣合いを考えると，次式が得られる．

$$e \cdot Q = h \cdot Q_f = h \cdot \int_0^b \tau_{AB} t_1 ds = h \cdot \int_0^b \frac{Q}{I_x} \cdot \frac{ht_1 s}{2} ds = \frac{h^2 b^2 t_1}{4I_x} Q$$

$$\therefore \quad e = \frac{h^2 b^2 t_1}{4I_x} = \frac{h^2 b^2 t_1}{4\left(\dfrac{bh^2 t_1}{2} + \dfrac{h^3 t_2}{12}\right)} = \frac{3b^2 t_1}{6bt_1 + ht_2} \qquad (6.12)$$

これがせん断中心 S の位置を与える式である．

図 6.7(c)の溝形断面のせん断中心 S に水平方向のせん断力が作用したとき，上下の対称性によりねじりが生じないのは明らかである．したがって，重ね合わせの原理より，せん断中心を通るせん断力はいかなる向きであっても断面にねじりを起こさないことがわかる．また，相反作用の定理から，断面にねじりモーメントが作用したとき，せん断中心には変位が生じないことを証明することができる[6.1]．このことはせん断中心がねじり回転の中心であることを意味しており，せん断中心がねじり中心と呼ばれる理由がここにある．

## 6.6 降伏モーメントと全塑性モーメント

断面に作用する曲げモーメントが漸増すると，やがて断面の最外縁応力度が

材料の降伏強さ $\sigma_y$ に達する．これを**最外縁降伏**という．このときの曲げモーメントを**降伏モーメント**（yield moment）といい $M_y$ で表す．$M_y$ を曲げ材の**弾性限耐力**ともいう．式 (6.3 a, b) の関係から $M_y$ は次式で与えられる．

$$M_y = \sigma_y Z \qquad (6.13)$$

ここで，断面係数 $Z$ は $Z_t$ と $Z_c$ の小さいほうの値を採用することになる．たとえば，図 6.8 (a) の上下非対称な断面において，中立軸から下フランジのほうが離れている（$h_t > h_c$）とすると，$M_y = \sigma_y Z_t, Z_t = I/h_t$ となる．

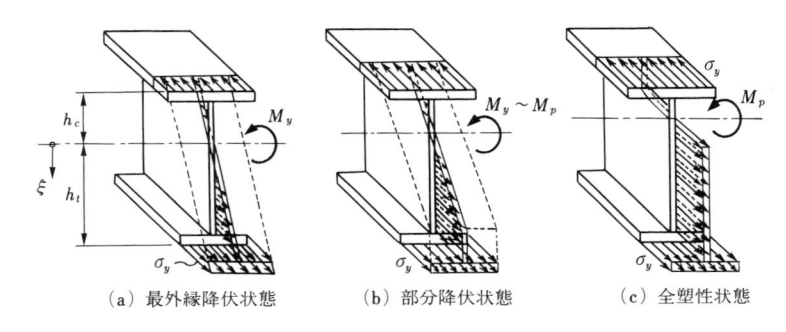

（a）最外縁降伏状態　　（b）部分降伏状態　　（c）全塑性状態

**図 6.8**　曲げ材の断面の降伏過程

次に，曲げモーメントをさらに増加させたときを考えてみる．材料が完全弾塑性であると仮定すると，降伏応力度に達する部分が断面の最外縁から中心に向かって進行し，図 (b) の**部分降伏**の状態を経て，ついには図 (c) のように断面全体が降伏する．これを**全断面降伏**あるいは**全塑性**という．このときの曲げモーメントを**全塑性モーメント**（full plastic moment）または曲げ材の**全塑性耐力**といい，$M_p$ で表す．ここで，注意しなければならないのは，最外縁から降伏が中心へ進行していく過程で，中立軸が移動し，もはや図心軸とは一致しなくなるということである（図の場合は上へ移動するが，上下対称断面のときは移動しない）．全断面降伏のときの中立軸は，断面の直応力度の合力が 0 であることから，次のように求められる．

$$\int_{A_c} \sigma_y dA = \int_{A_t} \sigma_y dA \quad \therefore \quad \int_{A_c} dA = \int_{A_t} dA \quad \therefore \quad A_c = A_t$$

ここで，$A_c$, $A_t$ はそれぞれ圧縮側と引張側の断面積である．これは，全塑性状

態における中立軸は梁の全断面積を2等分する直線であることを意味している．中立軸からの距離を$\xi$とすると，$M_p$は次式で支えられる．

$$M_p = \int_{A_t} |\xi| \sigma_y dA + \int_{A_c} |\xi| \sigma_y dA = \sigma_y \int_A |\xi| dA$$

ここで

$$Z_p = \int_A |\xi| dA \tag{6.14}$$

とおくと

$$M_p = \sigma_y Z_p \tag{6.15}$$

となる．$Z_p$は**塑性断面係数**（plastic section modulus）と呼ばれるもので，断面積を2等分する軸に関する両サイドの断面1次モーメントの和になる．主要な断面の$Z_p$を前出表6.2に整理しておいた．

塑性断面係数の弾性断面係数に対する比を**形状係数**（shape factor）という．

$$f = \frac{Z_p}{Z} \tag{6.16}$$

形状係数$f$は1より大きい値となる．たとえば，幅$b$×せい$h$の長方形断面では

$$Z = \frac{bh^2}{6}, \quad Z_p = \frac{bh^2}{4}, \quad f = 1.5$$

である．梁に多く使われるH形鋼は中立軸から離れた最外縁近傍に断面が集中しているので形状係数は小さく，1.10〜1.15の範囲にある．これと逆に，中立軸近くに断面積が集中している場合には形状係数は大きな値をとり，円形中実断面では$f = 16/(3\pi) = 1.70$である．なお，円形中空断面の$f$は1.30前後，正方形中空断面の$f$は1.20前後の値をとる．

鋼材の応力-ひずみ曲線は実際には降伏強さのレベルからさらにひずみ硬化によって応力が上昇し，引張強さ$\sigma_u$に達する．仮に，座屈や脆性破壊が起こらず，全断面が$\sigma_u$の応力状態になったとすると，そのときの曲げモーメントは

$$M_u = \sigma_u Z_p \tag{6.17}$$

となる．$M_u$を**最大モーメント**という．

以上の関係を図6.9(a)に示す逆対称曲げを受ける梁の材端曲げモーメントと材端回転角の関係で表すと図(b)のようになる．これは，地震水平力を受け

(a) 逆対称曲げを受ける梁

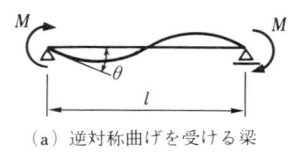

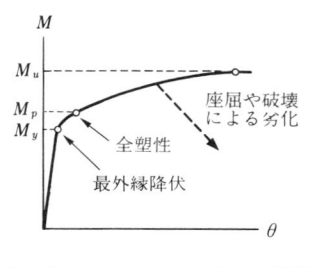

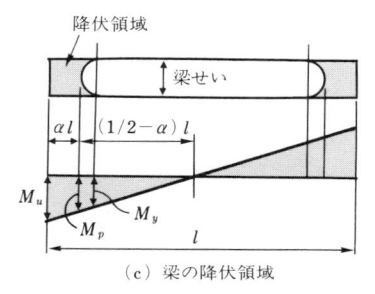

(b) 曲げモーメントと回転角の関係

(c) 梁の降伏領域

図 **6.9** 逆対称曲げを受ける梁の挙動

るラーメン構造の梁の弾塑性挙動である．$M_u$ に達する前に，座屈（横座屈・局部座屈）や破壊が生じるとカーブの途中から破線のように曲げモーメントが低下する．仮に，$M_u$ まで達したとすると，図（c）のように梁の端部は網掛け部分が降伏していることになる．梁のスパンを $l$，全断面が降伏している部分の長さを $\alpha l$ とすると，$\dfrac{(1/2-\alpha)l}{l/2} = \dfrac{M_p}{M_u} = \dfrac{\sigma_y Z_p}{\sigma_u Z_p} = \dfrac{\sigma_y}{\sigma_u}$ の関係から

$$\alpha = \frac{1}{2}\left(1 - \frac{\sigma_y}{\sigma_u}\right) \tag{6.18}$$

となる．$\sigma_y/\sigma_u$ は材料の降伏比である．これを SN 鋼 B，C 種の規格上限値をとって 0.8 とすると，$\alpha=0.1$ となる．このことから，梁の終局状態ではスパンの 1/10 程度の領域が材端で全断面降伏していることがわかる．

一般に，梁の降伏はフランジの曲げ降伏が先行するが，スパンが極端に短い梁では，ウェブが先にせん断降伏することがある．降伏せん断応力度 $\tau_y$ は，曲げ応力度を無視し，ミーゼスの降伏条件を用いると $\tau_y = \sigma_y/\sqrt{3}$ となるので，ウェブがせん断降伏するときの**降伏せん断力** $Q_y$ は

$$Q_y = \frac{\sigma_y}{\sqrt{3}} \cdot A_w \tag{6.19}$$

で計算することができる．

曲げ材がファスナによって接合されるとき，引張材の場合と同様に，ファスナ孔による断面欠損が生じる．このような場合の降伏モーメント $M_y$ と最大モーメント $M_u$ は孔欠損を除いた有効断面の**有効断面係数** $Z_e$ と**有効塑性断面係数** $Z_{pe}$ を用いて，$M_y = \sigma_y Z_e$，$M_u = \sigma_u Z_{pe}$ により計算する．具体例は演習問題 6.7 に入れておいた．また，ウェブの降伏せん断耐力 $Q_y$ と最大せん断耐力 $Q_u$ についても孔欠損を除いたウェブの有効断面積 $A_{we}$ から，$Q_y = \sigma_y A_{we}/\sqrt{3}$，$Q_u = \sigma_u A_{we}/\sqrt{3}$ より計算される．

## 6.7 横座屈

### 6.7.1 横座屈モーメント

**横座屈**（lateral buckling）は，図 6.10 に示すように圧縮応力が作用するフランジが荷重の作用面の外へ飛出し，それにともなって断面がねじれる現象である．オイラー座屈（棒の座屈）が横方向への曲げ変形だけであるのに対して，横座屈は面外曲げ変形に加えねじりが併発する．横座屈が生じると，曲げ材が支えることのできる荷重が低下するので，横座屈を防止する適切な対策が必要である．

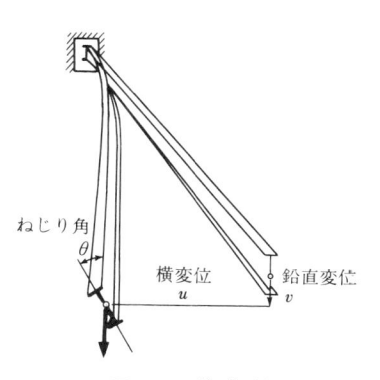

図 6.10 横座屈

H 形断面の梁の横座屈の問題を図 6.11 に示す座標系を用いて解いてみよう．$x$，$y$ 軸は梁が真直ぐな状態における断面の強軸と弱軸，$z$ 軸はせん断中心 S を通る材軸とする（2 軸対称の H 形断面では図心とせん断中心は一致する）．梁が横座屈を起こした状態におけるある断面に着目すると，横座屈によりせん断中心 S は $x$，$y$ 方向へそれぞれ $u$，$v$ 変位し，断面には $\theta$ のねじり角が生じる．すると，$x$ 軸まわりに作用する曲げモーメント $M_x$ は，断面の弱軸曲げモーメント $M_y = M_x \theta$，および $z$ 軸まわりのねじりモーメント $M_z = M_x \cdot (du/dz)$ を生む．$x$，$y$，$z$ 軸まわりのモーメントの釣合いは，それぞれ次式で表される．

(a) 平面　　　　　　　　　　　(b) 断面

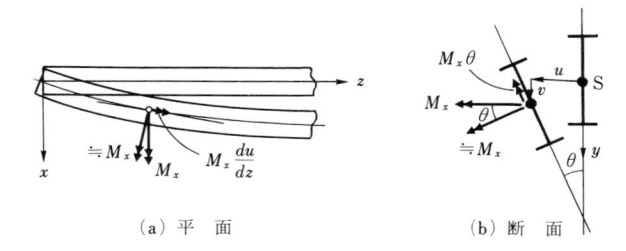

図 6.11　横座屈したH形梁の断面に生じるモーメント

$$EI_x \frac{d^2v}{dz^2} + M_x = 0 \tag{6.20}$$

$$EI_y \frac{d^2u}{dz^2} + M_x\theta = 0 \tag{6.21}$$

$$EC_W \frac{d^3\theta}{dz^3} - GJ_T \frac{d\theta}{dz} + M_x \frac{du}{dz} = 0 \tag{6.22}$$

上の第1式は，梁が荷重面内に変形するときのたわみ曲線の方程式（6.1）と同じで，$EI_x$ は $x$ 軸（強軸）まわりの曲げ剛性である．第2式は，それと直交方向すなわち横曲げに関するたわみ曲線の方程式で，$EI_y$ は $y$ 軸（弱軸）まわりの曲げ剛性である．第3式はねじりの方程式で，$J_T$ は断面の**サン・ブナンねじり定数**（Saint-Venant torsion constant）で，$C_W$ は断面の**反りねじり定数**（warping constant）である（ねじりの方程式に関する詳細は8章で扱う）．第1式はほかの2式と独立であるので，鉛直たわみ $v$ に関して単独に解くことができるが，第2式と第3式は $u$ と $\theta$ の連立方程式となっている．

ここで，$M_x$ が材軸方向に一定すなわち**一様曲げ**（uniform bending）（**純曲げ**（pure bending）ともいう）の場合を考える．第3式を $z$ で微分し，それに第2式を代入して $u$ を消去すると，次式が得られる．

$$EC_W \frac{d^4\theta}{dz^4} - GJ_T \frac{d^2\theta}{dz^2} - \frac{M_x^2}{EI_y}\theta = 0$$

ここで

$$\alpha = \frac{GJ_T}{2EC_W}, \quad \beta = \frac{M_x^2}{EI_y EC_W}$$

とおくと，上式は次のように表される．

## 6.7 横座屈

$$\frac{d^4\theta}{dz^4} - 2\alpha\frac{d^2\theta}{dz^2} - \beta\theta = 0$$

この微分方程式の一般解は

$$\theta = C_1 \sin mz + C_2 \cos mz + C_3 e^{nz} + C_4 e^{-nz}$$

である．ただし，$m$，$n$ は次のように定義される．

$$m = \sqrt{-\alpha + \sqrt{\alpha^2 + \beta}}, \quad n = \sqrt{\alpha + \sqrt{\alpha^2 + \beta}}$$

上式の $C_1$，$C_2$，$C_3$，$C_4$ は積分定数で梁の支持条件から決まる．ここでは，両端が**単純支持**されている場合を扱うことにする．ねじりに関する単純支持とは，ねじり角 $\theta$ およびその 2 階微分係数 $\theta''$ が 0 であるという条件である．

まず，$z=0$ で $\theta=0$ と $\theta''=0$ より，それぞれ次の式が得られる．

$$C_2 + C_3 + C_4 = 0, \quad -m^2 C_2 + n^2 C_3 + n^2 C_4 = 0$$

この 2 つの式から，$m, n > 0$ に注意すると，$C_2 = 0$，$C_3 = -C_4$ となるので，双曲線関数 $\sinh x = (e^x - e^{-x})/2$ を用いると

$$\theta = C_1 \sin mz + 2C_3 \sinh nz$$

となる．さらに，もう一端の境界条件すなわち $z = l$ で $\theta = 0$ と $\theta'' = 0$ より，次の 2 つの式が得られる．

$$C_1 \sin ml + 2C_3 \sinh nl = 0, \quad -C_1 m^2 \sin ml + 2C_3 n^2 \sinh nl = 0$$

$C_1$ と $C_3$ がともに 0 でないためには，行列式の計算より次式が成り立たなければならない（$C_1 = C_3 = 0$ ならば $\theta = 0$ となり，横座屈しない場合の解となる）．

$$\sin ml (n^2 + m^2) \sinh nl = 0$$

これを満たすのは $\sin ml = 0$ であるので，$C_3 = 0$ となる．したがって，解は

$$\theta = C_1 \sin mz$$

となり，ねじり角はサイン曲線になることがわかる．横たわみは，式（6.21）より

$$\frac{d^2 u}{dz^2} = -\frac{M_x}{EI_y}\theta = -\frac{M_x}{EI_y} C_1 \sin mz$$

となるので，積分によって次式が得られる．

$$u = \frac{C_1}{m^2}\frac{M_x}{EI_y} \sin mz + D_1 z + D_2$$

横変位についても両端が単純支持されているとすると，$z = 0, l$ で $u = 0$ よ

り，積分定数 $D_1$, $D_2$ が定まる．$\sin ml = 0$ と合わせると，$u$ は次式で与えられ，横たわみもサイン曲線となる．

$$u = \frac{C_1}{m^2}\frac{M_x}{EI_y}\sin mz$$

さて，上で導かれた横座屈の発生条件式 $\sin ml = 0$ を満たす最小の解は，$ml = \pi$ であるので，これに $m$ の定義式を代入すると

$$-\alpha + \sqrt{\alpha^2 + \beta} = \frac{\pi^2}{l^2} \quad \therefore \quad \beta = \left(\frac{\pi^2}{l^2} + \alpha\right)^2 - \alpha^2 = \left(\frac{\pi^2}{l^2}\right)^2 + 2\left(\frac{\pi^2}{l^2}\right)\alpha$$

となる．これを $M_x$ について解き，それを $M_{cro}$ とおくと

$$M_{cro} = \sqrt{EI_y EC_W \beta} = \sqrt{EI_y EC_W \left[\left(\frac{\pi}{l}\right)^4 + 2\left(\frac{\pi}{l}\right)^2 \frac{GJ_T}{2EC_W}\right]}$$

$$\therefore \quad M_{cro} = \sqrt{EI_y\left(\frac{\pi}{l}\right)^2\left[EC_W\left(\frac{\pi}{l}\right)^2 + GJ_T\right]} \quad (6.23)$$

が得られる．これが横座屈するときの強軸まわりの曲げモーメントすなわち**横座屈モーメント**と呼ばれるものである．この式をみると，[ ] 内の第1項は反りねじり抵抗，第2項はサン・ブナンねじり抵抗に起因するものであり，両者が合わさって横座屈に抵抗していることがわかる．

箱形断面のような閉断面ではサン・ブナンねじり定数 $J_T$ が非常に大きいので横座屈の恐れはないと考えてよい．また，H形断面や溝形断面が弱軸曲げを受ける場合には，横方向の曲げ剛性のほうが大きくなるので横座屈は考えなくてよい．

### 6.7.2 モーメント勾配と支持条件

上では，梁が一様曲げを受け，梁の両端がねじりに関して単純支持されている場合の横座屈解が導かれた．荷重条件と支持条件は横座屈モーメントに大きな影響を及ぼすにもかかわらず，残念ながら，一様曲げ・単純支持以外の場合については，上で導いたような閉解が得られない．そこで，さまざまな数値解析が行われ，それによって得られた数値解がグラフや近似式の形で設計に供されている．ここでは，現行の設計で用いられている**モーメント勾配**の影響について紹介することにする．

## 6.7 横座屈

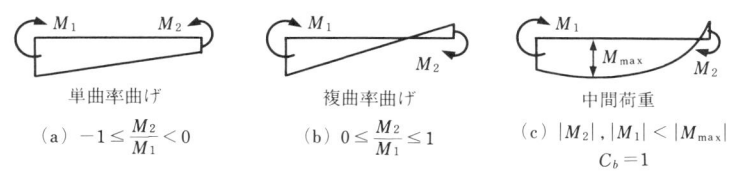

図 6.12 端モーメント比

(a) 単曲率曲げ　$-1 \leq \dfrac{M_2}{M_1} < 0$

(b) 複曲率曲げ　$0 \leq \dfrac{M_2}{M_1} \leq 1$

(c) 中間荷重　$|M_2|, |M_1| < |M_{max}|$　$C_b = 1$

梁の両端が単純支持され，図 6.12 のように曲げモーメントに勾配がある場合には，最大曲げモーメント（図の $M_1$ または $M_{max}$）が次式の $M_{cr}$ に達したとき横座屈が生じる．

$$M_{cr} = C_b M_{cro} = C_b \sqrt{EI_y \left(\dfrac{\pi}{l}\right)^2 \left[EC_W \left(\dfrac{\pi}{l}\right)^2 + GJ_T\right]} \tag{6.24}$$

ここで，$C_b$ は**横座屈モーメント係数**と呼ばれ，曲げモーメントが直線的に変化する場合には

$$C_b = 1.75 + 1.05\left(\dfrac{M_2}{M_1}\right) + 0.3\left(\dfrac{M_2}{M_1}\right)^2 \quad (ただし\ C_b \leq 2.3) \tag{6.25}$$

の設計用近似式が使われている．ここで，$M_2/M_1$ は**端モーメント比**で，$-1 \leq M_2/M_1 \leq 1$ の範囲の値をとり，図 (a) のような単曲率曲げのとき負，図 (b) のような複曲率曲げのとき正とする．一様曲げすなわち $M_2/M_1 = -1$ のとき $C_b = 1$ となる．モーメント勾配によって $C_b$ が大きくなるのは，面外への座屈変形を誘因する圧縮フランジの曲げ応力度がモーメント勾配によって低下するため，横座屈が起こりにくくなることを表している．図 (c) のように，梁の中間の曲げモーメントが最大となるときは，一様曲げと同等に扱い，$C_b = 1$ とする．

荷重条件と支持条件の影響について若干補足しておこう．梁に鉛直下向きの荷重が作用するとき，荷重の作用点の位置が横座屈に影響を与える．荷重の作用点がせん断中心より上にあるときはねじり回転を助長するので横座屈モーメントが低下する．逆に，作用点がせん断中心より下にあるときは，ねじり回転を元にもどす方向に働くので横座屈荷重が増加する．梁の支持条件については，固定端のときには単純支持よりも横座屈モーメントが大きくなり，逆に，片持ち梁のように自由端があるときには単純支持よりも横座屈モーメントが低下する．

### 6.7.3 横座屈補剛

鉄骨の梁は，図 6.13 に示すように，その中間に小梁が取り付いていたり，あるいは床スラブと一体になっていることが多い．このような小梁や床スラブは梁の横変位やねじりを拘束するので横座屈を防止するうえで有効である．一般に，小梁が取り付く位置で梁は支持されていると考えて支持点間を横座屈長さとする．床スラブがシアコネクタを介して梁と一体になっているときは，梁の横移動が全長にわたって拘束されるので，一般に横座屈の恐れはないと考えてよい．ただし，梁せいが大きく，横補剛のない下フランジに圧縮応力度が生じる曲げが作用する場合には，下フランジが横変位して横座屈を起こすことがあるので小梁による横補剛が必要である．

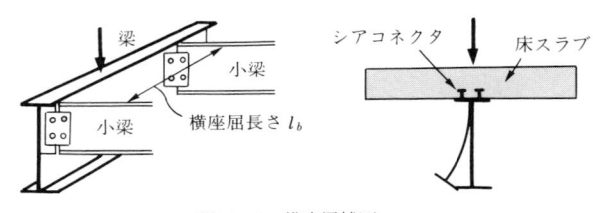

図 6.13 横座屈補剛

### 6.7.4 非弾性横座屈

オイラー座屈の場合と同様に，横座屈の場合にも残留応力や元たわみによって曲げモーメントが降伏モーメント $M_y$ に達する前に断面が部分的に降伏するため非弾性横座屈が生じる．非弾性横座屈が起きるのは，横座屈長さが短いとき，すなわち横座屈するときの曲げ応力度が高くなり降伏応力度に近づいてくるときである．座屈長さ $l_b$ と横座屈モーメント $M_{cr}$ の関係を描くと図 6.14 のようになる．非弾性横座屈モーメントについては

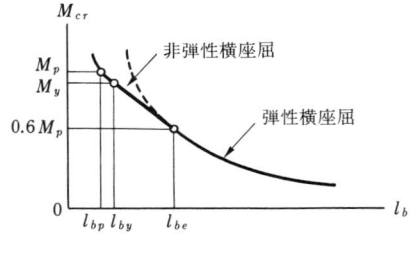

図 6.14 横座屈曲線

実験に基づいていろいろな設計式が提案されている．弾性横座屈から非弾性横座屈へ移るときの曲げモーメントは普通鋼では全塑性モーメント $M_p$ の 0.6 倍程度とされており，非弾性横座屈式が学会指針[6.4]等に示されている．また，6.9 節で述べる許容応力度設計においても許容曲げ応力度の計算に非弾性横座屈が折り込まれている．

## 6.8 細部設計

### 6.8.1 ウェブ・クリップリングと荷重点スチフナ

曲げ材には支点反力なども含めて集中荷重が作用することがある．このとき，ウェブには局部的に大きな圧縮力（支圧力）が作用し，図 6.15 (a) のようにウェブが局部的に圧壊することがある．これを**ウェブ・クリップリング**（web crippling）という．ウェブ・クリップリングはウェブの板厚が薄い軽量形鋼に生じやすく，それを防止するために図 (b) のように荷重を分散させる処置がとられ，必要な分散幅 $b_m$ の算定式が提案されている[6.3]．

一般の圧延形鋼では，図 (c) のように，ウェブ・フィレット先端部において

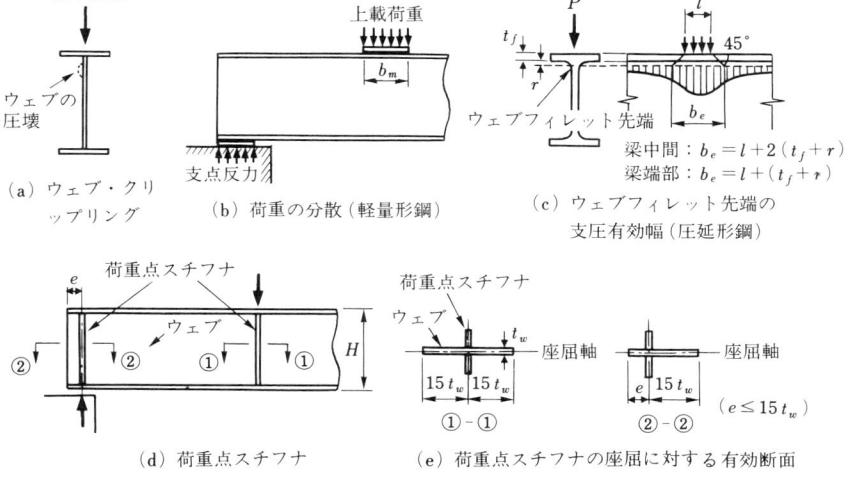

図 6.15 ウェブ・クリップリングとその対策

次式で算定される局部圧縮応力度 $\sigma_c$

$$\sigma_c = \frac{P}{b_e t} \tag{6.26}$$

が許容圧縮応力度 $f_c'$（長期荷重に対しては $F/1.3$，短期荷重に対してはその1.5倍）以下となるようにすることで対処できる．ただし，隅肉溶接による組立梁でフランジとウェブが密着していない場合は，前面隅肉溶接としてせん断応力度の検定を行う必要がある．

ウェブ・クリップリングが問題となるところでは，図 (d) のように**荷重点スチフナ**を設けるのが有効であるが，そのときには荷重点スチフナの柱としての座屈に注意する必要がある．具体的には，荷重点スチフナとウェブの有効部分（板厚の 15 倍以下）で構成される断面の柱が梁せいの 0.7 倍の有効座屈長さをもつものとしてオイラー座屈の検定をすればよい．

### 6.8.2 孔あき梁

鉄骨梁は，床下配管やダクトを通すために図 6.16 のような円形の貫通孔をウェブに設けることが多い．梁の耐力や剛性の低下を少なくするために，原則として，孔は曲げ応力度の小さいウェブ中央に設け，また地震時に降伏することが予想される梁の端部（通常，スパンの 1/10 または梁せいの 2 倍の範囲）を避ける．また，孔が接近し過ぎるとせん断応力度を伝達できなくなるので，孔のピッチ（中心間距離）は孔径の 2 倍以上離したほうがよい．

ウェブに円孔のあいた断面の応力状態は複雑であるので，便宜上，図 (b) のようにモデル化して応力を算定する．すなわち，直径 $D$ の円孔を $D \times D$ の正方形孔に置き換え，孔で分断された上下の T 形断面に，本来作用している曲げモーメント $M$ に加えてせん断力 $Q$ がもたらす付加曲げモーメント $QD/4$ が生じるものとする．梁の全断面から孔を除いた有効断面の断面係数を $Z_e$，T 形断面のフランジ最外縁での断面係数を $Z_T$ とすると，応力度は $M/Z_e$ と $(QD/4)/Z_T$ の重ね合わせとなる．せん断応力度は孔を除いたウェブの断面積で $Q$ を除して算定する．

孔による耐力や剛性の低下が問題となる場合には，図 (c) のように補強する必要がある．一般に行われているのは，孔周辺のウェブにカバープレートを溶

6.9 曲げ材の設計

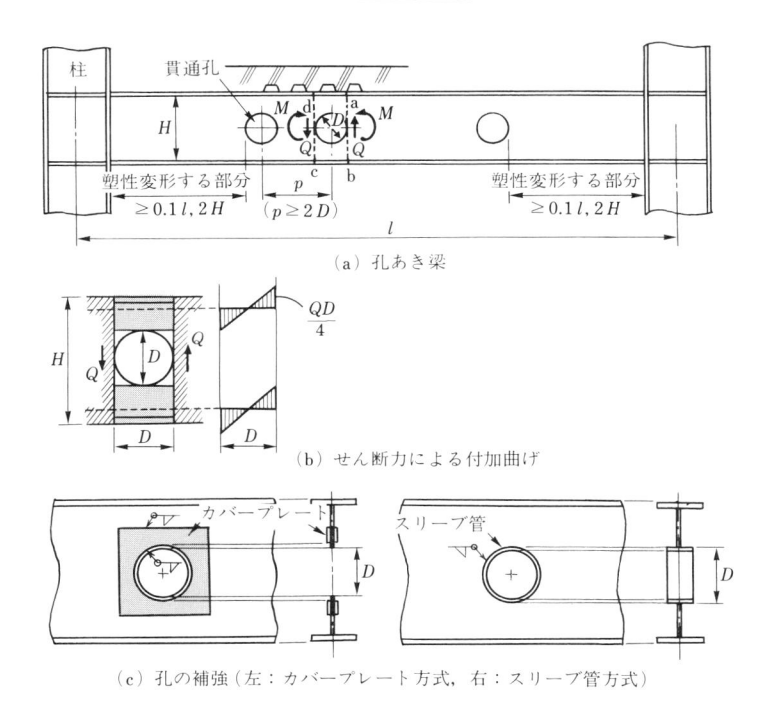

図 6.16 孔あき梁の応力状態と補強方法

接する方法とスリーブ管を孔に通して溶接する方法がある．このときの応力検定は，T形断面のウェブ先端部が補強されたものとして上述と同様に行えばよい．

## 6.9 曲げ材の設計

　曲げ材を許容応力度設計法に基づいて設計するときの検討項目は，(1) 横座屈が生じないこと，(2) 引張フランジが降伏しないこと，(3) ウェブがせん断降伏しないこと，(4) 板要素が局部座屈しないこと，(5) たわみが許容値を超えないこと，が主要なチェック項目である．この他にも，集中荷重に対するウェブの圧壊の検討や配管やダクトが貫通するウェブの貫通孔の検討などが必要な場合がある．

　横座屈を防止するには，作用する曲げモーメントが横座屈モーメントを超え

ないようにしておけばよい．しかし，横座屈モーメントを計算する式（6.23），（6.24）は煩雑であるので，圧縮側フランジの最外縁曲げ応力度 $\sigma_{bc}$ が横座屈を考慮した許容曲げ応力度 $f_b$ 以下とすることをもって検定している[6.2)]．このとき，**許容曲げ応力度** $f_b$ は，次式で算定される．

$$f_b = \max\{f_{b1}, f_{b2}\} \tag{6.27a}$$

ただし

$$f_{b1} = \left\{1 - 0.4 \frac{(l_b/i_y^*)^2}{C_b \Lambda^2}\right\} \frac{F}{1.5} \tag{6.27b}$$

$$f_{b2} = \frac{89,000}{(l_b H/A_f)} \tag{6.27c}$$

である．$l_b$ は横座屈長さで圧縮フランジが横補剛されている区間の長さとする．$i_y^*$ はH形断面の圧縮フランジと梁せいの1/6とから成るT形断面のウェブ軸まわりの断面2次半径，$\Lambda$ は圧縮材の設計で用いた限界細長比，$C_b$ は前出のモーメント係数，$F$ は設計基準強度，$H$ は梁せい，$A_f$ は圧縮フランジの断面積である．これらは，図6.17に示すとおりである．

上式の $f_{b1}$ と $f_{b2}$ はH形断面の横座屈モーメントに含まれる反りねじり抵抗とサン・ブナンねじり抵抗の片方のみを考慮して導かれたものであるため，$f_{b1}$ と $f_{b2}$ の大きいほうを許容曲げ応力度とすることができる．$f_{b1}$ と $f_{b2}$ の導出過程は参考図書6.6)に詳しい．上式は長期許容曲げ応力度であり，短期許容曲げ応力度はそれを1.5倍することができる．

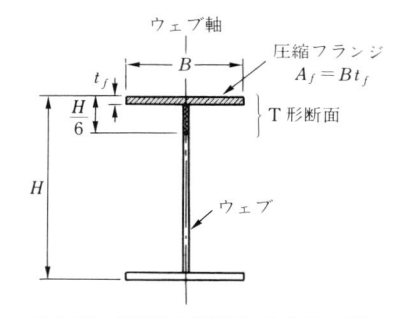

**図 6.17** H形梁の横座屈におけるT形断面

箱形断面の梁や弱軸まわりに曲げを受けるH形断面や溝形断面では横座屈の恐れがないので，許容曲げ応力度は許容引張応力度と同じとしてよく，$f_b = f_t$ となる．ウェブ面内に鉛直荷重を受ける溝形断面では荷重がせん断中心を通らないので初めからねじりが生じ，Z形断面では2軸曲げとなるので初めから横たわみが生じる．このような場合でも，荷重の作用点では荷重を伝える直交部

材による拘束があると考え，荷重点の間あるいは荷重点と支点の間を横座屈長さとして式（6.27c）から許容曲げ応力度を算定している．

梁を塑性設計法に基づいて設計するときは，塑性ヒンジの曲げ耐力を全塑性モーメント $M_p$ として崩壊荷重を算定し，これが終局荷重よりも大きいことを確認すればよい．ただし，$M_p$ を維持しながら十分な塑性回転能力が保証されていなければならない．そのためには，横座屈が塑性回転能力の低下を招かないように適切な間隔で横補剛がされていること，および板要素の局部座屈が塑性回転能力を阻害しないように幅厚比に対しても制限が必要となる[6.4],[6.5]．通常のラーメン構造の梁では，床スラブによる補剛効果により横座屈はあまり問題とならないが，局部座屈については9章の9.6.3項を参照して幅厚比を制限しておく必要がある．

**（設計例）**

図6.18（a）に示すラーメン構造の梁B1を設計してみよう．ここでは，梁の設計の基本だけを理解するために，構造モデルと曲げモーメント分布は図（b）のように簡略化し，荷重は柱上の鉛直荷重と地震水平力のみを考えることにする．

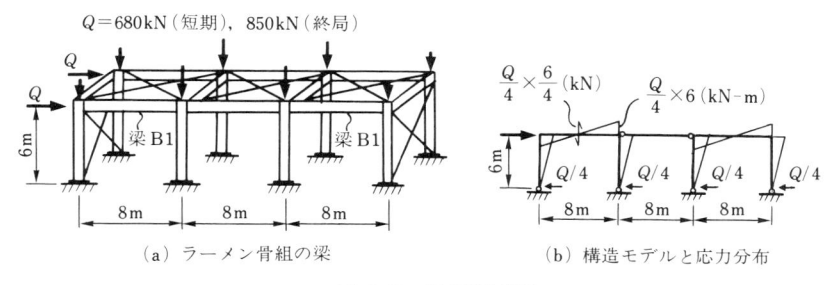

図 6.18 梁の設計例題

まず，地震水平力（この例題では680 kN）に対する許容応力度設計の手順を示す．

（1） 梁の断面と鋼種の仮定：H-588×300×12×20（SN490B）

　　　 断面係数：$Z_x = 3,890,000$（mm$^3$）

横座屈用断面2次半径：$i_y{}^* = 80.1$（mm）

設計基準強度：$F = 325$（N/mm²）

限界細長比：$\Lambda = \pi\sqrt{\dfrac{E}{0.6F}} = 3.14\sqrt{\dfrac{205,000}{0.6\times 325}} = 102$

（2）梁に作用する曲げモーメント：$M_1 = \dfrac{680}{4}\times 6 = 1,020$（kN·m）

梁に作用するせん断力：$Q_1 = \dfrac{680}{4}\times \dfrac{6}{4} = 255$（kN）

圧縮側最外縁の曲げ応力度：$\sigma_{bc} = \dfrac{M_1}{Z_x} = \dfrac{1,020\times 10^6}{3,890,000} = 262$（N/mm²）

引張側最外縁の曲げ応力度：

$$\sigma_{bt} = \dfrac{M_1}{Z_x} = \dfrac{1,020\times 10^6}{3,890,000} = 262\ (\text{N/mm}^2)$$

ウェブのせん断応力度：$\tau = \dfrac{Q_1}{A_w} = \dfrac{255\times 10^3}{(588-20\times 2)\times 12} = 38.8$（N/mm²）

（3）横座屈の検定

横座屈長さ：$l_b = 8,000$（mm）

モーメント係数：

$$C_b = 1.75 + 1.05\left(\dfrac{M_2}{M_1}\right) + 0.3\left(\dfrac{M_2}{M_1}\right)^2 = 1.75 + 1.05(+1) + 0.3(+1)^2 = 3.1 \geq 2.3$$

∴ $C_b = 2.3$

許容曲げ応力度（短期）：

$$f_{b1} = \left\{1 - 0.4\dfrac{(l_b/i_y{}^*)^2}{C\Lambda^2}\right\}F = \left\{1 - 0.4\dfrac{(8,000/80.1)^2}{2.3\times (102)^2}\right\}\times 325 = 271\ (\text{N/mm}^2)$$

$$f_{b2} = \dfrac{89,000}{\left(\dfrac{l_b h}{A_f}\right)}\times 1.5 = \dfrac{89,000}{\left(\dfrac{8,000\times 588}{300\times 20}\right)}\times 1.5 = 170\ (\text{N/mm}^2)$$

$f_b = \max\{f_{b1}, f_{b2}\} = 271$（N/mm²）

判定：$\dfrac{\sigma_{bc}}{f_b} = \dfrac{262}{271} = 0.97 \leq 1.0$　　よって，合格と判定できる．

（4）引張フランジの引張降伏の検定

許容引張応力度（短期）：$f_t = F = 325$（N/mm²）

判定：$\dfrac{\sigma_{bt}}{f_t} = \dfrac{262}{325} = 0.81 \leq 1.0$　　よって，合格と判定できる．

（5）ウェブのせん断降伏の検定

許容せん断応力度（短期）：$f_s = \dfrac{F}{\sqrt{3}} = \dfrac{325}{\sqrt{3}} = 188$

判定：$\dfrac{\tau}{f_s} = \dfrac{38.8}{188} = 0.21 \leq 1.0$

次に，塑性設計法では，終局地震水平力（この例題では 850 kN）に対して崩壊しないように設計する．柱は梁より強いとし，梁端に塑性ヒンジが形成されるときの水平耐力が終局地震水平力より大きくなるように設計する．以下，その手順を示す．

（1）梁の断面と鋼種の仮定：H-588×300×12×20（SN490B）

塑性断面係数：$Z_{px} = 4,350,000$（mm$^3$）

設計基準強度：$F = 325$（N/mm$^2$）

全塑性モーメント：$M_p = FZ_{px} = 325 \times 4,350,000 \times 10^{-6} = 1,414$（kN·m）

（終局耐力の計算では JIS 鋼材の $F$ 値を 1.1 倍できるが，ここではそのままの値を用いる．）

（2）必要保有水平耐力：$Q_{un} = 850$（kN）

（3）保有水平耐力：$Q_u = \dfrac{1,414}{6} \times 4 = 943$（kN）

（4）判定：$\dfrac{Q_u}{Q_{un}} = \dfrac{943}{850} = 1.11 \geq 1.0$　　よって，合格と判定できる．

塑性設計では，横座屈長さと断面の幅厚比の検討が必要であるが，ここではその条件を満たしていると仮定した．

## 演習問題

**6.1** 図 6.19 に示した断面の図心 G，せん断中心 S，主軸（強軸を $x$ 軸，弱軸を $y$ 軸）を図示せよ．

**6.2** 断面の図心軸まわりに曲げモーメントが作用したとき，その図心軸が主軸であるときに限り，荷重面外にたわみが生じないことを証明せよ．

**6.3** 図 6.20 の T 形断面の強軸（$x$ 軸）に関する弾性断面係数 $Z$，塑性断面係数 $Z_p$，形状

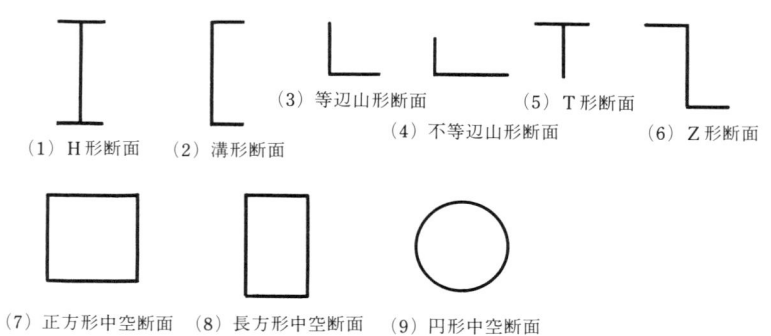

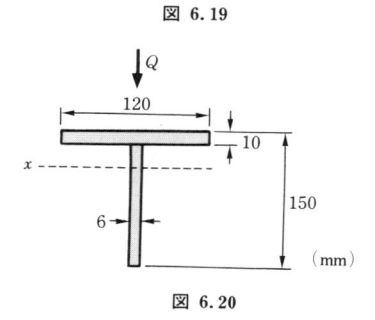

(1) H形断面　(2) 溝形断面　(3) 等辺山形断面　(4) 不等辺山形断面　(5) T形断面　(6) Z形断面　(7) 正方形中空断面　(8) 長方形中空断面　(9) 円形中空断面

図 6.19

図 6.20

係数 $f$ を算定せよ．$Z$ は小さいほうとする．次に，せん断力 $Q=10\,\mathrm{kN}$ によるせん断応力度 $\tau$ の分布を古典理論とせん断流理論で計算して図示せよ．このとき，最大せん断応力度 $\tau_{max}$ がウェブの平均せん断応力度 $\tau_{ave}$ の何倍であるかを求めよ．

**6.4** 単純支持された等辺山形鋼の梁のスパン中央に集中荷重 $P=10\,\mathrm{kN}$ が図 6.21 のように作用したとき，スパン中央における $x$ 方向と $y$ 方向のたわみ $\delta_x$ と $\delta_y$ を求めよ．さらに，スパン中央の断面の A, B, C 点の曲げ応力度を求めよ（引張を正，圧縮を負とする）．ただし，$I_x=I_y=200\,\mathrm{cm}^4$, $I_{xy}=120\,\mathrm{cm}^4$ とする．

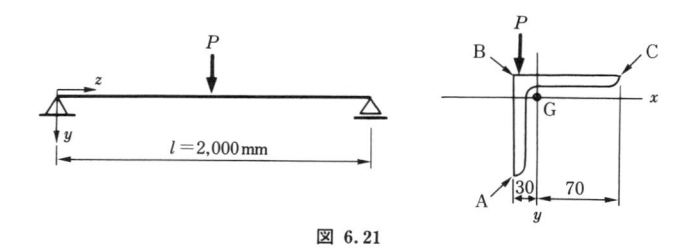

図 6.21

演習問題

6.5 薄い板（板厚 $t$ ×幅 $h$, $t \ll h$）を強軸まわりに曲げたときの横座屈モーメント $M_c$ を求めよ．ただし，曲げモーメントは材長に沿って一様な分布とし，材端はねじり回転が拘束されているものとする．ヤング係数を $E$，せん断弾性係数を $G$ とする．なお，8章で解説されるが，板については，$J_T = \frac{1}{3}ht^3$, $C_W = 0$ である．

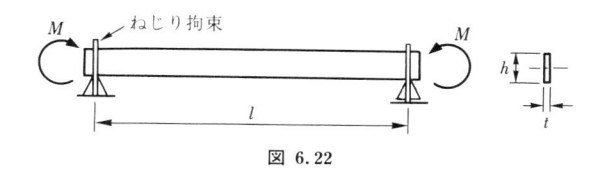

図 6.22

6.6 本文図 6.18 の設計例題で，梁 B1 の中央が小梁によって横補剛され，横座屈長さが $l_b = 4$ m となったときの断面を許容応力度設計法と塑性設計法でそれぞれ算定せよ．

6.7 図 6.23 に示すボルト孔欠損のある H 形鋼の $x$ 軸に関する有効断面係数 $Z_e$，有効塑性断面係数 $Z_{pe}$ を求めよ．全断面有効としたときの $Z$ と $Z_p$ に対してそれぞれ何 % となるか．

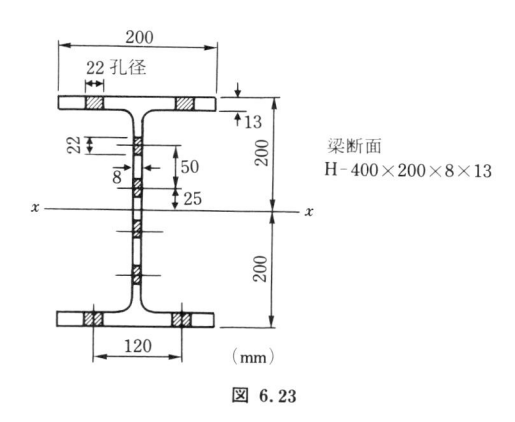

図 6.23

[参考図書]

6.1) 桑村　仁：建築の力学—弾性論とその応用—（3 曲げとたわみ，4 断面の諸特性，5 せん断，12.2 相反作用の定理），技報堂出版，2001

6.2) 日本建築学会：鋼構造設計規準，1970（SI 単位版，2002）
6.3) 日本建築学会：軽鋼構造設計施工指針，1985
6.4) 日本建築学会：鋼構造限界状態設計指針，1998（SI 単位版，2002）
6.5) 日本建築学会：鋼構造塑性設計指針，1975
6.6) 加藤　勉：鉄骨構造，彰国社，1971

# 7 曲げ圧縮材

## 7.1 曲げ圧縮材の性質

**曲げ圧縮材**というのは，曲げモーメントと圧縮軸力を同時に受ける部材をいい，英語では beam-column（**ビーム・コラム**あるいは**梁-柱**）と呼ばれる．曲げ圧縮材にはせん断力も同時に作用する．鉄骨造建築物における曲げ圧縮材はラーメン骨組の柱に代表される．

図 7.1 (a) に示すように，ラーメン骨組の柱には上部の重量が圧縮軸力とし

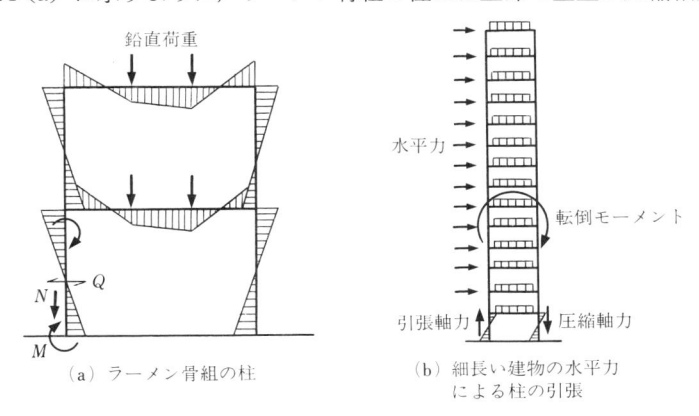

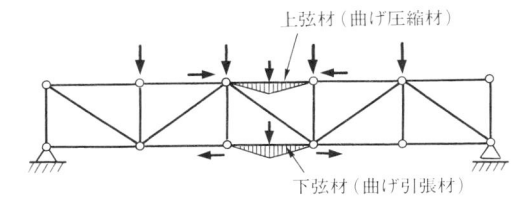

(a) ラーメン骨組の柱

(b) 細長い建物の水平力による柱の引張

(c) 節点間荷重が作用するトラスの弦材

図 7.1 曲げ圧縮材の例

て作用するとともに柱に剛接合された梁から曲げモーメントが伝わる．図 (b) のように鉛直方向に細長いペンシル型の建物では，風圧力や地震水平力による転倒モーメントが柱に引張軸力をもたらすことがあり，この場合は**曲げ引張材**となる．また，図 (c) のようにトラスの弦材に節点間荷重が作用するような場合にも曲げ圧縮材または曲げ引張材となる．

本章では，一般のラーメン骨組の柱を対象にして，曲げ圧縮材の挙動と設計について説明する．

図 7.2 (a) に示すように，ラーメン骨組の柱頭に鉛直力 $P$ と水平力 $Q$ が作用する場合を考える．$P$ は固定荷重と積載荷重によるもので一定の値を保つとし，$Q$ は地震力によって漸増するものとする．$Q$ によって骨組は傾き，水平変位 $\delta$ と層間変形角 $\theta$ が生じる．両者には $\delta = l\theta$ の関係がある．柱の下端と上端がそれぞれ剛な基礎と梁に剛接合され，上下の材端モーメントは等しいとす

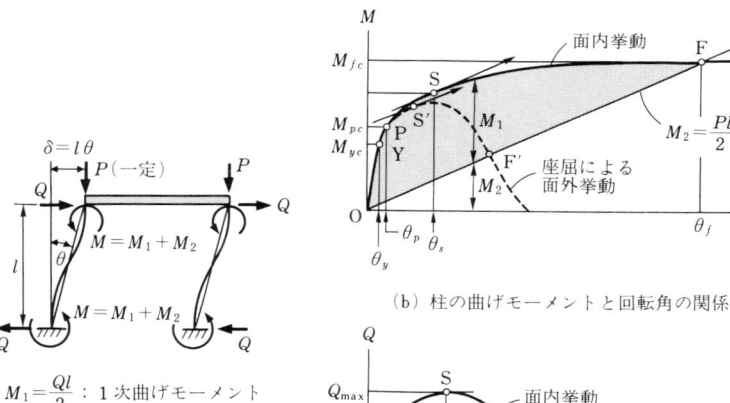

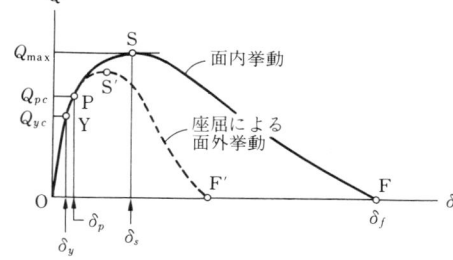

$M_1 = \dfrac{Ql}{2}$：1 次曲げモーメント

$M_2 = \dfrac{P\delta}{2}$：2 次曲げモーメント（付加曲げモーメント）

(a) ラーメン骨組の柱

(b) 柱の曲げモーメントと回転角の関係

(c) ラーメン骨組の水平力と水平変位の関係

図 7.2　曲げ圧縮材の荷重 - 変形曲線

## 7.1 曲げ圧縮材の性質

る．材端モーメント $M$ は，$Q$ がもたらす曲げモーメント $M_1$ と $P$ が水平変位の分だけ偏心することによる曲げモーメント $M_2$ の和となる．$M_1$ は **1 次曲げモーメント** と呼ばれ，この場合，$M_1=Ql/2$ である．$M_2$ は **2 次曲げモーメント** あるいは**付加曲げモーメント**と呼ばれ，この場合，$M_2=P\delta/2$ である．したがって

$$M = M_1 + M_2 = \frac{Ql}{2} + \frac{P\delta}{2} \tag{7.1}$$

の関係がある．

柱は回転角 $\theta$ の増大とともに曲げ耐力 $M$ が上昇する．その様子は図（b）の実線 OYPSF で示したカーブで描かれる．カーブ上の Y 点は断面の圧縮側最外縁が降伏し始めるときで，そのときの曲げモーメントを降伏モーメントといい，$M_{yc}$ で表す．それまでは弾性が保たれているので，経路 OY は直線である．P 点では全断面が降伏した全塑性状態となっており，そのときの曲げモーメントを全塑性モーメントといい，$M_{pc}$ で表す．その後さらに，材料がひずみ硬化することによって曲げ耐力が徐々に上昇していく．ここで注意しなければならないのは，式（7.1）の関係から，カーブの下の一部は $M_2$ が消費していることである．$M_2$ は図の直線 OF の下の部分で表されるので，それを除いた網掛け部分が $M_1$ に充当される．したがって，直線 OF がカーブと交差する点 F では，柱の曲げ耐力がすべて $M_2$ で消費されてしまい，$M_1$ には配分されないことになる．すなわち，F 点では水平抵抗が 0 となり，建物は鉛直荷重 $P$ によって自壊してしまう．F 点における曲げ耐力を $M_{fc}$ とすると，$M_{fc}=(Pl\theta_f)/2$ となっている．

次に，水平力 $Q$ と水平変位 $\delta$ の関係を描くと図（c）の実線で示すようなカーブが描かれる．これは図（b）の網掛け部分を描き直したカーブであることが，$Q$ と $M_1$，$\delta$ と $\theta$ がそれぞれ比例関係にあることから，容易に察しがつくであろう．カーブ上の Y 点は図（b）の Y 点と対応しており，そこでは $M_{yc}=Q_{yc}l/2-P\delta_y/2$ となっている．P 点についても同様で，そこでは $M_{pc}=Q_{pc}l/2+P\delta_p/2$ となっている．P 点を過ぎると，材料のひずみ硬化によって水平耐力が増大するが，その過程で水平変位も増大するので $P$ がもたらす付加曲げモーメントも大きくなり，ついに S 点で最大水平耐力を迎えることになる．最大水平耐力点では $dQ/d\delta=0$ であるので，式（7.1）と $\delta=l\theta$ の関係から S 点では $dM/d\theta=Pl/$

2 となっている．すなわち，図 (b) の $M$-$\theta$ 曲線が $Pl/2$ の接線勾配をもつ点が最大水平耐力点となることを意味する．S 点を通過するとその後は水平耐力が低下し，前述のように，F 点では増大したたわみがもたらす付加曲げモーメント $M_2$ が断面の曲げ耐力をすべて消費してしまい，建物は自分の重さによって崩壊する．これを **P-δ**(ピー・デルタ) **崩壊**と呼んでいる．

 以上の議論は曲げモーメントが作用する面内にだけ変形が進行する場合である．ところが，実際には，面外の不安定な変形が生じて柱の $M$-$\theta$ カーブは図 (b) の破線のように途中から下降する．これは座屈によるもので**座屈劣化**と呼んでいる．曲げ圧縮材の座屈には 2 種類の形態があり，曲げねじり座屈と局部座屈である．曲げねじり座屈は曲げ材（梁）における横座屈が圧縮軸力を伴って生じるものと考えてよい．局部座屈は部材を構成している板が面外に変形し平面を保てなくなる形態の座屈であり，これについては 9 章でまとめて扱うことにする．座屈が生じると，最大耐力点や崩壊点に至るまでの変形能力が低下してしまうことを図 (c) から読み取ることができるであろう．

## 7.2 断面の $M$–$N$ 相関式

 まず，曲げ圧縮材の断面の耐力について説明しよう．図 7.3 (a) に示す長方形断面に圧縮軸力 $N$ と強軸まわりの曲げモーメント $M$ が作用する場合を考える．$N$ は一定とし，$M$ が 0 から徐々に増加するものとする．

 $M$ が小さいときは，図 (b-1) のように断面全体が弾性に保たれる．梁（$N=$

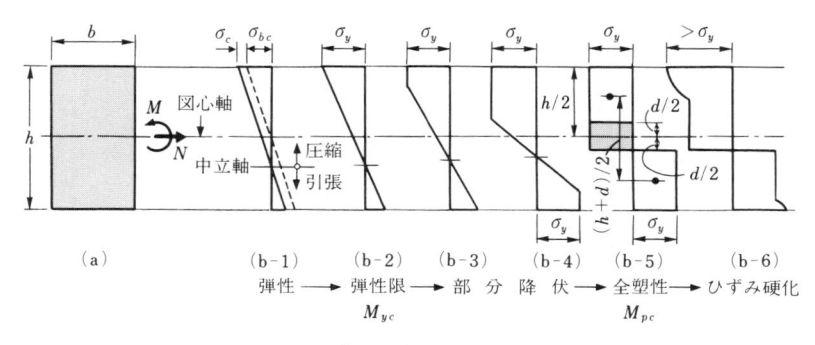

図 7.3 曲げ圧縮材の断面の降伏過程

0の場合）と異なるのは，中立軸が断面の図心軸と一致しないことである．このときの最大応力度は圧縮側最外縁で生じ，その大きさは$N$による圧縮応力度$\sigma_c = N/A$と$M$による曲げ応力度$\sigma_{bc} = M/Z$の重ね合わせとなる．$A$は断面積，$Z$は圧縮側断面係数である．したがって，最外縁が降伏する図（b-2）の状態すなわち弾性限界は，そのときの曲げモーメントを$M_{yc}$とすると次式で表される．

$$\frac{N}{A} + \frac{M_{yc}}{Z} = \sigma_y$$

両辺を$\sigma_y$で除して整理すると，次式が得られる．

$$\frac{N}{N_y} + \frac{M_{yc}}{M_y} = 1 \quad \text{または} \quad M_{yc} = \left(1 - \frac{N}{N_y}\right) \cdot M_y \quad (7.2\text{a, b})$$

ここで，$N_y$は降伏軸力（$N_y = \sigma_y A$）で，$N/N_y$を降伏軸力比あるいは単に**軸力比**という．$M_y$は曲げモーメントだけが作用するときの降伏モーメント（$M_y = \sigma_y Z$）で，$M_{yc}$は圧縮軸力が併存するときの降伏モーメントである．この式(7.2)を**最外縁降伏状態**における曲げモーメントと軸力の相関式（**M-N相関式**）という．この式より，圧縮軸力$N$をともなう降伏モーメント$M_{yc}$は，軸力がないときの降伏モーメント$M_y$から$N$とともに直線的に減少することがわかる．なお，上の式展開から明らかなように，式(7.2)は長方形以外の断面形にも成り立つ．

曲げモーメントが$M_{yc}$を超えると，図（b-3）のように圧縮側最外縁から降伏が進行し，さらに図（b-4）のように引張側最外縁からも降伏が追従する．これを**部分降伏状態**という．材料が完全弾塑性であれば，図（b-5）のように断面全体が降伏する状態に至る．これを**全塑性状態**といい，このときの曲げモーメントを圧縮軸力が作用するときの**全塑性モーメント**といい$M_{pc}$で表す．$M_{pc}$は，図の網掛け部分が曲げに寄与しないことに注意すると，図の記号を使って次式で表される．

$$M_{pc} = \left(\frac{h}{2} - \frac{d}{2}\right) b \sigma_y \frac{h+d}{2} = \frac{1}{4} bh^2 \sigma_y \left[1 - \left(\frac{d}{h}\right)^2\right] = M_p \left[1 - \left(\frac{d}{h}\right)^2\right]$$

ここで，長方形断面の塑性断面係数が$Z_p = (1/4)bh^2$であることを用いた．$M_p$は前章の曲げ材で習った軸力がないときの全塑性モーメントである．断面

の軸方向力の釣合いは $N=bd\sigma_y$ となるので，$d=N/b\sigma_y$ を上式に代入すると

$$M_{pc} = \left[1-\left(\frac{N}{bh\sigma_y}\right)^2\right]M_p$$

となる．これに降伏軸力 $N_y=bh\sigma_y$ を代入すると

$$\frac{M_{pc}}{M_p}+\left(\frac{N}{N_y}\right)^2=1 \quad \text{または} \quad M_{pc}=\left[1-\left(\frac{N}{N_y}\right)^2\right]M_p \quad (7.3\text{a, b})$$

となる．この式 (7.3) を全塑性状態における曲げモーメントと軸力の相関式 ($M$–$N$ 相関式) という．このときの軸力による全塑性モーメントの低減係数は $1-(N/N_y)^2$ である．

最外縁降伏の場合と異なり，全塑性状態における $M$–$N$ 相関式は断面の形状の影響を受け，式 (7.3) は長方形断面にしか適用できないことに注意が必要である．たとえば，円形中空断面の $M$–$N$ 相関式は次式となる．

$$\frac{M_{pc}}{M_p}=\cos\left(\frac{\pi}{2}\frac{N}{N_y}\right) \quad (7.4)$$

強軸まわりに曲げを受ける H 形断面や箱形断面では，$M$–$N$ 相関式の形が相当複雑になるので設計では次の近似式を用いている[7.1]．

$$M_{pc}=1.14\left(1-\frac{N}{N_y}\right)M_p \quad \text{ただし，} M_{pc}\leq M_p \quad (7.5)$$

これらの $M$–$N$ 相関式を図示すると，図 7.4 のようになる．

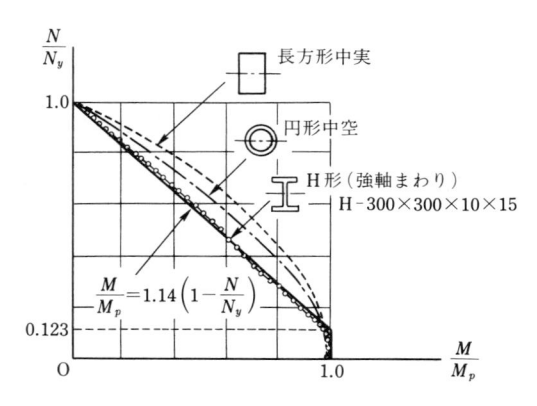

図 7.4　全塑性状態における $M$–$N$ 相関曲線

なお，鋼材はひずみ硬化によって降伏強さ以上の応力を発揮するので，図 7.3 (b-6) のように，断面の曲げモーメントは全塑性モーメント $M_{pc}$ をさらに上回る能力をもっている．

## 7.3 面内挙動

両端がピン支持された柱が図 7.5 (a) のように圧縮軸力 $N$ と強軸まわりの材端曲げモーメント $M_0$，$\beta M_0$ を受ける場合について考えてみよう．端モーメント比 $\beta$ は $-1 \leq \beta \leq 1$ の範囲とする．

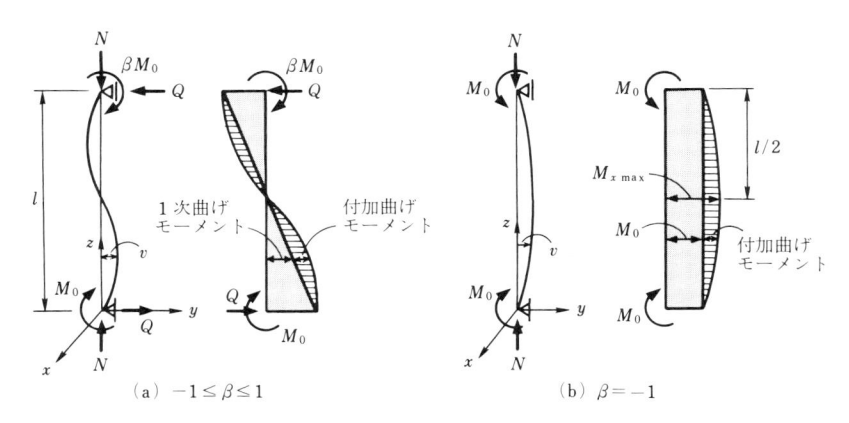

図 7.5 曲げ圧縮材の面内挙動

曲げモーメントが作用する面内（図の $y$–$z$ 面内）のみに変形が生じるときのたわみ曲線の方程式は，$y$ 方向のたわみを $v$，断面の強軸まわりの曲げ剛性を $EI_x$ とすると，次式で表される[7.3]．

$$EI_x \frac{d^4 v}{dz^4} + N \frac{d^2 v}{dz^2} = 0 \tag{7.6}$$

この方程式の一般解は，$\alpha = \sqrt{\dfrac{N}{EI_x}}$ とすると

$$v = C_1 \sin \alpha z + C_2 \cos \alpha z + C_3 z + C_4$$

で表される．4つの積分定数は，4つの境界条件

$$v(0)=0, \quad v(l)=0, \quad v''(0)=-\frac{M_0}{EI_x}, \quad v''(l)=\frac{\beta M_0}{EI_x}$$

から決まる．

これを，図 (b) の一様曲げ $(\beta=-1)$ の場合について解くと，次式が得られる．

$$v=\frac{M_0}{N}\left(\frac{1-\cos\alpha l}{\sin\alpha l}\cdot\sin\alpha z+\cos\alpha z-1\right)$$

材軸に沿った強軸曲げモーメントは

$$M_x=-EI_x\frac{d^2v}{dz^2}=M_0\left(\frac{1-\cos\alpha l}{\sin\alpha l}\cdot\sin\alpha z+\cos\alpha z\right)$$

となる．最大曲げモーメントは材中央で生じ，次のようになる（$dM_x/dz=0$ とすれば $z=l/2$ で最大となることがわかる）．

$$M_{x,\max}=M_0\left(\frac{1-\cos\alpha l}{\sin\alpha l}\cdot\sin\frac{\alpha l}{2}+\cos\frac{\alpha l}{2}\right)=M_0\sec\frac{\alpha l}{2}$$

材中央の断面には圧縮力 $N$ と曲げモーメント $M_{x,\max}$ が作用しているので圧縮側最外縁の応力度が材料の降伏強さ $\sigma_y$ に達すると降伏する．したがって，降伏条件は

$$\frac{N}{A}+\frac{M_0}{Z_x}\sec\frac{\alpha l}{2}=\sigma_y \tag{7.7}$$

で表される．これを**シーカント式**と呼んでいる．$A$ は断面積で，$Z_x$ は強軸まわりの弾性断面係数である．ここで，$\alpha l/2$ に $\alpha=\sqrt{N/EI_x}$ を代入して整理すると

$$\frac{\alpha l}{2}=\frac{1}{2}\sqrt{\frac{N}{EI_x}}l=\frac{\pi}{2}\sqrt{N\frac{l^2}{\pi^2 EI_x}}=\frac{\pi}{2}\sqrt{\frac{N}{N_{Ex}}}$$

となる．ここで，$N_{Ex}$ は強軸を座屈軸とするオイラー座屈荷重で，圧縮材のところで学んだように，$N_{Ex}=(\pi^2 EI_x)/l^2$ である．$N=N_{Ex}$ のときには，$(\alpha l)/2=\pi/2$ すなわち $\sec(\alpha l/2)=\infty$ となるので，式 (7.7) より $M_0=0$ となり曲げモーメントを作用させることができない．したがって，$\alpha l/2$ の範囲は $0\leq\alpha l/2\leq\pi/2$ となり，下限 $(\alpha l/2=0)$ では $N=0$ の梁になり，上限 $(\alpha l/2=\pi/2)$ では $M_0=0$ の棒となる．

ここで，放物線による近似式 $\cos(\alpha l/2)\cong 1-(\alpha l/\pi)^2=1-N/N_{Ex}$ を用いて，式 (7.7) を書き換えると

## 7.3 面内挙動

$$\frac{N}{A} + \frac{M_0}{Z_x} \cdot \frac{1}{1-(N/N_{Ex})} = \sigma_y \qquad (7.8)$$

となる．両辺を $\sigma_y$ で割り，$N_y = A\sigma_y$，$M_y = Z_x \sigma_y$ の関係を用いて整理すると次の簡単な降伏条件式が導かれる．

$$\frac{N}{N_y} + \frac{M_0}{M_y} \cdot \frac{1}{1-(N/N_{Ex})} = 1 \qquad (7.9)$$

以上述べたのは一様な曲げモーメントが作用する場合で，このときは圧縮軸力と横たわみの積（**2次曲げモーメント**あるいは**付加曲げモーメント**という）が追加されることによって材中央の曲げモーメントが必ず最大となる．しかし，曲げモーメントに勾配がある場合には，必ずしも材の中間に最大曲げモーメントが発生するとは限らない．たとえば，完全な逆対称曲げモーメント（$\beta = 1$）の場合には，最大曲げモーメントは必ず材端に生じるので，降伏条件式には付加曲げモーメントを考慮する必要はなく

$$\frac{N}{A} + \frac{M_0}{Z_x} = \sigma_y \quad \text{または} \quad \frac{N}{N_y} + \frac{M_0}{M_y} = 1 \qquad (7.10\text{a, b})$$

となる．もちろん，$N \leq N_E$ でなければならない．これを応力度で表示すると次式のようになる．

$$\frac{\sigma_c}{\sigma_y} + \frac{\sigma_{bc}}{\sigma_y} = 1 \qquad (7.10\text{c})$$

端モーメント比 $\beta$ が $-1$ と $+1$ の間では，軸力 $N$ が小さいときには最大曲げモーメントが材端に生じ，$N$ が大きいときには材の中間に生じる．このときの軸力を考慮した補正係数は一様曲げに対して得られた式（7.7）の $\sec(\alpha l/2)$ とはならず，やや複雑な式となる（演習問題7.1参照）．

わが国では，地震荷重によって柱の設計が決まることが多く，その場合の曲げモーメントは $\beta > 1$（複曲率曲げ）となり，しかも軸力 $N$ がオイラー荷重 $N_{Ex}$ よりかなり小さいので，最大曲げモーメントは材端に生じると考えてよい．したがって，このような場合には，式（7.10）の降伏条件式を使うことができる．

以上は，曲げ圧縮材が弾性挙動する場合であるが，降伏した後の挙動の解析は複雑であり，数値解析に頼らなければならない．その例が冒頭で示した図7.2（b）の曲線である．

## 7.4 曲げねじり座屈

曲げねじり座屈による面外挙動について説明する．図 7.6 に示す 2 軸対称断面（図では H 形断面）が圧縮軸力 $N$ と強軸まわりの曲げモーメント $M_x$ を受けて，$x$, $y$ 軸方向へそれぞれ $u$, $v$ 変位し，$z$ 軸まわりに $\theta$ 回転したときの釣合い方程式は次式で表される[7.4]．

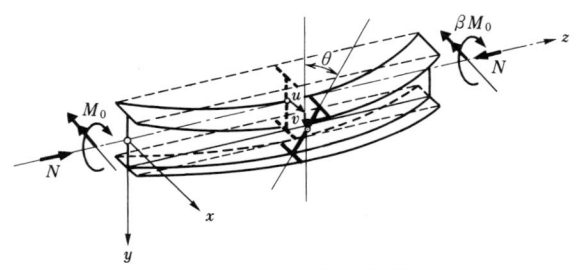

**図 7.6** 曲げねじり座屈

$$EI_x \frac{d^2v}{dz^2} + N \cdot v + M_x = 0 \tag{7.11a}$$

$$EI_y \frac{d^2u}{dz^2} + N \cdot u + M_x \cdot \theta = 0 \tag{7.11b}$$

$$EC_W \frac{d^3\theta}{dz^3} + (N \cdot i_p{}^2 - GJ_T) \frac{d\theta}{dz} + M_x \frac{du}{dz} = 0 \tag{7.11c}$$

ここで，$EI_x$ と $EI_y$ はそれぞれ強軸と弱軸に関する曲げ剛性，$EC_W$ は反りねじり剛性，$GJ_T$ はサン・ブナンねじり剛性，$i_p$ はせん断中心に関する断面極 2 次モーメントで，2 軸対称断面では $i_p = \sqrt{\dfrac{I_x + I_y}{A}}$ である．$EC_W$ と $GJ_T$ については 8 章で説明する．上の 3 式は順に，$x$ 軸まわり，$y$ 軸まわり，$z$ 軸まわりのモーメントの釣合い式である．第 1 式は $v$ のみの式であるので単独に解くことができ，これは前節で述べた面内挙動にほかならない．すなわち，$\dfrac{d^2M_x}{dz^2} = \dfrac{dQ}{dz}$ =0 の関係より，式 (7.11a) を $z$ で 2 回微分すると式 (7.6) になる．一方，第 2，第 3 式は $u$, $\theta$ の連立方程式となっている．

## 7.4 曲げねじり座屈

ここで，議論を簡単にするために，一様な曲げモーメント（$\beta=-1$）が作用するとし（$M_x=M_0$：一定値），両端が単純支持されているものとすると，$u$，$\theta$ は次式で表される．

$$u=C_1\sin\frac{\pi}{l}z, \quad \theta=C_2\sin\frac{\pi}{l}z$$

これを第2，第3式に代入して整理すると

$$\begin{bmatrix} N-EI_y\left(\dfrac{\pi}{l}\right)^2 & M_0 \\ M_0 & N\cdot i_p^2-GJ_T-EC_W\left(\dfrac{\pi}{l}\right)^2 \end{bmatrix}\begin{Bmatrix} C_1 \\ C_2 \end{Bmatrix}=\begin{Bmatrix} 0 \\ 0 \end{Bmatrix}$$

の2元連立方程式が得られる．ここで，$N_{Ey}$ と $N_W$ を次のように定義する．

$$N_{Ey}=EI_y(\pi/l)^2 \tag{7.12}$$

$$N_W=\frac{GJ_T+EC_W(\pi/l)^2}{i_p^2} \tag{7.13}$$

ここで，$N_{Ey}$ は弱軸に関するオイラー座屈荷重である．$N_W$ はワグナーの**ねじり座屈荷重**といわれるもので，横変位をともなわないでねじり変形だけで座屈するときの圧縮軸力である．$N_{Ey}$ と $N_W$ を使うと上の連立方程式は

$$\begin{bmatrix} N-N_{Ey} & M_0 \\ M_0 & (N-N_W)\cdot i_p^2 \end{bmatrix}\begin{Bmatrix} C_1 \\ C_2 \end{Bmatrix}=\begin{Bmatrix} 0 \\ 0 \end{Bmatrix}$$

となる．$C_1$，$C_2$ がともに0とならない値（座屈解）を得るには，行列式が0であることより

$$(N-N_{Ey})(N-N_W)\cdot i_p^2-M_0^2=0$$

となる．もし $M_0=0$ ならば，座屈解は $N=N_{Ex}$ または $N=N_W$ である．

上式を $N_{Ey}N_W i_p^2$ で除すと

$$\left(1-\frac{N}{N_{Ey}}\right)\left(1-\frac{N}{N_W}\right)-\frac{M_0^2}{N_{Ey}N_W i_p^2}=0$$

となる．ここで，左辺第2項の分母を計算すると

$$N_{Ey}N_W i_p^2=EI_y\left(\frac{\pi}{l}\right)^2\frac{GJ_T+EC_W\left(\frac{\pi}{l}\right)^2}{i_p^2}i_p^2=EI_y\left(\frac{\pi}{l}\right)^2\left\{GJ_T+EC_W\left(\frac{\pi}{l}\right)^2\right\}$$

となる.これは,6章で学んだ横座屈モーメント $M_{cro}$ の2乗にほかならない.これを使うと次式が得られる.

$$\left(1-\frac{N}{N_{Ey}}\right)\left(1-\frac{N}{N_W}\right)-\left(\frac{M_0}{M_{cro}}\right)^2=0 \tag{7.14}$$

これが,一様曲げを受けるビーム・コラムが面外変形を起こして不安定となる解である.

一般に,鉄骨の部材では演習問題7.3で具体的に調べてみることにするが,$N_W > N_{Ey} > N$ であるので,$1-(N/N_W)=1$ とすると,上式は次のように簡略化される.

$$\frac{N}{N_{Ey}}+\left(\frac{M_0}{M_{cro}}\right)^2=1 \tag{7.15}$$

これが,曲げ圧縮材の曲げねじり座屈の近似解である.ただし,一様曲げモーメント,両端単純支持の条件での解であり,それ以外の条件についてはこのような理論解は導けないので,数値計算によることとなる.

上式を応力度の単位に直すと

$$\frac{c_c}{\sigma_{Ey}}+\left(\frac{\sigma_{bc}}{\sigma_{cr}}\right)^2=1 \tag{7.16}$$

となり,曲げねじり座屈が生じるときの圧縮応力度 $\sigma_c$ と曲げ応力度 $\sigma_{bc}$ の組合せ条件が定まる.式 (7.16) を図示すると図7.7のようになり,この相関曲線の内側では曲げねじり座屈が起こらない安定な領域となる.非弾性における曲げねじり座屈の問題は複雑であり,このような形で解を表現することにまだ成功していない.

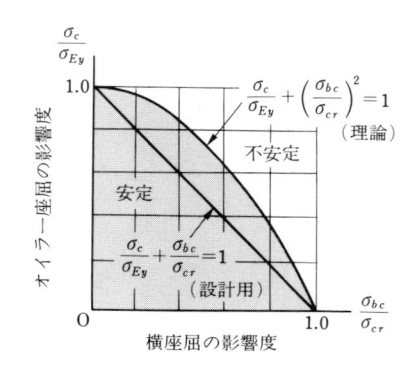

図 7.7 曲げねじり座屈の相関曲線

## 7.5 曲げと圧縮の設計用相関曲線

許容応力度設計法で曲げ圧縮材を設計するとき,軸力と曲げモーメントによる曲げねじり座屈に対して直線相関式を与えて座屈の検査を行っている.図

7.7 よりわかるように，直線相関式は上で導いた式（7.16）の放物線式よりも安全側となる．具体的には，式（7.16）の $\sigma_{Ey}$ をオイラー座屈で決まる許容圧縮応力度 $f_c$ とし，$\sigma_{cr}$ を横座屈で決まる許容曲げ応力度 $f_b$ とし，曲げねじり座屈を起こさない条件は次式で表される．

$$\frac{\sigma_c}{f_c} + \frac{\sigma_{bc}}{f_b} \leq 1 \qquad (7.17)$$

この式は，$M=0$ すなわち $\sigma_{bc}=0$ のときは柱の検定式と一致し，$N=0$ すなわち $\sigma_c=0$ のときは梁の検定式と一致する．

7.3 節で説明した面内の 2 次曲げモーメントを考慮した降伏の検定は，材端に最大曲げモーメントが生じる場合には，式（7.10c）より $\sigma_c/\sigma_y + \sigma_{bc}/\sigma_y \leq 1$ となるが，$f_c \leq \sigma_y$，$f_b \leq \sigma_y$ であるので，上の式（7.17）が満たされていれば，降伏の検定式は自動的に満たされることになる．ただし，トラス弦材に中間荷重が作用するような場合には，式（7.9）でも検定が必要である．しかし，一般のラーメン構造ではすでに述べたように材端に最大曲げが生じるので，その必要はない．

塑性設計においては，曲げ圧縮材の塑性ヒンジの耐力を式（7.3）〜（7.5）で算定される全塑性モーメント $M_{pc}$ として塑性解析を行うことになる．ただし，塑性ヒンジの回転能力は曲げねじり座屈および 9 章で扱う局部座屈で限界づけられるので，必要とされる塑性回転能力に応じて細長比や幅厚比の制限に対する配慮が必要である[7.1],[7.2]．通常のラーメン構造では柱の細長比が比較的小さくなるので，曲げねじり座屈についてはそれほど問題にはならないが，局部座屈については変形能力を確保するために幅厚比に対する配慮が欠かせない．これについては 9 章 9.6.3 項で述べる．

## 7.6 曲げ圧縮材の設計

曲げ圧縮材を許容応力度設計法で設計するときの検討項目は，（1）曲げねじり座屈が生じないこと，（2）引張フランジが降伏しないこと，（3）ウェブがせん断降伏しないこと，（4）板要素が局部座屈しないこと，が主要なチェック項目であるが，一般に（2）と（3）が問題となることはない．このほかにも，たわみの検討が必要な場合がある．

曲げ圧縮材を塑性設計法で設計するときは，塑性ヒンジの曲げ耐力を全塑性モーメント $M_{pc}$ として崩壊荷重を算定し，これが終局荷重よりも大きいことを確認すればよい．ただし，$M_{pc}$ を維持しながら十分な塑性回転能力が保証されなければならないので，7.5節で述べたように，曲げねじり座屈が塑性回転能力の低下を招かないように柱の有効細長比を過大にしないこと，および板要素の局部座屈が塑性回転能力を阻害しないように幅厚比を制限しておくことが大切である．

**(設計例)**

前章の曲げ材の設計で用いたラーメン骨組（図6.18）の柱を設計してみよう．構造モデルと曲げモーメント分布，荷重条件は同じであるが，見やすいように図7.8に再録しておく．

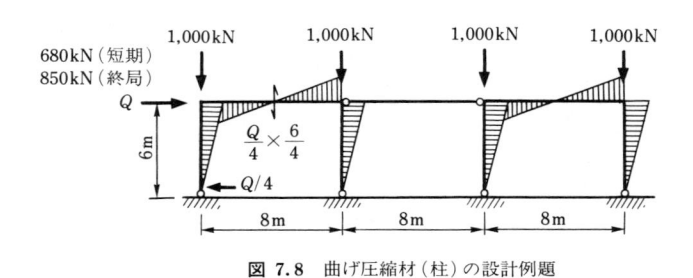

**図 7.8** 曲げ圧縮材（柱）の設計例題

まず，地震水平力（この例題では 680 kN）と鉛直荷重の組合せに対する許容応力度設計の手順を示す．

（1） 柱の断面と鋼種の仮定：H-414×405×18×28（SN490B）

断面積：$A = 29,540$ （mm²）

断面係数：$Z_x = 4,480,000$ （mm³）

横座屈用断面2次半径：$i_y{}^* = 112$ （mm）

曲げ座屈用断面2次半径：$i_y = 102$ （mm）

設計基準強度：$F = 325$ （N/mm²）

限界細長比：$\Lambda = \pi \sqrt{\dfrac{E}{0.6F}} = 3.14 \sqrt{\dfrac{205,000}{0.6 \times 325}} = 102$

## 7.6 曲げ圧縮材の設計

（2） 柱に作用する曲げモーメント：$M_1 = \dfrac{680}{4} \times 6 = 1,020$ （kN・m）

柱に作用する軸力：

$$N = 1,000 \pm \dfrac{680}{4} \times \dfrac{6}{4} = 1,255(\text{max}), \ 745(\text{min}) \ (\text{kN})$$

柱に作用するせん断力：$Q_1 = \dfrac{680}{4} = 170$ （kN）

圧縮側最外縁の曲げ応力度：$\sigma_{bc} = \dfrac{M_1}{Z_x} = \dfrac{1,020 \times 10^6}{4,480,000} = 228$ （N/mm²）

引張側最外縁の曲げ応力度：$\sigma_{bt} = 228$ （N/mm²）

圧縮応力度：$\sigma_c = \dfrac{N}{A} = \dfrac{1,255 \times 10^3}{29,540} = 42.5$ （N/mm²）

ウェブのせん断応力度：

$$\tau = \dfrac{Q_1}{A_w} = \dfrac{170 \times 10^3}{(414 - 28 \times 2) \times 18} = 26.4 \ (\text{N/mm}^2)$$

（3） 曲げねじり座屈の検定

横座屈長さ：$l_b = 6,000$ （mm）

モーメント係数：

$$C_b = 1.75 + 1.05\left(\dfrac{M_2}{M_1}\right) + 0.3\left(\dfrac{M_2}{M_1}\right)^2 = 1.75 + 1.05(0) + 0.3(0)^2 = 1.75 \leq 2.3$$

許容曲げ応力度（短期）：

$$f_{b1} = \left\{1 - 0.4 \dfrac{(l_b/i_y^*)^2}{C\Lambda^2}\right\}F = \left\{1 - 0.4 \dfrac{(6,000/112)^2}{1.75 \times (102)^2}\right\} \times 325 = 305 \ (\text{N/mm}^2)$$

$$f_{b2} = \dfrac{89,000}{\left(\dfrac{l_b h}{A_f}\right)} \times 1.5 = \dfrac{89,000}{\left(\dfrac{6,000 \times 414}{405 \times 28}\right)} \times 1.5 = 609(\text{N/mm}^2) \geq 325$$

∴ $f_{b2} = 325$ （N/mm²）

$f_b = \max\{f_{b1}, f_{b2}\} = 325$ （N/mm²）

曲げ座屈長さ：$l_y = 6,000$ （mm）

細長比：$\lambda = \dfrac{l_y}{i_y} = \dfrac{6,000}{102} = 58.8 \leq \Lambda$

許容圧縮応力度（短期）：

$$f_c = \frac{\left\{1-0.4\left(\dfrac{\lambda}{\Lambda}\right)^2\right\}F}{\dfrac{3}{2}+\dfrac{2}{3}\left(\dfrac{\lambda}{\Lambda}\right)^2} \times 1.5 = \frac{\left\{1-0.4\left(\dfrac{58.8}{102}\right)^2\right\}\times 325}{\dfrac{3}{2}+\dfrac{2}{3}\left(\dfrac{58.8}{102}\right)^2} \times 1.5 = 246$$

判定：$\dfrac{\sigma_{bc}}{f_b}+\dfrac{\sigma_c}{f_c}=\dfrac{228}{325}+\dfrac{42.5}{246}=0.70+0.17=0.87\leq 1.0$

よって，合格と判定できる．

(4) 引張フランジの引張降伏の検定

許容引張応力度（短期）：$f_t = F = 325$（N/mm²）

判定：$\dfrac{\sigma_{bt}-\sigma_c}{f_t}=\dfrac{228-\dfrac{745,000}{29,540}}{325}=\dfrac{228-25.2}{325}=\dfrac{203}{325}=0.62\leq 1.0$

よって，合格と判定できる．

(5) ウェブのせん断降伏の検定

許容せん断応力度（短期）：$f_s=\dfrac{F}{\sqrt{3}}=\dfrac{325}{\sqrt{3}}=188$

判定：$\dfrac{\tau}{f_s}=\dfrac{26.4}{188}=0.14\leq 1.0$　　よって，合格と判定できる．

次に，塑性設計法では，終局地震水平力（この例題では 850 kN）に対して崩壊しないように設計する．梁は柱より強いとし，柱端に塑性ヒンジが形成されるときの水平耐力が終局地震水平力より大きくなるように設計する．以下，その手順を示す．

(1) 柱の断面と鋼種の仮定：H–414×405×18×28（SN490B）

　　断面積：$A = 29,540$（mm²）

　　塑性断面係数：$Z_{px} = 5,030,000$（mm³）

　　設計基準強度：$F = 325$（N/mm²）

　　全塑性モーメント：

　　　　$M_p = FZ_{px} = 325 \times 5,030,000 \times 10^{-6} = 1,635$（kN·m）

（終局耐力の計算では JIS 鋼材の $F$ 値を 1.1 倍できるが，ここではそのままの値を用いる．）

(2) 軸力を考慮した全塑性モーメント：

　　柱に作用する軸力：

$$N = 1{,}000 \pm \frac{850}{4} \times \frac{6}{4} = 1{,}319(\max),\ 681(\min)\ (\mathrm{kN})$$

押込み側の柱：

$$M_{pc} = 1.14\left(1 - \frac{N}{N_y}\right)M_p = 1.14\left(1 - \frac{1319 \times 10^3}{325 \times 29{,}500}\right)M_p = 0.98 M_p$$
$$= 1{,}607\ (\mathrm{kN \cdot m})$$

引抜き側の柱：

$$M_{pc} = 1.14\left(1 - \frac{N}{N_y}\right)M_p = 1.14\left(1 - \frac{681 \times 10^3}{325 \times 29{,}500}\right)M_p = 1.06 M_p \geq M_p$$

∴ $M_{pc} = M_p = 1{,}635$ (kN-m)

（3） 必要保有水平耐力：$Q_{un} = 850$ (kN)

（4） 保有水平耐力：$Q_u = \left(\dfrac{1{,}607}{6} + \dfrac{1{,}635}{6}\right) \times 2 = 1{,}080$ (kN)

（5） 判定：$\dfrac{Q_u}{Q_{un}} = \dfrac{1{,}080}{850} = 1.27 \geq 1.0$　よって，合格と判定できる．この場合，前章で設計された梁の$M_p = 1{,}459$ (kN·m) が柱の$M_{pc}$より小さいので，梁に塑性ヒンジができる．塑性設計では，塑性変形能力を確保するために座屈長さと断面の幅厚比の検討が必要であるが，ここではその条件を満たしていると仮定した．

## 演習問題

**7.1** 本文図7.5（a）に示す曲げ圧縮材の面内挙動について次の設問に答えよ．

（1） たわみ曲線の方程式（7.6）を図7.9に示す微小部分の釣合いから導け．

（2） たわみ曲線の方程式 $v = f(z)$ を $M_0, N, \alpha$, $\beta, l, z$ で表せ．ただし，$\alpha = \sqrt{\dfrac{N}{EI_x}}$ とする．

（3） 最大曲げモーメント $M_{x,\max}$ とそれが生じる位置 $z$ を求めよ．最大曲げモーメントが材端（$z=0$）に生じる場合と材中間に生じる場合があることに注意すること．

（4） 端モーメント比が $0(\beta=0)$ のとき，材端に最大曲げモーメントが生じるのは軸力 $N$ が

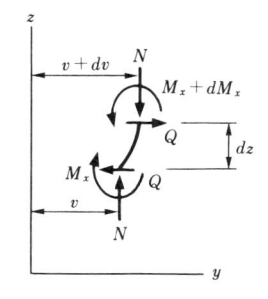

図7.9

いかなる条件を満たすときであるか，オイラー座屈荷重 $N_{Ex}=\dfrac{\pi^2 EI_x}{l^2}$ との関係で表せ．

（5） 完全な逆対称曲げ（$\beta=1$）のときには，最大曲げモーメントが必ず材端に生じることを示せ．

**7.2** 一様曲げモーメント $M_0$ と圧縮軸力 $N$ を受ける曲げ圧縮材の中央のたわみが次式で近似的に表されることを示せ．

$$\delta \cong \frac{\delta_0}{1-\dfrac{N}{N_{Ex}}}$$

ただし，$\delta_0$ は $N=0$ のときの中央たわみで，$\delta_0=\dfrac{M_0 l^2}{8EI_x}$ である．$N_{Ex}$ はオイラー座屈荷重で $N_{Ex}=\dfrac{\pi^2 EI_x}{l^2}$ である．$\pi^2/8 \cong 1$ とせよ．

**7.3** 本文の設計例で算定した部材（H-414×405×18×28，$l=6{,}000$ mm）のねじり座屈荷重 $N_W$ と曲げ座屈荷重 $N_{Ey}$ を求めて両者を比較せよ．$I_x$，$I_y$，$A$ は付録の断面性能表から読み取り，$J_T$，$C_W$ は 8 章を参照して計算せよ．

**7.4** 本文図 7.1（c）に示した節点間荷重が作用するトラスの弦材を図 7.10 のようにモデル化したとき，曲げ圧縮となる（a）の中央たわみは $\delta_1=\dfrac{P}{2N\alpha}\left(\tan\dfrac{\alpha l}{2}-\dfrac{\alpha l}{2}\right)$ で表され，曲げ引張となる（b）の中央たわみは $\delta_2=\dfrac{P}{2T\alpha}\left(\dfrac{\alpha l}{2}-\tanh\dfrac{\alpha l}{2}\right)$ で表される[7.3]．ここで，$\alpha$ は（a）については $\alpha=\sqrt{\dfrac{N}{EI}}$，（b）については $\alpha=\sqrt{\dfrac{T}{EI}}$ である．なお，$\tanh x=\dfrac{e^x-e^{-x}}{e^x+e^{-x}}$ である．部材の断面が $\phi$-101.6×3.2（円形鋼管）で，長さが $l=2{,}000$ mm，軸力が $N=T=100$ kN，中央荷重が $P=10$ kN のとき，次の問に答えよ．部材の断面性能は付録を参照せよ．

（1） 軸力による付加曲げモーメントを無視したときの中央たわみ $\delta_0$ および最大

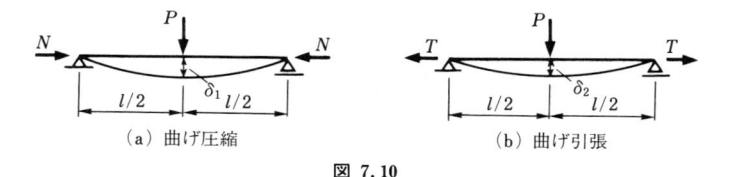

図 7.10

応力度 $\sigma_0$ を求めよ．最大応力度は引張と圧縮の大きいほうとする（以下同じ）．

(2) 曲げ圧縮となる（a）の中央たわみ $\delta_1$ および最大応力度 $\sigma_1$ を求めよ．$\delta_1$ と $\sigma_1$ はそれぞれ $\delta_0$ と $\sigma_0$ の何倍になるか．

(3) 曲げ引張となる（b）の中央たわみ $\delta_2$ および最大応力度 $\sigma_2$ を求めよ．$\delta_2$ と $\sigma_2$ はそれぞれ $\delta_0$ と $\sigma_0$ の何倍になるか．

7.5 設計例で示した骨組の柱脚が固定のとき（図 7.11 参照），柱と梁の断面を算定せよ．柱と梁は H 形鋼を強軸まわりに曲げが作用する向きに使用する．弾性骨組解析では梁と柱の剛比を $k=\dfrac{I_b/l_b}{I_c/l_c}$ とするとき，曲げモーメントは $M_A=\dfrac{3k+1}{2(6k+1)}Q_1 l_c$，

$M_B=\dfrac{3k}{2(6k+1)}Q_1 l_c$ となる．

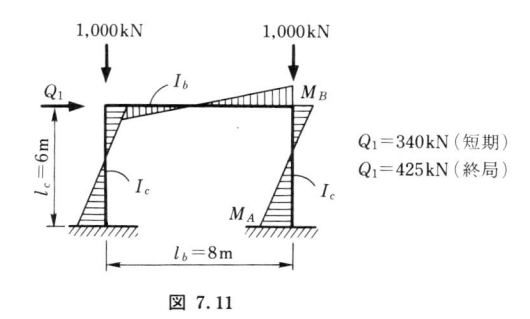

図 7.11

$Q_1=340\text{kN}$（短期）
$Q_1=425\text{kN}$（終局）

[参考図書]

7.1) 日本建築学会：鋼構造塑性設計指針，1975
7.2) 日本建築学会：鋼構造限界状態設計指針，1998（SI 単位版，2002）
7.3) 桑村 仁：建築の力学―弾性論とその応用―（3.5 ビーム・コラム），技報堂出版，2001
7.4) 仲 威雄ほか：建築学体系 12/座屈論，彰国社，1960

# 8 ねじり

## 8.1 ねじり問題の沿革

　柱や梁のような線材に作用する断面力は，図 8.1 に示すように $N_x, N_y, N_z$, $M_x, M_y, M_z$ の 6 成分である．このうち，$N_x$, $N_y$ はせん断力，$N_z$ は軸力，$M_x$, $M_y$ は曲げモーメントであり，これについてはいままでの章で扱った．残りは $M_z$ すなわちねじりモーメントである．

　鋼を用いた鉄骨構造が発展し始めた頃，まだ高価であった鋼を有効に利用するために断面効率の高い軽量形鋼と呼ばれる薄肉の断面が用いられた．このような断面はねじりに弱いため，ねじり挙動の研究が盛んに行われた．ところが，最近では鋼の値段も安くなり，厚肉で大断面の鋼材が多用されるようになったため，ねじりの問題が設計で表面化しなくなりつつある．しかしながら，材料の節約を念頭において構造設計を行うという基本姿勢は変わらないであろうし，またステンレス鋼やアルミニウム合金のような高価な材料は薄肉断面での利用が現実的であることを考えると，やはりねじり挙動を知らないわけにはいかないであろう．本章では，ねじり理論の細部については他書に譲り[8.1]~[8.3]，設計に必要と思われる基本的なことがらを中心に解説することとする．

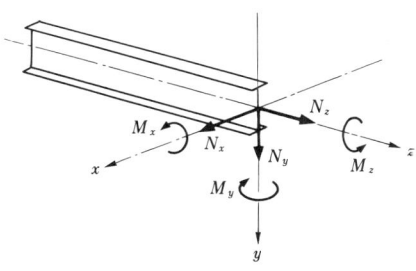

図 8.1　線要素の断面力

　ねじり問題の難しさは，ねじりモーメントが作用する断面が単に回転するだけでなく断面に垂直な方向に変形が生じ，いわゆる平面保持が成立しないところにある．たとえば，図 8.2 (a) のようにトイレットペーパーの芯にスリット

を入れてねじってみると，ねじる前に平面であった断面は，ねじられた後にはもはや平面ではなくなる．ねじりにともなうこのような軸方向の変形を**反り**（warping）といい，反りの発生がねじりの解析を困難にしている．

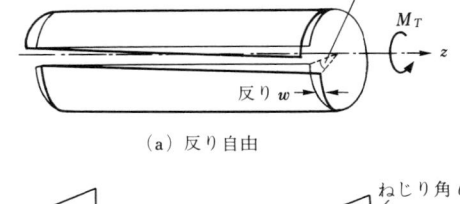

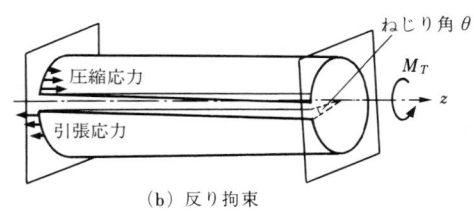

反り変形を考慮したねじりの方程式を初めて導いたのは**サン・ブナン**（Saint Venant）で1855年のことである．しかし，サン・ブナン方程式はラプラスの微分方程式となり，容易には解けない．これを解決したのがプラントルの**膜類似理論**で1903年のことである．**プラントル**（L. Prandtl）は，サン・ブナン方程式が内圧を受けて膨らんだ石鹸膜の方程式と偶然一致することを発見し，膜の形からねじりの問題を解くことに成功した．

サン・ブナンとプラントルが扱ったのはねじりにともなって反りが自由に生じる場合であるが，反りが生じないように拘束したらどうなるであろうか．図8.2(b)のように，スリットを入れたトイレットペーパーの芯の両端に厚紙を接着してねじると反り変形が拘束され，ねじりに対して強くなるが，それによって今度は拘束力が生じることになる．すなわち，反り変形によって外に飛び出ようとする部分には圧縮応力が発生し，逆に内側へ引っ込もうとする部分には引張応力が発生することになる．これを反り応力といい，反り変形を拘束することによって生じるものである．反り応力が働くねじりは**反りねじり**（warping torsion）といわれ，反りねじりの方程式を導いたのは**ワグナー**（H. Wagner）で1929年のことである．これに対して，上で述べた反りが自由に生じるときのねじりを**サン・ブナンねじり**または**自由ねじり**という．

以上のことから，棒にねじりモーメント $M_T$ を作用させたとき，断面にはサン・ブナンねじりモーメント $M_S$ と反りねじりモーメント $M_W$ が合わさって抵

図 8.2 ねじりによる変形
(a) 反り自由
(b) 反り拘束

抗することになり，次式が成立する．

$$M_T = M_S + M_W \tag{8.1}$$

ただし，自由ねじりのときは $M_W=0$ となる．以下，サン・ブナンねじりと反りねじりを順に説明しよう．

## 8.2 サン・ブナンねじり

### 8.2.1 サン・ブナンねじり定数

サン・ブナンが導いた自由ねじりの方程式の解法は専門書に譲り，結果のみ示すと次の解が得られる[8.1]．これはいかなる断面についても成り立つ．

$$M_S = GJ_T \frac{d\theta}{dz} \tag{8.2}$$

ここで，$G$ はせん断弾性係数，$J_T$ は**サン・ブナンねじり定数**（Saint Venant torsion constant）である．$GJ_T$ を**サン・ブナンねじり剛性**という．$\theta$ は棒のねじり角で，$z$ は棒の材軸方向座標である．$J_T$ は長さの4乗の次元をもっており，断面の形と寸法で決まる．断面の $J_T$ はプラントルの膜類似理論から求めることができ，それを表8.1に整理しておいた．このうち，鉄骨構造の設計で重要なのは後で説明する薄肉開断面と薄肉閉断面である．

### 8.2.2 プラントルの膜類似理論

サン・ブナンねじりによって断面に発生するのはせん断応力度だけで，直応力度は生じない．このとき，せん断応力度の向きと大きさは，プラントル膜（断面の縁を枠として形成される膜）の形と次の関係がある[8.1]．（1）せん断応力度は膜の等高線に沿って流れ，等高線に垂直な方向のせん断応力度は0である．（2）せん断応力度の大きさは膜の傾きに比例し，最大せん断応力度は膜がもっとも急勾配となる点で生じ，膜の勾配が0のところではせん断応力度も0となる．

これを図8.3の細長い長方形をした中実断面の棒をねじった場合で説明しよう．長方形の4辺を枠とし石鹸水で膜をつくった状況をイメージしていただきたい．細長く小高い丘ができ，その等高線は一周するであろう．プラントルの

表 8.1  各種断面のサン・ブナンねじり定数と最大せん断応力度

| 断面 | | $J_T$ | $\tau_{max}$ | 備考 |
|---|---|---|---|---|
| ずんぐりした中実断面 | 円形　半径 $a$ | $I_p$ | $\dfrac{M_S}{I_p}a$ | $I_p = \dfrac{\pi}{2}a^4$<br>$\tau_{max}$ は円周上 |
| | 楕円　$a>b$ | $\dfrac{\pi a^3 b^3}{a^2+b^2}$ | $\dfrac{2M_S}{\pi a b^2}$ | $\tau_{max}$ は矢印 |
| | 矩形（長方形）$\tau_{max}$（長辺の中央）$b>a$ | $J_T = \dfrac{1}{3}a^3 b\left(1 - \dfrac{192}{\pi^5}\dfrac{a}{b}\displaystyle\sum_{n=1,3,5,\ldots}\dfrac{1}{n^5}\tanh\dfrac{n\pi b}{2a}\right)$ $\tau_{max} = \dfrac{M_S}{J_T}a\left(1 - \dfrac{8a}{\pi^2}\displaystyle\sum_{n=1,3,5,\ldots}\dfrac{1}{n^2\cosh\dfrac{n\pi b}{2a}}\right)$ | | |
| | 正三角形 $\tau_{max}$（辺の中央） | $\dfrac{\sqrt{3}}{80}a^4$ | $\dfrac{20}{a^3}M_S$ | |
| | 任意形 | $\dfrac{A^4}{40 I_p}$ | | サン・ブナンの近似式<br>$A$ 断面積<br>$I_p$ 断面極2次モーメント |
| 薄い板 | $\tau_{max}$（長辺の中央） | $\dfrac{1}{3}t^3 b$ | $\dfrac{3M_S}{t^2 b}$ | $t \ll b$ |
| 薄肉開断面 | | $\displaystyle\sum \dfrac{1}{3}t_i^3 b_i$ | 各板について<br>$\tau_{max,i} = \dfrac{M_S}{J_T}t_i$ | $t_i \ll b_i$<br>$b_i$ は板厚中心線の長さ<br>$\tau_{max,i}$ は板幅中央 $b_i/2$ の外縁 |
| | | $\dfrac{1}{3}t^3 b$ | $\dfrac{3M_S}{t^2 b}$ | $t \ll b$<br>$b$ は板厚中心線の長さ<br>$\tau_{max}$ は $b/2$ の内外縁 |
| 薄肉閉断面 | | $\dfrac{4A^2 t}{S}$ | $\dfrac{M_S}{2At}$ | $A$ 板厚中心線で囲まれた面積<br>$S$ 板厚中心線の周長<br>$\tau_{max}$ は最小板厚部<br>不等厚のときは Bredt の公式を用いる． |

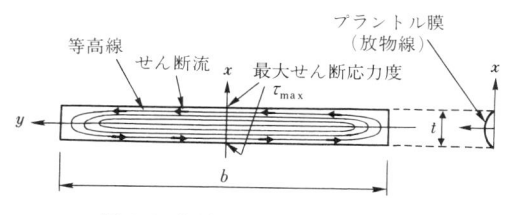

図 8.3 細長い長方形断面のプラントル膜

膜類似理論によると，この等高線に沿ってせん断応力が流れ，膜の勾配がもっとも急になる長辺の中点でせん断応力度が最大となり，膜の勾配が0となる長方形の中心でせん断応力度が0となる．膜類似理論で計算すると，この細長い長方形断面のサン・ブナンねじり定数と最大せん断応力度は次式で与えられる[8.1]．

$$J_T = \frac{1}{3}bt^3 \tag{8.3}$$

$$\tau_{max} = \frac{M_S}{J_T}t = \frac{3M_S}{bt^2} \tag{8.4}$$

ここで，$b$, $t$ は長方形断面の幅と厚さで $t \ll b$ とする．板の厚さ方向のプラントル膜は放物線となり，その勾配は板の中心線からの距離に比例するので，板の中心線から $x$ 離れた点におけるせん断応力度は $\tau = \tau_{max} \cdot \dfrac{x}{t/2}$ となる．上式の $M_S$ はサン・ブナンねじりモーメントであるが，細長い長方形断面では反りが生じないので，$M_S$ は断面に作用するねじりモーメント $M_T$ と等しい（$M_T = M_S$）．

### 8.2.3 薄肉開断面

上述の細長い長方形断面を組み立てると図8.4（a）に示すH形断面ができる．このほかにも溝形断面，山形断面，Z形断面，T形断面なども同様である．このような断面を**薄肉開断面**（thin-walled open section）という．薄肉開断面は，辺の長さに対して厚さが十分小さい板で構成され，板が閉じたループをつくらないため断面の縁を一筆書きすることができる．

この場合のプラントル膜の等高線は断面全体を一周する．したがって，それ

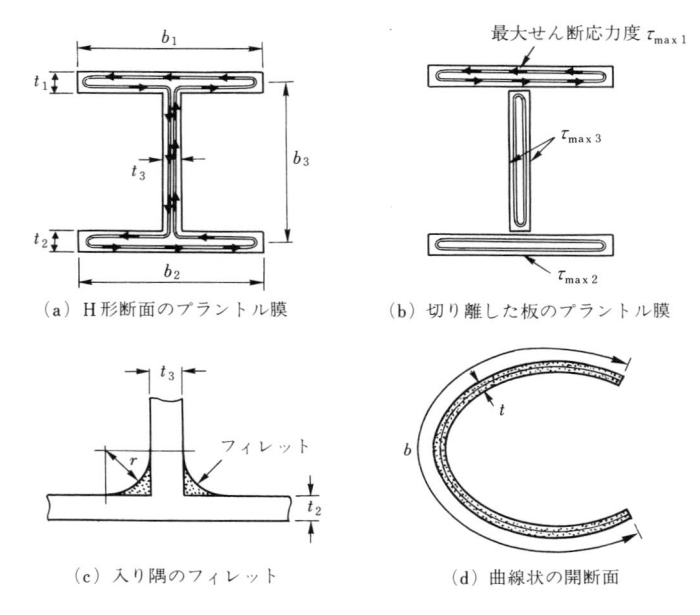

(a) H形断面のプラントル膜
(b) 切り離した板のプラントル膜
(c) 入り隅のフィレット
(d) 曲線状の開断面

図 8.4 薄肉開断面のサン・ブナンねじり

それぞれの長方形板の中では長辺方向にせん断応力度が板厚の中心を境にして左右で逆方向に流れる(あたかも,対向車線を車が走るように).板と板が交差する部分の幅は小さいので,薄肉開断面のプラントル膜は,図 (b) のように,板を切り離してできるプラントル膜と大差ないと考えることができる.すると,断面を構成する各板 $i$ が分担するサン・ブナンねじりモーメント $M_{Si}=GJ_{Ti}(d\theta/dz)$ は前述の細長い長方形断面のねじりモーメントとなるので,$J_{Ti}=(1/3)b_it_i^3$ となる.ねじりによって断面は回転するだけで形が崩れないので,各板のねじり角 $\theta$ は同じである.したがって,断面全体のねじりモーメントは

$$M_S = \sum_{i=1}^{n} M_{Si} = \sum_{i=1}^{n} GJ_{Ti}\frac{d\theta}{dz} = G\left(\sum_{i=1}^{n} J_{Ti}\right)\frac{d\theta}{dz}$$

となり,$J_T=\sum_{i=1}^{n} J_{Ti}$ である.このことから,薄肉開断面のサン・ブナンねじり定数は次式で与えられる.

$$J_T = \sum_{i=1}^{n} \frac{1}{3} b_i t_i^3 \tag{8.5}$$

このとき，各板の最大せん断応力度は長辺の中央に生じ，その大きさは式 (8.4) より $\tau_{\max,i} = \dfrac{M_{Si} \cdot t_i}{J_{Ti}}$ となる．また，$G\dfrac{d\theta}{dz} = \dfrac{M_{Si}}{J_{Ti}} = \dfrac{M_S}{J_T}$ の関係より

$$\tau_{\max,i} = \frac{M_S \cdot t_i}{J_T} \tag{8.6}$$

となる．したがって，断面の最大せん断応力度 $\tau_{\max}$ はもっとも厚い板の長辺の中央に生じることがわかる．

 薄肉開断面では板と板が交差する内側に入隅(いりすみ)部分ができ，ここではプラントル膜が断面に垂直になることが想像できるであろう．プラントル膜の勾配が無限大になることは，ねじりによって生じるせん断応力度が無限大になることを意味している．断面には荷重の偏心などによって不可避のねじりモーメントが作用するので，入隅部分が容易にせん断降伏してしまうことになる．これを防止するために，入隅部分には図 (c) のような**フィレット**（fillet）と称する円弧を設け，プラントル膜の勾配を緩やかにし，せん断応力度の集中を緩和している．

 図 (d) のような曲線状の薄肉開断面では，プラントル膜が細長い長方形断面と同じように形成されるので，サン・ブナンねじり定数は式 (8.3) で与えられ $b$ を板厚の中心線の長さ，$t$ を板厚とすればよい．

### 8.2.4 薄肉閉断面

 円形中空断面や角形中空断面のように薄い板がループをつくる断面のサン・ブナンねじりについて考えてみよう．このような断面を**薄肉閉断面**（thin-walled closed section）という．このときは断面の縁が内側と外側に別れるので断面の一筆書きができない．薄肉閉断面のプラントル膜は図 8.5 に示す台形になる．断面の空洞部分はせん断応力度が 0 であるのでプラントル膜の勾配は 0 である．板の厚み部分は，膜の勾配が一定であり，厚さ方向に一定のせん断応力度が同じ方向に流れる（あたかも，自動車レースのサーキットのごとく）．せん断応力度は次式で与えられる．

$$\tau = \frac{M_S}{2A \cdot t} \tag{8.7}$$

 ここで，$A$ は板厚の中心線で囲まれた面積で，$t$ は $\tau$ を算定する位置におけ

る板厚である．この式によると，$\tau \cdot t = M_S/2A$ であり，$\tau \cdot t$ は断面のどこにおいても一定で，あたかも水路を流れる水量が水路のどの断面でも一定であることと類似している．このことから，$\tau \cdot t$ をねじりによる**せん断流**ということがある．最大せん断応力度は板厚がもっとも薄いところで生じ，水路の幅がもっとも狭いところで流速が最大になることと類似している．

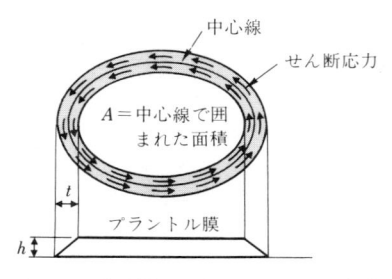

図 8.5 薄肉閉断面のサン・ブナンねじり

薄肉閉断面のサン・ブナンねじり定数は次式で表される[8.1]．

$$J_T = \frac{4A^2}{\oint_S \frac{1}{t} ds} \tag{8.8}$$

これを**ブレットの公式**という（R. Bredt, 1896 年）．$s$ は板の中心線に沿った曲線座標である．板厚 $t$ が一定のときは，$\oint_S \frac{1}{t} ds = \frac{S}{t}$ となるので

$$J_T = \frac{4A^2 t}{S} \tag{8.9}$$

である．$S$ は断面の中心線の周長である．

ここで，閉断面と開断面のサン・ブナンねじりを図 8.6 の円形中空断面を例にとって比較してみよう．(a) は通常の円形鋼管で閉断面であり，(b) はそれにスリットを入れて開断面にしたものである．それぞれのサン・ブナンねじり定数とせん断応力は，上で導いた公式を使うと

スリットのない場合（閉断面）：

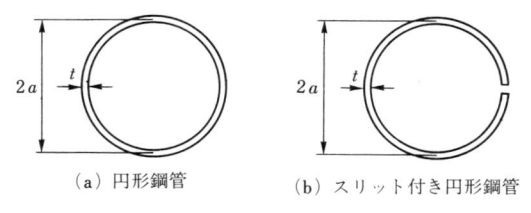

(a) 円形鋼管　　　(b) スリット付き円形鋼管

図 8.6 閉断面と開断面の比較
　　　（円形中空断面の場合）

サン・ブナンねじり定数　　$J_T = \dfrac{4(\pi a^2)^2 t}{2\pi a} = 2\pi a^3 t$

せん断応力度　　$\tau = \dfrac{M_S}{2\pi a^2 t}$

スリットを入れた場合（開断面）：

サン・ブナンねじり定数　　$J_T = \dfrac{1}{3}(2\pi a)t^3 = \dfrac{2}{3}\pi a t^3$

せん断応力度　　$\tau = \dfrac{M_S \cdot t}{\dfrac{2}{3}\pi a t^3} = \dfrac{3 M_S}{2\pi a t^2}$

となる．$a = 10\,t$ の場合について両者の比を計算すると

スリットなしの閉断面のスリットを入れた開断面に対する比：

サン・ブナンねじり定数　　$\dfrac{2\pi a^3 t}{\dfrac{2}{3}\pi a t^3} = \dfrac{3 a^2}{t^2} = 300$

せん断応力度　　$\dfrac{\dfrac{M_S}{2\pi a^2 t}}{\dfrac{3 M_S}{2\pi a t^2}} = \dfrac{t}{3a} = \dfrac{1}{30}$

このことから閉断面は開断面に比べねじりに対してはるかに剛強となることがわかるであろう．

## 8.3　反りねじり

### 8.3.1　反りねじり定数

冒頭で述べたように，反りねじりモーメント $M_W$ は，ねじりにともなって発生する反り変形が拘束されることによって生まれる抵抗モーメントである．発見者の名前をとってワグナーねじりとも呼ばれる．反りねじりは，サン・ブナンねじり定数が小さい薄肉開断面で重要となり，薄肉開断面について次の関係がある[8.1]．

$$M_W = -EC_W \dfrac{d^3 \theta}{dz^3} \qquad (8.10)$$

ここで，$C_W$ は**反りねじり定数**または**曲げねじり定数**（warping constant）と

呼ばれ，長さの6乗の次元をもっている．$EC_W$ は**反りねじり剛性**と呼ばれる．薄肉開断面の $C_W$ は，図8.7の記号を用いると次式で算定される．

$$C_W = \int_{s_1}^{s_2} \omega_0^2 t\,ds = \int_A \omega_0^2\,dA \tag{8.11}$$

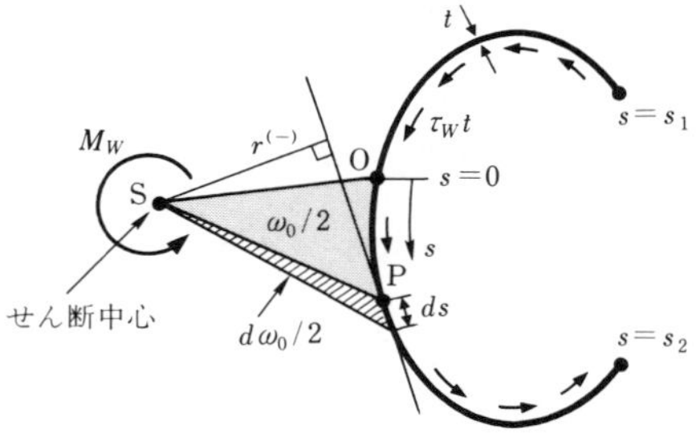

図 8.7 薄肉開断面の反りねじり

ここで，$\omega_0$ は**単位反り**（unit warping）あるいはせん断中心に関する**倍扇形面積**（double sectorial area）と呼ばれ，次式で定義される．

$$\omega_0 = \int_0^s r\,ds \tag{8.12}$$

ここで，$s$ は断面の板厚中心線に沿った線座標で，$s$ の原点は次式を満たすように定められる（これはねじりによって生じる直応力度の合力が0であるという条件から導かれる）．

$$\int_{s_1}^{s_2} \omega_0 t\,ds = 0 \tag{8.13}$$

ここで $s_1$, $s_2$ は開断面の自由縁の $s$ 座標である．式（8.12）の $r$ はせん断中心と接線との垂直距離で，その符号は接線の正方向に向かってせん断中心が左側にあるときを正，右側にあるときを負とする（図のP点では負となる）．

開断面のうち，板が一点で会する断面（山形，T形，十字形などでせん断中心が板の交点となる断面）では，断面の中心線上で常に $r=0$ となるので，式（8.12）より $\omega_0 = 0$ となり，式（8.11）より $C_W = 0$ となる．すなわち，このような開断面では反りねじりモーメントが生じない．これは，このような断面にはもともと反りが発生しないからである．

鉄骨構造で用いる代表的な薄肉開断面の反りねじり定数を表8.2に整理しておいた．

## 8.3 反りねじり

表 8.2 代表的な薄肉開断面の反りねじり定数と反り応力

| 断　面 | 反りねじり定数 $C_W$ | 直応力度の分布 $\sigma_W$ | せん断流の分布 $\tau_W t$ |
|---|---|---|---|
| H形 | $C_W = \dfrac{h^2 b^3 t_1}{24} = \dfrac{h^2}{4} I_y$<br>ただし，<br>$I_y = \dfrac{b^3 t_1}{6}$ | $E\theta'' \dfrac{hb}{4}$ | $E\theta''' \dfrac{hb^2 t_1}{16}$ |
| 溝形 | $C_W = \dfrac{h^2 b^3 t_1 (3bt_1 + 2ht_2)}{12(6bt_1 + ht_2)}$<br>ただし，<br>$e = \dfrac{3b^2 t_1}{6bt_1 + ht_2}$ | $E\theta'' \dfrac{he}{2}$　$E\theta'' \dfrac{h(b-e)}{2}$<br>（数値は本文参照） | $E\theta''' \dfrac{ht_1}{4}(b-e)^2$<br>$E\theta''' \dfrac{ht_1}{4}b(b-2e)$ |
| Z形 | $C_W = \dfrac{h^2 b^3 t_1}{24}\left\{1 + \dfrac{3ht_2}{2bt_1 + ht_2}\right\}$<br>反りが0となる位置<br>$a = \dfrac{b^2 t_1}{2bt_1 + ht_2}$ | $E\theta'' \dfrac{ha}{2}$　$E\theta'' \dfrac{h(b-a)}{2}$ | $E\theta''' \dfrac{ht_1}{4}a(b-2a)$<br>$E\theta''' \dfrac{ht_1}{4}(b-a)^2$ |
| 山形　T形　十字形 | $C_W = 0$ | $\sigma_W = 0$ | $\tau_W t = 0$ |

### 8.3.2 反り応力

サン・ブナンねじりによって断面に生じる応力はせん断応力だけであったが,反りねじりモーメントによって断面に生じるのはせん断応力と直応力である.両方を合わせて**反り応力**という.詳細は省いて結果のみを記載すると,せん断応力度 $\tau_W$ と直応力度 $\sigma_W$ はそれぞれ次式で表される[8.1)].

$$\tau_W \cdot t = E \frac{d^3\theta}{dz^3} \int_{s_1}^{s} \omega_0 t\,ds \tag{8.14}$$

$$\sigma_W = -E \frac{d^2\theta}{dz^2} \omega_0 \tag{8.15}$$

式中の記号はすでに定義したとおりである.式 (8.14) の左辺の $t$ は $\tau_W$ を算定する位置の板厚で,右辺の被積分項の $t$ は $s$ の関数であることに注意が必要である.この式から計算される反り応力を表 8.2 に整理しておいた.

図 8.8(a) に示す溝形断面を例にとって,反りねじり定数と反り応力の計算を示しておこう.せん断中心 S の位置は,6 章 6.5 節で計算したように,ウェブの外側へ次式の $e$ だけ離れた $x$ 軸上にある.

$$e = \frac{3b^2 t_1}{6bt_1 + ht_2}$$

断面の中心線に沿った線座標 $s$ の原点 O(反りが 0 となる点)は,上下の対

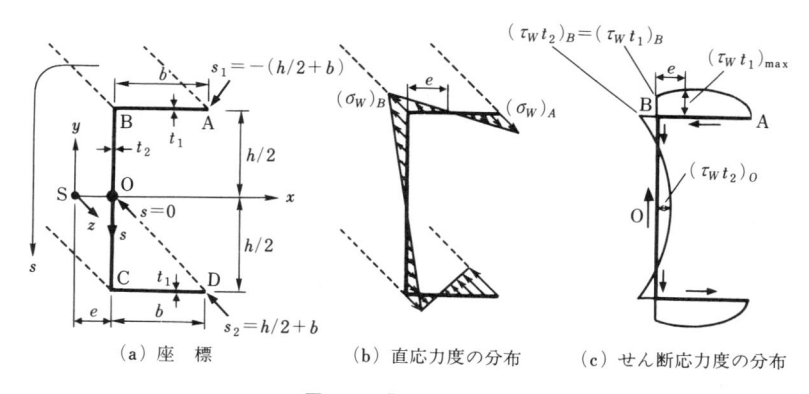

**図 8.8** 溝形断面の反りねじり

(a) 座 標　　(b) 直応力度の分布　　(c) せん断応力度の分布

## 8.3 反りねじり

称性からウェブの中心となることがすぐわかるが,念のため式(8.13)を計算してみると,次のように確かに0となる.

$$\int_{s_1}^{s_2}\omega_0 t\,ds = \int_{s_1}^{-h/2}\omega_0 t_1\,ds + \int_{-h/2}^{h/2}\omega_0 t_2\,ds + \int_{h/2}^{s_2}\omega_0 t_1\,ds$$

$$= \int_{-(h/2+b)}^{-h/2}\left(\int_0^{-h/2}(-e)\,ds + \int_{-h/2}^{s}\frac{h}{2}\,ds\right)t_1\,ds + \int_{-h/2}^{h/2}\left(\int_0^{s}(-e)\,ds\right)t_2\,ds$$

$$+ \int_{h/2}^{h/2+b}\left(\int_0^{h/2}(-e)\,ds + \int_{h/2}^{s}\frac{h}{2}\,ds\right)t_1\,ds$$

$$= \cdots\cdots = 0$$

反りねじり定数 $C_W$ は,式(8.11)より,若干の数式展開を経て次のように求められる.

$$C_W = \int_{s_1}^{s_2}\omega_0^2 t\,ds = \int_{s_1}^{-h/2}\omega_0^2 t_1\,ds + \int_{-h/2}^{h/2}\omega_0^2 t_2\,ds + \int_{h/2}^{s_2}\omega_0^2 t_1\,ds$$

$$= \int_{-(h/2+b)}^{-h/2}\left(\frac{he}{2}+\frac{h}{2}(s+h/2)\right)^2 t_1\,ds + \int_{-h/2}^{h/2}(-es)^2 t_2\,ds$$

$$+ \int_{h/2}^{h/2+b}\left(-\frac{he}{2}+\frac{h}{2}(s-h/2)\right)^2 t_1\,ds$$

$$= \frac{h^2 b^2 t_1}{6}(b-3e) + \frac{h^2(ht_2+6bt_1)}{12}e^2$$

$$\therefore\quad C_W = \frac{b^3 h^2 t_1(3bt_1+2ht_2)}{12(6bt_1+ht_2)}$$

反りねじりにともなう直応力度 $\sigma_W$ は,式(8.15)から次のように計算することができる.

上フランジ(A–B 間)について

$$\sigma_W = -E\frac{d^2\theta}{dz^2}\cdot\omega_0 = -E\frac{d^2\theta}{dz^2}\cdot\left(\int_0^{-h/2}(-e)\,ds + \int_{-h/2}^{s}\frac{h}{2}\,ds\right)$$

$$\therefore\quad \sigma_W = -E\frac{d^2\theta}{dz^2}\cdot\frac{h}{2}\left(s+e+\frac{h}{2}\right)$$

ウェブ(B–O 間)について

$$\sigma_W = -E\frac{d^2\theta}{dz^2}\cdot\omega_0 = -E\frac{d^2\theta}{dz^2}\cdot\int_0^{s}(-e)\,ds = -E\frac{d^2\theta}{dz^2}\cdot(-es)$$

O–C 間と C–D 間も同様に計算でき,$\sigma_W$ の分布は図(b)のようになる.最大

直応力度はフランジの先端 A に生じ，その大きさは $(\sigma_W)_A = E\theta''(h/2)(b-e)$ である．なお，コーナーから $e$ 離れたフランジの点 $(s=-h/2-e)$ では $\sigma_W=0$ となり，ここでは反り変形が 0 となる．溝形断面では反りが 0 となるところが 3 箇所ある．

次に，反りねじりにともなうせん断応力度 $\tau_W$ は，式 (8.14) から次のように計算することができる．

上フランジ（A–B 間）について

$$\tau_W t_1 = E\frac{d^3\theta}{dz^3}\int_{s_1}^{s}\omega_0 t_1 ds = E\frac{d^3\theta}{dz^3}\int_{-(h/2+b)}^{s}\Bigl(\int_0^{-h/2}(-e)ds + \int_{-h/2}^{s}\frac{h}{2}ds\Bigr)t_1 ds$$

$$\therefore\ \tau_W t_1 = E\frac{d^3\theta}{dz^3}\frac{ht_1}{4}\Bigl(s+\frac{h}{2}+b\Bigr)\Bigl(s+\frac{h}{2}-b+2e\Bigr)$$

A 点は自由縁であるのでせん断応力度は 0 である．最大せん断応力度はコーナーから $e$ のところに生じ，その大きさは

$$(\tau_W t_1)_{\max} = -E\theta'''\frac{ht_1}{4}(b-e)^2$$

である．また，B 点のせん断応力度は，次式となる．

$$(\tau_W t_1)_B = -E\theta'''\frac{ht_1}{4}b(b-2e)$$

ウェブ（B–O 間）について

$$\tau_W t_2 = E\frac{d^3\theta}{dz^3}\int_{s_1}^{s}\omega_0 t ds = E\frac{d^3\theta}{dz^3}\Bigl[\int_{s_1}^{-h/2}\omega_0 t_1 ds + \int_{-h/2}^{s}\omega_0 t_2 ds\Bigr]$$

$$= (\tau_W t_1)_B + E\theta'''\int_{-h/2}^{s}\Bigl(\int_0^{s}(-e)ds\Bigr)t_2 ds = (\tau_W t_1)_B - E\theta'''\frac{e}{2}t_2\Bigl(s^2-\frac{h^2}{4}\Bigr)$$

$$\therefore\ \tau_W t_2 = -E\theta'''\Bigl[\frac{ht_1}{4}b(b-2e)+\frac{e}{2}t_2\Bigl(s^2-\frac{h^2}{4}\Bigr)\Bigr]$$

せん断流理論により，$(\tau_W t_1)_B = (\tau_W t_2)_B$ となるので，B 点では薄いほうの板のせん断応力度が大きくなる．

ウェブの中心 O のせん断流は次式となる．

$$(\tau_W t_2)_O = -E\theta'''\frac{hb^2 t_1}{4}\Bigl(1-\frac{2e}{b}-\frac{het_2}{2b^2 t_1}\Bigr)$$

上で求めたせん断流の分布は図 (c) のようになる．

## 8.4 ねじりの方程式と境界条件

冒頭で述べたように,外力として作用するねじりモーメント $M_T$ に対して断面にはサン・ブナンねじりモーメント $M_S$ と反りねじりモーメント $M_W$ が生じて釣合うので,$M_S+M_W=M_T$ となる.これにサン・ブナンねじりの式(8.2)と反りねじりの式(8.10)を代入すると,次式が得られる.

$$GJ_T \frac{d\theta}{dz} - EC_W \frac{d^3\theta}{dz^3} = M_T \qquad (8.16)$$

これが,ねじりの一般方程式である.この式の左辺が,6章の横座屈および7章の曲げねじり座屈の問題におけるねじりの釣合い式に用いられた.なお,反りが発生しないか,あるいは反りが拘束されていない場合($C_W=0$ または恒等的に $\theta'''=0$ の場合),すなわち自由ねじりでは,左辺第2項が0となるので,上式はサン・ブナンのねじり方程式(8.2)に帰着する.

ここで

$$\alpha = \sqrt{\frac{GJ_T}{EC_W}} \qquad (8.17)$$

と置くと,上式は

$$-\frac{d^3\theta}{dz^3} + \alpha^2 \frac{d\theta}{dz} = \frac{M_T}{EC_W}$$

となる.この非同次方程式の一般解は,その特解 $\theta_p$ と右辺を0とおいた同次方程式の一般解 $\theta_h$ の和で表される.$\theta_h$ は

$$\theta_h = C_1 + C_2 e^{\alpha z} + C_3 e^{-\alpha z}$$

である.$\theta_p$ は $M_T$ が $z$ のどのような関数になっているかによるが,もし,$M_T$ が一定である場合には,$\theta_p = (M_T/GJ_T)z$ となるので,この場合には,次式がねじり方程式(8.16)の一般解となる.

$$\theta = C_1 + C_2 e^{\alpha z} + C_3 e^{-\alpha z} + \frac{M_T}{GJ_T} z \qquad (8.18)$$

積分定数 $C_1$, $C_2$, $C_3$ は境界条件から定まる.**ねじりに関する境界条件**には次のような場合がある.

(a) **単純支持**(ねじり回転を拘束するが反りは拘束しない支持条件)

(a) 単純支持(ねじり回転拘束・反り自由)　　$\theta = \dfrac{u_1 - u_2}{h}$

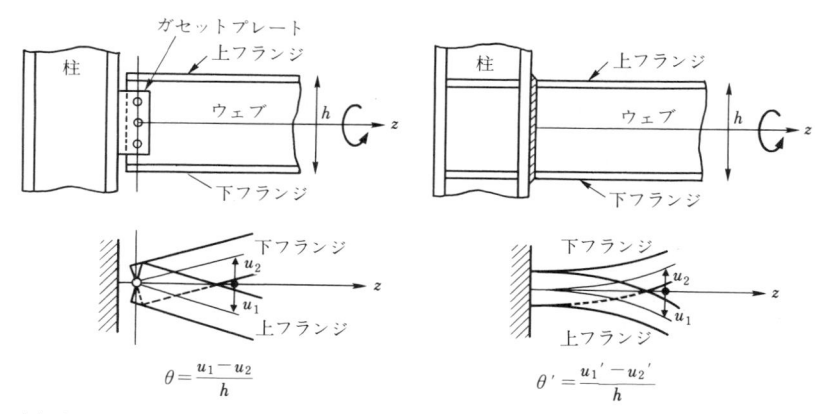

(b) 固定支持(ねじり回転拘束・反り拘束)　　$\theta' = \dfrac{u_1' - u_2'}{h}$

図 8.9　ねじりに関する支持条件

図 8.9(a)のように，鉄骨梁のウェブが剛な**ガセットプレート**にボルト接合されている場合には，ねじり回転は生じないが，上下のフランジの反りは自由である．この支持条件は，$z=0$ において

$$\theta = 0 \quad \text{および} \quad \dfrac{d^2\theta}{dz^2} = 0 \qquad (8.19\text{a, b})$$

で表される．ここで，$\theta''=0$ となるのは，フランジの直応力度 $\sigma_w$ が 0 であることから，式(8.15)より導かれる．

(b)　**固定支持**(ねじり回転と反りをともに拘束する支持条件)

図(b)のように，梁のフランジとウェブが柱に溶接されている場合には，ねじり回転も反りも生じない．この支持条件は，$z=0$ において

$$\theta = 0 \quad \text{および} \quad \dfrac{d\theta}{dz} = 0 \qquad (8.20\text{a, b})$$

で表される．ここで，$\theta'=0$ となるのは，上下フランジの横たわみの接線勾配がともに 0 となるためである．

(c)　**自由端**(ねじり回転と反りをともに拘束しない支持条件)

部材の自由端の条件は

$$\dfrac{d^2\theta}{dz^2} = 0 \quad \text{および} \quad \dfrac{d^3\theta}{dz^3} = 0 \qquad (8.21\text{a, b})$$

で表される.ここで,$\theta''=0$ は直応力度 $\sigma_W$ が 0 であること(式 (8.15)),$\theta'''=0$ はせん断応力度 $\tau_W$ が 0 であること(式 (8.14))による.

## 8.5 ねじりの計算例

図 8.10 (a) に示す中央に集中荷重 $P$ が作用する長さ $2l$ の根太のねじりを計算してみよう.$P=2\mathrm{kN}$,$l=1,000\,\mathrm{mm}$ とする.根太に軽溝形鋼を使うとすると,図 (b) のように,端部は猫アングルを介して梁に支持されるので,根太の端部の支持条件は単純支持(ねじり回転は拘束され,反りは自由)となる.また,図 (c) のようにせん断中心が断面の外側にあるのでねじりが生じる.したがって,集中荷重はウェブ軸上に作用するものと考える.対称性から根太の左右には一定のねじりモーメント $M_T=Pe/2$ が生じる.$e$ はせん断中心からウェブ板厚中心線までの距離である.

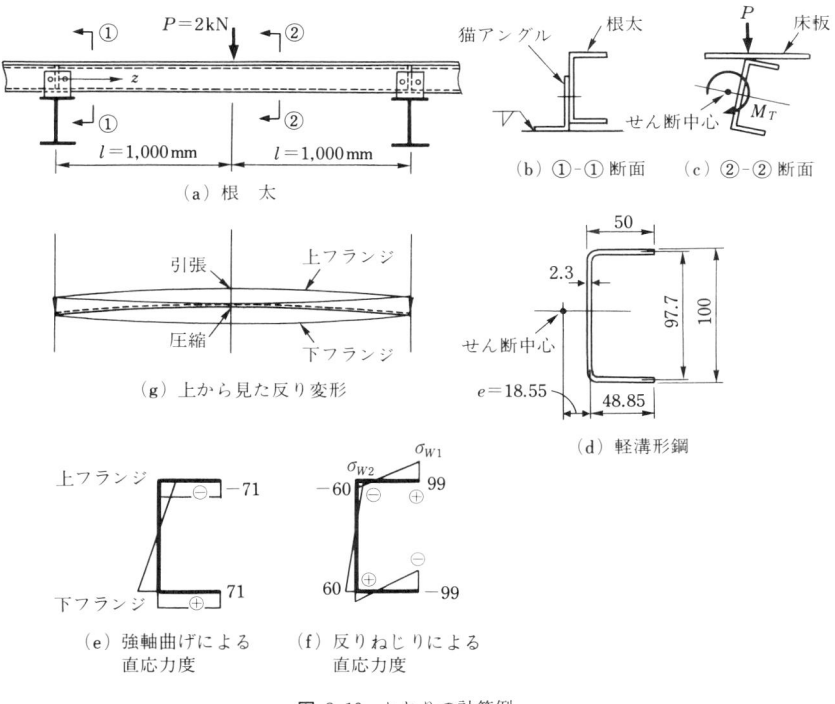

図 8.10 ねじりの計算例

図 (a) のように座標軸 $z$ をとって左半分について考えると，境界条件は $z=0$ で $\theta=\theta''=0$, $z=l$ で $\theta'=0$ となる．この境界条件から式 (8.18) の積分定数を定めると

$$C_1=0, \quad C_2=-C_3=-\frac{M_T}{\alpha GJ_T}\cdot\frac{1}{e^{al}+e^{-al}}$$

となり，次の解が得られる．

$$\theta=\frac{M_T}{GJ_T}\left[-\frac{e^{az}-e^{-az}}{\alpha(e^{al}+e^{-al})}+z\right] \quad (8.22)$$

根太の断面を図 (d) の C-100×50×50×2.3 とすると，付録の断面性能表より

$$I_x=699,000 \text{ mm}^4, \quad Z_x=14,000 \text{ mm}^3, \quad e=18.55 \text{ mm}$$

である．ねじりモーメントは

$$M_T=\frac{2,000\times 18.55}{2}=18,550 \text{ N}\cdot\text{mm}$$

である．ねじりに関する断面諸量を板厚中心線を基準にして算定すると

$$J_T=\frac{2}{3}\times 48.85\times 2.3^3+\frac{1}{3}\times 97.7\times 2.3^3=792 \text{ mm}^4$$

$$C_W=\frac{97.7^2\times 48.85^3\times 2.3\times(3\times 48.85\times 2.3+2\times 97.7\times 2.3)}{12\times(6\times 48.85\times 2.3+97.7\times 2.3)}=187\times 10^6 \text{ mm}^6$$

$$\alpha=\sqrt{\frac{79,000\times 792}{205,000\times 187\times 10^6}}=0.00128$$

$$\alpha l=0.00128\times 1,000=1.28$$

となる．

根太中央のねじり角 $\theta_0$ は，式 (8.22) で $z=0$ とおいて計算すると

$$\theta_0=\frac{M_T}{GJ_T}\left[-\frac{e^{al}-e^{-al}}{\alpha(e^{al}+e^{-al})}+l\right]=\frac{M_T}{GJ_T}\left[-\frac{\tanh\alpha l}{\alpha}+l\right]$$

$$\therefore \theta_0=\frac{18,550}{79,000\times 792}\left[-\frac{\tanh(1.28)}{0.00128}+1,000\right]=0.098 \text{ rad}=5.6°$$

となる．このねじり回転によって集中荷重の作用点はせん断中心からさらに離れるので，実際にはもっと大きなねじりモーメントが作用することになる．

根太の中央では強軸まわりの曲げモーメントによる曲げ応力度に加え，反り

## 8.5 ねじりの計算例

ねじりモーメントによる直応力度が働く．ちなみに，中央では $\theta'=0$ であるので，サン・ブナンねじりモーメントは $M_T=GJ_T\theta'$ より 0 である．したがって，中央では反りねじりモーメントだけとなり，$M_W=M_T$ である．

まず，強軸曲げによる最外縁の曲げ応力度を計算すると

$$\text{下フランジ}：\sigma_{bt}=\frac{M_x}{Z_x}=\frac{Pl/2}{Z_x}=\frac{2{,}000\times1{,}000/2}{14{,}000}=71\,\text{N/mm}^2$$

$$\text{上フランジ}：\sigma_{bc}=-71\,\text{N/mm}^2$$

となり，図（e）に示すとおりである．引張りを正，圧縮を負とする．

次に，反りねじりによって生じる直応力度をフランジ先端で $\sigma_{W1}$，フランジ付根で $\sigma_{W2}$ とすると

$$\sigma_{W1}=E\theta''\frac{h(b-e)}{2}=E\frac{M_T}{GJ_T}[-\alpha\tanh(\alpha l)]\frac{h(b-e)}{2}$$

$$\therefore\quad \sigma_{W1}=\frac{205{,}000\times(-18{,}550)}{79{,}000\times792}[-0.00128\times\tanh(1.28)]$$

$$\times\frac{97.7\times(48.85-18.55)}{2}=99\,\text{N/mm}^2$$

$$\sigma_{W2}=-E\theta''\frac{he}{2}=-E\frac{M_T}{GJ_T}[-\alpha\tanh(\alpha l)]\frac{he}{2}=-60\,\text{N/mm}^2$$

となる．なお，$M_T$ の向きが $s$ の向きと逆になるので $M_T$ は負の値とした．$\sigma_W$ の正負の符号すなわち引張・圧縮は図（g）の平面図に示した上下フランジの曲がり具合から確認することができる．反りねじりによる直応力度を図示すると図（f）のようになる．

図（e）と図（f）を重ね合わせると

$$\text{下フランジ先端}：\sigma_{bt}+\sigma_{W1}=71-99=-28\,\text{N/mm}^2$$

$$\text{下フランジ付根}：\sigma_{bt}+\sigma_{W2}=71+60=131\,\text{N/mm}^2$$

$$\text{上フランジ先端}：\sigma_{bc}+\sigma_{W1}=-71+99=28\,\text{N/mm}^2$$

$$\text{上フランジ付根}：\sigma_{bc}+\sigma_{W2}=-71-60=-131\,\text{N/mm}^2$$

となり，反りねじりによる直応力度が無視できないくらい大きいことがわかるであろう．なお，せん断応力度は小さいので，計算を省略した．

## 演習問題

**8.1** 次の問に答えよ.

(1) 円形中空断面（半径 $a$, 板厚 $t$, $t \ll a$）の図心 G の位置，せん断中心 S の位置，サン・ブナンねじり定数 $J_T$, 反りねじり定数 $C_W$ を求めよ.

(2) 上の円形中空断面にスリットを入れたときの図心 G の位置，せん断中心 S の位置，サン・ブナンねじり定数 $J_T$, 反りねじり定数 $C_W$ を求めよ.

(3) 片持ち梁（長さ $l$）の先端に集中荷重 $P$ が断面の図心に作用するとき，円形中空断面では図心とせん断中心が一致するので，ねじりモーメントが生じない．したがって，この場合にはねじれない．しかし，スリットを入れた円形中空断面の図心に図 8.11 のように集中荷重が作用するとねじれる．このとき，断面に生じるサン・ブナンねじりモーメント $M_S$, 反りねじりモーメント $M_W$, 先端のねじり角 $\theta_0$ を次の 2 ケースについて求めよ.

（ケース 1） 片持ち梁の支持端のねじりは 0，かつ両端が反りに対して自由な場合 $\left(z=0 \ \text{で} \ \theta=0, \ z=0, \ l \ \text{で} \ \dfrac{d^2\theta}{dz^2}=0\right)$.

（ケース 2） 片持ち梁の支持端のねじりは 0，かつ両端が反りに対して拘束されている場合 $\left(z=0 \ \text{で} \ \theta=0, \ z=0, \ l \ \text{で} \ \dfrac{d\theta}{dz}=0\right)$.

(4) 上の(3)において，$a=50t$, $l=10a$, ポアソン比 $\nu=0.3$ として，ケース 1 とケース 2 のねじり角の比 $\theta_{0(case\,2)}/\theta_{0(case\,1)}$ を計算し，反りを拘束することによるねじり剛性の変化について述べよ．なお，弾性定数間の関係式 $G=\dfrac{E}{2(1+\nu)}$ を用いよ.

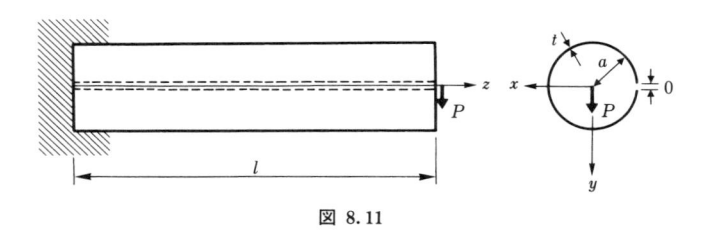

図 8.11

**8.2** 閉断面は開断面に比べてねじりに対してはるかに剛強であることを次の計算により確かめよ．反りは自由とする．図 8.12 に示す溝形断面の梁と箱形断面の梁に一様なねじりモーメントを作用させたとき，

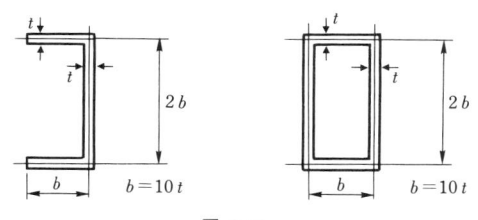

図 8.12

（1） 溝形断面のねじり角は箱形断面のねじり角の何倍であるか．
（2） 溝形断面に生じる最大せん断応力度は箱形断面に生じる最大せん断応力度の何倍であるか．

**[参考図書]**

8.1) 桑村　仁：建築の力学―弾性論とその応用―（9 ねじり），技報堂出版，2001
8.2) ギャランボス著，福本・西野訳：鋼構造部材と骨組―強度と設計―，丸善，1970
8.3) Kollbrunner, C. F. and Basler, K.: Torsion in Structures-An Engineering Approach, Springer-Verlag, Berlin, 1969

# 9 板 要 素

## 9.1 板要素の性質

 鉄骨構造の柱や梁などの部材は**板要素**で構成されている．たとえば，H形鋼や溝形鋼は2枚のフランジ板と1枚のウェブ板，箱形をした角形鋼管は2枚のフランジ板と2枚のウェブ板，円形鋼管は1つの曲板である．このような部材の断面に圧縮力が作用すると，図 9.1 のように，はじめ真直ぐであった板が横にはらみ出し耐力を失う．これを**局部座屈**（local buckling）あるいは**板座屈**（plate buckling）と呼んでいる．鉄筋コンクリート造や木造では，ずんぐりした断面が使われるので，このような局部座屈の関与がない．

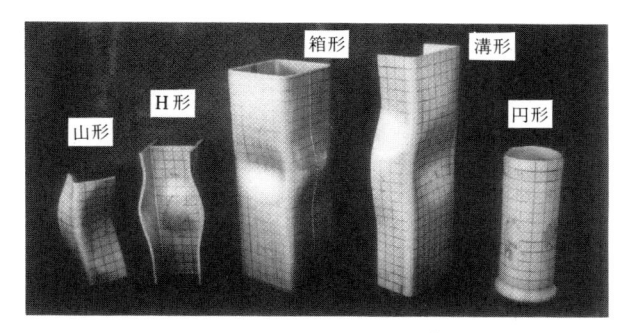

図 9.1 局部座屈による崩壊

 容易に想像できるように，幅に比べて厚さが薄い板ほど局部座屈が生じやすい．板要素の設計では，幅 $b$ を厚さ $t$ で割った**幅厚比** $b/t$（width-to-thickness ratio）が重要な設計変数となる（幅厚比をビー・バイ・ティと呼ぶことがある）．円形鋼管では直径 $D$ を厚さ $t$ で割った**径厚比** $D/t$ が重要となる．図 9.1 は短柱（オイラー座屈が起こらず局部座屈で耐力が決まる短い柱）に圧縮力を

作用させ局部座屈を起こして崩壊させたものであるが,そこに至るまでの荷重と変形の関係は幅厚比(あるいは径厚比)の影響を強く受ける.図9.2は板要素に作用する圧縮力$N$と縮み変形$\delta$をそれぞれ元の断面積と長さで除した応力とひずみの関係を示したものである.幅厚比$b/t$が大きいと,低い応力レベルで局部座屈が生じ,曲線①のように材料の降伏強さに至る前に崩壊してしまう.しかし,幅厚比が小さいと,圧縮強さは材料の降伏強さを超えることができ,曲線③のように最大耐力に至るまでにかなりの塑性変形能力を発揮する.その中間にある曲線②のように最大耐力がちょうど降伏強さに等しくなるときの幅厚比(あるいは径厚比)を**限界幅厚比**(あるいは**限界径厚比**)という.

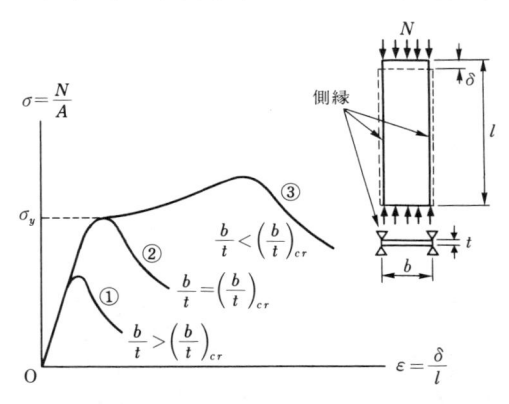

**図 9.2** 圧縮板要素の幅厚比と応力-ひずみ曲線

鉄骨の許容応力度設計では,板要素の局部座屈に対して許容耐力の計算を逐一行わない代わりに,降伏するまで局部座屈崩壊しないように幅厚比や径厚比をそれぞれ限界幅厚比や限界径厚比以下とする制限を設けている.ただし,軽量形鋼を使用した軽鋼構造では,この幅厚比制限を満たすことができないことが多いので,実際の幅ではなく局部座屈を考慮した有効幅を用いて設計を行う.また,塑性変形を利用した耐震設計を行う場合には,降伏した後,耐力を維持しながら塑性変形能力が発現するように,さらに厳しい幅厚比や径厚比の制限を設けている.

平らな板に局部座屈が生じると荷重の支持能力が低下するのは,圧縮応力と横たわみの積が面外曲げモーメントをもたらし,板が曲げ崩壊するからであ

る．しかし，厳密にいうと，局部座屈の発生が直ちに崩壊を起こすのではなく，局部座屈発生後も荷重の上昇が見られる．これを**座屈後耐力**という．これは，圧縮力と平行な板の側縁の面外変形が拘束されているため側縁近傍に応力の再配分が生じることが主な原因で，副次的に圧縮方向と直交方向に板の側縁から引張の膜応力が作用することも関係している．薄い板要素で構成された軽量形鋼では，低応力で局部座屈が生じるので，この座屈後耐力を有効利用して設計を行うのが経済的となる．ただし，薄い円形鋼管の場合には，このような座屈後の耐力上昇が期待できず，局部座屈が発生すると直ちに崩壊するので注意が必要である．

## 9.2 平板の局部座屈

### 9.2.1 局部座屈荷重と幅厚比

平らな板が面内の直応力とせん断応力によって面外にたわんだときの方程式は，**キルヒホッフの仮定**に基づくと次式で表される[9.1]．

$$\frac{\partial^4 w}{\partial x^4} + 2\frac{\partial^4 w}{\partial x^2 \partial y^2} + \frac{\partial^4 w}{\partial y^4} - \frac{1}{D}\left(N_x \frac{\partial^2 w}{\partial x^2} + 2N_{xy}\frac{\partial^2 w}{\partial x \partial y} + N_y \frac{\partial^2 w}{\partial y^2}\right) = 0$$

(9.1)

図 9.3 に示すように，$N_x$, $N_y$, $N_{xy}$ は単位長さ当たりの面内応力で，それぞれ $x$ 方向の直応力，$y$ 方向の直応力，$xy$ 面のせん断応力である．$w$ は面外たわみすなわち $z$ 方向の変位である．$D$ は**板の曲げ剛性**といわれるもので次式で定義される．

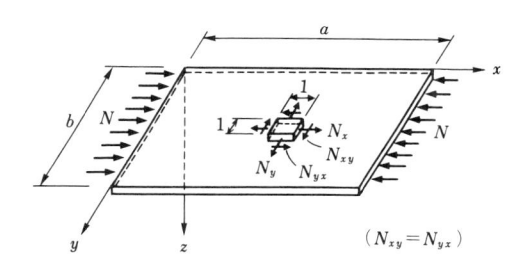

**図 9.3** 平板の座標と面内力

$$D = \frac{Et^3}{12(1-\nu^2)} \tag{9.2}$$

ここで，$E$ はヤング係数，$\nu$ はポアソン比，$t$ は板厚である．

圧縮材の板要素は通常，材軸方向のみに圧縮応力を受けるので，式 (9.1) において $N_x=-N, N_y=N_{xy}=0$ とおくと，次式となる．

$$\frac{\partial^4 w}{\partial x^4} + 2\frac{\partial^4 w}{\partial x^2 \partial y^2} + \frac{\partial^4 w}{\partial y^4} + \frac{N}{D}\frac{\partial^2 w}{\partial x^2} = 0 \tag{9.3}$$

板を図のように $a\times b$ の長方形とし，その 4 辺が単純支持されているという条件で，ナビエの方法を用いて上式を解いてみよう[9.1]．境界条件は次のようになる．

$$x=0,\ a\ \text{で}, \quad w = \frac{\partial^2 w}{\partial x^2} = 0 \tag{9.4a}$$

$$y=0,\ b\ \text{で}, \quad w = \frac{\partial^2 w}{\partial y^2} = 0 \tag{9.4b}$$

この境界条件を満たす解は

$$w = \sum_{m=1}^{\infty}\sum_{n=1}^{\infty} A_{mn} \sin\frac{m\pi x}{a} \sin\frac{n\pi y}{b} \quad (m, n = 1, 2, \cdots) \tag{9.5}$$

となるので，これを式 (9.3) に代入すると

$$\sum_{m=1}^{\infty}\sum_{n=1}^{\infty} A_{mn} \left[ \left(\frac{m\pi}{a}\right)^4 + 2\left(\frac{m\pi}{a}\right)^2 \left(\frac{n\pi}{b}\right)^2 + \left(\frac{n\pi}{b}\right)^4 \right.$$

$$\left. - \frac{N}{D}\left(\frac{m\pi}{a}\right)^2 \right] \sin\frac{m\pi x}{a} \sin\frac{n\pi y}{b} = 0$$

となる．これが，任意の $x, y$ について成り立ち，$A_{mn} \neq 0$ の座屈解を与えるには，[　] 内が 0 であることより，次式が導かれる．

$$N = D\left(\frac{\pi}{b}\right)^2 \left(\frac{mb}{a} + \frac{n^2 a}{mb}\right)^2$$

これが，板の座屈解であるが，最小値のみが意味をもつので，まず $n=1$ とおくと，座屈応力 $N_{cr}$ は

$$N_{cr} = D\left(\frac{\pi}{b}\right)^2 \left(\frac{mb}{a} + \frac{a}{mb}\right)^2 \quad (m=1, 2, \cdots) \tag{9.6}$$

となる．右辺の $\left(\dfrac{mb}{a} + \dfrac{a}{mb}\right)^2$ を $k$ とおいてグラフで表すと図 9.4 のようにな

## 9.2 平板の局部座屈

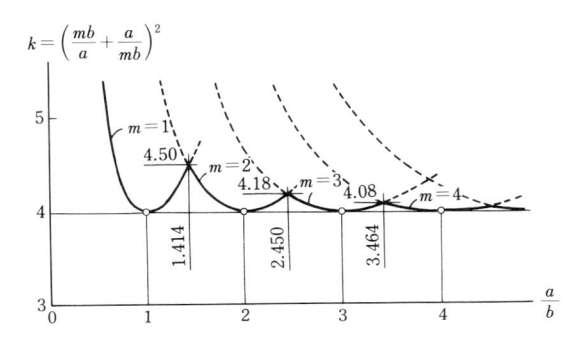

**図 9.4** 4辺単純支持長方形平板の板座屈係数

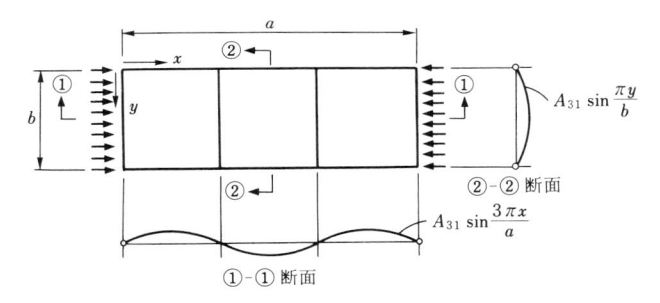

**図 9.5** 4辺単純支持長方形平板の座屈波形（$a/b=3$ のとき）

る．$m=1, 2, \cdots$ に対して，$a/b=m$ のときに $k$ は常に極小値4をとる．座屈は最小の応力で生じるので，図の曲線群の下限をつなぎ合わせた波状の包絡線が座屈曲線となる．たとえば，$a/b=3$ のときには，最小解を与える $m=3$ の座屈が起こり，図9.5のような $x$ 方向に3波（$m=3$），$y$ 方向に1波（$n=1$）の座屈波が起こる．

鉄骨部材の板要素は幅 $b$ に比べて長さ（上の $a$）が十分大きいので，$a/b\to\infty$ とすると，図9.4の包絡線は4に収束し，$k\to 4$ となる．したがって，このような場合の座屈応力は次式で与えられる．

$$N_{cr}=4D\left(\frac{\pi}{b}\right)^2 \qquad (9.7)$$

これを板厚で除して応力度に直すと

$$\sigma_{cr} = \frac{N_{cr}}{t} = \frac{4\pi^2 D}{b^2 t} = \frac{4\pi^2}{b^2 t} \cdot \frac{Et^3}{12(1-\nu^2)}$$

$$\therefore \quad \sigma_{cr} = 4 \cdot \frac{\pi^2 E}{12(1-\nu^2)} \cdot \frac{1}{(b/t)^2} \tag{9.8}$$

となる．以上が**ブライアン**によって導かれた板座屈の解である（G. H. Bryan, 1891年）．上式の $b/t$ は**幅厚比**と呼ばれ，棒の座屈における細長比と同様の性格をもっており，板座屈応力度は幅厚比の2乗に反比例する．

### 9.2.2 支持条件と板座屈係数

式(9.8)は，十分長い板の応力方向の側縁が2縁とも単純支持されしかも一様な圧縮応力が作用する場合の解である．これ以外の支持条件や応力分布も含めて板座屈解は次のように統一的に表示することができる．

$$\sigma_{cr} = k \cdot \frac{\pi^2 E}{12(1-\nu^2)} \cdot \frac{1}{(b/t)^2} \tag{9.9}$$

ここで，$k$ は**板座屈係数**（plate factor）と呼ばれ，2縁が単純支持で一様圧縮のときは，上で導いたように $k=4$ である．ほかの条件における $k$ の値を表9.1に整理しておいた．

実際の部材断面は複数の板で組み立てられている．このときには，板の側縁の支持条件はそれに接続している板の拘束度によって，単純支持と固定支持の中間的な性質をもつので，板座屈係数 $k$ の値は簡単には定まらない．たとえば，図9.6(a)，(b)のH形鋼と溝形鋼のフランジは**1縁支持1縁自由**の板要素になっているが，ウェブの拘束度に応じて $k$ は 0.425〜1.277 の値をとる．一方，ウェブは**2縁支持**の板要素になっているが，フランジの拘束に応じて，一様圧縮ならば $k$ は 4.00〜6.97，曲げ応力状態ならば 23.9〜39.6 の範囲となる．フランジとウェブの相互作用を考慮した板座屈係数が各種の座屈ハンドブック[9.2),9.3)]に掲載されている．図(c)の等辺山形鋼が一様圧縮を受ける場合には，2つの脚が同時座屈して1縁単純支持1縁自由となるのでフィレットの影響を無視すれば $k$ は 0.425 となる．図(d)の正方形角形鋼管が一様圧縮を受ける場合には，4枚の板が同時座屈して2縁単純支持となるので，角部の円弧の影響を無視すれば $k$ は 4.00 となる．

## 9.2 平板の局部座屈

**表 9.1** 板座屈係数（応力方向に十分長い板）

| 応力状態 | 支持条件 | 座屈波形 | 板座屈係数 $k$ |
|---|---|---|---|
| 一様圧縮 | 2縁単純支持 | 単純支持／単純支持 | 4.00 |
| | 1縁固定支持<br>1縁単純支持 | 固定支持／単純支持 | 5.42 |
| | 2縁固定支持 | 固定支持／固定支持 | 6.97 |
| | 1縁単純支持<br>1縁自由 | 単純支持／自由縁 | 0.425 |
| | 1縁固定支持<br>1縁自由 | 固定支持／自由縁 | 1.277 |
| 曲げ・曲げ圧縮 | 2縁単純支持 | 単純支持 $\sigma_1=\sigma_{cr}$／単純支持 $\sigma_2$ | 23.9（$\sigma_2=-\sigma_1$ のとき）<br>7.8（$\sigma_2=0$ のとき） |
| | 2縁固定支持 | 固定支持 $\sigma_1=\sigma_{cr}$／固定支持 $\sigma_2$ | 39.6（$\sigma_2=-\sigma_1$ のとき）<br>13.6（$\sigma_2=0$ のとき） |

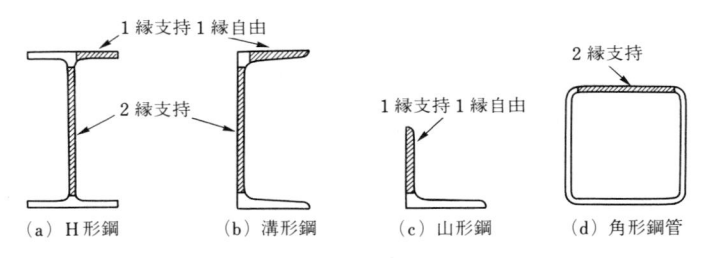

（a）H形鋼　1縁支持1縁自由　2縁支持
（b）溝形鋼　1縁支持1縁自由
（c）山形鋼
（d）角形鋼管　2縁支持

図 9.6　板要素の支持条件

### 9.2.3　非弾性局部座屈

材料の比例限を超えた非弾性域で板座屈が生じる場合には，柱の曲げ座屈（5章5.6節）のアナロジーから，式（9.9）の $E$ をタンジェント・モデュラス $E_t$ やリデュースト・モデュラス $E_r$ に置き換える方法があるが，実験結果をよく近似できる解としてブライヒが次式を与えている[9.4]．

$$\sigma_{cr}=k\cdot\frac{\pi^2\sqrt{EE_t}}{12(1-\nu^2)}\cdot\frac{1}{(b/t)^2} \qquad (9.10)$$

これは，圧縮応力が作用する方向は負荷されるので $E_t$，直交方向は負荷されないので $E$ のままであるという考えに基づいており，結果的に線形弾性解（9.9）の $E$ に塑性低減係数 $\sqrt{E_t/E}$ を乗じて補正した形になっている．

## 9.3　円筒の局部座屈

円形鋼管の局部座屈の問題は，力学的には円筒シェルの座屈として扱われ，平板の座屈とはかなり性質が異なっている．図9.7に示す一様な圧縮軸力を受ける薄肉円筒が面外に軸対称な変位を起こして軸方向の線素にたわみが生じたときの方程式は次式となることが知られている[9.1]．

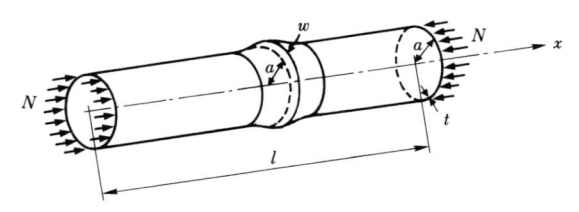

図 9.7　円筒の座標と座屈変形

## 9.3 円筒の局部座屈

$$D\frac{d^4w}{dx^4} + N\frac{d^2w}{dx^2} + \frac{Et}{a^2}w + \frac{\nu N}{a} = 0 \qquad (9.11)$$

ここで，$w$ は円筒の法線方向の変位（中心に向かう方向を正），$N$ は円周上の単位長さ当たりの軸方向圧縮力，$a$ は円筒の半径，$t$ はその板厚，$\nu$ はポアソン比，$E$ はヤング係数，$D$ は前出の曲げ剛性である．

円筒の両端が単純支持されている場合について考えてみよう．境界条件を満たす解として

$$w = A_m \sin\frac{m\pi x}{l} + B$$

を上式に代入すると

$$\left[D\left(\frac{m\pi}{l}\right)^4 - N\left(\frac{m\pi}{l}\right)^2 + \frac{Et}{a^2}\right]A_m \sin\frac{m\pi}{l}x + \frac{Et}{a^2}B + \frac{\nu N}{a} = 0$$

となる．$l$ は円筒の長さである．これが任意の $x$ について成立するには

$$B = -\frac{\nu N}{a}\cdot\frac{a^2}{Et} = -\frac{\nu a}{Et}N, \quad D\left(\frac{m\pi}{a}\right)^4 - N\left(\frac{m\pi}{l}\right)^2 + \frac{Et}{a^2} = 0$$

でなければならない．第1式は，円筒が座屈する直前のポアソン比による膨らみであり，座屈には直接関係しない．第2式を $N$ について解くと

$$N = D\left(\frac{m\pi}{l}\right)^2 + \frac{Et}{a^2}\left(\frac{m\pi}{l}\right)^{-2}$$

が得られる．座屈は最小の $N$ で生じるので，$\xi = (m\pi/l)^2$ とおいて，$dN/d\xi = 0$ を計算すると，次のときに $N$ は最小値をとることがわかる．

$$\frac{m\pi}{l} = \sqrt[4]{\frac{Et}{a^2D}} \qquad (9.12)$$

これより座屈荷重 $N_{cr}$ および座屈応力度 $\sigma_{cr}$ が次のように得られる．

$$N_{cr} = D\sqrt{\frac{Et}{a^2D}} + \frac{Et}{a^2}\sqrt{\frac{a^2D}{Et}} = \frac{2}{a}\sqrt{EtD} = \frac{2}{a}\sqrt{Et\frac{Et^3}{12(1-\nu^2)}} = \frac{Et^2}{a\sqrt{3(1-\nu^2)}}$$

$$\sigma_{cr} = \frac{N_{cr}}{t} = \frac{Et}{a\sqrt{3(1-\nu^2)}} = \frac{E}{\sqrt{3(1-\nu^2)}}\cdot\frac{1}{a/t} \qquad (9.13)$$

これが**ドンネル**によって導かれた円筒の局部座屈応力度を与える式である（L. H. Donnell, 1933年）．座屈応力度は径厚比 $2a/t$ に反比例する．

式（9.12）を $m$ について解くと

$$m = \frac{1}{\pi}\sqrt[4]{\frac{Et}{a^2 D}} = \frac{1}{\pi}\sqrt[4]{\frac{Etl^4}{a^2} \cdot \frac{12(1-\nu^2)}{Et^3}} = \frac{1}{\pi}\sqrt[4]{\frac{12(1-\nu^2)}{a^2 t^2}} l^4$$

となる．これに $\pi=3.14$ および鋼のポアソン比 $\nu=0.3$ を代入すると

$$m = 0.58\sqrt{\frac{l^2}{at}}$$

となる．一般に鉄骨部材に用いられる円形鋼管では，$l \gg a \gg t$ であるので，$m$ はかなり大きな値をとることになる．これは，鋼管が座屈したとき，多数の皺が生じる座屈波形となることを意味している．図9.8の右は上述の理論に比較的近い座屈変形が生じたステンレス鋼管である．

ところが，実際の円形鋼管の局部座屈応力度は，式（9.13）による理論値をかなり下回り，多くの場合，座屈波形が1波しか現れないことが実験的に知られている（図9.8の左）．その原因として，円筒の局部座屈が元た

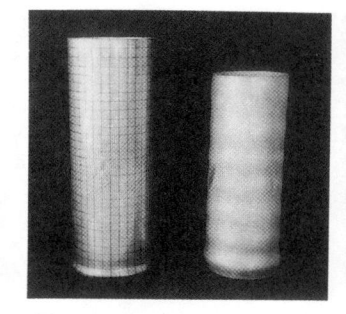

**図 9.8** 円形鋼管の座屈による皺

わみに非常に敏感であると考えられており，初期不整を考慮した円筒の座屈応力度の実験式が種々提案されている[9.2]．

非弾性領域で円筒が座屈するときについては，$E$ を $\sqrt{E_t E_s}$ で置き換えた次式がジェラードにより提案されている[9.5]．

$$\sigma_{cr} = \frac{\sqrt{E_t E_s}}{\sqrt{3(1-\nu^2)}} \cdot \frac{1}{a/t} \tag{9.14}$$

ここで，$E_t$ はタンジェント・モデュラス，$E_s$ はセカント・モデュラス（応力ーひずみ曲線上の当該点と原点を結ぶ直線の勾配）である．

## 9.4 プレートガーダーのせん断座屈

溶接で組み立てた成の大きい充腹梁（**プレートガーダー**（plate girder）と呼ばれる）では，ウェブの**せん断座屈**に対する配慮が必要となる．これは，図9.9に示すように正方形の板が**純せん断**（pure shear）（最大せん断応力度が作用する面に直応力度が存在しない応力状態）になったとき，45°の対角線の一方が

## 9.4 プレートガーダーのせん断座屈

圧縮の主応力方向となるため，この方向に板座屈が生じる現象として理解することができる．

図 9.10 に示すプレートガーダーのウェブが上下のフランジと**中間スチフナ**によって長方形に区切られている場合について考えてみよう．せん断力によって面外変形が生じたときの板の方程式は，前出式 (9.1) において $N_x=N_y=0$ とおくと

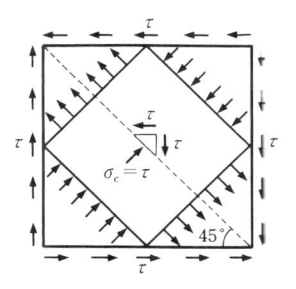

図 9.9 純せん断の応力状態

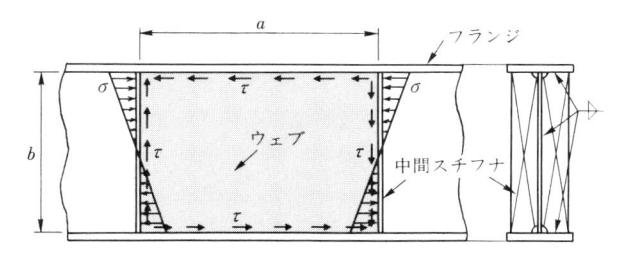

図 9.10 スチフナで補剛されたプレートガーダーのウェブ

$$\frac{\partial^4 w}{\partial x^4}+2\frac{\partial^4 w}{\partial x^2 \partial y^2}+\frac{\partial^4 w}{\partial y^4}-\frac{2N_{xy}}{D}\frac{\partial^2 w}{\partial x \partial y}=0 \qquad (9.15)$$

となる．この方程式の閉解は求めることができないので，レーリー-リッツの方法を使って近似解が導かれている[9.6]．せん断座屈応力度 $\tau_{cr}$ は，圧縮を受ける板と同様に

$$\tau_{cr}=k\cdot\frac{\pi^2 E}{12(1-\nu^2)}\cdot\frac{1}{(b/t)^2} \qquad (9.16)$$

で表され，板座屈係数 $k$ は板の支持条件と**辺長比** $a/b$ に依存する．4 辺単純支持については次の近似式が得られている[9.4]．

$$k=5.34+\frac{4.00}{(a/b)^2} \quad (a/b\geq 1) \qquad (9.17)$$

ウェブの長方形板周辺の鉛直と水平の辺には同じ大きさのせん断応力度が生じるので，$a/b<1$ のときには，式 (9.16) の $b$ を $a$ に，式 (9.17) の $a/b$ を $b/a$ に入れ換えればよいが，式 (9.16) で $b$ をそのまま使う場合は $k=4.00+5.34/$

$(a/b)^2$ とすればよい.

式 (9.17) より, $\tau_{cr}$ が最大となるのは $a/b=1$ のときであるので, 中間スチフナによってウェブを正方形に仕切るのが効果的である. なお, スチフナはウェブの座屈変形を有効に拘束する曲げ剛性が必要である[9.7]. 通常は, ウェブ厚の半分程度の厚さのスチフナをウェブの両側にフランジ突出縁近くまで挿入し, コの字型に全周隅肉溶接しておけばよい.

プレートガーダーのウェブには上で述べたせん断応力と同時に曲げ応力が作用する. 曲げ応力に対して 4 辺単純支持の板が座屈するときの座屈応力度 $\sigma_{cr}$ は一様圧縮と同様に式 (9.9) で表されるが, 板座屈係数は表 9.1 に例示したように一様圧縮のときよりも大きくなる. 曲げ応力に対する板座屈係数は, 応力勾配と辺長比に依存し, 各種の座屈ハンドブックに数値表が示されている. 曲げとせん断が同時に作用するときの板座屈の条件式は, 近似的に

$$\left(\frac{\sigma}{\sigma_{cr}}\right)^2 + \left(\frac{\tau}{\tau_{cr}}\right)^2 = 1 \tag{9.18}$$

で与えられるので, 左辺の値が 1 未満であれば板座屈は起こらない. 日本建築学会鋼構造設計規準[9.7]では, 初期不整を考慮して $\sigma_{cr}$ と $\tau_{cr}$ を調整したうえで, 式 (9.18) によるプレートガーダーウェブの座屈検定方法が示されている.

## 9.5 座屈後挙動

### 9.5.1 圧縮板要素の有効幅

平板の幅厚比が大きいときは, 材料の降伏強さ $\sigma_y$ よりも低い応力度で板座屈が生じるが, 必ずしもこれが平板の最大耐力を意味するものではない. 冒頭で述べたように, 座屈が生じた後, 板の中央部は面外にはらみ出して支持できる応力が低下するが, 縁の部分は面外変位を拘束されているのでさらに大きな応力に耐える. この応力再配分によって座屈後も耐力が上昇する. これを**座屈後耐力** (post-buckling strength) と呼んでいる.

座屈後の最大耐力点における板の面外たわみは, 構造的な損傷とはいえないくらい小さいので, 座屈後耐力を設計で利用することができる. その方法として**有効幅** (effective width) の概念を用いた設計法が普及している. 図 9.11 に

## 9.5 座屈後挙動

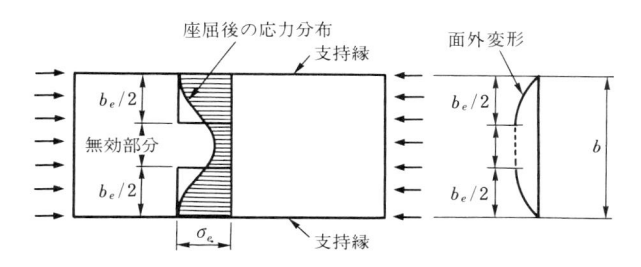

**図 9.11** 座屈後の応力再配分と有効幅

示すように，座屈後の応力分布は支持縁近傍は大きく，板の中央部は小さい．そこで，板の中央部は無効部分と見なし，断面全体の圧縮合力が等しくなるように，支持縁からある範囲に**縁応力度**（edge stress）$\sigma_e$ が一様に分布すると考え，この部分の幅を有効幅とする．

**カルマン**は 2 縁が単純支持された板の有効幅 $b_e$ を，$b_e$ の幅をもった板の座屈応力度が $\sigma_e$ に等しいと考えて次のように導いた（T. von Karman，1932年）．

$$\sigma_e = 4 \cdot \frac{\pi^2 E}{12(1-\nu^2)} \cdot \frac{1}{(b_e/t)^2}$$

$$\therefore \ b_e = \frac{\pi}{\sqrt{3(1-\nu^2)}} \cdot \sqrt{\frac{E}{\sigma_e}} \cdot t = 1.9\sqrt{\frac{E}{\sigma_e}} \cdot t \quad (\text{ただし，} b_e \leq b) \quad (9.19)$$

ここで，鋼のポアソン比 $\nu=0.3$ を用いてある．

これをほかの支持条件に拡張すると，上式において 4 の代わりに板座屈係数 $k$ を用いればよいので

$$b_e = \frac{\pi}{\sqrt{12(1-\nu^2)}} \cdot \sqrt{\frac{kE}{\sigma_e}} \cdot t = 0.95\sqrt{\frac{kE}{\sigma_e}} \cdot t \quad (\text{ただし，} b_e \leq b) \quad (9.20)$$

となる．これは，$\sigma_e$ の上昇によって有効幅が狭くなることを表している．$\sigma_e$ が降伏応力度 $\sigma_y$ に達したとき，板が最大耐力に至ると仮定すると，そのときの有効幅は

$$b_e = 0.95\sqrt{\frac{kE}{\sigma_y}} \cdot t \quad (9.21)$$

または，降伏ひずみ $\varepsilon_y = E/\sigma_y$ を用いると

$$\frac{b_e}{t} = \frac{0.95\sqrt{k}}{\sqrt{\varepsilon_y}} \quad (9.22)$$

となる．この $b_e/t$ を降伏応力度に対する**有効幅厚比**といい，後で述べる薄肉断面材の設計で用いられる．

なお，等辺山形鋼は局部座屈応力度とワグナーねじり座屈応力度が理論上ほとんど等しいので（演習問題 9.2 参照），局部座屈が生じると直ちにねじり座屈が生じ，局部座屈発生後の耐力上昇は期待できない．

### 9.5.2　ウェブパネルの張力場理論

プレートガーダーのウェブがせん断座屈する場合にも，座屈後耐力が期待でき，そのメカニズムは**張力場理論**によって説明されている．これは，図 9.12 に示すように，せん断座屈により生じた斜め方向の皺が引張力を負担するラチスのように働き，トラス機構が形成されるというものである．このとき，スチフナとフランジには圧縮力が作用し，フランジにはさらにスチフナ間で曲げが生じる．

張力場が形成されたとき，斜張力の傾きを $\theta$ とし（実験によると $\theta$ は 40〜42°），そこに生じている引張応力度 $\sigma_t$ が一定であるとすると，図の①-①断面

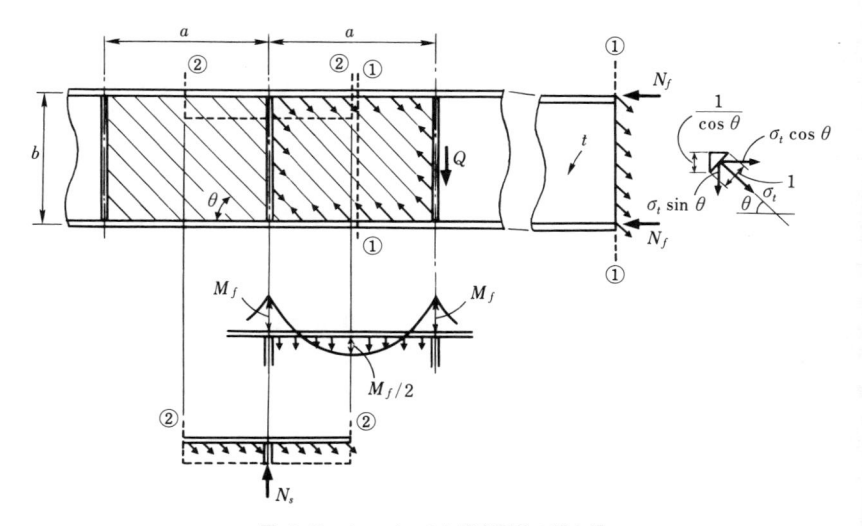

**図 9.12** ウェブのせん断座屈後の張力場

の斜張力の鉛直成分の合力が作用せん断力 Q と等しいことより

$$\sigma_t \sin\theta \cdot \frac{b}{1/\cos\theta} \cdot t = Q \quad \therefore \quad \sigma_t = \frac{Q}{bt} \cdot \frac{1}{\sin\theta\cos\theta} \quad (9.23)$$

となる．①-①断面の水平力の釣合いから，フランジには次の圧縮軸力 $N_f$ が生じる．

$$2N_f = \sigma_t \cos\theta \cdot \frac{b}{1/\cos\theta} \cdot t \quad \therefore \quad N_f = \frac{Q}{2}\cot\theta \quad (9.24)$$

さらに，フランジには $\sigma_t$ の鉛直成分がスチフナ間で等分布荷重として働くので曲げモーメントをもたらし，それは固定端となるスチフナ直上で次の最大曲げモーメントとなる．

$$M_f = \frac{1}{12}\left(\sigma_t \sin\theta \cdot \frac{1}{1/\sin\theta} \cdot t\right)a^2 \quad \therefore \quad M_f = \frac{Q}{12} \cdot \frac{a^2}{b}\tan\theta \quad (9.25)$$

以上より，フランジにはプレートガーダーの全体曲げによる曲げ応力に加え，上記の軸力 $N_f$ と曲げモーメント $M_f$ が作用することになる．

スチフナには，図の②-②の部分の鉛直方向の釣合いから，次の圧縮軸力 $N_s$ が作用することがわかる．

$$N_s = \sigma_t \sin\theta \cdot \frac{a}{1/\sin\theta} \cdot t \quad \therefore \quad N_s = Q\frac{a}{b}\tan\theta \quad (9.26)$$

以上は，**完全張力場理論**といわれているものである．実際のプレートガーダーでは，フランジが式 (9.25) の曲げモーメントによって曲がってしまうので，このような完全な張力場は形成されず，ウェブの張力場は対角線近傍の狭い範囲にしか現れない．これに関しては実験に基づく**不完全張力場理論**があり，経験的に解が導かれている[9.8]．

## 9.6　板要素の設計

### 9.6.1　幅厚比制限

材料の降伏を限界状態として構造設計を行う許容応力度設計では，板要素が降伏するまでは局部座屈が起こらないようにあらかじめ幅厚比に制限を設けておくと便利である．こうしておけば，板要素の局部座屈応力度を逐一検討する手間が省ける．その条件は，板座屈応力度の解 (9.9) を基にして次式で与えら

れる．

$$\sigma_{cr} = C_1^2 \cdot k \cdot \frac{\pi^2 E}{12(1-\nu^2)} \cdot \frac{1}{(b/t)^2} \geq \sigma_y$$

$$\therefore \quad \frac{b}{t} \leq C_1 \cdot \sqrt{k} \sqrt{\frac{\pi^2 E}{12(1-\nu^2)}} \frac{1}{\sqrt{\sigma_y}} = \frac{430\, C_1 \sqrt{k}}{\sqrt{\sigma_y}} \quad (9.27)$$

ここで，$C_1$ は板の初期不整と残留応力を考慮した補正係数である．なお，$E=205{,}000\,\mathrm{N/mm^2}$，$\nu=0.3$ としてある．

せん断座屈では，ミーゼスの降伏条件により，$\tau_y = \sigma_y/\sqrt{3}$ とおくことによって次式でウェブの幅厚比制限が与えられる．

$$\frac{d}{t} \leq \frac{430\, C_1 \sqrt{k}}{\sqrt{\sigma_y/\sqrt{3}}} \quad \therefore \quad \frac{d}{t} \leq \frac{570\, C_1 \sqrt{k}}{\sqrt{\sigma_y}} \quad (9.28)$$

わが国では，$C_1 = 0.86$ とし，$\sigma_y$ を設計基準強度 $F$ とし，$k$ を支持縁の条件に応じて適切な値に定め，表 9.2 のように許容応力度設計用の幅厚比制限値を定めている[9.7]．たとえば，H 形鋼のフランジにおいては，1 縁単純支持 1 縁自由の $k = 0.425$ を適用し

$$\frac{b}{t_f} \leq \frac{430 \times 0.86 \times \sqrt{0.425}}{\sqrt{F}} = \frac{240}{\sqrt{F}}$$

となる．この幅厚比制限値は圧縮板要素が降伏強さまで座屈崩壊しない幅厚比の上限であり，これを**限界幅厚比**という．

円形鋼管では，直径を $D$ とすると，座屈解 (9.13) に初期不整を考慮した補正係数 $C_2$ を付けて，次のように径厚比の制限が導かれる．

$$\sigma_{cr} = C_2 \frac{E}{\sqrt{3(1-\nu^2)}} \cdot \frac{2}{D/t} \geq \sigma_y$$

$$\therefore \quad \frac{D}{t} \leq C_2 \frac{2E}{\sqrt{3(1-\nu^2)}} \cdot \frac{1}{\sigma_y} \quad \therefore \quad \frac{D}{t} \leq \frac{248{,}000\, C_2}{\sigma_y} \quad (9.29)$$

現行設計規準[9.7]では，$C_2 = 0.095$ とし，$\sigma_y = F$ とおいて

$$\frac{D}{t} \leq \frac{23{,}500}{F}$$

としている．これは，円形鋼管が降伏強さまで耐えられる径厚比の上限であり，これを**限界径厚比**という．

## 9.6 板要素の設計

**表 9.2** 許容応力度設計用の幅厚比制限

| 断　面 | 部位 | 幅厚比の制限値 |
|---|---|---|
| H形鋼／溶接組立H形断面／溝形鋼／CT形鋼 | 柱 | $\dfrac{b}{t_f} \leq \dfrac{240}{\sqrt{F}}$　　$\dfrac{d}{t_w} \leq \dfrac{735}{\sqrt{F}}$ |
| | 梁 | $\dfrac{b}{t_f} \leq \dfrac{240}{\sqrt{F}}$　　$\dfrac{d}{t_w} \leq \dfrac{1100}{\sqrt{F}}$ |
| 山形鋼／山形鋼組立材 | 柱 | $\dfrac{b}{t} \leq \dfrac{200}{\sqrt{F}}$ |
| 角形鋼管／溶接組立箱形断面 | 柱 | $\dfrac{d_1}{t_1} \leq \dfrac{735}{\sqrt{F}}$　　$\dfrac{d_2}{t_2} \leq \dfrac{735}{\sqrt{F}}$ |
| | 梁 | $\dfrac{d_1}{t_1} \leq \dfrac{735}{\sqrt{F}}$　　$\dfrac{d_2}{t_2} \leq \dfrac{1100}{\sqrt{F}}$ |
| 円形鋼管 | 柱 | $\dfrac{D}{t} \leq \dfrac{23500}{F}$ |

（注）板の交差部分（フィレットや角部）を幅にどのように算入するかについて必ずしも統一がとれていない。ここでは，許容応力度設計法に基づいて書かれた日本建築学会・鋼構造設計規準の幅の取り方とした。

## 9.6.2 有効幅厚比

軽量形鋼のような幅厚比の大きい薄肉断面では局部座屈応力度が降伏応力度に達しないことが多いので,この場合には有効幅を用いて断面の性能を算定する方法が採られている.このときの有効幅は前出表9.2の幅厚比制限を満たす範囲の幅を支持縁からとる.有効幅の取り方は図9.13に示すとおりである.円弧状の角部の断面は有効としてよい.

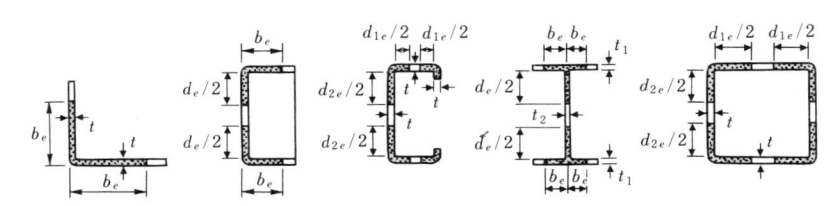

**図 9.13** 軽量形鋼の有効幅

このとき,リップ溝形鋼やリップZ形鋼では,リップが有効な補剛縁となるために次の条件を設けている[9.9].

$$I \geq 1.9\,t^4 \sqrt{(b/t)^2 - 150} \quad \text{かつ} \quad I \geq 8.3\,t^4 \tag{9.30}$$

ここで,$I$ はリップ自身の図心軸(強軸)まわりの断面2次モーメント,$b$ と $t$ は補剛される板の平板部の幅と板厚である.

## 9.6.3 幅厚比と塑性変形能力

局部座屈応力度 $\sigma_{cr}$ が降伏応力度 $\sigma_y$ に達するだけでは,塑性変形能力が確保されない.したがって,塑性設計では幅厚比を前出表9.2の制限値よりさらに小さく押さえておく必要がある.今までの実験によると,局部座屈によって最大荷重を迎えるときのひずみ $\varepsilon_{max}$ の降伏ひずみ $\varepsilon_y$ に対する比(ひずみ塑性率という)は,図9.14に例示するように,$(b/t)\sqrt{\sigma_y/E}$(円形鋼管では $(D/t)(\sigma_y/E)$)と高い相関があることが認められている.これに基づいて,$(b/t)\sqrt{F}$(円形鋼管では $(D/t)\cdot F$)の値に応じて変形能力のランクを定める方法がとられている[9.10],[9.11].

## 9.6 板要素の設計

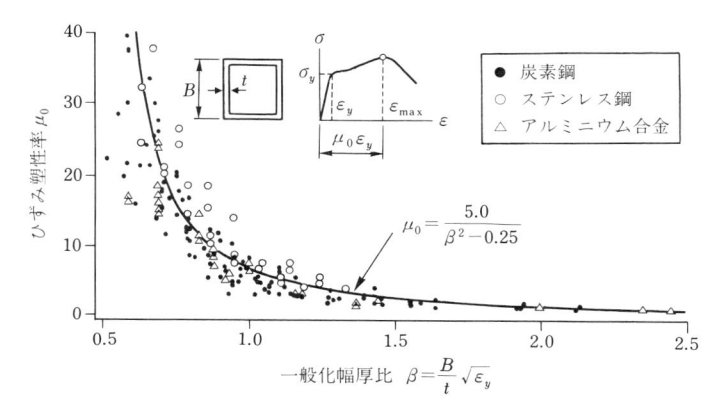

**図 9.14** 幅厚比と塑性ひずみ能力の関係（箱形断面の場合）[9.12]

$$\mu_0 = \frac{5.0}{\beta^2 - 0.25}$$

一般化幅厚比 $\beta = \frac{B}{t}\sqrt{\varepsilon_y}$

ここでは，新耐震設計法の施行（1981年）以来用いられている行政指針の簡易ランクを例示すると，図 9.15 のように表される．幅厚比または径厚比の小さい順に FA, FB, FC, FD の 4 ランクに区分されており，FC ランクの上限値は前出表 9.2 に示した許容応力度設計用の幅厚比制限と一致している．幅厚比ランクは終局耐震設計における**構造特性係数（Ds値）**に関係づけられており，表

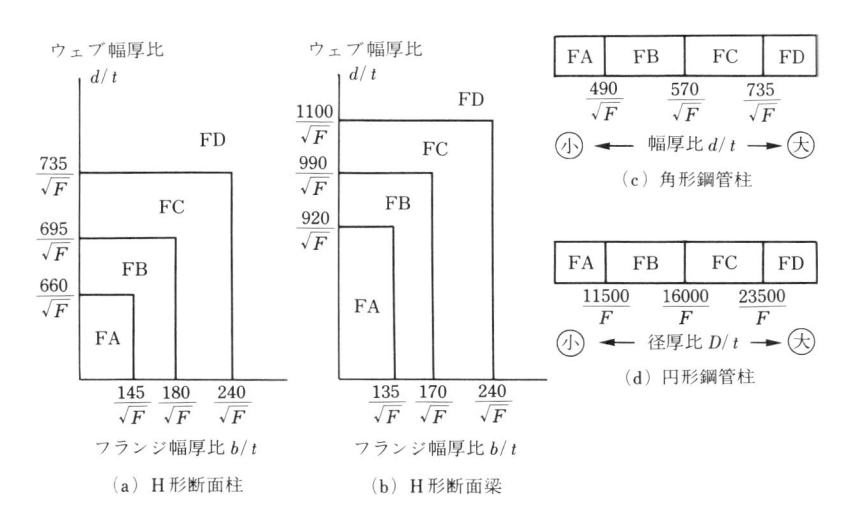

**図 9.15** 終局耐震設計における幅厚比ランクの例（炭素鋼）

(a) H形断面柱
(b) H形断面梁
(c) 角形鋼管柱
(d) 円形鋼管柱

表 9.3 ラーメン構造の構造特性係数（Ds 値）

| 塑性ヒンジが生じる柱または梁の幅厚比ランク | | | |
|---|---|---|---|
| FA | FB | FC | FD |
| 0.25 | 0.30 | 0.35 | 0.40 |

9.3 に示すようにラーメン構造では FA～FD に対応して Ds 値が 0.25～0.40 に設定されている．幅厚比が小さいほど，塑性変形能力が大きくなるので，構造耐力の必要値を Ds 値により低減することができるようになっている．なお，筋かい付きラーメン構造では筋かいの性能が構造全体の塑性変形能力に関与するので，筋かいの水平力分担率と細長比をラーメン部分の幅厚比とあわせ考えて Ds 値を決定することになっている．

## 演習問題

**9.1** 図 9.16 の 4 辺が単純支持された正方形の平らな板の各辺に一様な圧縮軸力が作用するとき，次の問に答えよ．板のヤング係数を $E$，ポアソン比を $\nu$，板の辺の長さを $b$，厚さを $t$ とする．

（1）板の局部座屈応力度 $\sigma_{cr}$ を求めよ．

（2）材料が降伏するまで局部座屈が起こらないための幅厚比 $b/t$ の制限式を求めよ．さらに，$E = 205{,}000 \text{ N/mm}^2$，$\nu = 0.3$，$\sigma_y = 235 \text{ N/mm}^2$ のとき，その制限値はいくらか．

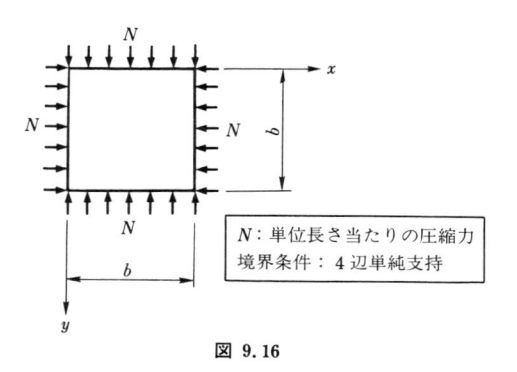

図 9.16

$N$：単位長さ当たりの圧縮力
境界条件：4 辺単純支持

**9.2** 図 9.17 の薄肉等辺山形断面の板座屈応力度とワグナーのねじり座屈応力度を求め，両者がほとんど一致することを示せ．板のヤング係数を $E$，ポアソン比を $\nu$，辺

長を $b$,厚さを $t$ とする.なお,弾性定数間の関係により,せん断弾性係数 $G$ は $G = \dfrac{E}{2(1+\nu)}$ とする.

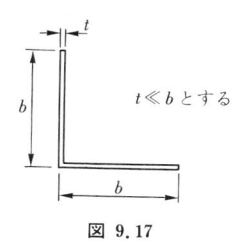

図 9.17

$t \ll b$ とする

**9.3** 正方形の薄紙の4辺に割り箸を接着剤で貼り付け,図 9.18 のようにせん断力を作用させる実験を行って,次の問に答えよ.

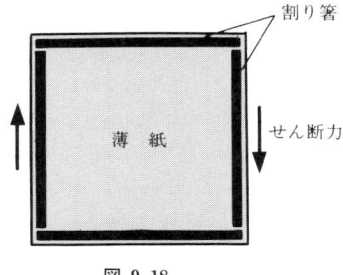

図 9.18

（1） 薄紙にどのような座屈波形が生じるか観察してスケッチせよ.
（2） なぜ,そのような座屈波形が生じるのか考察せよ.

[参考図書]

9.1) 桑村 仁:建築の力学―弾性論とその応用―(10 平板構造, 11.7 円筒シェルの曲げ理論), 技報堂出版, 2001
9.2) CRC Japan : Handbook of Structural Stability, コロナ社, 1971
9.3) Galambos, T. V. ed. : Guide to Stability Design Criteria for Metal Structures, 4 th ed., John Wiley & Sons, New York, 1988
9.4) Bleich, F. : Buckling Strength of Metal Structures, McGraw-Hill Book Company, New York, 1952
9.5) Gerard, G. : Introduction to Structural Stability Theory, McGraw-Hill Book

Company, New York, 1962
9.6) Timoshenko, S. P. and Gere, J. M.: Theory of Elastic Stability, McGraw-Hill Kogakusha, Ltd, Tokyo, 1961
9.7) 日本建築学会：鋼構造設計規準，1970（SI 単位版，2002）
9.8) 加藤　勉：鉄骨構造，彰国社，1971
9.9) 日本建築学会：軽鋼構造設計施工指針，1985（SI 単位版，2002）
9.10) 日本建築学会：鋼構造塑性設計指針，1975
9.11) 日本建築学会：鋼構造限界状態設計指針，1998（SI 単位版，2002）
9.12) 日本建築学会：建築構造用鋼材及び金属系新素材に関する技術資料，2001

# 10 リベット・ボルトおよび高力ボルト

## 10.1 機械的接合の沿革

　この章で学ぶリベット，ボルト，高力ボルトは**ファスナ**（fastener）と総称される．ファスナによる接合は**機械的接合**といわれ，溶接による**冶金的接合**と相補的な役割を鉄骨構造において果たしている．鉄骨構造は柱や梁などの部材を工場で製作し，それを建設現場で接合して骨組に組み立てられる．このとき，機械的接合は，接合しようとする部材（**被接合材**）に孔をあけ，その孔に挿入したファスナによって力を伝達する．これに対し，冶金的接合は，接合部分を溶融凝固させることによって被接合材を連続させる方法である．冶金的接合は次の章で扱う．

　機械的接合には，古来より，チェーンのようにリングを連結したものや，ピンを孔に差し込んだもの，突起や切込み（ほぞ・だぼ）あるいは楔（くさび）を用いて嵌合したもの，釘やねじ釘，さらに広くとらえれば紐状の鉄線やロープによる巻付けや縫合などさまざまな形態がある．しかし，ファスナの抜落ちや緩みが起こらず，力を安全に伝えることのできるものとして近代工業社会で初めに普及したのはリベットであり，建築鉄骨だけでなく機械の組立や橋梁・船舶の建造などにおいても大量に使用された．

　**リベット**（rivet）は形状が単純で，ボルトのようなねじ加工を必要としないので古くから用いられていた．リベット（鋲（びょう））の原型は武具の止め具（多くは銅製）など紀元前に遡ることができるが，近代におけるリベットは，片方の端に既成の頭を付けた鋼（初期は鉄）の丸棒を高温（約1,100℃）に加熱して被接合材の孔に通し，ハンマーで叩いて（リベット打ちに）よって，孔の中を充填すると同時にもう一方の端に頭を成形（かしめ成形）するものである．リベットが冷却する過程でリベットの軸が収縮するので被接合材を締め付ける効果も

ある．しかしながら，リベット打ちにともなう騒音の発生や，焼けたリベットを数十メートルも正確に投げ渡し，高所でハンマーを振るという驚異的な運動能力と熟練技術をもった職人が不足し，1970年頃を最後に使われなくなった．その後，リベットは高力ボルトと溶接に完全に置き換わっていくわけである．

リベットは次に述べるボルトとともに，わが国最初の建築法規である**市街地建築物法**（1919年公布）の施行規則に取り入れられ，戦時中の**臨時日本標準規格第533号**（1944年）を経て，**建築基準法**（1950年公布）の施行令に受け継がれ現在に至っている．なお，リベットに形状が似ているファスナの一種に鉄骨梁とコンクリート床スラブを締結する**頭付きスタッド**があるが，これについては14章の合成梁で説明する．

**ボルト**（bolt）は，被接合材の孔に差し込んで力を伝達するということにおいてピンやリベットと同様であるが，ねじの付いたファスナであるのが特徴であり，一般にナットと組み合わせて用いられる．ボルトの原型は**ねじ**（screw）であり，紀元前250年頃にアルキメデスがねじの原理を発見したあたりまで遡ることができる．しかし，大量生産品としてボルトが登場するのは，ねじの切削機械が発明された18世紀後半の産業革命の頃である．ボルトがピンと異なるのは，ボルト頭とナットによって被接合材を挟むことによってファスナが抜け出さないようになっている点である．ただし，ボルトはリベットと異なり，孔が充填されずボルトと孔の間に隙間が残ることである．したがって，外力の作用によりボルト接合された部分にズレが生じて十分な剛性が確保できないことや振動や繰返し荷重によってナットが緩むという問題がある．このことから，わが国ではボルトを建物の構造耐力上主要な部分に使用するときは小規模な建物に限定し，さらにボルトの緩みを防止するためにナットの戻り止め対策を要求している．なお，ボルトの一種に，柱の脚部を基礎コンクリートに固定するために用いる**基礎ボルト**があるが，これについては13章で扱う．

**高力ボルト**（high-strength bolt）は，高張力鋼でつくられ，熱処理を施した高強度のボルトである（ハイテンボルトとも俗称される）．高力ボルト接合は，高力ボルトを孔に通したあとナットを大きなトルクで回転させて十分な締付け力を与えることがボルト接合と異なる点である．これにより被接合材の接触面に圧力を生じさせ，摩擦力で力を伝達することになるので，ファスナ自身のせ

ん断力で力を伝えるリベットやボルトとは異なる力の伝達機構をもっている．高力ボルトの出現は20世紀になってからで，1930年代初期にイギリスで引張強さが600 N/mm$^2$の高力ボルトを初めて構造物に使用したといわれている．その後，アメリカを中心に研究が盛んになり，わが国では1950年代に入って研究が始まっている．日本で初めて本格的に高力ボルトが使われたのは1958年のブリヂストンビル増築工事（日本橋）であるが，その頃はまだ高力ボルトの仕様がまちまちであった．高力ボルトが初めてJIS制定されたのは1964年のことである．高力ボルトは所定の締付け力を導入することが肝心であるので，ナットと座金を合わせたセットで性能が規定されている．建築法規においては，1959年に発表された日本建築学会の『高力ボルト摩擦接合設計規準案』と『同施工規準案』を受けて，1960年に高力ボルトの使用に関して建設省告示が公示された．次いで，1970年のJIS改正を反映して，同年の建設省告示で初めて一般的な使用が認められた．これを契機に，高力ボルトは建築鉄骨に急速に普及し，摩擦力だけでなく引張力で力を伝達する形式も使われるようになってきている．

## 10.2 機械的接合の原理

### 10.2.1 力の伝達機構

ファスナによる接合形式は**せん断接合**（shear connection）と**引張接合**（tensile connection）に大別される．両者の違いを図10.1に例示した柱と梁の接

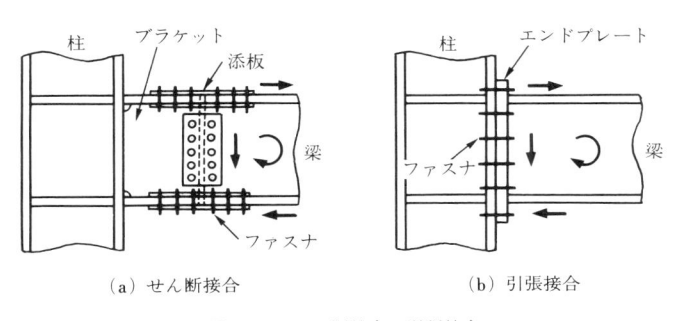

**図 10.1** せん断接合と引張接合

合部を用いて説明すると，図 (a) のせん断接合では梁の曲げおよびせん断による応力の作用方向がファスナの軸に直交し，ファスナから見れば作用力はせん断力となる．これがせん断接合と呼ばれる理由である．図 (b) の引張接合では応力の作用方向がファスナの軸に平行となり，ファスナには引張力が作用する（ただし，梁ウェブのせん断力はファスナにせん断力をもたらす）．鉄骨構造では，せん断接合のほうが引張接合よりも多く用いられている．

せん断接合はさらに**支圧接合**（bearing-type connection）と**摩擦接合**（friction-type connection）に分けられる．支圧接合はリベット・ボルト・高力ボルトのいずれにも適用できるが，摩擦接合は高力ボルトにのみ可能である．以下，支圧接合，摩擦接合，引張接合の順に説明する．

### 10.2.2 支 圧 接 合

図 10.2 (a)，(b) に，それぞれリベットとボルトによって支圧接合された断面が描かれている．いずれも，力 $P$ の作用する方向とリベット・ボルトの軸線は直交している．図 (a) のように正しく施工されたリベットは孔が充填されているので力の作用と同時に力が伝達されるが，図 (b) のボルト接合ではボルトの軸と孔壁の隙間の分だけ板がすべった後で力の伝達が始まる．

力の伝達の仕組みを知るために，被接合材の接合面で仮想的に切断して力の釣合いを描いたのが図 (c) である．まず，図 (c-1) の内板では，右向きの外

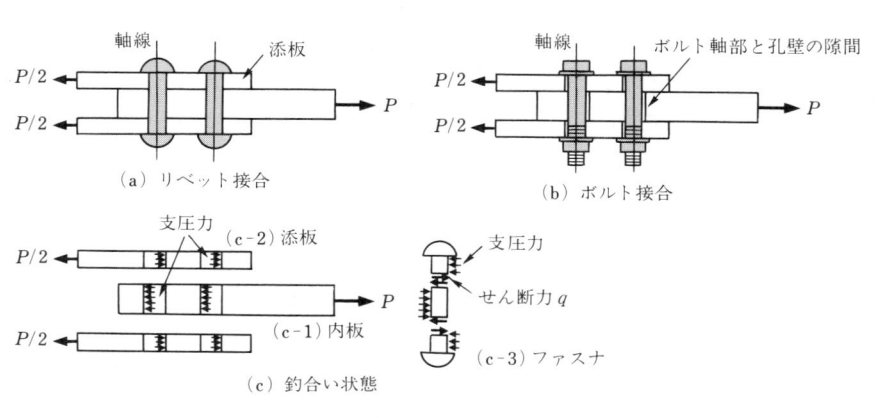

**図 10.2** 支圧接合における力の伝達

力 $P$ に対してファスナが孔壁を押す左向きの力が釣合っている．このようにファスナと孔壁が押し合う力を**支圧力**（bearing stress）といい，これが支圧接合と呼ばれる理由である．図（c-2）の添板の釣合いも同様であり，力の向きが逆になるだけである．ファスナについては，図（c-3）のように3分割した個々の部分をみると，内板あるいは添板から受ける支圧力は，ファスナのせん断力と釣合うことになる．したがって，支圧接合ではファスナがせん断に対して十分な耐力をもっていなければならない．ファスナに生じる**せん断応力度** $\tau$ は平均値として計算され次式で表される．

$$\tau = \frac{q}{A_b} \tag{10.1a}$$

ただし

$$q = \frac{P}{m \cdot n} \tag{10.1b}$$

ここで，$q$ はファスナ1本の1せん断面に作用するせん断力，$A_b$ はファスナの軸断面積，$P$ は接合部に作用するせん断力，$n$ はファスナ本数，$m$ はせん断面の数で1または2である（図では $m=2$）．$m=1$ のとき**1面せん断**（single shear），$m=2$ のとき**2面せん断**（double shear）という．式（10.1a）で算定されるせん断応力度 $\tau$ がファスナ材料の**降伏せん断強さ** $\tau_y$ を超えなければファスナは降伏せず，**最大せん断強さ** $\tau_u$ を超えなければ破断しない．

高力ボルトを締め付けないで用いるとボルトと同様に支圧接合となる．孔径とボルト軸径の差がほとんどないように施工する**みがき高力ボルト**や**打込み式高力ボルト**ではリベットと同じようにすべりのない支圧接合となり，これに締付け力を与えると摩擦接合の効果も合わせて期待できるが，建築ではほとんど使われていない．

### 10.2.3 摩擦接合

図10.3（a）に高力ボルトによる摩擦接合の断面を示す．**高力ボルト摩擦接合**では，ボルトに張力を与え，被接合材の面圧が生む摩擦力で外力 $P$ を伝達する．この場合も $P$ がボルトの軸線と直交しているのでせん断接合となる．力の釣合い状態を図解したのが図（b）である．図（b-1）の内板は，右向きの外力

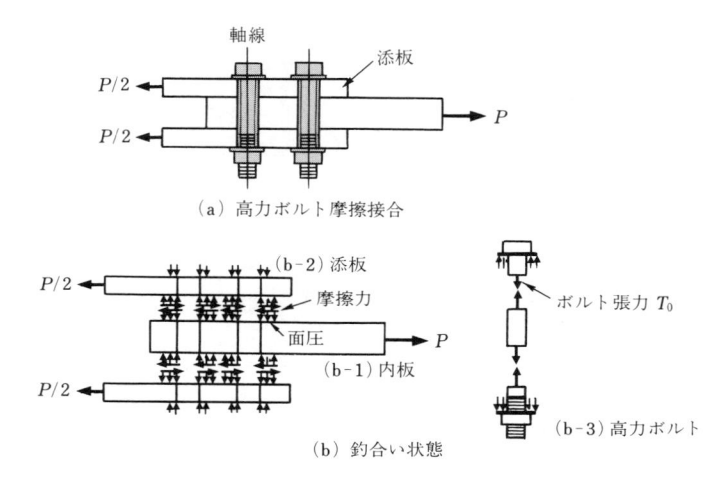

図 10.3　高力ボルト摩擦接合における力の伝達

$P$ に対して左向きの摩擦力で釣合っている．上下方向の力は，上下の添板が及ぼす逆向きの圧力で釣合っている．図（b-2）の添板も同様で向きが逆になるだけである．添板の上下方向の力は，内板からの圧力と座金からの圧力が釣合っている．図（b-3）は高力ボルトの釣合いを示したものである．高力ボルトにはせん断応力が発生しないことが上で述べた支圧接合と異なる重要な点である．

高力ボルトに導入された張力を $T_0$ とすると，板と板の間には $T_0$ と等しい面圧が作用する．摩擦係数を $\mu$ とすれば，高力ボルト1本の1せん断面について $\mu \cdot T_0$ の最大摩擦力が期待できる．したがって，高力ボルト摩擦接合がすべらない限界せん断力は次式で表される．

$$P_s = m \cdot n (\mu \cdot T_0) \tag{10.2}$$

高力ボルト摩擦接合では，$P_s$ を**すべり耐力**，$\mu$ を**すべり係数**，$T_0$ を**導入軸力**という．また，$m$ を**摩擦面の数**といい，$m=1$ のとき**1面摩擦**，$m=2$ のとき**2面摩擦**という．$n$ は高力ボルトの本数である．すべり係数は適切な摩擦面処理を施すことを前提に値が定められており，これについては後で述べる．

高力ボルト摩擦接合では，摩擦が切れない限り板はすべらないので非常に剛性の高い接合が実現できる．また，外力が作用してもボルトには応力が付加さ

れず，導入した引張応力が一定に保たれるので疲労強度も高いことが知られている．

外力が式 (10.2) で算定されるすべり耐力を超えてしまうと，板がすべってしまい支圧状態に移行する．外力と変形の関係をリベット接合とボルト接合と比較して模式的に描いたのが図 10.4 である．

せん断接合の終局状態は，リベットやボルトによる支圧接合だけでなく高力

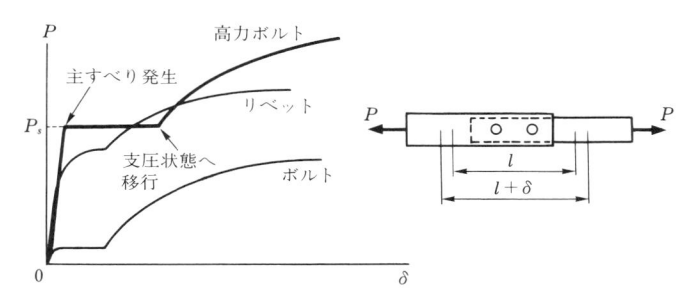

図 10.4 せん断接合における荷重と変形の関係

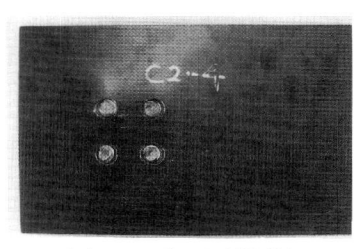

(a) ファスナのせん断破断

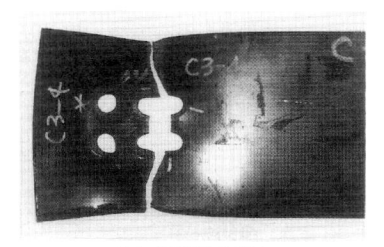

(b) 有効断面破断

(c) 端抜け破断

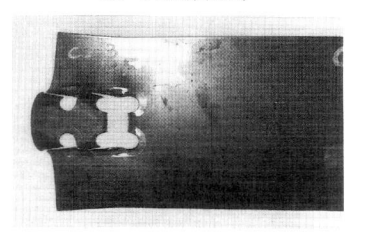

(d) ちぎれ破断

図 10.5 せん断接合の破断形式

ボルトによる摩擦接合においても最終的に支圧状態となるので，ファスナの破壊あるいは被接合材の破壊が起こる．**ファスナ破断**はせん断面におけるせん断破壊で，被接合材の破壊には**有効断面破断**，**端抜け破断**，**ちぎれ破断**がある．これらの状況は図 10.5 に示すとおりであり，それぞれの破断耐力の算定方法については，すでに 4 章 4.3 節で述べた．

### 10.2.4 引 張 接 合

冒頭の図 10.1 (b) に示した引張接合の梁フランジ部分を取り出すと図 10.6 (a) のようになる．引張接合では，外力の方向とファスナの軸線が平行であるため，外力に対してファスナが引張力で抵抗する．このとき，ファスナに初期張力 $T_0$ が導入されていると，ファスナに挟まれ圧縮力を受けて縮んでいる板が圧縮力の解除によって膨らむことにより，外力 $P$ がそのままファスナに作用することにはならない．その様子を図 (b) の 1 本のファスナについて説明する．

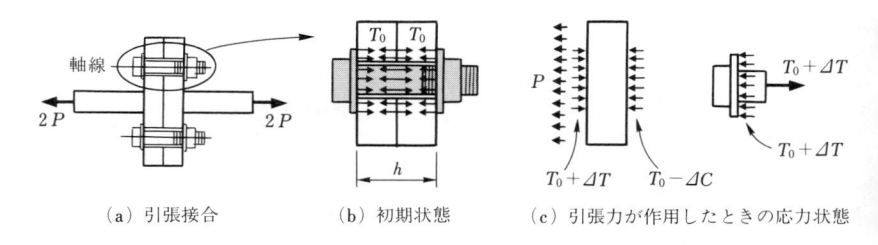

(a) 引張接合　　(b) 初期状態　　(c) 引張力が作用したときの応力状態

**図 10.6** 高力ボルト引張接合

外力 $P$ が作用して，締付け長さ $h$ の挟まれた板が $\Delta h$ 伸びた（膨らんだ）とすると，板が離間しない限りファスナも $\Delta h$ 伸びることになるので，ファスナに生じる付加張力 $\Delta T$ は，ファスナの軸断面積を $A_b$ とすると

$$\Delta T = E \frac{\Delta h}{h} A_b$$

となる．締付け力によって縮んでいた板が膨らむことにより，板の圧縮力は部分的に解除され，その量 $\Delta C$ は

$$\Delta C = E \frac{\Delta h}{h} A_p$$

## 10.2 機械的接合の原理

である．$A_p$ はファスナの締付けによって板の接触面に圧縮力が及ぶ範囲の面積で $A_p = 2A_b \sim 3A_b$ とされている．図 (c) を参照して左側の板の力の釣合いを考えると

$$P + T_0 - \Delta C = T_0 + \Delta T$$

であるので，これに上式を代入すると

$$P - E\frac{\Delta h}{h}A_p = E\frac{\Delta h}{h}A_b \quad \therefore \quad E\frac{\Delta h}{h} = \frac{P}{A_p + A_b}$$

となる．ファスナの張力は

$$T = T_0 + \Delta T = T_0 + \frac{A_b}{A_p + A_b}P \tag{10.3a}$$

となり，板と板の接触面の圧縮力は

$$C = T_0 - \Delta C = T_0 - \frac{A_p}{A_p + A_b}P \tag{10.3b}$$

となる．板と板が離間し始めるときの荷重 $P_{sep}$（**離間耐力**という）は，$C = 0$ より

$$P_{sep} = \frac{A_p + A_b}{A_p}T_0 = \left(1 + \frac{A_b}{A_p}\right)T_0 \tag{10.4}$$

となる．$A_p = 2A_b \sim 3A_b$ とすると，$P_{sep} = 1.3T_0 \sim 1.5T_0$ である．

ファスナの張力と外力の関係をグラフで表すと，図 10.7 のようになる．$P$ が離間耐力 $P_{sep}$ を超えると，被接合材間の圧縮力が消失しファスナが外力 $P$ をすべて負担することとなるので，当然，$T = P$ となる．普通のボルトによる引張接合では，初期導入張力 $T_0$ が小さいので $P_{sep} \approx 0$ となり，外力の作用と同時に材が離間すると考えたほうがよい．

引張接合では，冒頭の図 10.1 (b) のような**エンドプレート形式**のほかに，CT 形鋼や山形鋼などの接合金物を介して梁フランジを接合する**ス**

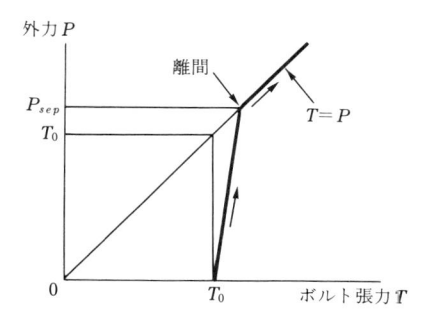

**図 10.7** 高力ボルト引張接合におけるボルト張力と外力の関係

プリットティ形式とシートアングル形式がある．いずれの場合も，引張力の作用線と高力ボルトの軸線が一致しないため，接合金物には曲げが生じ図10.8のように変形する．CT形鋼や山形鋼の先端部分はこれに接している柱フランジによって変形が拘束されるので，引張外力$P$と同じ向きの反力$R$を受ける．これを**てこ反力**（prying reaction）という．したがって，高力ボルトには，引張外力にてこ反力を加算した張力が作用することになる．引張接合の耐力計算には，このようなてこ作用を考慮しなければならないが，その現象は複雑でまだ完全には解明されていない．参考図書10.2）にCT形鋼を用いた場合の耐力の計算方法が示されているので参照するとよい．

(a) スプリットティ形式　　　　(b) シートアングル形式

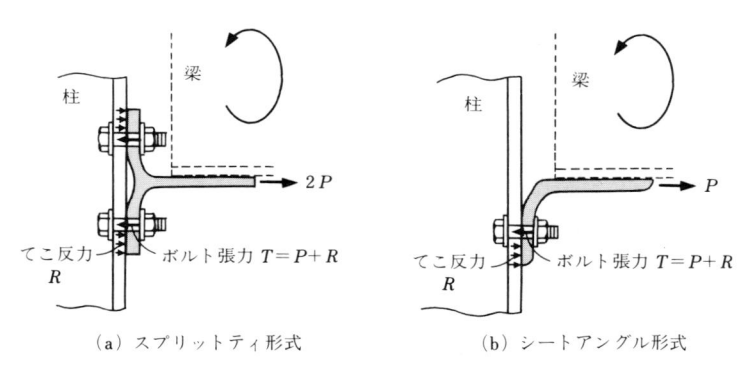

**図 10.8**　引張接合における接合金物の変形とてこ反力

## 10.3　ファスナの種類と規格

### 10.3.1　リベット

リベットは新築工事では使われなくなったが，リベットを使った古い建物の改修工事ではその知識が必要であるので，簡単に触れておく．リベットに関する技術資料は参考図書10.1）に詳しい．

リベット製品は，既成の頭を冷間成形したものと熱間成形したものがあり，その形状はそれぞれJIS B 1213（冷間成形リベット）とJIS B 1214（熱間成形リベット）で規定されている．前者は小径のリベットであるので，建築鉄骨には後者の熱間成形リベットが使われていた．図10.9に示すように，リベットは

10.3 ファスナの種類と規格

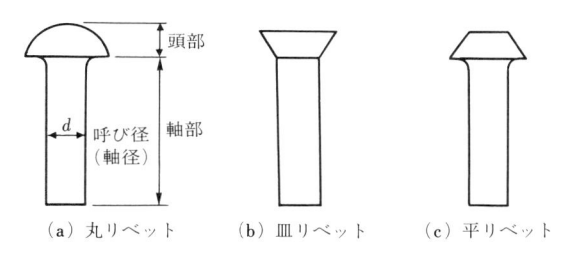

(a) 丸リベット　(b) 皿リベット　(c) 平リベット

図 10.9　熱間成形リベットの代表的な形状

頭の形状によって，丸リベットや皿リベット，平リベットなどがあるが，建築で使われたのは半球状の頭をした丸リベット（呼び径 10～40 mm）がほとんどである．

熱間成形リベットに用いる材料は，JIS G 3104（リベット用丸鋼）である．強度により SV 34 と SV 41 の 2 種類がある（SI 単位系の導入により，1991 年から SV 330 と SV 400 に呼称が変更されている）．数字は引張強さの下限値を kgf/mm$^2$（SI 変更後は N/mm$^2$）で表したものである．リベット用丸鋼は，リベット打ちに耐えられるように，約 950℃ に加熱して軸方向に長さの 1/3 まで圧縮しても（**縦圧試験**という），欠陥が生じないことを確認して出荷される．

### 10.3.2　ボ ル ト

ボルトは冒頭で述べた理由で主要構造部分にはあまり使用されないが，2 次構造部材の接合には多く用いられる．ボルトにはさまざまな種類があるが，鉄骨構造に使われるのはほとんど六角ボルト（JIS B 1180）で，図 10.10 のように，六角ナット（JIS B 1181）および平座金（JIS B 1256）と合わせて使用する．六角ボルトは軸部と頭部からなり，軸部は円筒部とねじ部からなる（建築関係の設計規準書や工事仕様書では円筒部を軸部と呼んでいるので注意が必要である）．六角ボルトは M16 のように表記され，M はメートルねじ，16 は呼び径を表している．長さを指定するときは M16×80 のように表記し，80 は呼び長さである．ボルトの**呼び径**とはねじの外径のことで，ねじ山の頂に接する仮想的な円筒の直径を指す（ファスナに関して径というと直径を指す）．建築鉄骨では，ねじの付いていない円筒部の直径がねじ部の外径すなわち呼び径と等しい

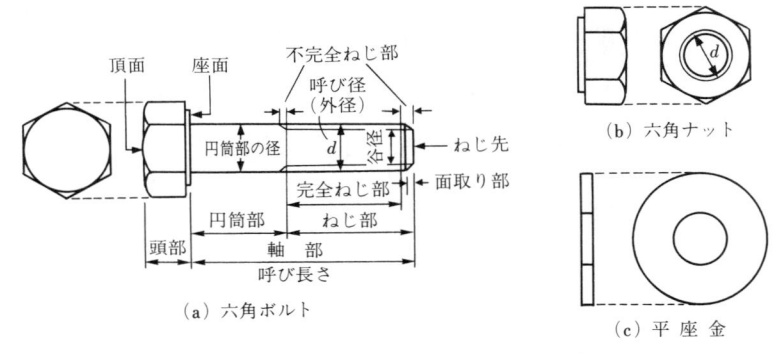

**図 10.10** 六角ボルト・六角ナット・平座金

ボルト（**呼び径六角ボルト**という）が使われており，ねじは**メートル並目ねじ**である．これらは，高力ボルトでも同じである．

 鋼製の六角ボルトは，JIS B 1180 において ISO による規定と同附属書において ISO によらない規定が併存している．今までの使用実績との連続性を考えて，ここでは後者の規定を示しておく．鋼製の六角ボルトは，仕上げ程度（上・中・並），ねじの種類（メートル並目・メートル細目）と等級（4 h・6 g・8 g），および機械的性質の強度区分（4.6，4.8，5.6，5.8，6.8，8.8，10.9，12.9 または 4 T，5 T，6 T，7 T）を組み合わせて分類されている．強度区分の表示，たとえば 4.6 は最初の 4 が呼び引張強さ（400 N/mm$^2$）を，後の 6 が呼び降伏比（60%）を表しており，4 T は引張強さの下限値が 40 kgf/mm$^2$ であることを表している．ねじの精度は，別途，並目ねじと細目ねじについてそれぞれ JIS B 0209（メートル並目ねじの許容限界寸法及び公差）と JIS B 0211（メートル細目ねじの許容限界寸法及び公差）で規定されている．機械的性質の強度区分は，別途 JIS B 1051（炭素鋼及び合金鋼製締結用部品の機械的性質−第 1 部：ボルト，ねじ及び植込みボルト）で規定されている．鉄骨構造で一般に使われてきたのは，仕上げ程度が中で，メートル並目ねじ，ねじ等級 6 g，強度区分 4 T である（通常，4 T 中ボルトと呼んでいる）．ただし，基準法改正に伴う告示（2001 年）で一般に使用が認められている強度区分は 4.6，4.8，5.6，5.8，6.8 となっている．

 耐食性を与えたるためにめっき処理した**亜鉛めっきボルト**は JIS では規定さ

れていないが，機械的性質は上述の六角ボルトと同じである．**ステンレス鋼ボルト**は形状寸法が前記の JIS B 1180 で，機械的性質が JIS B 1054（ステンレス鋼製耐食ねじ部品の機械的性質）で規定されている．基準法改正にともなう告示（2001 年）で一般に使用が認められているステンレス鋼ボルト A 2-50 に A がオーステナイト系（austenitic），2 が化学成分の区分，50 が引張強さ 500 N/mm$^2$ 以上であることを表している．

### 10.3.3　高力ボルト

鉄骨構造で使われる鋼製の**高力ボルト**（high-strength bolt）には，図 10.11 に示すように，JIS で規定された高力六角ボルトと日本鋼構造協会が制定したトルシア形高力ボルトがある．これ以外にも耐食性を付与した溶融亜鉛めっき高力ボルト，ステンレス鋼高力ボルトなどがあり，関連団体が製品規格を定めている．これらの高力ボルトの基本的な性質は JIS の高力六角ボルトと同じであるので，ここでは JIS 高力六角ボルトを中心に説明する．

（a）高力六角ボルト　　（b）トルシア形高力ボルト

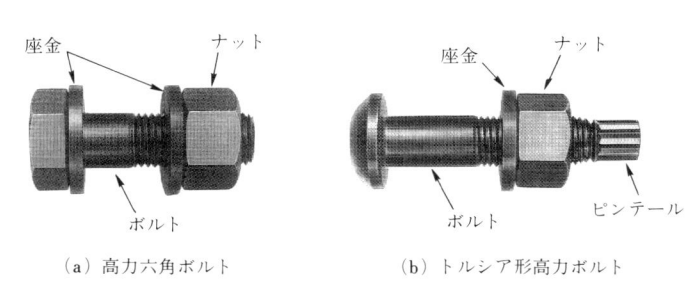

図 10.11　高力ボルト

**高力六角ボルト**はナットおよび座金と合わせたセットで JIS B 1186（摩擦接合用高力六角ボルト・六角ナット・平座金のセット）にまとめて規定されている．普通のボルトと違ってセットで規定されているのは，導入軸力の管理に関わるトルク係数がボルトだけでなくナットと座金の品質が関係するからである．JIS の高力六角ボルトは，図 10.12 に示すように，ボルト 1 本につきナット 1 個と平座金 2 枚で構成される．高力ボルトのねじは，ボルトと同様，メートル並目ねじである．また，呼び径（ねじ部の外径）と円筒部の径が等しいので，

両者を区別せず，単に**軸径**（軸部の径）ということが多い．

高力ボルトのセットは構成部品の組合せによって表 10.1 のように 1 種，2 種，3 種があり，さらにそれぞれがトルク係数値によって A と B に分けられている．A と B の違いはナット・座金の表面処理の違いによる．A は一般にボンデ処理を施してトルク係数の低減と安定化を図ったものである．な

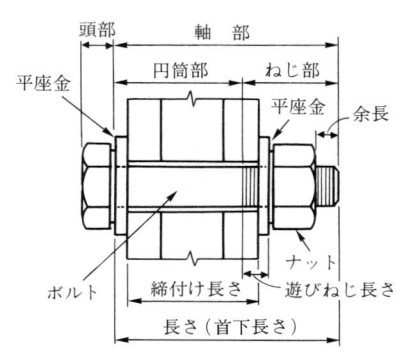

図 10.12 高力六角ボルトの締付け状態

お，3 種の F 11 T ボルトは**遅れ破壊**（高い引張応力を受けた高張力鋼がある時間経過後に突然破断する現象）の危険があるためなるべく使用しないことになっている（かつて F13T の高力ボルトがあったが遅れ破壊が生じた事例により製造が中止された）．また，1 種の F 8 ナットは需要が少量であるという経済的な理由で括弧付きとなっている．F 8 T，F10T の F は Friction（摩擦）の頭文字で，8 や 10 は引張強さの下限値（従来単位の 8，10 tonf/cm$^2$，現行単位では 800，1,000 N/mm$^2$）を表し，T は Tensile strength の頭文字である．

表 10.1 高力六角ボルトの種類

| セットの種類 | | 構成部品の機械的性質による等級 | | |
|---|---|---|---|---|
| 機械的性質による種類 | トルク係数値による種類 | ボルト | ナット | 座金 |
| 1 種 | A | F 8 T | F10 (F 8) | F35 |
| | B | | | |
| 2 種 | A | F10T | F10 | |
| | B | | | |
| (3 種) | A | (F11T) | | |
| | B | | | |

（備考）　括弧内はなるべく使用しない．

高力ボルトの機械的性質に関する品質管理は，ボルトから削り出した円形断面の試験片の引張試験によって材料としての 0.2% オフセット耐力・引張強

さ・伸び・絞りを検査し，ボルト自体の引張試験によって製品としての引張耐力の検査を行っている．高力ボルトの成分は規定されていないが，ボルト頭の成形やねじの転造などの成形性がよく，熱処理で所定の機械的性質が得られるように，ボロンを添加した低炭素鋼が一般的となっている．高力ボルトは焼入れ・焼戻しの熱処理によって所定の性能を与えた調質高張力鋼であるので，施工時に溶接熱を加えたりすると変質してしまうので注意が必要である．

ナットはボルトを締め付けたときにねじ抜けしないように所定の強度が必要であり，それを**ロックウェル硬さ**（Rockwell hardness）で規定している．座金もボルトの締付けによってボルト頭とナットからの支圧力によってめり込んだりしないように硬さを規定している．F 35 の 35 はロックウェル硬さの最小値を表している．

高力ボルトはトルクを与え，トルクを管理することによって所定の張力を導入するので，**トルク**と**導入軸力**の関係は一定していなければならない．この関係は次式で表され，比例係数 $k$ を**トルク係数**という．

$$M_T = k \times (d \times T)/1{,}000 \tag{10.5}$$

ここで，$M_T$ はトルク（ナットを回転させる際に加えるねじりモーメントで単位は N・m），$d$ はボルトの呼び径（mm），$T$ はボルトに導入される軸力（N）である．トルク係数で分類されたセットの等級 A はトルク係数の 1 製品ロットの平均値が 0.110～0.150 で標準偏差が 0.010 以下と規定され，等級 B は同じく平均値が 0.150～0.190 で標準偏差が 0.013 以下となっている．A のほうが小さいトルクで導入軸力が得られる．

ボルトの長さは首下長さで規定する．首下長さは締め付ける板の厚さにボルトの呼び径で決まっている所定の長さ（平座金 2 枚の厚さ＋ナットの高さ－余長）を加えて算出する．ただし，ボルトの首下長さは 5 mm ピッチで製造されているので，設計寸法は算出寸法に最も近い製造長さとする．ただし，次に述べるトルシア形高力ボルトは頭側に座金を使用しないため，首下長さは高力六角ボルトより 5 mm 短くする．

以上の JIS による高力六角ボルトのほかに，日本鋼構造協会規格 JSS II 09（構造用トルシア形高力ボルト・六角ナット・平座金のセット）があり，JIS の 2 種（F10T）に相当するものが使われている．この**トルシア形高力ボルト**は，

前出図 10.11 (b) に示すように，ボルトねじ部の先端に付いたピンテールの破断によってトルクを管理することができ，JIS の高力六角ボルトよりも普及している．トルシア形高力ボルトの頭は半球状をしており，頭の側には座金を使用しないので，1 セットはボルト 1 本，ナット 1 個，座金 1 枚で構成される．なお，設計においては，トルシア形高力ボルトは JIS の高力六角ボルト F10T と同じ性能をもっているものとして扱われる．

## 10.4 リベット・ボルトの設計耐力

### 10.4.1 せん断接合

リベット・ボルトをせん断接合に使用するときは支圧状態になるので，リベット・ボルトの軸断面（軸部の断面）がせん断力を受ける．このとき，せん断応力度がリベット・ボルトの降伏せん断強さ $\tau_y$ あるいは最大せん断強さ $\tau_u$ に達したときをもって，それぞれ降伏せん断耐力と最大せん断耐力とする．設計では，リベット・ボルトの基準強度 $F$ と $F_u$ を用いて，$\tau_y = F/\sqrt{3}$, $\tau_u = F_u/\sqrt{3}$ とする．係数 $1/\sqrt{3}$ はミーゼスの降伏条件を適用したものである．$F$ と $F_u$ は表 10.2 に示すように，リベット・ボルトの降伏強さと引張強さの規格最小値に基づいて定められている．

1 本のリベット・ボルトの 1 せん断面の**降伏せん断耐力** $q_y$ と**最大せん断耐力** $q_u$ は次式で表される．許容応力度設計では，$q_y$ を**短期許容せん断耐力**，$q_y/1.5$ を**長期許容せん断耐力**とする．

$$\text{降伏せん断耐力}: q_y = \frac{F}{\sqrt{3}} A_b \tag{10.6}$$

$$\text{最大せん断耐力}: q_u = \frac{F_u}{\sqrt{3}} A_b \tag{10.7}$$

（ただし，せん断面がねじ部にあるときは $A_b$ を $A_e$ とする）

ここで，$A_b$ はリベット・ボルトの軸断面積で，$A_b = (\pi/4)d^2$ である．リベットの $d$ はリベット打ちの前の公称軸径で，ボルトの $d$ は呼び径である．ただし，ボルトのせん断面がねじ部にあるときは $A_b$ の代わりに有効断面積 $A_e$ を用いなければならない．ねじ部の有効断面積は後出表 10.3 の数値となるが，メー

表 10.2 リベット・ボルト・高力ボルトの設計基準強度

| ファスナ | 強度区分 | $F$ (N/mm$^2$) | $F_u$ (N/mm$^2$) | JIS規格(最小値) (N/mm$^2$) | |
|---|---|---|---|---|---|
| | | | | 降伏強さ | 引張強さ |
| リベット | SV330 (SV34) | 235 (2.4 t/cm$^2$) | 330 (3.4 t/cm$^2$) | — | 330 (34 kg/mm$^2$) |
| | SV400 (SV41) | | 400 (4.1 t/cm$^2$) | — | 400 (41 kg/mm$^2$) |
| ボルト (仕上げ: 中以上) | 4.6 | 240 | 400 | 240 | 400 |
| | 4.8 | | | 340 | 420 |
| | 5.6 | 300 | 500 | 300 | 500 |
| | 5.8 | | | 420 | 520 |
| | 6.8 | 420 | 600 | 480 | 600 |
| | 4 T | 240 (2.4 t/cm$^2$) | 400 (4.1 t/cm$^2$) | 226 (23 kg/mm$^2$) | 392 (40 kg/mm$^2$) |
| 高力ボルト | F8T | 640 | 800 | 640 | 800 |
| | F10T | 900 | 1,000 | 900 | 1,000 |
| | (F11T) | 950 | 1,100 | 950 | 1,100 |

トル並目ねじに成り立つ近似式 $A_e=0.75A_b$ の関係を用いてもよい.

　リベットが使われていた頃,短期許容せん断耐力 $q_y$ は,SV 34, SV 41 ともに $F/\sqrt{3}$ の代わりに 1.8 tonf/cm$^2$(長期は 1.2 tonf/cm$^2$)を用いて算定していた.当時は,終局耐力設計の手法がまだなかったので,$q_u$ の算定法は決められていなかった.

　ボルトについては,かつて 4 T 中ボルトの短期許容せん断耐力 $q_y$ を,$F/\sqrt{3}$ の代わりに 1.35 tonf/cm$^2$(長期は 0.9 tonf/cm$^2$)を用いて算定していた.法改正にともなう告示(2001年)で,ボルトの強度区分に応じて基準強度($F$値)が与えられたので,それを用いて上式により $q_y$ を計算すればよい.

### 10.4.2 引張接合

　リベット・ボルトを引張接合に使用するときは,リベット・ボルトの軸断面が外力と等しい引張力を受けるものとして設計する.このとき,引張応力度がリベット・ボルトの降伏強さ $\sigma_y$ あるいは引張強さ $\sigma_u$ に達したときをもって,

それぞれ降伏引張耐力と最大引張耐力とする．設計では，$\sigma_y$ と $\sigma_u$ の代わりにそれぞれ基準強度 $F$ と $F_u$ を用いる．

したがって，1本のリベット・ボルトの**降伏引張耐力** $p_y$ と**最大引張耐力** $p_u$ は次式で表される．許容応力度設計では，$p_y$ を**短期許容引張耐力**，$p_y/1.5$ を**長期許容引張耐力**とする．

$$降伏引張耐力: \quad p_y = F A_e \tag{10.8}$$

$$最大引張耐力: \quad p_u = F_u A_e \tag{10.9}$$

ここで，$A_e$ は有効断面積であるが，リベットでは軸断面積 $A_b = (\pi/4)d^2$ を用いてよい（$d$ はリベット打ちの前の公称軸径）．ボルトでは，表 10.3 の値あるいは $A_e = 0.75 A_b = 0.75(\pi/4)d^2$ としてよい（$d$ は呼び径）．

リベットが使われていたとき，短期許容引張耐力 $p_y$ は SV 34，SV 41 ともに $F$ の代わりに $2.4\,\text{tonf/cm}^2$（長期は $1.6\,\text{tonf/cm}^2$）としていた．なお，せん断接合と同様に，当時，リベットの $p_u$ は決められていなかった．

ボルトについては，かつて 4T 中ボルトの短期許容引張耐力 $p_y$ を，$F$ の代わりに $1.8\,\text{tonf/cm}^2$（長期は $1.2\,\text{tonf/cm}^2$）を用い，軸断面積 $A_b$ を乗じて算定していた．法改正にともなう告示（2001年）で，ボルトの強度区分に応じて基準強度（$F$ 値）が与えられたので，それを用いて上式により $p_y$ を計算すればよい．

### 10.4.3 引張とせん断の組合せ

引張力 $p$ とせん断力 $q$ を同時に受けるリベット・ボルトが降伏しない条件は，応力度で表示すると次式で表される[10.3]．

$$\sigma \leq 1.4\sigma_y - 1.6\tau \qquad ただし，\sigma \leq \sigma_y,\ \tau \leq \tau_y \tag{10.10}$$

これは，ミーゼスの降伏条件 $\sigma^2 + 3\tau^2 \leq \sigma_y^2$ を直線近似したものである．両辺を $1.4\sigma_y (=1.4\sqrt{3}\tau_y)$ で除し，分母分子に断面積を乗じて整理すると次式が得られる．

$$\frac{p}{1.4 p_y} + \frac{1.6 q}{1.4\sqrt{3}\, q_y} \leq 1 \qquad ただし，p \leq p_y,\ q \leq q_y \tag{10.11}$$

引張力 $p$ とせん断力 $q$ を同時に受けるリベット・ボルトが破断しない条件は，次の円による相関式が用いられている[1.4]．

$$\left(\frac{p}{p_u}\right)^2+\left(\frac{q}{q_u}\right)^2\leq 1 \qquad (10.12)$$

## 10.5 高力ボルトの設計耐力

### 10.5.1 設計耐力の考え方

　許容応力度設計法で高力ボルト接合を設計するとき，摩擦接合ではすべり耐力に基づき，引張接合では離間耐力に基づき，それぞれ短期許容応力度または高力ボルト1本当たりの短期許容耐力を定めている．長期許容応力度または高力ボルト1本当たりの長期許容耐力は，短期の値を安全率1.5で除したものとしている．一方，塑性設計では，接合される部材が全塑性状態に達し十分な塑性変形能力を発揮するまで高力ボルト接合部が破壊しないように設計されるので，それに合わせて摩擦接合では最大せん断耐力，引張接合では最大引張耐力を用いる．

### 10.5.2 摩 擦 接 合

　10.2.3項で述べたように，摩擦接合のすべり耐力は高力ボルトの導入軸力と摩擦面のすべり係数に左右される．設計すべり耐力を算定する際の導入軸力を**設計ボルト張力**と呼んでおり，次のように定めている．

$$1 種 (\text{F8T}) に対して，T_0=0.85FA_e \qquad (10.13\text{a})$$
$$2 種 (\text{F10T}) に対して，T_0=0.75FA_e \qquad (10.13\text{b})$$

ここで，$F$ は高力ボルトの基準強度で降伏強さの規格最小値を採用する．$A_e$ は高力ボルトのねじ部の有効断面積で，メートル並目ねじの寸法（JIS B 0205）を用いて JIS B 1082（ねじの有効断面積及び座面の負荷面積）の算定方法で計算される．上式において F8T より F10T のほうが係数が小さいのは，後者のほうが降伏比が高く降伏後の余耐力が小さいことを考慮したものである．

　表 10.3 に高力ボルトのねじ部有効断面積と軸部断面積を示す（これはメートル並目ねじのボルトも同じである）．F8T と F10T の $F$ にそれぞれ 640 N/mm$^2$ と 900 N/mm$^2$ を代入し，従来から用いられている有効断面積 $A_e$ と軸断面積 $A_b$ の近似式 $A_e=0.75A_b$ を上式に代入すると次式が得られる．式中の $T_0$

表 10.3 ボルト・高力ボルトの軸断面積と有効断面積（メートル並目ねじ）

| ねじの呼び | M12 | M16 | M20 | M22 | M24 | M27 | M30 |
|---|---|---|---|---|---|---|---|
| 軸断面積（$mm^2$） | 113 | 201 | 314 | 380 | 452 | 573 | 707 |
| 有効断面積（$mm^2$） | 84.3 | 157 | 245 | 303 | 353 | 459 | 561 |

と $A_b$ の単位はそれぞれ N と $mm^2$ である.

$$1 種（F8T）に対して，T_0 = 400 A_b \tag{10.14a}$$

$$2 種（F10T）に対して，T_0 = 500 A_b \tag{10.14b}$$

施工に際しては，ばらつきや**リラクセーション**（relaxation）（時間とともに導入軸力が減少していく現象）を考慮して設計ボルト張力の1割増しの張力を導入する．これを**標準ボルト張力**と呼んでいる．表 10.4 に設計ボルト張力と標準ボルト張力の値を示す.

表 10.4 高力ボルトの設計ボルト張力と標準ボルト張力（kN）

| 張力 | 強度区分 | ねじの呼び | | | | | | |
|---|---|---|---|---|---|---|---|---|
| | | M12 | M16 | M20 | M22 | M24 | M27 | M30 |
| 設計ボルト張力 ($T_0$) | F8T | 45.2 | 80.4 | 126 | 152 | 181 | 229 | 283 |
| | F10T | 56.5 | 101 | 157 | 190 | 226 | 286 | 353 |
| 標準ボルト張力 ($1.1 \times T_0$) | F8T | 49.8 | 88.5 | 138 | 167 | 199 | 252 | 311 |
| | F10T | 62.2 | 111 | 173 | 209 | 249 | 315 | 389 |

すべり係数は所定の摩擦面処理を施した一般の構造用鋼材に対して 0.45 としている．ただし，摩擦面処理を行わない軽量形鋼では $0.225^{10.5)}$，溶融亜鉛メッキ鋼材では $0.4^{10.8)}$，ステンレス鋼では特殊な摩擦面処理により $0.45^{10.9)}$ である．すべり係数 0.45 を用いると，すべり耐力すなわち短期許容耐力は高力ボルト1本の1摩擦面について次式で与えられる．

1種（F8T）に対して

$$q_s = 0.45 \times T_0 = 0.45 \times 400 A_b = 180 A_b \tag{10.15a}$$

2種（F10T）に対して

$$q_s = 0.45 \times T_0 = 0.45 \times 500 A_b = 225 A_b \tag{10.15b}$$

この式は，軸断面積に関する短期許容応力度が F8T と F10T についてそれ

それ 180 N/mm², 225N/mm²(長期許容応力度はその 2/3 であるので F8T と F10T についてそれぞれ 120 N/mm², 150 N/mm²)となることを表している.上式を用いて,高力ボルトの 1 本当たりの許容耐力を計算したものが表 10.5 に一覧表になっている.

表 10.5 高力ボルト摩擦接合のボルト 1 本当たりの許容耐力と最大耐力(kN)

| 強度区分 | ねじの呼び | 長期許容せん断耐力 | | 短期許容せん断耐力 | | 最大せん断耐力 | |
|---|---|---|---|---|---|---|---|
| | | 1面摩擦 | 2面摩擦 | 1面摩擦 | 2面摩擦 | 1面せん断 | 2面せん断 |
| F8T | M12 | 13.6 | 27.1 | 20.4 | 40.7 | 52.2 | 104 |
| | M16 | 24.1 | 48.3 | 36.2 | 72.4 | 92.9 | 186 |
| | M20 | 37.7 | 75.4 | 56.5 | 113 | 145 | 290 |
| | M22 | 45.6 | 91.2 | 68.4 | 137 | 176 | 351 |
| | M24 | 54.3 | 109 | 81.4 | 163 | 209 | 418 |
| | M27 | 68.7 | 137 | 103 | 206 | 264 | 529 |
| | M30 | 84.8 | 170 | 127 | 254 | 326 | 653 |
| F10T | N12 | 17.0 | 33.9 | 25.4 | 50.9 | 65.3 | 131 |
| | M16 | 30.2 | 60.3 | 45.2 | 90.5 | 116 | 232 |
| | M20 | 47.1 | 94.2 | 70.7 | 141 | 181 | 363 |
| | M22 | 57.0 | 114 | 85.5 | 171 | 219 | 439 |
| | M24 | 67.9 | 136 | 102 | 204 | 261 | 522 |
| | M27 | 85.9 | 172 | 129 | 258 | 331 | 661 |
| | M30 | 106 | 212 | 159 | 318 | 408 | 816 |

高力ボルト摩擦接合部にすべり耐力以上のせん断力が作用するとすべりが生じる.その後は支圧状態となり,高力ボルトにせん断力が作用する.このときの,高力ボルトの最大せん断耐力はボルト 1 本の 1 せん断面につき次式で与えられる.

$$q_u = \frac{F_u}{\sqrt{3}} A_b \tag{10.16}$$

ここで,$A_b$ は高力ボルトの軸断面積,$F_u$ は高力ボルトの引張強さの規格最小値である.これは,せん断面が円筒部にあることを前提にしており,ねじ部にあるときは耐力が低下する.ただし,高力ボルト接合部でボルトのせん断で最大耐力が決まるのは被接合材が厚い場合であり,そのようなときはせん断面がたいてい円筒部にある.F8T と F10T の $F_u$ にそれぞれ 800 N/mm²,1,000 N/mm² を代入して計算される最大せん断耐力を表 10.5 にあわせて掲載して

おいた．

### 10.5.3 引張接合

10.2.4 項で述べた引張接合の理論と実験的検証に基づき，高力ボルト 1 本につき設計用離間耐力を次式のように導入軸力の約 90% としている．

$$p_{sep} \cong 0.9 T_0 \qquad (10.17)$$

これに式（10.14 a, b）を代入し，数字を少し調整して，設計用離間耐力を次式で算定している[10.3]．

1 種（F8T）に対して，$p_{sep} = 375 A_b$ (10.18 a)

2 種（F10T）に対して，$p_{sep} = 465 A_b$ (10.18 b)

この式は，軸断面積に関する短期許容応力度が F8T と F10T についてそれぞれ 375 N/mm², 465 N/mm²（長期許容応力度はその 2/3 であるので F8T と F10T についてそれぞれ 250 N/mm², 310 N/mm²）となることを表している．上式を用いて，高力ボルトの 1 本当たりの許容引張耐力を計算したものが表 10.6 に一覧表になっている．

引張接合における高力ボルトの最大耐力はねじ部の破断で決まり，次式で与えられる．

**表 10.6** 高力ボルト引張接合のボルト 1 本当りたの許容耐力と最大耐力（kN）

| 強度区分 | 呼び径 | 長期許容引張耐力 | 短期許容引張耐力 | 最大引張耐力 |
|---|---|---|---|---|
| F8T | M12 | 28.3 | 42.4 | 67.9 |
|  | M16 | 50.3 | 75.4 | 121 |
|  | M20 | 78.5 | 118 | 188 |
|  | M22 | 95.0 | 143 | 228 |
|  | M24 | 113 | 170 | 271 |
|  | M27 | 143 | 215 | 344 |
|  | M30 | 177 | 265 | 424 |
| F10T | M12 | 35.1 | 52.6 | 84.8 |
|  | M16 | 62.3 | 93.5 | 151 |
|  | M20 | 97.4 | 146 | 236 |
|  | M22 | 118 | 177 | 285 |
|  | M24 | 140 | 210 | 339 |
|  | M27 | 177 | 266 | 429 |
|  | M30 | 219 | 329 | 530 |

$$p_u = F_u A_e = 0.75 F_u A_b \qquad (10.19)$$

第 3 項は近似式 $A_e = 0.75 A_b$ を用いたものである．F8T と F10T の $F_u$ としてそれぞれ 800 N/mm², 1,000 N/mm² を用い，式（10.19）の第 3 項で計算される高力ボルトの最大引張耐力を表 10.6 に合わせて掲載しておいた．

### 10.5.4 引張とせん断の組合せ

引張力とせん断力を同時に受ける高力ボルト摩擦接合にすべりが生じない条件は次式で表される[10.3]。

$$q \leq \left(1 - \frac{p}{T_0}\right) q_s \tag{10.20}$$

ここで，$q$ は高力ボルト1本の1摩擦面に作用するせん断力，$p$ は高力ボルト1本に作用する引張力，$q_s$ は式（10.15a, b）によるすべり耐力，$T_0$ は設計ボルト張力である．この式は，材間の圧縮力が引張力の分だけ失われることを前提にしたものである（10.2.4項で述べた引張接合の原理による式（10.3b）から安全側の設定となっていることがわかる）．なお，長期荷重に対する許容せん断耐力は式（10.20）の右辺を1.5で除したものとなる．

引張力 $p$ とせん断力 $q$ を同時に受ける高力ボルトが破断しない条件は，高力ボルトが支圧状態となるので，ボルトと同様に次の相関式が用いられている[10.4]。

$$\left(\frac{p}{p_u}\right)^2 + \left(\frac{q}{q_u}\right)^2 \leq 1 \tag{10.21}$$

## 10.6 ファスナの標準配置と孔径

ファスナの配置や孔径などの接合ディテールは，接合部の強度と剛性および施工性を考えて設計者が適切に判断して設計図面に表現しなければならない．しかし，実際にはその判断が難しいことが多いため，標準的な接合規則が用いられている．構造耐力上主要な部材の接合部ではファスナを2本以上配置する**最小接合規定**のほか，以下で述べるピッチや縁端距離などの規定は，リベット接合の研究と施工実績に基づく古くからの慣習がボルトおよび高力ボルトに踏襲されたものであり[10.2〜10.5]，この推奨規定が個々の接合部に適合するかどうかについては設計者が判断する必要がある．

図10.13に示すように，応力方向に並んだファスナ孔の中心間距離を**ピッチ**（pitch）という．ピッチが小さすぎるとボルトの締付け作業ができなくなったり，応力伝達が円滑でなくなるので，ピッチはファスナの呼び径の2.5倍以上

図 10.13 ファスナの配置

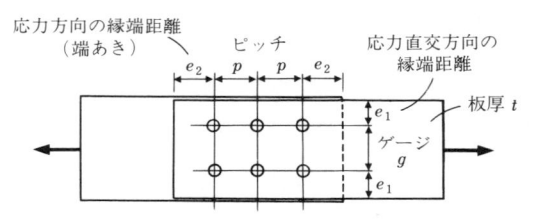

$p, g \geq 2.5 \times$ ファスナ径
$e_1, e_2 \geq$ 表10.7 の値
応力方向のファスナが 2 本以下のときの $e_2 \geq 2.5 \times$ ファスナ径
$e_1, e_2 \leq 12\,t$（軽量形鋼では $20\,t$）かつ $150\,\text{mm}$

としている．ただし，ピッチが大きすぎると接合部が長くなりすぎて不経済となる．また，組立圧縮材ではファスナ間で被接合材が座屈する恐れがあるので，ピッチは最小板厚の $330/\sqrt{F}$ 倍以下かつ $300\,\text{mm}$ 以下となっている．

応力方向と直交するファスナ孔の中心間距離を**ゲージ**（gauge）といい，ピッチと同様，呼び径の 2.5 倍以上となるようにファスナを配置する．

被接合材の応力方向の側縁にもっとも近いファスナ孔の中心から側縁までの距離を**応力直交方向の縁端距離**という（**へりあき**ともいう）．縁端距離が小さすぎると，応力伝達が円滑でなくなり，また被接合材が早期に降伏あるいは破断する恐れがあるので，表 10.7 に示す最小縁端距離が設定されている．ただし，縁端距離が大きすぎると，ファスナの頭あるいはナット側の座金に接する板が反って隙間ができる恐れがあるので，板厚の 12 倍（軽量形鋼では 20 倍）かつ $15\,\text{cm}$ を縁端距離の最大値としている．

表 10.7 最小縁端距離

| ファスナ径 (mm) | 縁端の種類 | |
|---|---|---|
| | せん断縁・手動ガス切断縁 | 圧延縁・自動ガス切断縁・のこ引き縁・機械仕上縁 |
| 10 | 18 | 16 |
| 12 | 22 | 18 |
| 16 | 28 | 22 |
| 20 | 34 | 26 |
| 22 | 38 | 28 |
| 24 | 44 | 32 |
| 27 | 49 | 36 |
| 30 | 54 | 40 |

被接合材の端から最後尾のファスナ孔の中心までの距離を**応力方向の縁端距離**あるいは**端あき**という．端あきが小さすぎると端抜け破断が生じやすくなる

ので，前出表 10.7 の最小縁端距離の規定に従うのがよい．ただし，応力方向のファスナが 2 本以下のときには，端あきをファスナの呼び径の 2.5 倍以上としている．一方，端あきが大きすぎると縁端距離と同様の問題が生じるので，板厚の 12 倍（軽量形鋼では 20 倍）かつ 15 cm を端あきの最大値としている．

ファスナの**孔径**は小さすぎると施工が困難となり，大きすぎると締付けや応力伝達に支障が生じる．リベットの孔径は JIS B 1214 により，呼び径が 16 mm までは 1.0 mm，呼び径が 18〜28 mm では 1.5 mm，呼び径が 30 mm 以上では 2.0 mm を呼び径に加えたものとしている．ボルトの孔径は呼び径に 0.5 mm を加えたものとしている（建築基準法施行令では，呼び径に 1.0 mm を加えた値以下とし，呼び径が 20 mm 以上では構造耐力上支障が生じない限りにおいて 1.5 mm まで呼び径に加えることを許容している）．高力ボルトにおいては呼び径が 27 mm 未満では呼び径に 2.0 mm を加えたもの，呼び径が 27 mm 以上では呼び径に 3.0 mm を加えたものとしている．

**孔あけ加工**の方法には，ドリル加工，せん断加工，ガス加工の 3 種類がある．**ドリル孔あけ**は，螺旋状のバイトをもつドリルを板に垂直に加圧しながら回転させて円形の切削加工を行うもので，もっとも精度が高く仕上りがよい．**せん断孔あけ**は，ポンチとダイスの間に板を置き，ポンチを押し込むことによって孔を打ち抜く方法で，比較的薄い板の孔あけに用いられる．せん断破壊した孔の周辺は塑性加工によって硬化し，孔壁の仕上がりは粗い．垂れやばりの発生により孔周辺の平滑さが損なわれやすいので，高力ボルト接合ではせん断孔あけを原則禁止している．**ガス孔あけ**は，ガス切断による方法で，アンカーボルトの孔など比較的大径の孔あけに用いられる．

## 10.7 併用継手

### 10.7.1 異種ファスナの併用

リベット，ボルト，高力ボルトによる継手の剛性は，高力ボルトが最も高く，次いでリベット，ボルトとなる．適切な「かしめ」がされているリベットにはリベットの収縮過程でかなり大きな張力が導入され，高力ボルト接合に近い剛性が得られることが知られている．1 つの継手に異なるファスナを併用したと

きは剛性の高い部分に応力が集中するので，これを考慮してファスナの応力分担を定める必要がある．

　許容応力度設計では，従来より次のような慣行で併用接合の設計が行われている．高力ボルトとボルトを併用するときは，高力ボルトにすべての応力を負担させる．高力ボルトとリベットを併用するときは，それぞれの許容耐力に応じて応力を分担させることができる．リベットとボルトを併用するときは，リベットにすべての応力を負担させる．ただし，ボルト孔径を小さくした場合には（ボルトの軸径 +0.2 mm 以下），リベットまたは高力ボルトとの併用において許容耐力に応じて応力を分担させることができる．以上は，せん断接合と引張接合に共通で，高力ボルトは締め付けて使用する場合である．

　塑性設計で接合部の最大耐力を算定するときには，ファスナの変形能力の違いを考慮して，耐力を加算する必要がある．高力ボルトはリベットやボルトよりも最大耐力におけるせん断変形や伸び変形が小さいことを考慮すると，高力ボルトをリベットまたはボルトと併用した継手では，高力ボルトだけで最大耐力を算定するのがよい．また，リベットとボルトを併用したせん断接合においても，終局状態でボルトがせん断耐力を発揮するには，ボルトと孔との隙間の分だけすべる必要があり，そのときまでリベットの耐力が維持できる保証がないので，リベットのみで最大せん断耐力を計算するのがよい．引張接合では，リベットとボルトの伸び能力を同等と見なせれば，両者の最大耐力を累加することができる．

### 10.7.2　ファスナと溶接の併用

　ファスナを隅肉溶接と併用する場合には，両者の剛性の違いを考慮して応力分担を考えなければならない．隅肉溶接はボルトより剛性が高いので，隅肉溶接とボルトの耐力を加算することはできず，隅肉溶接だけで許容耐力あるいは最大耐力を算定する必要がある．孔が充填されて適切にかしめられたリベットと隅肉溶接の併用については，両者の耐力を加算することができる．

　高力ボルト摩擦接合と隅肉溶接を併用したときは，溶接をボルト締めの後で行った場合に限り，すべり耐力の算定において，両者の許容耐力を累加することができるが，そうでない場合は全応力を溶接に負担させる．これは，比較的

薄い鋼板が多く使われる建築鉄骨では，溶接による熱変形が適切なボルト締めを阻害する可能性があることに配慮したものである．溶接熱変形の恐れのない厚肉部材では，両者の許容耐力を累加してもよいであろう．最大耐力の算定においては，高力ボルト接合部がすべったあとの支圧状態になるまで隅肉溶接が追随できることが保証できないので，高力ボルト接合のすべり耐力と隅肉溶接の最大耐力を加算したものを最大耐力とする．

## 10.8 高力ボルト接合の設計

設計例で高力ボルト接合の理解を深めることにしよう．ここでは，ボルトの必要本数とボルトプランについて扱い，被接合材の設計については省略する（4 章と 12 章を参照）．

### （例題-1） 曲げ・圧縮・せん断を受ける摩擦接合の許容耐力

図 10.14 (a) の柱 H-400×400×13×21（SN490B）の接合部を高力ボルト摩擦接合によって設計してみよう．曲げモーメント $M=500 \text{ kN·m}$，圧縮軸力 $N=2,000 \text{ kN}$，せん断力 $Q=300 \text{ kN}$ は短期荷重によるものとし，摩擦接合にすべりが生じないように設計（許容応力度設計）するものとする．柱のフランジとウェブに生じている応力をそれぞれの接合部で分担し，接合部に円滑に応力

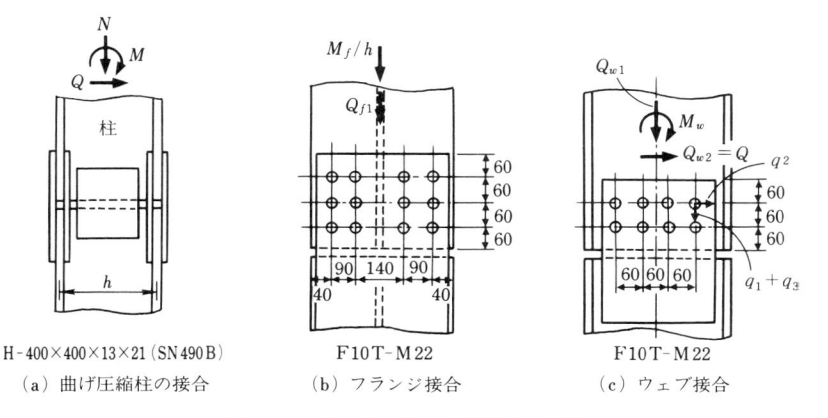

図 10.14 柱の高力ボルト摩擦接合の例題

(a) 曲げ圧縮柱の接合　H-400×400×13×21 (SN490B)
(b) フランジ接合　F10T-M22
(c) ウェブ接合　F10T-M22

が伝達されるように設計する.

まず,圧縮軸力はフランジ2枚とウェブの断面積 ($2A_f=2\times 84\text{ cm}^2$, $A_w=47\text{ cm}^2$) の比で配分されると考えると,それぞれの接合部が負担する軸力(摩擦接合ではせん断力となる)は

$$Q_{f1}=N\times\frac{A_f}{2A_f+A_w}=781\text{ kN}, \quad Q_{w1}=N\times\frac{A_w}{2A_f+A_w}=438\text{ kN}$$

である.次に,せん断力 $Q$ は H 形鋼のせん断応力度分布に基づきウェブだけで負担すると考え

$$Q_{w2}=Q=300\text{ kN}$$

とする.曲げモーメントは $M=EI\phi$ の関係よりフランジとウェブの断面2次モーメント ($2I_f=60,400\text{ cm}^4$, $I_w=5,000\text{ cm}^4$) の比で分配されると考えると,それぞれが負担する曲げモーメントは

$$M_f=M\times\frac{2I_f}{2I_f+I_w}=462\text{ kN}\cdot\text{m}, \quad M_w=M\times\frac{I_w}{2I_f+I_w}=38\text{ kN}\cdot\text{m}$$

以上より,フランジ継手に生じるせん断力は

$$Q_f=Q_{f1}+\frac{M_f}{h}=781+\frac{46,200}{40-2.1}=2,000\text{ kN}$$

となる.高力ボルトとして F10T-M22 を使用すると,必要本数は

$$n_f=\frac{Q_f}{mq_s}=\frac{2,000}{2\times 85.5}=11.7\rightarrow 12$$

となる.これより,図 (b) のようにフランジ継手は12本のボルトプランとなる.

ウェブについては,曲げモーメントによるせん断力の分担がボルトプランに依存するので,まず,軸力とせん断力だけで必要ボルト本数を仮に計算してみる.上で求めた $Q_{w1}$ と $Q_{w2}$ の向きが直交していることに注意し,同じく F10T-M22 を使用するとすれば

$$n_w'=\frac{\sqrt{Q_{w1}^2+Q_{w2}^2}}{mq_s}=\frac{\sqrt{438^2+300^2}}{2\times 85.5}=3.1\rightarrow 4$$

となる.曲げが加わることを考慮して図 (c) のように4本×2列のボルトプランを仮定してみる.このボルト群に曲げが作用したとき,中立軸からの距離に

## 10.8 高力ボルト接合の設計

比例するせん断力を各ボルトが負担する（ボルト群の回転中心からの距離に比例するという考えもあるが計算はやや複雑になる）．ウェブボルト群の2次モーメントは，ボルトの軸断面積を $A_b$ とすると

$$I = 2 \times (9^2 \times 2 + 3^2 \times 2) A_b = 360 A_b \text{ (cm}^4\text{)}$$

であるので，一番外にあるボルトに次の最大せん断力が作用する．

$$q_3 = M_w \frac{A_b}{I/9} = 3{,}800 \times \frac{9}{360} = 95.0 \text{ kN}$$

軸力とせん断力による各ボルトのせん断力はそれぞれ

$$q_1 = \frac{Q_{w1}}{n_w} = \frac{438}{8} = 54.8 \text{ kN}, \quad q_2 = \frac{Q_{w2}}{n_w} = \frac{300}{8} = 37.5 \text{ kN}$$

であるので，すべての合力を向きを考えて計算すると

$$q = \sqrt{q_2^2 + (q_1 + q_3)^2} = \sqrt{37.5^2 + (54.8 + 95.0)^2} = 154 \text{ kN}$$

となる．すべり耐力は $mq_s = 2 \times 85.5 = 171$ kN であるので，すべらないことが確認できる．以上より，図(b)，(c)に示したボルトプランで合格となる．なお，この接合部では，合計64本（12×2×2+8×2）の高力ボルトを用いることになる．

### （例題-2） 曲げを受ける摩擦接合の最大耐力

図10.15(a)の梁 H-600×200×11×17（SN400B）の接合部を高力ボルト摩擦接合によって設計してみよう．このとき，曲げモーメント $M = 860$ kN·m とせん断力 $Q = 350$ kN は保有耐力接合を満たすために必要な終局荷重とし，こ

H-600×200×11×17(SN400B)　　F10T-M22　　F10T-M22
(a) 梁の接合　　　　　　(b) フランジ接合　　(c) ウェブ接合

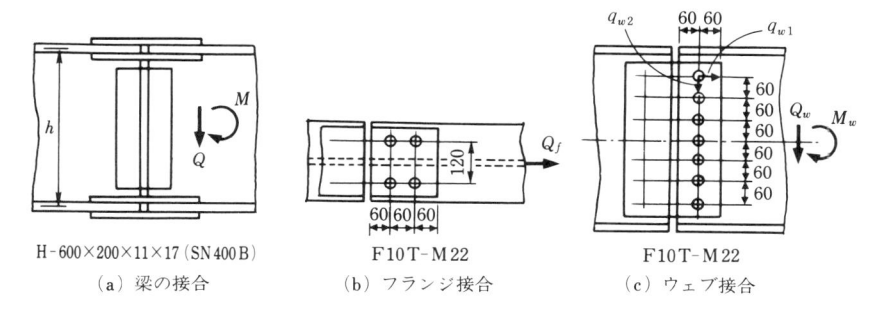

**図 10.15** 梁の高力ボルト摩擦接合の例題

れに対して高力ボルトが破断しないように設計するものとする．全塑性状態となっている梁のフランジとウェブに生じている応力をそれぞれの接合部で分担し，接合部に円滑に応力が伝達されるように配慮する．

曲げモーメントは $M=\alpha M_p=\alpha\sigma_y Z_p$ の関係よりフランジとウェブの塑性断面係数 ($Z_{pf}=1,980\ \mathrm{cm}^4$, $Z_{pw}=880\ \mathrm{cm}^4$) の比で分配されると考えると，フランジとウェブが負担する曲げモーメントは

$$M_f = M \times \frac{Z_{pf}}{Z_{pf}+Z_{pw}} = 595\ \mathrm{kN\cdot m}, \quad M_w = 265\ \mathrm{kN\cdot m}$$

となる．よって，フランジ継手に生じるせん断力は

$$Q_f = \frac{M_f}{H-t_f} = \frac{59,500}{60-1.7} = 1,020\ \mathrm{kN}$$

となる．高力ボルトとしてF10T-M22を使用すると，必要本数は

$$n_f = \frac{Q_f}{mq_u} = \frac{1,020}{2\times 219} = 2.3 \rightarrow 3$$

となる．これより，図 (b) のようにフランジ継手は4本のボルトプランとなる．

ウェブについては，曲げモーメントによるせん断力の分担がボルトプランに依存するので，図 (c) のように7本×1列を仮定してみる．曲げモーメント $M_w$ と鉛直方向のせん断力 $Q$ による高力ボルト1本の1せん断面当たりのせん断力 $q_{w1}$ と $q_{w2}$ は，すべてのボルトが最大耐力状態で同じ応力を分担すると考えると，次のようになる．

$$2q_{w1}(6+12+18)\times 2 = M_w = 26,500 \quad \therefore \quad q_{w1} = 184\ \mathrm{kN}$$

$$q_{w2} = \frac{Q}{mn} = \frac{350}{2\times 7} = 25\ \mathrm{kN}$$

両者の合力は

$$q_w = \sqrt{q_{w1}^2 + q_{w2}^2} = 186\ \mathrm{kN}$$

となる．高力ボルトとしてF10T-M22を使用したときの1せん断面当たりの最大耐力は，219kNであるので破断しないことが確認できる．以上より，図 (b), (c) のボルトプランで合格となり，この接合部には合計30本のボルトを用いることになる．ただし，すべりに対する検討が許容応力設計で別途必要で

あり，そのほうが多くのボルトを要することがある．

**（例題-3）　引張接合の許容耐力と最大耐力**

図 10.16 (a) の筋かい CT-75×150×7×10(SN400B) の端部接合部を高力ボルト引張接合によって設計してみよう．引張力 $P_1 = 430$ kN は短期荷重，$F_2 = 580$ kN は保有耐力接合を満たすための終局荷重とする．$P_1$ に対しては離間が生じないこと，$P_2$ に対してはボルト破断が生じないことを設計規範とする．

この接合部に作用する引張力はボルトの軸に対して傾いているので，ボルトには引張力と同時にせん断力が作用する．それぞれは筋かいの引張力の水平成分 $P_x$ と鉛直成分 $P_y$ である．

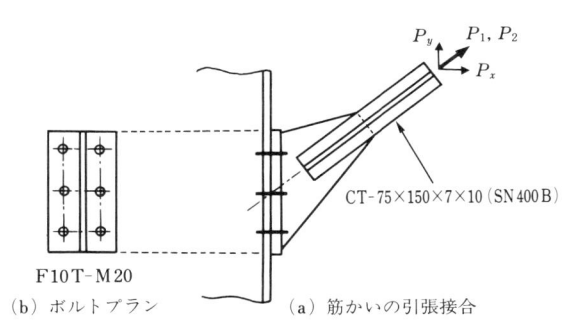

**図 10.16**　高力ボルト引張接合の例題
（b）ボルトプラン　　（a）筋かいの引張接合

まず，$P_1$ に対して離間が生じないためには，式 (10.20) より

$$\frac{P_{1y}/n}{q_s} + \frac{P_{1x}/n}{T_0} \leq 1$$

を満たさなければならないので，F10T-M20 を用いるとするとボルト本数 $n$ は次のように求められる．

$$n \geq \frac{P_{1y}}{q_s} + \frac{P_{1x}}{T_0} = \frac{P_1 \sin 30°}{q_s} + \frac{P_1 \cos 30°}{T_0}$$

$$\therefore \quad n \geq \frac{430/2}{70.3} + \frac{430\sqrt{3}/2}{157} = 3.04 + 2.37 = 5.4 \to 6$$

これより，図 (b) のようなボルトプランが決まる．

次に，$P_2$ に対してボルト破断が生じないためには，式 (10.21) より

$$\left(\frac{P_{2x}/n}{p_u}\right)^2+\left(\frac{P_{2y}/n}{q_u}\right)^2\leq 1$$

を満たさなければならないので，ボルト本数 $n$ は次のように求められる．

$$n\geq\sqrt{\left(\frac{P_{2x}}{p_u}\right)^2+\left(\frac{P_{2y}}{q_u}\right)^2}=\sqrt{\left(\frac{P_2\cos 30°}{p_u}\right)^2+\left(\frac{P_2\sin 30°}{q_u}\right)^2}$$

$$\therefore\ n\geq\sqrt{\left(\frac{580\sqrt{3}/2}{236}\right)^2+\left(\frac{580/2}{181}\right)^2}=\sqrt{(2.13)^2+(1.60)^2}=2.7\to 3$$

この場合のほうが，必要ボルト本数が少ないので，前述の離間耐力でボルト本数が決まることになる．

## 10.9 高力ボルト接合の施工

### 10.9.1 高力ボルトの管理

　高力ボルトは，打痕などの傷が付いたり錆や塵埃が付着するとトルク係数が変化し正しい締付け力が導入できなくなるので，丁寧に扱わなければならない．特に，ねじ部の保護と防湿には締付け作業のときだけでなく，運搬や保管の際にも注意が必要である．また，等級や径，長さを間違えて施工しないように，高力ボルトの梱包箱を現場で区分して整理しておくことが大切である．

### 10.9.2 締　付　け

　高力ボルトの締付け作業を行う前に，接合部は**仮ボルト**によって仮接合する．仮ボルトの役目は，鉄骨建方の工程で建入れ直しを行い所定の建方精度を確保した後，部材の位置を固定するためのものである．仮ボルトは接合面を密着させるに必要な本数を用い，一般に各接合部のボルト群の1/3以上かつ2本以上とする．仮ボルトは一般に中ボルトが使われ，後ですべて高力ボルトに置き換えられる．

　高力ボルトは標準ボルト張力をボルト群に均一に導入することが大切である．そのための標準的な締付け順序は，1つの接合部のボルト群に対して内側から外側に向かって締め付ける．この一連の締付け作業は次に述べる1次締めと本締めの2段階で行う．

　高力ボルトの**1次締め**は仮ボルトを順次取り外しながら挿入した高力ボルト

をスパナで手締めし，最後に1次締めトルクを与える．1次締めを行うのは，ボルトとナットあるいは板と板とのなじみにより締付けトルクと導入張力が比例関係にない初期の領域をカバーすることにある．1次締めトルクは標準ボルト張力の数分の1程度に相当するトルクを与えればよい（日本建築学会のJASS6[10.6]にボルト径に応じた目安が示されている）．締付け器具として，所定のトルクが得られるプレセット形トルクレンチがよく用いられている．

　1次締めを終えた高力ボルトは図10.17のように**マーキング**をしておく．このマークは白色ペイントを用い，ボルトのねじ先からナット，座金，被接合材までを1直線に引いた線である．このマークは1次締めの完了を示すとともに，本締めの際にマークのずれを調査して**共回り**（ナットの回転によってボルトあるいは座金が一緒に回ってしまう現象）の有無が確認でき，またナットの回転量の検査を行うことができる．

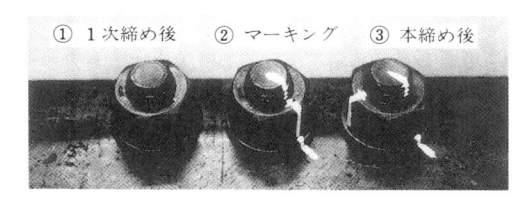

図 10.17　高力ボルトの締付け工程

　最後に，**本締め**を行い，高力ボルトに所要の標準ボルト張力を導入する．その方法としてトルクコントロール法とナット回転法がある．**トルクコントロール法**は，式（10.5）に基づき，所定の張力を導入するに必要なトルクを与えて締め付ける方法である．このとき，締付け器具（トルクレンチ，電動レンチ，空力式ニューマチックなど）のキャリブレーション（校正）試験を行う必要がある．すなわち，高力ボルトを軸力計にセットし，現場と同じ条件で締め付け，所定の軸力が得られるように締付け器具を調整しておく．

　一方，**ナット回転法**はナットの回転量と導入軸力の間にほぼ比例関係があることを利用して，ナットの回転量を管理して締め付ける方法である．ただし，その比例定数は，締付け長さやボルト径の影響を受け，一律に決まるものではない．その方法は，日本建築学会のJASS6[10.6]あるいは鉄骨工事技術指針[10.7]に詳しく解説されている．それによると，1次締め後，ナット回転量が120°（六

角ナットの2辺の中心角）となったところで，標準ボルト張力が得られるとしている．ただし，これは2種（F10T）に適用でき，ボルト長さがボルト径の5倍以下という条件が付いている．

トルシア形高力ボルトは，ねじ部の先端に付いたピンテールの破断によってトルクを管理することができ，トルクコントロール法の改良型である．ナットに与えるトルクの反力をピンテールに作用させる専用の締付け機を用い，ボルトとピンテールの間に円周ノッチの付いた断面（ブレークネック）がねじりによってせん断破壊すれば自動的に所定のトルクが加わるようになっている．最近では，このトルシア形高力ボルトのほうが施工管理の容易さからJIS規格の高力六角ボルトより多く使われている．

本締めが終了すると，1次締め後に付けたマークのずれを調査して，接合部のすべてのナットが一様に適正な量の回転を起こしていることを確認する．ナットの回転量に異常の見られる高力六角ボルトはトルクを表示するダイアル形トルクレンチでトルクを調べ，不足していれば追締めし，締め過ぎているものや共回りを起こしているものは新しいものと取り替える．トルシア形高力ボルトはピンテールの破断を確認するとともに，ナット回転量に異常のあるものや共回りを起こしているものは新品と交換する．

### 10.9.3 摩擦面の処理

摩擦接合では，所定のすべり係数が確保されるように適切な**摩擦面処理**を施すことが大切である．孔周辺の摩擦面に黒皮（熱間圧延後にできる黒色の酸化皮膜）が残ったままであったり，浮き錆やペンキ，きりこ，塵埃，溶接スパッタなどが付着していると，すべり係数が小さくなってしまい，所定のすべり耐力が得られなくなる．一般には，これらの付着物を除去し，**赤錆**を自然発生させた状態にすることによって設計で用いるすべり係数0.45が確保できる．また，ショットブラストだけでも0.45を確保することができるとされているが，サンドブラストだけではばらつきが多く安定したすべり係数が確保できない．なお，黒皮の除去範囲は，締付け力の及ぶ範囲として少なくとも座金径の2倍が目安になっている．

板厚の異なる材を接合するときには，接合面に**肌すき**が生じる．また，板厚

の公差や施工の誤差によっても肌すきが生じることがある．目安として，肌すきが1mm以下のときはボルトの締付け力によって板が密着すると考えてよいが，1mmを超える**フィラープレート**を挿入する必要がある．このとき，フィラーの両面はいずれも摩擦面となるので前述の摩擦面処理を施す必要がある．なお，フィラーはボルトの締付け力だけを伝達させればよいので，鋼種はSS400でよい．

I形鋼や溝形鋼のフランジのように平行でない面を接合するときには，勾配の付いたテーパー座金あるいは図10.18のようなテーパープレートを平座金の内側に挟み平行な状態にしてからボルトを締め付ける必要がある．これらはいずれも規格化されておらず，フィラープレートと同様に締付け力だけを伝達させればよいので材質はSS400でよい．また，摩擦面とはならないので摩擦面処理も不要である（図のテーパープレートの場合には摩擦面処理をすると2面摩擦となるがテーパープレートには所要の強度が必要である）．高力ボルトはJISによる製品試験において板にある程度の傾きがあっても強度上問題が生じないことが確認されているが，板の傾きが1/20(3°) 以上ではテーパー座金を使用するのがよいとされている．I形鋼と溝形鋼のフランジの傾きはそれぞれ8°と5°である．

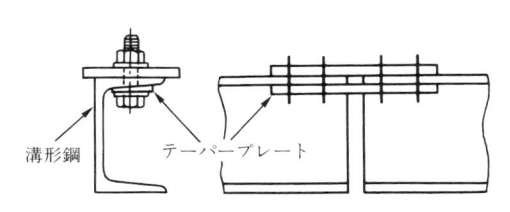

**図 10.18** テーパープレートを用いた高力ボルト接合

## 10.10 特殊な高力ボルト

以上，鉄骨構造で一般に使われる高力ボルトについて説明したが，それ以外にも，さまざまな高力ボルトがある．たとえば，耐食性を付与するために亜鉛めっきを施した**溶融亜鉛めっき高力ボルト**，ステンレス鋼構造に用いる**ステンレス鋼高力ボルト**，耐候性鋼の接合に用いる**耐候性鋼高力ボルト**，耐火鋼の接

合に用いる**耐火鋼高力ボルト**などである．これらは JIS の高力六角ボルトと力学的には同じ考えで設計することができる．普通の高力ボルトと設計施工法が若干異なる溶融亜鉛めっき高力ボルトとステンレス鋼高力ボルトについて以下簡単に触れておくことにする．

### 10.10.1 溶融亜鉛めっき高力ボルト

耐食性を向上させるために溶融亜鉛めっき鋼材が使われることがあり，そのときには高力ボルトも溶融亜鉛めっき高力ボルトが使われる．溶融亜鉛めっき高力ボルトは JIS には規定されておらず，団体規格[10.8]により表 10.8 の 1 種（F8T）が規定されている．溶融亜鉛めっき高力ボルトはトルク係数値がやや安定しない傾向があるので，ナット回転法を用いて締め付ける．

表 10.8 溶融亜鉛めっき高力六角ボルトのセット

| セットの種類 | | 構成部品の機械的性質による等級 | | |
|---|---|---|---|---|
| 機械的性質による種類 | トルク係数値による種類 | ボルト | ナット | 座金 |
| 1 種 | A | F 8 T | F10 | F35 |

（備考）　ボルトの呼び径は M16，M20，M22，M24．

溶融亜鉛めっき高力ボルトを摩擦接合に用いるときの溶融亜鉛めっき鋼材は，そのままではすべり係数が 0.2 程度であるので，ブラスト処理を施し，表面粗さを $50\mu mRy$ 以上（もっとも高い山ともっとも深い谷の高低差が 50 ミクロン以上，$Ry$ の定義は JIS B 0601）にすることによって，すべり係数 0.4 が確保されるとしている．したがって，このような摩擦面処理を行うことを前提に設計ではすべり係数 0.4 を用いている．

### 10.10.2 ステンレス鋼高力ボルト

ステンレス鋼材の接合に用いるステンレス鋼高力ボルトは団体規格[10.9]で規定されており，表 10.9 の 2 種（10T–SUS）がある．

ステンレス鋼の摩擦接合面は普通鋼のような発錆処理ができないので，特別な処理を行う必要がある．一般的には，ステンレス鋼表面をブラスト処理またはグラインダー掛けして荒らし，それに無機ステンレス粉末入り塗料を塗るこ

演習問題

表 10.9　ステンレス鋼高力六角ボルトのセット

| セットの種類 | | 構成部品の機械的性質による等級 | | |
|---|---|---|---|---|
| 機械的性質による種類 | トルク係数値による種類 | ボルト | ナット | 座金 |
| 2種 | A | 10T-SUS | 10-SUS | 35-SUS |

（備考）　ボルトの呼び径は M12, M16, M20, M22, M24.

とによってすべり係数 0.45 が確保される．また，やや高価ではあるが，ステンレス粉末のプラズマ溶射による方法もある．これらの摩擦面処理を前提にして，設計ではすべり係数 0.45 を用いている．

## 演習問題

10.1　駅プラットフォームの屋根架構には鉄骨が露出した状態で使われている．その接合部にどのようなファスナが使われているか観察し，建設年代との相関を調べよ．

10.2　リベット・ボルト・高力ボルトによるせん断接合部の力の伝達機構の違いを述べよ．

10.3　初張力を導入した高力ボルト引張接合と同様のものに図 10.19 のプレストレスト・コンクリートがある．引張力が作用したときの離間荷重 $P_{sep}$ を次の条件で求めよ．（1）鋼ボルトに与える初張力を $T_0$ とする．（2）コンクリートのクリープは無視する．（3）ヤング係数比を $n=10$ とする．（4）コンクリートの断面積の鋼ボルトの断面積に対する比を $m=10$ とする．（5）鋼板の厚さ $t$ はコンクリートの長さ $l$ に比べて十分小さいとし，鋼板の厚さおよび鋼板のひずみを無視する．（6）コンクリートには全断面に一様な圧縮応力が生じるものとする．

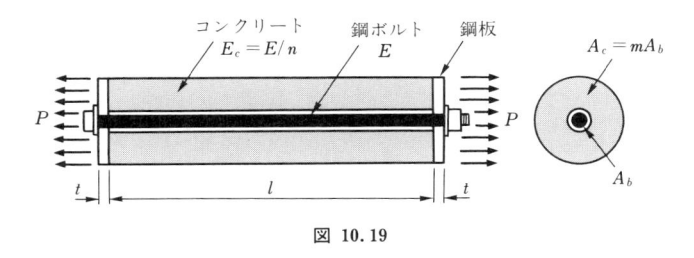

図 10.19

10.4　高力ボルト接合を**全強接合**の概念を用いて設計することがある．これによれば，接合部を存在応力に応じて逐一計算する手間が省け，接合部の標準化を図ることができる．全強接合とは，接合される部材の有効断面が降伏するまで接合部がす

べらないこと（降伏に関する全強接合），あるいは接合される部材の全断面が全塑性耐力に達ししかも塑性変形能力を発揮するまで接合部が破断しないこと（終局耐力に関する全強接合）を満たす接合である．図 10.20 に示す引張材（a）と曲げ材（b）が降伏と終局耐力のいずれにも全強接合となるようにボルトプランを決めよ．ただし，終局耐力に関する全強接合は，(a) については接合部の最大引張耐力を部材の全断面の降伏軸力の 1.2 倍とし，(b) については接合部の最大曲げ耐力を部材の全断面の全塑性モーメントの 1.2 倍とする．

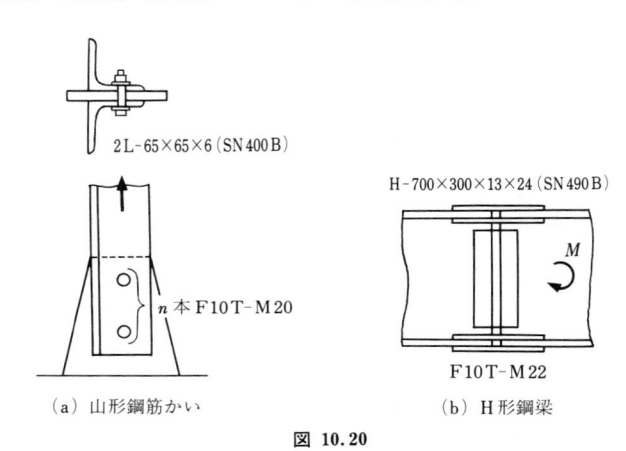

$2L\text{-}65 \times 65 \times 6\,(\text{SN 400 B})$

$n$ 本 F10T-M20

(a) 山形鋼筋かい

$H\text{-}700 \times 300 \times 13 \times 24\,(\text{SN 490 B})$

F10T-M22

(b) H 形鋼梁

図 10.20

[参考図書]

10.1) 日本鋼構造協会・鋼材俱楽部：鋼構造接合資料集成―リベット接合・高力ボルト接合―，技報堂，1977
10.2) 日本建築学会：高力ボルト接合設計施工指針，1993
10.3) 日本建築学会：鋼構造設計規準，1970（SI 単位版，2002）
10.4) 日本建築学会：鋼構造限界状態設計指針，1998（SI 単位版，2002）
10.5) 日本建築学会：軽鋼構造設計施工指針，1985（SI 単位版，2002）
10.6) 日本建築学会：建築工事標準仕様書 JASS 6 鉄骨工事，1996
10.7) 日本建築学会：鉄骨工事技術指針・工事現場施工編，1996
10.8) 溶融亜鉛めっき高力ボルト技術協会：溶融亜鉛めっき高力ボルト接合設計施工指針，1998
10.9) ステンレス協会：構造用ステンレス鋼高力六角ボルト・六角ナット・平座金のセット（SAS 701-1989），1989

# 11 溶接

## 11.1 溶接の沿革

**溶接**（welding）とは，溶融凝固または拡散作用などによって材料を連続体となるように接合する方法の総称で，ほとんどの場合接合する部分を加熱する．そのときの熱源の選択によって溶接にはさまざまな種類がある．人類が最初に見出した溶接方法は**鍛接**（forge welding）といわれている．これは火炎によって加熱した金属を打撃または加圧して接合する方法で，古くから刀剣や農工具等の製作に用いられていた．現在では，電気エネルギーを用いた**アーク溶接**（arc welding）が溶接の主流で，建築鉄骨だけでなく橋梁や船舶，車両，航空機，容器などさまざまな分野で活用されており，単に溶接というとアーク溶接を指すことが多い．

アークは1801年に英国のデーヴィが発見した．**アーク**は電極間におけるガスや電極物質の放電で，その温度は5,000℃以上に達するといわれている．放電路が電極近くで細く中央部で膨らんだ円弧状をしていることからアークと名付けられた．その後，ロシアのベナードスとスラヴィアノフがそれぞれ炭素アーク溶接法（1885年）と金属アーク溶接法（1888年）を発明し，アーク溶接の基礎が築かれた．1907年にはスウェーデンのキェルベルグが被覆アーク溶接棒を開発し，これを契機にアーク溶接が本格的に開始した．

アーク溶接を含めた種々の現代溶接技術の多くはその原理が1900年前後に発明され，20世紀以降の工業生産を支える基本技術となった．最近では電子ビーム溶接やレーザ溶接などの先端技術を適用した溶接法が開発され実用化に至っている．溶接法の開発の歴史を表11.1に整理しておいた．

建築では，1932年の住友ビル（東京丸の内，リベットと溶接の併用），1935年の聖路加病院礼拝堂（ボルトと溶接の併用），1936年の松尾橋梁工場（大阪，全

## 11章 溶接

**表 11.1 溶接技術の沿革**

| 年 | 事項 | 年 | 事項 |
|---|---|---|---|
| 1801 | アークの発見（デーヴィ，英） | 1926 | 原子水素溶接法（ラングミュア，米） |
| 1831 | 発電機の発明（ファラディ，英） | 1930 | TIG 溶接法（ホバート等，米） |
| 1847 | 酸水素炎トーチの開発（ヘア，米） | 1930 | サブマージアーク溶接法（ロビノフ等，ソ連） |
| 1856 | 電気抵抗溶接法の発明（ジュール，英） | | |
| 1859 | 酸水素炎溶接法（デヴィルとデブリー，米） | 1936 | 共晶低温溶接法（ワッサーマン，スイス） |
| | | 1939 | エレクトロスラグ溶接法（パトン研究所，ソ連） |
| 1876 | 電気抵抗溶接法の実用化（トムソン，米） | | |
| 1881 | 炭素アーク溶接法の発明（デ・メリテン，仏） | 1939 | プラズマジェット・トーチの開発（ライネック，米） |
| 1885 | 炭素アーク溶接法の実用化（ベナードス，露） | 1939 | アークスタッド溶接法（不明） |
| | | 1943 | 超音波溶接法（ベール，米） |
| 1888 | 金属アーク溶接法（スラヴィアノフ，露） | 1944 | 爆発溶接法（カール，英） |
| 1892 | アセチレンの大量生産法（ウィルソン，米） | 1948 | MIG 溶接法（ソーン，米） |
| | | 1953 | 冷間圧接法（ハント，米） |
| 1898 | テルミット溶接法（ゴールドシュミット，独） | 1953 | 炭酸ガスアーク溶接法の実用化（関口，リュバフスキー等，日ソ） |
| 1901 | 酸素アセチレン溶接法（フーシェとピカール，仏） | 1955 | 高周波誘導加熱溶接法（クロフォード等） |
| | | 1957 | プラズマ溶接法（ギアニニ，米） |
| 1902 | 酸素の大量生産法（リンデ，独） | 1957 | 摩擦溶接法（チュジコフ，ソ連） |
| 1907 | 被覆アーク溶接棒の開発（キェルベルグ，スウェーデン） | 1957 | 拡散溶接法（カザコフ，ソ連） |
| | | 1957 | 電子ビーム溶接法（ストール，仏） |
| 1923 | プラズマアーク（ガーディアン，独） | 1960 | レーザの発明（メイマン，米） |
| 1926 | 炭酸ガスアーク溶接法（アレキサンダー，米） | 1963 | パルス発振型レーザ溶接（プラット，米） |
| | | 1964 | 連続発振型レーザ溶接（荒田，日） |

溶接）などに溶接による初期の建設例を見ることができる．戦後，1950年に公布された建築基準法施行令でアーク溶接が正式に認められ，それを契機に溶接が普及した．1952年にわが国初の全溶接ビル建築として日本相互銀行が八重洲に竣工している．

　金属材料の溶接は**冶金的接合**とも呼ばれ，10章で学んだファスナによる**機械的接合**に比べて，継手形状がシンプルであること，断面欠損がないので**継手効率**（継手の強度の母材の強度に対する比率）が高いこと，施工時の騒音が小さいこと，などの利点がある．しかし，溶接入熱によってひずみや残留応力が生じること，材質が変化すること，切欠きや溶接欠陥が疲労破壊や脆性破壊の原因となることなど，注意すべき点も多い．この章ではこれらの問題を含め溶接について総合的に解説することにする．

## 11.2 溶接方法の種類と原理

### 11.2.1 溶接方法の種類

金属の溶接方法は図11.1のように分類される．**融接**（溶融溶接の略称，fusion welding）は，材料に機械的圧力を加えず溶融凝固によって接合する方法のことで，接合部を加熱溶融する方法あるいは熱源の種類によりアーク溶接・ガス溶接・エレクトロスラグ溶接・テルミット溶接・レーザ溶接・プラズマ溶接などがある．**圧接**（加圧溶接の略称，pressure welding）は，接合部に機械的圧力を加えて接合する方法のことで，抵抗溶接・ガス圧接・スタッド溶接・高周波抵抗溶接・フラッシュ溶接・鍛接などがあり，このなかには溶融と

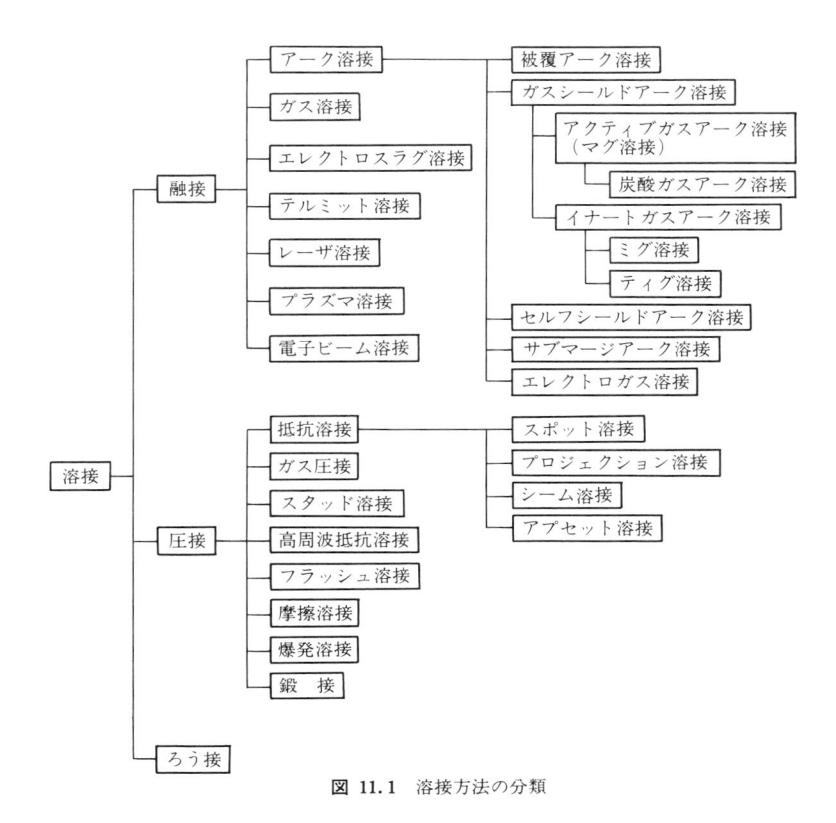

```
溶接 ─┬─ 融接 ─┬─ アーク溶接 ─┬─ 被覆アーク溶接
      │        │               ├─ ガスシールドアーク溶接 ─┬─ アクティブガスアーク溶接（マグ溶接）─── 炭酸ガスアーク溶接
      │        │               │                           ├─ イナートガスアーク溶接 ─┬─ ミグ溶接
      │        │               │                           │                           └─ ティグ溶接
      │        │               ├─ セルフシールドアーク溶接
      │        │               ├─ サブマージアーク溶接
      │        │               └─ エレクトロガス溶接
      │        ├─ ガス溶接
      │        ├─ エレクトロスラグ溶接
      │        ├─ テルミット溶接
      │        ├─ レーザ溶接
      │        ├─ プラズマ溶接
      │        └─ 電子ビーム溶接
      ├─ 圧接 ─┬─ 抵抗溶接 ─┬─ スポット溶接
      │        │             ├─ プロジェクション溶接
      │        │             ├─ シーム溶接
      │        │             └─ アプセット溶接
      │        ├─ ガス圧接
      │        ├─ スタッド溶接
      │        ├─ 高周波抵抗溶接
      │        ├─ フラッシュ溶接
      │        ├─ 摩擦溶接
      │        ├─ 爆発溶接
      │        └─ 鍛接
      └─ ろう接
```

図11.1 溶接方法の分類

加圧の両方を組み合わせたものも含まれる．**ろう接**（brazing and soldering）は，母材より融点の低いろうやはんだを用いて母材をほとんど溶融させず毛細管現象で接合する方法で，ろう付あるいははんだ付とも呼ばれる．

建築鉄骨ではアーク溶接がもっとも多く用いられており，そのなかには被覆アーク溶接・ガスシールドアーク溶接・セルフシールドアーク溶接・サブマージアーク溶接などがある．溶接作業がすべて溶接工の手によって行われるものを**手溶接**（manual welding），機械によって自動的に行われるものを**自動溶接**（automatic welding），両方を組み合わせたものを**半自動溶接**（semi-automatic welding）という．たとえば，被覆アーク溶接は手溶接，ガスシールドアーク溶接は半自動溶接（自動溶接の場合もある），サブマージアーク溶接は自動溶接である．

### 11.2.2 被覆アーク溶接

**被覆アーク溶接**（manual metal arc welding）は，図 11.2 に示すように，母材（被接合材）と被覆アーク溶接棒に電圧を与え，両者の間隙にアークを発生させ，その熱で母材と溶接棒を溶融させることによって融接する方法である．被覆アーク溶接は溶接棒の操作（運棒）と補給がすべて溶接工の手によって行われるので，手溶接とも呼ばれる．被覆アーク溶接は大掛かりな装置を必要としないので高所や狭い場所でも作業が可能な高い機動性をもっているが，電流密度が低く溶着量が少ないので，厚い板を溶接するときは何回も運棒を繰

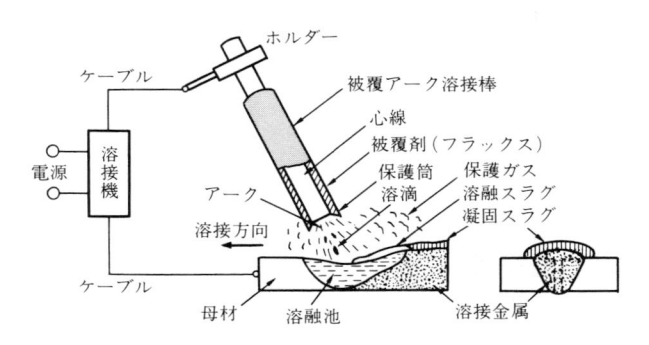

図 11.2　被覆アーク溶接の原理

## 11.2 溶接方法の種類と原理

り返さなければならない．溶接継手に沿って行う1回の運棒を**パス**（pass, run）といい，1パスでつくられる溶接金属を**ビード**（bead）という．また，1パスまたは複数パスで形成される一平面上のビードの並びを**層**（layer）という．

**被覆アーク溶接棒**（covered electrode）は単に**溶接棒**とも呼ばれ，**心線**（core wire）とそのまわりを覆う**被覆材**（**フラックス**，coating flux）で構成されている．心線はアーク熱で溶け溶滴となって母材側へ移行して**溶着金属**（deposited metal）となり，溶融母材と融合して**溶融池**（プール，molten pool）が形成される．溶融池の溶融金属は冷却後**溶接金属**（weld metal）となる．被覆材は，アーク熱によって一部は気化してアークを大気から遮断する**保護ガス**（シールドガス）となり，一部は溶融して溶融池の表面を保護する**スラグ**（slag）となり冷却後はガラス状の凝固スラグとなる．被覆材は，アークの安定（溶接棒の先端に保護筒を形成してアークの指向性を保つ），シールドガスの生成（アークを大気から保護する），スラグの生成（大気による溶融池の酸化・窒化を防ぐとともに溶接金属の急冷を防止する），清浄作用（溶融池の溶融金属を脱酸精錬する），合金添加（溶接金属の性能を向上する），といった非常に重要な役目をもっている．

溶接電源として**溶接機**が用いられ，直流溶接機と交流溶接機がある．直流のほうが安定したアークが出やすいが，最近では，良好な**垂下特性**（手ぶれによるアーク長の変化に対して溶接電流がほぼ一定に保たれる特性）を有するように改善され，価格も安い交流溶接機のほうが多く用いられている．

溶接棒は強度と被覆材の系統によって分類されている．たとえば，軟鋼用では表11.2の溶接棒がJIS Z 3211で定められている（高張力鋼用はJIS Z 3212）．溶接棒の種類はD4301のような記号で表す．Dは被覆アーク溶接棒（アークの和訳'電弧'のデからきている），43は凝固した溶着金属の最小引張強さの水準（旧単位の43 kgf/mm$^2$ 以上），01は被覆材の系統（01はイルミナイト系）を表している．**イルミナイト系**は日本で開発された作業性のよい万能型の溶接棒でイルミナイト（酸化チタンを含む砂鉄）を約30％含有している．**ライムチタニア系**もアークの安定性がよく全姿勢での作業性やビード外観が優れており，ライム（石灰）と酸化チタンを含有している．**高セルロース系**は含

表 11.2 被覆アーク溶接棒の種類と性質（軟鋼用，JIS Z 3211）

| 溶接棒の種類 | | | 溶着金属の機械的性質 | | | |
|---|---|---|---|---|---|---|
| 記号 | 被覆剤の系統 | 溶接姿勢 | 引張強さ $(N/mm^2)$ | 降伏点または 0.2%耐力 $(N/mm^2)$ | 伸び (%) | シャルピー吸収エネルギー（試験温度）(J) |
| D4301 | イルミナイト系 | F, V, O, H | 420以上 | 345以上 | 22以上 | 47以上（0℃） |
| D4303 | ライムチタニア系 | F, V, O, H | | | 22以上 | 27以上（0℃） |
| D4311 | 高セルロース系 | F, V, O, H | | | 22以上 | 27以上（0℃） |
| D4313 | 高酸化チタン系 | F, V, O, H | | | 17以上 | — |
| D4316 | 低水素系 | F, V, O, H | | | 25以上 | 47以上（0℃） |
| D4324 | 鉄粉酸化チタン系 | F, H | | | 17以上 | — |
| D4326 | 鉄粉低水素系 | F, H | | | 25以上 | 47以上（0℃） |
| D4327 | 鉄粉酸化鉄系 | F, H | | | 25以上 | 27以上（0℃） |
| D4340 | 特殊系 | F, V, O, H またはいずれか | | | 22以上 | 27以上（0℃） |

有有機物が多量のシールドガスを発生してアークの保護が優れ，深い溶込みが得られる反面**スパッタ**（溶融池に入らずに飛散した溶接金属やスラグ）が多く，生成スラグが少ないためビード外観が劣る．**高酸化チタン系**は40〜50％の酸化チタンを含有し，アークが安定でビード外観がよいが，耐割れ性に劣るので仕上げ溶接に使われることが多い．**低水素系**は主成分が炭酸石灰で有機物を含まず溶着金属への侵入水素量を抑え耐割れ性に優れているが，アークの安定性に劣る．厚肉材や拘束の大きい部分の溶接では割れ防止の観点から低水素系は重要である．**鉄粉酸化鉄系**は酸化鉄を主成分としこれに大量の鉄粉を添加したもので，下向および横向溶接専用の溶接棒で，**グラビティ溶接**（溶接棒の消耗に応じて棒支持部が重力によって下降し棒の角度を一定に保ちながら溶接線に沿って棒先端を移動させながら行う溶接で，重力式溶接ともいう）の溶接棒として用いられる．

　溶接棒は使用前に専用の乾燥器に入れて**乾燥**させる必要がある．溶接棒が湿っていると被覆材に割れやはく離が生じてアークが不安定になりブローホールやピットの原因となるばかりでなく，水素が溶接金属に侵入して溶接割れの原因となるためである．溶接棒の標準的な乾燥条件を表11.3に示す．乾燥は被覆材の成分が変質しない範囲の高温状態で行う．低水素系溶接棒は有機物を含

表 11.3 溶接棒の標準乾燥条件[11.16]

| 母材 | 溶接棒 | 乾燥温度 (℃) | 乾燥時間 (分) | 保持温度 (℃) | 乾燥後の放置可能時間(時間) |
|---|---|---|---|---|---|
| 軟鋼 | 低水素系 | 300～400 | 30～60 | 100～150 | 3～4 |
|  | その他 | 70～100 | 30～60 | 50 | 6～8 |
| 高張力鋼 | 低水素系 | 300～400 | 60 | 100～150 | 3～4 |
|  | その他 | 70～100 | 30～60 | 50 | 6～8 |

まないので高温で乾燥させることができ，水分除去を徹底することができる．

### 11.2.3 ガスシールドアーク溶接

**ガスシールドアーク溶接**（gas-shielded arc welding）は，図 11.3 に示すように，二酸化炭素 $CO_2$ やアルゴン Ar などのガスによってアークを大気から遮蔽して行うアーク溶接である．シールドガスとして $CO_2$，$CO_2$ と Ar，あるいは $CO_2$ と $O_2$ との混合ガスなど酸化性ガスを用いる場合を**アクティブガスアーク溶接**といい，Ar や He などの不活性ガスを用いる場合を**イナートガスアーク溶接**という．

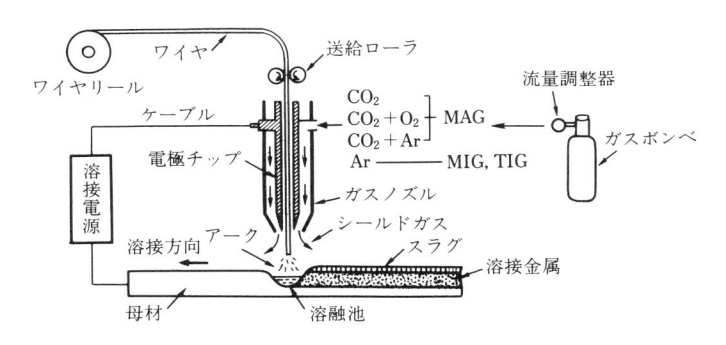

図 11.3 ガスシールドアーク溶接の原理（消耗電極式）

アクティブガスアーク溶接は，通常**メタルアーク溶接**（溶接ワイヤがアーク熱で溶融し溶着金属となる溶極式（消耗電極式）のアーク溶接）で，このため**マグ溶接**（MAG 溶接，metal active gas welding）と呼ばれる．マグ溶接のうち，$CO_2$ のみをシールドガスに用いたものを特に**炭酸ガスアーク溶接**（$CO_2$

gas-shielded arc welding) といい，それ以外を**混合ガスアーク溶接**という．マグ溶接では，$CO_2$ に $O_2$ を混合すると溶着速度が増し溶込みが深くなり，Ar を混合するとアークが安定して良好なビード外観が得られる．

イナートガスアーク溶接には**ミグ溶接**（MIG 溶接，metal inert gas welding) と**ティグ溶接**（TIG 溶接，tungsten inert gas welding）がある．いずれも溶着金属に侵入する酸素が少ないので，靱性の高い継手が得られる．ミグ溶接はメタルアーク溶接の一種であるが，ティグ溶接はタングステンを電極に用いた非溶極式（非消耗電極式）である．ティグ溶接は通常 Ar をシールドガスに用い，**溶加材**（filler metal）をアーク内に挿入することによって，溶着金属を供給する．イナートガスアーク溶接は，腐食の原因となるスラグや残留フラックスが生じないためアルミニウム合金やステンレス鋼，銅合金などに適用される．ミグ溶接は厚板に，ティグ溶接は薄板に適している．

ガスシールドアーク溶接の中で，建築鉄骨にもっとも多く使われているのは安価な $CO_2$ を用いた炭酸ガスアーク溶接である．コイル状に巻かれたワイヤがワイヤリールから自動的に送給され溶接工は電極チップとガスノズルが一体となった溶接トーチを溶接方向へ移動させるだけでよいので，**炭酸ガス半自動溶接**とも呼ばれる．ガスシールドアーク溶接は，細径のワイヤに高電流を流すことができ電流密度が高くなるので被覆アーク溶接に比べて溶着速度が大きく溶込みが深いこと，シールドガスを使うためスラグ生成量が少ないなどの利点があるが，風の影響を受けやすいという欠点があるので防風対策に注意を払う必要がある．

ガスシールドアーク溶接に用いるワイヤには**ソリッドワイヤ**（solid wire）と**フラックス入りワイヤ**（flux cored wire）があり，それぞれ JIS Z 3312 と 3313 で仕様が決められている．ソリッドワイヤは，円形中実断面の裸ワイヤで（多くは通電向上と防錆のため銅めっきが施されている），YGW 18 のような記号で製品表示される．Y は溶接ワイヤ，GW はマグ溶接用を表し，18 は用いるシールドガスや溶着金属の最小引張強さなどの指標である．フラックス入りワイヤは粉末状のフラックスを巻き込んだ管状のワイヤで，フラックスは被覆アーク溶接棒の被覆材と同様にアークの保護や溶融金属の精錬などの役目をする．フラックス入りワイヤは YFW-C 500 X のような記号で表示される．Y は

溶接ワイヤ，FW はフラックス入りワイヤ，C はシールドガスの種類（C は $CO_2$），50 は溶着金属の最小引張強さの水準（50 は 490 N/mm² 以上），0 は溶着金属のシャルピー吸収エネルギーの水準（0 は0℃で 27 J 以上），X はフラックスの種類を表す．なお，フラックス入りワイヤは外部からシールドガスを供給しないで用いることがあり，このときは**セルフシールドアーク溶接**（self-shielded arc welding）という（かつて**ノンガスシールドアーク溶接**と呼ばれていた）．

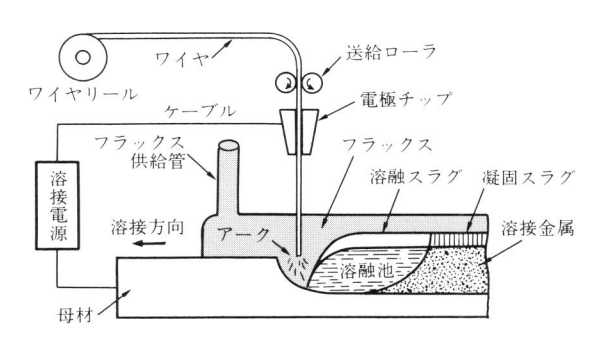

### 11.2.4　サブマージアーク溶接

**サブマージアーク溶接**（submerged arc welding）は，図 11.4 に示すように，溶接ワイヤの先端をフラックスの中に突っ込んで大気から遮断しシールドガスを用いずに行うアーク溶接である．外からアーク光が見えないので，この名称が付いている（和訳は潜弧溶接）．サブマージアーク溶接はワイヤの送給と溶接方向への移動がすべて機械により自動的に行われる自動溶接である．

**図 11.4**　サブマージアーク溶接の原理

サブマージアーク溶接の特徴として，大電流が適用できるので溶着速度が大きく能率的であること，電流密度が大きくしかもフラックスの断熱効果によってアーク熱が放散されないので溶込みが深くなること，技量の影響を受けず安定した継手が得られること，アーク光がフラックスで遮閉されヒュームもほとんど発生しないので作業環境が良好であることなどの利点がある．一方，下向でしか溶接ができないこと，溶接線が短い場合や直線でない場合には非能率で

あり機動性に欠けること，高い開先精度が必要であること，設備費が高いことなどの短所がある．サブマージアーク溶接は直線状の長い溶接に効力を発揮し，建築鉄骨では溶接組立 H 形梁のフランジとウェブの隅肉溶接に多く用いられる．溶接の作業効率を上げるために1つの溶接線に対して溶接ワイヤを2本以上間隔をあけて同時に平行移動する多電極サブマージアーク溶接がある（2本のワイヤを溶接線上の前後に配置する2電極タンデム方式が一般的）．

サブマージアーク溶接に用いるソリッドワイヤとフラックスはそれぞれ JIS Z 3351 と 3352 に製品の仕様が規定されている．

### 11.2.5 エレクトロスラグ溶接

**エレクトロスラグ溶接**（electroslag welding）は，図 11.5 に示すように，溶融スラグの電気抵抗熱によって溶接ワイヤと母材を溶融し上方へゆっくり溶接金属を充填していく立向上進溶接である．このとき，溶融スラグと溶融金属が漏れ出さないように開先の両側を囲む必要があり，水冷式銅当て金を用いることが多い．

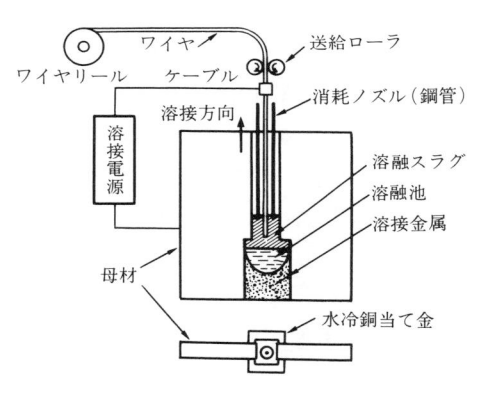

**図 11.5** エレクトロスラグ溶接（消耗ノズル式）

エレクトロスラグ溶接には非消耗ノズル式と消耗ノズル式があり，非消耗式はワイヤが通過するノズルに給電用の銅ノズルを用いるが，消耗式は固定鋼管（フラックス被膜鋼管の場合もある）を設けて給電する．操作が簡単な消耗ノズル式のほうが普及している．エレクトロスラグ溶接に用いるソリッドワイヤとスラグは JIS Z 3353 に規定されている．

エレクトロスラグ溶接は極厚鋼板の自動溶接として有効であり，建築鉄骨では溶接組立箱形断面柱（溶接四面ボックス柱）の中に入れる内ダイアフラムの溶接に用いられる．エレクトロスラグ溶接は溶接速度が遅い単層単パス溶接であるため非常に大きな溶接入熱が投入されるので，熱影響部の脆化や軟化に注

意が必要である．エレクトロスラグ溶接はアークを発生させないのでアーク溶接ではないが，これによく似た形式でアーク熱を利用したものに後述のエレクトロガス溶接がある．

### 11.2.6　その他の溶接方法

建築に関係するその他の溶接方法について簡単に触れておくことにする．

**エレクトロガス溶接**（electro-gas welding）は，その装置がエレクトロスラグ溶接と類似しており，単層単パスの立向上進溶接である．ただし，エレクトロガス溶接はアーク溶接の一種であり，$CO_2$ ガス雰囲気中で発生させたアークの熱で溶融金属を得るところがエレクトロスラグ溶接と異なっている．エレクトロガス溶接は**エンクローズ溶接**（enclosed arc welding，溶融金属が流れ出さないように溶融池を当て金で囲んで行うアーク溶接）の一種でもある．

**テルミット溶接**（thermit welding）は，テルミット反応（酸化鉄とアルミニウムの脱酸発熱反応）で得られる高温の溶鋼を流し込んで接合する方法で，レールの溶接に用いられる．

**レーザ溶接**（レーザビーム溶接，laser (beam) welding）は，レーザ光エネルギーを熱源に用いる融接法の1つである．レーザ光は集光性がきわめて高いので，エネルギー密度の高い微小スポットに照射することによって金属を溶融させ溶込みの深い溶接が得られる．電子ビーム溶接のような真空を必要とせず，大気中で溶接が可能である．

**抵抗溶接**（resistance welding）は，継手部に大電流を流しそこに発生する抵抗熱によって継目を加熱し，溶融あるいは高温状態にした後に圧力を加えて接合する圧接法の1つである．抵抗溶接を薄板の重ね溶接に用いたものに，**スポット溶接**（spot welding，重ね合わせた母材を電極先端で挟み局部的に加熱加圧して行う溶接），**プロジェクション溶接**（projection welding，母材にあらかじめ設けた突起を加熱加圧して行う溶接），**シーム溶接**（seam welding，ローラ電極を回転させながら連続的に加熱加圧して行う溶接）がある．また，抵抗溶接を突合せ継手に用いたものに，**アプセット溶接**や**バットシーム溶接**がある．

**ガス圧接**（gas pressure welding）は，ガス炎で接合部を加熱して圧接する

方法で鉄筋の継手に用いられている．ガス炎には酸素アセチレン炎を使用する．

**スタッド溶接**（stud welding）は，母材にボルト状の金物を接合する方法で，アーク熱で接合部を溶融し溶融池にスタッドを押し付けて接合する．合成梁の頭付きスタッドの溶接に用いられる．

**高周波抵抗溶接**（high frequency resistance welding）は，高周波電流による抵抗発熱によって行う抵抗溶接で，高周波誘導抵抗溶接と高周波接触抵抗溶接の2種類がある．電縫管の製造に用いられる．

**フラッシュ溶接**（flash welding）は電気抵抗発熱のほかにアーク熱を併用して圧接する方法で，比較的大きな断面の突合せ継手に用いられる．

## 11.3 溶接熱影響と溶接性

### 11.3.1 溶接熱影響

アーク溶接を行うと，母材と溶接棒（または溶接ワイヤ）が溶融して溶接金属を形成すると同時に，溶接金属に近接した母材は熱的変化を受ける．この溶接入熱によって変質した母材の部分を**熱影響部**（heat-affected zone，略してHAZ）という．図11.6に示すように，溶接線に垂直な断面を見ると，溶接継手の部分は溶接金属，熱影響部，母材原質部に分けられる．溶接金属と熱影響部の境界は溶融と非溶融の境目でこれを**ボンド**（bond）という．

溶接入熱が大きいほど熱影響部の幅が広がり，また変質の度合いも大きくなる．溶接入熱量は次式で計算され，1回の運棒（1パス）で単位溶接長当たりに投入される電気エネルギーである．

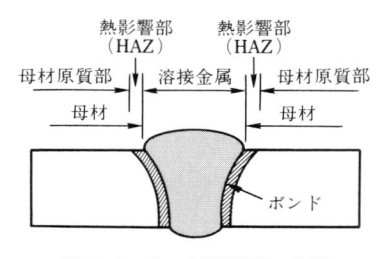

**図 11.6** アーク溶接継手の断面

$$H = \frac{60\,VI}{v} \tag{11.1}$$

ここで，$H$ は溶接入熱量（J/cm），$V$ はアーク電圧（V），$I$ は溶接電流（A），

$v$ は溶接速度（cm/min）である．

　熱影響部は組織，硬さ，強さ，延性，靱性などが母材原質部と異なっている．熱影響部の組織は図 11.7 のようにボンドから母材原質部に向かって粗粒域，中間粒域，細粒域，粒状域に変化している．溶接入熱が大きいほど粗粒域に結晶粒が肥大化し脆くなる．

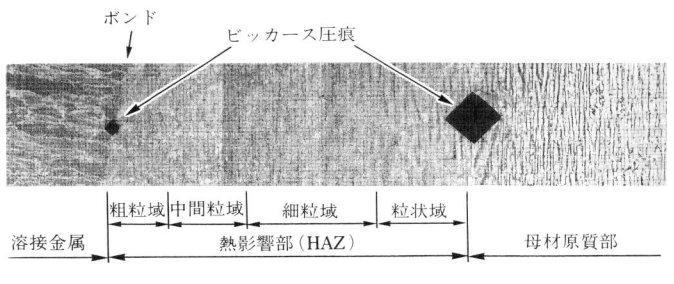

図 11.7　溶接部の組織

　溶接継手の断面は，一般に，図 11.8 のように硬さが分布し，熱影響部は母材原質部より硬くなる．これを**硬化**という．ボンド近傍で硬さは最高値を示し，これを**最高硬さ**と呼ぶ（最高硬さ試験方法は JIS Z 3101）．最高硬さは，鋼材の化学成分と冷却速度に依存し，高張力鋼のように合金成分が多いほど，また溶接長さの短い仮付溶接のように冷却速度が速いほど最高硬さが高くなる．鋼材が硬くなるとそれに比例して強さが増す反面，延性が損なわれるので割れが発

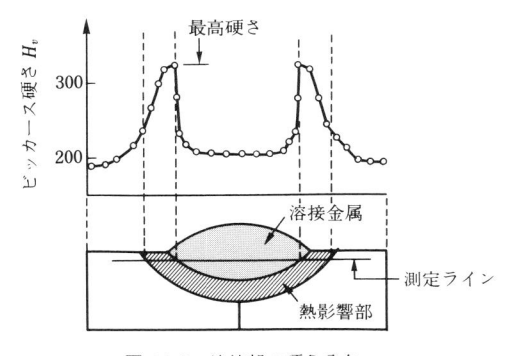

図 11.8　溶接部の硬さ分布

生しやすくなる．ところが，冷間成形角形鋼管のような塑性加工によってつくられた成形材では材料が加工硬化しているため，それを溶接すると熱影響部が軟らかくなり，母材より強さが低下する．これを**軟化**という．

図 11.8 の硬さは**ビッカース硬さ**（Vickers hardness）で，小さな正四角錐のダイヤモンド圧子の先端を試料の表面に所定の荷重で押し込んだ後，表面に残った正方形のくぼみ（圧痕，図 11.7 参照）の対角線長さから算定される硬さである（ビッカース硬さ試験方法は JIS Z 2244, $H_v = 0.1891(F/d^2)$, $F$ は試験力 (N), $d$ はくぼみの対角線長さ (mm))．圧痕が小さいほど硬いことを意味する．硬さには，ビッカース硬さのほかにショア硬さやブリネル硬さなどがあるが，もっともよく利用されるのはビッカース硬さである．ビッカース硬さ $H_v$ と鋼材の引張強さ $\sigma_u$ には，炭素鋼に対しておおよそ

$$\sigma_u \cong 3 \times H_v \quad (\text{N/mm}^2) \tag{11.2}$$

の関係があるので，硬さから鋼材の引張強さを推定することができる．

熱影響部は，図 11.9 に示すように，切欠き靱性（図ではシャルピー吸収エネルギー）が母材原質部と異なっている．特に注意しなければならないのはボンドに近接した粗粒域の切欠き靱性が低下していることである．これを**脆化**という．ボンド脆化は溶接止端からの脆性破壊

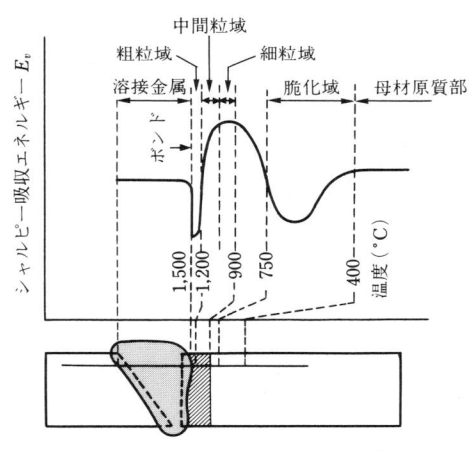

**図 11.9** 溶接部の切欠き靱性分布（軟鋼）

の原因となりやすい．ボンドから離れた位置で約 750〜400℃ に加熱された範囲は熱応力や析出により**脆化**を示すことがあるが，顕微鏡での組織的変化は観察されない．この部分を準熱影響部ということがある．

### 11.3.2 鋼材の溶接性

**溶接性**（weldability）とは，無理のない適切な溶接作業によって良好な溶接

## 11.3 溶接熱影響と溶接性

品質が得られる母材の性質をいう．炭素当量や溶接割れ感受性組成あるいは溶接割れ感受性指数が溶接性を表す指標として用いられ，これらの数値が低い鋼材ほど溶接性がよい．

熱影響部の最高硬さは溶接割れと相関があるので古くから溶接性の目安として重視されている．最高硬さには母材の化学成分が関係し，特に炭素含有量が硬化性にもっとも大きな影響を及ぼす．ほかの合金成分の硬さへの寄与を炭素に換算して足し合わせたものを**炭素当量**（carbon equivalent）といい，$C_{eq}$ で表す．$C_{eq}$ については多くの実験式が提案されているが，現在よく使われているのは JIS でも採用されている次式である．

$$C_{eq} = C + \frac{Si}{24} + \frac{Mn}{6} + \frac{Ni}{40} + \frac{Cr}{5} + \frac{Mo}{4} + \frac{V}{14} \quad (\%) \qquad (11.3)$$

炭素当量と最高硬さの関係として図 11.10，炭素当量と溶接割れ発生率の関係として図 11.11 のような傾向がある．

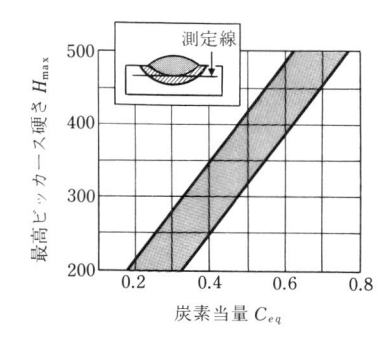

図 11.10 炭素当量と最高硬さの関係 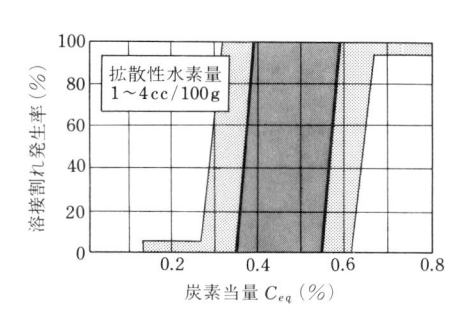 　　　図 11.11 炭素当量と溶接割れ発生率の関係

溶接割れ発生率と相関の高い材料特性として**溶接割れ感受性組成** $P_{cm}$ があり，次式で表される．

$$P_{cm} = C + \frac{Si}{30} + \frac{Mn}{20} + \frac{Ni}{60} + \frac{Cr}{20} + \frac{Mo}{15} + \frac{V}{10} + \frac{Cu}{20} + 5B \quad (\%) \qquad (11.4)$$

さらに，溶接金属中の拡散性水素量 $H$（cc/100 gr）と板厚 $t$（mm）の影響を加えた次式の $P_c$ を**溶接割れ感受性指数**という．板厚は溶接後の収縮変形を拘

束する度合いと関係するもので，板厚の代わりに変形拘束ばね定数を用いた $P_c$ の式もある．

$$P_c = P_{cm} + \frac{H}{60} + \frac{t}{100} \quad (\%) \tag{11.5}$$

$P_c$ と溶接割れ発生率の相関は図 11.12 に示すように炭素当量よりも明瞭で，ばらつき範囲が狭い．

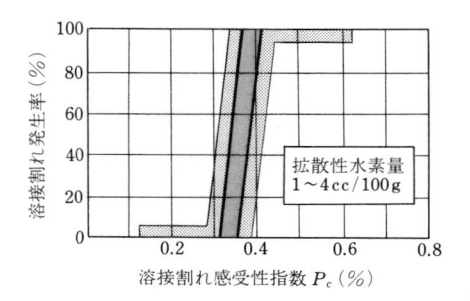

図 11.12 溶接割れ感受性指数と溶接割れ発生率の関係

### 11.3.3 硬化曲線

熱影響部の最高硬さは鋼材の炭素当量のほかに**冷却速度**の影響を受ける．540℃ を通過するときの冷却速度は最高硬さとよく対応し，図 11.13 のように冷却速度が速いほど熱影響部が硬化する傾向を示す．これを**硬化曲線**という．冷却速度は熱拡散と関係しており，溶接入熱が小さいとき，母材の温度が低いとき，母材の板厚が大きいときに，冷却速度は速くなる．

図 11.14 は溶接長さと冷却速度の関係を表したもので，溶接長さが短いと投入される熱量が少ないので冷却速度が速くなる．これは本溶接の前に行う**仮付**

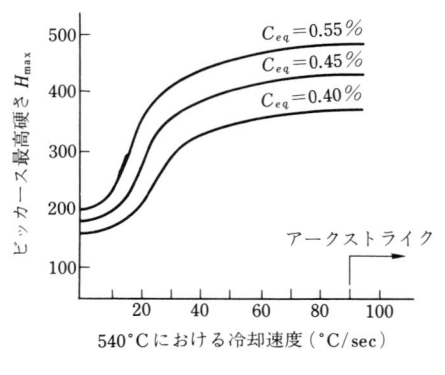

図 11.13 冷却速度と最高硬さの関係（例）

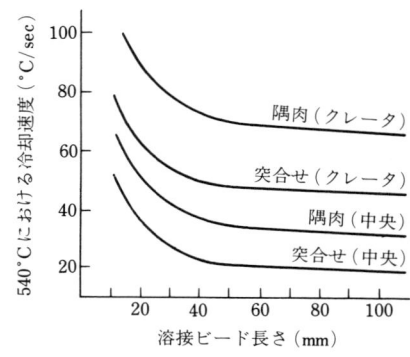

図 11.14 冷却速度と溶接長さの関係（例）

溶接（tack welding，**タック溶接**，**組立溶接**ともいう）で問題となり，ショートビードの熱影響部の硬化が割れの原因となる．そこで，仮付溶接では表11.4のように最小長さを定めている．なお，図に示すように，同じ溶接条件でも隅肉溶接のほうが突合せ溶接よりも冷却速度が速い．これは，突合せ溶接では熱拡散が平面的に起こるのに対し，隅肉溶接では直交する板があるので3次元に放熱されるからである．また，溶接線の中央よりも始端や終端のほうが冷却速度が速い．アークを開始するために瞬間的に行う**アークストライク**（arc strike）は入熱が非常に小さいので，急冷によって微小な割れが発生しやすい．アークストライクは必ず開先内あるいは脚長内で行い，発生した割れを**本溶接**の際に溶融消去しなければならない．

表 11.4　仮付溶接の最小長さ[11.15]

| 板厚 | ビード長さ |
|---|---|
| $t \leqq 6\,mm$ | 30 mm |
| $t > 6\,mm$ | 40 mm |

$t$：母材の厚いほうの板厚

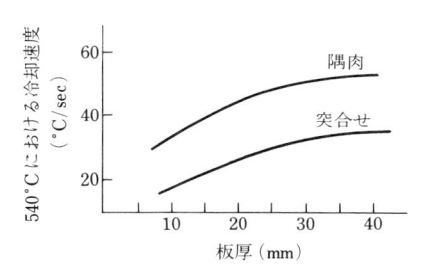

図 11.15　冷却速度と板厚の関係（例）

表 11.5　標準的な予熱温度[11.16]（℃）

| 鋼種 | 板厚 (mm) | | |
|---|---|---|---|
| | $t < 25$ | $25 \leqq t < 40$ | $40 \leqq t < 50$ |
| SN 400<br>SM400 | なし<br>(なし) | なし<br>(50) | 50<br>(50) |
| SN 490<br>SM490 | なし | 50 | 80 |
| SN 490Y<br>SM520 | 50 | 80 | 100 |

低水素系溶接棒，（ ）内は低水素系以外

　図11.15には，母材の板厚と冷却速度の関係が描かれている．板厚が厚いほど熱容量が大きいので冷却速度が速くなる．厚い板を溶接するときには冷却速度を緩和するために母材に**予熱**（preheating）あるいは**後熱**（postheating）を施すと溶接割れ防止のうえで有効である．たとえば，表11.5のような予熱温度の目安がある．予熱は溶接する前に溶接線に沿って約100 mm幅をガス炎で加熱する．

### 11.3.4　脆化曲線

　溶接入熱が大きくなると冷却速度が遅くなってボンドに近接した熱影響部の

結晶粒が粗大化し，切欠き靱性が低下する．これを**ボンド脆化**といい，エレクトロスラグ溶接やエレクトロガス溶接，サブマージアーク溶接などの大入熱溶接を行うときに注意しなければならない問題である．溶接入熱量の増加とともに切欠き靱性が低下する傾向は，図 11.16 の溶接入熱量とボンド部の 0℃ シャルピー吸収エネルギーの関係（**脆化曲線**）に例示されている．ボンド脆化は**パス間温度**（interpass temperature，多パス溶接において次のパスを始める前のパスの最低温度）の影響も受け，パス間温度が高い場合には冷却速度が遅くなるので脆化をもたらすことが知られている．また，溶接入熱とパス間温度が高すぎると，溶接金属が所定の強さに到達せず母材よりも引張強さが低い**アンダーマッチング**を引き起こすことがある．

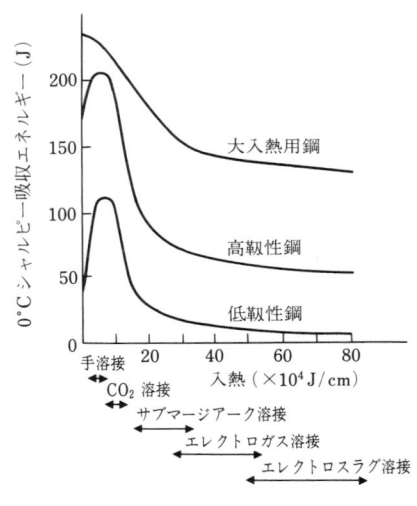

図 11.16 ボンド脆化曲線（例）

以上のことから，溶接入熱とパス間温度の上限を溶接仕様書に規定することがある．しかし，これは溶接の能率を犠牲にすることになり，鉄骨の生産コストを押し上げてしまう．したがって，溶接接合部に必要な性能との兼ね合いで溶接入熱とパス間温度を適正に定める必要があるが，まだデータが十分揃っていない．

## 11.4 溶接欠陥と検査

### 11.4.1 溶接変形と残留応力

溶接によって溶融あるいは高温状態となった継手は冷却過程で収縮するので変形が生じる．これを**溶接変形**または**溶接ひずみ**（welding distortion）という．溶接変形には，横収縮，縦収縮，角変形，縦曲り変形，座屈変形，ねじり

変形などがあり，通常これらが複合して生じる．図 11.17 に示すように，**横収縮**は溶接線と直交方向に生じる収縮で，突合せ溶接では必ず起こり，ルート間隔が大きいと収縮量も大きくなる．**縦収縮**は溶接線方向に生じる収縮であるが，周辺の母材の拘束によって収縮量は通常無視できるほど小さい（溶接長の 1/1,000 程度）．**角変形**は溶接線を軸にして母材が折れ曲がる変形で，片面の隅肉溶接や V 形開先の突合せ溶接などのように溶接金属が板厚中心から片方に偏在する場合に生じる．**縦曲り変形**は溶接線がわん曲する変形で，溶接線と母材断面の図心を通る軸線が一致しないときに生じる．座屈変形は薄い鋼板を溶接したときに生じ，圧縮残留応力による板の座屈現象である．

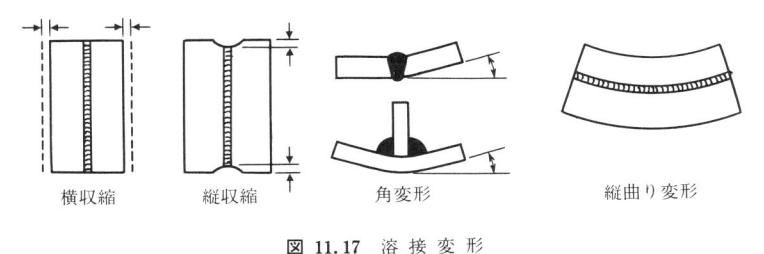

横収縮　　縦収縮　　角変形　　　　縦曲り変形

**図 11.17 溶 接 変 形**

このような溶接変形は鉄骨の製作精度を低下させ建方工程に支障をきたすだけでなく，構造力学的な性能にも悪影響を及ぼすことがあるので，溶接変形を最小限にするために種々の工夫がされている．たとえば，横収縮に対してはあらかじめ縮み代を与えておいたり，狭開先とする．角変形に対してはあらかじめ逆ひずみを与えておいたり，変形を拘束する治具（jig, ジグ）を設ける．縦曲り変形に対しては対称位置を同時並行に溶接するなどの方法がとられる．生じた角変形や縦曲り変形はプレスやローラなどによって機械的に力を加えたりガス炎で加熱して矯正する．しかし，このような矯正は継手や母材に悪影響をもたらすことがあるので，延性の低い高張力鋼や熱処理をした調質鋼では特に注意が必要である．

熱変形を受けるのは溶接線に沿った局部領域であるためその周辺の母材は継手の収縮を拘束する．これによって**残留応力**（residual stress）が封じ込められる．たとえば，溶接組立 H 形梁の断面には図 11.18 のような材軸方向の残留応力が内在している．溶接金属とその近傍の加熱母材が冷却収縮する過程でその

周辺の母材が収縮変形を拘束するため，フランジとウェブの交叉部には引張残留応力が生じ，そこから離れたフランジの両縁およびウェブの中央部には圧縮残留応力が生じる．残留応力は断面全体で釣合っており

$$\int_A \sigma_r dA = 0 \qquad (11.6)$$

が成り立つ（$\sigma_r$ は残留応力で引張を正，圧縮を負，$A$ は断面積）．

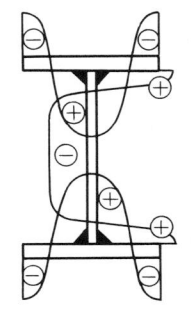

⊕＝引張残留応力
⊖＝圧縮残留応力

図 11.18 溶接残留応力分布

図 11.19 のように両端が固定された板を突合せ溶接すると溶接金属の収縮が拘束されるので板には引張応力が生じる．これを**拘束応力**という．短い厚肉の板が溶接されると大きな拘束応力が発生する．

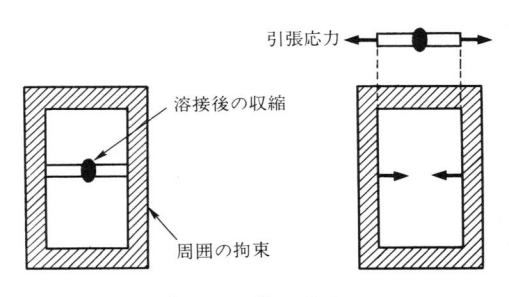

図 11.19 拘束応力

### 11.4.2 溶接欠陥

本章の冒頭で述べたように，溶接は材料が連続体となるように接合することであるので，これが満たされない部分は**溶接欠陥**（weld defect）となる．溶接欠陥は，外から観察できる表面欠陥とそうでない内部欠陥がある．種々の溶接欠陥を図 11.20 に例示してある．

溶接欠陥のなかで構造上もっとも有害な欠陥が**溶接割れ**（weld crack）である．溶接割れには，発生場所により**ルート割れ**（root crack），**止端割れ**（**トウクラック**，toe crack），**ビード下割れ**（underbead crack），**ラメラテア**（lam-

図 11.20 溶接欠陥

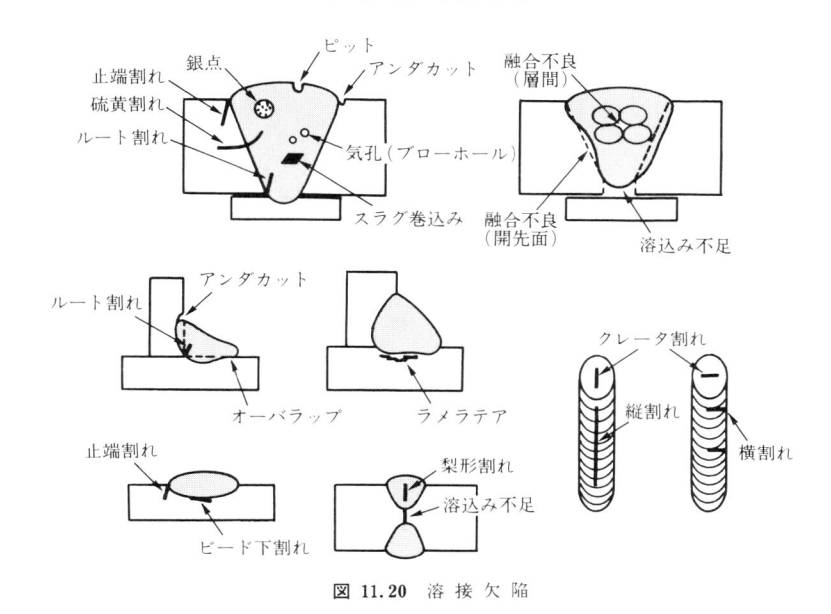

ellar tear)，**クレータ割れ**（crater crack），**梨形割れ**，**硫黄割れ**などがある．このうちルート割れ・止端割れ・ビード下割れ・ラメラテアは**低温割れ**に属し，約200℃以下で発生する割れである．これは侵入水素が主原因でこれに拘束応力や HAZ の硬化と延性低下が関係している（ラメラテアは母材の層状介在物が主原因）．これに対し，クレータ割れ・梨形割れ・硫黄割れは**高温割れ**（または凝固割れ）と呼ばれ，溶接金属が高温塑性状態から固体状態になる温度（約300℃以上の高温）で収縮によって発生する割れである．なお，割れを溶接線に平行な**縦割れ**（longitudinal crack）と溶接線に垂直な**横割れ**（transverse crack）に区分することがある．

**気孔**（ブローホール，blowhole）は溶接金属が凝固時に放出するガス気泡が内部に閉じ込められてできたもので，表面に達したものを**ピット**（pit）という．**スラグ巻込み**（slag inclusion）は，スラグが溶接金属内に残留したものである．気孔が球状をしているのに対し，スラグ巻込みは角ばった不規則な形をしている．溶接金属の引張破断面に銀白色をした円形の割れ（直径数ミリ）が現れることがあり，これを**銀点**（fish eye）という．銀点は引張力を受けた介在

物や気泡のまわりに水素が集まり脆性破面を生じるもので、引張力が作用する前に存在するものではない。

**アンダカット**（undercut）は、溶接の止端（toe，母材表面と溶接ビード表面が交わる線）に沿って母材がアークによって掘られ溶接金属が満たされていない溝である。アンダカットには応力とひずみの集中が生じるので脆性破壊や疲労破壊に対して弱点となる。**オーバラップ**（overlap）は溶着金属が止端で母材と融合しないで重なった部分である。**溶込み不足**（または溶込み不良，incomplete penetration）はルート部に溶接金属が届かず溶け込まない部分があること（のど厚が不足している状態）をいう。**融合不良**（incomplete fusion）は溶接境界面が互いに溶け合っていないことをいう。パス間や層間の融合不良と母材と溶接金属の間の融合不良がある。

### 11.4.3 非破壊試験

製品をきずつけないで欠陥の状態を調べることを**非破壊試験**（nondestructive test，略してNDT）といい，非破壊試験の結果をもとにして合否を判定することを**非破壊検査**（nondestructive inspection，略してNDI）という。溶接部の非破壊試験の方法には，目視試験のほか超音波探傷試験，放射線透過試験，浸透探傷試験，磁粉探傷試験がある。後の2者は表面欠陥にしか適用できない。

**超音波探傷試験**（ultrasonic test，略してUT）は，図11.21に示すように，超音波を試料に送信し欠陥からの反射波（エコー）を探触子で受信して，これを電気的に増幅してブラウン管に表示し欠陥の大きさや位置を調べる方法である。JIS Z 3060に鋼溶接部の超音波探傷試験方法が規定されている。垂直探傷法と斜角探傷法があるが，溶接ビートを平滑に仕上げないですむように斜めから超音波を送信する斜角探傷法のほうが便利である。超音波探傷試験は装置が

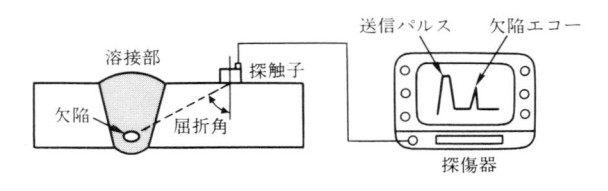

図 11.21　超音波探傷試験の原理

小型で操作が簡便であり，しかも割れの検出能力がほかの試験方法より優れているので，建築鉄骨では広く用いられている．しかし，エコー検出結果がそのまま欠陥状態を表さず，欠陥測定に試験者の熟練を要する．

**放射線透過試験**（radiographic test, 略してRT）は，図 11.22 のように放射線を試料に照射し，透過した放射線によって写真フィルムを感光させ欠陥の状態を調べる方法である．JIS Z 3104 に鋼溶接継手の放射線透過試験方法が定められている．放射線には X 線が一般に用いられる．放射線透過試験は検出結果をそのままフィルムに保存できるという利点がある．ブローホールやスラグ巻込みなどの立体的な欠陥の検出に優れているが，その深さ位置を特定することができないことや，割れや融合不良などの面状の欠陥の検出能力が劣るという欠点をもっている．また，装置が大掛かりであることや，放射線が人体に有害であるため取扱いに特別な注意が必要であることから，建築鉄骨に適用されることはまれである．

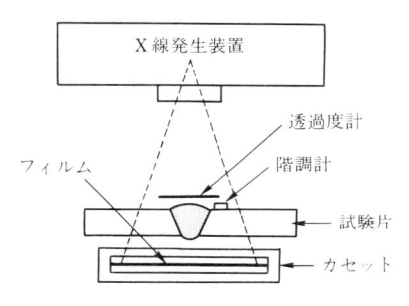

図 11.22 放射線透過試験の原理

**浸透探傷試験**（liquid penetrant test, 略してPT）は，図 11.23 のように溶接部の表面に開口している欠陥（特に割れ）に浸透性の強い染色液または蛍光液を毛細管現象を利用して浸透させ（前者を染色浸透探傷試験，後者を蛍光浸透探傷試験という），表面の余剰浸透液を除去後，現像剤を塗布して浸透液を吸い出して発色または発光させ，表面欠陥の状態を調べる方法である．JIS Z 2343 にその方法が規定されている．

**磁粉探傷試験**（magnetic particle test, 略してMT）は，図 11.24 のように，

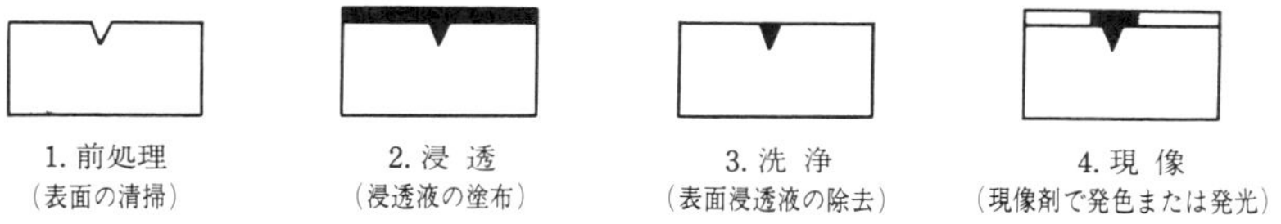

1. 前処理
（表面の清掃）
2. 浸 透
（浸透液の塗布）
3. 洗 浄
（表面浸透液の除去）
4. 現 像
（現像剤で発色または発光）

図 11.23 浸透探傷試験の原理

材料を磁化したとき表面欠陥によって生じる漏洩磁束に磁粉（空気または液体に一様に分散させた微細な鉄粉）がクーロンの法則によって凝集する性質を用いて欠陥を拡大可視化し，欠陥の存在を調べる方法である．JIS G 0565 にその方法が規定されている．ただし，オーステナイト系ステンレス鋼やアルミニウム合金のような非磁性材料には適用できない．

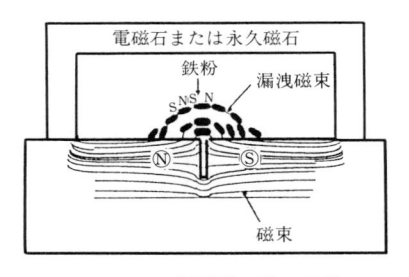

図 11.24 磁粉探傷試験の原理

### 11.4.4 溶接欠陥の補修

欠陥のまったくない完全な溶接継目を得ることは現実には不可能であるので，検出された欠陥が構造上問題となるかどうかを的確に判断しなければならない．無害な欠陥をいたずらに補修しようとするとかえって有害な欠陥を生む原因となる．溶接欠陥の許容寸法については，日本建築学会の技術指針[11.16), 11.17)] などを参考にするとよい．

検出された溶接欠陥が許容サイズを超えている場合は，図 11.25 のように再溶接して補修する必要がある．割れは，その部分を**アークエアガウジング**（arc air gouging，単に**ガウジング**ともいい，炭素電極を用いたアークにより金属表面を溶かしそれを圧縮空気で吹き飛ばして溝を掘る方法）で除去し補修溶接を行う．融合不良やスラグ巻込み，ブローホールなども同様の方法で補修する．アンダカットは，必要に応じてガウジングを施し，補修ビードを置く．オーバラップはグラインダあるいはガウジングで除去し，止端を現して滑らかに仕上

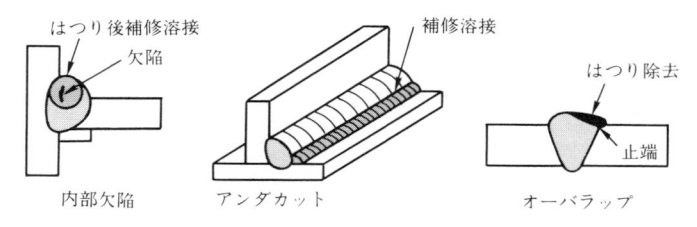

図 11.25 溶接欠陥の補修

げる．

## 11.5 脆性破壊

### 11.5.1 脆性破壊と事故例

**脆性破壊**（brittle fracture）は，**延性破壊**（ductile fracture）の対義語である．金属材料の引張試験を行うと塑性ひずみが進行し**くびれ**（necking）が生じたのち荷重が低下する途中で破壊が起こる．これが延性破壊である．脆性破壊は，くびれが生じることなく，すなわち荷重の低下を見ないで破壊が生じる現象で，破壊までの塑性ひずみが小さい場合も大きい場合もある．ガラスや陶器のようにもともと脆い材料は塑性ひずみが発生しないで脆性破壊する．しかし，延性のある金属材料においても，ある条件が整うと脆性破壊することがあり，このときの塑性ひずみは非常に小さい場合もあれば，一様伸びに近い大きな塑性ひずみを呈することもある．より厳密には，脆性破壊と延性破壊は破面の形態で区別でき，脆性破面はリバーパターン，延性破面はディンプルパターンというそれぞれに固有の形態をもっている．

脆いき裂は高速で伝播するので大事故につながることが多い．記録に残っているもっとも古い脆性破壊事故は1886年に水圧テスト中に全壊した米国ロングアイランドの給水塔（リベット構造）である．1938年には，ベルギーのアルバート運河に架かるフィーレンデール橋（溶接構造）が冬の早朝にひとりでに突然脆性破壊を起こし3つに分裂して運河に転落した．1944年には米国クリーブランドで液化天然ガス貯蔵用の球状タンクが脆性破壊し死者128人の大惨事となっている．脆性破壊の事故例でもっともよく知られ，その後の研究に大きな影響を与えたのは，第2次世界大戦中に大量生産されたリバティ型全溶接船の脆性破壊である（1943～1946年）．4,694隻のうち1,289隻が破壊事故を起こし，そのうち233隻は損傷がひどく，さらに10隻は静かな海上で突然大音響を発して真っ二つに割れて沈没した．

建築鉄骨には脆性破壊が起こらないと楽観視されていたが，1994年米国ノースリッジ地震で約100棟の柱－梁接合部に脆性破壊が生じ，翌1995年兵庫県南部地震で神戸市を中心に約100棟の鉄骨の柱－梁接合部およびスーパーストラ

クチャ形式の高層住宅の柱に脆性破壊が生じた（図11.26）[11.19),11.20)]．幸い，これらの脆性破壊は建物の倒壊を引き起こさなかったが，その後，日米双方で脆性破壊を考慮した耐震設計に関する研究が精力的に行われた[11.21)~24)]．

### 11.5.2 脆性破壊の発生条件

脆性破壊は3つの条件，すなわち①き裂の存在，②引張応力の存在，③破壊靱性の不足がすべて揃ったときに生じると考えられている．1番目の条件のき裂は，初めから溶接欠陥として

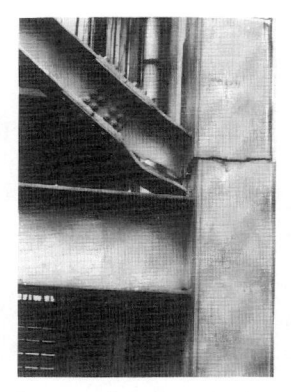

図11.26 鉄骨の脆性破壊[11.20)]

割れや融合不良が存在している場合と荷重を受けて溶接止端などのひずみ集中部に生じる延性き裂，あるいは繰返し荷重による疲労き裂がある．2番目の引張応力には，引張軸力を受けるトラス部材や曲げモーメントを受ける梁や柱の引張フランジなどが鉄骨では該当する．3番目の破壊靱性の不足は材料がもともと脆い場合だけでなく，溶接によるHAZの脆化や塑性加工による材料の脆化，厚板における塑性拘束，および副次的に高速載荷によるひずみ速度の上昇や使用環境における温度の低下によって材料が脆化することも関係する．大型の溶接構造物は脆性破壊の発生条件が揃いやすいので注意が必要である．

### 11.5.3 脆 性 破 面

脆性破壊を起こした材料の破面は表面に垂直で，破面近傍にはくびれが生じていない．また，破面を肉眼で観察したマクロ破面には，図11.27（a）のような方向性をもった激しい凹凸模様が見られ，これを**シェブロンパターン**（chevron pattern，山形模様）という．脆性破壊はシェブロンの末広がりの方向へ伝播している．したがって，シェブロンを逆にたどっていくと脆性破壊の起点を見出すことができ，そこが脆性破壊の引き金となったき裂の先端となっている．なお，板表面近くの破面には**シアリップ**（shear lip）と呼ばれる延性破面が生じることがある．これは，表面付近では塑性拘束が弱いため，せん断応力度が最大となる面（表面から45°の傾きをもった面）が延性破壊したものであ

## 11.5 脆 性 破 壊

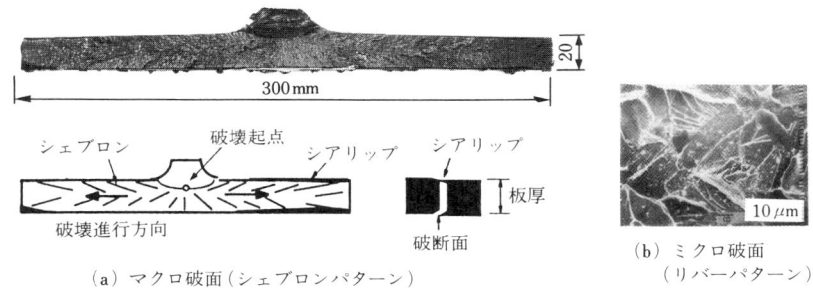

図 11.27 脆性破壊の破面[11.20]
(a) マクロ破面（シェブロンパターン）
(b) ミクロ破面（リバーパターン）

る．

脆性き裂が伝播した部分すなわちシェブロンパターンの部分を走査型電子顕微鏡で 1,000 倍くらいに拡大して観察したミクロ破面には，図 (b) のような**リバーパターン**（river pattern）と呼ばれる川の流れに似た模様が見られる．これは，結晶粒を次から次へ引き裂きながら破壊が進行してできる痕跡である．このため，脆性破壊は**劈開破壊**（cleavage fracture）とも呼ばれる．以上のように破壊後に残された破面を観察し，破壊形式や破壊原因を調べることを**フラクトグラフィ**（fractography，破面解析）という．

### 11.5.4 シャルピー衝撃特性

鋼材やその溶接部の脆性破壊に対する抵抗能力を知るもっとも簡便な方法として普及しているのは 1901 年フランス人学者シャルピーが考案した**シャルピー衝撃試験**（Charpy impact test）である．同様の試験方法にアイゾット衝撃試験（片持ち形式での衝撃破壊試験）があるが，現在はほとんど利用されていない．

シャルピー衝撃試験片は図 11.28 に示す小形の角棒（10×10×55 mm）で，中央に**切欠き**（ノッチ，notch）を設けてある．ノッチは V 形と U 形があるが，V 形が一般に用いられる．試験片の両端をスパン 40 mm で単純支持し，ノッチの反対側に衝撃力を与えて破壊させる．シャルピー衝撃試験片と衝撃試験方法はそれぞれ JIS Z 2202，2242 で規定されている．シャルピー衝撃試験機は図 11.29 のようなもので（図は手動式），ハンマを振り下ろして最下点で試験片を

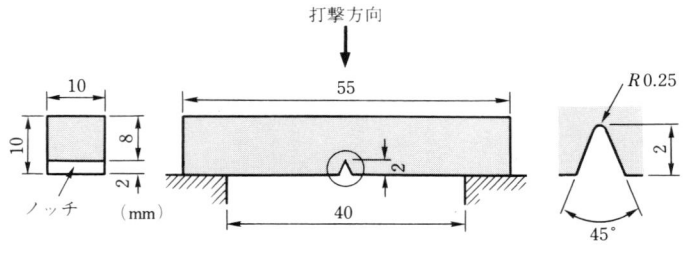

図 11.28　シャルピー衝撃試験片（Vノッチ）

破壊させる．

　シャルピー衝撃試験から得られる重要な情報は，シャルピー吸収エネルギーと脆性破面率である．**シャルピー吸収エネルギー**（Charpy absorbed energy）は次式で算定され，ハンマが試験片破壊の前後でもっている力学的エネルギーの差として評価される．

$$E = W \cdot R \cdot (\cos\beta - \cos\alpha) \quad (11.7)$$

ここで，$E$ はシャルピー吸収エネルギー（J），$W$ はハンマの重さ（N），$R$ はハンマの回転半径（m），$\alpha$ はハンマの持ち上げ角度（°），$\beta$ は試験片破断後のハンマの振上がり角度（°）である．なお，シャルピー吸収エネルギーを試験片切欠き部の原断面積（図 11.28 のものは 80 mm²）で除したものを**シャルピー衝撃値**（J/mm²）という．

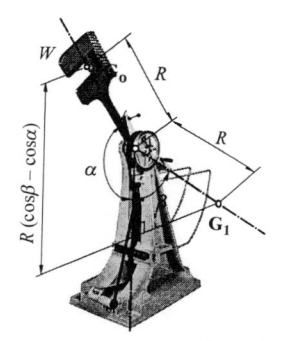

　破断した衝撃試験片の破面は図 11.30 のようになっており，断面の中心部にはぎらぎら輝きのある銀白色の脆性破面，周辺部は輝きのない灰色をした延性破面が見られる．このとき，**脆性破面率**（percent brittle fracture）は次式で算定される．

図 11.29　シャルピー衝撃試験機（手動式，島津製作所提供）

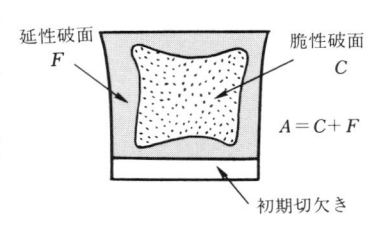

図 11.30　シャルピー衝撃試験片の破面

$A = C + F$

## 11.5 脆性破壊

$$B = \frac{C}{A} \times 100 \quad (\%) \tag{11.8}$$

ここで，$B$ は脆性破面率（%），$C$ は脆性破面の面積（$mm^2$），$A$ は破面の全断面積（$mm^2$）である．なお，$F$ を延性破面の面積（$mm^2$）とすると**延性破面率**（percent ductile fracture）が次のように算定される．

$$S = \frac{F}{A} \times 100 \quad (\%) \tag{11.9}$$

ここで，$S$ は延性破面率（%）である（せん断破面率ともいわれる）．$A = C + F$ であるので，$B + S = 100\%$ の関係がある．

脆性破壊に対する材料の抵抗能力を**破壊靱性**（fracture toughness）または**切欠き靱性**（notch toughness），あるいは単に**靱性**（toughness）といい，靱性の高いものほどシャルピー衝撃試験におけるシャルピー吸収エネルギーが高く，また脆性破面率が小さい．材料の靱性は温度の影響を受け，温度を変化させてシャルピー衝撃試験を行うと，図 11.31 のような結果が得られる．図（a）は脆性破面率（または延性破面率）が温度によって変化する様子を描いたもので**破面遷移曲線**といい，図（b）はシャルピー吸収エネルギーが温度によって変化する様子を描いたもので**エネルギー遷移曲線**といい，両者を合わせて**遷移曲線**（transition curve）という．

温度がある値以上になると，脆性破面率は 0 %，すなわち全断面が延性破面となり，吸収エネルギーもある上限に収束する．逆に，温度がある値以下の低

(a) 破面遷移曲線　　　(b) エネルギー遷移曲線

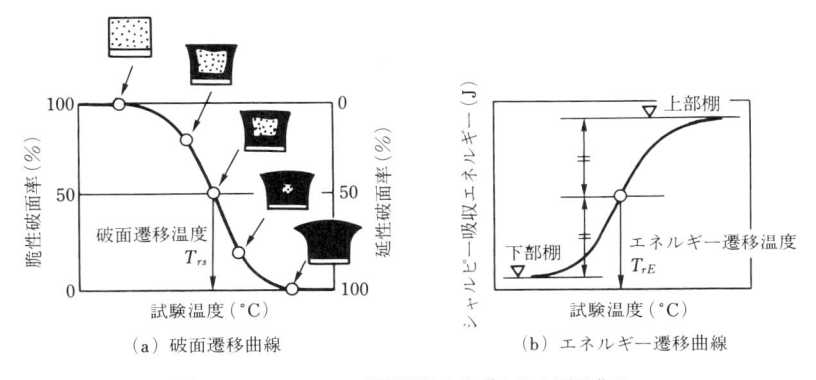

図 11.31　シャルピー衝撃試験から得られる遷移曲線

温になると,脆性破面率は100％となり,吸収エネルギーもある下限に収束する．その中間の温度ではシャルピー衝撃特性の温度依存性が強い．破面遷移曲線において脆性破面率がちょうど50％となるときの温度を**破面遷移温度**といい,エネルギー遷移曲線において吸収エネルギーが上下限の中央値または上限の1/2となるとき（後者が用いられることが多い）の温度を**エネルギー遷移温度**という．破面遷移温度とエネルギー遷移温度はだいたい一致し,両方を合わせて**遷移温度**(transition temperature)という．破壊靭性の優れた材料ほど遷移温度が低い．

### 11.5.5 破壊力学と破壊靭性試験

**破壊力学**(fracture mechanics)は,溶接によって建造された大型構造物が脆性破壊事故を起こすようになったこと,特に米国のリバティ型全溶接船の破壊事故を契機にして20世紀後半に発展した学問である．破壊力学は破壊の発生や伝播・停止のクライテリアを提示するために,き裂先端近傍の応力場あるいはひずみ場の数理モデルを用いるので,き裂の力学とも呼ばれる．破壊力学の初期の頃は,構造用鋼材の破壊靭性が乏しく脆性破壊が材料の弾性状態あるいは小規模降伏状態で生じたため**線形破壊力学**が誕生した．その後,材料や溶接の品質向上にともなって,脆性破壊が全断面降伏状態で起こるようになり**非線形破壊力学**の研究が進み現在に至っている．

図11.32に示すように弾性板にき裂があるとき,き裂先端を座標の原点としそこから距離$r$,角度$\theta$の点Pの応力度$\sigma_{ij}$（テンソル表示）は次式で表される．

$$\sigma_{ij} = \frac{K}{\sqrt{2\pi r}} f_{ij}(\theta) \qquad (11.10)$$

ここで,$K$は**応力拡大係数**(stress intensity factor)と呼ばれN/mm$^{3/2}$の次元をもっている．$K$は作用する外力の種類,板の形状と寸法およびき裂の形状と寸法によって決まる．たとえば,図11.32のような無限板に長さ$2a$の貫通き裂が存在し,き裂の方向に垂直に引張応力が作用する場合には,$K = \sigma\sqrt{\pi a}$である．

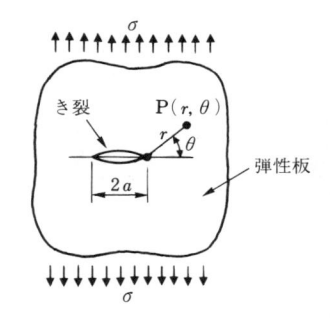

**図11.32** き裂先端の応力場

## 11.5 脆性破壊

線形破壊力学では，$K$ がある限界値に達すると脆性破壊が発生すると考え，脆性破壊の発生条件は次式で表される．

$$K = K_c \tag{11.11}$$

ここで，$K_c$ は限界応力拡大係数と呼ばれ（破壊靱性ともいう），材質のほか板厚，温度，ひずみ速度などの影響を受け，厚肉・低温・高ひずみ速度で $K_c$ は低い値をとる．板厚の影響としては，図 11.33 に示す傾向が知られており，板厚が十分大きくなると平面ひずみ状態となり，$K_c$ はある値に収束する．これを平面ひずみ破壊靱性といい $K_{Ic}$ で表す．$K_c$（N/mm$^{3/2}$）と板厚 $t$（mm）との関係には，次のアーウィン（G. R. Irwin）の実験式が知られている．

$$K_c = K_{Ic} \sqrt{1 + \frac{1.4}{t^2}\left(\frac{K_{Ic}}{\sigma_y}\right)^4} \tag{11.12}$$

ここで，$\sigma_y$（N/mm$^2$）は材料の降伏強さである．板厚が小さくなると，平面応力状態となって脆性破壊が起こらなくなり，代わりに延性破壊によって破断する．

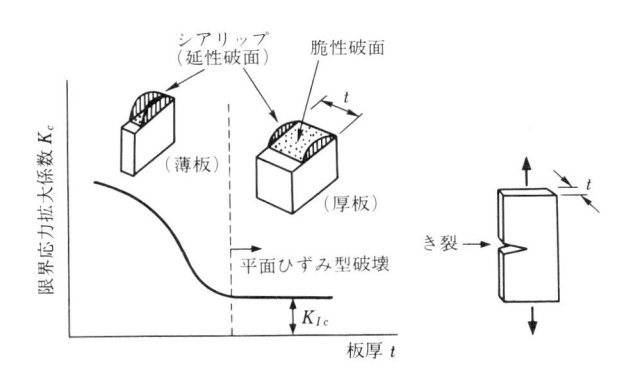

図 11.33 破壊靱性に及ぼす板厚の影響

$K_{Ic}$ を求める破壊靱性試験はさまざまの方法が提案されているが，代表的なものは図 11.34 のコンパクト試験と 3 点曲げ試験である．いずれの破壊靱性試験においても，人工ノッチを設けた試験片に繰返し荷重を与えてノッチ底に疲労き裂を発生させてから破壊試験を行う．破壊力学に基づく破壊靱性試験は手間がかかるため，前節で述べた簡便なシャルピー衝撃試験との相関が検討さ

(a) コンパクト試験片

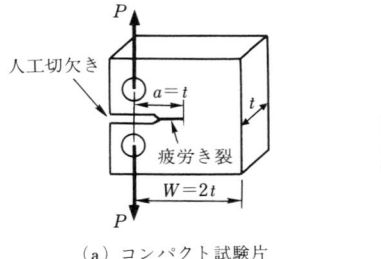

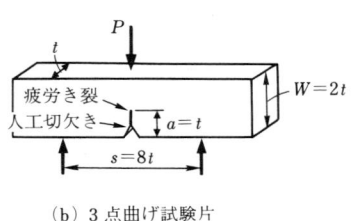

(b) 3点曲げ試験片

図 11.34 平面ひずみ破壊靱性試験片

れ，図 11.35 のような傾向が得られているので参考となる．

以上の線形破壊力学はき裂先端付近が局所的に降伏する小規模降伏の場合にも適用可能とされているが全断面が降伏する場合には成立しない．そのような場合は非線形破壊力学が扱うところとなり，脆性破壊の発生条件として，**き裂先端開口変位**（crack tip opening displacement, CTOD と略し $\delta$ で表す）と **J 積分**（J-integral, $J$ で表す）がある．これらによると

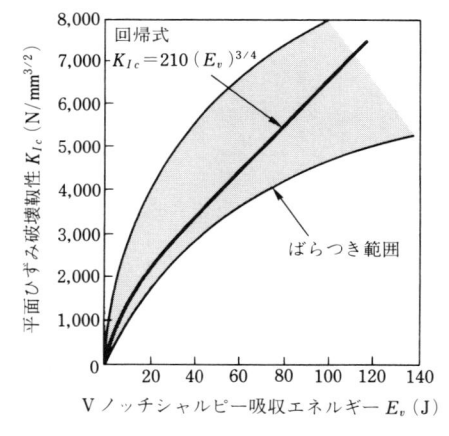

図 11.35 平面ひずみ破壊靱性と V ノッチシャルピー吸収エネルギーの相関

回帰式 $K_{Ic} = 210(E_v)^{3/4}$

ばらつき範囲

$\delta$ が限界値 $\delta_c$ に達したとき，あるいは $J$ が限界値 $J_c$ に達したとき脆性破壊が開始するとされている．

### 11.5.6 建築鉄骨の地震による脆性破壊

わが国の鉄骨造建築物が脆性破壊を起こしたのは 1995 年の兵庫県南部地震による被害が最初である．このときの脆性破壊は，橋梁や船舶などと異なり，かなり大きな塑性変形を経た後に破壊が生じている．実験室で行われた脆性破壊の再現実験により，塑性変形の途中で起こる鉄骨部材の脆性破壊には次のよ

## 11.5 脆性破壊

うな特徴があることが明らかにされている[11.22]．（1）溶接割れなどの予き裂がなくても脆性破壊すること，（2）鋼材表面のひずみ集中部（たとえば溶接止端やスカラップ底など）から脆性破壊が開始すること，（3）低温でなくても室温で脆性破壊すること，（4）衝撃あるいは高速載荷でなくても静的載荷で脆性破壊すること，（5）繰返し載荷のみならず一方向（単調）載荷でも脆性破壊すること，などである．

図 11.36 は冷間成形角形鋼管（板厚 22 mm）が曲げモーメントによる塑性変形の過程で材端溶接仕口が脆性破壊を起こした様子を示したものである．脆性破壊は引張応力を受ける鋼管角部から開始している（図（1））．肉眼で破断面を観察すると，破面には明瞭なシェブロン模様が見られ（図（2）），破面は板表面に垂直で破断位置近傍にはくびれが生じていない（図（3））．脆性破壊がスタートした角部を拡大して観察すると図（4）のように表面から 2 mm 程度の深さまで延性き裂が先行発生し，その先端から脆性き裂が開始している．こ

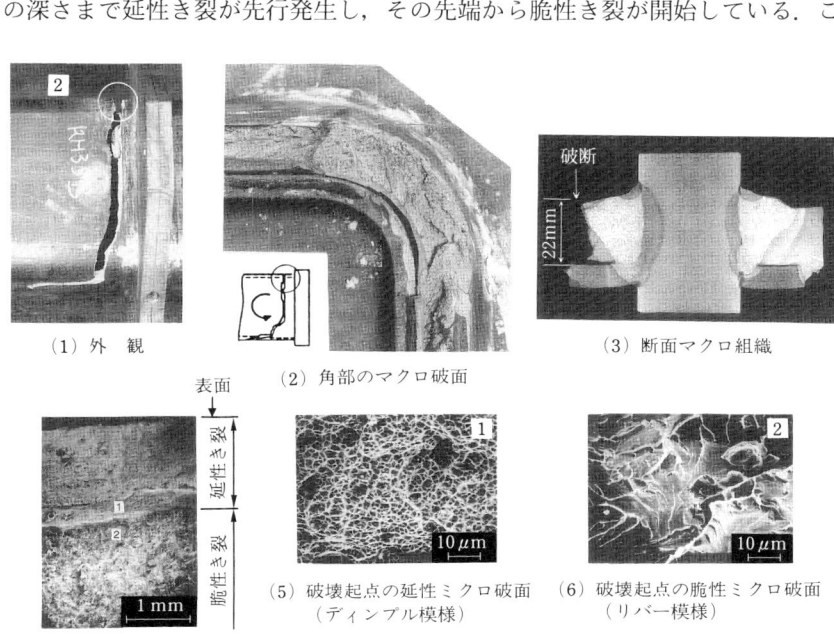

(1) 外観

(2) 角部のマクロ破面

(3) 断面マクロ組織

(4) 延性-脆性遷移部のミクロ破面

(5) 破壊起点の延性ミクロ破面（ディンプル模様）

(6) 破壊起点の脆性ミクロ破面（リバー模様）

**図 11.36** 塑性変形の過程で生じる脆性破壊（冷間成形角形鋼管）

れは図（4）の1と2の部分を電子顕微鏡で拡大した図（5）と（6）において，1の部分では延性き裂を示すディンプルパターン（小さなくぼみが網目状に広がった模様）が見られ，2の部分には脆性破面であることを示すリバーパターンが見られることから明白である．

このように，建築鉄骨が塑性変形過程で脆性破断するときは，延性き裂の発生，延性き裂の成長，延性き裂の脆性破壊への転化という3つの現象が続いて起きている．したがって，溶接欠陥が必ずしも脆性破壊の直接的原因になるとは限らず，塑性変形にともなうひずみ集中部のひずみが多軸応力拘束の影響を受けながら材料の延性限界を突破して延性き裂が生じ，それが脆性破壊の引き金となるのである．脆性破壊の3つの連続した現象に関する因果律，すなわち延性き裂の発生条件，延性き裂の成長則，脆性破壊への転化条件はまだ完全には解明されてないが，脆性破断を防止するための暫定的な設計手法が材料と溶接の品質と関係付けて提案されているので[11.23]，参考にするとよい．鉄骨の脆性破壊についてはまだ研究の歴史が浅く今後の研究成果が期待されている．

## 11.6 疲労破壊

### 11.6.1 疲労破壊と事故例

**疲労**（fatigue）とは，単調載荷による静的破壊応力度より小さな応力度が繰返し作用することによって材料にき裂が発生する現象，あるいはその疲労き裂が進展して破断に至る現象をいう．便宜上，破断までの繰返し数が $10^5$ 以上を**高サイクル疲労**（high cycle fatigue），$10^5$ 以下を**低サイクル疲労**（low cycle fatigue）と呼んでいる．ただし，20サイクル程度以下でき裂が生じる場合は，き裂の形態がディンプルの生成によるものであるため延性破壊とする説がある[11.25]．

金属材料でつくられた構造物の損傷は大半が疲労によるものであるといわれている．疲労による事故は，設計や製作上の誤りだけでなく点検作業におけるき裂の見落しも事故の原因となる．工学技術史上もっともよく知られている疲労事故は，1954年に英国コメット機（草創期のジェット旅客機）が相次いで墜落した事故である．これは，離着陸の繰返しによる圧力変動により機体に疲労

き裂が発生進展して空中分解したものであった．わが国でも，1985年にジャンボ旅客機が後部圧力隔壁の疲労破壊により尾翼部分が吹き飛んで操縦不能となり山岳地帯に墜落するという事故が発生した．このときは死者が520人にも上ぼる大惨事となった．このほかにも原子力発電所の循環水パイプが疲労破壊し放射能漏れの事故につながるような例が少なからず報告されている．

住宅や商業用の建築物では繰返し応力の振幅が小さいので，疲労が問題となることはまれである．しかし，天井クレーンを有する工場建屋では，**クレーンランウェイガーダー**（クレーン走行梁）がクレーンの走行によって高サイクル疲労にさらされるので十分な配慮が必要である[11.26]．また，台風通過時の繰返し応力による高層建物の低サイクル疲労や複数回の中小地震による制震用メタルダンパーの低サイクル疲労が懸念されているが，実際の被害はまだ報告されていない．

### 11.6.2 疲労破面

疲労破壊した破面は材料表面に垂直で断面にくびれが生じない点が脆性破面に類似しているが，疲労破面は平坦で比較的滑らかである点が脆性破面と異なっている．破面を目視観察すると，図11.37(a)のような平行な筋が並んだ縞模様が見られることがあり，これを**貝殻模様**（clam-shell mark）または**ビーチマーク**（beach mark）という．疲労き裂は縞模様の直交方向に進行する．貝殻模様は樹木の年輪と形成過程が似ており，小振幅と大振幅の応力が異なった

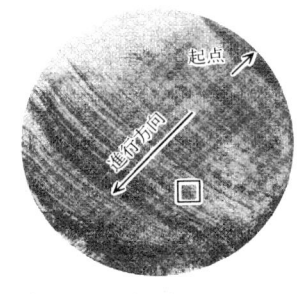

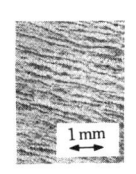

(a) マクロ破面（ビーチマーク）　　(b) ミクロ破面（ストライエーション）

**図 11.37** 疲労破壊の破面[11.11]

期間に繰返され，き裂の進展が一様でないことによって生じるものである．したがって，応力振幅が一定の場合には貝殻模様は現れない．疲労破面を電子顕微鏡で拡大して観察すると，図 (b) のような筋状の模様が見られ，これを**ストライエーション**（striation）という．疲労き裂の進展方向はストライエーションの直交方向である．1 サイクルの応力変動で 1 つのストライエーションが形成されるので，ストライエーションの間隔がわかれば，疲労き裂の進展速度が計算できる．

### 11.6.3　繰返し応力のパターン

一定振幅で繰返し作用する応力の波形は，図 11.38 に示すように，次の諸量で表現される．

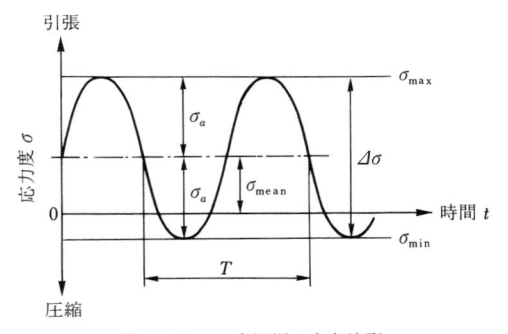

**図 11.38**　一定振幅の応力波形

最大応力度：$\sigma_{max}$，　最小応力度：$\sigma_{min}$，　周期：$T$

応力範囲：$\Delta\sigma = \sigma_{max} - \sigma_{min}$，　応力振幅：$\sigma_a = \dfrac{\Delta\sigma}{2}$

平均応力度：$\sigma_{mean} = \dfrac{\sigma_{max} - \sigma_{min}}{2}$，　応力比：$R = \dfrac{\sigma_{min}}{\sigma_{max}}$

これらのうち疲労にもっとも大きな影響を与えるのが応力振幅または応力範囲で，次に平均応力度または応力比である．前者については S-N 曲線で，後者についてはグッドマン線図で説明される．

一定振幅の応力波形は，図 11.39 の 4 種類に分類することができる．$R = -1$

すなわち $\sigma_{max} = -\sigma_{min}$ または $\sigma_{mean} = 0$ のとき**完全両振り**（あるいは単に**両振り**）といい，$-1 < R < 0$ のときを**部分両振り**，$R = 0$ すなわち $\sigma_{min} = 0$ のときを**完全片振り**（あるいは単に**片振り**）といい，$0 < R < 1$ のときを**部分片振り**という．実際の構造物に作用する繰返し応力は振幅が一定ではない．このような応力波形を上記の**一定振幅応力**に対して**変動振幅応力**という．

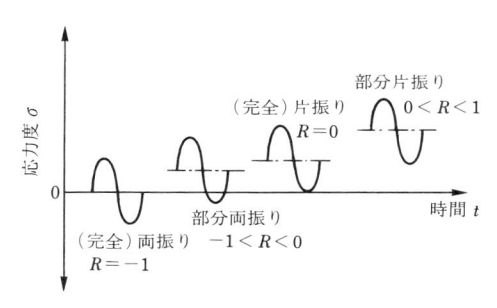

図 11.39 一定振幅繰返し応力のパターン

## 11.6.4 S-N 曲線

一定振幅応力が作用するとき，縦軸に応力振幅 $\sigma_a$ をとり，横軸に破断までの繰返し数 $N_f$ をとって両者の関係を図 11.40 のようにグラフに表したものを **S-N 曲線**（S-N curve）という．応力振幅の代わりに応力範囲や最大応力度を使うこともあり，破断までの繰返し数の代わりに疲労き裂発生までの繰返し数 $N_c$ を使うこともあるが，いずれの場合も S-N 曲線は右下がりの曲線となる．$N_f$ を破断寿命あるいは破断繰返し数，$N_c$ をき裂発生寿命あるいはき裂発生繰返し数といい，ともに対数表示とする．S-N 曲線は疲労現象の発見者 A. Wöher の名をとってウェーラ曲線とも呼ばれる．

明瞭な降伏点をもつ普通鋼では応力振幅がある値以下になると疲労現象が現れず，S-N 曲線が水平となる．S-N

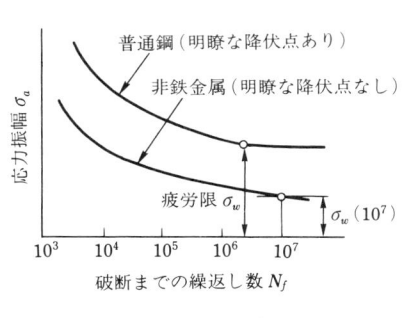

図 11.40 S-N 曲線

曲線の下降線が水平になり始めるときの繰返し数を**限界繰返し数**，応力振幅を**疲労限**（fatigue limit）という．アルミニウムなどの非鉄金属および普通鋼においても溶接を施したものでは，このような疲労限は存在しないので，便宜上，同図に示すように，$N_f = 10^7$ に対応する応力振幅を疲労限と呼んでいる．また，ある破断寿命を指定して（たとえば，$N_f = 10^5$），それに対応する S–N 曲線上の応力振幅を**時間強度**という．疲労限と時間強度を総称して**疲労強度**（fatigue strength）という．設計応力を疲労強度以下にしておけば疲労について心配しなくてよい．

疲労寿命は応力集中に対して非常に敏感である．金属に突起や切欠きなどの形状が急変する部分があるとその周辺の応力は局部的に大きくなる．これを**応力集中**（stress concentration）という．応力集中部（ホットスポットとも呼ばれる）では，応力振幅が大きくなるので，そこから疲労き裂が発生する．たとえば，図 11.41 に示す突合せ溶接で余盛が付いたままの状態と余盛を削除した状態では，S–N 曲線に大きな差が生じる．余盛を削除すると応力集中が緩和されるので，余盛付きの場合より破断寿命がこの例では 10 倍くらい向上している．接合ディテールによって応力集中の度合いが異なるので，それぞれについて適切な S–N 曲線を用いて疲労設計を行う必要がある[11.14]．

応力集中が疲労に及ぼす影響の度合いを**切欠き感度**といい，次式で定義される**切欠き係数** $\beta$ で表現することができる．

$$切欠き係数：\beta = \frac{\sigma_{w0}}{\sigma_{w1}} \tag{11.13}$$

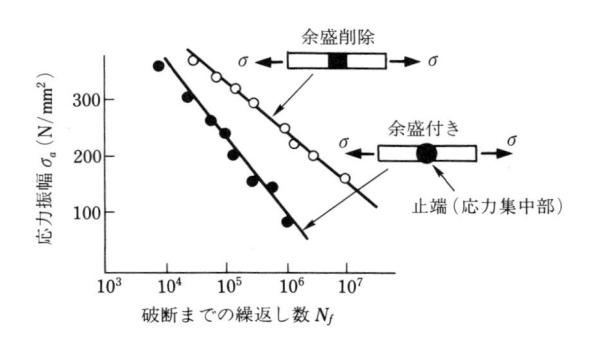

**図 11.41** 応力集中による疲労寿命低下の例

ここで，$\sigma_{w0}$ は切欠きがないときの疲労限，$\sigma_{w1}$ は切欠きがあるときの疲労限である．$\beta$ は1より大きな値となり，値が大きいほど応力集中の影響が大きいこと，すなわち切欠き感度が高いことを表す．一方，応力集中の度合いは次式で定義される**応力集中係数** $\alpha$ で表現される．弾性応力状態を前提としている $\alpha$ は形状だけで決まるので**形状係数**とも呼ばれる．

$$\text{応力集中係数}：\alpha = \frac{\sigma_{peak}}{\sigma_g} \tag{11.14}$$

ここで，$\sigma_{peak}$ は応力集中部の最大応力度，$\sigma_g$ は応力集中部から離れたところで一様に分布する応力度である．

$\beta$ と $\alpha$ の関係は，図 11.42 に示すように $\beta \leq \alpha$ である．その理由は，切欠き先端が降伏により塑性変形し先端形状が鈍化して $\alpha$ が低下するためである．引張強さの低い軟鋼では $\alpha$ が大きくなっても，$\beta$ は2程度で頭打ちとなり切欠き感度が鈍いことがわかる．これは，鋭い切欠きがあっても疲労強度をそれほど損なわないことを意味するので好ましいことである．しかし，引張強さの高い高張力鋼では $\beta$ が $\alpha$ とともにかなり上昇する傾向があり，切欠きに敏感であることがわかる．疲労が問題となる橋梁などで高張力鋼の使用に制限があるのは，これが1つの理由である．

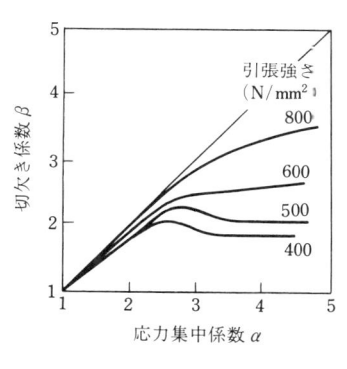

図 11.42 切欠き感度

## 11.6.5 グッドマン線図

疲労強度に及ぼす平均応力の影響は図 11.43 の**グッドマン線図**（Goodman diagram, 耐久限度線図ともいう）で表される．グラフの横軸は平均応力で，縦軸は疲労強度（疲労限または時間強度）を応力振幅で表示したものである．直線 AB は平均応力が圧縮から引張に変化するにともない疲労強度が低下することを表している．このことは，引張残留応力度が疲労強度を低下させることを意味している．AB の延長線が横軸と交叉する点 C の横座標値は材料の引張強さ $\sigma_u$ に一致するといわれている（横軸は $\sigma_a = 0$ より応力比 $R = 1$ となり単調載

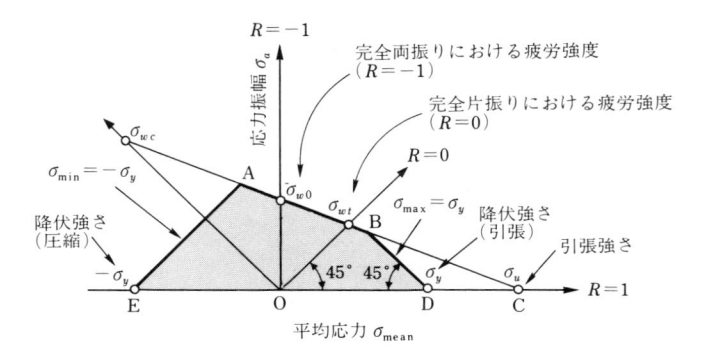

図 11.43 グッドマン線図

荷を表していることからこの推論が導かれている).最大応力度が材料の降伏強さ $\sigma_y$ を超える範囲は適用できないので,$\sigma_{max}=\sigma_y$ すなわち $\sigma_a=\sigma_y-\sigma_{mean}$ を表す直線 BD の下側のみが有効となる.圧縮についても同様に直線 AE の下側のみが有効となる.したがって,図の線分 AB が実質的に有用な疲労強度を表す線であり,ABDE で囲まれた陰影の範囲では疲労破壊が生じないことを表している.

原点 O を通る直線の傾きを $\theta$ とすると $\tan\theta=(1-R)/(1+R)$ の関係が容易に導かれる.これにより,たとえば $\theta=90°$ のときは $R=-1$ となるので AB が縦軸と交叉する点の縦座標値は完全両振りにおける疲労強度を表す.また,$\theta=45°$ のときは $R=0$ となるので,これがABと交叉する点の縦座標値は完全片振りにおける疲労強度を表す.

### 11.6.6 マイナー則

疲労荷重を受ける実際の構造物は応力振幅が一定でない変動振幅応力を受ける.このような場合の疲労寿命の推定方法に**マイナー則**(Miner's law)と呼ばれるものがある.これは,変動振幅応力の繰返しに含まれる個々の応力振幅による損傷が累積して限界値に達すると疲労による破断あるいはき裂が発生するという考えに基づいており,累積損傷度 $D$ を

$$D=\sum_{i=1}^{m}\frac{n_i}{N_i} \tag{11.15}$$

で定義し，$D=1$ を限界値とする．ここで，$n_i$ は応力振幅 $\sigma_i$ による繰返し数で，$N_i$ は $\sigma_i$ による一定振幅での疲労寿命（破断寿命またはき裂発生寿命）で図 11.44 に示すように S-N 曲線から得られる．マイナー則は，各応力振幅での損傷の線形和を累積損傷とするので，**線形累積損傷則**（linear cumulative damage law）とも呼ばれている．

しかしながら，$D=1$ を限界値とするマイナー則は誤差が非常に大きいことが知られている．その原因として，応力振幅の段階的増大が疲労強度を上昇させるコーキシング効果，変動振幅中で微小振幅が損傷作用をもたらす過小応力効果，大振幅での最大引張応力がもたらすき裂先端塑性域の圧縮残留応力効果などが考えられている．コーキシング効果と圧縮残留応力効果は $D$ の限界値を 1 より大きくする安全側の効果であるが，過小応力効果はその逆である．

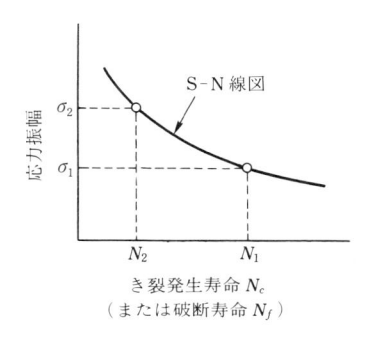

図 11.44　マイナー則の説明図

### 11.6.7　マンソン-コフィン則

高い応力度の繰返しによって生じる低サイクル疲労では，疲労寿命は応力振幅ではなく塑性ひずみ振幅で表される．図 11.45 のような応力-ひずみ履歴を受けて材料に疲労が生じるとき，次式の**マンソン-コフィン則**（Manson–Coffin law）が知られている．

$$\Delta\varepsilon_p \cdot N^k = C \qquad (11.16)$$

ここで，$\Delta\varepsilon_p$ は塑性ひずみ幅，$N$ は疲労寿命（き裂発生または破断），$k$ と $C$ は定数である．$N$ が破断寿命のとき $k \cong 1/2$，$C \cong \varepsilon_f/2$ となるといわれている（$\varepsilon_f$ は材料の破断ひずみで破断時の絞りから求められる）．

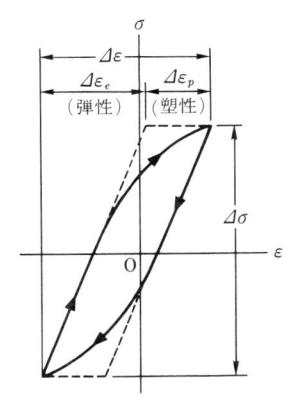

図 11.45　低サイクル疲労における繰返し塑性ひずみ

## 11.7 溶接の強度設計

### 11.7.1 溶接継目の種類

溶接継手の強さは，溶接金属が被接合材の間にどのように置かれるか，すなわち溶接継目の形態で決まる．**溶接継目**を大別すると，図 11.46 のように，開先溶接，隅肉溶接，栓溶接，肉盛溶接の 4 種類になる．

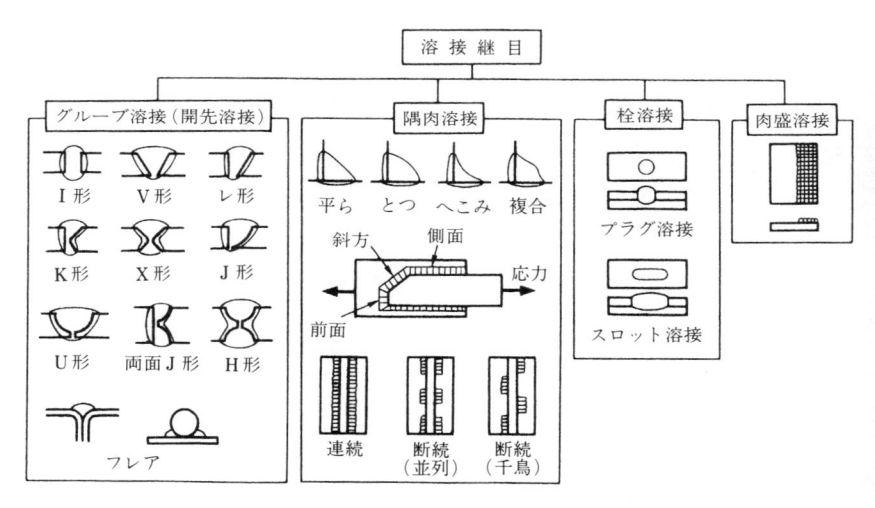

**図 11.46** 溶接継目の種類

**開先溶接**（groove weld）は接合する 2 部材の間に**開先**（groove）と呼ばれる溝を設けて溶接するものである．開先の形状にはI形，V形，レ形，J形，U形，X形，K形，両面J形，H形がある．建築鉄骨ではレ形が多用され，V形・I形・K形・X形も用いられる．曲線部分のあるJ形，U形，両面J形，H形は開先加工の難度と手間の関係で，厚肉材のごく限られた場合にしか用いられない．開先溶接には，開先内に溶接金属を完全に充填する**完全溶込み溶接**（full penetration weld）と部分的に充填する**部分溶込み溶接**（partial penetration weld）がある．開先溶接の一種に**フレア溶接**（flare groove weld）があり，こ

れは円弧の接触部分にできるフレアと呼ばれる溝に溶接するものである．

**隅肉溶接**（fillet weld）は，ほぼ直交する板の隅に沿って三角形状の断面をした溶接金属を置くものである．溶接ビードの表面形状によって平ら隅肉溶接，とつ隅肉溶接，へこみ隅肉溶接，複合隅肉溶接がある．特に指定しなければ通常，とつ隅肉溶接となる．応力方向に対して溶接線が垂直な隅肉溶接を**前面隅肉溶接**，平行なものを**側面隅肉溶接**，斜めになっているものを**斜方隅肉溶接**という．溶接ビードを連続して置く隅肉溶接を**連続隅肉溶接**，飛び飛びに置くものを**断続隅肉溶接**という．後者の場合，両側の隅肉溶接ビードを揃えて置く場合を**並列隅肉溶接**，互い違いに置く場合を**千鳥隅肉溶接**という．

**プラグ溶接**（栓溶接，plug weld）および**スロット溶接**（溝溶接，slot weld）は重ね合わせた板の片方にあけた孔に溶接金属を充填して溶接するもので，前者は円形の孔，後者は細長い孔の場合である．これらは重要な構造部分には使われない．

**肉盛溶接**（overlaying weld）は，部材の表面に溶着金属を置いたものである．これは，補修や増厚の目的に施されるものであり，部材と部材を直接接合するためのものではない．

### 11.7.2 完全溶込み溶接

開先溶接のうち完全溶込み溶接では，図 11.47 に示すように，応力を伝える溶接継目の厚さ（**のど厚**（throat thickness）という）が母材の厚さより小さくなることはないので，自動的に**全強接合**（接合部の耐力が母材のそれを下回ら

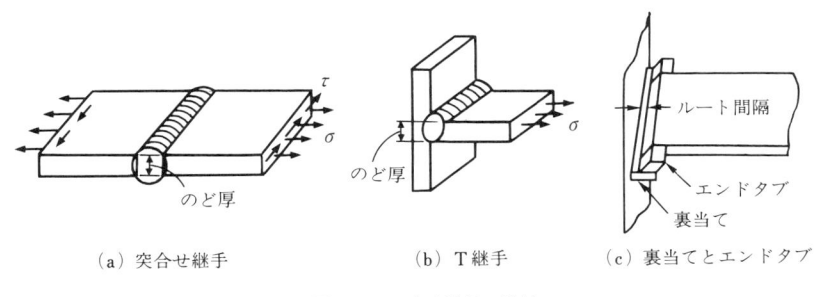

(a) 突合せ継手　　(b) T継手　　(c) 裏当てとエンドタブ

図 11.47　完全溶込み溶接

ない接合）となる．したがって，完全溶込み溶接においては，耐力の検定を必要としない．ただし，溶接金属の引張強さが母材のそれを下回らないことが条件となる．これを**オーバーマッチング**（over matching）という．建築鉄骨ではオーバーマッチングとなるように溶接材料と溶接方法が工事仕様書で規定されているが，特殊な場合には JIS Z 3121（突合せ溶接継手の引張試験方法）などを用いて継手の耐力を確認する必要がある．

開先の底まで完全な溶込みが得られるように，欠陥の生じやすい初層を**裏はつり**し，**裏溶接**を行う．これを行わないときは，ルート間隔を広めに設定し，溶接金属の溶け落ちを防止する目的で**裏当て**（backing）を用いる．また，溶接始終端には欠陥が出やすいので**エンドタブ**（weld tab）を設け，エンドタブの開先内で溶接を開始終了させる．これによって溶接の**有効長さ**（設計どおりののど厚が確保される溶接長さ）を母材の幅と同じにすることができる．

### 11.7.3 隅肉溶接

隅肉溶接の断面を図 11.48 (a), (b) のように模式的に表したとき，ルートから止端までの距離を**脚長**（leg length）という．2 つの脚長が等しい場合を**等脚隅肉**，異なる場合を**不等脚隅肉**という．疲労を考慮するような場合を除き，通常は等脚隅肉で設計される．隅肉溶接金属の断面内におさまる最大の直角二等辺三角形の底辺の長さを隅肉の**サイズ**（size）といい，その頂点から斜辺におろした垂線の長さを**隅肉ののど厚**という．サイズを $s$，のど厚を $a$ とすると

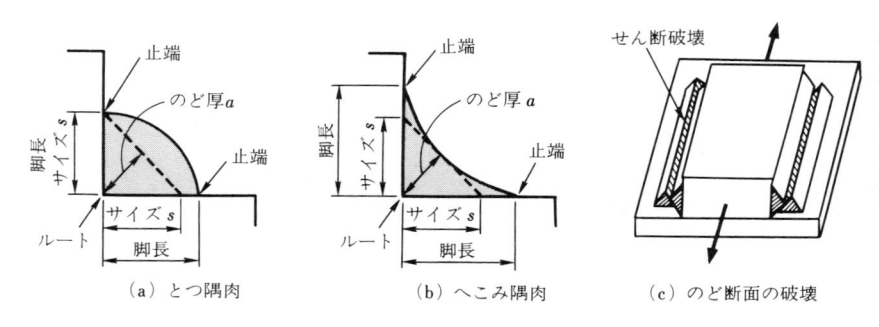

（a）とつ隅肉　　（b）へこみ隅肉　　（c）のど断面の破壊

図 11.48　隅肉溶接の脚長・サイズ・のど厚

## 11.7 溶接の強度設計

$$a = \frac{s}{\sqrt{2}} \cong 0.7s \quad (11.17)$$

の関係がある．

隅肉溶接の**有効長さ**は，図 11.49 に示すように，溶接の始終端に所要のサイズが確保されないことを考慮して，実長から始端と終端でそれぞれサイズを差し引いた長さとする．

$$l_e = L - 2s \quad (11.18)$$

ただし，**回し溶接**（boxing weld）を設けたときは，回し溶接を除いた部分をすべて有効長さとしてよい．

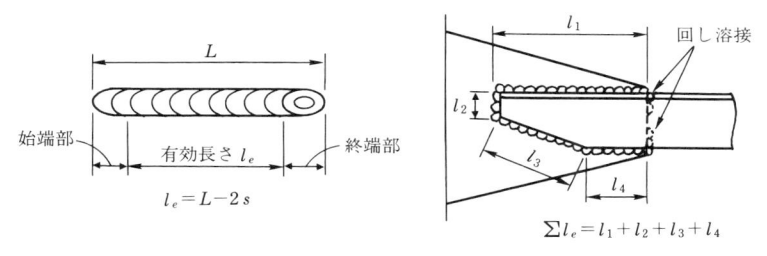

**図 11.49** 隅肉溶接の有効長さ

のど厚 $a$ と有効長さ $l_e$ がつくる細長い長方形を**のど断面**といい，その面積すなわち $a \times l_e$ を**のど断面積**という．隅肉溶接の終局状態は図 11.48 (c) のようにのど断面がせん断破壊することから，のど断面のせん断応力度が外力に抵抗するものとして設計を行う．溶接金属の強さは母材より高くなるように施工されることを前提に，母材の設計強度（降伏強さ $F$，引張強さ $F_u$）を用いて隅肉溶接の耐力が次式のように計算される．

$$\text{降伏耐力}: P_y = \frac{F}{\sqrt{3}} \sum_i (a \times l_e)_i \quad (11.19)$$

$$\text{最大耐力}: P_u = \frac{F_u}{\sqrt{3}} \sum_i (a \times l_e)_i \quad (11.20)$$

ここで，$\sum_i$ は継手を構成する各隅肉溶接ののど断面積の和を表す．$F$ と $F_u$ の値は 3 章表 3.4 を用いるが，接合される 2 つの母材の値が異なるときは小さいほうの値を採用する．作用力を $P$ とすると $P_y \geq P$ ならば降伏せず，$P_u \geq P$ なら

ば破断しない．

式 (11.19), (11.20) は側面隅肉によく当てはまり，前面隅肉の耐力はその 1.4 倍程度とされている．前面隅肉や斜方隅肉は側面隅肉より強いが，逆に塑性変形能力に乏しいことが知られており，1 つの継手にそれらが併存するときは，それを考慮した耐力計算式もある[11.18]．

許容応力度設計法では隅肉溶接に作用するせん断応力度を次式で計算し

$$\tau = \frac{P}{\sum_i (a \times l_e)_i} \tag{11.21}$$

$\tau$ が許容せん断応力度 $f_s$（長期荷重に対しては $f_s = F/1.5\sqrt{3}$，短期荷重に対しては $f_s = F/\sqrt{3}$）を超えないこと，すなわち $\tau \leq f_s$ であることを確認する．

### 11.7.4 部分溶込み溶接

部分溶込み溶接は図 11.50 に示すように，開先深さまで溶接金属が溶け込んでいることを前提に，開先深さをのど厚 $a$ として耐力を算定する．軸力 $P$ およびせん断力 $Q$ に対する降伏耐力と最大耐力は次式で表される．

$$P_y = F \cdot (a \times l_e), \quad P_u = F_u \cdot (a \times l_e) \tag{12.22a, b}$$

$$Q_y = \frac{F}{\sqrt{3}} \cdot (a \times l_e), \quad Q_u = \frac{F_u}{\sqrt{3}} \cdot (a \times l_e) \tag{12.23a, b}$$

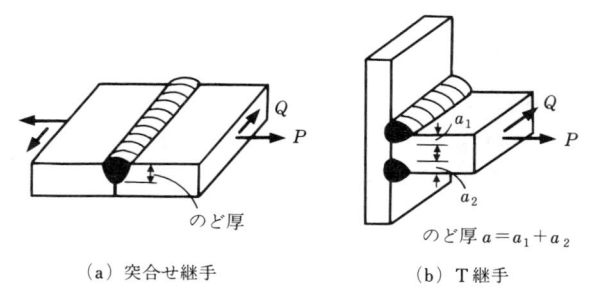

**図 11.50** 部分溶込み溶接ののど厚

(a) 突合せ継手　　(b) T継手

軸力とせん断力が組み合わさって作用する場合は，次式で直応力度 $\sigma$ とせん断応力度 $\tau$ を算定し，ミーゼスの降伏条件を適用して降伏と破断の検討を行う．

$$\sigma = \frac{P}{al_e}, \quad \tau = \frac{Q}{al_e} \qquad (12.24\text{a, b})$$

降伏しない条件：$\sqrt{\sigma^2 + 3\tau^2} \leq F$ (12.25a)

破断しない条件：$\sqrt{\sigma^2 + 3\tau^2} \leq F_u$ (12.25b)

　部分溶込み溶接はルート面が溶け込んでいないので切欠きが内在していると考えなければならない．したがって，構造耐力上重要な接合部で引張力が作用する部分には，隅肉溶接と同様，部分溶込み溶接も避け，完全溶込み溶接とするのが賢明である．

## 11.8　溶接のディテール設計

### 11.8.1　溶接継手の形状

　溶接継手には，被接合材が集結する形態によって図 11.51 のような種類がある．**突合せ継手**（butt joint）は同一面内にある母材が厚みの部分で接合される継手形式で，これに用いられる**突合せ溶接**（butt weld）は開先溶接（完全溶込

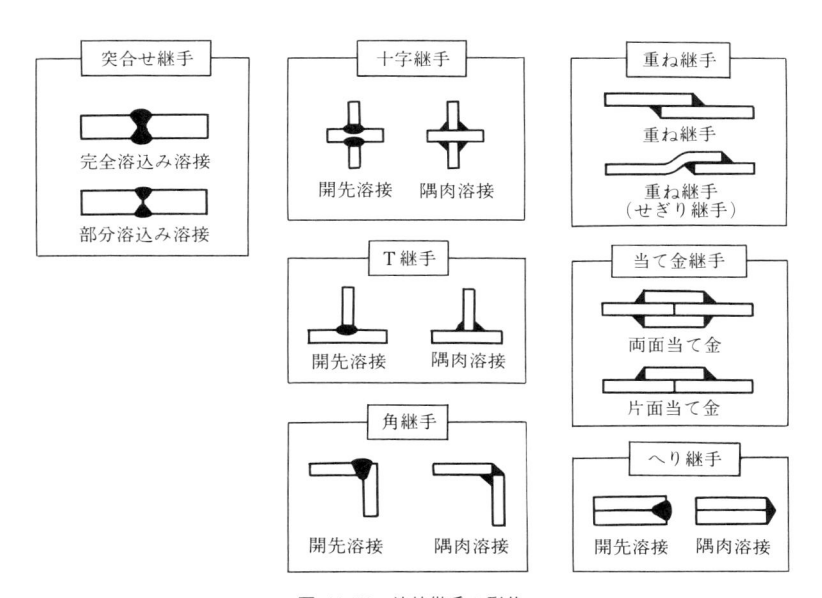

図 11.51　溶接継手の形状

み溶接または部分溶込み溶接)となる.母材が直交する場合には,**十字継手** (cruciform joint),**T 継手** (T joint),**角継手**(corner joint) があり,これらに用いられる溶接継目の形式は開先溶接あるいは隅肉溶接となる.母材を重ねて接合する形式には,**重ね継手** (lap joint),**当て金継手** (strapped joint),**へり継手** (edge joint) があり,通常,隅肉溶接となる.

### 11.8.2 開先形状

開先溶接では溶接を行う前に母材に開先を設けておく.これを**開先加工**といい,一般にガス切断が用いられる.開先加工を行った面を**開先面** (groove face) という.開先形状には図 11.52 に示す種類があり,**開先角度** $\theta$ (groove angle),**ベベル角度** $\phi$ (bevel angle),**開先深さ** $d$ (groove depth),**ルート面** $b$ (root face),**ルート間隔** $a$ (root gap),**ルート半径** $r$ (root radius) を適宜用いて寸法が指示される.

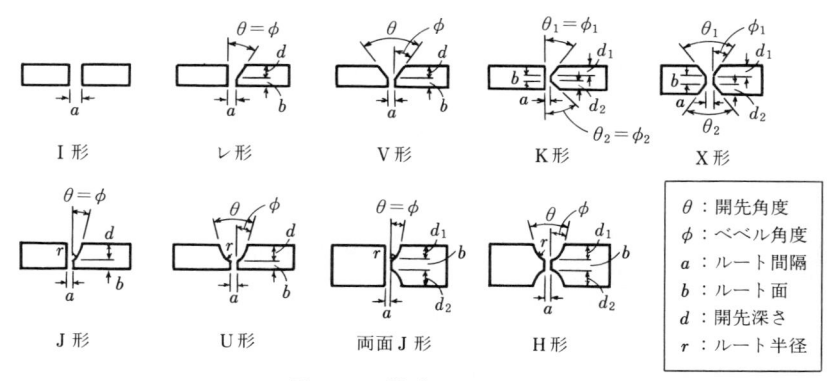

**図 11.52 開先形状**

$\theta$:開先角度
$\phi$:ベベル角度
$a$:ルート間隔
$b$:ルート面
$d$:開先深さ
$r$:ルート半径

開先形状は,溶接継目に要求される品質や適用する溶接方法および溶接作業性,コスト等を総合的に勘案して設計者が決定するが,そのとき慣用の**開先標準**[11.16]を参考にするとよい.

### 11.8.3 溶接記号

設計図や施工図において溶接継目の形状や寸法を実形で逐一描くのは面倒で

## 11.8 溶接のディテール設計

あるので，**溶接記号**を用いて表示する．溶接記号は JIS Z 3021 で規定されており，説明線・基本記号・補助記号・特記事項からなる．

説明線は図 11.53 に示すように，矢（引出線を含む）と基線からなり，必要に応じて基線の端に尾を付けることができる．矢はその先端が溶接継目の位置を指示し，基線はその上下に基本記号と継目の寸法および必要に応じて補助記号を記し，尾はその後に特記事項を記載する．基線は通常，水平線とするが作図の状況に応じて鉛直線としてもよい．引出線は基線に対し約 60°傾いた直線とする．

基本記号は，表 11.6 に示すように開先溶接の開先形状や隅肉溶接など溶接継目の種類を記号で表したものである．補助記号は，表 11.7 に示すように溶接

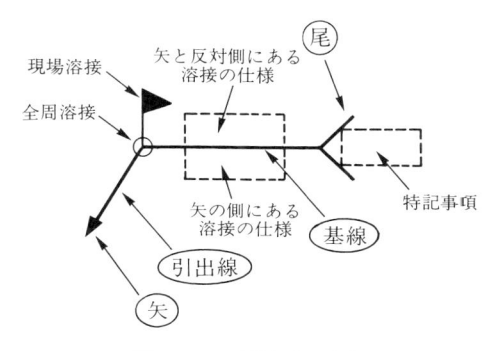

**図 11.53** 溶接記号の構成

**表 11.6** 基本記号

| | | |
|---|---|---|
| 開先溶接 | I 形 | ‖ |
| | V 形，X 形 | ∨ ✕ |
| | レ形，K 形 | V K |
| | J 形，両面 J 形 | ⊬ ⊬ |
| | U 形，H 形 | Y X |
| | フレア V 形<br>フレア X 形 | ) ( )( |
| | フレアレ形<br>フレア K 形 | ୮ ⌇ |
| 隅肉溶接 | | ▷ |
| プラグ溶接<br>スロット溶接 | | ▭ |
| ビード | | ⌒ |
| 肉盛 | | ⌒⌒ |

**表 11.7** 補助記号

| | | |
|---|---|---|
| ビードの表面形状 | 平ら | — |
| | とつ | ⌒ |
| | へこみ | ⌣ |
| ビードの仕上方法 | チッピング | C |
| | 研削 | G |
| | 切削 | M |
| 現場溶接 | | ▶ |
| 全周溶接 | | ○ |
| 全周現場溶接 | | ▶○ |

ビードの表面状況，仕上方法，あるいは現場溶接，全周溶接を指示するためのものである．

溶接記号の書き方で注意すべき点をいくつか説明しておく．（1）溶接する側が矢で指した側にあるときは基線の下に基本記号を書き，矢と反対側にあるときは基線の上に書く（図 11.54）．（2）レ形や K 形開先のように片方の部材のみに開先をとる場合，それを指示するときは，矢を開先面に向け，基線を開先をとる部材のほうに置く．このとき，引出線は折れ線となる（図 11.55）．（3）引出線は基線の一端から 2 本以上引くことができる（図 11.56）．ただし，基線の両端から引出線を出すことはできない．（4）現場溶接と全周溶接，あるいはその組合せは引出線と基線の交点に記号を書く（図 11.57）．

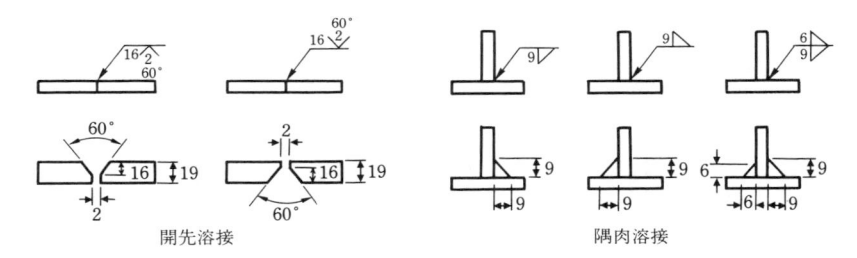

開先溶接　　　　　　　　　　　　　　隅肉溶接

図 11.54　溶接する側と基線の上下の関係

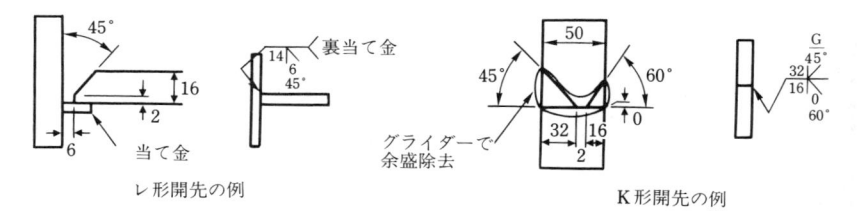

レ形開先の例　　　　　　　　　　K 形開先の例

図 11.55　開先を設ける部材の指示

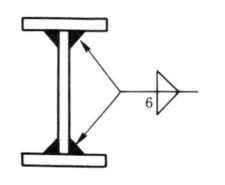

図 11.56　引出線を 2 本以上用いる例

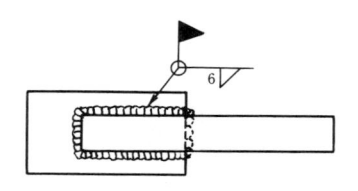

図 11.57　全周隅肉溶接の記号

## 11.9 溶接施工

溶接の品質は溶接作業者（溶接工）の技量に負うところが大きい．溶接工はJISで定める**技量検定試験**により免許が与えられている（手溶接はJIS Z 3801,半自動溶接はJIS Z 3841）．検定試験は，材料の厚さ，裏当て金の有無，および溶接姿勢で区分されている．板の**溶接姿勢**には図11.58に示すように，下向姿勢（flat position，Fで表示），立向姿勢（vertical position，Vで表示），横向姿勢（horizontal position，Hで表示），上向姿勢（overhead position，Oで表示）があり，これらのすべての姿勢を全姿勢（all positions）という．鋼管については水平固定管および鉛直固定管の溶接姿勢がある．上向姿勢や固定管の溶接は難度が高い．溶接姿勢のうち下向がもっとも作業性がよく欠陥防止上も好ましいので，工場溶接では下向姿勢となるように回転ジグ等の装置を用いて鉄骨部材の向きを調整することがある．

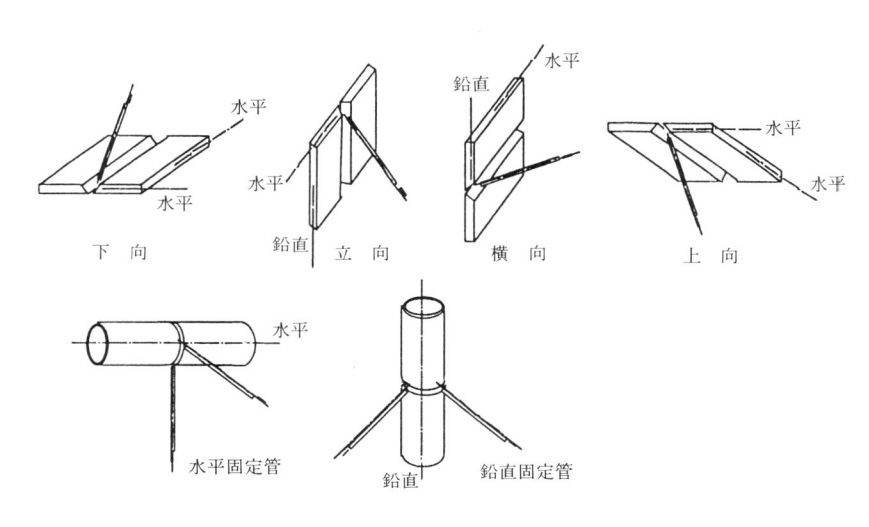

図 11.58 溶接姿勢

計画した溶接施工法により問題のない溶接継手が得られるかどうかを工事着工前にあらかじめ確認することがあり，その標準的な方法がJIS Z 3040（溶接施工方法の確認試験方法）に定められている．この**施工性確認試験**は，実機と

同じ鋼材・溶接材料・溶接方法により試験材を製作し，破壊試験によって強度や延性・靱性などの性能を確認するものである．

溶接施工においては，**安全衛生管理**もおろそかにしてはいけない．感電防止のための絶縁装備や電撃防止装置，強烈な紫外線を含むアーク光から目や皮膚を保護するための遮光眼鏡や保護衣，**ヒューム**（welding fume，溶接熱で蒸発した物質が冷却されて固体の浮遊微粒子となったもの）やシールドガスが充満しないようにするための換気設備，**スパッタ**（spatter，溶接中に飛散する溶融金属や溶融スラグ）や赤熱母材による火傷を防止するための耐熱保護衣，高所作業での転落防止のための適切な作業足場，スパッタによる火災や爆発を防止するための可燃物・可燃性ガスの除去，など作業環境に注意を払わなければならない．

## 11.10 溶接と地震被害

わが国の鉄骨造建築物が広範囲に大きな被害を受けたのは，1995年兵庫県南部地震による阪神・淡路大震災が初めてである．このときの現地調査によると，溶接に起因する被害が非常に多かったことが報告されている[11.19]．ここでは，そのときの被害事例を紹介し，溶接の設計と施工について理解を深めることにしよう．

図11.59は4階建て鉄骨アパートが倒壊した被害例である．倒壊の原因は，張間方向の筋かい端部（ボルト接合）の破断と柱脚の隅肉溶接の破断が重なったことである．読者は，本書で学んだ筋かいの保有耐力接合（4章）および溶接継目の耐力に関する知見から，このような被害を防ぐ設計ができるはずである．筋かいの端部が4章の式（4.16）の保有耐力接合の条件を満たしていれば，また柱脚の溶接が完全溶込み溶接となっておれば，この建物は倒壊を免れたであろう．

図11.60は2階の柱の溶接仕口が破断して，4階建ての上部が転倒したものである．角形鋼管柱と通しダイアフラムの隅肉溶接のサイズが不足していたのが被害の原因である．このような構造上重要な接合部は完全溶込み開先溶接としておくことが大切である．

図11.61は床を支える梁が落下した被害例である．梁端の溶接仕口が隅肉溶

11.10 溶接と地震被害

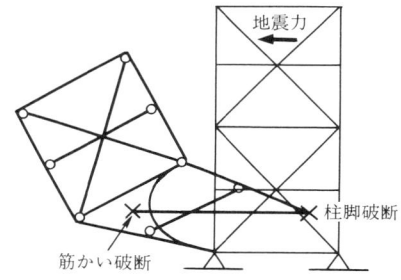

図 11.59 4階建て鉄骨造アパートの倒壊[11.20]

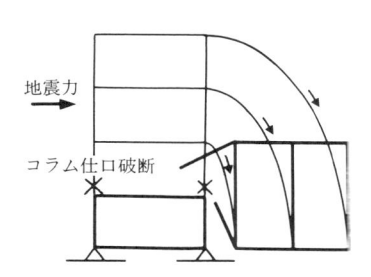

図 11.60 柱の溶接破断による転倒[11.20]

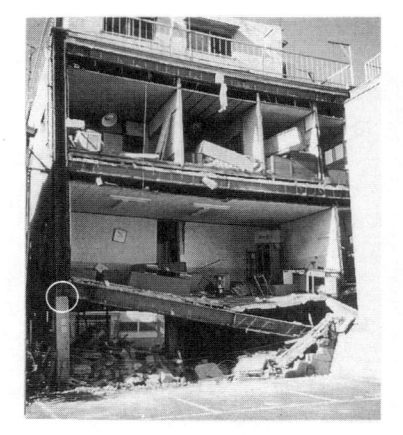

図 11.61　梁端溶接仕口の破断による床梁の落下[11.20]

接になっており，隅肉の脚長不足によって溶接継目が破断したのが被害の原因である．梁フランジから作用する引張応力に対して柱フランジの補強が適切でないので，柱フランジが面外変形を起こしている．隅肉溶接は開先加工を必要としないので安価な継手ではあるが，このような大きな引張応力が作用するところでは，完全溶込み開先溶接としておくのが賢明である．

図 11.62 は筋かい端部の溶接が破断して大破した駐車場建物である．これは接合部のディテールに配慮が欠けている例で，筋かいを柱と接合するために用

図 11.62　筋かい端溶接部の破断による駐車場建物の大破[11.20]

いているガセットプレートが柱のウェブに溶接されていたため，ウェブが面外に曲げられ引きちぎられたものである．筋かいの軸力が柱フランジに伝わるように適切なスチフナ補強が必要である．

図11.63はラーメン骨組の梁

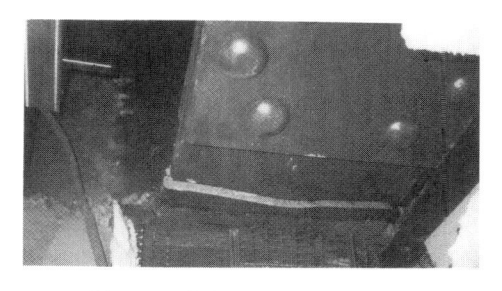

**図 11.63** 梁端溶接部の脆性破断[11.20]

フランジが脆性破断したものである．このタイプの被害は神戸を中心に100棟余り報告され，当時もっとも話題になった被害である．原因として材料の破壊靱性の不足，スカラップやエンドタブ周辺のひずみ集中（この図はスカラップ底から破断），直下型地震特有の大きな応答振幅などが考えられる．この種の破断については，125体の実大実験をもとに，破断を防止する設計技術が提案されている[11.23]．なお，このような梁破断を起こした建物で倒壊したものが1棟も報告されていないことに関して，RC床スラブのバックアップによる**フェイルセーフ**（fail safe）のメカニズムが働いたという解釈がなされている[11.27]．

図11.64は大屋根を支持する立体トラスの接合部においてボルト破断および溶接破断の被害が生じたものである．立体トラスの接合部は多数の部材が一点に会するため保有耐力接合に必要な耐力を個々の接合部に与えるのが難しい．

**図 11.64** 大スパン立体トラスのジョイント破断[11.20]

幸いこの大屋根は崩壊を免れたが，立体トラスの接合部設計には改善の余地があるといえよう．

## 演習問題

**11.1** 次の事項が下記のどの溶接方法に関するものであるか記号で答えよ．
1）手溶接，2）半自動溶接，3）自動溶接，4）長い直線状の継手に最適，5）溶接速度がもっとも遅い，6）入熱がもっとも大きく靭性低下が顕著，7）高所や狭い場所での作業に最適，8）アーク光がないか見えない，9）ヒュームがほとんど発生しない，10）内ダイアフラムの溶接，11）イルミナイト系溶接棒，12）$CO_2$ガス，13）溶接ワイヤ，14）下向姿勢でのみ行う溶接，15）立向姿勢でのみ行う溶接

　　　A．被覆アーク溶接法　B．ガスシールドアーク溶接法　C．サブマージアーク溶接法　D．エレクトロスラグ溶接法

**11.2** 溶接性に関する次の文章の空白部に最適な用語を下記の用語群から選べ．

　　高張力鋼は軟鋼に比べて合金成分の含有量が 1＿＿＿ ため 2＿＿＿ が高く，溶接性が軟鋼より 3＿＿＿．一般に，鋼材の強度が高くなるほど，溶接 4＿＿＿ が 5＿＿＿ しやすく割れが発生しやすくなる．したがって，板厚の 6＿＿＿ 高張力鋼の溶接では，一般に 7＿＿＿ が必要である．

　　溶接入熱が小さい場合には冷却速度が 8＿＿＿ なり，継手の延性が 9＿＿＿ くなると同時に割れを生じる危険性が 10＿＿＿ くなる．特に，ビード長さが 11＿＿＿ 仮付溶接を厚い鋼板に行う場合には，冷却速度が速くなるので注意が必要である．

　　一方，溶接入熱が大きい場合や 12＿＿＿ が高い場合には，冷却速度が 13＿＿＿ なり，継手の靭性が 14＿＿＿ する．高張力鋼ほど，この傾向が強く大入熱によって 15＿＿＿ しやすい．

（用語）
　　厚い，薄い，多い，少ない，炭素当量，熱影響部，予熱，劣る，優る，硬化，脆化，速く，遅く，高，低，長い，短い，低下，増加，パス間温度

**11.3** 溶接割れが発生しにくいほうを選べ．
（1）鋼材の炭素当量　　a．低い　　　　　　b．高い
（2）板厚　　　　　　a．薄い　　　　　　b．厚い
（3）溶接棒　　　　　a．乾燥する　　　　b．乾燥しない
（4）溶接棒　　　　　a．ライムチタニア系　b．低水素系
（5）予熱　　　　　　a．する　　　　　　b．しない

演習問題　　　　　　　　　　　　　　　　299

| | | | | | |
|---|---|---|---|---|---|
|（6）|溶接入熱量|a.|大きい|b.|小さい|
|（7）|天候|a.|晴天|b.|雨天|
|（8）|鋼材|a.|高張力鋼|b.|軟鋼|
|（9）|気温|a.|高い|b.|低い|
|（10）|開先内のペイント|a.|除去する|b.|残す|

**11.4** 次の文章中の空白部に当てはまる言葉を下の語群から選べ.

　　溶接欠陥の非破壊試験法として，内部欠陥に対しては 1____ と 2____ がある．前者は3次元的な広がりをもつ欠陥，たとえば 3____ や 4____ の検出に適しており，後者は2次元的な広がりをもった欠陥，たとえば 5____ や 6____ の検出に適している．表面欠陥の探傷法には 7____ と 8____ がある．前者は 9____ を有する鋼に適し，後者は 10____ に適用できる．

（用語）

　　超音波探傷試験，磁粉探傷試験，放射線透過試験，浸透探傷試験，金属一般，強磁性，ブローホール，割れ，スラグ巻込み，融合不良

**11.5** 図11.65に示す溶接継手の実形に対応する溶接記号を描け．

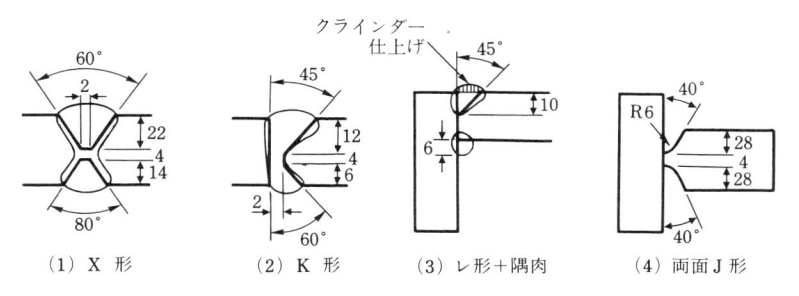

(1) X 形　　(2) K 形　　(3) レ形＋隅肉　　(4) 両面J 形

図 11.65

**11.6** 図11.66のように，円形鋼管（STKN 490 B，外径101.6 mm，厚さ4.5 mm）にスリットを切ってプレート（SN 490 B，$t=9$ mm）を差し込み，隅肉溶接した継手がある．$P=250$ kN の引張力（長期荷重）が作用するとき，必要な溶接長 $L$ は次のように計算できる．空白部を数値で埋めよ．

　　　隅肉サイズ　$s=$ 1)____ mm

　　　隅肉ののど厚　$a=s\div$ 2)____ $=$ 3)____ mm

　　　隅肉の全有効長さ　$L_e=$ 4)____ $\times(L-2\times$ 5)____ $)$ mm

　　　隅肉の許容せん断応力度　$f_s=$ 6)____ N/mm$^2$

　　　継手の許容引張力　$P_a=f_s\times a\times L_e$

11章 溶接

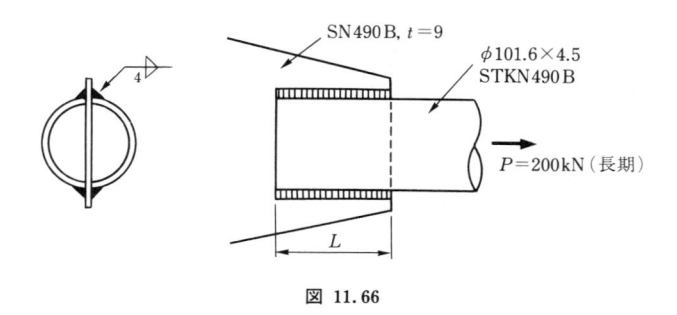

SN490B, t=9
φ101.6×4.5
STKN490B
$P=200\text{kN}$（長期）

図 11.66

$P_a=$7)＿＿＿ N とおいて，$L$ について解けば，$L=$8)＿＿＿ mm が得られる．設計図では，数値を安全側に丸めて $L=$9)＿＿＿ mm とする．

**11.7** 開先溶接と隅肉溶接に関する次の記述の空白部を適切な用語で埋めよ．

溶接継目の形式は開先溶接と隅肉溶接に大別できる．開先溶接の場合は，のど断面が少なくとも一方の母材の表面に 1＿＿＿ し，隅肉溶接の場合は，のど断面が母材表面に対して 2＿＿＿ している．開先溶接を 3＿＿＿ にすれば，溶接継手の強度は 4＿＿＿ の強度以上となるので，特に強度計算を必要としない．しかし，隅肉溶接の場合は，5＿＿＿ のせん断応力で外力に抵抗させるので，せん断耐力のチェックが必要である．隅肉溶接は，開先溶接に比べ，6＿＿＿ 加工を必要としないので安価な溶接継手ではあるが，7＿＿＿ に対する性能は劣っている．一般に，構造上重要な継手で 8＿＿＿ が作用する部分には，隅肉溶接や部分溶込み開先溶接は避け，完全溶込み開先溶接とする．

（用語）

　　開先，直交，傾斜，引張力，母材，完全溶込み，のど断面，破壊

**11.8** 脆性破壊に関する次の文章の［　］のなかの適切な用語を選べ．

脆性破壊が起こりやすいのは，大きな（1）［引張，圧縮］応力が作用する場合，溶接欠陥などの（2）［鋭い，鈍い］切欠きが存在する場合，鋼材や溶接熱影響部のシャルピー衝撃試験による遷移温度が（3）［低い，高い］場合，使用温度が（4）［低い，高い］場合，鋼材が（5）［厚い，薄い］場合，などである．脆性破壊の発生は予兆が（6）［なく，あり］，しかも，脆き裂の伝播速度は非常に（7）［遅い，速い］ので，大事故になる危険性が高い．脆性破壊の破面は板表面に対して（8）［垂直で，傾斜しており］，くびれが（9）［大きい，ない］．脆性破面には（10）［シェブロン模様，ビーチマーク］が肉眼で観察され，電子顕微鏡によれば（11）［ディンプル模様，リバー模様］が観察される．建築鉄骨は弾性範囲で脆性破壊することはまれで，地震を受けて降伏した後かなりの塑性変形を経てから脆性

破壊が生じることが多い．このとき，ひずみ集中部に先行発生した（12）[疲労き裂，延性き裂]が脆性破壊の引き金となる．それは，脆き裂の手前に（13）[ディンプル，ストライエーション]が観察されることから実証されている．

**11.9** 疲労破壊に関する次の文章の空白部に適する用語を選べ．

[A]
（1　）荷重により発生する破壊，または損傷を（2　）といい，構造物の破損の8割以上はこれに起因しているといわれている．その特徴としては，静的破壊のような大きな（3　）をしないで破壊すること，繰返し応力が静的破壊よりも（4　）い応力であっても破壊すること，破断寿命は応力振幅が小さいほど（5　）いこと，などがあげられる．（6　）が$10^5$以上の場合を（7　）疲労，$10^5$以下の場合を（8　）疲労と呼んでいる．

低サイクル，高サイクル，変形，繰返し，疲労，大き，小さ，破断寿命

[B]
金属材料が繰返し応力を受けて（1　）破壊するとき，応力振幅が（2　）いほど，破断までの繰返し数は少ない．この関係を表したものを（3　）と称している．鉄鋼材料は一般に明瞭な（4　）を有しているので，ある応力振幅以下では疲労破壊が（5　）．この応力振幅を（6　）と呼び，この値は平均応力が（7　）いほど大きくなる．つまり，圧縮の平均応力は疲労寿命を（8　），引張の平均応力は疲労寿命を（9　）る．疲労寿命に対する平均応力の影響を表したものが（10　）である．

大き，小さ，S-N線図，疲労限，疲労，増大させ，低下させ，グッドマンダイアグラム，降伏点，発生しない

[C]
（1　）荷重の大きさが時期によって異なる場合の疲労破面には，その時々の（2　）前縁の位置が破面上に縞模様として残されている．これを（3　）という．き裂伝播方向はこれに（4　）であるので，脆性破面の（5　）と同様，き裂の伝播方向とき裂の（6　）を特定する重要な手掛かりとなる．実構造物における疲労破壊はねじ部や（7　）などの（8　）から発生することが多い．

応力集中部，山形模様，き裂，貝殻模様，垂直，繰返し，溶接部，発生点

**11.10** S-N線図が$\log \sigma_a = 3.2 - 0.2 \times \log N_f$（応力振幅$\sigma_a$の単位はN/mm²）で表される溶接継手に，$\sigma_a = 160$ N/mm²の応力が毎日10回，$\sigma_a = 120$ N/mm²の応力が毎日100回，$\sigma_a = 80$ N/mm²の応力が毎日1,000回作用するとき，破断寿命（破断に要する日数）をマイナー則を用いて求めよ．

**11.11** 図11.67の溶接継手を疲労強度の高い順にならべよ．

隅肉十字継手　　　完全溶込み突合せ継手　　　母材のまま
A　　　　　　　　　B　　　　　　　　　C

隅肉重ね継手　　　完全溶込み突合せ継手　　　完全溶込み突合せ継手
D　　　　　　　　　E　　　　　　　　　F

図 11.67

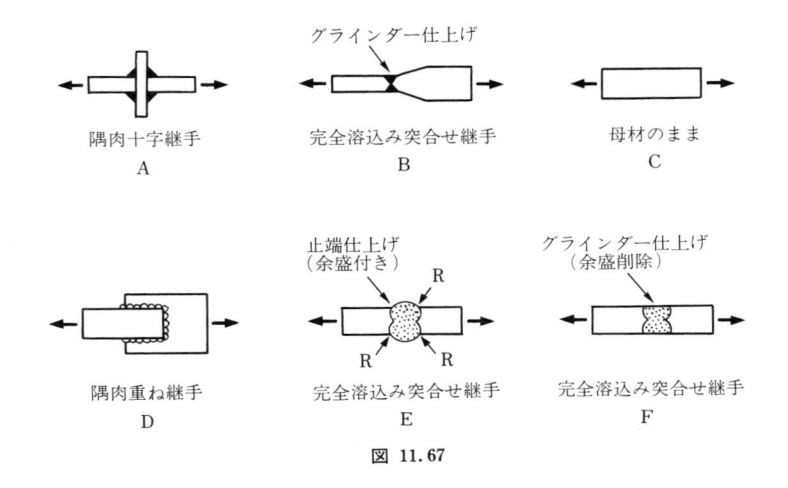

（1　）＞（2　）＞（3　）＞（4　）＞（5　）＞（6　）

**11.12** 図 11.68 に示す柱と梁の溶接仕口には問題がある．その問題点を定量的に述べよ．また，どのように改善すればよいかを提案せよ．せん断力 $Q$ と曲げモーメント $M$ は長期応力として作用しているものとする．

図 11.68

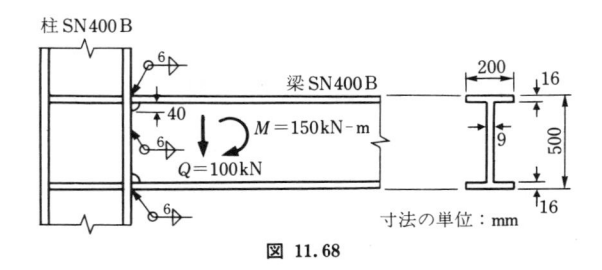

[**参考図書**]

11.1) 溶接学会編：新版溶接技術入門，産報出版，1981
11.2) 日本溶接協会監修：鋼構造溶接工作法通論，産報出版，1980
11.3) 荒田吉明，西口公之：溶接法の基礎（現代溶接技術体系2），産報出版，1980
11.4) 鈴木春義，田村　博：溶接金属学（溶接全書1），産報出版，1978
11.5) 佐藤邦彦編：溶接強度ハンドブック，理工学社，1994
11.6) 小寺沢良一：＜改訂増補＞材料強度学要論，朝倉書店，1996

参考図書

- 11.7) 岡村弘之：線形破壊力学入門（破壊力学と材料強度講座1），培風館，1997
- 11.8) 北川英夫，小寺沢良一：フラクトグラフィ（破壊力学と材料強度講座15），培風館，1979
- 11.9) 大路清嗣ほか：破壊強度学（総合材料強度学講座5），オーム社，1985
- 11.10) Barsom, J. M. and Rolfe, S. T.: Fracture and Fatigue Control in Structures, 2 nd ed., Prentice-Hall, 1987.（横堀武夫監訳：構造物における破壊と疲労の防止，培風館，1981）
- 11.11) 吉田 亨：金属破断面の見方，日刊工業新聞社，1975
- 11.12) 河本 實ほか：金属の疲れと設計，コロナ社，1977
- 11.13) 日本材料学会編：金属材料疲労設計便覧，養賢堂，1978
- 11.14) 日本鋼構造協会編：鋼構造物の疲労設計指針，技報堂出版，1993
- 11.15) 日本建築学会：建築工事標準仕様書JASS 6 鉄骨工事，1996
- 11.16) 日本建築学会：鉄骨工事技術指針・工場製作編，1996
- 11.17) 日本建築学会：鋼構造建築接合部の超音波探傷検査規準，1996
- 11.18) 日本建築学会：鋼構造限界状態設計指針，1998（SI単位版，2002）
- 11.19) 日本建築学会：阪神・淡路大震災調査報告 建築編-3（鉄骨造建築物），丸善，1997
- 11.20) 東京大学工学部建築学科桑村研究室：1995年兵庫県南部地震被害調査報告書―構造物の被害―，1995.5
- 11.21) SAC Joint Venture: Recommended Seismic Design Criteria for New Steel Moment-Frame Buildings, FEMA- 350, 2000. 6
- 11.22) 日本建築学会：地震時における鋼構造骨組の破壊現象，日本建築学会構造部門鋼構造パネルディスカッション資料，1995.8
- 11.23) 日本建築学会：鉄骨の破断現象はどこまで解明されたか―当面の対策技術，日本建築学会構造部門鋼構造パネルディスカッション資料，2000.9
- 11.24) Kuwamura, H.: Fracture of Steel during an Earthquake, State-of-Art in Japan, Eng. Struc. 20（4-6），310-322, 1998. 4-6
- 11.25) 桑村 仁：繰返し塑性ひずみを受ける構造用鋼材の疲労―延性破壊遷移，日本建築学会構造系論文集，No .461, pp. 123-131, 1994.7
- 11.26) Kuwamura, H., and Hanzawa, M.: Inspection and Repair of Fatigue Cracks in Crane Runway Girders, J. of Struc. Eng., ASCE, 113（11），2181-2194, 1987.11
- 11.27) 桑村 仁，杉田朋哉，横山幸夫：鉄骨梁破断後の床スラブのバックアップ効果，日本建築学会構造系論文集，No. 547, pp. 169-176, 2001.9

# 12 柱梁接合部

## 12.1 柱梁接合部の形式と性質

### 12.1.1 柱と梁の接合形式

　鉄骨ラーメン構造の柱と梁の接合部を**柱梁接合部**（beam-to-column connection）という．柱と梁は，高力ボルト，溶接，あるいはその組合せによって接合される．高力ボルトと溶接に関する接合技術はすでに10章と11章で個別に学んだが，鉄骨構造の大半を占めるラーメン構造において柱梁接合部は大変重要な部分であるので，この章で特に取り上げることにした．1995年兵庫県南部地震においても，鉄骨構造の被害の多くが柱梁接合部に発生しているからである[12.1)〜12.3)]．

　柱梁接合部の形態は，図12.1のように柱貫通型，梁貫通型，柱梁非貫通型に分けることができる．**柱貫通型**は接合仕口が梁端にあり，**梁貫通型**はその逆で接合仕口が柱端にある．**柱梁非貫通型**は柱と梁の節点に接合ブロックがはめ込まれ，柱端と梁端の両方に接合仕口がある．この形態の違いは，図12.2に示す

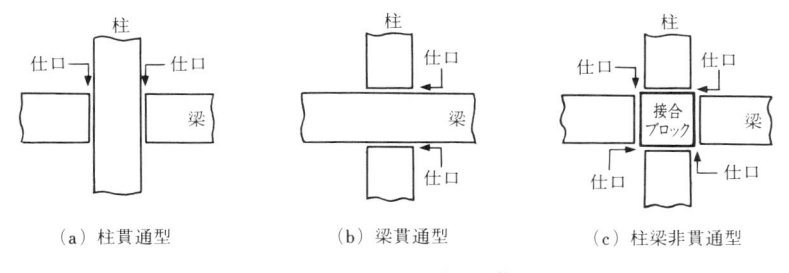

（a）柱貫通型　　　（b）梁貫通型　　　（c）柱梁非貫通型

図 12.1　柱梁接合部の形態

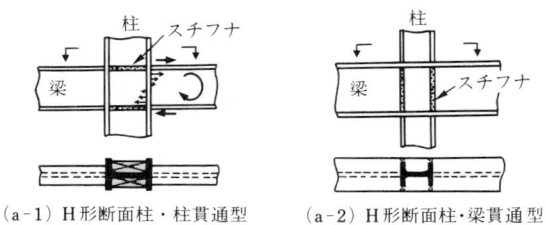

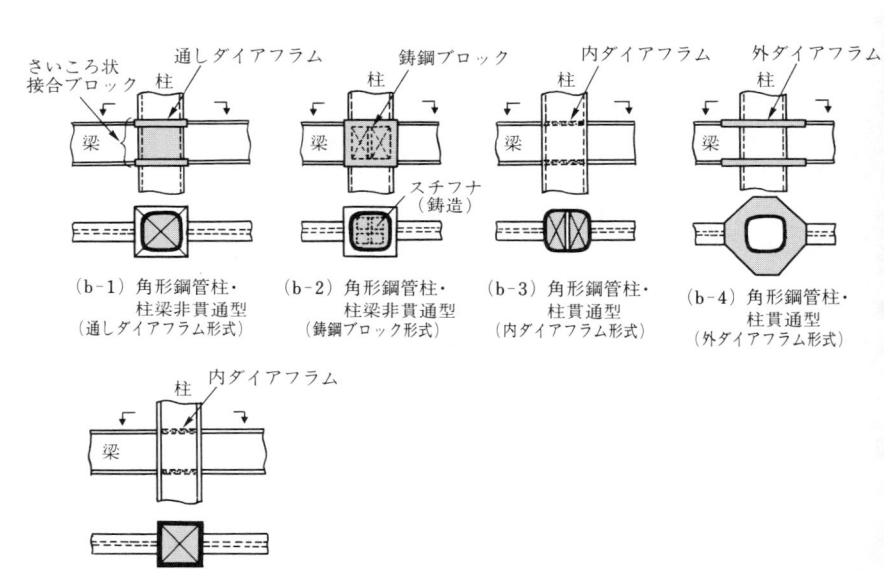

**図 12.2** 柱梁接合部の代表的な接合形式

- (a-1) H形断面柱・柱貫通型
- (a-2) H形断面柱・梁貫通型
- (b-1) 角形鋼管柱・柱梁非貫通型（通しダイアフラム形式）
- (b-2) 角形鋼管柱・柱梁非貫通型（鋳鋼ブロック形式）
- (b-3) 角形鋼管柱・柱梁貫通型（内ダイアフラム形式）
- (b-4) 角形鋼管柱・柱貫通型（外ダイアフラム形式）
- (c) 溶接組立箱形断面柱・柱貫通型

ように，柱に採用する部材にも関係している．

　柱がH形断面の場合は，図(a-1)のように一般に柱貫通型となる．梁の曲げモーメントの大半を負担する梁フランジの軸力は，柱断面の両側にあるコの字型の部分に溶接されたスチフナを介して柱に伝達され，梁ウェブの直応力度は柱ウェブに伝達される．この場合，図(a-2)の梁貫通型も可能で，梁の断面サイズが柱に比べて非常に大きくなる場合に適用されるが，一般のビル建築では施工性の観点からあまり使われていない．

柱が角形鋼管（通称，ボックスコラム）の場合には，図 (b-1)〜(b-4) の 4種類があるが，最も多く使われているのは図 (b-1) の通しダイアフラム形式による柱梁非貫通型である．これは，柱を梁の上下フランジのレベルで切断して**通しダイアフラム**を入れたもので，上下の通しダイアフラムとそれに挟まれた短柱がさいころ状の接合ブロックとなる．この形式では，梁フランジの軸力は通しダイアフラムを介して柱に伝達されるが，梁ウェブの直応力度は，柱の内部にスチフナがないので，柱フランジの面外曲げを引き起こし円滑な力の伝達に難がある．これを改善したのが図 (b-2) の**鋳鋼製接合ブロック**で，梁ウェブと同じ鉛直面にスチフナが鋳込まれている．図 (b-3) はツーシーム型の角形鋼管（冷間成形した2つの溝形断面を向かい合わせて溶接したもの）を製造するときにダイアフラムを溶接により内蔵して，**内ダイアフラム**形式よる柱貫通型としたものであるが，使用頻度は少ない．図 (b-4) は角形鋼管の周囲に枠状のダイアフラムをはめ込んで全周溶接し，**外ダイアフラム**形式の柱貫通型としたものである．外ダイアフラムは通しダイアフラムに比べて突出部分が大きくなり外装材の納まり上支障が生じることがあるのであまり使われていない．

4枚の鋼板を溶接で組み立てた箱形断面部材（通称，溶接四面ボックス）が柱に使用される場合は，図 (c) の柱貫通型が用いられる．梁フランジの位置で柱の内部にエレクトロスラグ溶接により内ダイアフラムを設けて，梁フランジの軸力を柱に伝達する．この場合も，図 (b-1)，(b-3)，(b-4) と同様，梁ウェブの直応力度が柱フランジの面外曲げを起こす．

### 12.1.2　耐力比と降伏メカニズム

柱梁接合部は地震力が作用したときに応力が集中する部分である．ラーメン骨組は図 12.3(a) のようにモデル化して構造解析を行い，柱梁接合部は節点として扱われる．しかし，実際には柱と梁には幅があるので，それが交叉する部分もある領域をもったものとなる．地震水平力が大きくなると柱が傾き水平方向に降伏変形を起こすが，その大半は図 (a) の丸で囲まれた部分，すなわち大きな曲げモーメントが作用する柱，梁，および柱梁接合部の降伏が誘引するものである．

その降伏変形には同図 (b)〜(e) の4種類がある．図の網掛け部分は降伏し

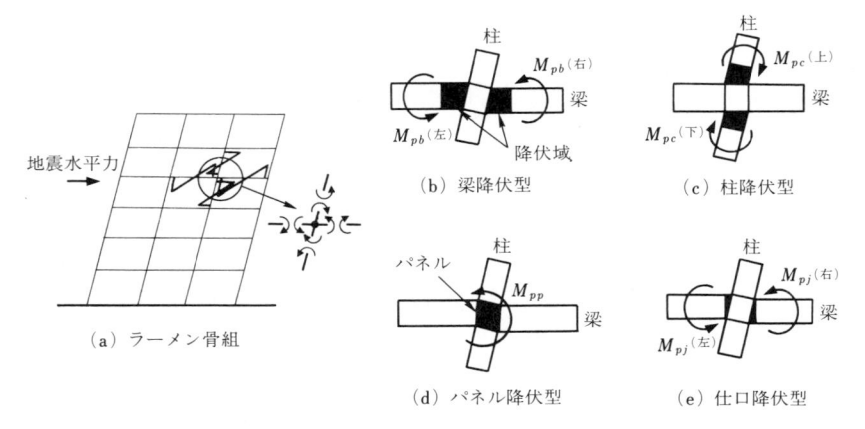

**図 12.3** 地震時における柱梁接合部の降伏変形

て塑性変形が生じている部分で，白抜き部分は弾性が保たれている部分である．図（b）は**梁降伏型**と呼ばれ，梁の端部領域が降伏し柱は弾性のまま傾く．図（c）は**柱降伏型**と呼ばれ，柱の端部領域が降伏して柱が傾く．この場合，必ずしも上下の柱が同時に降伏するとは限らず，局所的な層崩壊を起こすことがあるので，柱降伏型は意図的に避ける設計を行うことがある．図（d）は**パネル降伏型**と呼ばれ，柱と梁が交叉する四角形の枠で囲まれた部分がせん断降伏して平行四辺形となり柱の傾きを誘発する．図（e）は**仕口降伏型**と呼ばれ，梁端をスプリットティやシートアングルなどの接合金物で接合した場合，あるいは柱にダイアフラムやスチフナを設けない場合に生じる形態で，接合金物自身の降伏変形や柱フランジの局所的な面外曲げ降伏変形によるものである．仕口降伏型は，弾性状態においても柱と梁が**剛接合**（rigid connection）とならず，柱と梁のたわみ角が等しくならないので**半剛接合**（semi-rigid connection）と呼ばれている．わが国では半剛接合はあまり使われていないが，地震危険度の低い国々では用いられている．

　これら4つの降伏メカニズムのいずれが生じるかは，全塑性モーメントの大小関係で判別することができる．上下の柱の全塑性モーメントの和を$\Sigma M_{pc}$，左右の梁の全塑性モーメントの和を$\Sigma M_{pb}$，パネルがせん断降伏を起こす曲げモーメントを$M_{pp}$，左右の仕口の全塑性モーメントの和を$\Sigma M_{pj}$とすると，これ

らのうち最小の値をもつ部分が降伏することになる．なぜなら，これら4つの部位に作用する曲げモーメントは釣合い条件から互いに等しいので，曲げ耐力が最小の部位が降伏するからである．たとえば，$\sum M_{pb}$ が $\sum M_{pc}$, $M_{pp}$, $\sum M_{pj}$ のどれよりも小さければ，換言すれば，梁に対する柱，パネル，仕口の**耐力比** $\sum M_{pc}/\sum M_{pb}$, $M_{pp}/\sum M_{pb}$, $\sum M_{pj}/\sum M_{pb}$ がすべて1.0以上であれば，図（b）に示す梁降伏型の**降伏メカニズム**が生じることになる．

わが国では，上で述べた4タイプのうち図（b）の梁降伏型の設計が好まれる．その理由は2章2.6節の耐震建築で解説したように，大地震に対して梁降伏型の骨組が粘り強い性能を発揮するからである．そのためには，上述のように梁の全塑性耐力よりほかの部分の全塑性耐力を大きくしておく必要がある．さらに，梁の端部領域が降伏して塑性変形を生む過程で梁端仕口が破断しないように，梁端を保有耐力接合にしておく必要がある．保有耐力接合については次節で説明する．

## 12.2　仕口接合部の耐力

### 12.2.1　保有耐力接合

筋かいと同じように，柱や梁においても全断面が降伏して粘り強い塑性変形能力を発揮するためには，その仕口接合部が**保有耐力接合**となっていなければならない．保有耐力接合の条件は次式で表される．

$$_jM_u \geq \alpha \times M_p \tag{12.1}$$

ここで，$_jM_u$ は塑性変形が生じる柱や梁の仕口接合部の最大曲げ耐力，$M_p$ は柱や梁の全塑性モーメントである（柱の場合は軸力を考慮した $M_{pc}$ とする）．$\alpha$ は**接合部係数**といわれ，公称値を用いて計算される $_jM_u$ や $M_p$ が実際にはばらつきをもつのでそれをカバーするための安全率の意味あいと，図12.4に示すようにモーメント勾配によって仕口には $M_p$ より大きな曲げモーメントが生じることの両方を

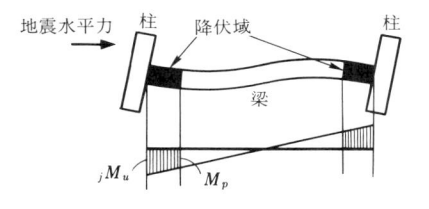

**図 12.4**　モーメント勾配による降伏域の広がり

加味したものである．$\alpha$ の値は，必要とする塑性変形能力や使用鋼材の性質などに応じて決まるものであるが，一般に1.2程度以上の値が用いられている．

筋かいの保有耐力接合で述べたと同じように，終局耐震設計において塑性変形能力を利用する柱や梁には，降伏比の上限と降伏点のばらつき幅に制限を設けた建築構造用圧延鋼材（SN鋼）のB，C種を用いるのが好ましい．それ以外の鋼材を使用したときには，$M_p$ の実際の値が計算上の値より予想以上に大きくなることがあるので，$\alpha$ の値の設定にはよほど注意が必要である．

### 12.2.2　柱端接合部の最大耐力

柱の材端仕口は，一般に図12.5（a）のように，完全溶込み溶接によって接合されるので，特殊な鋼材や溶接材料・溶接方法を用いない限り，保有耐力接合の条件式（12.1）が自動的に満たされる．しかし，図（b）のような隅肉溶接による場合は，兵庫県南部地震の被害で見られたように（11章の図11.59，11.60参照），早期に破断が生じることがあるので，十分な隅肉サイズを与える必要がある．たとえば，辺長が $D$ の正方形角形鋼管をサイズ $s$ で全周隅肉溶接した仕口の最大曲げ耐力 $_jM_u$ は次式で計算される．

$$_jM_u = 1.4 \frac{F_u}{\sqrt{3}} \cdot _jZ_p \times \beta \qquad (12.2)$$

ここで

$$_jZ_p = \frac{1}{4}\left[(D+\sqrt{2}\,s)^3 - D^3\right] \cong \frac{3}{2\sqrt{2}}\,s \cdot D^2 \qquad (12.3\text{a})$$

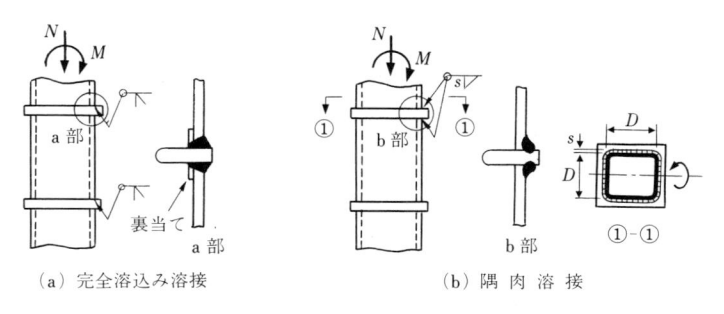

図12.5　柱仕口の例（(b)の隅肉溶接は避けたほうがよい）

$$\beta = 1.14\left(1 - \frac{N}{F_u \cdot {}_j A}\right) \quad (\text{ただし, } \beta \leq 1) \tag{12.3b}$$

$${}_j A = 2\sqrt{2}\, s \cdot D \tag{12.3c}$$

式 (12.2) は前面隅肉溶接のせん断耐力が側面隅肉溶接の 1.4 倍であること[12.4]，およびのど断面が全周にわたって最大強さに達することを仮定して導かれている．これは，隅肉溶接継目が十分な塑性ひずみ能力をもっていることを前提としたものであるので，手溶接の場合には靱性の高い溶接金属が得られる低水素系溶接棒を使用する必要がある．上式の $\beta$ は柱軸力 $N$ による低減係数で，1.0 を超えることはできない．

### 12.2.3 梁端接合部の最大耐力

ラーメン骨組は梁降伏型で設計することが多いので，梁の材端仕口には特に注意を払う必要がある．図 12.6 に梁端仕口の代表例を示してある．柱が H 形断面，角形鋼管，溶接組立箱形断面それぞれについて仕口溶接が工場溶接の場合と現場溶接の場合のディテールを描いてある．工場溶接では柱に**ブラケット**を設け，それに梁を現場で高力ボルト接合する．このとき，柱に溶接されるブラケットのフランジは完全溶込み溶接，ウェブは隅肉溶接とするのが一般的である．現場溶接では，現場で梁フランジを直接柱に完全溶込み溶接し，梁ウェブは高力ボルト接合するのが一般的である．

これらの仕口の最大曲げ耐力 ${}_j M_u$ は，フランジの寄与分 ${}_j M_{uf}$ とウェブの寄与分 ${}_j M_{uw}$ の和として次のように表される．

$${}_j M_u = {}_j M_{uf} + {}_j M_{uw} \tag{12.4}$$

フランジは完全溶込み溶接されていることを前提に ${}_j M_{uf}$ を次式で計算することができる．

$${}_j M_{uf} = A_f \cdot h \cdot F_u \tag{12.5}$$

ここで，$A_f$ はフランジ（片側）の断面積，$h$ は上下フランジの中心間距離，$F_u$ はフランジの引張強さで表 3.4 の設計最大強度を用いる．

次に，ウェブ接合部の最大曲げ耐力 ${}_j M_{uw}$ は，隅肉溶接と高力ボルト摩擦接合の別，および柱が H 形断面と箱形断面の別によってその評価が異なってくる．たとえば，図 (a–1) のように柱が H 形断面で隅肉溶接の場合には

## 12章 柱梁接合部

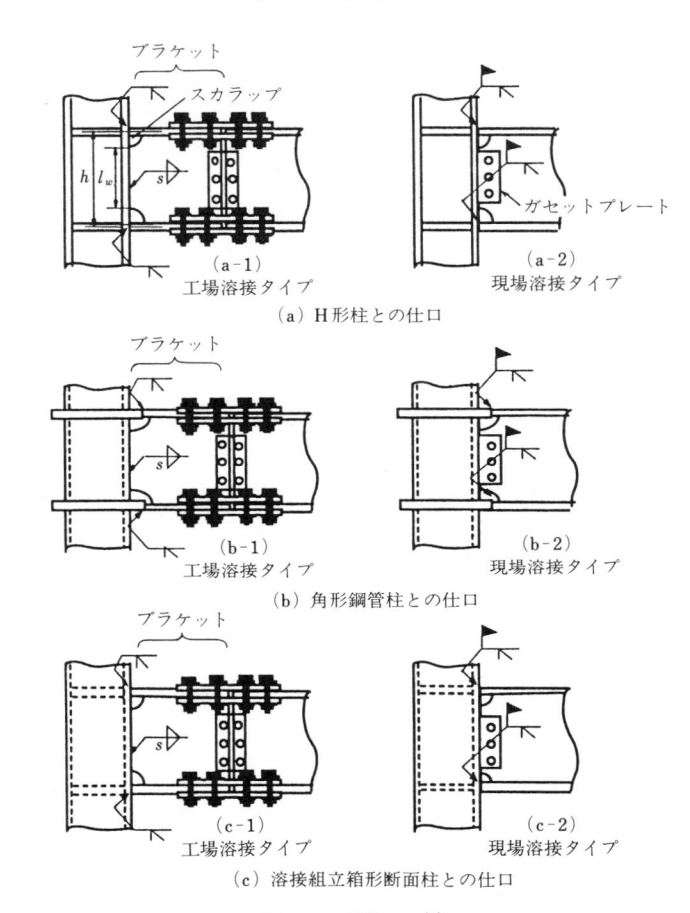

(a-1) 工場溶接タイプ　(a-2) 現場溶接タイプ
(a) H形柱との仕口

(b-1) 工場溶接タイプ　(b-2) 現場溶接タイプ
(b) 角形鋼管柱との仕口

(c-1) 工場溶接タイプ　(c-2) 現場溶接タイプ
(c) 溶接組立箱形断面柱との仕口

図 12.6　梁仕口の例

$$_jM_{uw} = \min\left\{\frac{t_w \cdot l_w^2}{4}F_u, \quad 1.4\sqrt{\frac{2}{3}}\frac{s \cdot l_w^2}{4}F_u\right\} \quad (12.6)$$

となる（鉛直方向せん断力によるせん断応力度は通常小さいので無視してよい）．ここで，$l_w$ はウェブの溶接長さでスカラップ半径を除いたもの，$t_w$ はウェブの厚さ，$s$ は隅肉サイズ，$F_u$ はウェブの引張強さである．右辺 { } 内の第 1 項はウェブプレートの最大曲げ耐力で，第 2 項はウェブ隅肉溶接（前面隅肉）の最大曲げ耐力である．

図 (a-2) のように，柱が H 形断面で現場溶接の場合のウェブ接合部の破断形式は，ガセットプレートと柱の溶接継目の破断，高力ボルトのせん断破壊，ガセットプレートまたはウェブの有効断面破断または端抜け破断またはちぎれ破断がある．これらのうち最小の破断耐力でウェブの最大曲げ耐力 $_jM_{uw}$ が決まる[12.4),12.5)]．

図 (b)，(c) のように，柱が角形鋼管あるいは溶接組立箱形断面の場合の $_jM_{uw}$ の算定には，ウェブの直応力度を伝えるスチフナが柱に設けられていないことに注意する必要がある．柱の板厚が小さいときには面外変形によって梁ウェブの直応力度を伝えることが難しくなる．梁ウェブの最大曲げ耐力には，柱の板厚が大いに関係するとともに柱の幅や梁のせいなども関わる複雑な問題となる[12.5)]．前出図 12.2 (b-2) のように，梁ウェブに相対する位置にスチフナがあれば，図 (a) の H 形柱と同様の方法で $_jM_{uw}$ を計算することができる．

## 12.3 パネルゾーンの耐力

鉄骨ラーメンの柱と梁が交叉してできる長方形の部分を**柱梁接合パネル**あるいは**パネルゾーン**という．ラーメン骨組が地震水平力を受けたとき，パネルゾーンには図 12.7 (a) に示すように上下の柱からそれぞれ曲げモーメント $M_{c1}$，$M_{c2}$ およびせん断力 $Q_{c1}$，$Q_{c2}$ が作用し，左右の梁からそれぞれ曲げモーメント $M_{b1}$，$M_{b2}$ およびせん断力 $Q_{b1}$，$Q_{b2}$ が作用する．このとき，パネルの中心に関するモーメントの釣合いは次式で表される．

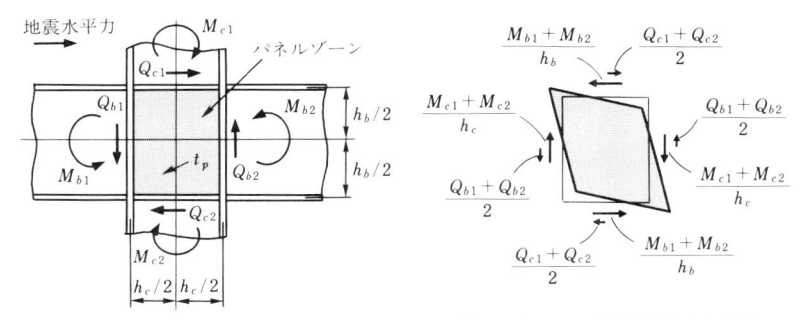

(a) パネルに作用する曲げとせん断　　(b) パネルのせん断変形と応力状態

図 12.7　パネルゾーンの応力状態

$$M_{c1}+M_{c2}-(Q_{b1}+Q_{b2})\frac{h_c}{2}=M_{b1}+M_{b2}-(Q_{c1}+Q_{c2})\frac{h_b}{2}$$

ここで，$h_c$, $h_b$ はパネルゾーンの幅と高さで，それぞれ柱フランジ中心間距離，梁フランジ中心間距離とする．パネルの板厚を $t_p$ とし，上式の両辺を $h_c h_b t_p$ で割ると

$$\frac{1}{h_b t_p}\left(\frac{M_{c1}+M_{c2}}{h_c}-\frac{Q_{b1}+Q_{b2}}{2}\right)=\frac{1}{h_c t_p}\left(\frac{M_{b1}+M_{b2}}{h_b}-\frac{Q_{c1}+Q_{c2}}{2}\right)$$

となる．左辺と右辺は，図 (b) に示すように，それぞれパネルの鉛直方向および水平方向の平均せん断応力度 $\tau$ を表している．すなわち

$$\tau=\frac{M_{c1}+M_{c2}}{h_b h_c t_p}-\frac{Q_{b1}+Q_{b2}}{2h_b t_p}=\frac{M_{b1}+M_{b2}}{h_c h_b t_p}-\frac{Q_{c1}+Q_{c2}}{2h_c t_p}$$

である．第2項は第1項に比べて相対的に小さいので無視するとパネルのせん断応力度は次式のように安全側に評価できる．

$$\tau=\frac{M_{c1}+M_{c2}}{h_b h_c t_p}=\frac{M_{b1}+M_{b2}}{h_c h_b t_p}$$

上式の分母はパネルの体積を表している．

$\tau$ がパネルの降伏せん断応力度 $\tau_y$ を超えるとパネルはせん断降伏し，図 (b) に示すような平行四辺形の形に塑性変形が進行する．設計では，パネルのせん断降伏応力を純せん断における $F/\sqrt{3}$ に倍率 4/3 を乗じ，次式を弾性に留まる条件としている．これは，パネルがせん断降伏した後も，耐力の安定的な増加が見られることに基づいている．

$$\tau \leq \frac{F}{\sqrt{3}} \times \frac{4}{3}$$

したがって，パネルの降伏曲げ耐力 $_jM_p$ をパネルの降伏を起こす $M_{c1}+M_{c2}$ あるいは $M_{b1}+M_{b2}$ とすると，$_jM_p$ は

$$_jM_p=\frac{4}{3\sqrt{3}}F\cdot V_p \tag{12.7}$$

で表される．$V_p$ はパネルの有効体積である．図 12.7 の場合には $V_p=h_c h_b t_p$ であったが，柱の断面形状に応じて次式を用いて計算することができる．記号は図 12.8 に示すとおりである．

$$\text{H 形断面柱（強軸まわり）}: V_p=h_b h_c t_{wc} \tag{12.8a}$$

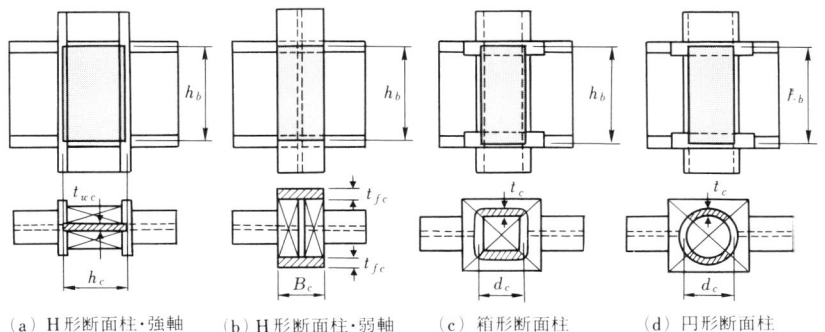

## 12.3 パネルゾーンの耐力

(a) H形断面柱・強軸　(b) H形断面柱・弱軸　(c) 箱形断面柱　(d) 円形断面柱

図 12.8　パネルゾーンの有効体積

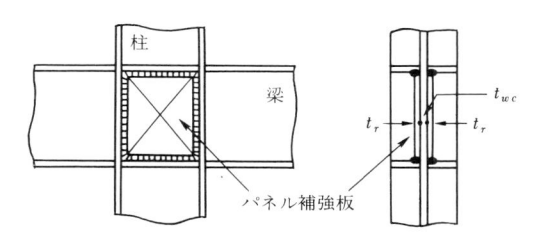

図 12.9　パネル補強

H形断面柱（弱軸まわり）： $V_p = 2 h_b B_c t_{fc}$　　　(12.8b)

箱形断面柱： $V_p = 2 h_b d_c t_c$　　　(12.8c)

円形断面柱： $V_p = \dfrac{\pi}{2} h_b d_c t_c$　　　(12.8d)

　H形断面柱が強軸まわりに曲げをうける場合には，パネルゾーンが弱くなることがあり，そのときには図 12.9 のように柱ウェブの両側にプレートを溶接して補強することができる．そのときの補強パネルの効率を板厚の70%とし，次式でパネルの有効体積を算定する．

$$V_p = h_b h_c (t_{wc} + 0.7 \times 2 t_r)$$　　　(12.8e)

## 12.4 柱梁接合部の設計

柱梁接合部は存在応力を伝えるだけでなく，地震が頻発するわが国では保有耐力接合となるように設計しておくことが大切である．図 12.10 (a) の例題を用いて，柱梁接合部が保有耐力接合となっているかどうかもあわせて検討してみよう．

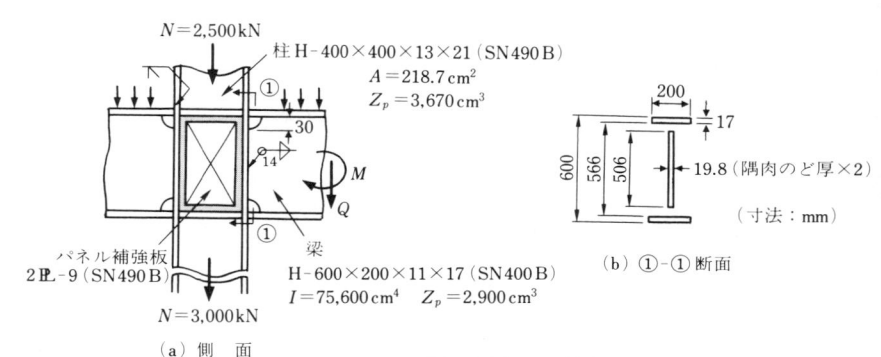

**図 12.10** 柱梁接合部の設計例

まず，短期荷重による曲げモーメントを $M=480\,\mathrm{kN\cdot m}$，せん断力を $Q=410\,\mathrm{kN}$ とし，これに対して仕口を検定する．スカラップによる断面欠損を考慮した仕口の断面は図 (b) のようになる．フランジは完全溶込み溶接となっているので，曲げモーメントのうちフランジが分担する部分は問題なく伝達される．ウェブが分担する曲げモーメント $M_w$ は隅肉溶接ののど断面の水平方向せん断応力度 $\tau_{w1}$ で抵抗することになる．ウェブの断面 2 次モーメントは $I_w=1.1\times 56.6^3/12=16{,}600\,\mathrm{cm}^4$ であるので，$M_w=480\times\dfrac{16{,}600}{75{,}600}=105\,\mathrm{kN\cdot m}$ となる．ウェブ隅肉溶接ののど断面の断面係数は $Z_w=1.98\times 50.6^2/6=845\,\mathrm{cm}^3$ であるので，隅肉溶接の上下端で $\tau_{w1}=M_w/Z_w=124\,\mathrm{N/mm^2}$ となる．せん断力 $Q$ はウェブ隅肉溶接ののど断面積 $A_w=1.98\times 50.6=100\,\mathrm{cm}^2$ で抵抗するので，鉛直方向せん断応力度は $\tau_{w2}=Q/A_w=41.0\,\mathrm{N/mm^2}$ となる．$\tau_{w1}$ と $\tau_{w2}$ の合応力度 $\tau$ は，次のように短期許容せん断応力度 $f_s$ 以下であることから合格と判定される．

## 12.4 柱梁接合部の設計

$$\tau_w = \sqrt{\tau_{w1}{}^2 + \tau_{w2}{}^2} = 131 \text{ N/mm}^2 \leq f_s = \frac{F}{\sqrt{3}} = \frac{235}{\sqrt{3}} = 136 \text{ N/mm}^2$$

次に，保有耐力接合の確認をしてみよう．まず，塑性ヒンジがどこに生じるかを判定するために梁，柱，パネルの全塑性モーメントを計算してみる．左右の梁についてそれぞれ $M_{pb}$，上下の柱についてそれぞれ $M_{pc1}$, $M_{pc2}$，パネルについて $M_{pp}$ とすると

$$M_{pb} = FZ_p = 235 \times 2{,}900 \times 10^3 = 682 \times 10^6 \text{ N·mm}$$

$$M_{pc1} = FZ_p \times 1.14 \cdot \left(1 - \frac{N}{N_y}\right) = FZ_p \times 1.14 \cdot \left(1 - \frac{2{,}500 \times 10^3}{325 \times 218.7 \times 10^2}\right)$$

$$= 325 \times (3{,}670 \times 10^3) \times 0.739 = 881 \times 10^6 \text{ N·mm}$$

$$M_{pc2} = FZ_p \times 1.14 \cdot \left(1 - \frac{N}{N_y}\right) = FZ_p \times 1.14 \cdot \left(1 - \frac{3{,}000 \times 10^3}{325 \times 218.7 \times 10^2}\right)$$

$$= 325 \times (3{,}670 \times 10^3) \times 0.659 = 786 \times 10^6 \text{ N·mm}$$

$$M_{pp} = \frac{4}{3\sqrt{3}} FV_p = \frac{4}{3\sqrt{3}} F \times [h_b h_c (t_{wc} + 0.7 \times 2 t_r)]$$

$$= \frac{4}{3\sqrt{3}} \times 325 \times [583 \times 379 \times (13 + 0.7 \times 2 \times 9)] = 1{,}420 \times 10^6 \text{ N·mm}$$

となる．大小関係を比較すると

$$2M_{pb} = 1{,}364 < M_{pp} = 1{,}420 < M_{pc1} + M_{pc2} = 1{,}667 \text{ kN·m}$$

であるので，この柱梁接合部は梁降伏型となっていることがわかる．したがって梁端の仕口が保有耐力接合となっていることを確認する必要がある．フランジ，ウェブ，ウェブ隅肉それぞれの最大曲げ耐力 $_jM_{uf}$, $_jM_{uw}$, $_jM_{uww}$ を計算すると

$$_jM_{uf} = F_u A_f h_b = 400 \times (200 \times 17) \times (600 - 17) = 793 \times 10^6 \text{ N·mm}$$

$$_jM_{uw} = F_u Z_{pw} = F_u \frac{t_w l_w^2}{4} = 400 \times \frac{11 \times 506^2}{4} = 282 \times 10^6 \text{ N·mm}$$

$$_jM_{uww} = 1.4 \frac{F_u}{\sqrt{3}} Z_{pww} = 1.4 \frac{F_u}{\sqrt{3}} \frac{(2s/\sqrt{2}) l_w^2}{4}$$

$$= 1.4 \frac{400}{\sqrt{3}} \times \frac{(2 \times 14/\sqrt{2}) \times 506^2}{4} = 410 \times 10^6 \text{ N·mm}$$

$_jM_{uw} < {}_jM_{uww}$ であるので，小さいほうの $_jM_{uw}$ を採用すると，仕口の最大曲げ耐

力 $_jM_u$ が次のように定まる.

$$_jM_u = {_jM_{uf}} + {_jM_{uw}} = 1,075 \times 10^6 \text{ N·mm}$$

接合部係数 $\alpha$ の値は

$$\alpha = \frac{_jM_u}{M_{pb}} = \frac{1,075 \times 10^6}{682 \times 10^6} = 1.58$$

となる. $\alpha$ は 1.0 より十分大きな値となっているので, 保有耐力接合になっていると判定できる.

## 演習問題

**12.1** 図 12.11 に示すラーメン骨組が地震水平力によって塑性崩壊するときの崩壊メカニズムを (1) 梁降伏の場合, (2) 柱降伏の場合, (3) パネル降伏の場合についてそれぞれ描け. ただし, 1 階と 2 階の柱は同一部材, 柱脚はピン, 弾性に留まる部分は剛体とせよ. 本文の図 12.3 を参照せよ.

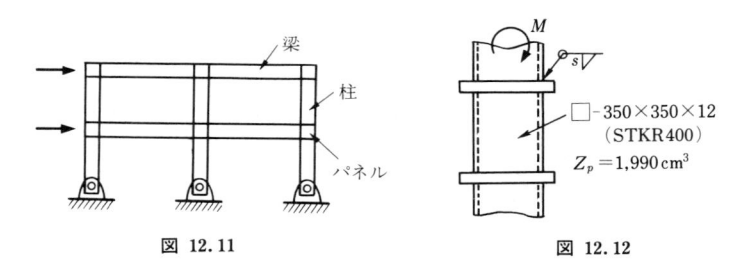

図 12.11

図 12.12

**12.2** 図 12.12 に示す一般構造用角形鋼管（□-350×350×12, STKR400）の端部仕口を片側全周隅肉溶接して接合部係数 $\alpha=1.2$ を有する保有耐力接合を満たすに必要な隅肉サイズを次の 2 ケースについて計算せよ. この角形鋼管の塑性断面係数は $Z_p=1,990\times10^3 \text{mm}^3$ で, 軸力は無視してよい.
  (1) 一般構造用角形鋼管の降伏強さとして設計基準強度 $F=235 \text{ N/mm}^2$ を用い, 溶接継目の引張強さ $F_u=400 \text{ N/mm}^2$ を用いた場合.
  (2) 一般構造用角形鋼管は冷間成形により製造されることが多く加工硬化していることを考慮する必要があるので, 鋼管の降伏強さとして上記 $F$ 値の代わりに実勢値 $\sigma_y=380 \text{ N/mm}^2$ を用い, 溶接継目の引張強さは通常の溶接を行うとして $F_u=400 \text{ N/mm}^2$ を用いた場合.

**12.3** 図 12.13 に示す梁の端部が高力ボルト摩擦接合で柱に接合されているとき, 梁の有効断面の曲げ破壊で決まる最大曲げ耐力を計算して, 保有耐力接合になってい

演習問題　　319

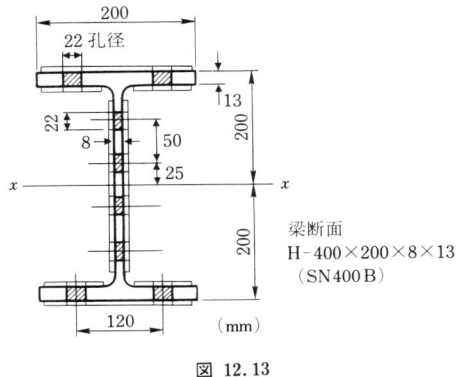

図 12.13

梁断面
H-400×200×8×13
（SN400B）

るかどうかを検定せよ．

[**参考図書**]

12.1) 日本建築学会：阪神・淡路大震災調査報告　建築編-3（鉄骨造建築物），丸善，1997
12.2) 日本鋼構造協会：鋼構造の柱梁接合部の設計・施工—兵庫県南部地震の被害を踏えて，1996
12.3) 桑村　仁，三嶋佳代子：法令および学会諸規準における鉄骨用語と阪神・淡路大震災における鉄骨被害の関係，日本建築学会構造工学論文集，Vol. 45 B, 1999. 3
12.4) 日本建築学会：鋼構造限界状態設計指針，1998（SI 単位版，2002）
12.5) 日本建築学会：鋼構造接合部設計指針，2001

# 13 柱　　脚

## 13.1　柱脚の形式と性質

　柱の脚部にあって基礎と接合される部分を**柱脚**（column base）という．柱脚は上部構造に作用する力を基礎に伝える重要な役割を果たす．柱脚の施工は基礎コンクリート工事と上部鉄骨工事の異なる工事区分の接点になるため，施工管理上も注意を要する．実際，鉄骨の地震被害が少なからず柱脚に生じている．

　柱脚は骨組解析において軸力とせん断力のみを伝える**ピン柱脚**と，さらに曲げモーメントを伝える**固定柱脚**のいずれかで扱われることが多く，それぞれ図13.1 (a), (b) の構造モデルで表される．しかし，実際の柱脚はピンと固定の中間にあり，それを考慮して図 (c) のように弾性回転ばねを組み入れた構造解析も行われるようになってきた．これを**半固定柱脚**と呼んでいる．

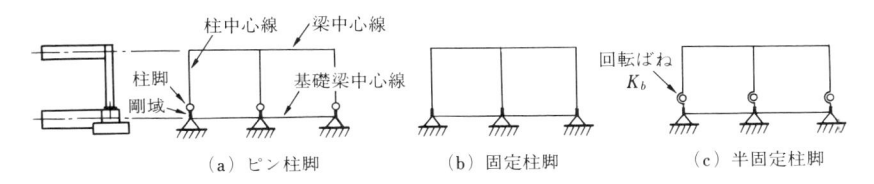

**図 13.1**　柱脚の構造解析モデル

　柱脚は露出形式（exposed type），根巻き形式（encased type），埋込み形式（embedded type）の3種類に構法上分類される．以下，それぞれの特徴について説明する．

　**露出柱脚**は図 13.2 のように鉄筋コンクリート基礎の上に設置され，コンクリート内に定着された**アンカーボルト**により**ベースプレート**を緊結したものである．ベースプレートと基礎コンクリートの間には，建て方におけるレベル出

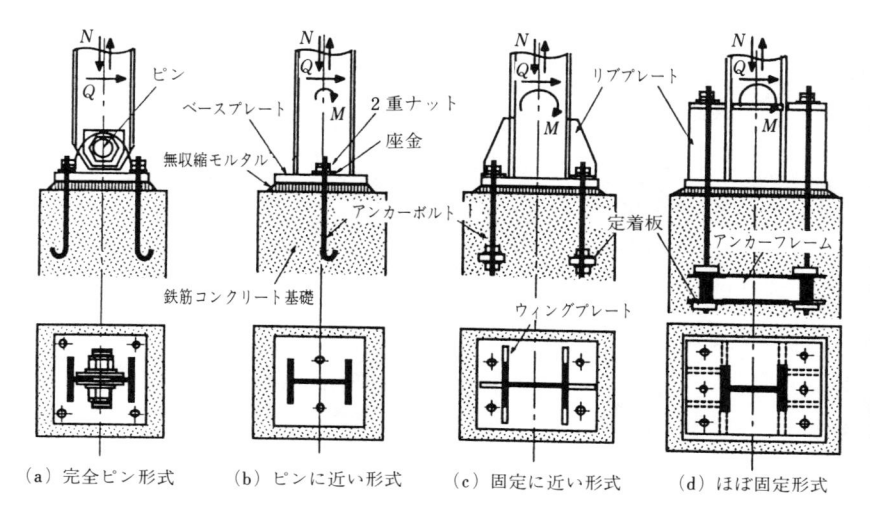

**図 13.2　種々の露出柱脚**

(a) 完全ピン形式　(b) ピンに近い形式　(c) 固定に近い形式　(d) ほぼ固定形式

しとベースプレートと基礎との密着をはかるために**無収縮モルタル**を充填する．アンカーボルトを締め付けるナットは振動などによる緩みが生じないように，座金の上に**2重ナット**を用いる．露出柱脚には図のように種々の形式がある．図 (a) はピンを用いて完全なピン柱脚としたものである．図 (b) はアンカーボルトを柱の図心軸上に配置したもので，従来からピン柱脚として扱われてきたが，実際には曲げ抵抗をもつので，これを考慮しないとアンカーボルトの引張破断などの被害が生じることがある．図 (c) はアンカーボルトを柱の図心軸から離して配置し，必要に応じてベースプレートの面外変形を**リブプレート**や**ウィングプレート**で補強したものである．この形式は従来から固定柱脚として扱われてきたが，実際にはその回転剛性が有限であるので，それを考慮しないと構造物の応力分布の評価に大きな誤差が生じることがある．図 (d) は柱脚の剛性と耐力を高めるためにベースプレートを上下のフランジプレートとその間のリブプレートで組み立てたものである．このとき，基礎内に埋め込まれたアンカーフレームでアンカーボルトを定着し，さらにアンカーボルトに初期張力を導入することによって柱脚の回転剛性を高める工夫をしたものが大型の工場建築などに見られる．

**根巻き柱脚**は図 13.3 のように，ベースプレートを基礎コンクリート上面に設置し，露出柱脚と同様の方法でアンカーボルトで締結した後，柱の下部をコンクリートで覆ったものである．ただし，鉄筋を基礎コンクリートから立ち上げるので，根巻き部分は一種の鉄骨鉄筋コンクリート構造となり，露出柱脚よりも高い剛性と耐力が期待される．

**埋込み柱脚**は図 13.4 のように，柱の下部を基礎コンクリート（フーチング基礎または基礎梁）の中に埋め込んだものである．埋込み柱脚は適切な埋込み深さとコンクリートのかぶり厚さがあれば，3種類の柱脚形式の中でもっとも高い剛性と耐力が得られる．

1995 年兵庫県南部地震で柱脚が多数被害を受けたことを契機に[13.1]，柱脚についても筋かいや梁の材端接合部と同様に，**保有耐力接合**としておくことの大切さが指摘されるようになった．これは，図 13.5 のように，柱の塑性変形能力を利用する設計では，柱の全塑性モーメント $M_{pc}$ よりも柱脚の最大曲げ耐力 $M_u$ を大きくし，柱が十分な塑性変形を発揮するまで柱脚が破壊しないようにしておくものである．その条件は次式で表される．

$$M_u \geq \alpha \cdot M_{pc} \tag{13.1}$$

ここで，$\alpha$ は 1.3 程度以上が推奨されている．ただし，露出柱脚では，保有耐力接合の代わりにアンカーボルトの塑性伸び能力を利用することも可能である．そのときはアンカーボルトの軸部が降伏する前にねじ部が破断しないようにア

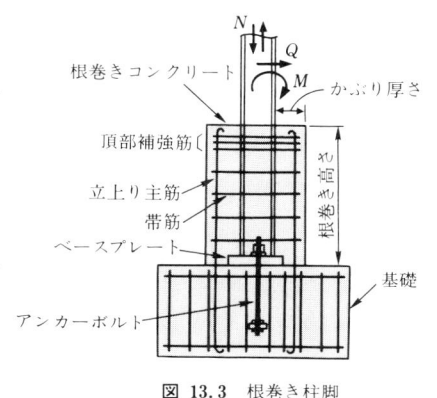

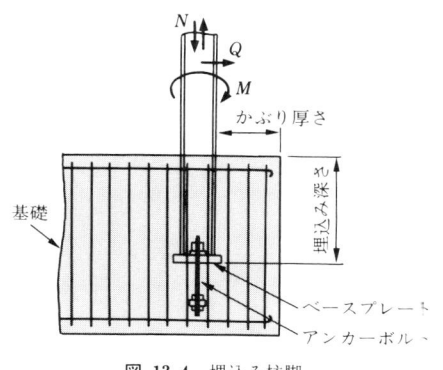

**図 13.3** 根巻き柱脚

**図 13.4** 埋込み柱脚

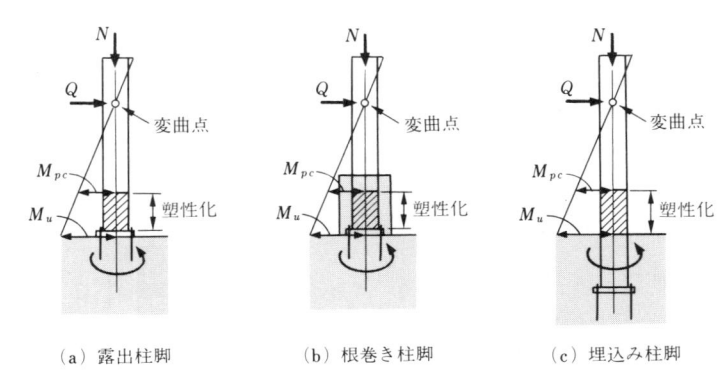

(a) 露出柱脚　　　(b) 根巻き柱脚　　　(c) 埋込み柱脚

図 13.5　柱脚の保有耐力接合

ンカーボルトの材質やねじ形状を選択する必要があり，そのような塑性変形能力を付与したアンカーボルトも規格化されている．

## 13.2　露出柱脚

### 13.2.1　破壊形式とその対策

露出柱脚は柱脚形式の中で最も施工が簡単であるので中低層の鉄骨建物で多く使われるが，反面，設計施工の不備があると地震被害が発生しやすい．柱脚の破壊は上部構造の損傷を誘発するので，よほど注意が必要である．

露出柱脚の地震被害でよく見られる破壊形式を図 13.6 に示してある．図 (a) の**アンカーボルトの破断**は，その多くがねじ部で生じ，ねじ部の破断耐力が軸部の降伏耐力より低いのが原因である．したがって，降伏比の低い鋼材からつくられたアンカーボルトやねじ径を軸径より太くした転造ねじやねじ部の有効断面積を大きくした細目ねじを使用することによってこれを防ぐことができる．図 (b) の**アンカーボルトの抜出し**は，定着が不完全であることがその原因であるので，十分な定着長さ（一般にアンカーボルトの呼び径の 20 倍以上）を与え，下端にフックや定着板を設けておけばこれを防ぐことができる．図 (c) の**ベースプレートの面外曲げ変形**は，ベースプレートがアンカーボルトより先に降伏してしまうのが原因であるので，ベースプレートに十分な板厚を与え（目安としてアンカーボルト径の 1.3 倍以上)，また必要なリブ補強をすれば

## 13.2 露出柱脚

(a) アンカーボルトの破断
(b) アンカーボルトの抜出し　定着長さ
(c) ベースプレートの面外曲げ変形
(d) 柱溶接仕口の破断
(e) コンクリートの支圧破壊
(f) コンクリートのパンチングシア破壊（コーン状破壊）
(g) コンクリートの割裂破壊　かぶり厚さ

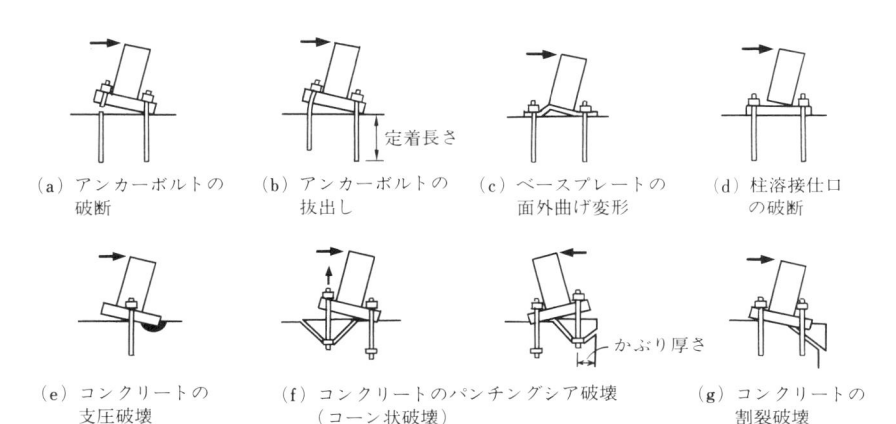

図 13.6 露出柱脚の破壊形式

これを防ぐことができる．図 (d) の柱とベースプレートの**溶接継目の破断**は隅肉溶接サイズが小さいのが原因であるので，完全溶込み溶接とするか十分大きなサイズをもった隅肉溶接とすることによってこれを防ぐことができる（完全溶込み溶接のほうが好ましい）．図 (e) のベースプレート下のコンクリートの**支圧破壊（圧壊）**は，過度な支圧応力度がコンクリートに作用することが原因であるので，ベースプレートを拡張して支圧応力度を分散させることによってこれを防ぐことができる．図 (f) のコンクリートの**パンチングシア破壊（コーン状破壊）**は，アンカーボルトを包んでいるコンクリートのせん断面が不足して，アンカーボルトの引張力によって局所的にコンクリートが引き抜かれるのが原因である．アンカーボルトの定着長さを十分とり，建物外周の側柱や隅柱ではアンカーボルトに対するコンクリートのかぶり厚を確保するか補強鉄筋を設けるなどによってこれを防ぐことができる．図 (g) のコンクリートの**割裂破壊**は，局部的な支圧応力がもたらす直交方向の引張応力がコンクリートを引き裂くのが原因であるので，ベースプレートの端からコンクリートの縁端までの寸法が小さくならないように配慮すればこれを防ぐことができる．

### 13.2.2 弾性剛性

露出柱脚は，曲げモーメント $M$ に対してアンカーボルトの引張力 $T$ とコン

クリートの支圧力 $C$ が抵抗する（釣合い条件より $C=T$）．このとき，図 13.7 のように，支圧力の合力が柱の圧縮側最外縁を通り，そこを不動点としてベースプレートが剛体回転すると仮定すれば，回転剛性が次のように求められる．まず，アンカーボルトの引張力 $T$ は，アンカーボルトの伸びが $\delta=d_1\cdot\theta$ であることから（$d_1$ は引張側アンカーボルト群の中心から柱の圧縮側最外縁までの距離，$\theta$ は柱脚の回転角），引張側アンカーボルトの本数を $n_t$，定着長さを $l_b$，1本当たり軸部断面積を $A_b$，ヤング係数を $E$ とすると

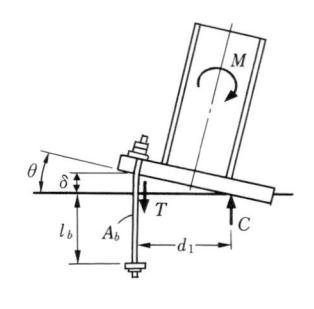

**図 13.7** 露出柱脚の曲げモーメントによる回転

$$T=E\cdot n_t A_b\cdot\frac{d_1\cdot\theta}{l_b}$$

となる．$M=T\cdot d_1$ にこれを代入すれば

$$M=\frac{E\cdot n_t A_b\cdot d_1^2}{l_b}\cdot\theta$$

が得られる．右辺の $\theta$ に掛かる係数が弾性回転剛性を表している．

しかし，実際には支圧によるコンクリートの変形やアンカーボルト張力によるベースプレートの面外変形などが生じるので，回転剛性は上の理論値より小さくなる．骨組解析では，前出図 13.1 (c) の**柱脚回転剛性** $K_b$ として上記理論値に 1/2 を乗じた次式が推奨されている[13.2)～13.5)]．

$$K_b=\frac{E\cdot n_t A_b\cdot d_1^2}{2l_b} \tag{13.2}$$

### 13.2.3 弾性応力状態と降伏耐力

**（1） ピン柱脚**

ピン形式の露出柱脚には軸力 $N$ とせん断力 $Q$ が作用する．$N$ は圧縮を正，引張を負とする．圧縮軸力に対しては，図 13.8 (a) のようにベースプレート下面の**支圧応力度**で抵抗するので，支圧応力度がコンクリートの圧縮降伏強さ（設計では短期許容圧縮応力度 $(2/3)F_c$，$F_c$ はコンクリートの設計基準強度）に

## 13.2 露出柱脚

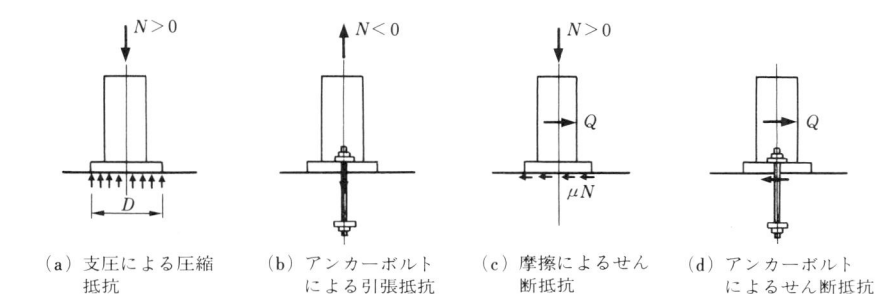

(a) 支圧による圧縮抵抗
(b) アンカーボルトによる引張抵抗
(c) 摩擦によるせん断抵抗
(d) アンカーボルトによるせん断抵抗

**図 13.8** 露出ピン柱脚の抵抗機構

達したときが降伏軸力 $N_{yc}$ となる．ベースプレートの平面サイズを $B \times D$ とすると，$N_{yc}$ は次式で表される．

$$\text{降伏圧縮耐力：} \quad N_{yc} = \frac{2}{3} F_c \cdot B \cdot D \qquad (13.3)$$

引張軸力に対しては，図(b)のようにアンカーボルトが抵抗するので，アンカーボルトの引張応力度 $\sigma = |N|/n_0 A_{be}$ が降伏強さ（設計では基準強度 $F$）に達したときが降伏軸力 $N_{yt}$ となる．ここで，$n_0$ はアンカーボルトの全本数，$A_{be}$ はアンカーボルト1本当たりのねじ部有効断面積で，ボルトと同様にメートル並目ねじでは $A_{be} = 0.75(\pi \cdot d_b^2/4)$ としてよい（$d_b$ はねじの呼び径）．したがって，$N_{yt}$ は次式で表される．

$$\text{降伏引張耐力：} \quad N_{yt} = F \cdot n_0 A_{be} \qquad (13.4)$$

次に，せん断力については，圧縮軸力が作用する場合には図(c)のようにベースプレートとコンクリートの間の**摩擦**に期待することができ，このときの摩擦係数の値は0.4が用いられている．したがって，$Q \leq 0.4N$ であれば滑らない．これが満たされないときは，図(d)のようにせん断力をすべてアンカーボルトのせん断で抵抗させることになるので，せん断応力度 $\tau = Q/n_0 A_{be}$ が降伏せん断強さ（設計では $F/\sqrt{3}$）に達したときが降伏せん断耐力，すなわち $(F/\sqrt{3})n_0 A_{be}$ となる（通常，せん断面がねじ部にかかるのでねじ部有効断面積 $A_{be}$ を用いる）．したがって，アンカーボルトに引張力が作用しないときの露出柱脚の降伏せん断耐力 $Q_y$ は次式で表される．

降伏せん断耐力： $Q_y = \max\left\{0.4N, \dfrac{F}{\sqrt{3}} n_0 A_{be}\right\}$ (13.5)

アンカーボルトにせん断力を負担させるときは，図 13.9 (a) のようにアンカーボルト径とほぼ同じ孔径をもつ座金をベースプレートに溶接し，せん断力によってすべりが生じないようにしておく必要がある．このとき，座金の孔壁に作用する支圧応力度が**許容支圧応力度** $f_t$（長期は $1.25F$，短期はその $1.5$ 倍）を超えないように座金の板厚を定める．筋かいが柱脚に取り付くような場合には，アンカーボルトに引張力が同時に作用しせん断耐力が不足することがある．そのときは，図 (b) のようなベースプレート下面に溶接した**シアプレート**あるいはシアコネクタをコンクリートに埋め込み，側面の支圧応力でせん断力に抵抗させる方法がある．

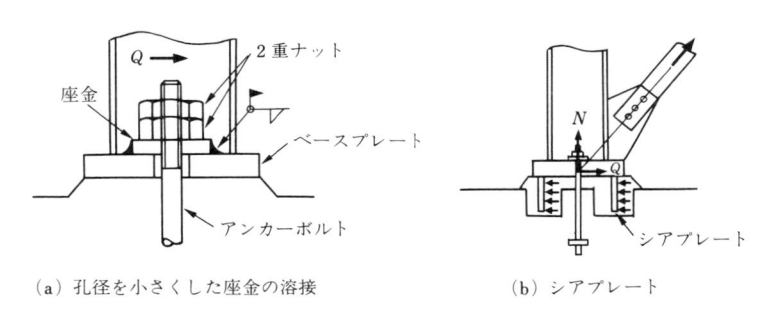

(a) 孔径を小さくした座金の溶接　　(b) シアプレート

図 13.9　露出柱脚の摩擦によらないせん断抵抗

アンカーボルトが引張状態になるときは，通常，せん断力を同時に受ける．そのときの降伏条件は，10 章で述べたボルトと同じ降伏条件式 (10.10) を使えばよいので，引張応力度を $\sigma$，せん断応力度を $\tau$ とすると，次式が満たされておれば，アンカーボルトは降伏しない．

$$\sigma + 1.6\tau \leq 1.4F \quad (13.6a)$$

上式の両辺に $n_0 A_{be}$ を乗じると，次式のように力の単位に変換される．

$$|N| + 1.6Q \leq 1.4 N_{yt} \quad (13.6b)$$

よって，引張力 $N$ が作用した状態でのピン形式露出柱脚の降伏せん断耐力 $Q_{yt}$ は次式で表される．

$$Q_{yt} = \frac{1}{1.6}(1.4N_{yt} - |N|) \qquad (13.6c)$$

許容応力度設計では，上の諸式の $N_{yc}$, $N_{yt}$, $Q_y$, $Q_{yt}$ が短期許容耐力となり，$N_{yc}/2$, $N_{yt}/1.5$, $Q_y/1.5$ が長期許容耐力となる．引張力を同時に受けるときの長期許容せん断耐力は式 (13.6c) の $N_{yt}$ を $N_{yt}/1.5$ に置き換えて算定する．$N_{yc}$ はコンクリートで決まるので，安全率が 2 である．

ベースプレートが剛強でないときは，ベースプレートの面外曲げ応力度についても検討する必要ある．このとき，ベースプレートの許容曲げ応力度は長期と短期についてそれぞれ $F/1.3$, $1.5F/1.3$ を用いる（$F$ はベースプレートの基準強度）．単一板の面外曲げは不安定な挙動をともなわないので，通常の曲げ材より許容応力度が高めに設定されている．

### （2） 固定・半固定柱脚

通常の露出柱脚は固定または半固定となるので，軸力 $N$ とせん断力 $Q$ に加え，曲げモーメント $M$ が同時に作用する．

まず，$N$ と $M$ による弾性応力分布は図 13.10 のように描かれる．これは，十分剛強なベースプレートの底面で平面保持が成り立つと仮定しアンカーボルトを鉄筋と見なした鉄筋コンクリート柱の応力分布と同じである．偏心量 $e$ を $e=M/N$ で定義すると，$N$ と $M$ の組合せは $N$ がベースプレート中心から $e$ 離れたところに作用することと等価である．すると，$e$ の範囲に応じて次の式 (13.7a)〜(13.7k) の解が得られる．記号は図に示すとおりで，図にない $B$ はベースプレートの奥行き幅，$n_t$ と $a_t$ は引張側アンカーボルトの総本数と総断面積，$n$ は**ヤング係数比**（通常，$n=15$）である．ベースプレートとアンカーボルトの配置は柱心に対して対称とする．$N$ は圧縮軸力，$M$ は時計回りとし，符号は $N$, $M$,

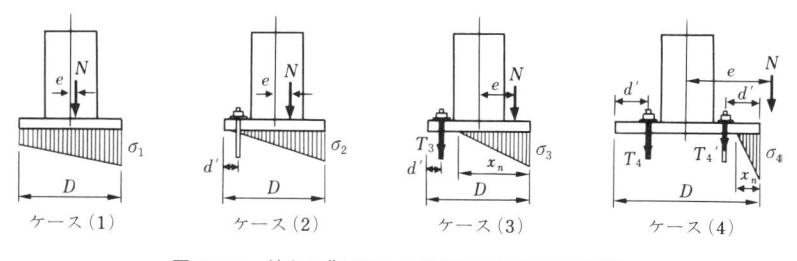

図 13.10 軸力と曲げによる露出柱脚の弾性応力状態

$e \geq 0$ とする.まれに $N$ が引張軸力となる場合があるが,それについては演習問題で扱うこととする.

$0 \leq e \leq \dfrac{D}{6}$ のとき,ケース(1)となり

$$\sigma_1 = \dfrac{N}{BD}\left(1 + \dfrac{6e}{D}\right) \tag{13.7a}$$

$\dfrac{D}{6} < e \leq \dfrac{D}{6} + \dfrac{d'}{3}$ のとき,ケース(2)となり

$$\sigma_2 = \dfrac{2N}{3B\left(\dfrac{D}{2} - e\right)} \tag{13.7b}$$

$\dfrac{D}{6} + \dfrac{d'}{3} < e \leq e_3$ のとき,ケース(3)となり

ただし,
$$e_3 = \dfrac{-\dfrac{3na_t}{Bd'}\left(\dfrac{D}{d'} - 2\right)^2 - \dfrac{3D}{2d'} + 1}{\dfrac{6na_t}{Bd'}\left(\dfrac{D}{d'} - 2\right) - 3} \times d' \tag{13.7c}$$

$$\sigma_3 = \dfrac{2N\left(e + \dfrac{D}{2} - d'\right)}{Bx_n\left(D - d' - \dfrac{x_n}{3}\right)} \tag{13.7d}$$

$$T_3 = \dfrac{N\left(e - \dfrac{D}{2} + \dfrac{x_n}{3}\right)}{D - d' - \dfrac{x_n}{3}} \tag{13.7e}$$

ここで,$x_n$ は次の3次方程式の解である.

$$x_n^3 + 3\left(e - \dfrac{D}{2}\right)x_n^2 + \dfrac{6na_t}{B}\left(e + \dfrac{D}{2} - d'\right)\cdot[x_n - (D - d')] = 0 \tag{13.7f}$$

$e_3 < e$ のとき,ケース(4)となり

$$\sigma_4 = \dfrac{N}{\dfrac{Bx_n}{2} - na_t\dfrac{D - 2x_n}{x_n}} \tag{13.7g}$$

$$T_4 = \dfrac{na_t N}{\dfrac{Bx_n}{2} - na_t\dfrac{D - 2x_n}{x_n}} \cdot \dfrac{D - d' - x_n}{x_n} \tag{13.7h}$$

$$T_4' = \frac{na_t N}{\dfrac{Bx_n}{2} - na_t \dfrac{D-2x_n}{x_n}} \cdot \frac{d'-x_n}{x_n} \qquad (13.7\text{i})$$

ここで，$x_n$ は次の3次方程式の解である．

$$x_n^2 + 3\left(e - \frac{D}{2}\right)x_n^2 + \frac{12na_t e}{B}x_n - \frac{6na_t}{B}\left[D\left(e - \frac{D}{2}\right) + (D-d')^2 + d'^2\right] = 0 \qquad (13.7\text{j})$$

ただし，ケース（4）が存在するのは次式の$\beta$が1未満の場合である．

$$\beta = \frac{2na_t}{Bd'}\left(\frac{D}{d'} - 2\right) \qquad (13.7\text{k})$$

$\beta \geq 1$ のときには，ケース（3）の範囲は $D/6 + d'/3 < e \leq +\infty$ となる．通常の柱脚では $\beta \geq 1$ であるので，ケース（4）は存在しない．

圧縮軸力と曲げモーメントの組合せによる降伏条件は，ケース（1）では $\sigma_1 = (2/3)F_c$，ケース（2）では $\sigma_2 = (2/3)F_c$，ケース（3）では $\sigma_3 = (2/3)F_c$ かつ $T_3 = Fn_t A_{be}$（$n_t$ は引張側アンカーボルトの本数）となり，これで決まる$N$と$M$が短期許容耐力となる．長期許容耐力は，$(2/3)F_c$ の代わりに $(1/3)F_c$，$F$ の代わりに $F/1.5$ を用いて算定すればよい．

降伏せん断耐力の算定にはピン柱脚の諸式を援用することができる．すなわち，ケース（1）と（2）では，アンカーボルトに引張力が生じないので式（13.5）がそのまま使用できる．ケース（3）では，引張側アンカーボルトに引張力が生じるので，引張側アンカーボルトは式（13.6c）の$N$を$T_3$に，$N_y$を$Fn_t A_{be}$として算定し，圧縮側アンカーボルトは式（13.5）の右辺｛　｝内第2項の$n_0$を$n_c$（圧縮側アンカーボルトの本数，ただし $n_c = n_t$）として算定し，両者の和をとればよい．この場合，$N + T_3$ が支圧応力の合力となるので，すべり耐力は $0.4(N + T_3)$ となる．

### 13.2.4　終局状態と最大耐力

**（1）　ピン柱脚**

ピン形式の露出柱脚の終局状態は，圧縮軸力に対してはコンクリートの支圧破壊となるので，コンクリートの最大圧縮強さ $0.85F_c$ を用いて柱脚の最大圧縮耐力$N_{uc}$が次のように表される．

最大圧縮耐力： $N_{uc}=0.85F_c \cdot B \cdot D$ (13.8)

次に，引張軸力に対してはアンカーボルトのねじ部が最大応力度 $F_u$ に達したときが終局状態となる．しかし，軸部の降伏がねじ部の破断に先行するときは，構造上利用できないくらい大きな塑性伸びが生じるので，軸部降伏も終局状態と考えておいたほうがよい．このことから，アンカーボルトの全本数を $n_0$，ねじ部有効断面積を $A_{be}$，軸部断面積を $A_b$ とすると，柱脚の最大引張耐力は次式で表される．

最大引張耐力： $N_{ut}=\min\{F_u n_0 A_{be}, F n_0 A_b\}$ (13.9)

せん断力に対しては，ベースプレートがすべったとき（終局状態での摩擦係数は 0.5）あるいはアンカーボルトのせん断応力度が最大せん断強さ $F_u/\sqrt{3}$ に達したときに終局状態となる．したがって，引張力が作用しないときの柱脚の最大せん断耐力は次式で表される．

最大せん断耐力： $Q_u=\max\left\{0.5N, \dfrac{F_u}{\sqrt{3}} n_0 A_{be}\right\}$ (13.10)

せん断力 $Q$ と引張力 $N$ の組合せにおけるアンカーボルトの最大耐力はねじ部の破断で決まり，10 章式 (10.12) で扱ったボルトと同様に次式で表される．

$$\left(\frac{N}{N_{ut}}\right)^2+\left(\frac{Q}{Q_u}\right)^2 \leq 1 \quad (13.11)$$

ここで，$N_{ut}$ は式 (13.9) 右辺 { } 内の第 1 項，$Q_u$ は式 (13.10) 右辺 { } 内の第 2 項をとる．

**（2） 固定・半固定柱脚**

露出柱脚に軸力 $N$（圧縮を正，引張りを負）と曲げモーメント $M$ が作用して終局状態に達したときの応力分布は完全弾塑性を仮定して図 13.11 のように描かれる．ベースプレートとアンカーボルトの配置は柱心に対して対称とする．図 (a) は圧縮軸力が支配的で，アンカーボルトが働かない状態である．図 (b) になると曲げモーメントが卓越して，引張側のアンカーボルトが最大耐力 $T_u$ になっている．図 (c) では引張軸力が支配的となり，すべてのアンカーボルトが働く状態である．

設計ではコンクリートの最大支圧応力度は $0.85F_c$ とし，アンカーボルトの最大耐力 $T_u$ は式 (13.9) と同様の考えで，引張側アンカーボルトの本数を $n_t$

## 13.2 露出柱脚

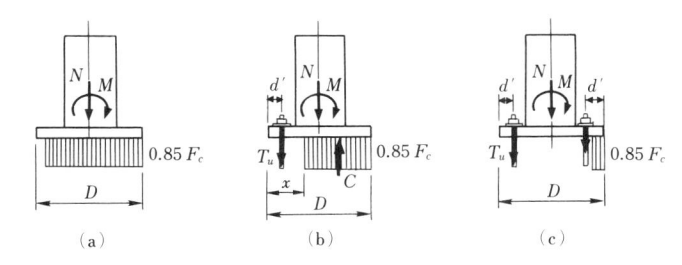

**図 13.11** 軸力と曲げによる露出柱脚の終局状態

とすると，次式で与えられる．

$$T_u = \min\{F_u n_t A_{be},\ F n_t A_b\} \tag{13.12}$$

図 13.11 のうち，通常生じる図 (b) の状態について耐力を計算すると次のようになる．コンクリートの支圧応力の合力 $C$ は鉛直方向の力の釣合いより $C = N + T_u$ となり，支圧応力が作用する幅を $D-x$ とすると，$x$ が次のように定まる．記号は図に示すとおりである．

$$N + T_u = N_{uc} \frac{D-x}{D} \quad \therefore \quad x = \left(1 - \frac{N+T_u}{N_{uc}}\right) \cdot D$$

ここで，$N_{uc}$ は式 (13.8) による．この図 (b) の状態となるのは，$d' < x < D - d'$ のときであるので，$x$ に上式右辺を代入して整理すると

$$1 - \frac{d'}{D} - \frac{T_u}{N_{uc}} > \frac{N}{N_{uc}} > \frac{d'}{D} - \frac{T_u}{N_{uc}}$$

となり，$d'/D \approx 0$ とすると

$$N_{uc} - T_u > N > -T_u$$

の条件が得られる．

次に，ベースプレートの中心に関するモーメントの釣合いより，最大曲げ耐力 $M_u$ は

$$M_u = T_u \cdot \left(\frac{D}{2} - d'\right) + (N + T_u) \cdot \frac{x}{2}$$
$$= T_u \cdot \left(\frac{D}{2} - d'\right) + \frac{(N+T_u)D}{2} \cdot \left(1 - \frac{N+T_u}{N_{uc}}\right)$$

となる．これが，$N_{uc} - T_u > N > -T_u$ における露出柱脚の **M-N 相関式**である．

ほかのケースについても同様に計算し，M-N 相関式が連続するように調整して得られる次式が設計で用いられており，図示すると図 13.12 (a) のようになる[13.2]．

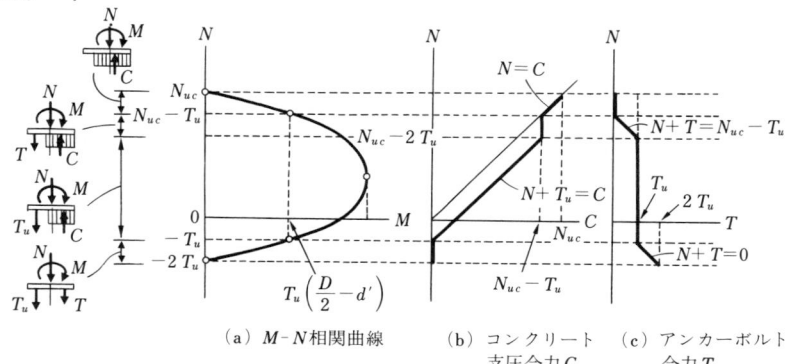

**(a) M-N 相関曲線**　　**(b) コンクリート支圧合力 C**　　**(c) アンカーボルト合力 T**

**図 13.12** 軸力と曲げを受ける露出柱脚の終局状態における応力相関

$N_{uc} \geq N > N_{uc} - T_u$ のとき，　$M_u = N \cdot \left(\dfrac{D}{2} - d'\right) \cdot \left(\dfrac{N_{uc}}{N} - 1\right)$ 　　(13.13a)

$N_{uc} - T_u \geq N > -T_u$ のとき，

$$M_u = T_u \cdot \left(\dfrac{D}{2} - d'\right) + \dfrac{(N+T_u)D}{2} \cdot \left(1 - \dfrac{N+T_u}{N_{uc}}\right) \quad (13.13b)$$

$-T_u \geq N > -2T_u$ のとき，　$M_u = (N + 2T_u) \cdot \left(\dfrac{D}{2} - d'\right)$ 　　(13.13c)

最大せん断耐力 $Q_u$ は図 13.12 (b)，(c) に示す $C$ と $T$ から次のように求められる．

$N_{uc} \geq N > N_{uc} - T_u$ のときは，$C = N$ で，アンカーボルトには引張が生じないので

$$Q_u = \max\left\{0.5N,\ \dfrac{F_u}{\sqrt{3}} n_0 A_{be}\right\} \quad (13.14a)$$

$N_{uc} - T_u \geq N > N_{uc} - 2T_u$ のときは，$C = N_{uc} - T_u$ で，引張側アンカーボルトのみ張力が生じるので式 (13.11) でせん断耐力の低減を考慮すると

$$Q_u = \max\left\{0.5(N_{uc} - T_u),\ \dfrac{F_u}{\sqrt{3}} n_t A_{be} \left[1 + \sqrt{1 - \left(\dfrac{N_{uc} - T_u - N}{T_u}\right)^2}\right]\right\}$$

(13.14b)

## 13.2 露出柱脚

$N_{uc}-2T_u \geq N > -T_u$ のときは, $C=N+T_u$ で, 引張側アンカーボルトは降伏しもはやせん断抵抗がないので, 圧縮側アンカーボルトのみを考慮して

$$Q_u = \max\left\{0.5(N+T_u), \frac{F_u}{\sqrt{3}}n_t A_{be}\right\} \quad (13.14\text{c})$$

$-T_u \geq N > -2T_u$ のときは, $C=0$ で摩擦抵抗がなく, 圧縮側アンカーボルトにも張力が生じるのでせん断耐力の低減を考慮すると

$$Q_u = \frac{F_u}{\sqrt{3}} n_t A_{be} \sqrt{1-\left(\frac{-N}{T_u}\right)^2} \quad (13.14\text{d})$$

となる.

上の $Q_u$ を用いて計算される $Q_u \cdot h$ ($h$ はベースプレートから柱の変曲点までの高さ) が, せん断耐力で決まる露出柱脚の最大曲げ耐力となる. したがって, $Q_u \cdot h$ と式 (13.13) で算定される $M_u$ の小さいほうが, 冒頭の式 (13.1) の $\alpha M_{pc}$ 以上であれば露出柱脚は保有耐力接合になっていると判定できる. これを満たしていなければ, 柱の塑性変形が期待できないのでアンカーボルトの塑性変形が必要である. そのときは, $F_u A_{be} > F A_b$ となるようにアンカーボルトを選定し, 柱脚に塑性ヒンジを仮定した塑性解析を行うことになる. このときの全塑性モーメントは式 (13.13) の $M_u$ となる. ただし, 柱脚のせん断耐力 $Q_u$ は $Q_u \geq M_u/h$ でなければならない.

### 13.2.5 アンカーボルト

アンカーボルトは JIS B 1178 (基礎ボルト) に先端フック付きのものが規定されている. 鉄骨には図 13.13 (a) の J 形フックが用いられ, ねじの呼び径は M10〜M48 で, メートル並目ねじである. 強度区分は 4.6 で, 設計基準強度は $F=240\,\text{N/mm}^2$, $F_u=400\,\text{N/mm}^2$ である. ただし, この JIS アンカーボルトは軸部降伏がねじ部破断に先行するとは限らない. なお, 座金とナットはボルトの項で述べたと同じように別途 JIS で規定されている.

JIS アンカーボルトとは別に, 耐震性能を付与した建築構造用アンカーボルトが日本鋼構造協会で規格されており, JSS II 13-2000 (転造ねじ, M16〜M48) と JSS II 14-2000 (切削ねじ, M27〜M100) の 2 種類がある[13.9]. これは, 特に露出柱脚を対象にしてアンカーボルトが破断するまでに十分な塑性伸び能

(a) JIS アンカーボルト（J 形）　　(b) JSS アンカーボルト

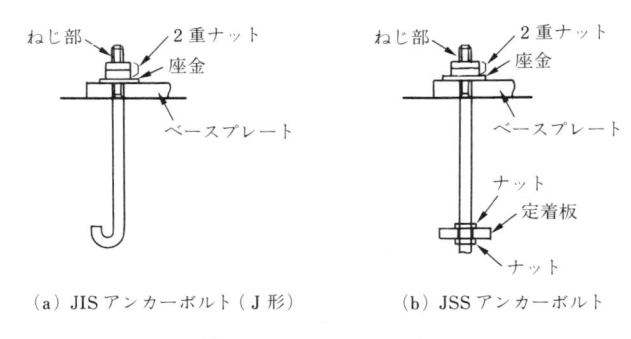

図 13.13　アンカーボルト

力をもつように開発されたものである．素材には降伏比制限の付いた建築用圧延棒鋼（JIS G 3138）の SNR 400 B，SNR 490 B を用いてある．JSS II 13 は**転造ねじ**で，ねじ外径すなわち呼び径より軸部の径が細くなっている．JSS II 14 のうち SNR 490 B のものはメートル**細目ねじ**となっており，ねじ部有効断面積が並目ねじより大きい．このようなねじ加工によってねじ部の早期破断が防止されている．この JSS アンカーボルトは図 (b) に示すように，両端にねじが付いたまっすぐなボルトで，座金 1 枚とナット 4 個と組み合わせて用いる．すなわち，ベースプレートの締付け部に座金とナット 2 個（2 重ナット），定着部には定着板を両側から挟むためにナット 2 個を用いる．JSS アンカーボルトの設計基準強度 $F$，$F_u$ は 3 章の表 3.4 にある SNR 400 B，SNR 490 B の値を用いる．

## 13.3　根巻き柱脚

　根巻き柱脚は従来より固定柱脚として設計されてきたが，根巻き鉄筋コンクリートが適切に設計されていないと地震被害を受けやすい[13.1]．根巻き柱脚には図 13.14 のような損傷形態がある．図 (a) は根巻きコンクリート基部の曲げ破壊で，曲げモーメントによって引張り側に曲げひび割れが生じ圧縮側が圧縮破壊する形態である．この形態は比較的靱性のある挙動を示すので終局耐震設計では許容されている．図 (b) は根巻きコンクリート頂部の支圧破壊とパンチングシア破壊である．これらは，頂部の帯筋補強や鉄骨柱に対するコンクリートの十分なかぶり厚で防止することができる．図 (c) はコンクリートのせん断

## 13.3 根巻き柱脚

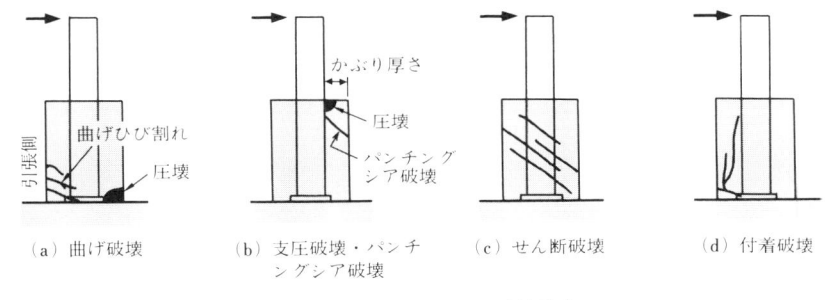

図 13.14 根巻き柱脚の破壊形式

(a) 曲げ破壊　(b) 支圧破壊・パンチングシア破壊　(c) せん断破壊　(d) 付着破壊

破壊で，帯筋によるせん断補強により防ぐことができる．図 (d) は立上がり主筋の定着不足による付着破壊で，立上がり主筋の長さを十分とり（通常，鉄筋径の 25 倍以上），頂部にフックを付け，下部は基礎コンクリートに十分な定着長さ（通常，鉄筋径の 40 倍以上）をとることによって防ぐことができる．根巻き柱脚のベースプレート部分は露出柱脚と同じように前出図 13.6 の (a)〜(d) の損傷も起こりうる．

根巻き柱脚は，上記 (b)，(c)，(d) の破壊モードが起こらないようにし，根巻き高さが鉄骨柱の断面せいの 2.5〜3 倍程度あれば固定柱脚として扱うことができるとされている．このとき，骨組解析において，根巻きコンクリートの剛性は無視して鉄骨柱のみとし，ベースプレート位置を剛節点とする前出図 13.1 (b) のモデルを採用することができる．

図 13.15 (a) の根巻き柱脚に作用する軸力は，鉄骨柱の側面にスタッドを設けたりしない限り根巻きコンクリートへは伝わらず，直接鉄骨柱から基礎に伝わる．したがって，露出柱脚と同じように，圧縮耐力はベースプレート下面のコンクリートの支圧で決まり，引張耐力はアンカーボルトの引張で決まることになる（図 (b)，(c)）．すなわち，降伏圧縮耐力は式 (13.3)，降伏引張耐力は式 (13.4)，最大圧縮耐力は式 (13.8)，最大引張耐力は式 (13.9) で算定することができる．

根巻き柱脚に作用する曲げモーメントはせん断力との関係で図 (d) のようになり，根巻き部分では鉄骨柱と根巻き鉄筋コンクリートが協力して曲げモーメントとせん断力を分担する．しかし，その分担率については定量化が困難で

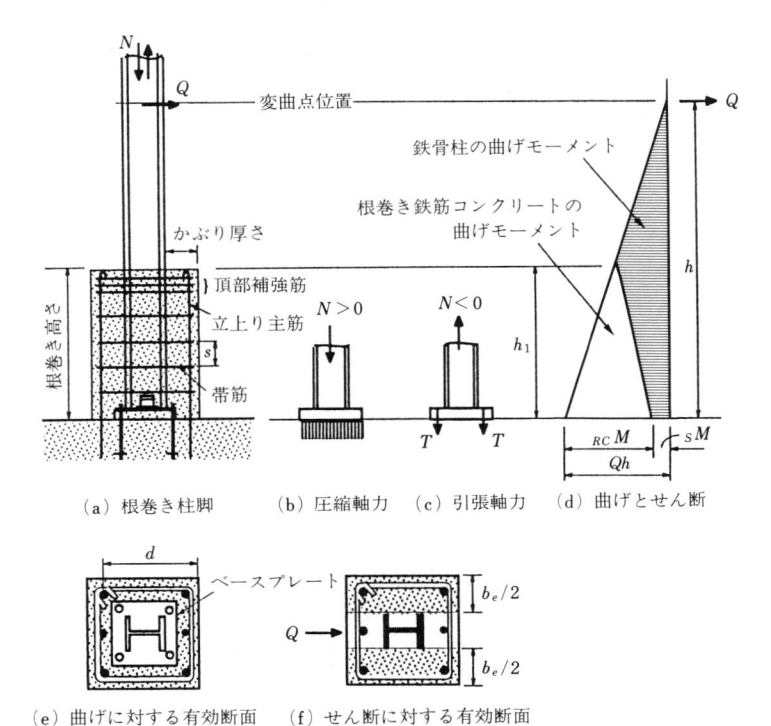

図 13.15 根巻き柱脚の応力状態と有効断面

ある．そこで，降伏耐力の算定においては，鉄骨柱よりも根巻き鉄筋コンクリートのほうが剛性が高いことを考慮して，鉄骨柱を無視し根巻き鉄筋コンクリートだけで安全側の評価を行い，最大耐力の算定においては，塑性変形が生じて最大耐力に至ることを前提に，鉄骨柱と根巻き鉄筋コンクリートの累加耐力とする設計が行われている．

以上のことから，根巻き柱脚の降伏曲げ耐力 $M_y$ は，鉄骨鉄筋コンクリート梁の鉄筋コンクリート部分の降伏曲げ耐力の計算方法[13.6]と同じとなる．仮に，引張鉄筋比が釣合い鉄筋比以下であれば，$M_y$ は

$$M_y = F \cdot a_t \cdot j \tag{13.15}$$

となる．ここで，$a_t$ は立上がり引張主筋の断面積の和，$F$ は主筋の降伏強さ（設計基準強度），$j=(7/8)d$（$d$ は引張側主筋から圧縮側コンクリート最外縁まで

の距離)である.引張鉄筋比が釣合い鉄筋比を超える場合は鉄筋コンクリートの設計法[13.7]を参照するとよい.曲げに対する根巻きコンクリートの有効断面は図 (e) のように根巻きの断面からベースプレートの広がりを除いた部分とする.$M_y > Q \cdot h$ ($h$ は柱の変曲点高さでベースプレート位置から測った距離) であれば,根巻き柱脚は曲げ降伏しない.

根巻き柱脚の降伏せん断耐力 $Q_y$ についても,鉄骨鉄筋コンクリート梁の根巻き鉄筋コンクリートのみを考慮して次式で計算される[13.2].

$$Q_y = b_e \cdot j \cdot (F_{cs} + 0.5 F \cdot p_w) \qquad (13.16)$$

ここで,$b_e$ はせん断に対する有効断面の幅 (図 (f) のように根巻きの幅から鉄骨柱の幅を引いたもの),$F_{cs}$ はコンクリートのせん断降伏強さ (短期許容せん断応力度とし,$F_c/20$ と $1.5(0.49+F_c/100)$ の小さいほう),$F$ は帯筋の降伏強さ (基準強度),$p_w$ は帯筋比で $a_w/(b_e \cdot s)$ である ($a_w$ は 1 組の帯筋の断面積,$s$ は帯筋の間隔,$p_w > 0.012$ のときは $p_w = 0.012$ とする).$Q_y \geq Q$ であれば,根巻き柱脚はせん断降伏しない.

次に,根巻き柱脚の最大曲げ耐力 $M_u$ は,ベースプレート位置で評価すると,露出柱脚の耐力 $_sM_u$ と根巻き鉄筋コンクリートの耐力 $_{RC}M_u$ の和として次のように算定される.

$$M_u = {_sM_u} + {_{RC}M_u} \qquad (13.17)$$

ここで,$_sM_u$ は露出柱脚に関する式 (13.13) の $M_u$ で,$_{RC}M_u$ は鉄筋比が釣合い鉄筋比以下のとき式 (13.15) の $M_y$ とする.

根巻き柱脚の最大せん断耐力 $Q_u$ についても,露出柱脚の耐力 $_sQ_u$ と根巻き鉄筋コンクリートの耐力 $_{RC}Q_u$ の和として次のように算定される.

$$Q_u = {_sQ_u} + {_{RC}Q_u} \qquad (13.18)$$

ここで,$_sQ_u$ は露出柱脚に関する式 (13.14) の $Q_u$ で,$_{RC}Q_u$ は式 (13.16) の $Q_y$ を採用する.$Q_u \cdot h$ がせん断耐力で決まる埋込み柱脚の最大曲げ耐力となる.式 (13.17) で算定される $M_u$ と式 (13.18) の $Q_u$ から算定される $Q_u \cdot h$ の小さいほうが冒頭の式 (13.1) の $\alpha M_{pc}$ 以上であれば埋込み柱脚は保有耐力接合になっている.なお,根巻きコンクリートのせん断破壊を防止するために

$$_{RC}Q_u \geq \frac{_{RC}M_u}{h_1} \qquad (13.19)$$

としておく必要がある（$h_1$は根巻きの高さ）．

## 13.4　埋込み柱脚

　埋込み柱脚は柱脚の中で最も剛強とされている．しかし，埋込みが浅い場合には図 13.16 (a)，(b) のようにコンクリートの支圧破壊やパンチングシア破壊が生じるので，十分な埋込み深さが必要である．側柱や隅柱で，鉄骨に対するコンクリートのかぶり厚さが小さいときは図 (c) のようにコンクリートの縁端部にパンチングシア破壊が生じるので，縁端コンクリートを U 字型に囲んだ補強筋が必要である．

（a）支圧破壊　　（b）パンチングシア破壊　　（c）縁端部のパンチングシア破壊

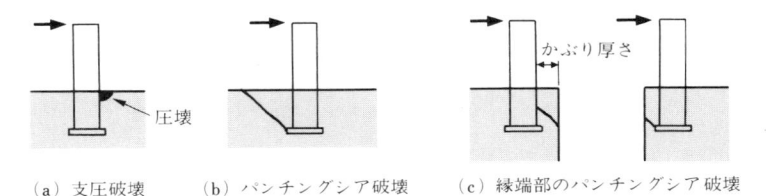

図 13.16　埋込み柱脚の破壊形式

　埋込み柱脚は基礎コンクリートへの埋込み深さが柱の断面せいのおよそ 2 倍以上あれば固定柱脚として扱うことができるとされている．しかし，コンクリート上端位置は支圧によるコンクリートのひずみにより固定とはならないので，骨組解析では基礎梁せいの中心位置を剛節点（図 13.1 (b) で剛域長さを 0）とするモデルが使用されている．

　埋込み柱脚に作用する軸力は，図 13.17 (a)，(b) のようにベースプレートへ直接伝わると考えられる．したがって，露出柱脚と同じように，圧縮耐力はベースプレート下面のコンクリートの支圧で決まり，引張耐力はアンカーボルトの引張りで決まることになる．すなわち，降伏圧縮耐力は式 (13.3)，降伏引張耐力は式 (13.4)，最大圧縮耐力は式 (13.8)，最大引張耐力は式 (13.9) で算定することができる．なお，引張軸力に対しては，柱断面から張り出したベースプレート上面のコンクリートのコーン状破壊耐力（図 (b)），あるいは鉄骨柱側面にスタッドを溶接する場合にはそのせん断耐力に期待する方法もある．

### 13.4 埋込み柱脚

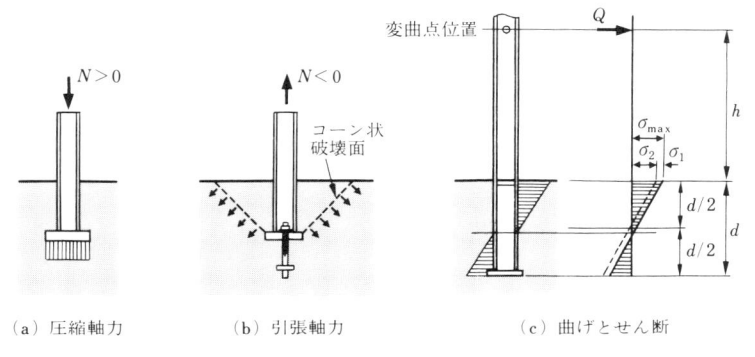

**図 13.17** 埋込み柱脚の弾性応力状態

(a) 圧縮軸力　(b) 引張軸力　(c) 曲げとせん断

埋込み柱脚に作用する曲げモーメント $M$ とせん断力 $Q$ は，埋込み深さ $d$ がある程度あれば，鉄骨柱の側面とコンクリートの支圧で伝わり，ベースプレート底面の寄与は小さい．弾性状態において図 13.17 (c) のような三角形の支圧分布を仮定すると，基礎コンクリート上端に最大支圧応力度 $\sigma_{max}$ が生じ，$\sigma_{max}$ は $Q$ による一様支圧応力度 $\sigma_1$ と $d/2$ の位置における曲げモーメント $Q(h+d/2)$ による曲げ応力度 $\sigma_2$ の和となるので，柱の幅を $B_c$ とすると

$$\sigma_{max} = \sigma_1 + \sigma_2 = \frac{Q}{B_c d} + \frac{Q\left(h+\dfrac{d}{2}\right)}{\dfrac{1}{6}B_c d^2} = \frac{2(3h+2d)}{B_c d^2} Q$$

となる．$\sigma_{max}$ がコンクリートの降伏強さ $F_{cy}$（設計では $F_{cy}=(2/3)F_c$）に達したときが，降伏耐力となるので，次式のように降伏せん断耐力 $Q_y$ と基礎上面における降伏曲げモーメント $M_y = Q_y h$ が得られる．

$$Q_y = \frac{B_c d^2 F_{cy}}{2(3h+2d)} \tag{13.20}$$

$$M_y = \frac{B_c h d^2 F_{cy}}{2(3h+2d)} \tag{13.21}$$

埋込み柱脚の基礎上面における最大曲げ耐力 $M_u$ と最大せん断耐力 $Q_u$ は，図 13.18 のような支圧応力分布を仮定して求められる．この場合のコンクリートの最大支圧強さは基準強度 $F_c$ が推奨されている[13.4]．埋込み深さの中央から $d_1/2$ 下がった位置に中立軸があるとすると，水平力の釣合いから $d_1 = Q/F_c B_c$

となる．埋込み中央位置における曲げモーメント $M_0$ は，せん断力 $Q$ と $M_0=Q(h+d/2)$ の関係にある．また，支圧応力によって $M_0=F_cB_c\cdot(d^2-d_1^2)/4$ となる．$M_u=Qh$ にこれらの関係式を代入して解くと次の結果が得られる．

$$M_u=B_c\cdot h\cdot F_c\cdot[\sqrt{(2h+d)^2+d^2}-(2h+d)] \quad (13.22)$$

$$Q_u=M_u/h \quad (13.23)$$

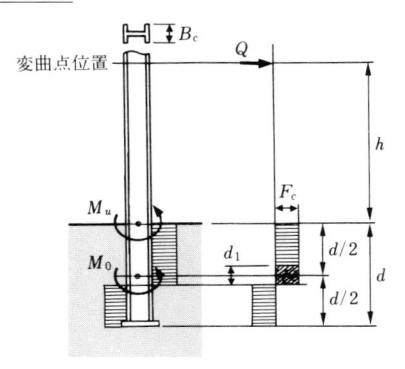

図 13.18 埋込み柱脚の最大耐力における応力分布

上で計算される $M_u$ が式（13.1）を満たしていれば，保有耐力接合となる．

## 13.5 柱脚の設計

図 13.19 の例題を用いて露出柱脚に関する弾性剛性，降伏耐力，最大耐力の計算をしてみよう．

（弾性剛性）

引張側アンカーボルトは外側の 3 本のみが有効とし，柱図心軸上の 2 本は影響が小さいので無視すれば，式（13.2）より

$$K_b=\frac{E\cdot n_tA_b\cdot d_1^2}{2l_b}=\frac{205,000\times 3\times 707\times 370^2}{2\times 690}=4.31\times 10^{10}\,\text{N}\cdot\text{mm/rad}$$

$$\therefore\ K_b=43,100\,\text{kN}\cdot\text{m/rad}$$

（降伏耐力）

地震荷重を含んだ組合せ荷重（短期荷重）に対する骨組解析から，柱脚に作用する応力が，圧縮軸力 $N=630\,\text{kN}$，曲げモーメント $M=180\,\text{kN}\cdot\text{m}$，せん断力 $Q=90\,\text{kN}$ となったとき，これに対する柱脚の許容耐力を検討してみる．

$$e=\frac{M}{N}=286\,\text{mm}>\frac{D}{6}+\frac{d'}{3}=\frac{540}{6}+\frac{50}{3}=107\,\text{mm}$$

より，柱脚の応力状態は図 13.10 のケース（3）となる．式（13.7f）から中立軸位置を計算すると

## 13.5 柱脚の設計

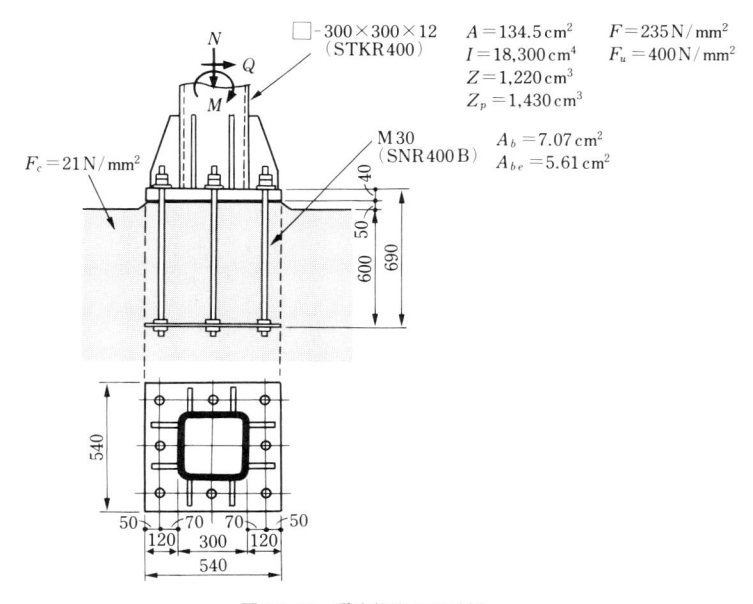

図中の諸元:
- □-300×300×12 (STKR400)
- $A = 134.5\,\mathrm{cm}^2$
- $I = 18,300\,\mathrm{cm}^4$
- $Z = 1,220\,\mathrm{cm}^3$
- $Z_p = 1,430\,\mathrm{cm}^3$
- $F = 235\,\mathrm{N/mm}^2$
- $F_u = 400\,\mathrm{N/mm}^2$
- M30 (SNR400B)
- $A_b = 7.07\,\mathrm{cm}^2$
- $A_{be} = 5.61\,\mathrm{cm}^2$
- $F_c = 21\,\mathrm{N/mm}^2$

**図 13.19** 露出柱脚の設計例

$$x_n^3 + 3\left(286 - \frac{540}{2}\right)x_n^2 + \frac{6\times 15\times (707\times 3)}{540}\left(286 + \frac{540}{2} - 50\right)\cdot[x_n - (540-50)] = 0$$

$$x_n^3 + 48\,x_n^2 + 179,000\,x_n - 87,600,000 = 0 \qquad \therefore\quad x_n = 305\,\mathrm{mm}$$

式 (13.7 d, e) からコンクリートの最外縁支圧応力度とアンカーボルトの引張力を計算すると

$$\sigma_c = \frac{2N\left(e + \dfrac{D}{2} - d'\right)}{Bx_n\left(D - d' - \dfrac{x_n}{3}\right)} = \frac{2\times 630,000\left(286 + \dfrac{540}{2} - 50\right)}{540\times 305\left(540 - 50 - \dfrac{305}{3}\right)} = 9.97\,\mathrm{N/mm}^2$$

$$T = \frac{N\left(e - \dfrac{D}{2} + \dfrac{x_n}{3}\right)}{D - d' - \dfrac{x_n}{3}} = \frac{630,000\left(286 - \dfrac{540}{2} + \dfrac{305}{3}\right)}{540 - 50 - \dfrac{305}{3}} = 191,000\,\mathrm{N}$$

が得られる.これをコンクリートの短期許容応力度 $(2/3)F_c$,アンカーボルトの短期許容引張応力度 $F$ と比較すると,次のように合格となる.

$$\sigma_c = 9.97\,\text{N/mm}^2 \leq \frac{2}{3}F_c = \frac{2}{3}\times 21 = 14\,\text{N/mm}^2$$

$$\sigma_t = \frac{T}{n_t A_{be}} = \frac{191{,}000}{3\times 561} = 113\,\text{N/mm}^2 \leq F = 235\,\text{N/mm}^2$$

次に，すべり耐力を計算すると

$$Q_y = 0.4(N+T) = 0.4(630+191) = 328\,\text{kN} \geq Q = 90\,\text{kN}$$

よって，せん断力はベースプレートとコンクリートの摩擦で抵抗させることができる．以上で，許容応力度の検定は合格である．なお，ベースプレートの曲げ応力度の検討は省略した．

（最大耐力）

終局地震荷重に対する骨組の塑性解析により，柱の下部に塑性ヒンジが形成され，そのとき柱脚に作用する応力が圧縮軸力 $N=740\,\text{kN}$，せん断力 $Q=170\,\text{kN}$ であったとする．柱脚が保有耐力接合になっているかどうかを検討してみる．

まず，コンクリートの支圧による最大圧縮耐力 $N_{uc}$，引張側アンカーボルトの最大引張耐力 $T_u$ をそれぞれ式（13.8），（13.12）から計算すると

$$N_{uc} = 0.85 F_c \cdot B \cdot D = 0.85 \times 21 \times 540 \times 540 = 5{,}210 \times 10^3\,\text{N}$$

$$T_u = \min\{F_u n_t A_{be},\ F n_t A_b\} = \min\{400 \times 3 \times 561,\ 235 \times 3 \times 707\}$$

$$= \min\{673 \times 10^3,\ 498 \times 10^3\} = 498 \times 10^3\,\text{N}$$

$N_{uc} - T_u = 4{,}710\,\text{kN} \geq N = 740\,\text{kN} > -T_u = -498\,\text{kN}$ であるので，式（13.13b）より，最大曲げ耐力が次のように求められる．

$$M_u = T_u \cdot \left(\frac{D}{2} - d'\right) + \frac{(N+T_u)D}{2} \cdot \left(1 - \frac{N+T_u}{N_{uc}}\right)$$

$$= 498\left(\frac{540}{2} - 50\right) + \frac{(740+498)540}{3}\left(1 - \frac{740+498}{5{,}210}\right)$$

$$= 364 \times 10^3\,\text{kN}\cdot\text{mm} = 364\,\text{kN}\cdot\text{m}$$

最大せん断耐力を式（13.14c）より計算し，作用せん断力と比較すると，次のように滑らないことが確認できる．

$$Q_u = \max\left\{0.5(N+T_u),\ \frac{F_u}{\sqrt{3}}n_t A_{be}\right\}$$

$$= \max\left\{0.5(740+498),\ \frac{400}{\sqrt{3}}\times 3\times 561\times 10^{-3}\right\} = \max\{619, 389\} = 619\,\text{kN}$$

$Q_u = 619\,\text{kN} \geq Q = 170\,\text{kN}$

柱の軸力を考慮した全塑性モーメント $M_{pc}$ は7章の式 (7.5) より，柱の降伏軸力が $N_y = FA$ であることから

$$M_{pc} = 1.14\left(1-\frac{N}{FA}\right)M_p = 1.14\left(1-\frac{740{,}000}{235\times 13{,}450}\right)M_p = 0.766\,M_p$$

$$= 0.766\,FZ_p = 0.766\times 235\times 1{,}430\times 10^3 = 257\times 10^6\,\text{N}\cdot\text{mm} = 257\,\text{kN}\cdot\text{m}$$

したがって，柱脚の接合部係数 $\alpha$ は

$$\alpha = \frac{M_u}{M_{pc}} = \frac{364}{257} = 1.42$$

となり，1.3以上の値となっているので保有耐力接合となっていると判定できる．

しかしながら，この例題で柱に用いた STKR400 は一般に冷間成形角形鋼管であるので，そのときには降伏強さの実際の値が $235\,\text{N/mm}^2$ より大幅に高くなることが知られている[13.10]．実勢値として $F=380\,\text{N/mm}^2$ とすると，$M_{pc}=530\,\text{kN}\cdot\text{m}$，$\alpha = 0.68$ となり，保有耐力接合の条件が満たされない．このような場合には，柱には塑性ヒンジが形成されないので，アンカーボルトの軸部降伏によって柱脚に塑性ヒンジをつくらなければならない．ここで採用したアンカーボルトは，$\dfrac{A_{be}}{A_b} = \dfrac{561\,\text{mm}^2}{707\,\text{mm}^2} = 0.79$ で，SNR400B材の降伏比の実勢値0.7程度（規格は 0.80 以下）より大きいと考えてよい．したがって，軸部降伏がねじ部破断に先行するので，アンカーボルトの降伏伸びによって柱脚の塑性回転能力が期待できる．

## 演 習 問 題

**13.1** 図 13.20 に示す向きに引張軸力 $N$ と曲げモーメント $M$ がベースプレートの中心に作用する露出柱脚の応力状態（コンクリートの最外縁支圧応力度，アンカーボルトの引張軸力）を求めよ．この問題では，$N$, $M$, $e=M/N$ はすべて正値とする．引張側と圧縮側のアンカーボルトは対称に配置され，断面積はそれぞれ $a$ とせよ．図に示す記号 $B$, $D$, $d'$ のほかに，ヤング係数比 $n$ を用いよ．

**13.2** 図 13.21 に示す（a）露出柱脚，（b）根巻き柱脚，（c）埋込み柱脚それぞれの接合

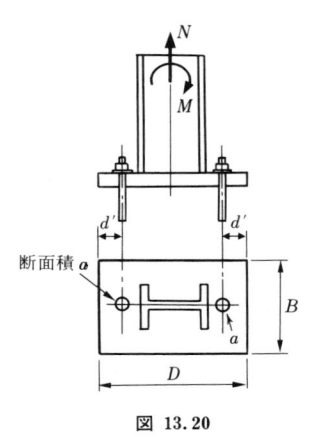

13章 柱　脚

図 13.20

(a) 露出柱脚

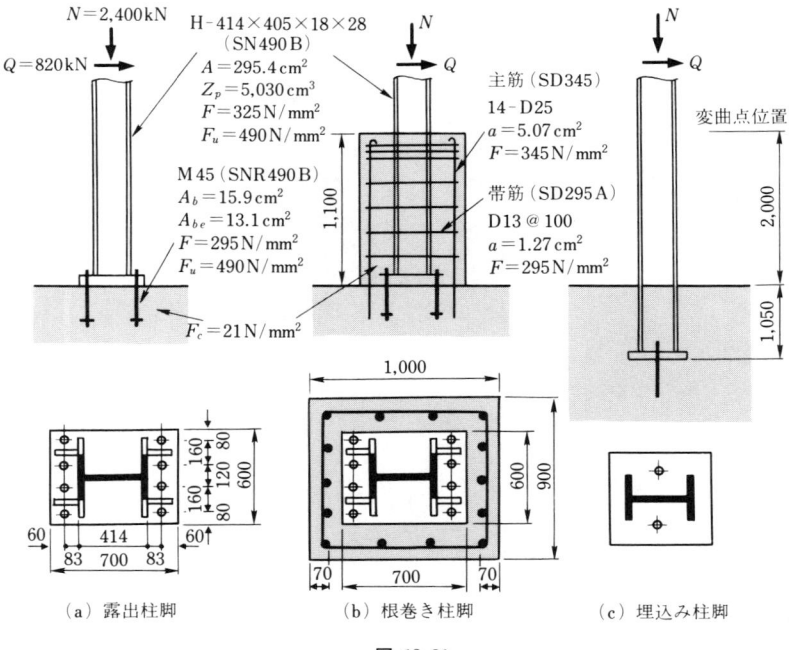

$N=2,400$ kN
$Q=820$ kN
H-414×405×18×28（SN490B）
$A=295.4$ cm$^2$
$Z_p=5,030$ cm$^3$
$F=325$ N/mm$^2$
$F_u=490$ N/mm$^2$
M45（SNR490B）
$A_b=15.9$ cm$^2$
$A_{be}=13.1$ cm$^2$
$F=295$ N/mm$^2$
$F_u=490$ N/mm$^2$
$F_c=21$ N/mm$^2$

(b) 根巻き柱脚

主筋（SD345）
14-D25
$a=5.07$ cm$^2$
$F=345$ N/mm$^2$
帯筋（SD295A）
D13@100
$a=1.27$ cm$^2$
$F=295$ N/mm$^2$

(c) 埋込み柱脚

変曲点位置

図 13.21

部係数 $a$ の値を求めよ.

**13.3** アンカーボルトの埋込みが浅いとき引張力によって**コーン状破壊**が生じる（図13.22）．このときの破壊耐力 $T_p$ は次式で表される[13.8]．

$$T_p = 0.6\sqrt{F_c} \cdot A_c$$

ここで

$$A_c = \pi \left( l + \frac{d_a}{2} \right)^2$$

上式の $F_c$ はコンクリートの基準強度, $A_c$ は定着板の周縁から $45°$ に開いた円錐（コーン）がコンクリート表面につくる底面積, $l$ はアンカーボルトの定着長さ, $d_a$ は定着板の直径である．SNR490B のアンカーボルトが，呼び強度 21 の普通コンクリートに定着されているとき，引張力によってアンカーボルトの軸部が降伏するまでコーン状破壊が起きないためには，定着長さをアンカーボルト径の何倍以上にしなければならないか．アンカーボルトの径は 40 mm 以下とし，簡単のため $d_a$ は 0 とせよ．

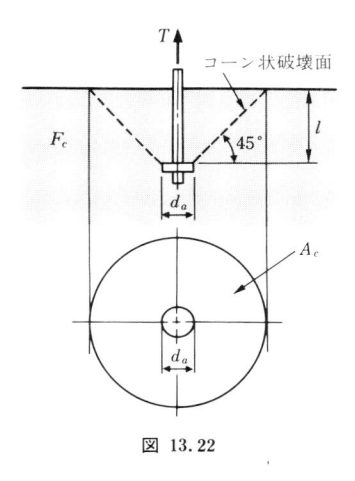

**13.4** 図 13.23 のように 4 本の棒 A1, A2, B1, B2 によって左右対称に支持された剛体 R がある．棒 A1, A2 は圧縮軸力のみを負担する剛塑性体, 棒 B1, B2 は引張軸力のみを負担する剛塑性体で，降伏耐力はそれぞれ $P_y$ である．剛体 R の中心に軸力 $N$ と曲げモーメント $M$ が作用したときの $M$–$N$ 相関曲線を求め図示せよ．なお，$N$ は圧縮を正，引張を負とし，$M$ は時計回りのみを考えるものとする．

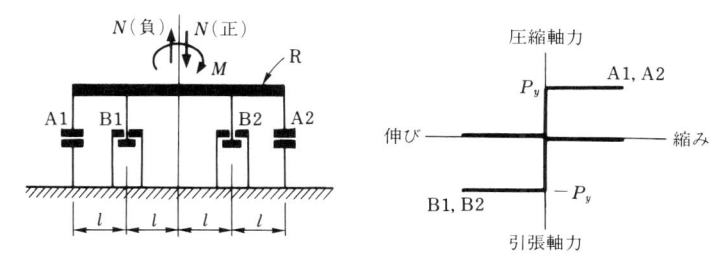

図 13.23

[**参考図書**]

13.1)　日本建築学会：阪神・淡路大震災調査報告　建築編-3（鉄骨造建築物），丸善，1997
13.2)　日本建築学会：鋼構造限界状態設計指針，1998（SI単位版，2002）
13.3)　日本建築学会：鋼管構造設計施工指針，1990
13.4)　日本建築学会：鋼構造接合部設計指針，2001
13.5)　秋山　宏：鉄骨柱脚の耐震設計，技報堂，1985
13.6)　日本建築学会：鉄骨鉄筋コンクリート構造計算規準，2001
13.7)　日本建築学会：鉄筋コンクリート構造計算規準，1999
13.8)　日本建築学会：各種合成構造設計指針，1985
13.9)　田中淳夫：建築構造用アンカーボルトの規格について，JSSC, No. 37, pp. 42-43, 2000.7
13.10)　桑村　仁：建築構造性能から見た冷間成形角形鋼管の材料特性，鋼構造論文集，第1巻3号，pp. 171-185, 1994.9

# 14 合成梁

## 14.1 合成梁の構成と性質

　鉄骨造建築物は，床が鉄筋コンクリートでつくられることが多い．これは，床に要求される防振性能や遮音性能，防火・耐火性能をコンクリートスラブによって比較的安価に実現することができるからである．このとき，床スラブを鉄骨梁の上に単に載せるだけでなく，両者がずれないように**シアコネクタ**で緊結すると，鉄骨梁と床スラブは一体となって荷重を支えることができる．このような梁を**合成梁**（composite beam）と呼んでいる．

　合成梁を構成する個々の構造要素，すなわち鉄骨梁，床スラブ，シアコネクタには種々の形態があり，その組合せも多様である．たとえば，鉄骨梁にはH形鋼などによる充腹梁とトラス形式の非充腹梁がある．床スラブには場所打ちコンクリートとプレキャストコンクリートがあり，コンクリートを用いない鋼製床版もある．また，場所打ちコンクリートではデッキプレートを使う場合と型枠支保工による場合がある．さらに，前者ではデッキプレートをコンクリートと協力する構造要素として用いる場合と単にコンクリート打設時の捨て型枠として用いる場合がある．シアコネクタには製品として規格化されている頭付きスタッドのほかに溝形や山形をした金物を溶接やボルトで締結して用いることもある．この章では，図 14.1 に例示した最も多く使われている合成梁の形

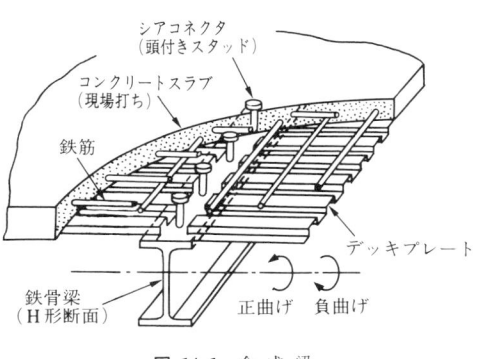

図 14.1　合成梁

式，すなわち H 形断面をした鉄骨梁と場所打ちコンクリートによる床スラブを頭付きスタッドで緊結した合成梁についてのみ扱うことにする．

　合成梁においてシアコネクタは一体化した鉄骨梁と床スラブの間のせん断力を伝える重要な役割を担っている．シアコネクタ群がもつせん断耐力によって合成梁は完全合成梁と不完全合成梁に分けられる．**完全合成梁**（fully composite beam）は，合成梁が塑性崩壊に達したときのせん断力を負担するに必要な本数以上のシアコネクタを有する合成梁をいう．**不完全合成梁**（partially composite beam）は，シアコネクタが完全合成梁に必要な本数に満たない合成梁，すなわち塑性終局状態に到達する前にシアコネクタの破壊が先行する合成梁をいう．完全合成梁はラーメン架構を構成する梁に適用し合成梁としての全塑性モーメントを利用して終局耐震設計を行うときに有効である．不完全合成梁は，塑性曲げ耐力を利用する必要のない梁，たとえば，梁の弾性限耐力や曲げ剛性を向上させたいときに有効である．

　合成梁に作用する曲げモーメントは，コンクリートスラブ側が圧縮となる場合を**正曲げ**といい，その逆を**負曲げ**という．コンクリートは引張力にはほとんど抵抗力を発揮しないので，合成梁が有効に作用するのは正曲げの場合である．したがって，重力荷重を受ける単純支持梁を合成梁とするのが最も理想的といえる．負曲げの場合には，コンクリートスラブ内の鉄筋が引張力を発揮するが，通常その寄与は小さく鉄骨梁単独の場合より曲げ耐力が少し増加するだけである．

　合成梁に生じる応力状態はコンクリートの施工条件に左右される．すなわち，床コンクリートの打設時に鉄骨梁を支保工で支え，コンクリートが固まってから支柱をはずす場合には，床スラブの重量を含め荷重はすべて合成梁が負担する．しかし，支保工を設けない場合には，床コンクリートおよび鉄骨梁の重量は鉄骨梁のみが負担し，コンクリートが固まった後に作用する荷重を合成梁が負担することになる．デッキプレートを捨て型枠として用いる場合は後者となる．このように，支保工の有無によって合成梁を構成する鉄骨梁・コンクリート・鉄筋・シアコネクタの応力が異なってくることに注意しなければならない．

## 14.2 床スラブの有効幅と有効厚さ

　合成梁において床スラブは鉄骨梁のフランジ幅よりはるかに広い．このとき，合成梁に作用する曲げモーメントによって床スラブに生じる曲げ応力度は図14.2のように，鉄骨梁から遠ざかるにつれて減衰していくので，合成梁として有効に働く床スラブの幅には限度がある．これは**シアラグ**（shear lag, せん断遅れ）と呼ばれる現象で，床スラブのせん断変形がその原因である[14.1)]．シアラグを考慮した応力解析は非常に複雑であるので，設計では**有効幅**（effective width）の概念を用いる．すなわち，合成梁は有効幅の中にあるコンクリートスラブと鉄骨梁が一体となったものと考えるのである．

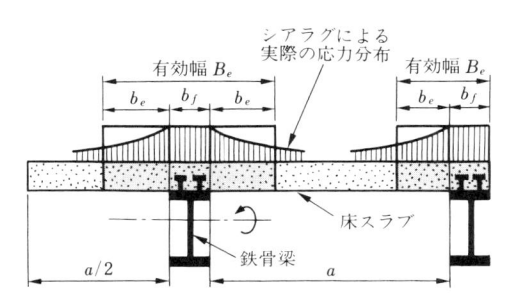

**図 14.2** シアラグによるスラブの曲げ応力分布と有効幅

　有効幅 $B_e$ は，鉄骨梁の上フランジ断面縁の左右で有効に協力するコンクリートの幅 $b_e$ を鉄骨梁の上フランジ幅 $b_f$ に足し合わせたものである．$b_e$ の算定には，鉄筋コンクリート構造における梁と床スラブで構成されるＴ形梁またはＬ形梁の有効幅と同じ考えに基づき，次式が設計で使われている[14.2)]．

　ラーメンを構成する梁または連続梁の場合

$$a < \frac{l}{2} \text{ のとき}, \quad b_e = \left(0.5 - 0.6\frac{a}{l}\right) \cdot a \tag{14.1a}$$

$$a \geq \frac{l}{2} \text{ のとき}, \quad b_e = 0.1 l \tag{14.1b}$$

　単純梁の場合

$$a < l \text{ のとき}, \quad b_e = \left(0.5 - 0.3\frac{a}{l}\right) \cdot a \tag{14.1c}$$

$$a \geq l \text{ のとき,} \quad b_e = 0.2l \qquad (14.1\text{d})$$

ここで，$a$ は隣り合う鉄骨梁の内法間隔，$l$ は鉄骨梁の支点間距離で，その取り方は図 14.3 に例示してある．

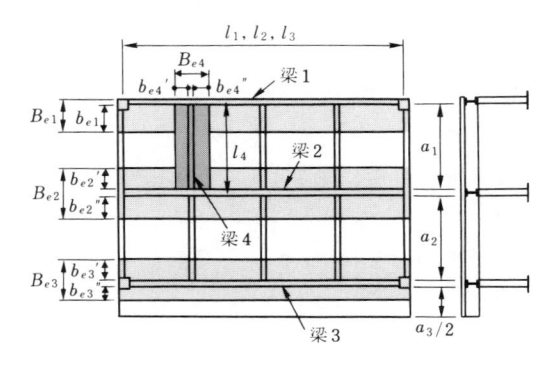

**図 14.3** スラブの有効幅

床コンクリートは，鉄骨梁の上に**デッキプレート**（steel deck）を敷き，それを捨て型枠として打設することが多い．まだ固まらないコンクリートの重量に耐えられるような剛性と強度をデッキプレートに与えることによって型枠支保工を省略することができる．このとき，波形をしたデッキプレートの溝の中のコンクリートは合成効果にあまり寄与しないのでこれを無視し，図 14.4 に示すように，デッキプレートの山より上にあるコンクリートの厚さを**有効厚さ**とする．建物の合成梁に用いられるデッキプレートは JIS G 3352（デッキプレート）のうち山の高さが 75 mm 以下のものが一般に用いられる．デッキプレートを使わない等厚スラブにおいては，全厚を有効厚さとして用いることができ

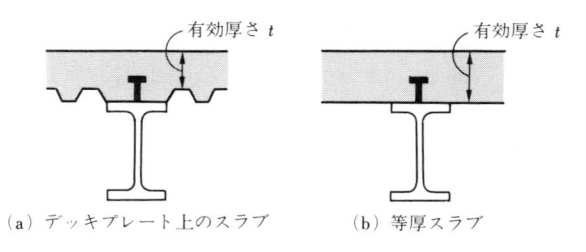

(a) デッキプレート上のスラブ　　(b) 等厚スラブ

**図 14.4** スラブの有効厚さ

る．

　床スラブの有効厚さは，有害なたわみや振動障害，コンクリートのひび割れが生じないように，普通コンクリートで 8 cm 以上，軽量コンクリートで 10 cm 以上（デッキプレートを用いるスラブではいずれもデッキ上端から 8 cm 以上）が推奨されている[14.2]．

## 14.3　合成梁の弾性挙動

### 14.3.1　梁理論の適用

　曲げモーメントを受ける合成梁の弾性挙動は，有効幅 $B_e$ のコンクリートスラブと鉄骨梁が一体となり平面保持が成り立つと仮定する．すなわち，古典的な梁理論を適用し，シアコネクタとコンクリートとの支圧による局部的な変形に起因するスラブと鉄骨梁の間のずれは無視する．コンクリートのヤング係数は鉄骨梁より 1 桁小さい．そこで，スラブ有効幅 $B_e$ を**ヤング係数比** $n$ で除した等価有効幅 $B_e/n$ をもつ鋼断面にコンクリートスラブを置換すると扱いやすい．すなわち，合成梁の床スラブは $(B_e/n) \times t$ の断面をもった鋼板に置き換え，これを**等価有効断面**という．設計では $n=15$ を用いる．

　合成梁の断面 2 次モーメントと断面係数を評価する際に，完全合成梁と不完全合成梁で差をつける考えがある．たとえば，日本建築学会の合成梁構造設計指針[14.2]では，梁理論で導かれた断面 2 次モーメントと断面係数を完全合成梁に与え，不完全合成梁についてはシアコネクタの本数に応じて割引く方法をとっている．これは，同指針が合成梁を終局耐力に基づいて設計し，シアコネクタの性能は最大せん断耐力だけを考えていることに関係している．これに対して，シアコネクタ周辺のずれ変形が起こらないように許容耐力を定め，完全合成梁と不完全合成梁のいずれの弾性挙動にも梁理論が適用できると考えて，両者の断面 2 次モーメントと断面係数に差をつけない考え方もある．合成梁の設計は必ずしも終局耐力設計だけでなく，弾性限耐力やたわみを設計変数とする許容応力度設計も大切であるので，本書では後者の立場をとった．

### 14.3.2 正曲げ挙動

まず，図 14.5 のように正曲げモーメントを受ける場合について合成梁の応力分布を計算してみよう．このときはスラブ内の鉄筋は影響が小さいので無視する．また，デッキプレートがあるときは溝の中のコンクリートを無視し，デッキプレートの高さの部分は空洞とする．応力分布は，図 (a)，(b)，(c) の実線で示すように，中立軸がスラブを通る場合，デッキプレートを通る場合，鉄骨梁を通る場合に分けられる（鉄骨梁の上フランジを通る場合とウェブを通る場合は共通に扱うことができる）．中立軸の位置をスラブ上端から $x_n$ とし，スラブ上端の圧縮応力度を $\sigma_c$ とする．鉄骨梁には曲げモーメントと軸力が作用しており，図心を通る破線が曲げモーメントによる曲げ応力度を表し，破線と実線との距離が軸応力度を表す．軸応力度は，いずれの場合も幾何学的関係から $\dfrac{d-x_n}{x_n}\sigma_c$ である．$d$ はスラブ上端から鉄骨梁の図心までの距離である．ここでは，鉄骨梁の断面は上下対称でなくてもよいものとする．

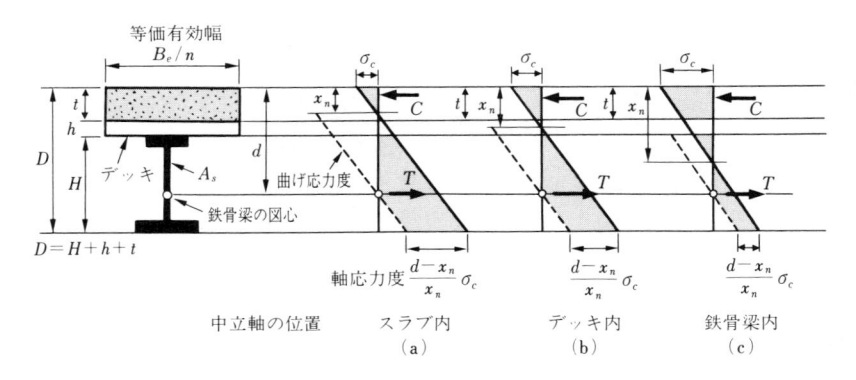

**図 14.5** 正曲げを受ける合成梁の弾性応力状態

まず，図 (a) と (b) の境界，すなわち中立軸が有効スラブ下端（デッキ上端）を通る場合（$x_n=t$ の場合）について考えてみよう．スラブの有効厚さを $t$，鉄骨梁の断面積を $A_s$ とすると，スラブの圧縮合力は $C=\dfrac{1}{2}\dfrac{B_e}{n}t\sigma_c$，鉄骨梁の引張合力は $T=\dfrac{d-t}{t}\sigma_c A_s$ で，釣合い条件から $C=T$ でなければならない．これ

## 14.3 合成梁の弾性挙動

を解くと，$\dfrac{nA_s}{B_e t} = \dfrac{t}{2(d-t)}$ となる．鉄骨梁の断面積がこれで決まる値より小さければ中立軸は上昇してスラブを通り，逆に，大きければ中立軸は下降してデッキプレートまたは鉄骨梁を通ることがわかる．ここで，次式で定義されるスラブの等価有効断面積 $B_e t/n$ に対する鉄骨梁の断面積 $A_s$ の比 $p_s$ を導入する．

$$p_s = \dfrac{nA_s}{B_e t} \tag{14.2}$$

$p_s \leq \dfrac{t}{2(d-t)}$ のとき，中立軸はスラブを通る．$C = \dfrac{1}{2}\dfrac{B_e}{n}x_n \sigma_c$ と $T = \dfrac{d-x_n}{x_n}\cdot \sigma_c A_s$ が等しいことから，中立軸の位置が定まり，中立軸まわりの断面2次モーメント $I_{cs}$ が次のように定まる．

$$x_n = p_s t \left( \sqrt{1 + \dfrac{2d}{p_s t}} - 1 \right) \tag{14.3a}$$

$$I_{cs} = I_s + (d - x_n)^2 A_s + \dfrac{B_e}{3n} x_n^3 \tag{14.3b}$$

上式中の $I_s$ は鉄骨梁の図心に関する鉄骨梁の断面2次モーメントである．

$p_s > \dfrac{t}{2(d-t)}$ のとき，中立軸はデッキプレートまたは鉄骨梁を通る．いずれの場合も $C = \dfrac{1}{2}\left(1 + \dfrac{x_n - t}{x_n}\right)\sigma_c \dfrac{B_e}{n} t$ と $T = \dfrac{d - x_n}{x_n}\sigma_c A_s$ が等しいことから，中立軸の位置と中立軸まわりの断面2次モーメントが次のように定まる．

$$x_n = \dfrac{t + 2p_s d}{2(1 + p_s)} \tag{14.4a}$$

$$I_{cs} = I_s + (d - x_n)^2 A_s + \dfrac{B_e}{3n}\left[x_n^3 - (x_n - t)^3\right] \tag{14.4b}$$

コンクリートスラブ上端の圧縮応力度 $\sigma_c$ と鉄骨梁下端の引張応力度 $\sigma_{bt}$，シアコネクタに作用する単位長さ当たりのせん断力 $q_1$ は，合成梁に作用する曲げモーメントを $M$，せん断力を $Q$ とすると，中立軸の位置にかかわらず次式で表される．

$$\sigma_c = \dfrac{M}{Z_{cs,c}} \quad \text{ただし，} \quad Z_{cs,c} = \dfrac{nI_{cs}}{x_n} \tag{14.5a, b}$$

$$\sigma_{bt} = \dfrac{M}{Z_{cs,t}} \quad \text{ただし，} \quad Z_{cs,t} = \dfrac{I_{cs}}{D - x_n} \tag{14.6a, b}$$

$$q_1 = \frac{QS_1}{I_{cs}} \quad \text{ただし,} \quad S_1 = A_s(d-x_n) \quad (14.7\text{a, b})$$

上式において,$D$ は合成梁の全せいで $D=H+t+h$ である($H$ は鉄骨梁のせい,$t$ はスラブの有効厚さ,$h$ はデッキプレートの高さ,デッキプレートがないときは $h=0$ とする).

### 14.3.3 負曲げ挙動

合成梁が負曲げを受けるとき,コンクリートスラブは効かないが,スラブ内の鉄筋は引張力を負担することができる.ただし,鉄筋は負曲げの区間の外側で定着されていることが前提である.スラブの有効幅 $B_e$ 内の鉄筋の全断積を $a_r$ とすると,$a_r$ は鉄骨梁の断面積 $A_s$ より十分小さいので,中立軸は鉄骨梁を通る.図 14.6 を参照して,鉄筋の引張合力 $T=\sigma_r a_r$ と鉄骨梁の圧縮合力 $C=\dfrac{d-x_n}{x_n-d'}\sigma_r A_s$ が釣合うことから,中立軸位置 $x_n$ が定まり,中立軸まわりの断面2次モーメント $I_{cs}'$ を計算すると次の結果が得られる.

$$x_n = \frac{d \cdot A_s + d' \cdot a_r}{A_s + a_r} \quad (14.8\text{a})$$

$$I_{cs}' = I_s + (d-x_n)^2 A_s + (x_n - d')^2 a_r \quad (14.8\text{b})$$

上式中の $d'$ はスラブ上端から鉄筋までの距離である.鉄筋の引張応力度 $\sigma_r$,鉄骨梁下端の圧縮応力度 $\sigma_{bc}$,シアコネクタに作用する単位長さ当たりのせん断力 $q_1$ は,合成梁に作用する曲げモーメント $M$ とせん断力 $Q$ に対して次式で表される.

$$\sigma_r = \frac{M}{Z_{cs,t}'} \quad \text{ただし,} \quad Z_{cs,t}' = \frac{I_{cs}'}{x_n - d'} \quad (14.9\text{a, b})$$

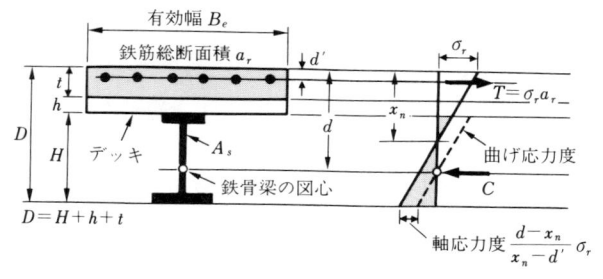

図 14.6 負曲げを受ける合成梁の弾性応力状態

$$\sigma_{bc} = \frac{M}{Z_{cs,c}'} \quad \text{ただし,} \quad Z_{cs,c}' = \frac{I_{cs}'}{D - x_n} \quad (14.10\text{a, b})$$

$$q_1 = \frac{QS_1}{I_{cs}'} \quad \text{ただし,} \quad S_1 = A_s(d - x_n) \quad (14.11\text{a, b})$$

### 14.3.4 鉄骨梁ウェブとコンクリートスラブのせん断応力

合成梁に作用する鉛直方向のせん断力 $Q$ は，鉄骨梁とコンクリートスラブが分担し，その大きさは梁理論により計算することができる．しかし，計算がやや煩雑であること，および床スラブの分担せん断応力度は一般に小さいことから，鉄骨梁のみでせん断力を分担すると考えてよい．また，H 形梁ではせん断力をウェブがほとんど受け持ち，せん断応力度はウェブにほぼ一様分布するので，次式でせん断応力度を計算してよい．

$$\tau_w = \frac{Q}{A_w} \quad (14.12)$$

ここで，$\tau_w$ はウェブの平均せん断応力度，$A_w$ はウェブの断面積である．

コンクリートスラブは，床上の積載荷重および施工時に支柱を設けるときはスラブ自重によって鉛直面内に鉛直方向のせん断応力が生じるが，このほかに合成作用に起因してスラブ付け根の鉛直面内に水平方向のせん断応力が生じる．これはスラブ付け根の面内せん断応力度と呼ばれており，スラブが薄い場合にはこのせん断応力度によってひび割れが生じることがある．図 14.7 に示すように，スラブ付け根の面内せん断応力度 $\tau_c$ は，シアコネクタのせん断力と釣合うので，次式で表される．

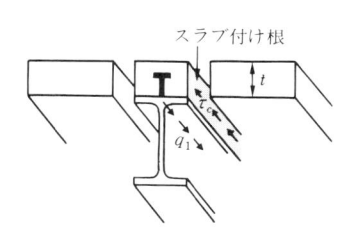

**図 14.7** スラブ付け根の面内せん断応力

$$\tau_c = \frac{q_1}{m_s t} \quad (14.13)$$

ここで，$q_1$ はシアコネクタに作用する単位長さ当たりのせん断力，$m_s$ はスラブ付け根の断面の数（図の場合では $m_s = 2$，片側スラブのときは $m_s = 1$）である．

### 14.3.5　許容耐力

長期荷重または短期荷重に対して合成梁を許容応力度設計する際の設計規範は，合成梁の各部に作用する応力度が許容応力度を超えないことである．したがって，正曲げと負曲げでそれぞれ以下のことを確認すればよい．

正曲げに対しては，コンクリートスラブ上端の圧縮応力度 $\sigma_c$ がコンクリートの許容圧縮応力度 $f_c$ 以下であること，鉄骨梁下端の引張応力度 $\sigma_{bt}$ が鋼材の許容引張応力度 $f_t$ 以下であること，シアコネクタ1本当たりの作用せん断力 $q$ が許容せん断耐力 $q_a$ 以下であること，鉄骨梁ウェブのせん断応力度 $\tau_w$ が鋼材の許容せん断応力度 $f_s$ 以下であること，スラブ付け根の面内せん断応力度 $\tau_c$ がコンクリートの許容せん断応力度 $f_{cs}$ 以下であることを確かめればよい．

負曲げに対しては，鉄筋の引張応力度 $\sigma_r$ が鉄筋の許容引張応力度 $f_{rt}$ 以下であること，鉄骨梁下端の圧縮応力度 $\sigma_{bc}$ が横座屈を考慮した許容曲げ応力度 $f_b$ 以下であることを確認すればよい（6章6.7.3項参照）．シアコネクタ，鉄骨梁ウェブ，および床スラブのせん断については正曲げと同様である．

上記の各種許容応力度（N/mm²）は次により算定する．

コンクリートの許容圧縮応力度：$f_c = \dfrac{1}{3} F_c$（長期），$\dfrac{2}{3} F_c$（短期）

コンクリートの許容せん断応力度：

$f_{cs} = \min\left\{\dfrac{F_c}{30},\ 0.49 + \dfrac{F_c}{100}\right\}$（長期），$2 \times \min\left\{\dfrac{F_c}{30},\ 0.49 + \dfrac{F_c}{100}\right\}$（短期）

鋼材および鉄筋の許容引張応力度：$f_t = f_{rt} = \dfrac{1}{1.5} F$（長期），$F$（短期）

鋼材の許容せん断応力度：$f_s = \dfrac{1}{1.5\sqrt{3}} F$（長期），$\dfrac{1}{\sqrt{3}} F$（短期）

鋼材の許容曲げ応力度：$f_b$（6.9節の式（6.27）による）

シアコネクタの許容せん断耐力：$q_a$（14.5節の式（14.25）による）

### 14.3.6　た わ み

合成梁のたわみは，すでに導いた等価有効断面の断面2次モーメント $I_{cs}$（負曲げの部分は $I_{cs}'$）に鋼のヤング係数 $E$ を乗じた $EI_{cs}$（負曲げの部分は $EI_{cs}'$）を

曲げ剛性として計算することができる．ただし，コンクリートの**乾燥収縮**や**クリープ**がたわみを誘発することが知られているので（残念ながらその評価方法は確立されていない），スパンの大きい合成梁では鉄骨の製作時に**キャンバー**（むくり，camber）を付けておく（固定荷重によるたわみ分だけ上向きに反らせておく）などの対策が望ましい．

## 14.4 合成梁の塑性挙動

### 14.4.1 全塑性状態

完全合成梁は塑性崩壊するまでシアコネクタが破壊しないので鉄骨梁とコンクリートスラブの合成効果を見込んだ塑性耐力を設計に用いることができる．完全合成梁が全塑性状態に達したときの各部の応力は次のように考える．鉄骨梁の応力度は全断面が引張・圧縮とも降伏強さ $F$ となる．コンクリートの応力度は有効断面 $B_e \times t$ の中の圧縮領域が圧縮強さ $0.85 F_c$ で，引張領域はゼロ応力となる．鉄筋の応力度は引張に対して降伏強さ $F_r$ となるが，圧縮に対してはコンクリートに比べて寄与が小さいので無視できる．

### 14.4.2 正曲げ全塑性耐力

正曲げによって全塑性状態となった断面の応力分布は図 14.8 のように描かれる．デッキプレート内のコンクリートは無視し，デッキプレートの高さの部分は空洞とみなす．図 (a)，(b)，(c)，(d) に示すように，塑性中立軸がスラ

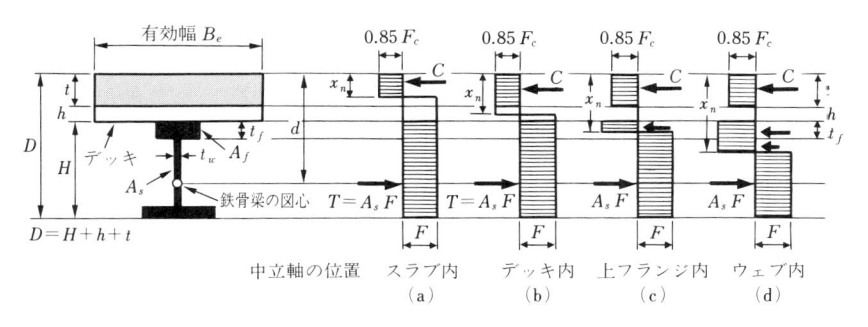

図 14.8 正曲げを受ける合成梁の塑性応力状態

ブ内，デッキ内，上フランジ内，ウェブ内にある場合に分けて検討する．

　まず，塑性中立軸が有効スラブ厚の下端をちょうど通る場合（$x_n=t$）について考えてみると，コンクリートの圧縮合力 $C=0.85F_cB_et$ と鉄骨梁の引張合力 $T=FA_s$ が等しい．したがって，$FA_s \leq 0.85F_cB_et$ のとき，鉄骨梁の耐力のほうが小さいので，塑性中立軸は上昇しスラブを通ることがわかる．次に，塑性中立軸がデッキを通るときは（$t \leq x_n \leq t+h$），その位置にかかわらず塑性応力状態は $x_n=t$ のときと同じ状態が維持される．次に，塑性中立軸がちょうど上フランジの下端を通る場合には（$x_n=t+h+t_f$），圧縮合力 $C=0.85F_cB_et+FA_f$ と引張合力 $T=FA_s-FA_f$ が等しい．よって，$0.85F_cB_et < FA_s \leq 0.85F_cB_et+2FA_f$ ならば，中立軸は上フランジ内にあり，$0.85F_cB_et+2FA_f < FA_s$ ならばウェブを通ることがわかる．個々の場合について釣合い計算より，塑性中立軸の位置 $x_n$ と全塑性モーメント $M_p$ が次のように得られる．

　$FA_s \leq 0.85F_cB_et$ のとき，塑性中立軸はスラブを通り，次式が得られる．

$$x_n = \frac{FA_s}{0.85F_cB_e} \tag{14.14a}$$

$$M_p = FA_s\left(d - \frac{x_n}{2}\right) \tag{14.14b}$$

　$FA_s = 0.85F_cB_et$ のとき，塑性中立軸はデッキ内の任意の位置を通ることができるが，$M_p$ は式（14.14b）で $x_n=t$ として算定する．

　$0.85F_cB_et < FA_s \leq 0.85F_cB_et+2FA_f$ のとき，塑性中立軸は上フランジを通り，次式が得られる．

$$x_n = t+h+\frac{t_f}{2FA_f}(FA_s-0.85F_cB_et) \tag{14.15a}$$

$$M_p = 0.85F_cB_et\frac{h+x_n}{2}+FA_s\left(d-\frac{t+h+x_n}{2}\right) \tag{14.15b}$$

　$0.85F_cB_et+2FA_f < FA_s$ のとき，塑性中立軸は鉄骨梁ウェブを通り，次式が得られる．

$$x_n = t+h+t_f+\frac{1}{2Ft_w}(FA_s-2FA_f-0.85F_cB_et) \tag{14.16a}$$

$$M_p = 0.85F_cB_et\left(x_n-\frac{t}{2}\right)+2FA_f\left(x_n-t-h-\frac{t_f}{2}\right)$$

$$+Ft_w(x_n-t-h-t_f)^2+FA_s(d-x_n) \qquad (14.16b)$$

次に，シアコネクタに作用するせん断力について考えてみよう．図14.9に示すように，合成梁の塑性ヒンジからゼロモーメントの区間におけるシアコネクタのせん断力の合力は，スラブの圧縮軸力$C$と鉄骨梁の引張軸力$T$の小さいほうで決まるので，塑性中立軸の位置に関わらず$0.85F_cB_et$と$FA_s$の小さいほうになる．塑性ヒンジからゼロモーメントの間にあるシアコネクタの総本数を$N_{sd}$とすると，1本当たりの平均せん断力$q$は

$$q=\frac{1}{N_{sd}}\cdot \min\{0.85F_cB_et, \quad FA_s\} \qquad (14.17)$$

となる．これによって計算される$q$の値がシアコネクタの最大せん断耐力$q_u$を超えなければ完全合成梁の条件が満たされることになる．

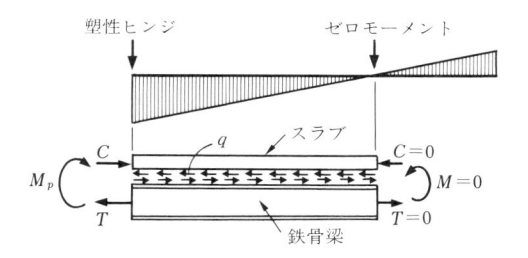

**図14.9** 塑性ヒンジとゼロモーメントの区間に生じるシアコネクタのせん断力

### 14.4.3 負曲げ全塑性耐力

負曲げによって全塑性状態となった断面の応力分布は図14.10のように描かれる．図 (a), (b), (c), (d) に示すように，塑性中立軸がスラブ内，デッキ内，上フランジ内，ウェブ内にある場合に分けて検討する．

まず，塑性中立軸が有効スラブ厚の下端をちょうど通る場合（$x_n=t$）について考えてみると，鉄筋の引張合力$T=F_ra_r$と鉄骨梁の圧縮合力$C=FA_s$が等しい．したがって，$FA_s \leq F_ra_r$のとき，塑性中立軸はスラブを通ることがわかる．次に，塑性中立軸がデッキ内を通るときは（$t \leq x_n \leq t+h$），その位置にかかわらず塑性応力状態は$x_n=t$のときと同じ状態が維持される．次に，塑性中立軸が

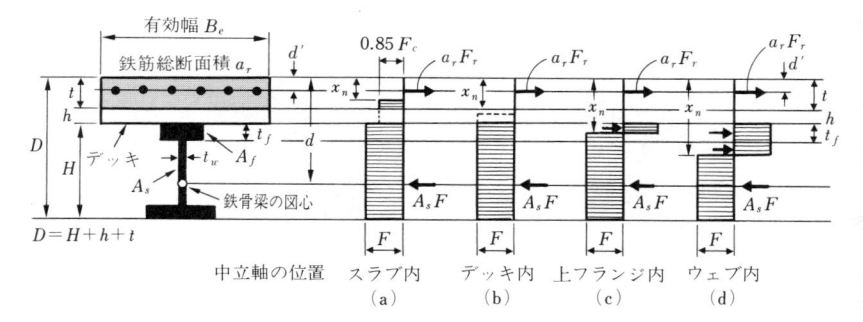

**図 14.10** 負曲げを受ける合成梁の塑性応力状態

上フランジの下端を通る場合（$x_n=t+h+t_f$）には，引張合力 $T=F_r a_r+FA_f$ と圧縮合力 $T=FA_s-FA_f$ が等しい．よって，$F_r a_r<FA_s\leq F_r a_r+2FA_f$ ならば，中立軸は上フランジ内にあり，$F_r a_r+2FA_f<FA_s$ ならばウェブを通ることがわかる．個々の場合について釣合い計算より，塑性中立軸の位置 $x_n$ と全塑性モーメント $M_p'$ が次のように得られる．

$FA_s\leq F_r a_r$ のとき，塑性中立軸はスラブを通り，次式が得られる．

$$x_n = t - \frac{F_r a_r - FA_s}{0.85 F_c B_e} \tag{14.18a}$$

$$M_p' = F_r a_r\left(\frac{x}{2}+\frac{t}{2}-d'\right) + FA_s\left(d-\frac{t}{2}-\frac{x_n}{2}\right) \tag{14.18b}$$

$FA_s=F_r a_r$ のとき，塑性中立軸はデッキ内の任意の位置を通ることができるが，$M_p'$ は $x_n=t$ として上式により計算する．

$F_r a_r < FA_s \leq F_r a_r + 2FA_f$ のとき，塑性中立軸は上フランジを通り，次式が得られる．

$$x_n = t + h + \frac{t_f}{2FA_f}(FA_s - F_r a_r) \tag{14.19a}$$

$$M_p' = F_r a_r\left(\frac{t+h+x_n}{2}-d'\right) + FA_s\left(d-\frac{t+h+x_n}{2}\right) \tag{14.19b}$$

$F_r a_r + 2FA_f < FA_s$ のとき，塑性中立軸は鉄骨梁ウェブを通り，次式が得られる．

$$x_n = t + h + t_f + \frac{1}{2Ft_w}(FA_s - 2FA_f - F_r a_r) \tag{14.20a}$$

$$M_p' = F_r a_r \left( \frac{t+h+t_f+x_n}{2} - d' \right) + FA_f(x_n - t - h + t_f)$$

$$+ FA_s \left( d - \frac{t+h+t_f+x_n}{2} \right) \quad (14.20\text{b})$$

次に，シアコネクタに作用するせん断力について考えてみよう．塑性ヒンジからゼロモーメント点までのせん断力の合力は，中立軸がどの位置にあっても鉄筋の降伏引張軸力 $F_r a_r$ と鉄骨梁の降伏圧縮軸力 $FA_s$ の小さいほうで決まる．したがって，塑性ヒンジからゼロモーメントまでのシアコネクタの総本数を $N_{sd}$ とすると，シアコネクタ1本当たりのせん断力は次式で表される．

$$q = \frac{1}{N_{sd}} \cdot \min\{F_r a_r, \ FA_s\} \quad (14.21)$$

## 14.5 スタッドのせん断耐力

鉄骨梁とコンクリートスラブが一体となって合成効果を発揮するにはシアコネクタがせん断力を伝達しなければならない．シアコネクタには種々の形態があるが，その信頼性が確認され最も普及してるのが**頭付きスタッド**（headed stud）である．頭付きスタッドはアークスタッド溶接（アーク熱を用いた圧接法）により鉄骨梁フランジの上に直接溶接することができる．また，コンクリート打ちの型枠として用いられるデッキプレートが厚くなければ（厚さ1.6mm程度以下），デッキプレートに孔をあけずそのまま貫通して溶接することができる．頭付きスタッドは場所打ちコンクリートに埋込まれた状態で変形能力に富むので，合成梁の塑性設計を行う際に前提となる応力再配分が可能であるとされている．頭付きスタッドの材質は引張強さが 400 N/mm² 級の軟鋼で，直径は 13, 16, 19, 22 mm の 4 種類がある（JIS B 1198）．頭付きスタッドの施工法はデッキプレートの施工とともに日本建築学会『建築工事標準仕様書 JASS 6 鉄骨工事』あるいは『鉄骨工事技術指針・工事現場施工編』に詳しい．

頭付きスタッドの最大せん断耐力は，スタッド自身のせん断破壊によるよりも，むしろスタッドに接するコンクリートの支圧破壊やスタッドの引張曲げ破壊に支配され，その複雑な耐荷機構のため理論的にはまだ十分解明されていない．そこで，図 14.11 に示す**押抜き試験**と呼ばれる方法によって実験的に最大

せん断耐力を調べ，それに基づいて最大せん断耐力の評価式が提案されている．

スタッドのせん断耐力は周辺のコンクリートの状況の影響を受け，図 14.12 (a) のように鉄骨梁の上フランジにデッキプレートを用いず等厚なスラブを打設した場合，図 (b) のようにデッキプレートの溝方向が鉄骨梁に対して平行で，デッキプレートがフランジ上で切断されスタッドが直接梁フランジに溶接された場合，および図 (c) のようにデッキプレートの溝方向が鉄骨梁に直交しデッキプレートがフランジ上で切断されスタッドが直接梁フランジに溶接された場合には，スタッド1本当たりの最大せん断耐力 $q_u$ の算定に次式が用いられている[14.2]．

$$q_u = \frac{1}{2} A_{sd} \sqrt{F_c E_c} \qquad (14.22)$$

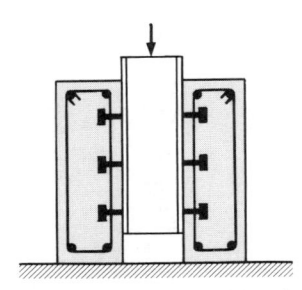

図 14.11 スタッドの押抜き試験

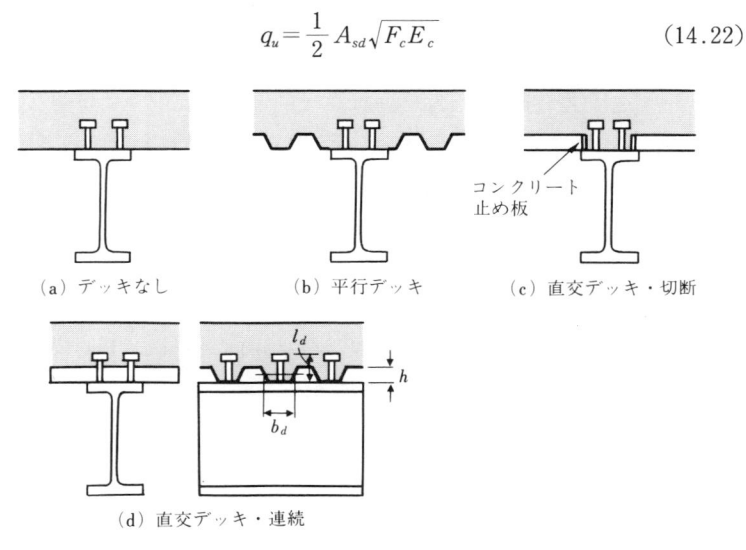

(a) デッキなし
(b) 平行デッキ
(c) 直交デッキ・切断
(d) 直交デッキ・連続

図 14.12 スタッドと周辺コンクリートとの関係

ここで，$A_{sd}$ は頭付きスタッドの軸部断面積 (mm$^2$)，$F_c$ はコンクリートの設計基準強度 (N/mm$^2$)，$E_c$ はコンクリートのヤング係数 (N/mm$^2$) である．$E_c$ はコンクリートの $F_c$ と気乾比重 $\gamma$（特に調査しないときはコンクリートの単位容

積質量から 0.1 を引いたものとする)で決まり,次式が用いられている[14.2].

$$E_c = 20,500 \times \left(\frac{\gamma}{2.3}\right)^{1.5} \times \sqrt{\frac{F_c}{20}} \qquad (14.23)$$

なお,応力解析の際には,式 (14.23) による $E_c$ の値にかかわらずヤング係数比 $n = E/E_c$ を 15 とすることにしている.

式 (14.22) の適用範囲は,$500 \leq \sqrt{F_c E_c} \leq 900 \text{(N/mm}^2\text{)}$ で 900 を超える場合は 900 として計算することになっている.また,スタッドの径,長さ,配置(ピッチやゲージ,コンクリートのかぶり厚さなど)についても制限が設けられている.これらは既往の実験で耐力が確認された範囲ということであるので,それ以外の条件については押抜き試験を実施して $q_u$ を定めればよい.

図 (d) のようにデッキプレートの溝方向が鉄骨梁と直交し,かつ連続している場合は,スタッドからせん断力を直接受けるコンクリートの状態が材長方向に一様でない.この場合には $q_u$ の算定に次式が用いられている[14.2].

$$q_u = \left(\frac{0.85}{\sqrt{n_d}}\right)\left(\frac{b_d}{h}\right)\left(\frac{l_d}{h} - 1.0\right)\left(\frac{1}{2} A_{sd} \sqrt{F_c E_c}\right) \qquad (14.24)$$

ここで,$n_d$ は 1 つの溝の中のスタッドの本数で 3 以下(図 (d) では $n_d = 2$),$b_d$ はデッキプレートの溝の平均幅(溝の上部幅が下部幅より狭いときは上部幅としスタッド軸径の 2.5 倍以上とする),$h$ はデッキプレートのせい($h \leq 75$ mm とする),$l_d$ はスタッドの長さ($l_d \geq h + 30$ mm とし,計算上は $h + 75$ mm を上限とする).上式による $q_u$ の値は式 (14.22) の値を超えることはできない.

上式 (14.22),(14.24) は,頭付きスタッドの終局耐力式であり,合成梁を塑性設計することを念頭においてつくられたものである.したがって,これらを許容応力度設計にそのまま用いるとスタッドの損傷を許容してしまうことになる.そこで,許容応力度設計では,上式に 1.0 より小さい係数 $\phi$ を乗じた次式を用いる.

$$q_a = \phi \cdot q_u \qquad (14.25)$$

ここで,$q_a$ はスタッド 1 本当たりの許容耐力,$q_u$ は式 (14.22) または式 (14.24) による.$q_a$ の値は合成梁の設計用には定められていないが,同じ技術内容をもつ日本建築学会の頭付きアンカーボルトの設計[14.3]を参考すると,長期荷重に対して $\phi = 0.4$,短期荷重に対して $\phi = 0.6$ としてよいであろう.

スタッドに作用するせん断力の大きさは材軸方向で変化し，しかも荷重の組合せによっても異なる．しかし，これに合わせてスタッドのピッチを細かく変えることは現実的ではないので，スタッドはある程度等間隔に配置せざるをえない．たとえば，図 14.13（a）のように両端単純支持された小梁に等分布荷重が作用するような場合，せん断力の大きな両端部 AB と CD，せん断力の小さな中央部 BC に区画し，両端部と中央部をそれぞれ $Q_1$ と $Q_2$ で決まる単位長さ当たりスタッド本数で等間隔に配置すればよい（梁スパンが長いときはもっと細かく区画するのが経済的であろう）．

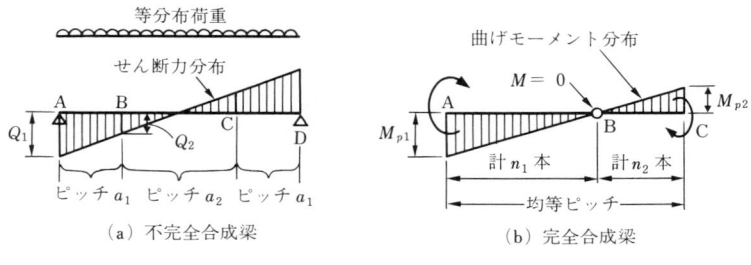

**図 14.13** スタッドの割付け

完全合成梁の場合には，塑性ヒンジとゼロモーメントの区間でそれぞれスタッドの必要本数を計算し，その本数の総和をスパン内で均等割付けすることが認められている．これは，スタッドの塑性変形による応力再配分を前提としている．たとえば，図（b）の場合，AB 間と BC 間の必要本数 $n_1$, $n_2$ を求め，$n_1+n_2$ をスパンに沿って等間隔に配置する．

## 14.6 合成梁の設計

図 14.14 に示す単純支持された合成梁を等分布荷重（長期荷重）に対して設計してみよう．荷重の大きさは単位長さ当たり 32 kN/m で，そのうち固定荷重によるものが 22 kN/m，積載荷重によるものが 10 kN/m とする．コンクリート施工中に支保工が設けられ，全荷重が合成梁に作用するものとする．鉄骨梁の断面は H-900×300×16×28（SN490B）で，$A_s=30{,}580\,\text{mm}^2$, $I_s=404 \times 10^7\,\text{mm}^4$ である．コンクリートは呼び強度が 21（$F_c=21\,\text{N/mm}^2$）の軽量 1 種で，$E_c=14{,}500\,\text{N/mm}^2$ とする．ただし，ヤング係数比は $n=15$ とする．頭付き

## 14.6 合成梁の設計

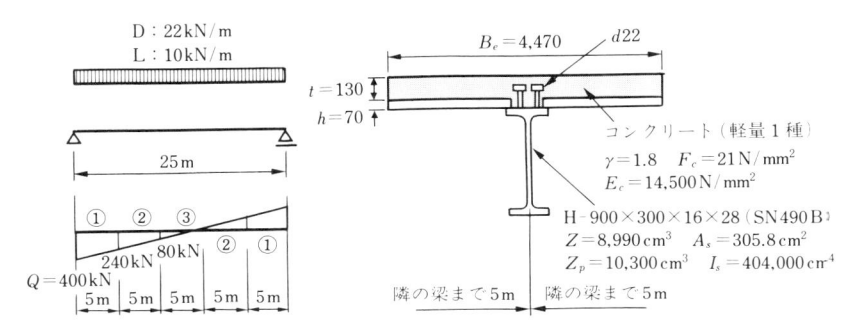

図 14.14 合成梁の設計例

スタッドは呼び径 22 mm を用いる．

$a = 5{,}000 - 300 = 4{,}700 \text{ mm} < l = 25{,}000 \text{ mm}$

$b_e = \left(0.5 - 0.3\dfrac{a}{l}\right)a = \left(0.5 - 0.3\dfrac{4{,}700}{25{,}000}\right) \times 4{,}700 = 2{,}085 \text{ mm}$

$B_e = b_f + 2b_e = 300 + 2 \times 2{,}085 = 4{,}470 \text{ mm}$

上下対称 H 形梁であるので，$d = \dfrac{H}{2} + t + h = \dfrac{900}{2} + 130 + 70 = 650 \text{ mm}$

$p_s = \dfrac{nA_s}{B_e t} = \dfrac{15 \times 30{,}580}{4{,}470 \times 130} = 0.789 > \dfrac{t}{2(d-t)} = \dfrac{130}{2(650-130)} = 0.125$

よって，中立軸は鉄骨梁を通る．

$x_n = \dfrac{t + 2p_s d}{2(1 + p_s)} = \dfrac{130 + 2 \times 0.789 \times 650}{2(1 + 0.789)} = 323 \text{ mm}$

$I_{cs} = I_s + (d - x_n)^2 A_s + \dfrac{B_e}{3n}\left[x_n^3 - (x_n - t)^3\right]$

$\quad = 404 \times 10^7 + (650 - 323)^2 \times 30{,}580 + \dfrac{4{,}470}{3 \times 15}\left[323^3 - (323 - 130)^3\right]$

$\quad = 994 \times 10^7 \text{ mm}^4$

$Z_{cs,c} = \dfrac{nI_{cs}}{x_n} = \dfrac{15 \times 994 \times 10^7}{323} = 46.2 \times 10^7 \text{ mm}^3$

$Z_{cs,t} = \dfrac{I_{cs}}{D - x_n} = \dfrac{994 \times 10^7}{(900 + 130 + 70) - 323} = 1.28 \times 10^7 \text{ mm}^3$

曲げモーメントは中央で最大となり

$$M = \frac{wl^2}{8} = \frac{32 \times 25,000^2}{8} = 250 \times 10^7 \text{ N·mm}$$

$$\sigma_c = \frac{M}{Z_{cs,c}} = \frac{250 \times 10^7}{46.2 \times 10^7} = 5.41 \text{ N/mm}^2 \leq f_c = \frac{F_c}{3} = \frac{21}{3} = 7.0 \text{ N/mm}^2$$

$$\sigma_{bt} = \frac{M}{Z_{cs,t}} = \frac{250 \times 10^7}{1.28 \times 10^7} = 195 \text{ N/mm}^2 \leq f_t = \frac{F}{1.5} = \frac{325}{1.5} = 217 \text{ N/mm}^2$$

スタッドの耐力は

$$q_u = \frac{1}{2} A_{sd} \sqrt{F_c E_c} = \frac{1}{2} \frac{\pi \cdot 22^2}{4} \sqrt{21 \times 14,500} = 104,880 \text{ N} = 105 \text{ kN}$$

$$q_a = \phi \cdot q_u = 0.4 \times 105 = 42.0 \text{ kN} \quad \text{(長期)}$$

スタッドに作用する単位長さ当たりのせん断力は

$$q_1 = \frac{QS_1}{I_{cs}} = \frac{A_s(d-x_n)}{I_{cs}} Q = \frac{30,580 \times (650-323)}{994 \times 10^7} Q = 0.00101 \times Q$$

スタッドの配置は図のようにスパンを5m×5区間に分けて設計する.

区間①($Q=400\text{kN}$):スタッドを2列配置

$\quad q_1 = 0.00101 \times 400 = 0.404 \text{ kN/mm}$

$$\text{スタッドのピッチ } a = \frac{2q_a}{q_1} = \frac{2 \times 42.0}{0.404} = 208 \text{ mm} \rightarrow 2\text{列} \times @ 200 \text{ mm}$$

区間②($Q=240\text{kN}$):スタッドを2列配置

$\quad q_1 = 0.00101 \times 240 = 0.242 \text{ kN/mm}$

$$\text{スタッドのピッチ } a = \frac{2q_a}{q_1} = \frac{2 \times 42.0}{0.242} = 347 \text{ mm} \rightarrow 2\text{列} \times @ 333 \text{ mm}$$

区間③($Q=80\text{kN}$):スタッドを1列配置

$\quad q_1 = 0.00101 \times 80 = 0.0808 \text{ kN/mm}$

$$\text{スタッドのピッチ } a = \frac{q_a}{q_1} = \frac{42.0}{0.0808} = 520 \text{ mm} \rightarrow 1\text{列} \times @ 500 \text{ mm}$$

スタッドの総本数は,$\dfrac{5,000}{200} \times 2 \times 2 + \dfrac{5,000}{333} \times 2 \times 2 + \dfrac{5,000}{500} = 170$ 本となる.

鉄骨梁ウェブのせん断応力度は,せん断力が最大となる材端で検討すると

$$\tau_w = \frac{Q}{A_w} = \frac{400 \times 10^3}{(900-28\times 2)\times 16} = 29.6 \text{ N/mm}^2 \leq f_s = \frac{F}{1.5\sqrt{3}} = 125 \text{ N/mm}^2$$

スラブ付け根の面内せん断応力度 $\tau_c$ についても，せん断力が最大となる材端で検討すると

$$\tau_c = \frac{q_1}{m_s t} = \frac{0.404 \times 10^3}{2 \times 130} = 1.55 \text{ N/mm}^2 > f_{cs} = \frac{F_c}{30} = 0.7 \text{ N/mm}^2$$

これより，スラブ付根にひび割れが生じる恐れがあるので，直交方向の鉄筋で補強することにする（これについては参考図書[14.2]に方法が示されている）．

積載荷重によるスパン中央のたわみは次のように計算され，たわみは問題ないであろう．

$$\delta = \frac{5 w_L l^4}{384 E I_{cs}} = \frac{5 \times 10 \times 25,000^4}{384 \times 205,000 \times 994 \times 10^7} = 25.0 \text{ mm} = \frac{l}{1,000}$$

仮に，この合成梁を完全合成梁で設計したとして，スタッドの必要本数を計算してみよう．スタッド1本当たりのせん断力 $q$ は

$$q = \frac{1}{N_{sd}} \cdot \min\{0.85 F_c B_e t, \quad F A_s\}$$

$$= \frac{1}{N_{sd}} \cdot \min\{0.85 \times 21 \times 4,470 \times 130, \quad 325 \times 30,580\}$$

$$= \frac{1}{N_{sd}} \cdot \min\{1.04 \times 10^7, \quad 0.994 \times 10^7\} = \frac{0.994 \times 10^7}{N_{sd}}$$

$q \leq q_u = 105$ kN より，$N_{sd} \geq \dfrac{0.994 \times 10^7}{105 \times 10^3} = 94.7$ となる．丸めて $N_{sd} = 100$ とすると，これは半スパンの本数であるので，総本数は200本となる．存在応力で設計した合成梁はスタッドが170本であったので，不完全合成梁であることがわかる．

### 演習問題

**14.1** 図14.15に示すラーメンを構成する鉄骨梁を完全合成梁とし，終局地震荷重に対して両端の正曲げ全塑性モーメント $M_p$，負曲げ全塑性モーメント $M_p'$ を用いて設計するものとする．$M_p$, $M_p'$ を算定し，鉄骨梁単独の全塑性モーメントを $M_{ps}$ としたとき，合成効果による耐力上昇率 $\dfrac{M_p + M_p'}{2 M_{ps}}$ を求めよ．頭付きスタッド $\phi$ 19 を用いたときの所要本数とピッチを求めよ．

図 14.15

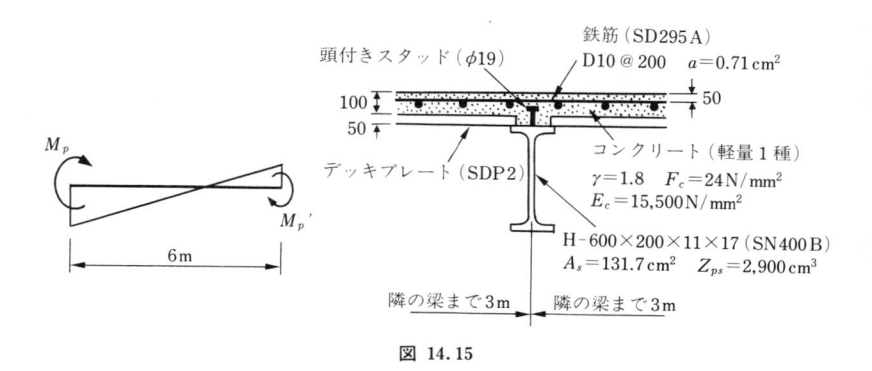

**14.2** ラーメンを構成するスパン $l$ の合成梁の中央に集中荷重 $P$ が常時作用している．このとき地震水平力によって合成梁に曲げモーメントが付加されて合成梁が塑性崩壊する形式には図 14.16 のケース（1）と（2）が考えられる．合成梁の正曲げ，負曲げの全塑性モーメントをそれぞれ $M_p$, $αM_p$ とし（$0<α<1$），$P=β\dfrac{M_p}{l}$ とする．ケース（1），（2）が生じる条件をそれぞれ $α$, $β$ で表せ．

図 14.16

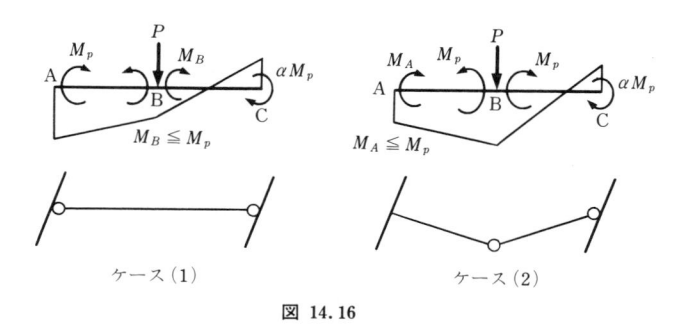

**14.3** 図 14.17 に示す軽溝形鋼（C-60×30×1.6）の根太に木製の床板（厚さ 12 mm）を

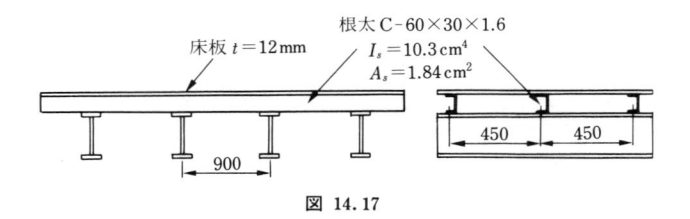

図 14.17

演習問題 371

接合して合成梁としたとき曲げ剛性が何倍になるか計算せよ．木板のヤング係数は鋼の 1/20 とし，木板は引張，圧縮いずれにも有効に働くものとする．根太は連続梁になっているとし，床板の有効幅の算定には 14.2 節の式を用いよ．なお，軽溝形鋼の断面 2 次モーメントは $10.3 \mathrm{cm}^4$，断面積は $1.84 \mathrm{cm}^2$ である．

**14.4** 鉄骨梁が上下対称な H 形断面で，合成梁の塑性中立軸が鉄骨梁を通るときの全塑性モーメントは，正曲げに関する本文の式 (14.15b) と (14.16b)，負曲げに関する本文の式 (14.19b) と (14.20b) の代わりに，それぞれ次の近似式を使うことができる．その理由を説明せよ．

正曲げのとき
$$M_p = 1.14 \cdot \left(1 - \frac{0.85 F_c B_e t}{F A_s}\right) \cdot F Z_{ps} + 0.85 F_c B_e t \cdot \left(\frac{H}{2} + h + \frac{t}{2}\right)$$

負曲げのとき
$$M_p' = 1.14 \cdot \left(1 - \frac{F_r a_r}{F A_s}\right) \cdot F Z_{ps} + F_r a_r \cdot \left(\frac{H}{2} + h + \frac{t}{2} - d'\right)$$

ただし，上の 2 つの式において，右辺第 1 項の $F Z_{ps}$ に掛かる係数の値が 1.0 を超えるときは 1.0 とする．なお，$Z_{ps}$ は鉄骨梁の塑性断面係数である．

[**参考図書**]

14.1) 桑村 仁：建築の力学―弾性論とその応用―（3.7 シアラグ，7 複合材料の力学），技報堂出版，2001
14.2) 日本建築学会：各種合成構造設計指針（第 1 編 合成ばり構造設計指針），1985
14.3) 日本建築学会：各種合成構造設計指針（第 4 編 各種アンカーボルト設計指針），1985

# 15 基礎

## 15.1 基礎の役割と形式

　建築物は最下階の柱脚を境にそれより上の部分を**上部構造**といい，下の部分を基礎構造または単に**基礎**（foundation）という．基礎は，**基礎スラブ**，**基礎梁**，杭を有する基礎のときは**基礎杭**（単に**杭**），地下階があるときは地下外壁などの構造部分の総称である．杭の直上にあって杭に荷重を伝える基礎スラブを**パイルキャップ**ということがある．基礎構造の構成を図15.1に例示した．基礎は，建物全体が地盤によって安全に支持されるように，上部構造および基礎自身に作用する荷重を地盤に伝える重要な役割をもっている．

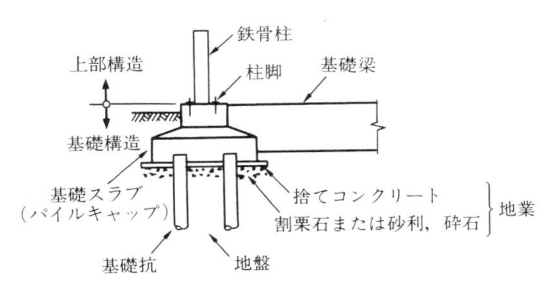

図 15.1　基礎の構成例

　基礎の形式は，図15.2に分類してあるように，杭をもたず基礎スラブで荷重を直接地盤に伝える**直接基礎**（spread foundation）と，杭を有する**杭基礎**（pile foundation）に大別される．
　直接基礎は，さらに基礎スラブの形態により，**フーチング基礎**と**べた基礎**に分かれる．フーチング基礎は柱の直下に基礎スラブを集中配置したもので，フーチングとフーチングの間は一般に基礎梁で連結されるが，スパンの大きい

# 15章 基礎

```
                 ┌ フーチング基礎 ┬ 独立フーチング基礎
         ┌ 直接基礎 ┤            ├ 複合フーチング基礎
         │       │            └ 連続フーチング基礎（布基礎）
         │       └ べた基礎
  基礎 ─┤
         │       ┌ 既成杭 ┬ 打込み杭
         └ 杭基礎 ┤      ├ 押込み杭（圧入杭）
                 │      └ 埋込み杭
                 └ 場所打ちコンクリート杭
```

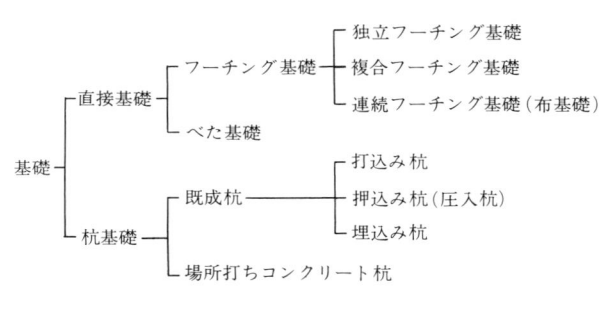

図 15.2 基礎形式の分類

体育館などは基礎梁を設けないことがある．このとき，図 15.3 に示すように，1本の柱を1つの基礎スラブで支持するときを**独立フーチング基礎**，2本以上のときを**複合フーチング基礎**，線上に並んだ柱を帯状スラブで支持したものを**連続フーチング基礎**または**布基礎**という．布基礎は戸建て住宅に多く用いられる．べた基礎は，建物の柱群全体または大部分を1枚の平面的に広がった基礎スラブで支える形式である．このとき，スラブの補強リブとして，基礎梁を格子状に配置したり，地下階があるときは隔壁を設けたりすることがある．

(a) 独立フーチング基礎　(b) 複合フーチング基礎　(c) 連続フーチング基礎（布基礎）

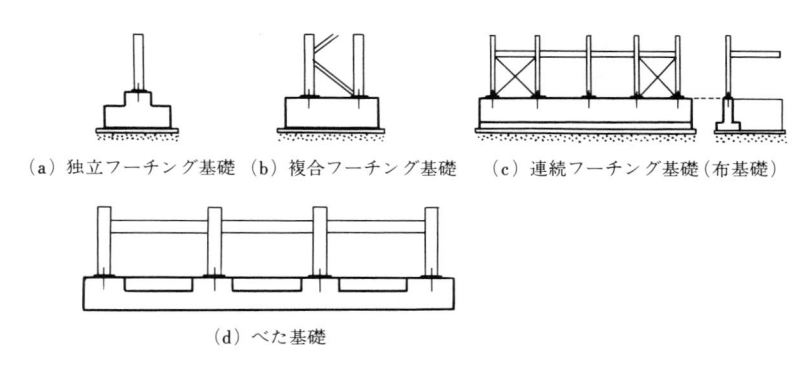

(d) べた基礎

図 15.3 直接基礎の種類

杭基礎は，工法，支持機構，あるいは杭製品によって分類される．まず，工法で分類すると，**既製杭**によるものと**場所打ちコンクリート杭**によるものがある．既製杭は工場で生産された杭を現場で設置するものであり，ハンマーで杭

頭を打撃して地盤に貫入される**打込み杭**，圧力または回転トルクを併用した**押込み杭（圧入杭）**，先行掘削した孔に沈設する**埋込み杭**がある．このうち打込み杭は，施工時の騒音と振動により市街地では採用が困難な状況にある．場所打ちコンクリート杭は，掘削孔に鉄筋かごを吊り込んだ後，コンクリートを打設して杭体を形作るものである．

杭は，力学的な支持機構によって図 15.4 のように**支持杭**と**摩擦杭**に分けられる．支持杭は軟弱な地層を貫いて堅固な地盤まで到達させ，杭先端と地盤との支圧で鉛直荷重を支えるもので，摩擦杭は杭の周面と地盤との摩擦力で鉛直荷重を支えるものである．先端支持力と周面摩擦力の両方を利用する場合もある．杭は基礎スラブの下に1本あるいは複数本設置されるが，こ

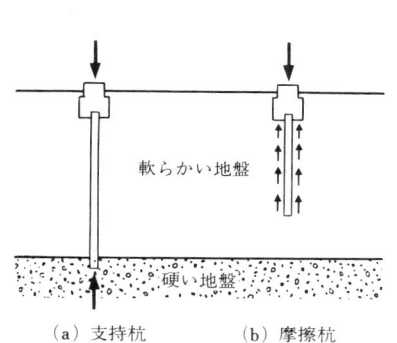

（a）支持杭　　（b）摩擦杭

**図 15.4** 支持杭と摩擦杭

のとき1本杭あるいは複数杭でも杭間が十分離れ個々の杭が独立に働く場合と，複数杭が近接して相互に影響を及ぼし合う場合がある．前者を**単杭**，後者を**群杭**と称し，杭1本当たりの耐力に差が生じる．

杭は材料によって種々のものがあり，大別すると**木杭**，**コンクリート杭**，**鋼杭**がある．最近では木杭の使用はまれである．コンクリート杭は既製杭として **RC杭**，**PC杭**，**PHC杭**などがあり，鋼杭には**鋼管杭**と**H形鋼杭**がある．

一般に，1つの建物の基礎形式は同一とし，**異種基礎**の併用，たとえば，直接基礎と杭基礎，支持杭と摩擦杭，施工方法や材質の異なる杭の併用などは原則として行わない．これは変形性状の異なる基礎形式を併用すると不同沈下を助長する原因となるからである．

基礎梁は，通常，現場施工による鉄筋コンクリート梁とするが，最近，鉄骨による構法も使われるようになってきた．この**鋼製基礎梁**を使用するのは，コンクリートの打設養生期間を省くことによる工期短縮，基礎梁の体積を縮小することによる掘削残土（排土）の削減，基礎の軽量化による沈下の低減などの利点があるためであるが，腐食耐久性や剛性には注意を払う必要がある[15.8]．

## 15.2 地盤と土の性質

### 15.2.1 地盤で決まる基礎形式

建物の基礎は，基礎に要求される性能と品質，建設工期，経済性，施工性，隣接敷地への影響などさまざまな要因を考慮して，最適な基礎形式を選択しなければならない．このときの判断に決定的な影響を与えるのが**地盤条件**である．たとえば，基礎形式の選定で最初に直面するのが直接基礎とするか杭基礎とするかの判断である．直接基礎は杭基礎より工期や建設費の面で有利であるので，次の条件がすべて満たされていれば直接基礎が採用される．すなわち，基礎スラブ底面下に，1）必要な支持力をもった支持地盤があること，2）液状化する地層がないこと，3）過大な圧密沈下を起こす地層がないこと，である．これらのうち1つでも満たされなければ，基礎スラブ底面を深い位置まで下げたり，地盤改良を行ったりする方法があるが，それが困難なときは杭基礎を採用することとなる．

基礎構造の基本設計や施工計画を行う際に必要な地盤条件を端的に表したものが，図15.5に例示した**土質柱状図**（boring log）と呼ばれるものである．建築面積が広い場合や地層に起伏が激しいときは，敷地の複数箇所でボーリングを行って土を採取し土質柱状図を作成する．土

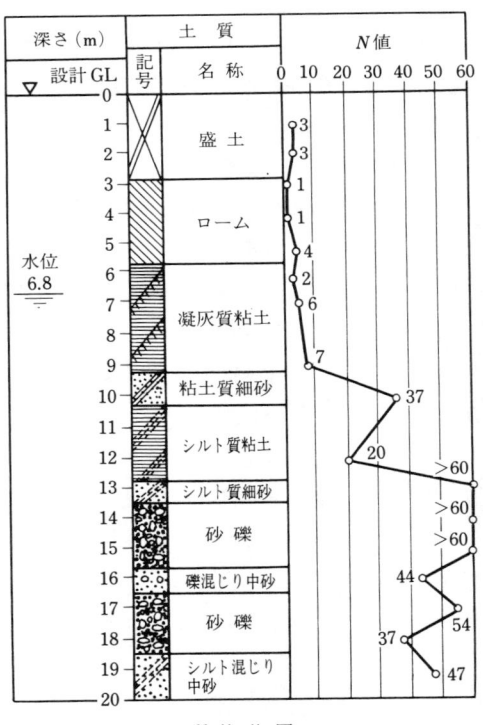

図 15.5 土 質 柱 状 図
（東京大学本郷キャンパスの例）

質柱状図には，地表面からの深さを縦座標にとって，成層状態，土の種類，地下水位などが記されている．これにより基礎底面下にある地盤の状況や杭基礎では杭の支持層の深さを知ることができる．また，土質柱状図にはボーリング孔を利用して行う標準貫入試験の $N$ 値が併記されている．$N$ 値は地盤の締まり具合や硬さの指標で，$N$ 値が高いほど支持力が大きい地盤であることがわかる．

### 15.2.2 地盤の種類と性質

建物を支える地体には，**岩盤と地盤**がある（岩盤も含めて地盤ということもある）．岩盤は岩石によるもので，地盤は岩石が風化してできた土や火山灰が堆積した土あるいは人工的に運搬した土によるものである．建物の基礎スラブが直接岩盤に支えられることはまれで，多くは岩盤の上に広がった地盤に支えられる．

現在の地盤は，地質年代から見ると第 4 紀の洪積世（更新世）と沖積世（完新世）に属しており，それぞれ**洪積層**（diluvium），**沖積層**（alluvium）と呼ばれている．その下には第 3 紀層の岩盤が潜伏している．洪積層は約 200 万年前〜 1 万年前の間に堆積した地層で氷河期に受けた氷圧によって固く締まった状態にあり，建物の支持地盤として適している．沖積層は約 1 万年前から現在までに堆積した地層でまだ軟らかく緩い状態にある．

地盤は，それを構成している土の粒径によって**砂質地盤**と**粘土質地盤**に分けて扱うことが多い．分類基準には種々のものがあるが，たとえば，図 15.6 のように土粒子の粒径が $74\mu m$ 以上を**砂**，それ以下を**粘土**に区分し，砂を 50% 以上含む土を**砂質土**，粘土を 50% 以上含む土を**粘性土**，砂質土による地盤を砂質地盤，粘性土による地盤を粘土質地盤とする大まかな分類がある．あるいは**礫**

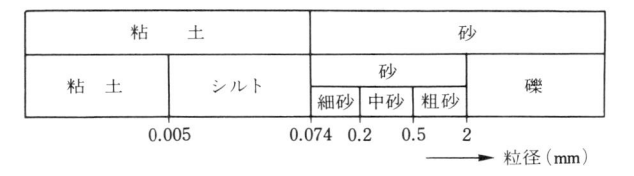

| 粘　土 || 砂 |||| |
|---|---|---|---|---|---|
| 粘　土 | シルト | 砂 ||| 礫 |
| | | 細砂 | 中砂 | 粗砂 | |
| 0.005 | 0.074 | 0.2 | 0.5 | 2 | 粒径 (mm) |

図 15.6　土粒子の分類例

(粒径2mm以上),砂 (0.074～2mm), **シルト** (0.005～0.074mm), 粘土 (0.005mm以下) に土粒子を分類し,その含有パーセントに応じて土と地盤を細かく分類することもある.

粒子が比較的大きい砂質土による砂質地盤と微細な粘性土による粘土質地盤では,基礎形式の選定に決定的な影響を与えるほど力学的な性質に大きな違いがある.特に,次の3点は大切である.

1) 土の破壊を支配する**クーロン** (C. A. Coulomb) のせん断強さ式
$$\tau = c + \sigma \tan \phi \tag{15.1}$$
において,砂質土は粒子間結合力が小さいので粘着力 $c$ が無視できる ($c \cong 0$). 逆に,粘性土は粒子間の噛み合いが小さいので内部摩擦角 $\phi$ が無視できる ($\phi \cong 0$).

2) 砂質地盤は透水性がよいので圧密現象が起きない代わりに地震の際に液状化する恐れがある.逆に,粘土質地盤は透水性が低いので圧密沈下の恐れがあるが液状化は起きない.

3) 標準貫入試験による $N$ 値は砂質地盤と粘土質地盤に対して異なった意味をもち,粘土質地盤は砂質地盤より $N$ 値が小さくても大きな支持力を発揮することがある.

### 15.2.3 土の性質

基礎構造の設計に関わる地盤の性質は,**せん断強さ**,**圧縮性**,**透水性**の3つに集約される.せん断強さは地盤の支持力,圧縮性は地盤の沈下(即時沈下と圧密沈下),透水性は地盤の圧密沈下と液状化を支配する要因である.これらの地盤性状は,地盤をつくっている土の性質と密接な関係をもっている.土の性質には物理的性質と力学的性質があり,それぞれ**物理試験**と**力学試験**により調べられる.物理試験と力学試験に化学的性質を調べる化学試験を加えたものを合わせて**土質試験**と称している.

物理試験には,粒度試験 (JIS A 1204),土粒子の比重試験 (JIS A 1202),含水量試験 (JIS A 1203),密度試験 (JIS A 1214),液性限界・塑性限界試験 (JIS A 1205, 1206) などがあり,JISのほかに土質工学会でも試験方法が定められている.これらの物理試験で得られる土性のうちこの章で関係するものを列挙

し，図 15.7 を参照しながら説明しておこう．図に示すように，土は土粒子と水と空気からなり，全重量 $W$ のうちそれぞれが $W_s$, $W_w$, $W_a$ を占め，全体積 $V$ のうちそれぞれが $V_s$, $V_w$, $V_a$ を占めるものとする．

**均等係数** $(U_c = D_{60}/D_{10})$：当該粒径より小さい粒子の重量百分率が

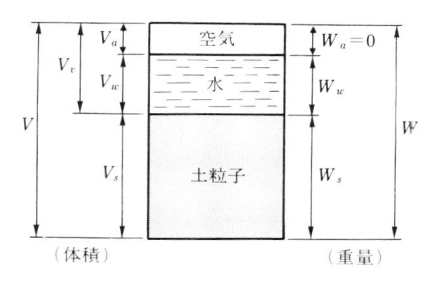

図 15.7　土の構成

60% の粒径 $D_{60}$ と 10% の粒径 $D_{10}$ の比（$U_c \geq 1$ であり，細粒から粗粒までが均等に含まれている粒度分布のよい土は値が大きく，粒径が比較的揃っている粒度一様な土は値が小さい．均等係数の小さい砂質地盤は液状化しやすい．）

**単位体積重量**（湿潤密度，$\gamma$）：$\gamma = \dfrac{W}{V}$（kN/m³，締まっている砂質土は $\gamma \fallingdotseq 18$，緩い砂質土は $\gamma \fallingdotseq 16$，粘性土は $\gamma \fallingdotseq 15$ で，地下水位より下にあるときは浮力 9.8 を引いた値とする．）

**含水比** $(w)$：$w = \dfrac{W_w}{W_s} \times 100$（%）

**間隙比** $(e)$：$e = \dfrac{V_v}{V_s} = \dfrac{V}{V_s} - 1$

**飽和度** $(S_r)$：$S_r = \dfrac{V_w}{V_v} \times 100$（%，飽和度 100% すなわち間隙がすべて水で満たされている土を**飽和土**という．）

**相対密度** $(D_r)$：$D_r = \dfrac{e_{max} - e}{e_{max} - e_{min}}$（$e_{min}$ は土を極限まで突き固めたときの最小間隙比，$e_{max}$ は最も緩い状態の最大間隙比，$0 \leq D_r \leq 1$，1 に近いほどよく締まっている．）

**塑性限界** $(w_P)$：土が半固体状態から塑性状態に遷移するときの含水比（%）
**液性限界** $(w_L)$：土が塑性状態から流動状態に遷移するときの含水比（%）
**塑性指数** $(I_P)$：$I_P = w_L - w_P$（%，値が大きいほど水に対して安定していることを表す．）
**液性指数** $(I_L)$：$I_L = \dfrac{w - w_P}{w_L - w_P}$（$0 \leq I_L \leq 1$，1 に近いほど流動化する危険性が高い．）

力学試験には，一軸圧縮試験（JIS A 1216），三軸圧縮試験，一面せん断試験，圧密試験（JIS A 1217），透水試験（JIS A 1218）などがある．これらの試験から得られる土性のうち本章で関係するものを列挙すると次のとおりである．

**一軸圧縮強さ**（$q_u$）：粘性土の一軸圧縮試験から求まる最大強さ（$kN/m^2$）．粘着力$c$と次の関係がある．

$$c = \frac{1}{2} q_u \tag{15.2}$$

**粘着力**（$c$）：図 15.8 (a) に示すように土粒子間の吸着力に起因するせん断抵抗（$kN/m^2$）．軟らかい粘性土から固い粘性土までかなり幅があり，$c=10〜100\ kN/m^2$ のオーダーである．

**内部摩擦角**（$\phi$）：図 5.8 (b) に示すように圧縮応力$\sigma$を受ける土粒子間のかみ合わせに起因するせん断抵抗と圧縮応力のなす角（°）．おおよその目安として次のような値をとる．

　　締まっている砂質土：$\phi \geq 30°$（$N$値$\geq 20$，$D_r \geq 0.5$）
　　緩い砂質土　　　　：$\phi \geq 20°$（$N$値$=5〜10$，$D_r=0.2〜0.4$）

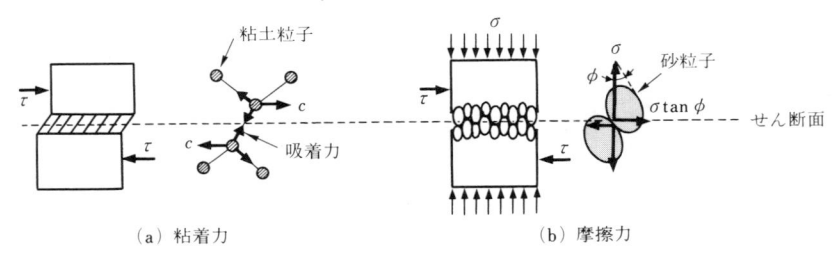

（a）粘着力　　　　　　　　　（b）摩擦力

図 15.8　土のせん断抵抗

**先行圧密応力**（$\sigma_{z0}$）：土が地盤内で経験した過去最大の鉛直方向圧縮応力度（$kN/m^2$）．

**圧縮指数**（$C_c$）：間隙比$e$と圧密応力$\sigma_z$の関係を$e–\log \sigma_z$曲線で描いたときの右下がりの直線部分の勾配（$e–\sigma_z$曲線の勾配を**圧縮係数**という）．

**透水係数**（$k$）：ダルシーの法則（$v=k\times i$，$v$は流速，$i$は水頭勾配で水頭差/流水距離）における比例定数（cm/sec）．砂質土は$k$が大きく（$k \cong 1\,\text{cm/sec}$），粘性土は小さい（$k \leq 10^{-6}\,\text{cm/sec}$）．

**変形係数**（$E_s$）：材料のヤング係数に相当するもの（$kN/m^2$）．土は非線形性

が強いので，所定の応力レベルにおける割線係数とすることが多い．

### 15.2.4　地盤調査

基礎の設計と施工に必要な地盤特性を知るために行う地盤調査は広範囲な内容を含んでおり，さまざまな視点から調査方法や調査内容が分類される．たとえば，建物の基本計画の段階で行う**予備調査**と実施設計の前段階で行う**本調査**，既存の関連データを収集して行う**資料調査**と現地で行う**現地調査**がある．現地調査には，現地踏査，試掘，ボーリング，サウンディング，載荷試験，物理探査などがある．また，試掘やボーリングの孔から採取した土のサンプルを持ち帰って実験室で行う**土質試験**と原地盤内の土を直接対象として現場で行う**現位置試験**がある．土質試験については前項で述べたので，ここでは現位置試験のうち標準貫入試験と載荷試験について説明しておく．

**標準貫入試験**はサウンディングの一種であるが，試料を同時に採取できる特徴をもっており，わが国でもっとも普及している試験法である（サウンディングとは比較的簡易な道具を用いて地盤に局所的な変形を生じさせ，それに要する力の大きさなどから地盤の性状を調査する方法をいう）．標準貫入試験はスプリット・スプーン・サンプラーと称する全長 810 mm，外径 51 mm，内径 35 mm の鋼製円筒をボーリングロッドの先端に取り付け，63.5 kg の重錘を 75 cm の高さからロッド上端に自由落下させて打撃するもので，このときサンプラーを 30 cm 貫入させるのに必要な打撃回数を**$N$値**と呼んでいる．サンプラーは縦に二つ割りすることができるので，貫入した土を乱した状態ではあるが取り出すことができる．この標準貫入試験により前述の土質柱状図を作成することができる．$N$ 値は土の力学的性質と関係があり，$N$ 値が大きいほど砂質地盤では相対密度が高く，すなわちよく締まっていて内部摩擦角が大きく，粘土質地盤では硬くすなわち一軸圧縮強さが大きいことを表している．ばらつきは大きいが，砂質地盤では $\phi \cong \sqrt{20N} + 15$ (°)，粘土質地盤では $q_u \cong 10N$ (kN/m$^2$) がだいたいの目安となる．

**載荷試験**には地盤を直接対象とした試験と杭を対象とした試験がある．前者は**平板載荷試験**と呼ばれ，剛な載荷板（標準サイズは 30 cm 角で板厚 25 mm 以上の鋼板）を介して地盤に鉛直荷重を加える方法である．荷重と沈下の関係

から，地盤の降伏支持力，極限支持力，鉛直地盤反力係数，変形係数などを知ることができる．ただし，図 15.9 に示すように，鉛直荷重の及ぶ範囲（**圧力球根**という）は載荷板幅の 2 倍程度であるので，それより下に異なる地層があるときは実際の大きな直接基礎に対して正しい情報を与えないので注意が必要である．**杭の載荷試験**には鉛直載荷試験，水平載荷試験，引抜き試験があり，それぞれ荷重と杭頭変位やひずみの関係を調べることにより，それぞれの方向の杭の降伏支持力や極限支持力が得られる．杭の水平載荷試験からは，杭に対する水平地盤反力係数を知ることができる．

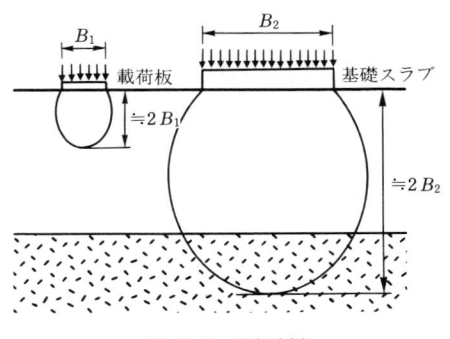

**図 15.9** 圧力球根

## 15.3 直 接 基 礎

### 15.3.1 接 地 圧

直接基礎では，上部構造から伝わる荷重が地盤反力と釣合わなければならないので，地盤反力が地盤の耐力を超えれば，基礎-地盤系は崩壊するか大変形を起こしてしまう．

まず，図 15.10 に示す独立フーチング基礎について考えてみよう．鉄骨の柱脚位置に作用する曲げモーメント・軸力・せん断力のうち，曲げモーメントの大半は基礎梁に伝わりフーチングが受け持つ曲げモーメントは小さいので一般に無視することが多い．また，せん断力も基礎梁を介して建物の基礎全体に拡散するので，建物全重量がもたらす地盤との摩擦力と粘着力で処理できると考えてよい．したがって，剛な基礎梁があるときは，フーチングは柱からの鉛直力のみを負担するものと考えてよい．しかし，基礎梁がない場合や十分剛とはみなせない場合には，柱脚位置の曲げモーメントとせん断力は，その直下のフーチングに伝わるのでフーチング周辺の地盤で支持されなければならない．

## 15.3 直接基礎

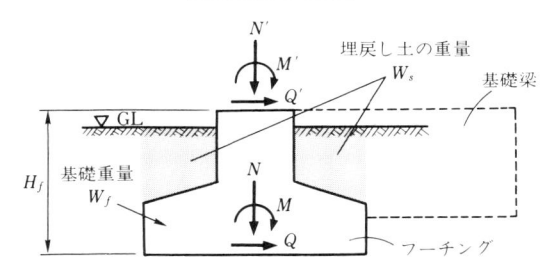

**図 15.10** 独立フーチング基礎に作用する荷重

そこで，以下ではフーチング底面に曲げモーメント $M$，せん断力 $Q$，鉛直力 $N$ がすべて働く場合について考えてみる．剛な基礎梁があれば $M=Q=0$ とすればよい．

柱脚位置の曲げモーメントを $M'$，せん断力を $Q'$，鉛直力を $N'$ とすると，基礎底面の $M$，$N$，$Q$ は次式で表される．

$$M = M' + Q' \cdot H_f \tag{15.3a}$$
$$N = N' + W_f + W_s \tag{15.3b}$$
$$Q = Q' \tag{15.3c}$$

ここで，$H_f$ は基礎のせい，$W_f$ は基礎の重さ，$W_s$ はフーチング上の埋戻し土の重さ（$W_s = \gamma \cdot V_s$, $\gamma$ と $V_s$ は埋戻し土の単位体積重量と体積）である．

曲げモーメント $M$ と鉛直力 $N$ は，図 15.11 に示すように基礎底面の接地圧で支持される．基礎前面の受働土圧および基礎側面の摩擦力の寄与は小さいの

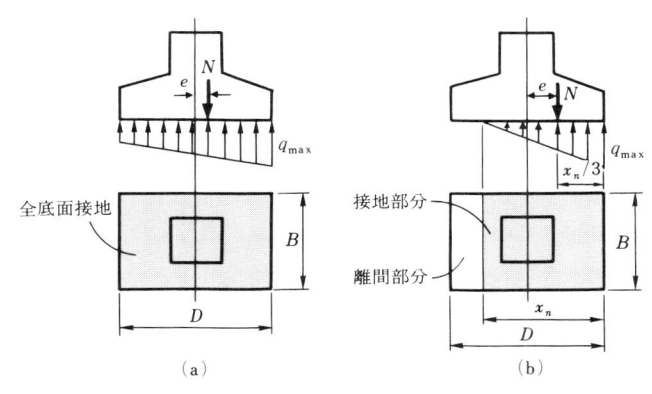

**図 15.11** 直接基礎の接地圧

で無視する．$e=M/N$ とすると，$B \times D$ の長方形フーチングの場合，基礎底面における平面保持と地盤の線形性を仮定すれば，力の釣合いから次式が得られる．

$e \leq D/6$ のとき，図 (a) のように，基礎底面はすべて地反力を受け，最大接地圧は

$$q_{max} = \frac{N}{BD} + \frac{N \cdot e}{BD^2/6} = \frac{N}{BD} \cdot \left(1 + \frac{6e}{D}\right) \qquad (15.4\text{a})$$

$D/6 < e \leq D/2$ のとき，図 (b) のように，基礎底面の一部が接地圧ゼロとなり，最大接地圧と中立軸位置は

$$q_{max} = \frac{N}{BD} \cdot \frac{2}{3\left(\frac{1}{2} - \frac{e}{D}\right)} \qquad (15.4\text{b})$$

$$x_n = 3 \cdot \left(\frac{D}{2} - e\right) \qquad (15.4\text{c})$$

となる．上式右辺の $N/BD$ にかかる係数を**接地圧係数**といい，$M=0$ のときの平均接地圧に対する最大接地圧の倍率を表す．

$e > D/2$ になると基礎は転倒してしまうので，そのときは基礎底面の辺長 $D$ を広げるか，基礎梁を設けて曲げモーメントを基礎梁へできるだけ伝えるようにする．引抜き力が作用するとき（$N<0$ のとき）は，基礎スラブは浮き上がる．このとき，浮き上がりを考慮した設計も可能ではあるが，一般には，基礎重量 $W_f$ を大きくするか，基礎の根入れを深くしてフーチング上の土の重量 $W_s$ で対処する．あるいは図 15.12 のように複合フーチングとするか，布基礎やべた基礎とする方法もある．

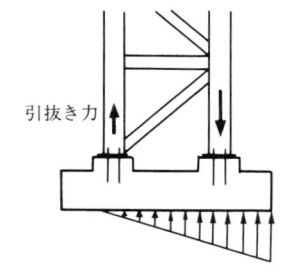

図 15.12 複合フーチングによる引抜き力の処置

設計では，$q_{max}$ が地盤の**許容地耐力度**を超えなければ安全であると判定される．許容地耐力度は，15.3.2 項で述べる地盤の崩壊に対して安全率を考慮した許容支持力度と，15.3.3 項で述べる許容沈下量から定まる許容接地圧の小さいほうをとる．

次に，水平力 $Q$ に対しては，図 15.13 のように基礎底面あるいは側面と地盤

## 15.3 直接基礎

との摩擦力および基礎前面の受働土圧が抵抗する．しかし，基礎周囲の土は根切り工事の際に乱されることや，**受働土圧**（地盤が側方から力を受けて崩壊するときの圧力）が効き始めるまでにかなりの変形を要することから，基礎底面のせん断抵抗のみを有効とするのが一般的である．このと

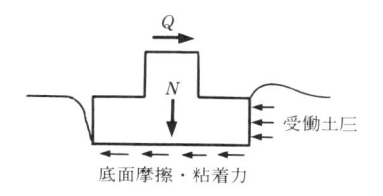

図 15.13 地盤の水平抵抗

き，基礎底面は地業により地盤とかみ合っているので（図 15.1 参照），せん断抵抗は土のせん断強さ $\tau$ と考えてよい．したがって，極限水平抵抗力 $Q_u$ は

$$Q_u = \tau A_e = (c + \sigma \tan \phi) A_e = c \cdot A_e + N \cdot \tan \phi \tag{15.5}$$

となる．ここで，$A_e$ は接地している基礎底面の面積で図 15.11 の (a) では $A_e = B \cdot D$，(b) では $A_e = B \cdot x_n$ である．設計では安全率を考慮した**許容水平抵抗力** $Q_a$ を長期で $Q_u/3$，短期で $2Q_u/3$ とし，$Q \leq Q_a$ となるようにすればよい．

連続基礎（布基礎）やべた基礎については，接地圧による地盤の沈下量と基礎スラブの変形が適合するように構造計算を行って接地圧分布を求めるのが望ましいが，これには少々手間のかかる数値計算を必要とし，しかも地盤特性に含まれる大きな不確定性を考えるとあまり精密な計算は意味がない．そこで，便法として各柱を支持する基礎の有効支配面積を適切に設定して接地圧を算定する方法が一般にとられている．連続基礎の有効支配面積は図 15.14 に示すように，隣接する柱間の中央線で基礎を分割して各柱に割り当てる．曲げモーメントと水平力は基礎梁のある独立フーチング基礎と同様に基礎全体で処理できるので，有効支配面積の部分には鉛直力のみが作用し，接地圧は均等に分布すると考えてよい．べた基礎は，通常十分な剛性をもっているので，前出図 15.12 の複合フーチング基礎と同様の考えで，建物の柱群全体の合力を 1 枚の基礎スラブで受けると考えて接地圧を算定することができる．このとき注意しなければならないのは，べた基礎の幅はフーチング基礎の幅よりはるか

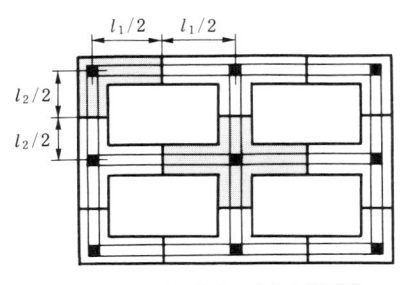

図 15.14 連続基礎の有効支配面積

に大きいので,圧力球根も大きくなるということである.したがって,べた基礎では深層の軟弱層が支持力の低下を招いたり,未圧密層が沈下を増大させたりする.なお,基礎スラブの剛性が十分でないときは,連続基礎と同様の考えで,有効面積を各柱に配分して接地圧を算定するか,あるいは地盤と基礎スラブの変形の適合性を考慮した数値計算による.

基礎スラブはフーチングの張出し部分が接地圧を受ける片持梁として設計する.図 15.15 に示すように,フーチングの付け根に作用する単位幅当たりの曲げモーメントとせん断力に対して,コンクリート梁としての許容曲げモーメントと許容せん断力が上回っていればよい.また,基礎スラブが薄い場合はパンチングシアによる破壊が起こる可能性がある.このとき,立上がりコンクリートの周辺から 45° の斜面と基礎スラブ厚の中央面の交線を通る鉛直周面をパンチングシアの抵抗断面と考え,その外側にある接地圧の合力に対してせん断応力度を計算し,これがコンクリートの許容せん断応力度以下となるように設計すればよい.

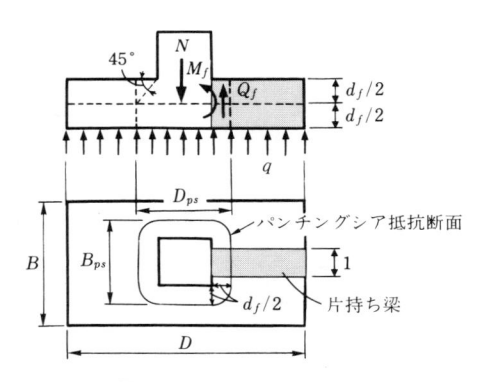

**図 15.15** フーチングの応力

### 15.3.2 地盤の許容支持力

基礎底面を支える地盤の支持力には限界があり,それを超えると地盤は崩壊する.地盤の崩壊機構は**プラントル**(L. Prandtl)と**テルツァーギ**(K. Terzaghi)の提案による**すべり面**で説明される.図 15.16 に示すように,幅 $B$ の直接基礎が根入れ深さ $D_f$ で一様な接地圧をも

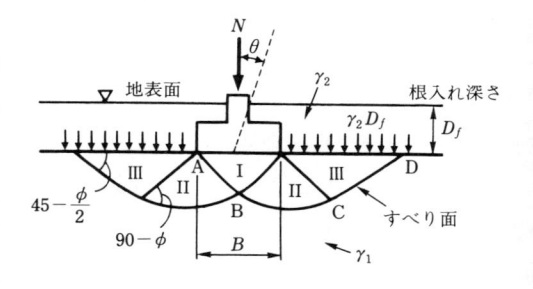

**図 15.16** 地盤のすべり崩壊

## 15.3 直接基礎

たらすとき，Ⅰの部分は下方へ押し込まれ，それにともなってⅡは横移動し，Ⅲが上へ押し出され，図のABCDがすべり面となる．Ⅲが押し上げられるとき，その上に乗っている土の重量が押さえようとする．これを**根入れ効果**という．この崩壊機構に基づくと，地盤が崩壊するときの鉛直方向の**極限支持力度** $q_{u0}$ は，すべり面での粘着力 $c$ による粘着抵抗，基礎底面下ですべる土の重さ $\gamma_1$ による重力抵抗，および根入れ部分の土の重さ $\gamma_2$ による根入れ抵抗の3つの和となり，次式で表される．

$$q_{u0} = \alpha \cdot c \cdot N_c + \beta \cdot \gamma_1 \cdot B \cdot N_\gamma + \gamma_2 \cdot D_f \cdot N_q \quad (\mathrm{kN/m^2}) \qquad (15.6)$$

上式右辺の第1項が粘着抵抗，第2項が重力抵抗，第3項が根入れ抵抗である．$q_{u0}$ は地盤の極限支持力度（$\mathrm{kN/m^2}$），$c$ は基礎底面下の地盤の粘着力（$\mathrm{kN/m^2}$）である．$\gamma_1$ と $\gamma_2$ はそれぞれ基礎底面より下と上にある地盤の単位体積重量（$\mathrm{kN/m^3}$）で，地下水位より下にある場合は9.8を引いた水中単位体積重量とする．$\alpha$ と $\beta$ は**形状係数**と呼ばれ，基礎底面の形状によって表15.1の値をとる．$N_c$, $N_\gamma$, $N_q$ は**支持力係数**と呼ばれ，基礎底面下にある地盤の内部摩擦角 $\phi$ の関数となっており，表15.2に与えられている．$D_f$ は基礎の根入れ深さ（m），$B$ は基礎底面の最小幅（円形基礎では直径，m）である．

基礎スラブに鉛直力と同時に水平力が作用し，その合力が図15.16の破線のように鉛直方向から傾く場合には，鉛直方向支持力が低下することが知られている．それを考慮して，式（15.6）を修正したのが次式である[15.1]．

$$q_{u\theta} = i_c \cdot \alpha \cdot c \cdot N_c + i_\gamma \cdot \beta \cdot \gamma_1 \cdot B \cdot N_\gamma + i_q \cdot \gamma_2 \cdot D_f \cdot N_q \quad (\mathrm{kN/m^2}) \quad (15.7\mathrm{a})$$

**表 15.1 形状係数**

| 形状係数 | 基礎スラブ底面の形状 | | | |
|---|---|---|---|---|
| | 連続(布) | 正方形 | 長方形 | 円形 |
| $\alpha$ | 1.0 | 1.2 | $1.0 + 0.2 \dfrac{B}{D}$ | 1.2 |
| $\beta$ | 0.5 | 0.3 | $0.5 - 0.2 \dfrac{B}{D}$ | 0.3 |

（注）$B$：長方形の短辺の長さ（m）
　　　$D$：長方形の長辺の長さ（m）

**表 15.2 支持力係数**

| $\phi$ | $N_c$ | $N_\gamma$ | $N_q$ |
|---|---|---|---|
| 0° | 5.1 | 0.0 | 1.0 |
| 5° | 6.5 | 0.1 | 1.6 |
| 10° | 8.3 | 0.4 | 2.5 |
| 15° | 11.0 | 1.1 | 3.9 |
| 20° | 14.8 | 2.9 | 6.4 |
| 25° | 20.7 | 6.8 | 10.7 |
| 28° | 25.8 | 11.2 | 14.7 |
| 32° | 35.5 | 22.0 | 23.2 |
| 36° | 50.6 | 44.4 | 37.8 |
| 40°以上 | 75.3 | 97.3 | 64.2 |

（注）$\phi$ の中間値については直線補間

ここで

$$i_c = i_q = \left(1 - \frac{\theta}{90}\right)^2 \tag{15.7b}$$

$$i_\gamma = \left(1 - \frac{\theta}{\phi}\right)^2 \quad \text{ただし,} \theta \geq \phi \text{ のときは} i_\gamma = 0 \tag{15.7c}$$

上式の $\theta$ は合力の鉛直方向からの傾き角（°）である. $\theta = 0$ のときは，補正係数 $i_c$, $i_\gamma$, $i_q$ がすべて 1 となり，式（15.7a）は式（15.6）と一致する．

許容応力度設計を行うときには，極限支持力度 $q_{u\theta}$ を安全率で除したものを**許容支持力度** $q_a$ (kN/m²) とし，長期と短期についてそれぞれ次式が用いられている．

$$\text{長期許容支持力度}: q_a = \frac{1}{3} q_{u\theta} \quad (\text{kN/m}^2) \tag{15.8a}$$

$$\text{短期許容支持力度}: q_a = \frac{2}{3} q_{u\theta} \quad (\text{kN/m}^2) \tag{15.8b}$$

上式を運用するに当たって必要な $c$, $\phi$, $\gamma_1$, $\gamma_2$ は土質試験から求められる．しかし，砂質土は乱さない試料を採取するのが困難であるので，標準貫入試験の $N$ 値を用いて次式で $\phi$ を推定し，$c = 0$ とすることが多い．

$$\phi = \sqrt{20N} + 15° \tag{15.9}$$

粘性土に対しては，一軸圧縮試験による一軸圧縮強さ $q_u$ から前出式（15.2）で $c$ を推定する．このとき，安全側の設定として $\phi = 0$ とすることがある．

地盤が破壊するときのすべり面の深さは基礎底面幅の約 2 倍に及ぶので，その深さの範囲に性質の異なる地層があるときは，その影響を考慮して支持力を評価する必要がある．

上で述べた土質試験によらず，平板載荷試験の結果を用いて支持力を算定する方法も採用されている．このとき，平板載荷試験によって得られた極限支持力度の 1/3 と降伏支持力度の 1/2 の小さいほうを $q_t$ とし，これに根入れ抵抗を加えて長期および短期許容支持力度を求める次式が用いられている．

$$\text{長期許容支持力度}: \quad q_a = q_t + \frac{1}{3} \gamma_2 D_f N_q \tag{15.10a}$$

$$\text{短期許容支持力度}: \quad q_a = 2q_t + \frac{1}{3} \gamma_2 D_f N_q \tag{15.10b}$$

この場合, $N_q$ は表15.2の値となるが, 平板載荷試験からは $\phi$ の値が得られないので, 基礎底面下の地盤を大別し, 密実な砂質地盤では $N_q=12$, それ以外の砂質地盤では $N_q=6$, 粘土質地盤では $N_q=3$ としている.

地盤の許容支持力は上記のように地盤調査データに基づいて算定するのが望ましいが, 小規模な建物ではこのような地盤調査を行わないことが多い. そのようなときは, 建築基準法施行令で定められている表15.3の値を用いる. この表の数値は地盤の種類に応じて安全側に設定されている.

表 15.3 地盤の許容支持力

| 地盤の種類 | 長期許容支持力度 (kN/m²) | 短期許容支持力度 (kN/m²) |
|---|---|---|
| 岩盤 | 1,000 | 長期の2倍 |
| 固結した砂 | 500 | |
| 土丹盤 | 300 | |
| 密実な礫層 | 300 | |
| 密実な砂質地盤 | 200 | |
| 砂質地盤（液状化のおそれがない場合） | 50 | |
| 堅い粘土質地盤 | 100 | |
| 粘土質地盤 | 20 | |
| 堅いローム層 | 100 | |
| ローム層 | 50 | |

### 15.3.3 沈 下

**（1） 沈下の種類**

地盤の**沈下**（settlement）には即時沈下と圧密沈下がある. **即時沈下**は荷重の作用によって直ちに生じる沈下で, 荷重を除くと元に戻る弾性沈下とそうでない非弾性沈下があるが, 許容支持力度以下の接地圧では弾性沈下のみと考えてよい. 一方, **圧密沈下**は長い時間をかけてゆっくり進行する沈下で透水係数の小さい粘土質地盤に生じる.

沈下を引き起こすのは鉛直方向の地中応力度で, その大きさは等方等質・半無限弾性体理論に基づく**ブーシネスク**（J. V. Boussinesq）の解を用いて計算する. 図15.17のように座標をとると, 地表面に作用する鉛直方向の集中荷重 $P$ (kN) によって地中の座標位置 $(z, R)$ に生じる鉛直方向の地中応力度 $\sigma_z$ は次式で計算される.

$$\sigma_z = \frac{3Pz^3}{2\pi R^5} \quad (\text{kN/m}^2) \qquad (15.11\text{a})$$

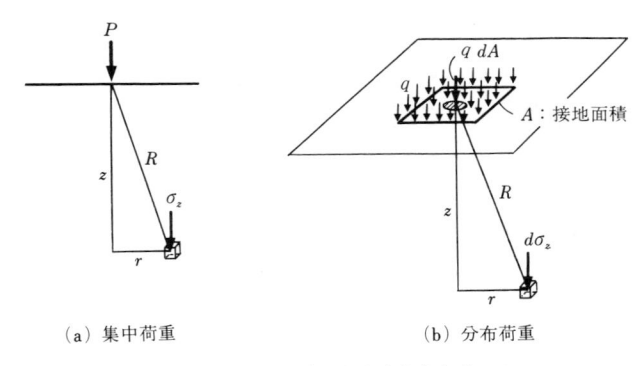

**図 15.17** 地中の鉛直方向応力度
(a) 集中荷重　(b) 分布荷重

ここで，$z$ は深さ（m），$R$ は載荷点から距離（m）である．荷重直下では $z=R$ より $\sigma_z=0.48(P/z^2)$ である．

地表面に分布荷重が作用するときは積分によって $\sigma_z$ を求める．たとえば，接地面積 $A$ に等分布荷重 $q$（kN/m²）が作用するときは次式で計算される．

$$\sigma_z = \int_A \frac{3qz^3}{2\pi R^5} dA = \frac{3qz^3}{2\pi} \int_A \frac{1}{R^5} dA \tag{15.11b}$$

土中応力度 $\sigma_z$ には土の重量による応力度 $\gamma \cdot z$ がさらに加わる．

**（2）即時沈下**

基礎底面下の地盤が一様な半無限弾性体とするならば，弾性理論によって求められる鉛直ひずみを深さ方向に積分することによって弾性即時沈下を計算することができ，その解は次式で表される．

$$S_E = I_s \cdot \frac{1-\nu_s^2}{E_s} \cdot q \cdot B \tag{15.12}$$

ここで，$S_E$ は即時沈下量（m），$I_s$ は基礎底面の形状や基礎の曲げ剛性および基礎底面内の位置によって決まる**沈下係数**でおおむね 1.0 弱の値をとる（剛性が無限大の正方形スラブでは $I_s=0.88$），$E_s$ と $\nu_s$ は地盤の変形係数（kN/m²）とポアソン比で，$q$ は基礎底面の平均接地圧（kN/m²），$B$ は基礎底面の短辺の長さ（m）である．

基礎底面下の地盤が有限の厚さの場合には，スタインブレナー（W. Steinbrenner）の近似解があり，複数の地層からなる成層地盤についてはこの近似解

の重ね合わせによって沈下量が計算される．また，根入れがある場合には，沈下を低減させる効果があり，それを含んだ計算式も提案されている[15.1]．

地盤の変形係数とポアソン比は，一軸圧縮試験や平板載荷試験，せん断波速度測定など種々の方法で推定される．一軸圧縮試験が困難な砂質土の変形係数については，正規圧密された砂に対して $E_s=1,400\overline{N}$ (kN/m$^2$)，過圧密された砂に対して $E_s=2,800\overline{N}$ (kN/m$^2$) の経験式が知られている．$\overline{N}$ は，基礎底面から接地幅 $B$ に等しい深さまでの平均 $N$ 値である．ポアソン比は飽和粘性土で $\nu_s=0.50$，砂で $\nu_s=0.25\sim0.35$（通常 0.3），関東ロームで $\nu_s=0.15\sim0.45$（通常 0.3）が概算値として知られている．

(3) 圧密沈下

透水係数の小さい粘土質地盤は圧縮力が作用すると，内部の水分が少しずつ絞り出され，長期間にわたって沈下が起こる．これを**圧密沈下**（consolidation settlement）という．圧密を生じさせる鉛直方向の土中応力を**圧密応力**，上載荷重を**圧密荷重**という．

粘土質地盤の圧密応力が，建物を建設する前に $\sigma_z$，建物を建設した後に $\sigma_z+\Delta\sigma_z$ になるとする．先行圧密応力度を $\sigma_{z0}$ とすると，$\sigma_{z0}<\sigma_z$ を**未圧密**の状態といい，現在も圧密沈下が進行していることを表している．$\sigma_{z0}=\sigma_z$ を**正規圧密**の状態といい，現在の応力で圧密がちょうど完了していることを表している．$\sigma_{z0}>\sigma_z$ を**過圧密**の状態といい，過去に受けた氷河などの大きな圧密荷重によって圧密が十分進んでいることを表す．さらに，$\sigma_{z0}\geq\sigma_z+\Delta\sigma_z$ ならば建設後に圧密沈下が起こらない．

先行圧密応力 $\sigma_{z0}$ による初期間隙比を $e_0$，建設後の圧密応力 $\sigma_z+\Delta\sigma_z$ による圧密終了後の間隙比を $e$ とすると，体積変化率は 15.2.3 項で述べた間隙比の定義より

$$\frac{\Delta V}{V}=\frac{(1+e)V_s-(1+e_0)V_s}{(1+e_0)V_s}=\frac{e-e_0}{1+e_0} \quad (<0)$$

となる．$z$ 方向の土柱の側方にはひずみが生じないので，$\Delta V/V$ がそのまま鉛直方向のひずみとなる．深さ $z=h\sim h+\Delta h$ に圧密層があるとき，圧密沈下量 $S_c$ は

$$S_c = \int_h^{h+\Delta h} \frac{e_0 - e}{1 + e_0} dz = \int_h^{h+\Delta h} \frac{C_c \log_{10}(\sigma_z + \Delta \sigma_z) - C_c \log_{10} \sigma_{z0}}{1 + e_0} dz$$

となる．ここで，$C_c$ は図15.18 に示すように，圧密試験から得られる $e$-$\log \sigma_z$ 線図の勾配すなわち圧縮指数である．$\Delta h$ が小さければ，$\sigma_z + \Delta \sigma_z$ は $z = h \sim h + \Delta h$ の区間でほぼ一定とみなせるので，上式は次のように近似できる．

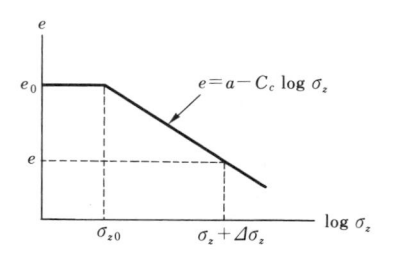

**図 15.18** 圧密応力と間隙比の関係（$e$-$\log \sigma_z$ 線図）

$$S_c = \frac{C_c \Delta h}{1 + e_0} \cdot \log_{10} \frac{\sigma_z + \Delta \sigma_z}{\sigma_{z0}} \quad (15.13)$$

圧密層が厚い場合は，図15.19のように適当に層厚を分割し，それぞれについて上式で沈下量を計算して足し合わせればよい．土中応力 $\sigma_z$ はすでに述べたブーシネスク解を用いて求め

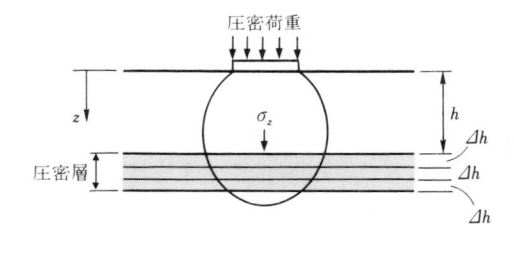

**図 15.19** 圧密層

ることができる．なお，圧密応力は長期荷重によるものを使用すればよく，短期荷重による圧密沈下は考えなくてよい．

### （4） 許容沈下量

構造物に障害をもたらす沈下は**不同沈下**による変形角で，これによってひび割れなどの障害が生じる．コンクリート構造物では変形角が約 1/1,000 でひび割れが生じるとされている．しかし，図 15.20 に例示した変形角やそれのもとになる相対沈下量は建物の剛性も関係するので算定が困難である（図の相対沈下量は建物の回転成分を含んだものであるが，建物を剛体とみなして回転成分を除いたものを相対沈下量と定義することがある）．

そこで，変形角や相対沈下量の代わりに絶対沈下量を計算し，その値に制限を設ける方法をとることが多い．これは，変形角や相対沈下量が絶対沈下量と

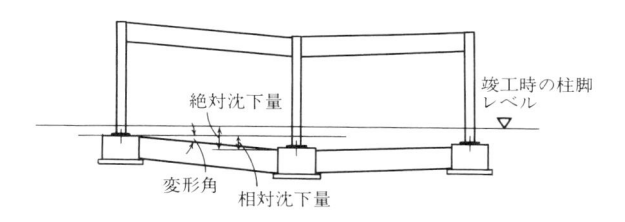

**図 15.20** 不同沈下

正の相関をもっているからである．たとえば，RC造の独立基礎の許容絶対沈下量は，即時沈下に対して標準値 2.0 cm，最大値 3.5 cm，圧密沈下に対して標準値 5.0 cm，最大値 10 cm という値が目安となっている．圧密沈下のほうが緩い値となっているのはコンクリートのクリープによる追随性が期待できるためである．剛性の高い連続基礎やべた基礎では，相対沈下が低減されるので，上記の2倍程度を許容絶対沈下量としている．

鉄骨造はコンクリート系よりも延性に富んでいるので不同沈下による障害が起きにくいが，仕上材等の損傷を防止するためには変形角を通常の場合 1/200 程度に押さえておく必要があるとされている．これはコンクリート造の変形角の限界値の5倍程度であるので，許容絶対沈下量は標準値で 10 cm，最大値で 20 cm 程度となる．これは，即時沈下と圧密沈下の両方に適用される．ただし，この許容沈下量は非構造材に損傷が生じないように設定されたものであるので，付加応力による構造躯体の降伏や床面傾斜による居住性の障害などにも配慮する必要がある．なお，低層の鉄骨造では，不同沈下が生じた場合，柱脚をジャッキで持ち上げて不陸を修正するジャッキアップ工法を用いて不同沈下に対処する方法がある．

### 15.3.4 液状化

地盤の**液状化** (liquefaction) というのは，振動や衝撃がもたらす間隙水圧の上昇によって地盤がせん断抵抗を失い流動状態に陥る現象をいう．液状化は，一般に 20 m 以浅にある地表面付近の砂質地盤が地下水で飽和しているときに地震の作用で起きる．また，砂が中砂に属し粒径が比較的よく揃っている場合や，砂があまりよく締まっていない場合には，液状化の危険性が高まる．

液状化が起こると，基礎の沈下や傾斜あるいは浮上がりが生じるため，建物全体が傾いたり，場合によっては転倒することがある．わが国では，1964年の新潟地震で液状化による建物の大きな被害が生じ，これを契機に液状化対策技術が発達した．液状化を防止するには，種々の地盤改良の方法（液状化しない粒度分布の土に置換したり，締固めたり，脱水したり，固化材で固結させたりする方法）がある[15.1]．地盤改良を行わない場合は，基礎底面を液状化しない地層まで下げるか，あるいは杭基礎を採用する．

## 15.4 杭 基 礎

### 15.4.1 杭の種類

すでに述べたように，杭は既製杭と場所打ちコンクリート杭がある．既製杭を材料で分けると木杭，コンクリート杭，鋼杭の3種類がある．木杭はめったに使われなくなったが，地下水位より常に下にある松杭の耐久性は満足できるものであることが知られている．

既製コンクリート杭は，最近では，遠心力成形杭が主流となっており，その中には**鉄筋コンクリート杭**（**RC杭**と呼ばれる，JIS A 5310），**プレストレストコンクリート杭**（**PC杭**，JIS A 5335（1993年廃止）），**高強度プレストレストコンクリート杭**（**PHC杭**，JIS A 5337）がある．このうち，PHC杭がもっとも多く用いられている．これらの既製コンクリート杭は，鋼杭に比べると引張耐力，曲げ耐力，衝撃耐力が劣っているので，運搬や施工において損傷が生じないように注意が必要であり，施工方法はJIS A 7201（遠心力コンクリート杭の施工標準）に規定がある．

鋼杭には，**鋼管杭**（JIS A 5525）と**H形鋼杭**（JIS A 5526）があるが，鋼管杭のほうが多く用いられている．鋼管杭は先端を閉じた閉端鋼管杭と先端が開いた開端鋼管杭があるが，後者の開端杭がもっぱら使用されている．開端杭は，地中に貫入する過程で土が鋼管内部に侵入し，管内に形成される土柱が強固な栓となって閉端杭に近い支持力を発揮する．これを**閉塞効果**と呼んでいる．鋼杭は強度，変形能および継手性能がコンクリート杭より優れているが，腐食に対して注意が必要である．鋼材の土中腐食については種々の複雑な要因（土質

や水質，土中のバクテリアや迷走電流など）が関係し，腐食速度の予測は困難で，まだその技術は確立されていない．そこで，今までの使用実績をもとにして，**腐食代**（しろ）を与えて対処する方法が一般にとられている．通常は，土と接する鋼材面に1mm（鋼管杭では外周に1mm，H形鋼杭ではフランジ・ウェブとも板厚の両側に1mmずつ）の腐食代を与える．鋼杭の年間腐食速度は0.01mmといわれており，腐食代1mmにより100年の耐用年数が期待されるが，腐食環境の厳しいところでは腐食代を増やしたり防食塗装などの対策が必要である．

### 15.4.2　杭基礎の荷重伝達

柱脚位置に上部構造から作用する鉛直力・曲げモーメント・水平力は，基礎スラブ（パイルキャップ）を介して杭へ伝わる．このとき，剛な基礎梁があるときは，図15.21(a)のように，曲げモーメントは基礎梁に伝わり，杭は鉛直力と水平力を負担し，基礎スラブは回転を起こさず水平移動だけとなる．基礎梁がないときあるいは十分剛でないときは，図(b)のように曲げモーメントも杭に伝わり，基礎スラブは水平移動とともに回転を起こす．

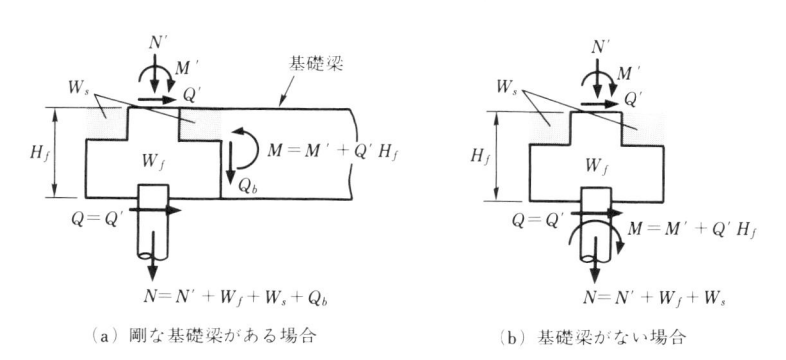

(a) 剛な基礎梁がある場合

$M = M' + Q'H_f$
$Q = Q'$
$N = N' + W_f + W_s + Q_b$

(b) 基礎梁がない場合

$M = M' + Q'H_f$
$Q = Q'$
$N = N' + W_f + W_s$

図 15.21　杭頭に作用する力

基礎スラブ底面すなわち杭頭位置に作用する曲げモーメント$M$，鉛直力$N$，水平力$Q$が杭によってどのように支持されるかを図15.22を用いて説明しよう．まず，図(a)の鉛直下向きの力$N$に対しては，基礎スラブ下面の地盤は沈下の可能性があるのでその寄与は考慮せず，すべて杭が受け持つとする．この

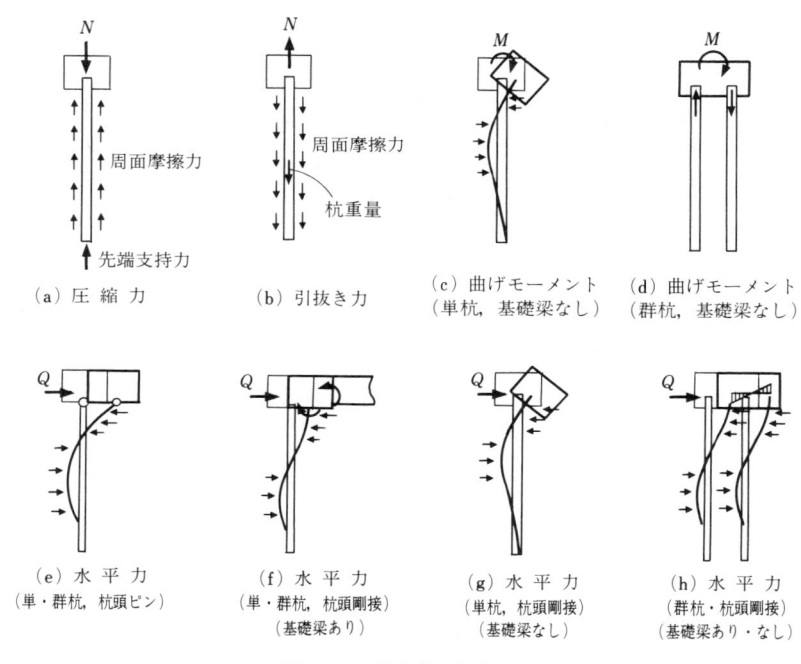

図 15.22 杭基礎の荷重伝達

とき，支持杭のときは杭先端における地盤の支持力が抵抗し，摩擦杭のときは杭周面と地盤との摩擦力が抵抗する．なお，支持杭では先端支持力と周面摩擦力の両方を協力させることもできる．図 (b) の鉛直上向きの力，すなわち引抜き力の場合も杭だけで負担し，杭の重量および杭の周面摩擦力で抵抗する．

曲げモーメント $M$ は通常基礎梁に伝わり杭は負担しないとするが，基礎梁がない場合や剛性が十分でない場合には杭が曲げモーメントを負担する．このとき，図 (c) の単杭の場合は，杭を周辺地盤で連続的に支持された弾性床上の梁として扱い，杭が地盤から受ける側圧分布で曲げモーメントに抵抗する．この場合，杭頭が曲げモーメントを伝えられるように杭頭は基礎スラブに剛接合されていなければならない（もし杭頭がピンならば，当然，構造解析において $M=0$ となる）．図 (d) の群杭に対する曲げモーメントは圧縮側と引張側の杭が偶力で抵抗する．

## 15.4 杭 基 礎

　水平力 $Q$ に対しては，基礎スラブ前面の受働土圧と側面の摩擦で抵抗する分を差し引いた残りを杭が分担するので，杭の分布率を定めて設計することも可能である．しかし，基礎スラブ周辺の地盤は掘削工事で乱され埋戻し土はよく締まっていないので，水平力をすべて杭に負担させる考えもある．まず，杭頭が基礎スラブとピン接合されているならば，基礎梁の有無によらず，また単杭と群杭によらず，杭の変形状態は図 (e) となり，杭頭には水平変位が生じるが曲げモーメントは 0 である．この杭頭条件を**杭頭ピン**と呼んでいる．しかし，杭頭をピンとすることは通常の構法では無理があるので，杭頭は剛接合と考えて設計したほうが杭の損傷を防止するうえで有効である．実際，1995 年兵庫県南部地震における杭基礎の被害の中で杭頭破損が多くを占めている[15.4]．次に，十分剛な基礎梁があり，杭頭が基礎スラブに剛接合されているならば，単杭と群杭によらず杭の変形状態は図 (f) となり，杭頭には回転が生じない代わりに水平変位と曲げモーメントが生じる．このような場合を**杭頭固定**と呼んでおり，杭頭の曲げモーメントは基礎梁で処理される．剛な基礎梁がなく杭頭が基礎スラブと剛接合されている場合には，単杭では図 (g) となり，杭頭モーメントは 0 であるが，杭の曲げ変形にともなって基礎スラブが回転する．群杭の場合には図 (h) となり，門形ラーメンの場合と同様に杭と杭間の基礎スラブに曲げモーメントが生じる．それにともなって杭には偶力が生じるので，杭の圧縮と引抜きによる杭の伸縮により基礎スラブが回転することになるが，通常は無視できる．

### 5.4.3 杭の鉛直支持力

　杭の**許容鉛直支持力** $R_a$ は，杭体の許容圧縮耐力 $R_{pa}$ と地盤の許容支持力 $R_{sa}$ のうち小さいほうで決まる．

$$R_a = \min\{R_{pa},\ R_{sa}\} \tag{15.14}$$

　まず，杭体の圧縮耐力は，杭の材種ごとに許容圧縮応力度 $f$ が定められているので，それに杭の断面積 $A$ を乗じることによって得られる．

$$R_{pa} = f \cdot A \tag{15.15}$$

　たとえば，鋼杭では腐食代を除いた断面の局部座屈強さと降伏強さの小さいほうが短期許容応力度となり，それに腐食代を除いた断面積を乗じたものが短

期許容耐力となる．鋼杭では短期許容耐力を 1.5 で除したものが長期許容耐力である．鋼管杭では，上部構造で用いる円形鋼管の限界径厚比よりも厳しい値 25 が設定されており，それを超えると次式のように径厚比に応じて許容圧縮応力度を 0.8 倍まで低減させている．

鋼管杭の許容圧縮応力度：$f = R_c \dfrac{F}{1.5}$（長期），$R_c F$（短期） (5.16a)

ここで，$R_c = 0.80 + 5 \times \dfrac{t-c}{d}$ ただし，$R_c \leq 1.0$ (15.16b)

ここで，$F$ は鋼管杭の設計基準強度，$d$ と $t$ は鋼管杭の直径（外径）と厚さ，$c$ は腐食代（通常 1.0 mm）である．

従来，長い既製杭については施工上の品質低下を考慮して許容応力度を低減していたが，接合部の性能が向上したことや長い杭の施工技術が一般化したことから，長さ径厚比が大きい場合（従来，鋼管杭については $L/d > 100$ となる場合）の許容応力度の低減は行わなくてよいことになっている．

次に，杭を支持する地盤の許容支持力 $R_{sa}$ は，杭の先端支持力と周面摩擦力の和となるが，これを求めるには次の方法がある．

**1） 杭の載荷試験による方法**

杭の鉛直載荷試験から得られる極限支持力 $R_u$ の 1/3 を長期許容鉛直支持力とし，短期は長期の 2 倍とする方法が用いられている．

杭の許容鉛直支持力：$R_{sa} = \dfrac{R_u}{3}$（長期），$\dfrac{2}{3} R_u$（短期）（kN） (15.17)

埋込み杭や場所打ちコンクリート杭では，掘削孔の底面にスライムが残留すると極限支持力を発現するまでに大きな沈下をともなうので，施工に当たってはスライムが残らないように注意する必要がある．

**2） 支持力算定式による方法**

種々の支持力算定式が学会指針や国土交通省告示で提案されているが，後者を紹介すると次のとおりである．

長期許容鉛直支持力：

$$R_{sa} = \dfrac{1}{3}\left[m \cdot \overline{N} \cdot A_p + \left(\dfrac{10}{3} \overline{N}_s \cdot L_s + \dfrac{1}{2} \overline{q}_u L_c\right)\phi\right] - W_p \quad \text{(kN)} \quad (15.18)$$

短期許容鉛直支持力は上式の 1/3 を 2/3 に置き換えた式で算定する．上式右

辺［　］内の第1項が杭先端支持力で（杭先端の支持地盤が砂質土または砂礫土であることを前提としている），第2項が杭周面摩擦力である．したがって，完全な支持杭では第2項を0，完全な摩擦杭では第1項を0とすればよい．

杭の支持力は施工法の影響を受けるので，それが上式の $m$ に反映されている．すなわち，打込み杭では $m=300$，セメントミルク工法による埋込み杭では $m=200$，アースドリル工法等による場所打ち杭では $m=150$ である．これ以外の工法には上式を適用できない．

上式の $\overline{N}$ は杭先端付近の地盤の平均 $N$ 値で60を超すときは60とする．$\overline{N_s}$ と $L_s$ は杭周面が接する地盤のうち砂質地盤の平均 $N$ 値と層厚（m）で，$\overline{N_s}$ が30を超えるときは $\overline{N_s}$ を30とする．$\overline{q_u}$ と $L_c$ は杭が貫通する地盤のうち粘土質地盤の一軸圧縮強さの平均値と層厚である．$\overline{q_u}$ が $200\,\mathrm{kN/m^2}$ を超えるときは $\overline{q_u}$ を200とする．$\phi$ は杭の周長（m），$W_p$ は杭の自重（kN）である．打込み杭では $W_p=0$ としてよい．$A_p$ は杭先端の有効断面積（m²）で，閉端杭の場合は杭の外周で囲まれた面積とし，開端杭の場合は閉塞効果を考慮して低減する．たとえば，鋼管杭では

$$2 < \frac{H}{d_i} \leq 5 \text{ のとき}, \quad A_p = 0.04\pi d \cdot H \qquad (15.19\mathrm{a})$$

$$5 < \frac{H}{d_i} \text{ のとき}, \quad A_p = 0.2\pi d^2 \qquad (15.19\mathrm{b})$$

とする．$d$, $d_i$ は鋼管杭の外径と内径，$H$ は杭先端の支持層への根入れ深さである．

**3）　杭打ち試験による方法**

この方法は打込み杭に適用され，杭打ち時の打撃エネルギー $F_I$（kN・m）と杭の最終貫入量 $S$（m）から鉛直支持力を推定する方法で種々の提案式がある．たとえば，次の旧建設省告示式が用いられてきた（2001年廃止）．

$$\text{長期許容鉛直支持力}：R_{sa} = \frac{F_I}{5S+0.1} \quad (\mathrm{kN}) \qquad (15.20)$$

短期は長期の2倍とする．この杭打ち式による支持力の推定はあまり精度がよくないので主として施工管理に用いられる．

杭の鉛直支持力の算定において，いくつかの注意すべき点がある．（1）杭が

接近して用いられるときは群杭効果の配慮が必要である[15.1]．（2）圧密沈下が起こる粘土質地層を杭が貫通する場合には，**負の摩擦力**（杭周に下向きに作用する摩擦力）を考慮しなければならない[15.1]．（3）液状化が起こる砂質地盤を杭が貫通する場合には，その部分の周面摩擦力を地震荷重時の検討において0とする必要がある．（4）負の摩擦力または液状化が考えられる場合には，上記3種類の支持力算定法のうち，載荷試験による方法と杭打ち試験による方法は適用できない．

杭に鉛直荷重が作用すると，直接基礎の場合と同様に沈下が起こる．このとき，許容沈下量を超える場合には，それを杭の**鉛直許容耐力**として，杭に作用する鉛直荷重がこれを超えないように設計する必要がある[15.1]．

### 15.4.4 杭の水平抵抗

杭頭に作用する曲げモーメント $M$ と水平力 $Q$ に対して，杭の挙動は半無限長の梁が弾性床で支持されているとみなし，次の**チャン**（Y. L. Chang）の式で杭の曲げ変形や応力状態を算定することができる[15.7]．図15.23の座標系を用いると

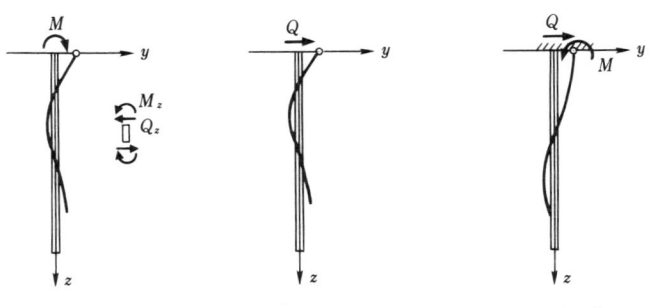

(a) 杭頭ピン，曲げ　　(b) 杭頭ピン，せん断　　(c) 杭頭固定，曲げせん断

**図 15.23 杭の曲げ挙動**

杭頭ピンのとき（図 (a)，(b)，通常 $M=0$ であるが $M$ を含めた解を示す）

$$y = \frac{e^{-\beta z}}{2EI\beta^3} [\beta M(\cos\beta z - \sin\beta z) + Q\cos\beta z] \quad (15.21\text{a})$$

## 15.4 杭基礎

$$M_z = -\frac{e^{-\beta z}}{\beta}[\beta M(\cos\beta z + \sin\beta z) + Q\sin\beta z] \quad (15.21\text{b})$$

$$Q_z = e^{-\beta z}[2\beta M\sin\beta z - Q(\cos\beta z - \sin\beta z)] \quad (15.21\text{c})$$

杭頭固定のとき（図(c)）

$$y = \frac{Q}{4EI\beta^3}e^{-\beta z}(\cos\beta z + \sin\beta z) \quad (15.22\text{a})$$

$$M_z = \frac{Q}{2\beta}e^{-\beta z}(\cos\beta z + \sin\beta z) \quad (15.22\text{b})$$

$$Q_z = -Qe^{-\beta z}\cos\beta z \quad (15.22\text{c})$$

ここで，$y$, $M_z$, $Q_z$ は地中における杭の水平変位，曲げモーメント，せん断力で，杭頭での値は $z=0$ とすればよい．なお，杭頭の回転角 $\theta$ は $(dy/dz)_{z=0}$ である．$\beta$ は次式で定義される．

$$\beta = \sqrt[4]{\frac{k_h B}{4EI}} \quad (1/\text{m}) \quad (15.23)$$

右辺の $EI$ は杭の曲げ剛性（kN·m²），$B$ は杭径（m），$k_h$ は水平地盤反力係数（kN/m³）である．

図(a), (b), (c) とも横変位は杭頭で最大となり，深さとともに減衰する．図(a)の杭頭曲げモーメント $M$ によって生じる最大曲げモーメントは杭頭 $z=0$ で生じる．図(b)の杭頭水平力 $Q$ によって生じる最大曲げモーメントは地下 $z=0.79/\beta$ で生じその大きさは $0.32Q/\beta$ である．図(c)の杭頭水平力 $Q$ によって生じる最大曲げモーメントは杭頭で生じその大きさは $Q/(2\beta)$ であり，地中部の最大曲げモーメントは $z=1.57/\beta$ で生じその大きさは $0.104Q/\beta$ である．図(c)の杭頭にはせん断力だけでなく曲げモーメントが作用するので，杭頭接合部はこの応力に耐えられるものでなければならない．

以上述べたチャンの式は杭の長さ $L$ が無限に長い場合の解であるが，$L \geq 2.25/\beta$ であれば近似的に成立する．これより短い杭では計算式が異なってくる．また，チャンの式は深さ方向に $k_h B$ が一定であることを仮定しているので，$k_h B$ が深さ方向に一定でない場合にも計算式が異なってくる[15.1]．

杭に作用する軸力 $N$ による軸方向応力度と曲げモーメント $M_z$ による曲げ応力度を足し合わせた直応力度 $\sigma$，およびせん断力 $Q_z$ によるせん断応力度 $\tau$ は，

杭の断面積を $A$, 断面係数を $Z$ とすると次式で算定される.

$$\sigma = \frac{N}{A} \pm \frac{M_z}{Z}, \quad \tau = \frac{Q_z}{A} \qquad (15.24\text{a, b})$$

これらが杭材および接合部の許容圧縮応力度, 許容引張応力度, または許容せん断応力度に達したところで杭の**許容水平抵抗力**が定まる. また, 杭頭の水平変位に制限を設ける必要がある場合には, それで決まる杭の水平力と上記の許容水平抵抗力のうち小さいほうが設計で採用される杭の**許容水平耐力**となる.

上で見たように, 杭の水平抵抗は**水平地盤反力係数** $k_h$ の影響を受ける. $k_h$ を求めるには次の方法がある.

1) 杭の水平載荷試験による方法

杭の水平載荷試験により, 水平加力によって生じる水平変位や回転角, 杭体のひずみを計測して $k_h$ を逆算する.

2) 地盤の変形係数から推定する方法

地盤の変形係数 $E_s$ (kN/m²) をボーリング孔内載荷試験, または粘土質地盤では乱さない試料の一軸または三軸圧縮試験, 砂質地盤では $E_s = 700\overline{N}$ で推定する. これを用いて次式より $k_h$ を算定する.

$$k_h = 80 \overline{E}_s B^{-3/4} \quad (\text{kN/m}^3) \qquad (15.25)$$

$\overline{E}_s$ や $\overline{N}$ は杭の挙動に支配的な杭頭から $1/\beta$ の深さの平均的な値とする. $B$ は杭径で上式に限り cm で表した数値を用いる. なお, 群杭では $k_h$ が低下することを考慮して, 上式に杭間隔に応じた群杭係数を乗じる方法がある[15.1].

### 15.4.5 杭の引抜き抵抗

杭の**引抜き抵抗力**は, 抗体の引張耐力と地盤による摩擦抵抗力の小さいほうで決まる. 抗体の許容引張耐力は杭材料の許容引張応力度に杭の断面積を乗じて算定されるが, 接合部の強度にも注意を払う必要がある.

地盤との摩擦による許容引抜き抵抗力の算定には次の方法がある.

1) 杭の引抜き試験による方法

杭の引抜き試験を行い, 杭自重 $W_p$ を除いた極限引抜き荷重が $_tR_u$ のとき許容引抜き抵抗力 $_tR_a$ を次式で定める.

許容引抜き力：${}_tR_a = \frac{1}{3}{}_tR_u + W_p$（長期），$\frac{2}{3}{}_tR_u + W_p$（短期）　　（15.26a, b）

なお，杭が地下水位より下にあるときは $W_p$ を浮力を減じた値とする．

2) 引抜き力算定式による方法

杭の引抜き抵抗算定式には種々あるが，鉛直支持力を算定する式 (15.17) のなかの周面摩擦力を取り出して安全率を調整した次式が用いられている．

長期許容引抜き抵抗力：$R_{sa} = \frac{4}{15}\left(\frac{10}{3}\overline{N}_s \cdot L_s + \frac{1}{2}\overline{q}_u L_c\right)\phi + W_p$　　（15.27）

短期は上式の 4/15 を 8/15 に置き換える．地震荷重に対しては，液状化する恐れのある砂質土層の $\overline{N}_s$ を 0 とする必要がある．群杭では，杭全体がまとまって引き抜かれることがあるので，すべての杭を包絡する外周のせん断抵抗で引抜き抵抗を算定し，これが単杭としての引抜き抵抗の総和より小さければ，前者の群杭としての引抜き抵抗力を採用する必要がある．

## 15.5 基礎の設計

### 15.5.1 基礎の設計規範

基礎構造は，従来よりすべての荷重の組合せに対して許容応力度設計法で設計してきた．一方，上部鉄骨構造のほうは大地震に対して終局耐力設計法により安全性を確かめており，地震荷重に対する上部構造と基礎構造の設計が一貫していない面がある．これには，次のような理由がある．（1）基礎構造の崩壊が建物の安全性すなわち人命を脅かす直接的原因になりにくいこと，（2）基礎構造は修復が困難であるので損傷が生じないようにしておくのが望ましいこと，（3）基礎構造の終局耐力は個々の地盤条件や施工法の影響を受け，そのような千差万別な条件を包含する終局耐力式をつくることに無理があること，（4）上部構造の終局耐力については多くの実験で確認されているが，基礎構造については実証実験が困難であり終局耐力式の信頼性が上部構造に比べて低いこと，などである．本章でも，従来の考えに基づき，許容応力度設計法の枠組みで基礎構造の挙動と設計を解説している．

基礎構造は地盤の性質を抜きにしては設計できない．地盤を構成している土を材料と考えると，土は上部構造で用いる鋼材やコンクリートと比べて強度が

低いだけでなく，ヤング係数（変形係数）も著しく小さい．したがって，基礎の設計では強さだけでなく変形についても細心の注意を払う必要がある．たとえば，すでに述べたように，直接基礎における地盤の許容耐力は，強さで決まる許容支持力と変形で決まる許容支持力のうち小さいほうを採用し，接地圧がそれを超えないことを設計規範としている．このような考えは，鉄骨構造を許容応力度設計する際に，許容応力度と許容たわみの両方で検定していることと共通している．

### 15.5.2 直接基礎の設計例

図 15.24 に示す基礎梁のない門形ラーメンの独立フーチング基礎を設計してみよう．荷重の組合せは長期が D+L，短期が D+L+E で，地震荷重 E は向きを考慮し，表 15.4 に示す①，②，③の荷重ケースについて検討する．柱脚位置に作用する力は同表に示す $M'$, $N'$, $Q'$ である．曲げモーメントの向きを考慮して基礎スラブは図 15.25 に示すように建物の外側へ広げてある．

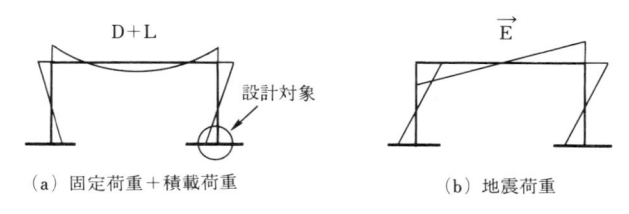

(a) 固定荷重＋積載荷重

(b) 地震荷重

図 15.24 設計骨組と荷重条件

基礎および埋戻し土の重量を考慮し基礎スラブ底面の中心に作用する $M$, $N$, $Q$ を計算した結果が表 15.4 にあわせて記入してある．地盤は図 15.26 のように地表から 16 m まで粘土質地盤でその下はよく締まった砂礫層とする．粘土質地盤は均一とし土質条件は表 15.5 に示すとおりである．なお，

表 15.4 応力算定表

| 応力 | 荷重ケース | | |
|---|---|---|---|
| | ① D+L | ② D+L+$\vec{E}$ | ③ D+L+$\overleftarrow{E}$ |
| $N'$ (kN) | 400 | 420 | 340 |
| $M'$ (kN-m) | 300 | 570 | 10 |
| $Q'$ (kN) | 80 | 150 | 5 |
| $N$ (kN) | 969 | 989 | 909 |
| $M$ (kN-m) | 49 | 439 | −331 |
| $Q$ (kN) | 80 | 150 | 5 |
| $\theta$ (°) | 4.7 | 8.6 | 0.3 |

## 15.5 基礎の設計

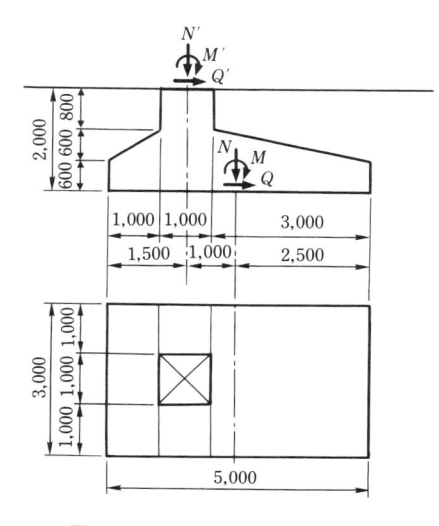

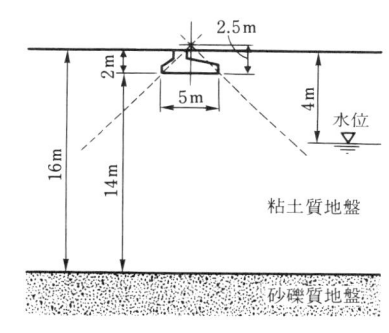

**図 15.25** 設計建物の基礎形状と寸法

**図 15.26** 地層

**表 15.5** 土質条件（粘性土）

| $\gamma$ kN/m³ | ($N$値) | $q_u$ kN/m² | $\phi$ | $c$ kN/m² | $E_s$ kN/m² | $\nu_s$ | $e_0$ | $C_c$ |
|---|---|---|---|---|---|---|---|---|
| 15 | (4) | 70 | 0 | 35 | 3,000 | 0.5 | 1.7 | 0.5 |

地下水位は $-4.0\,\mathrm{m}$ とする．

まず，地盤の支持力について検討する．すべての荷重ケースについて $M/N \leq D/6$ となっているので，最大接地圧 $q_{max}$ の算定には式（15.4a）が適用され

$$\text{ケース①}: q_{max}=68.5\,\mathrm{kN/m^2}\,（長期）$$
$$\text{ケース②}: q_{max}=101.1\,\mathrm{kN/m^2}\,（短期）$$
$$\text{ケース③}: q_{max}=87.1\,\mathrm{kN/m^2}\,（短期）$$

となる．地盤の許容支持力度 $q_a$ は式（15.7），（15.8）より

長期許容支持力度：$q_a=69.0\,\mathrm{kN/m^2}$（ケース①）

短期許容支持力度：$q_a=126\,\mathrm{kN/m^2}$（ケース②），$152\,\mathrm{kN/m^2}$（ケース③）

となる．いずれの荷重ケースについても $q_{max} \leq q_a$ となっているので支持地盤に安全である．

基礎スラブ底面の極限水平抵抗力は式（15.5）より，$Q_u=525\,\mathrm{kN}$ となる．長

期許容水平抵抗力は $Q_a=Q_u/3=175\,\text{kN}$,短期許容水平抵抗力は $Q_a=2\,Q_u/3=350\,\text{kN}$ である.いずれの荷重ケースについても作用水平力 $Q$ は $Q_a$ を超えていないので,水平荷重に対して基礎は安全であることがわかる.

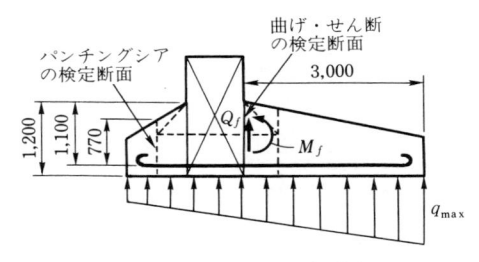

図 15.27 フーチングの応力

次に,フーチングの検討を行う.フーチングの張出し部分を図 15.27 のように付け根から長さ 3 m の片持梁と考える(この場合,スラブの中心すなわち先端から 2.5 m の位置に鉛直荷重 $N$ が作用しているので,その位置で断面応力の検定をするのがよいが,直交する基礎梁の面がスラブの付け根にあるとし,$N$ を考慮しない安全側の検定をすることとした).長期と短期の許容耐力の差を考えると,荷重ケース①が最も厳しい条件となる.簡単のため $q_{max}$ が均等に分布しているとするとスラブの付け根における単位幅当たり曲げモーメントとせん断力は $M_f=308\,\text{kN}\cdot\text{m}$,$Q_f=206\,\text{kN}$ となる.コンクリートは $F_c=18\,\text{N/mm}^2$,鉄筋は SD295A($F=295\,\text{N/mm}^2$)を使用し D 22 @ 200 とすると

長期許容曲げ耐力:

$$M_a=f_t a j=\frac{F}{1.5}na_0\frac{7d}{8}=\frac{295}{1.5}\times(5\times387.1)\times\frac{7\times1,100}{8}=366\times10^6\,\text{N}\cdot\text{mm}$$

長期許容せん断耐力:

$$Q_a=f_{cs}wj=\frac{F_c}{30}w\frac{7d}{8}=\frac{18}{30}\times1,000\times\frac{7\times1,100}{8}=525\times10^3\,\text{N}$$

長期許容パンチングシア耐力:

$$Q_{pa}=f_{cs}A_{ps}=\frac{F_c}{30}l_e\frac{7d}{8}$$

$$=\frac{18}{30}\times(4\times1,000+\pi\cdot1,100)\times\frac{7\times770}{8}=3,010\times10^3\,\text{N}$$

$M_f\leq M_a$,$Q_f\leq Q_a$,$N\times\dfrac{BD-A_1}{BD}\leq Q_{pa}$($A_1$ はパンチングシア検定断面で囲まれた底面積)であるので,基礎スラブの曲げ,せん断,パンチングシアは問題ないことがわかる.

## 15.5 基礎の設計

次に，即時沈下の計算をする．曲げモーメントによる接地圧の勾配を無視し，基礎重量による沈下は鉄骨建方時に調整できるとして，上部構造からの鉛直力 $N'$ のみを考慮して計算すると式 (15.12) より，$I_s = 1.0$ とすると，$N'$ が最大となる荷重ケース②で

$$S_E = I_s \cdot \frac{1-\nu_s^2}{E_s} \cdot q \cdot B = 1.0 \times \frac{1-0.5^2}{3{,}000} \times \frac{420}{3 \times 5} \times 3 = 0.021 \text{ m}$$

となる．鉄骨造建築物では 2.1 cm の即時沈下は問題ないであろう．

次に，圧密沈下の計算をする．簡単のためブーシネスク式の代わりに，基礎底面下の土中応力が図 15.26 に示すように長辺方向にのみ 45°の角度で拡散するとする．建設後の鉛直応力度の増加は基礎底面のレベルで

$$\Delta \sigma_z = \frac{N}{BD} - \gamma D_f = \frac{969}{3 \times 5} - 15 \times 2 = 34.6 \text{ kN/m}^2$$

である．地盤は正規圧密とし，先行圧密応力 $\sigma_{z0}$ が現在の応力 $\sigma_z$ と等しいとする．$\sigma_z = \gamma z$ で，地下水位以下では $\gamma$ は表 15.5 の値から 9.8 を引いたものとなる．圧力球根の深さを基礎底面幅 5 m の 2 倍とし，その間を 1 m ごとに分割し，その中心で $\sigma_z$ を代表させる．式 (15.13) に基づいて計算した表 15.6 の数値から

$$S_c = \sum \frac{C_c \Delta h}{1+e_0} \cdot \log_{10} \frac{\sigma_z + \Delta \sigma_z}{\sigma_{z0}} = \frac{0.5 \times 1}{1+1.7} \times 0.87 = 0.16 \text{ m}$$

**表 15.6** 圧密沈下計算表

| 層番号 | 層厚 (m) | 代表深さ (m) | $\sigma_z = \sigma_{z0}$ (kN/m²) | $\Delta \sigma_z$ (kN/m²) | $\log_{10} \dfrac{\sigma_z + \Delta \sigma_z}{\sigma_{z0}}$ |
|---|---|---|---|---|---|
| 1 | 1 | 2.5 | 37.5 | 28.8 | 0.247 |
| 2 | 1 | 3.5 | 52.5 | 21.6 | 0.150 |
| 3 | 1 | 4.5 | 62.5 | 17.3 | 0.106 |
| 4 | 1 | 5.5 | 67.5 | 14.4 | 0.084 |
| 5 | 1 | 6.5 | 72.5 | 12.4 | 0.069 |
| 6 | 1 | 7.5 | 77.5 | 10.8 | 0.057 |
| 7 | 1 | 8.5 | 82.5 | 9.6 | 0.048 |
| 8 | 1 | 9.5 | 87.5 | 8.7 | 0.041 |
| 9 | 1 | 10.5 | 92.5 | 7.9 | 0.036 |
| 10 | 1 | 11.5 | 97.5 | 7.2 | 0.031 |
| | | | | 合計 | 0.87 |

となる．16 cm の圧密沈下はやや大きいが，変形追随性のある鉄骨造では許容されるであろう．ただし，建物周辺の道路や配管の設置レベルと建物の床レベルの食い違いが生じてくるので，その点に関してはあらかじめ対策が必要である．

### 15.5.3 杭基礎の設計例

前の例題を鋼管杭（打込み杭）を使った杭基礎で設計してみよう．杭のサイズは $\phi 318.5 \times 10.3$，材質は SKK400（$F = 235 \,\mathrm{N/mm^2}$）とし，杭の配置は図 15.28 とする．杭の外周には腐食代 1 mm を考慮する．支持層の平均 $N$ 値は $\overline{N} = 50$ とし，杭は開端杭で先端を支持層に 1.5 m 貫入させるものとする．

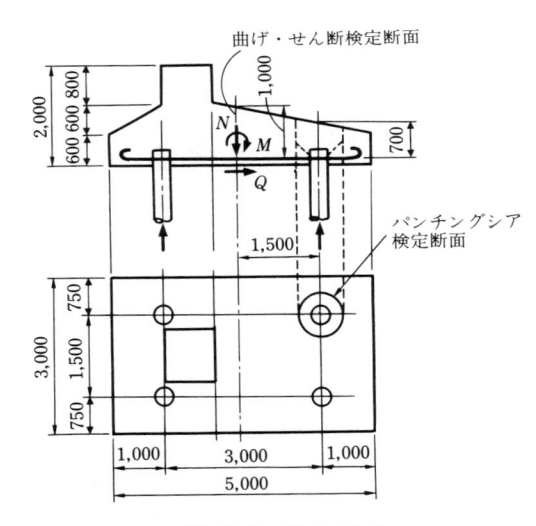

図 15.28 杭の配置

地盤で決まる杭の長期許容支持力は，式（15.18），（15.19）より

$$R_{sa} = \frac{1}{3}\left[m \cdot \overline{N} \cdot A_p + \left(\frac{10}{3}\overline{N}_s \cdot L_s + \frac{1}{2}\overline{q}_u L_c\right)\phi\right]$$

$$= \frac{1}{3}\left[300 \cdot 50 \cdot (0.04\pi \times 0.32 \times 1.5) + \left(0 + \frac{1}{2} \times 70 \times 14\right) \times \pi \times 0.32\right] = 465\,\mathrm{kN}$$

杭体の長期許容耐力は，腐食代 1 mm と式（5.16）の径厚比による低減率 $R_c$

## 15.5 基礎の設計

$$= 0.80 + 5 \times \frac{10.3 - 1.0}{318.5} = 0.95$$ を考慮して次式となる．

$$R_{pa} = R_c \frac{F}{1.5} A = 0.95 \times \frac{235}{1.5} \frac{\pi}{4} [(318.5 - 2.0)^2 - (318.5 - 20.6)^2] = 1,336 \times 10^3 \text{ N}$$

よって，杭の許容支持力は地盤で決まり

長期許容支持力：$R_{sa} = 465 \text{ kN}$

短期許容支持力：$R_{sa} = 465 \times 2 = 930 \text{ kN}$

である．杭に作用する鉛直力を許容支持力と比較すると

ケース①：$R = \dfrac{969}{4} + \dfrac{49}{3} \div 2 = 250 \text{ kN}$ （長期）$< R_{sa} = 465 \text{ kN}$

ケース②：$R = \dfrac{989}{4} + \dfrac{439}{3} \div 2 = 320 \text{ kN}$ （長期）$< R_{sa} = 930 \text{ kN}$

ケース③：$R = \dfrac{909}{4} + \dfrac{331}{4} \div 2 = 282 \text{ kN}$ （長期）$< R_{sa} = 930 \text{ kN}$

となり，杭は鉛直荷重に対して安全である．

断面力が最大となる基礎スラブ中心の断面（幅3m）で検定を行うと，曲げモーメントとせん断力は，ケース①がもっとも厳しく

$$M_f = 250 \times 2 \times 1.5 = 750 \text{ kN·m}, \quad Q_f = 250 \times 2 = 500 \text{ kN}$$

である．コンクリートスラブ（幅3m）の

長期許容曲げ耐力：

$$M_a = f_t a j = \frac{F}{1.5} n a_0 \frac{7d}{8} = \frac{295}{1.5} \times (15 \times 387.5)$$
$$\times \frac{7 \times 1,000}{8} = 1,000 \times 10^6 \text{ N·mm}$$

長期許容せん断耐力：

$$Q_a = f_{cs} w j = \frac{F_c}{30} w \frac{7d}{8} = \frac{18}{30} \times 3,000 \times \frac{7 \times 1,000}{8} = 1,575 \times 10^3 \text{ N}$$

長期許容パンチングシア耐力：

$$Q_{pa} = f_{cs} A_{ps} = \frac{F_c}{30} l_e \frac{7d}{8} = \frac{18}{30} \times \pi(700 + 318) \times \frac{7 \times 700}{8} = 1,170 \times 10^3 \text{ N}$$

$M_f \leq M_a$, $Q_f \leq Q_a$, $250 \text{ kN} \leq Q_{pa}$ であるので基礎スラブの曲げ，せん断，パンチングシアは問題ないことがわかる．

次に，水平力による杭の変形と曲げモーメントを計算する．まず，水平地盤反力係数は式（15.25）より

$$k_h = 80\overline{E}_s B^{-3/4} = 80 \times 3,000 \times 31.8^{-3/4} = 17,900\,\text{kN/m}^3$$

杭の断面2次モーメントは，付録の断面特性表より，$I = 11,900\,\text{cm}^4$ であるので

$$\beta = \sqrt[4]{\frac{k_h B}{4EI}} = \sqrt[4]{\frac{17,900 \times 0.32}{4 \times 205,000 \times 10^3 \times 11,900 \times 10^{-8}}} = 0.49/\text{m}$$

杭頭の変位は1本当たりの杭の水平力を $Q/4$ として，式（15.22a）より $y_{\max} = \dfrac{Q/4}{4EI\beta^3}$ となるので，ケース①と②でそれぞれ $y_{\max} = 0.17,\ 0.33\,\text{cm}$ となる（ケース③は $Q$ が小さいので省略）．水平変位は小さいので問題ないであろう．

杭の最大曲げモーメントは式（15.22b）より $M_{\max} = \dfrac{Q/4}{2\beta}$ となるので，ケース①と②でそれぞれ $M_{\max} = 20.4,\ 38.3\,\text{kN·m}$ となる（ケース③は $Q$ が小さいので省略）．杭の応力度を腐食代を除いた有効断面で検定すると

$$\sigma = \frac{N}{A} \pm \frac{M_z}{Z} = \frac{N}{8,970\,\text{mm}^2} \pm \frac{M_z}{670,000\,\text{mm}^3}$$

$$\tau = \frac{Q/4}{A} = \frac{Q/4}{8,970\,\text{mm}^2}$$

より，ケース①で $\sigma = 58\,\text{N/mm}^2$，$\tau = 2.2\,\text{N/mm}^2$，ケース②で $\sigma = 92\,\text{N/mm}^2$，$\tau = 4.2\,\text{N/mm}^2$ となる．杭の応力度は長期，短期とも許容応力度内に収まっている．

## 演 習 問 題

15.1 本文設計例の直接基礎が十分剛な基礎梁を有するとき基礎底面の寸法を算定せよ．ただし，基礎の根入れを設計例と同じ2mとし，フーチング底面を正方形とする．

15.2 本文設計例であげた杭基礎が十分剛な基礎梁を有するとき，鋼管杭（打込み杭）のサイズと配置を決定せよ．

15.3 建築物の基礎構造の種類を述べよ．

15.4 建築物の基礎を直接基礎とするか杭基礎とするかの判断根拠を述べよ．

15.5 工作用の粘土を用いて本文図15.16に示したプラントルの崩壊機構を再現してみよ．

**15.6** 工作用の粘土に棒を突き刺し，押込みあるいは引抜きの実験をして粘土の粘着力 $c$ を求めてみよ．

**15.7** 水際の砂浜に立って屈伸運動をすると，液状化現象により足下が沈んでいくことを体験してみよ．

[**参考図書**]

- 15.1) 日本建築学会：建築基礎構造設計指針，2001
- 15.2) 日本建築学会：小規模建築物基礎設計の手引き，2001
- 15.3) 日本建築学会：建築基礎設計のための地盤調査計画指針，1997
- 15.4) 日本建築学会：阪神・淡路大震災調査報告 建築編-4（建築基礎構造），丸善，1998
- 15.5) 大崎順彦，古藤田喜久雄：基礎構造（建築学体系16-II），彰国社，1973
- 15.6) 岸田英明ほか：基礎構造の設計（新建築学体系43），彰国社，1993
- 15.7) 桑村 仁：建築の力学—弾性論とその応用—（3.6 弾性床上の梁），技報堂出版，2001
- 15.8) 桑村 仁，伊山 潤，宮澤秀明：スチール・ファウンデイション（鋼製基礎），日本建築学会建築雑誌，pp.81-82，2002.5

# 演習問題解答

## 1 章

**1.1** 1.1 節参照
**1.2** 鋳鉄と錬鉄の時代に築かれた鉄による骨組の技術が現在の鋼構造の基盤となっていることから,鉄の名を残して鉄骨と呼んでいる.
**1.3** 1.2 節および 2 章 2.1 節参照
**1.4** 1.3 節参照
**1.5** 1.4 節参照

## 2 章

**2.2** 柱の断面積と断面 2 次モーメントをそれぞれ $A$, $I$ とすると,ラーメン構造の頂部水平変位は $\delta_R = \dfrac{Pl^3}{3EI}$,筋かい付きラーメン構造の頂部水平変位は $\delta_B = 125\sqrt{5}\,\dfrac{l}{AE}\cdot\dfrac{P}{1+375\sqrt{5}\,I/Al^2}$ となる.$A = a^2$, $I = \dfrac{a^4}{12}$, $l = 30a$ より,$\dfrac{K_B}{K_R} = \dfrac{\delta_R}{\delta_B} = 13.9$,よって 13.9 倍.

**2.3**

| | せん断変形（柱の曲げによる水平変位） | 曲げ変形（柱の伸縮による水平変位） | 合　計 |
|---|---|---|---|
| チューブ構造 | 12,500 $P/Eh$ | 74,500 $P/Eh$ | 87,000 $P/Eh$ |
| ラーメン構造 | 12,500 $P/Eh$ | 107,100 $P/Eh$ | 119,600 $P/Eh$ |

実際のフレームド・チューブ構造では外周の柱をかなり密に（1 m 程度のピッチで）配置するので変形はもっと小さく押さえることができる.

**2.4** $V_0 = \dfrac{1}{2}p_0 L$, $H_0 = \dfrac{p_0 L^2}{8h}$, $T_{\max} = \dfrac{p_0 L^2}{8h}\sqrt{1+\left(\dfrac{4h}{L}\right)^2}$ at $x = 0$,サグ $h$ が小さくなるほど,水平反力とケーブル張力が大きくなる.

**2.5** $N_\phi = -\dfrac{ap_0}{2}$, $N_\theta = -\dfrac{ap_0}{2}\cos 2\phi$,$N_\phi$ は常に圧縮（マイナス）で,$N_\theta$ は $\phi = 45°$ を境に上部が圧縮で下部が引張となる.

## 3 章

**3.1** （1）$P=\sigma A_0=E\varepsilon A_0=E\dfrac{\delta}{l_0}A_0$ より 20.5 kN，（2）$b'=b(1-\nu\varepsilon)$ より 9.997 mm，（3）$\varDelta T=\dfrac{\delta}{a\cdot l_0}$ より 83℃，（4）リングの中心線の長さ $l_0=\pi(D-t)$ が元の長さと等しく，外周の長さ $l=\pi D$ が伸びたあとの長さとなるので，$\sigma=E\varepsilon=E\dfrac{l-l_0}{l_0}$ より，$\dfrac{10E}{D-10}$ N/mm$^2$，（5）$\dfrac{10E}{D-10}\leq 235$ より $D\geq 8,733$ mm

**3.2** （1）降伏モーメントは $M_y=\sigma_y Z$ であるので（6.6節参照），断面係数 $Z$ が大きいほうが有利である．この場合，細幅 $H$ は $Z=5,085t^3$，広幅 $H$ は $Z=3,085t^3$ となる．よって，この場合，細幅 $H$ のほうが広幅 $H$ の 1.65 倍の曲げモーメントに耐えられるので，曲げを受ける部材には細幅 $H$ のほうが有効である．（2）オイラー座屈荷重は $N_E=\dfrac{\pi^2 EI}{l_k^2}$ であるので（5.2節参照），弱軸に関する断面 2 次モーメント $I$ が大きいほど有利である．この場合，細幅 $H$ は $I=10,928t^4$，広幅 $H$ は $I=21,336t^4$ となる．よって，この場合，広幅 $H$ のほうが細幅 $H$ の 1.95 倍のオイラー座屈荷重を有するので，圧縮力を受ける部材には広幅 $H$ のほうが有効である．

**3.3** 最大荷重のとき，スリット部の応力度は材料の最大応力度すなわち引張強さ 500 N/mm$^2$ に達する．このとき，スリットのない部分の応力度は $\sigma=500\times\dfrac{0.8w}{w}=400$ N/mm$^2$ であり，応力-ひずみ線図より鋼材 A は弾性範囲に留まっており，鋼材 B は降伏していることがわかる．したがって，鋼材 A についてひずみ度は $\varepsilon_A=\sigma/E=0.00195$，伸びは $\delta_A=\varepsilon_A l_0=2.0$ mm となる．鋼材 B はグラフより $\varepsilon_B=0.06$，$\delta_B=\varepsilon_B l_0=60$ mm となる．よって，有効断面積比 0.8 より低い降伏比をもつ鋼材 B は降伏変形をもたらすので最大荷重時の伸び能力が大きい．

**3.4** 設計意図に反して柱が降伏する確率を $P_f$ とすると

$P_f=\text{Prob}(M_b>M_c)=\text{Prob}(X_b Z_p>X_c\times 1.25 Z_p)=\text{Prob}(X_b>1.25 X_c)$

$\therefore\ P_f=\displaystyle\int_{x_1}^{x_2}\text{Prob}(X_b>1.25x)\cdot f_X(x)dx$

上式の $X_b$ と $X_c$ はそれぞれ梁と柱の降伏強さ，積分範囲は $X_c$ がとれる範囲である．

鋼種 A：$P_f=\displaystyle\int_{300}^{500/1.25}\dfrac{500-1.25x}{200}\dfrac{dx}{200}=0.156$

鋼種 B：$P_f=\displaystyle\int_{300}^{400/1.25}\dfrac{400-1.25x}{100}\dfrac{dx}{100}=0.025$

よって，設計意図に反して柱が降伏する確率は，鋼種 A を使ったとき 15.6%，鋼種 B を使ったとき 2.5% となる．降伏強さのばらつきの小さい鋼種 B のほうが設計意

演習問題解答    415

図を満たしやすい.

## 4 章

**4.2** （1） $M_u = e_v T = 283{,}000\,\text{N·mm}$, $M_v = e_u T = 26{,}900\,\text{N·mm}$

$$\sigma_A = \frac{T}{A} - \frac{M_u}{I_u/h_{vA}} + \frac{M_v}{I_v/h_{uA}} = 13.28 - 27.91 + 4.49 = -10.1\,\text{N/mm}^2$$

$$\sigma_B = \frac{T}{A} - \frac{M_v}{I_v/h_{uB}} = 13.28 - 5.64 = 7.6\,\text{N/mm}^2$$

$$\sigma_C = \frac{T}{A} + \frac{M_u}{I_u/h_{vC}} + \frac{M_v}{I_v/h_{uC}} = 13.28 + 27.91 + 4.49 = 45.7\,\text{N/mm}^2$$

（2） $T_y = 10 \times \dfrac{235}{45.7} = 51.4\,\text{kN}$, （3） $A_e = \dfrac{T_y}{\sigma_y} = 219\,\text{mm}^2$

**4.3** $n = 2, 3, 4, 5$ に対して順に，(a) の場合：$\theta_e = 58°, 38°, 30°, 25°$，(b) の場合：$\theta_e = 75°, 62°, 54°, 49°$

**4.4** （1）弦材について，

$$T = \frac{25}{2}P = 9{,}380\,\text{kN}, \quad 部材：H\text{-}458 \times 417 \times 30 \times 50\,(\text{SN}490\,\text{C}),$$

$$\sigma_t = \frac{T}{A} = \frac{9{,}380 \times 10^3}{52{,}860} = 177\,\text{N/mm}^2, \quad f_t = \frac{F}{1.5} = \frac{295}{1.5} = 197, \quad \frac{\sigma_t}{f_t} = 0.90 \leq 1.0$$

ラチス材について，

$$T = \frac{7}{\sqrt{2}}P = 3{,}710\,\text{kN}, \quad 部材：H\text{-}388 \times 402 \times 15 \times 15\,(\text{SN}490\text{B}),$$

$$\sigma_t = \frac{T}{A} = \frac{3{,}710 \times 10^3}{17{,}850} = 208\,\text{N/mm}^2, \quad f_t = \frac{F}{1.5} = \frac{325}{1.5} = 217, \quad \frac{\sigma_t}{f_t} = 0.96 \leq 1.0$$

（2）片側フランジの欠損断面積：

$$\left[a_0 + \left(1.5 - \frac{50}{40}\right)a_0\right] \times 2 = 2.5\,a_0 = 2.5 \times 26 \times 15 = 975\,\text{mm}^2$$

ウェブの欠損断面積：$3a_0 = 3 \times 22 \times 10 = 660\,\text{mm}^2$

欠損断面積：$a = 975 \times 2 + 660 = 2{,}610\,\text{mm}^2$

有効断面積：$A_e = A_g - a = 11{,}840 - 2{,}610 = 9{,}230\,\text{mm}^2$

## 5 章

**5.1** $N_{cr} = 4.4934^2 \dfrac{EI}{l^2} = \dfrac{\pi^2 EI}{(0.70\,l)^2}$

**5.2** （1）$N_{cr}=\dfrac{\sqrt{3}\,\pi^2 EI}{l^2}$，（2）$N_{cr}=\dfrac{\pi^2 EI}{4l^2}$，（3）$N_{cr}=\dfrac{2\pi^2 EI}{l^2}$，

（4）$N_{cr}=\dfrac{\pi^2 EI}{l^2}$，（5）$N_{cr}=\dfrac{4\pi^2 EI}{l^2}$

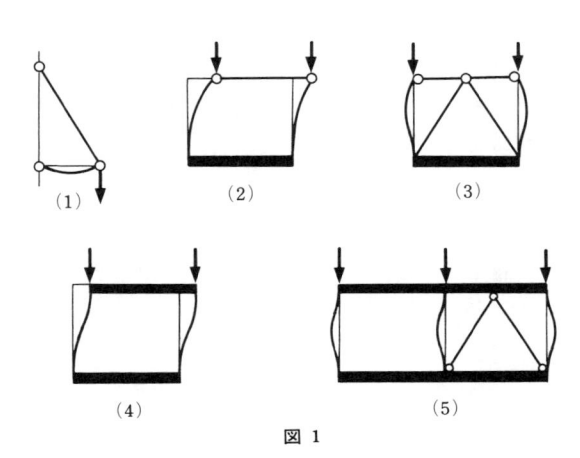

図 1

**5.3** （1）$N_{cr}=\dfrac{\pi^2 EI}{l^2}$，（2）$k_{cr}=\dfrac{2\pi^2 EI}{l^3}$，（3）$F=a\,\dfrac{\beta}{\beta-1}\,\dfrac{2\pi^2 EI}{l^3}$，1 ％

**5.4** $\varDelta T=\dfrac{\pi^2 D^2}{4l^2\alpha}=29.6$ ℃（$\varDelta T$ はヤング係数と無関係である）

**5.5** $\dfrac{\delta}{e}=\sec\left(\dfrac{\pi}{2}\sqrt{\dfrac{N}{N_E}}\right)-1$，$\delta\to\infty$ のとき，$\left(\dfrac{\pi}{2}\sqrt{\dfrac{N}{N_E}}\right)\to\dfrac{\pi}{2}$ より，$N\to N_E$

**5.6** 弦材について：

$N=12.5P=9,380$ kN

部材：H-498×432×45×70（SN490C），$F=295$ N/mm$^2$

$A=77,010$ mm$^2$，$i_y=111$ mm，$l_y=5,000$ mm，$\lambda_y=45.0$，$\varLambda=107$

$\sigma_c=\dfrac{N}{A}=122$ N/mm$^2$，$f_c=\dfrac{\{1-0.4(\lambda/\varLambda)^2\}F}{\dfrac{3}{2}+\dfrac{2}{3}\left(\dfrac{\lambda}{\varLambda}\right)^2}=\dfrac{274}{1.64}=169$ N/mm$^2$

$\dfrac{\sigma_c}{f_c}=0.72\leq 1.0$

ラチス材について：

$N=4.5\sqrt{2}\,P=4,770$ kN

部材：H-428×407×20×35（SN490B），$F=325$ N/mm$^2$

$A = 36{,}070\,\mathrm{mm^2}$, $i_y = 104\,\mathrm{mm}$, $l_y = 7{,}070\,\mathrm{mm}$, $\lambda_y = 68.0$, $\varLambda = 102$

$\sigma_c = \dfrac{N}{A} = 132\,\mathrm{N/mm^2}$, $f_c = \dfrac{\{1-0.4(\lambda/\varLambda)^2\}F}{\dfrac{3}{2}+\dfrac{2}{3}\left(\dfrac{\lambda}{\varLambda}\right)^2} = \dfrac{267}{1.80} = 148\,\mathrm{N/mm^2}$

$\dfrac{\sigma_c}{f_c} = 0.89 \leq 1.0$

## 6 章

**6.1**

図 2

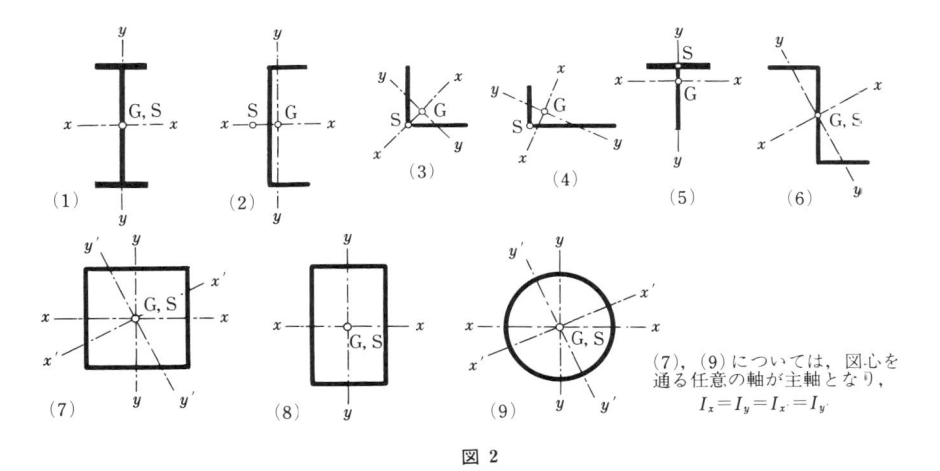

**6.2** $x$ 軸まわりの曲げモーメント $M_x$ によって発生する断面内の曲げ応力度 $\sigma$ が生む $y$ 軸まわりの曲げモーメント $M_y$ は次式で表される.

$$M_y = \int_A x\sigma dA = \int_A x\dfrac{M_x}{I_x/y}dA = \dfrac{M_x}{I_x}\int_A xydA = \dfrac{M_x}{I_x}I_{xy}$$

$x$ 軸が主軸であれば $I_{xy}=0$ であるので $M_y=0$ となり，荷重面内（$y$ 軸方向）のみにたわみが生じる．一方，$x$ 軸が主軸でなければ $I_{xy}\neq 0$ であるので $M_y\neq 0$ となり，荷重面外（$x$ 軸方向）にもたわみが生じる．

**6.3** $Z = 36{,}500\,\mathrm{mm^3}$, $Z_p = 64{,}500\,\mathrm{mm^3}$, $f = 1.77$, $\dfrac{\tau_{\max}}{\tau_{ave}} = 1.31$ （図 3 参照）

**6.4** まず，$P$ がせん断中心を通るので断面はねじれない．

$I_u = 320\,\mathrm{cm^2}$, $I_v = 80\,\mathrm{cm^2}$, $\delta_u = \dfrac{P_u l^3}{48EI_v} = 7.19\,\mathrm{mm}$, $\delta_v = \dfrac{P_v l^3}{48EI_u} = 1.80\,\mathrm{mm}$,

$\delta_x = \dfrac{7.19-1.80}{\sqrt{2}} = 3.81\,\mathrm{mm}$, $\delta_y = \dfrac{7.19+1.80}{\sqrt{2}} = 6.36\,\mathrm{mm}$,

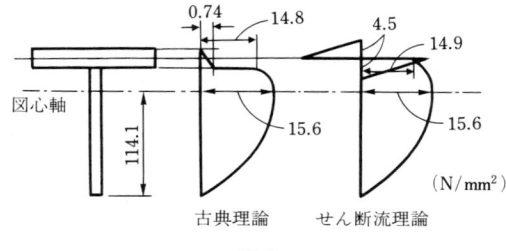

図 3 （図心軸，0.74，14.8，4.5，14.9，15.6，15.6，114.1，古典理論，せん断流理論，(N/mm²)）

$$\sigma_A = \frac{M_v}{Z_{vA}} + \frac{M_u}{Z_{uA}} = 125.0 + 78.1 = 203\,\text{N/mm}^2, \quad \sigma_B = -\frac{M_v}{Z_{vB}} = -94\,\text{N/mm}^2$$

$$\sigma_C = \frac{M_v}{Z_{vC}} - \frac{M_u}{Z_{uC}} = 125.0 - 78.1 = 47\,\text{N/mm}^2$$

**6.5** 長方形の板の場合は，反りねじりモーメントが生じないことから

$$M_{cr} = \frac{\pi}{l}\sqrt{EI_y GJ_T} = \frac{\pi}{l}\sqrt{\frac{ht^3}{6}}\sqrt{EG}$$

**6.6** 許容応力度設計では，H-582×300×12×17（SN490B）

$$\frac{\sigma_{bc}}{f_b} = \frac{300}{307} = 0.98 \leq 1.0, \quad \frac{\sigma_{bt}}{f_t} = \frac{300}{325} = 0.92 \leq 1.0, \quad \frac{\tau}{f_s} = \frac{38.8}{188} = 0.21 \leq 1.0$$

塑性設計では，H-588×300×12×20（SN490B）

$$\frac{Q_u}{Q_{un}} = \frac{943}{850} = 1.11 \geq 1.0$$

**6.7** 全断面については，付録の断面特性表より

$$I = 235 \times 10^6\,\text{mm}^3, \quad Z = 1{,}170 \times 10^3\,\text{mm}^3, \quad Z_p = 1{,}310 \times 10^3\,\text{mm}^3$$

孔欠損断面の断面2次モーメントを $I'$ とすると

$$I' = 2 \times \left[\int_{14}^{36} 8y^2 dy + \int_{64}^{86} 8y^2 dy + 2\int_{187}^{200} 22 y^2 dy\right] = 45.1 \times 10^6\,\text{mm}^4$$

$$\therefore \quad Z_e = \frac{I - I'}{H/2} = 950 \times 10^3\,\text{mm}^3$$

孔欠損断面の塑性断面係数を $Z_p'$ とすると

$$Z_p' = 2 \times \left[\int_{14}^{36} 8y\,dy + \int_{64}^{86} 8y\,dy + 2\int_{187}^{200} 22 y\,dy\right] = 257 \times 10^3\,\text{mm}^3$$

$$\therefore \quad Z_{pe} = Z_p - Z_p' = 1{,}050 \times 10^3\,\text{mm}^3$$

# 7 章

**7.1** （1） 微小部分 $dz$ のモーメントの釣合いは $dM_x = Qdz + Ndv$ であるので，$\dfrac{dM_x}{dz}$

$=Q+N\dfrac{dv}{dz}$ となる．$Q$ は定数であるので，これを $z$ で微分すると $\dfrac{d^2M_x}{dz^2}=N\dfrac{d^2v}{dz^2}$ となる．これに $M_x=-EI_x\dfrac{d^2v}{dz^2}$ を代入すると目的の式が得られる．

（2） 一般解 $v=C_1\sin\alpha z+C_2\cos\alpha z+C_3 z+C_4$ の積分定数を4つの境界条件 $v(0)=0$, $v''(0)=-\dfrac{M_0}{EI_x}$, $v(l)=0$, $v''(l)=\dfrac{\beta M_0}{EI_x}$ から定めると，次式が得られる．

$$v=\dfrac{M_0}{N}\left(-\dfrac{\beta+\cos\alpha l}{\sin\alpha l}\cdot\sin\alpha z+\cos\alpha z+\dfrac{1+\beta}{l}z-1\right)$$

（3） 曲げモーメントは $M_x=-EI_x\dfrac{d^2v}{dz^2}$ で表され，これに（2）の結果を代入して，$\dfrac{dM_x}{dz}=0$ より最大曲げモーメントの生じる位置が求められる．結果は

$\beta\leq-\cos\alpha l$ のとき，$\bar{z}=\tan^{-1}\left(-\dfrac{\beta+\cos\alpha l}{\sin\alpha l}\right)$, $M_{x,\max}=\dfrac{\sqrt{1+\beta^2+2\beta\cos\alpha l}}{\sin\alpha l}\cdot M_0$

$\beta\geq-\cos\alpha l$ のとき，$\bar{z}=0$, $M_{x,\max}=M_0$

（4） $\cos\alpha l\geq 0$ より $0\leq\alpha l\leq\dfrac{\pi}{2}$, よって，$N\leq\dfrac{N_{Ex}}{4}$

（5） $\beta=1$ ならば $\beta\geq-\cos\alpha l$ となるので，$M_{x,\max}$ は必ず材端に生じる．

**7.2** $\beta=-1$ と $z=\dfrac{l}{2}$ を演習問題7.1の解に代入して展開すると

$$\delta=\dfrac{M_0}{N}\left(\dfrac{1-\cos\alpha l}{\sin\alpha l}\cdot\sin\dfrac{\alpha l}{2}+\cos\dfrac{\alpha l}{2}-1\right)$$

$$=\dfrac{M_0}{N}\left(\dfrac{1}{\cos\dfrac{\alpha l}{2}}-1\right)\cong\dfrac{M_0}{N}\left(\dfrac{1}{1-\left(\dfrac{\alpha l}{\pi}\right)^2}-1\right)=\dfrac{M_0}{N}\left(\dfrac{1}{1-\dfrac{N}{N_{Ex}}}-1\right)$$

$$=\dfrac{M_0}{N_{Ex}}\cdot\dfrac{1}{1-\dfrac{N}{N_{Ex}}}=\dfrac{M_0}{\dfrac{\pi^2 EI_x}{l^2}}\cdot\dfrac{1}{1-\dfrac{N}{N_{Ex}}}\cong\dfrac{\delta_0}{1-\dfrac{N}{N_{Ex}}}$$

**7.3** $I_x=92{,}800\ \text{cm}^4$, $I_y=31{,}000\ \text{cm}^4$, $A=295.4\ \text{cm}^2$, $J_T=668\ \text{cm}^4$, $C_W=11{,}500{,}000\ \text{cm}^6$, $i_p=20.5\ \text{cm}$ より，$N_{Ey}=17{,}400\ \text{kN}$, $N_W=28{,}000\ \text{kN}$

**7.4** （1）$\delta_0=6.78\ \text{mm}$, $\sigma_0=313\ \text{N/mm}^2$（圧縮・引張とも），（2）$\delta_1=8.09\ \text{mm}$, $\sigma_1=347\ \text{N/mm}^2$（圧縮），$\delta_1/\delta_0=1.19$, $\sigma_1/\sigma_0=1.11$, （3）$\delta_2=5.38\ \text{mm}$, $\sigma_2=288\ \text{N/mm}^2$（引張），$\delta_2/\delta_0=0.86$, $\sigma_2/\sigma_0=0.92$

**7.5** 柱：H–400×400×13×21（SN490B），梁：H–600×200×11×17（SN490B）

弾性解析により，$M_A=594\ \text{kN}\cdot\text{m}$, $M_B=426\ \text{kN}\cdot\text{m}$

柱の許容応力度設計では，

$$\dfrac{\sigma_c}{f_c}+\dfrac{\sigma_{bc}}{f_b}=\dfrac{50.6}{244}+\dfrac{178}{325}=0.76\leq 1.0, \quad \dfrac{\sigma_{bt}-\sigma_c}{f_t}=\dfrac{178-40.9}{325}=0.42\leq 1.0$$

$$\frac{\tau}{f_s} = \frac{36.5}{188} = 0.19 \leq 1.0$$

梁の許容応力度設計では,

$$\frac{\sigma_{bc}}{f_b} = \frac{169}{191} = 0.88 \leq 1.0, \quad \frac{\tau}{f_s} = \frac{17.2}{188} = 0.09 \leq 1.0$$

骨組の終局耐力設計では,柱脚と梁端に塑性ヒンジができて崩壊することから,

$$\frac{Q_u}{Q_{un}} = \frac{704}{425} = 1.66 \geq 1.0$$

## 8 章

**8.1** （1）$J_T = 2\pi a^3 t$, $C_w = 0$, （2）$J_T = \frac{2}{3}\pi a t^3$, $C_w = 2\pi a^5 t\left(\frac{\pi^2}{3} - 2\right)$

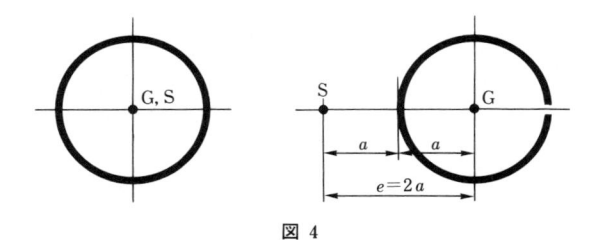

図 4

（3）ケース 1 では,$M_S = -2aP$, $M_w = 0$, $\theta_0 = -\dfrac{3Pl}{G\pi t^3}$

ケース 2 では,$\alpha = \sqrt{\dfrac{GJ_T}{EC_w}} = \dfrac{t}{a^2}\sqrt{\dfrac{1}{2(1+\nu)(\pi^2 - 6)}}$ とすると

$$M_S = \left\{1 - \frac{\sinh(\alpha z) - \sinh[\alpha(z-l)]}{\sinh(\alpha l)}\right\} \cdot (-2aP),$$

$$M_w = \frac{\sinh(\alpha z) - \sinh[\alpha(z-l)]}{\sinh(\alpha l)} \cdot (-2aP), \quad \theta_0 = \frac{-2aPl}{GJ_T}\left[1 + \frac{2(1-\cosh(\alpha l))}{\alpha l \cdot \sinh(\alpha l)}\right]$$

（4）$\dfrac{\theta_{0(\text{case 2})}}{\theta_{0(\text{case 1})}} = 0.00033$. このことから,開断面では反りを拘束することによってねじり剛性が著しく上昇することがわかる.参考に,スリットのない円管に同じ大きさのねじりモーメントが作用したときのねじり角を計算して,ケース 2 と比較すると,$\dfrac{\theta_{0(\text{case 2})}}{\theta_{0(\text{non-slit})}} = 2.48$ となる.やはり,閉断面のほうがねじり剛性が高い.

**8.2** （1）単位長さ当たりのねじり角は

$$\theta_{1(\text{channel})} = \frac{M_S}{G\frac{4}{3}bt^3}, \quad \theta_{1(\text{box})} = \frac{M_S}{G\frac{8}{3}b^3t}, \quad \text{よって}, \quad \frac{\theta_{1(\text{channel})}}{\theta_{1(\text{box})}} = 200$$

(2) 最大せん断応力度は,

$$\tau_{\max(\text{channel})} = \frac{M_S}{\frac{4}{3}bt^2}, \quad \tau_{\max(\text{box})} = \frac{M_S}{4b^2t}, \quad \text{よって}, \quad \frac{\tau_{\max(\text{channel})}}{\tau_{\max(\text{box})}} = 30$$

## 9 章

**9.1** (1) 本文式 (9.1) に $N_x = N_y = -N$, $N_{xy} = 0$ を代入し, 対称性から $w = \sum_{m=1}^{\infty} A_m \sin\frac{m\pi x}{b} \sin\frac{m\pi y}{b}$ とおいて解くと $N = 2\left(\frac{m\pi}{b}\right)^2 D$ が得られる. 最小値 $N_{cr}$ は $m=1$ のときである. $\sigma_{cr} = \frac{\pi^2 E}{6(1-\nu^2)}\frac{1}{(b/t)^2}$, 板座屈係数は $k=2$ となる.

(2) $\sigma_{cr} \leq \sigma_y$ (降伏応力度) より, $\frac{b}{t} \leq \sqrt{\frac{\pi^2 E}{6(1-\nu^2)\sigma_y}}$, $\frac{b}{t} \leq 39.7$

**9.2** 板座屈応力度: $\sigma_{cr,p} = \frac{0.425\pi^2 E}{12(1-\nu^2)} \cdot \left(\frac{t}{b}\right)^2$, ワグナーねじり座屈応力度は 7 章式 (7.13) において $C_W = 0$ より, $\sigma_{cr,W} = \frac{N_W}{A} = \frac{GJ_T}{A \cdot i_p^2}$ となる. $J_T = \frac{2}{3}bt^3$, $A \cdot i_p^2 = I_x + I_y = \frac{2}{3}b^3t$ を代入して, $\sigma_{cr,W} = \frac{E}{2(1+\nu)}\left(\frac{t}{b}\right)^2$ が得られる. 比をとると, $\frac{\sigma_{cr,W}}{\sigma_{cr,p}} = \frac{6(1-\nu)}{0.425\pi^2} = 1.0013$ となり, 両者がほとんど一致する.

**9.3** (1) 図 5 に示すとおり, (2) 図の $u$–$u$ 軸が圧縮の主応力方向となるため.

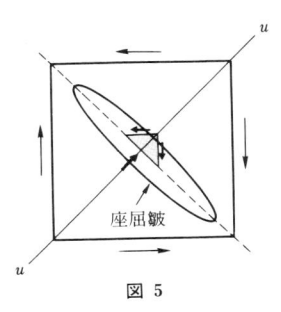

図 5

## 10 章

**10.1** 両方に丸頭があればリベット (図 10.2 (a)). 片方が丸頭でもう片方がナット付き

であればトルシア形高力ボルト（図10.11（b））．片方が六角頭でもう片方がナット付きであればボルト（図10.10）あるいは高力六角ボルト（図10.12）のいずれか（このときは頭の頂面にある刻印で判別できる）．

**10.2** 本文10.2節参照．

**10.3** コンクリート棒が $\Delta l$ 伸びたとすると，解除される圧縮力は $\Delta C = \dfrac{E}{n} \cdot \dfrac{\Delta l}{l} \cdot mA_b$，ボルトの付加張力は $\Delta T = E \cdot \dfrac{\Delta l}{l} \cdot A_b$，鋼板の釣合い条件 $P + T_0 - \Delta C = T_0 + \Delta T$ より $E \dfrac{\Delta l}{l} = \dfrac{1}{1+\dfrac{m}{n}} \cdot \dfrac{P}{A_b}$，鋼板とコンクリートの面圧は $C = T_0 - \Delta C = T_0 - \dfrac{P}{\dfrac{n}{m}+1}$ となる．$C=0$ より，$P_{sep} = \left(1 + \dfrac{n}{m}\right)T_0 = 2T_0$ が得られる．

**10.4** （a） 降伏に関する全強接合では

$$n = \frac{A_e F}{mq_s} = \frac{12.4 \times 10^2 \times 235 \times 10^{-3}}{2 \times 70.7} = 2.06 \rightarrow 3\,本,$$

終局に関する全強接合では

$$n = \frac{1.2 A_g F}{mq_u} = \frac{1.2 \times 15.1 \times 10^2 \times 235 \times 10^{-3}}{2 \times 181} = 1.18 \rightarrow 2\,本,$$

よって，降伏に関する全強接合で決まり，図6（a）のように3本配置となる．

（b） 図6（b）のような配置を仮定する．降伏に関する全強接合では，有効断面2次モーメントをまず計算すると

$2I_{fe} = 161{,}700\,\mathrm{cm}^4$（片側フランジの欠損断面積が $2.5a_0$，4章4.3.1項参照）
$I_{we} = 24{,}700\,\mathrm{cm}^4$

有効断面の降伏モーメントは，$M_y = FZ_e = F\dfrac{2I_{fe} + I_{we}}{H/2} = 1{,}730\,\mathrm{kN \cdot m}$

フランジの分担モーメントは，$M_f = \dfrac{2I_{fe}}{2I_{fe} + I_{we}} M_y = 1{,}500\,\mathrm{kN \cdot m}$

ウェブの分担モーメントは，$M_w = \dfrac{I_{we}}{2I_{fe} + I_{we}} M_y = 230\,\mathrm{kN \cdot m}$

フランジのボルト本数は，$n_f = \dfrac{M_f / (H - t_f)}{mq_s} = \dfrac{2{,}220}{2 \times 85.5} = 13.0 \rightarrow 14\,本$

ウェブの最外縁ボルトのせん断力は，図のボルト配置より

$$q = \frac{M_w}{Z_b} A_b = \frac{230 \times 10^2\,\mathrm{kN \cdot cm} \times A_b}{2(6^2 + 12^2 + 18^2 + 2 \times 24^2) A_b / 24} = 166\,\mathrm{kN} \leq mq_s = 171,\ よって合格$$

終局に関する全強接合では

$M_u = 1.2 M_p = 1.2 FZ_p = 2{,}470\,\mathrm{kN \cdot m},$

演習問題解答

フランジ $Z_{pf}=4,870\,\mathrm{cm}^3$，ウェブ $Z_{pw}=1,380\,\mathrm{cm}^3$

フランジの分担モーメントは，$M_f=\dfrac{Z_{pf}}{Z_{pf}+Z_{pw}}M_u=1,925\,\mathrm{kN\cdot m}$

ウェブの分担モーメントは，$M_w=\dfrac{Z_{pw}}{Z_{pf}+Z_{pw}}M_u=545\,\mathrm{kN\cdot m}$

フランジのボルト本数は $n_f=\dfrac{M_f/(H-t_f)}{mq_s}=\dfrac{2850}{2\times219}=6.5\rightarrow 8\,\text{本}$

（フランジの本数はこの場合，降伏に関する全強接合で決まる）
ウェブのせん断力は，図6（b）のボルト配置より

$$q=\dfrac{M_w}{Z_p}A_b=\dfrac{545\times 10^2\,\mathrm{kN\cdot cm}\times A_b}{2(6+12+18+2\times24)A_b}=326\,\mathrm{kN}\leq mq_u=439,\quad\text{よって合格}$$

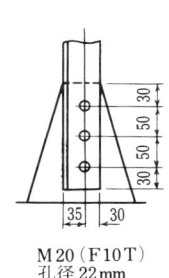

(a) 山形鋼筋かい
M 20 (F 10 T) 孔径 22 mm

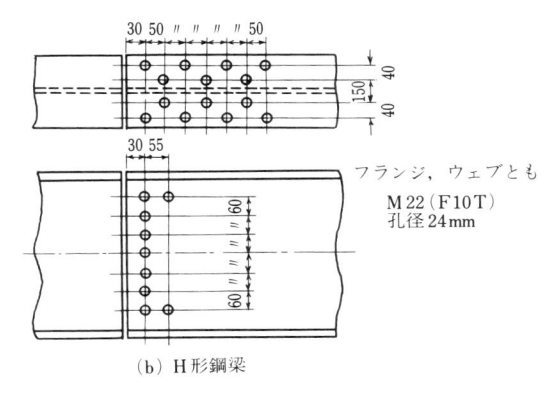

(b) H形鋼梁
フランジ，ウェブとも
M 22 (F 10 T) 孔径 24 mm

図 6

# 11 章

**11.1** 1) A, 2) B, 3) C,D, 4) C, 5) D, 6) D, 7) A, 8) C,D, 9) C,D, 10) D, 11) A, 12) B, 13) B,C,D, 14) C, 15) D

**11.2** 1 多い，2 炭素当量，3 劣る，4 熱影響部，5 硬化，6 厚い，7 予熱，8 速く，9 低，10 高，11 短い，12 パス間温度，13 遅く，14 低下，15 脆化

**11.3** （1）a，（2）a，（3）a，（4）b，（5）a，（6）a，（7）a，（8）b，（9）a，（10）a

**11.4** 1 放射線透過試験，2 超音波探傷試験，3 ブローホール，4 スラグ巻込み，5 割れ，6 融合不良，7 磁粉探傷試験，8 浸透探傷試験，9 強磁性，10 金属一般

**11.5**

(1)　(2)　(3)　(4)

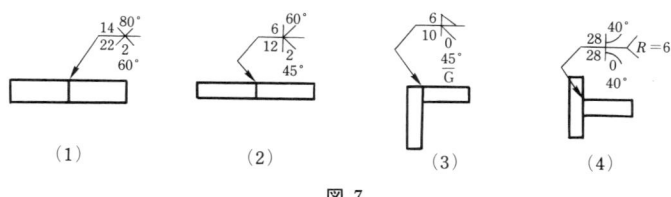

図 7

11.6　1）4, 2）$\sqrt{2}$, 3）2.83, 4）4, 5）4, 6）125, 7）200,000, 8）149, 9）150

11.7　1 直交, 2 傾斜, 3 完全溶込み, 4 母材, 5 のど断面, 6 開先, 7 破壊, 8 引張力

11.8　（1）引張, （2）鋭い, （3）高い, （4）低い, （5）厚い, （6）無く, （7）速い, （8）垂直で, （9）無い, （10）シェブロン模様, （11）リバー模様, （12）延性き裂, （13）ディンプル

11.9　[A] 1 繰返し, 2 疲労, 3 変形, 4 小さ, 5 大き, 6 破断寿命, 7 高サイクル疲労, 8 低サイクル疲労, [B] 1 疲労, 2 大き, 3 S-N 線図, 4 降伏点, 5 発生しない, 6 疲労限, 7 小さ, 8 増大させ, 9 低下させ, グッドマンダイアグラム, [C] 1 繰返し, 2 き裂, 3 貝殻模様, 4 垂直, 5 山形模様, 6 発生点, 7 溶接部, 8 応力集中部

11.10　破断寿命を $x$ 日とすると, $D=\left(\dfrac{10}{95,400}+\dfrac{100}{402,000}+\dfrac{1,000}{3,050,000}\right)\times x=1.0$ より, $x=1,470$ 日（4年と10日）

11.11　C＞F＞B＞E＞A＞D

11.12　いろいろな考え方があるが，ここではフランジとウェブの応力をそれぞれの溶接継目に分担させることによって円滑な応力伝達を図ることにする．上下フランジとウェブの断面2次モーメントはそれぞれ $37,500\,\mathrm{cm}^4$ と $7,690\,\mathrm{cm}^4$ であるので，フランジとウェブの分担する曲げモーメントはそれぞれ $M_f=124.5\,\mathrm{kN\cdot m}$ と $M_w=25.5\,\mathrm{kN\cdot m}$ となる．片側フランジの直応力度の合力は $P_f=\dfrac{124.5\times 1,000}{500-16}=257.2\,\mathrm{kN}$ となる．フランジの隅肉溶接の許容引張耐力は $P_{fa}=\dfrac{F}{1.5\sqrt{3}}L_e\dfrac{6}{\sqrt{2}}=\dfrac{235}{1.5\sqrt{3}}(200\times 2)\dfrac{6}{\sqrt{2}}\times 10^{-3}=153.5\,\mathrm{kN}$ であるので，耐力が不足している．これを改善するには，隅肉サイズを $6\times\dfrac{257.2}{153.5}=10.1\to 11\,\mathrm{mm}$ に増大するか，完全溶込み開先溶接とする．この場合，梁フランジは構造耐力上重要な部分でしかも引張力が作用する溶接継目であるので，後者の完全溶込み開先溶接が推奨される．そうしておけば保有耐力接合の条件も満たすことができる．次に，ウェブの隅肉溶接については，のど断面の断面係数が $Z_w=\dfrac{2\times(6/\sqrt{2})\times 388^2}{6}\times 10^{-3}=212.9$

cm$^3$ であるので，溶接継目に直交方向のせん断応力度は $\tau_1 = \dfrac{M_w}{Z_w} = 119.8\,\mathrm{N/mm^2}$ となる．せん断力 $Q$ はすべてウェブが分担し一様に分布するとしてよいので，溶接継目に平行方向のせん断応力度は $\tau_2 = \dfrac{Q}{A_w} = \dfrac{100 \times 10^3}{388 \times 2 \times (6/\sqrt{2})} = 30.4\,\mathrm{N/mm^2}$ となる．直交2成分を合成すると，$\tau = \sqrt{\tau_1{}^2 + \tau_2{}^2} = 123.6\,\mathrm{N/mm^2}$ となる．これに対して隅肉溶接継目の許容せん断応力度は $f_s = \dfrac{F}{1.5\sqrt{3}} = 90.5\,\mathrm{N/mm^2}$ であるので，ウェブの隅肉溶接は耐力が不足している．これを改善するには，隅肉サイズを $6 \times \dfrac{123.6}{90.5} = 8.2 \to 9\,\mathrm{mm}$ に増大する．（なお，曲げによる直応力度に対してこの場合の隅肉溶接は前面隅肉となるので，許容耐力を割増してもよいが，ここではそれを計算に入れなかった．）

## 12 章

**12.1**

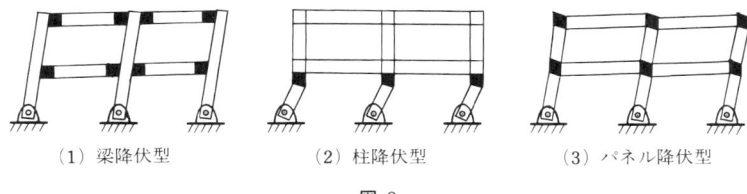

（1）梁降伏型　　　（2）柱降伏型　　　（3）パネル降伏型

図 8

**12.2** （1）　$M_p = FZ_p = 468\,\mathrm{kN \cdot m}$，
$_jM_u = 1.4\dfrac{F_u}{\sqrt{3}} \times Z_p = 1.4\dfrac{400}{\sqrt{3}} \times \dfrac{3}{2\sqrt{2}} s \cdot D^2 = 42.0 s\,(\mathrm{kN \cdot m})$，$_jM_u \geq 1.2 M_p$ より，
$s = 13.4 \to 14\,\mathrm{mm}$

（2）　$M_p = \sigma_y Z_p = 756\,(\mathrm{kN \cdot m})$，$_jM_u = 42.0 s\,(\mathrm{kN \cdot m})$，$_jM_u \geq 1.2 M_p$ より，$s = 21.6 \to 22\,\mathrm{mm}$

**12.3** 全断面の塑性断面係数は付録の断面特性表より $Z_p = 1{,}310\,\mathrm{cm^3}$，孔欠損部の塑性断面係数は $Z_p' = 257\,\mathrm{cm^3}$（演習問題 6.7 参照）．よって，有効断面の塑性断面係数は $Z_{pe} = Z_p - Z_p' = 1{,}053\,\mathrm{cm^3}$ となる．$F = 235\,\mathrm{N/mm^2}$，$F_u = 400\,\mathrm{N/mm^2}$ より，$_jM_u = F_u Z_{pe} = 421\,\mathrm{kN}$，$M_p = FZ_p = 308\,\mathrm{kN}$ となる．$\dfrac{_jM_u}{M_p} = 1.37 \geq 1.2$ より，保有耐力接合となっている．

## 13 章

**13.1** $e=\dfrac{M}{N}$ とおくと

ケース（1）: $0\leq e\leq \dfrac{(D-2d')^2}{2D}$ のとき

$T_1=\left(\dfrac{1}{2}+\dfrac{e}{D-2d'}\right)N,\quad T_2=\left(\dfrac{1}{2}-\dfrac{e}{D-2d'}\right)N$

ケース（2）: $\dfrac{(D-2d')^2}{2D}<e\leq e_2$ のとき

$\sigma_c=\dfrac{N}{-\dfrac{Bx}{2}+na\dfrac{D-2x}{x}},\quad T_1=na\sigma_c\dfrac{D-d'-x}{x},\quad T_2=na\sigma_c\dfrac{d'-x}{x}$

ただし，

$e_2=\dfrac{\dfrac{3na}{Bd'}\left(\dfrac{D}{d'}-2\right)^2+\dfrac{3}{2}\dfrac{D}{d'}-1}{\dfrac{6na}{Bd'}\left(\dfrac{D}{d'}-2\right)-3}\times d'$

$x^3-3\left(e+\dfrac{D}{2}\right)x^2-\dfrac{12nae}{B}x+\dfrac{6na}{B}\left[D\left(e+\dfrac{D}{2}\right)-(D-d')^2-d'^2\right]=0$

ケース（3）: $e_2<e$ のとき

$\sigma_c=\dfrac{e-\dfrac{D}{2}+d'}{D-d'-\dfrac{x}{3}}\cdot\dfrac{2}{Bx}N,\quad T_1=\dfrac{e+\dfrac{D}{2}-\dfrac{x}{3}}{D-d'-\dfrac{x}{3}}\cdot N$

ただし

$x^3-3\left(e+\dfrac{D}{2}\right)x^2+\dfrac{6na}{B}\left(\dfrac{D}{2}-e-d'\right)[x-(D-d')]=0$

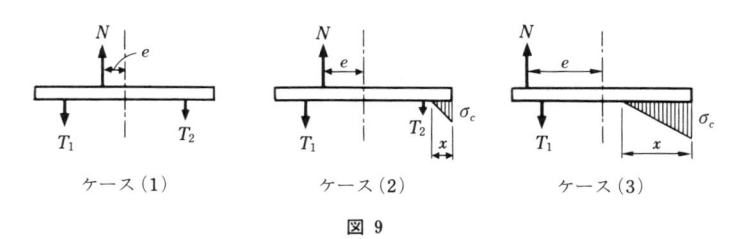

図 9

**13.2** (a) 露出柱脚

$N_{uc}=7{,}500\,\text{kN},\ T_u=1{,}880\,\text{kN},\ M_u=1{,}190\,\text{kN}\cdot\text{m},\ Q_u=2{,}140\,\text{kN}\geq 820\,\text{kN},\ M_{pc}=1{,}400\,\text{kN}\cdot\text{m},\ \alpha=\dfrac{M_u}{M_{pc}}=0.85\leq 1.3$，保有耐力接合になっていないので，アン

カーボルトの降伏伸びを利用した終局耐震設計が必要である．そのときは，柱の脚部の全塑性モーメントは柱の $M_{pc}$ ではなく，柱脚の $M_u$ を用いる．

(b) 根巻き柱脚

鉄骨部分は，$_sM_u=1,190\,\mathrm{kN\cdot m}$，$_sQ_u=2,140\,\mathrm{kN}$

RC 部分は，$_{RC}M_u=712\,\mathrm{kN\cdot m}$，$_{RC}Q_u=576\,\mathrm{kN}<\dfrac{_{RC}M_u}{h_1}=647\,\mathrm{kN}$，よって根巻きコンクリートは曲げ破壊ではなくせん断破壊となるので，

$_{RC}M_u={}_{RC}Q_u\times h_1=634\,\mathrm{kN\cdot m}$ とする必要がある．

$M_u={}_sM_u+{}_{RC}M_u=1,824\,\mathrm{kN\cdot m}$，$\alpha=\dfrac{M_u}{M_{pc}}=1.30\geq 1.3$，よって保有耐力接合になっている．せん断耐力は，$Q_u={}_sQ_u+{}_{RC}Q_u=2,716\,\mathrm{kN}\geq 820\,\mathrm{kN}$ より問題ない．

(c) 埋込み柱脚

$M_u=1,840\,\mathrm{kN\cdot m}$，$Q_u=\dfrac{M_u}{h}=920\,\mathrm{kN}\geq 820\,\mathrm{kN}$，$\alpha=\dfrac{M_u}{M_{pc}}=1.31\geq 1.3$，よって保有耐力接合になっている．

**13.3** アンカーボルトの降伏耐力：$T_y=FA_b=F\dfrac{\pi}{4}d_b^{\,2}$

コーン状破壊耐力：$T_p=0.6\sqrt{F_c}A_c=0.6\sqrt{F_c}\pi l^2$

$T_p\geq T_y$ を解くと，$\dfrac{l}{d_b}>\sqrt{\dfrac{F}{2.4\sqrt{F_c}}}$

**13.4**

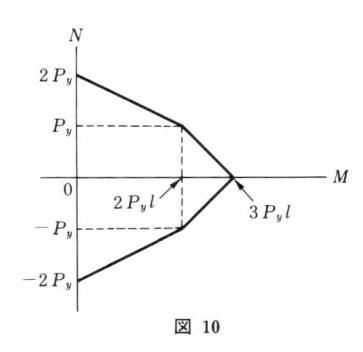

図 10

## 14 章

**14.1** $B_e=1,430\,\mathrm{mm}$，正曲げの中立軸は上フランジを通る，$x_n=152\,\mathrm{mm}$，$M_p=1,220\,\mathrm{kN\cdot m}$，負曲げの中立軸はウェブを通る，$x_n=428\,\mathrm{mm}$，$M_p'=744\,\mathrm{kN\cdot m}$，$\dfrac{M_p+M_p'}{2M_{ps}}=1.44$，$q_u=86.5\,\mathrm{kN/本}$，所要スタッドは数値を丸めて，40 本，150 mm ピッチとする．

14.2 A, B 点の曲げモーメントを $M_A$, $M_B$ とすると

A–B 間のせん断力　$Q_{AB} = \dfrac{2}{l}(M_B - M_A)$

B–C 間のせん断力　$Q_{BC} = \dfrac{2}{l}(M_B + \alpha M_p)$

$P = Q_{AB} + Q_{BC}$ と $P = \beta\dfrac{M_p}{l}$ の関係から，$2M_B - M_A + \alpha M_p = \dfrac{\beta}{2}M_p$

ケース（1）のときは，$M_A = M_p$ かつ $M_B \leq M_p$ より，$\beta \leq 2(1+\alpha)$ となる．
ケース（2）のときは，$M_B = M_p$ かつ $M_A \leq M_p$ より，$\beta \geq 2(1+\alpha)$ となる．

14.3 木板が引張にも圧縮にも有効であるので，曲げ剛性は正曲げ・負曲げとも同じである．$B_e = 215$ mm，中立軸は軽溝形鋼を通る，$x_n = 27.2$ mm，$I_{cs} = 20.3$ cm$^4$，$\dfrac{I_{cs}}{I_s} = 1.97$，2.0 倍になる．

14.4 正曲げ全塑性中立軸が鉄骨梁を通るとき，コンクリートスラブの圧縮力 $0.85 F_c B_e t$ に釣り合う引張軸力が鉄骨梁に作用する．したがって，鉄骨梁は曲げ引張材となり，7 章の式（7.5）から鉄骨梁の全塑性モーメントが得られ，それが右辺第 1 項である．右辺第 2 項はスラブの圧縮力 $0.85 F_c B_e t$ が鉄骨梁の図心軸まわりに生むモーメントである．次に，負曲げ全塑性中立軸が鉄骨梁を通るとき，スラブ内鉄筋の引張力 $F_r a_r$ に釣り合う圧縮軸力が鉄骨梁に作用する．したがって，鉄骨梁は曲げ圧縮材となり，正曲げの場合と同様の式が立てられる．

## 15 章

15.1 剛な基礎梁があるのでフーチング基礎は鉛直荷重のみを支持すればよい（曲げモーメントは基礎梁が受け持ち，水平力は建物全体の基礎と地盤の摩擦が受け持つ）．基礎梁の重量はその直下の地盤が支えるものとする．図 11（a）のような底面が $3.2$ m×$3.2$ m の正方形フーチング基礎を仮定すると，フーチング基礎と埋戻し土の重量は合わせて $392$ kN となるので，これを柱脚に作用する上部からの鉛直荷重に加えると，荷重ケース①（長期）がもっとも厳しい条件となり，$N = 400 + 392 = 792$ kN となる．基礎底面の接地圧は $q = \dfrac{792}{3.2 \times 3.2} = 77.3$ kN/m$^2$，長期許容支持力度は式（15.7 a），（15.8 a）より $q_a = 81.4$ kN/m$^2$ となる．$q \leq q_a$ より，合格である．

15.2 剛な基礎梁があるので杭基礎は鉛直荷重と地震時水平荷重を支持すればよい（曲げモーメントは基礎梁が受け持ち，長期水平荷重すなわちスラスト力は基礎梁が受け持つ）．図 11（b）のようなパイルキャップを仮定すると，その重量は $48$ kN となり，杭に作用する鉛直荷重は荷重ケース①（長期）がもっとも厳しい条件となり，$N_1 = 400 + 48 = 448$ kN となる．鋼管杭 $\phi$-$400 \times 9$（SKK400）を単杭で使用し，

(a) 直接基礎

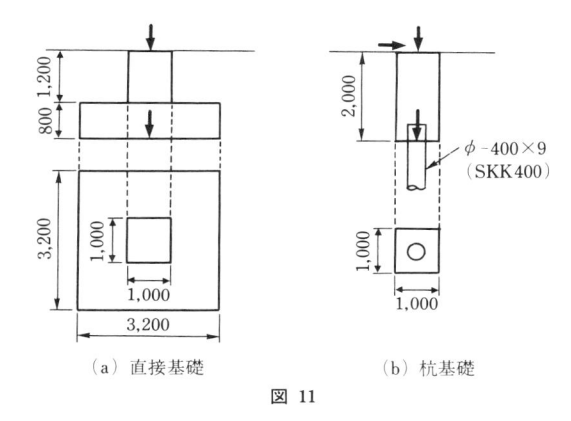

(b) 杭基礎

図 11

支持層への貫入深さを 1.5 m とすると，長期許容鉛直支持力は式 (15.18)，(15.19 a) より $R_{sa}=582$ kN となる．杭体の長期許容圧縮耐力 $R_{pa}$ は，径厚比による低減係数が式 (15.16 b) より $R_c=0.90$，腐食代を除いた有効断面積が $A=9,800$ mm$^2$ となるので，$R_{pa}=1,380$ kN となる．$R_{sa}<R_{pa}$ であるので，$R_a=R_{sa}=582$ kN となる．$R_a \geq N_1$ より，合格である（この場合，基礎梁の重量を杭の鉛直荷重に含める必要があるので少し余裕をみてある）．

次に，杭頭を固定と仮定し，水平荷重による杭頭の検定を行う．荷重ケース①による水平力は左右の基礎で釣合う逆方向のスラスト力であるので基礎梁が受け持ち，杭基礎には作用しない．地震時の水平力は基礎梁によって両側の基礎に均等に伝わるので，荷重ケース②と③の水平力の平均値 $Q=77.5$ kN を杭頭の水平力とすればよい．$k_h=15,100$ kN/m$^3$，$\beta=0.432$/m となるので，杭頭に作用する曲げモーメントは $M=89.7$ kN·m，荷重ケース②のほうがケース③より杭頭鉛直荷重が大きいので，荷重ケース②の $N_2=420+48=468$ kN を用いる．腐食代を考慮した断面積と断面係数 $Z=937,000$ mm$^3$ を用いて杭頭の曲げ圧縮応力度を計算すると $\sigma=\dfrac{N_2}{A}+\dfrac{M}{Z}=143$ N/mm$^2$ となり，これは杭の短期許容圧縮応力度 $f=R_cF=0.90\times235=212$ N/mm$^2$ より小さいので合格である．せん断応力度は $\tau=\dfrac{Q}{A}=7.9$ N/mm$^2$ で，短期許容せん断応力度 $f_s=\dfrac{F}{\sqrt{3}}=136$ N/mm$^2$ より小さいので合格である．

## 付表1 等辺山形鋼の標準断面寸法と断面特性 (JIS G 3192)

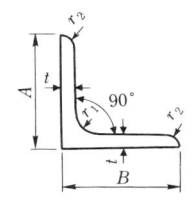

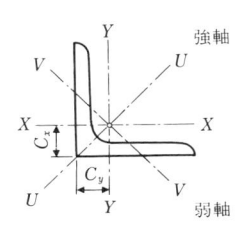

| 断面寸法 mm | | | | 断面積 $cm^2$ | 単位質量 kg/m | 重心位置 cm | | 断面2次モーメント $cm^4$ | | | | 断面2次半径 cm | | | | 断面係数 $cm^3$ | |
|---|---|---|---|---|---|---|---|---|---|---|---|---|---|---|---|---|---|
| $A \times B$ | $t$ | $r_1$ | $r_2$ | | | $C_x$ | $C_y$ | $I_x$ | $I_y$ | $I_u$ | $I_v$ | $i_x$ | $i_y$ | $i_u$ | $i_v$ | $Z_x$ | $Z_y$ |
| 25×25 | 3 | 4 | 2 | 1.427 | 1.12 | 0.719 | 0.719 | 0.797 | 0.797 | 1.26 | 0.332 | 0.747 | 0.747 | 0.940 | 0.483 | 0.448 | 0.448 |
| 30×30 | 3 | 4 | 2 | 1.727 | 1.36 | 0.844 | 0.844 | 1.42 | 1.42 | 2.26 | 0.59 | 0.908 | 0.908 | 1.14 | 0.585 | 0.661 | 0.661 |
| 40×40 | 3 | 4.5 | 2 | 2.336 | 1.83 | 1.09 | 1.09 | 3.53 | 3.53 | 5.60 | 1.46 | 1.23 | 1.23 | 1.55 | 0.790 | 1.21 | 1.21 |
| 40×40 | 5 | 4.5 | 3 | 3.755 | 2.95 | 1.17 | 1.17 | 5.42 | 5.42 | 8.59 | 2.25 | 1.20 | 1.20 | 1.51 | 0.774 | 1.91 | 1.91 |
| 45×45 | 4 | 6.5 | 3 | 3.492 | 2.74 | 1.24 | 1.24 | 6.50 | 6.50 | 10.3 | 2.70 | 1.36 | 1.36 | 1.72 | 0.880 | 2.00 | 2.00 |
| 45×45 | 5 | 6.5 | 3 | 4.302 | 3.38 | 1.28 | 1.28 | 7.91 | 7.91 | 12.5 | 3.29 | 1.36 | 1.36 | 1.71 | 0.874 | 2.46 | 2.46 |
| 50×50 | 4 | 6.5 | 3 | 3.892 | 3.06 | 1.37 | 1.37 | 9.06 | 9.06 | 14.4 | 3.76 | 1.53 | 1.53 | 1.92 | 0.983 | 2.49 | 2.49 |
| 50×50 | 5 | 6.5 | 3 | 4.802 | 3.77 | 1.41 | 1.41 | 11.1 | 11.1 | 17.5 | 4.58 | 1.52 | 1.52 | 1.91 | 0.976 | 3.08 | 3.08 |
| 50×50 | 6 | 6.5 | 4.5 | 5.644 | 4.43 | 1.44 | 1.44 | 12.6 | 12.6 | 20.0 | 5.23 | 1.50 | 1.50 | 1.88 | 0.963 | 3.55 | 3.55 |
| 60×60 | 4 | 6.5 | 3 | 4.692 | 3.68 | 1.61 | 1.61 | 16.0 | 16.0 | 25.4 | 6.62 | 1.85 | 1.85 | 2.33 | 1.19 | 3.66 | 3.66 |
| 60×60 | 5 | 6.5 | 3 | 5.802 | 4.55 | 1.66 | 1.66 | 19.6 | 19.6 | 31.2 | 8.09 | 1.84 | 1.84 | 2.32 | 1.18 | 4.52 | 4.52 |
| 65×65 | 5 | 8.5 | 3 | 6.367 | 5.00 | 1.77 | 1.77 | 25.3 | 25.3 | 40.1 | 10.5 | 1.99 | 1.99 | 2.51 | 1.28 | 5.35 | 5.35 |
| 65×65 | 6 | 8.5 | 4 | 7.527 | 5.91 | 1.81 | 1.81 | 29.4 | 29.4 | 46.6 | 12.2 | 1.98 | 1.98 | 2.49 | 1.27 | 6.26 | 6.26 |
| 65×65 | 8 | 8.5 | 6 | 9.761 | 7.66 | 1.88 | 1.88 | 36.8 | 36.8 | 58.3 | 15.3 | 1.94 | 1.94 | 2.44 | 1.25 | 7.96 | 7.96 |
| 70×70 | 6 | 8.5 | 4 | 8.127 | 6.38 | 1.93 | 1.93 | 37.1 | 37.1 | 58.9 | 15.3 | 2.14 | 2.14 | 2.69 | 1.37 | 7.33 | 7.33 |
| 75×75 | 6 | 8.5 | 4 | 8.727 | 6.85 | 2.06 | 2.06 | 46.1 | 46.1 | 73.2 | 19.0 | 2.30 | 2.30 | 2.90 | 1.48 | 8.47 | 8.47 |
| 75×75 | 9 | 8.5 | 6 | 12.69 | 9.96 | 2.17 | 2.17 | 64.4 | 64.4 | 102 | 26.7 | 2.25 | 2.25 | 2.84 | 1.45 | 12.1 | 12.1 |
| 75×75 | 12 | 8.5 | 6 | 16.56 | 13.0 | 2.29 | 2.29 | 81.9 | 81.9 | 129 | 34.5 | 2.22 | 2.22 | 2.79 | 1.44 | 15.7 | 15.7 |
| 80×80 | 6 | 8.5 | 4 | 9.327 | 7.32 | 2.18 | 2.18 | 56.4 | 56.4 | 89.6 | 23.2 | 2.46 | 2.46 | 3.10 | 1.58 | 9.70 | 9.70 |
| 90×90 | 6 | 10 | 5 | 10.55 | 8.28 | 2.42 | 2.42 | 80.7 | 80.7 | 128 | 33.4 | 2.77 | 2.77 | 3.48 | 1.78 | 12.3 | 12.3 |
| 90×90 | 7 | 10 | 5 | 12.22 | 9.59 | 2.46 | 2.46 | 93.0 | 93.0 | 148 | 38.3 | 2.76 | 2.76 | 3.48 | 1.77 | 14.2 | 14.2 |
| 90×90 | 10 | 10 | 7 | 17.00 | 13.3 | 2.57 | 2.57 | 125 | 125 | 199 | 51.7 | 2.71 | 2.71 | 3.42 | 1.74 | 19.5 | 19.5 |
| 90×90 | 13 | 10 | 7 | 21.71 | 17.0 | 2.69 | 2.69 | 156 | 156 | 248 | 65.3 | 2.68 | 2.68 | 3.38 | 1.73 | 24.8 | 24.8 |
| 100×100 | 7 | 10 | 5 | 13.62 | 10.7 | 2.71 | 2.71 | 129 | 129 | 205 | 53.2 | 3.08 | 3.08 | 3.88 | 1.98 | 17.7 | 17.7 |
| 100×100 | 10 | 10 | 7 | 19.00 | 14.9 | 2.82 | 2.82 | 175 | 175 | 278 | 72.0 | 3.04 | 3.04 | 3.83 | 1.95 | 24.4 | 24.4 |
| 100×100 | 13 | 10 | 7 | 24.31 | 19.1 | 2.94 | 2.94 | 220 | 220 | 348 | 91.1 | 3.00 | 3.00 | 3.78 | 1.94 | 31.1 | 31.1 |
| 120×120 | 8 | 12 | 5 | 18.76 | 14.7 | 3.24 | 3.24 | 258 | 258 | 410 | 106 | 3.71 | 3.71 | 4.67 | 2.38 | 29.5 | 29.5 |
| 130×130 | 9 | 12 | 6 | 22.74 | 17.9 | 3.53 | 3.53 | 366 | 366 | 583 | 150 | 4.01 | 4.01 | 5.06 | 2.57 | 38.7 | 38.7 |
| 130×130 | 12 | 12 | 8.5 | 29.76 | 23.4 | 3.64 | 3.64 | 467 | 467 | 743 | 192 | 3.96 | 3.96 | 5.00 | 2.54 | 49.9 | 49.9 |
| 130×130 | 15 | 12 | 8.5 | 36.75 | 28.8 | 3.76 | 3.76 | 568 | 568 | 902 | 234 | 3.93 | 3.93 | 4.95 | 2.53 | 61.5 | 51.5 |
| 150×150 | 12 | 14 | 7 | 34.77 | 27.3 | 4.14 | 4.14 | 740 | 740 | 1180 | 304 | 4.61 | 4.61 | 5.82 | 2.96 | 68.1 | 58.1 |
| 150×150 | 15 | 14 | 10 | 42.74 | 33.6 | 4.24 | 4.24 | 888 | 888 | 1410 | 365 | 4.56 | 4.56 | 5.75 | 2.92 | 82.6 | 32.6 |
| 150×150 | 19 | 14 | 10 | 53.38 | 41.9 | 4.40 | 4.40 | 1090 | 1090 | 1730 | 451 | 4.52 | 4.52 | 5.69 | 2.91 | 103 | 103 |
| 175×175 | 12 | 15 | 11 | 40.52 | 31.8 | 4.73 | 4.73 | 1170 | 1170 | 1860 | 480 | 5.38 | 5.38 | 6.78 | 3.44 | 91.8 | 91.8 |
| 175×175 | 15 | 15 | 11 | 50.21 | 39.4 | 4.85 | 4.85 | 1440 | 1440 | 2290 | 589 | 5.35 | 5.35 | 6.75 | 3.42 | 114 | 114 |
| 200×200 | 15 | 17 | 12 | 57.75 | 45.3 | 5.46 | 5.46 | 2180 | 2180 | 3470 | 891 | 6.14 | 6.14 | 7.75 | 3.93 | 150 | 150 |
| 200×200 | 20 | 17 | 12 | 76.00 | 59.7 | 5.67 | 5.67 | 2820 | 2820 | 4490 | 1160 | 6.09 | 6.09 | 7.68 | 3.90 | 197 | 197 |
| 200×200 | 25 | 17 | 12 | 93.75 | 73.6 | 5.86 | 5.86 | 3420 | 3420 | 5420 | 1410 | 6.04 | 6.04 | 7.61 | 3.88 | 242 | 242 |
| 250×250 | 25 | 24 | 12 | 119.4 | 93.7 | 7.10 | 7.10 | 6950 | 6950 | 11000 | 2860 | 7.63 | 7.63 | 9.62 | 4.90 | 388 | 388 |
| 250×250 | 35 | 24 | 18 | 162.6 | 128 | 7.45 | 7.45 | 9110 | 9110 | 14400 | 3790 | 7.49 | 7.49 | 9.42 | 4.83 | 519 | 519 |

## 付表2 不等辺山形鋼の標準断面寸法と断面特性 (JIS G 3192)

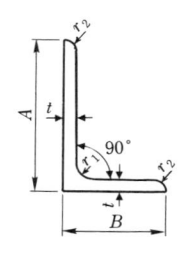

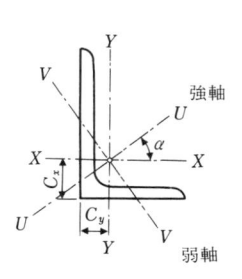

| 断面寸法 mm | | | | 断面積 cm$^2$ | 単位質量 kg/m | 重心位置 cm | | 断面2次モーメント cm$^4$ | | | | 断面2次半径 cm | | | | tan $\alpha$ | 断面係数 cm$^3$ | |
|---|---|---|---|---|---|---|---|---|---|---|---|---|---|---|---|---|---|---|
| $A \times B$ | $t$ | $r_1$ | $r_2$ | | | $C_x$ | $C_y$ | $I_x$ | $I_y$ | $I_u$ | $I_v$ | $i_x$ | $i_y$ | $i_u$ | $i_v$ | | $Z_x$ | $Z_y$ |
| 90× 75 | 9 | 8.5 | 6 | 14.04 | 11.0 | 2.75 | 2.00 | 109 | 68.1 | 143 | 34.1 | 2.78 | 2.20 | 3.19 | 1.56 | 0.676 | 17.4 | 12.4 |
| 100× 75 | 7 | 10 | 5 | 11.87 | 9.32 | 3.06 | 1.83 | 118 | 56.9 | 144 | 30.8 | 3.15 | 2.19 | 3.49 | 1.61 | 0.548 | 17.0 | 10.0 |
| 100× 75 | 10 | 10 | 7 | 16.50 | 13.0 | 3.17 | 1.94 | 159 | 76.1 | 194 | 41.3 | 3.11 | 2.15 | 3.43 | 1.58 | 0.543 | 23.3 | 13.7 |
| 125× 75 | 7 | 10 | 5 | 13.62 | 10.7 | 4.10 | 1.64 | 219 | 60.4 | 243 | 36.4 | 4.01 | 2.11 | 4.23 | 1.64 | 0.362 | 26.1 | 10.3 |
| 125× 75 | 10 | 10 | 7 | 19.00 | 14.9 | 4.22 | 1.75 | 299 | 80.8 | 330 | 49.0 | 3.96 | 2.06 | 4.17 | 1.61 | 0.357 | 36.1 | 14.1 |
| 125× 75 | 13 | 10 | 7 | 24.31 | 19.1 | 4.35 | 1.87 | 376 | 101 | 415 | 61.9 | 3.93 | 2.04 | 4.13 | 1.60 | 0.352 | 46.1 | 17.9 |
| 125× 90 | 10 | 10 | 7 | 20.50 | 16.1 | 3.95 | 2.22 | 318 | 138 | 380 | 76.2 | 3.94 | 2.59 | 4.30 | 1.93 | 0.505 | 37.2 | 20.3 |
| 125× 90 | 13 | 10 | 7 | 26.26 | 20.6 | 4.07 | 2.34 | 401 | 173 | 477 | 96.3 | 3.91 | 2.57 | 4.26 | 1.91 | 0.501 | 47.5 | 25.9 |
| 150× 90 | 9 | 12 | 6 | 20.94 | 16.4 | 4.95 | 1.99 | 485 | 133 | 537 | 80.4 | 4.81 | 2.52 | 5.06 | 1.96 | 0.361 | 48.2 | 19.0 |
| 150× 90 | 12 | 12 | 8.5 | 27.36 | 21.5 | 5.07 | 2.10 | 619 | 167 | 685 | 102 | 4.76 | 2.47 | 5.00 | 1.93 | 0.357 | 62.3 | 24.3 |
| 150×100 | 9 | 12 | 6 | 21.84 | 17.1 | 4.76 | 2.30 | 502 | 181 | 579 | 104 | 4.79 | 2.88 | 5.15 | 2.18 | 0.439 | 49.1 | 23.5 |
| 150×100 | 12 | 12 | 8.5 | 28.56 | 22.4 | 4.88 | 2.41 | 642 | 228 | 738 | 132 | 4.74 | 2.83 | 5.09 | 2.15 | 0.435 | 63.4 | 30.1 |
| 150×100 | 15 | 12 | 8.5 | 35.25 | 27.7 | 5.00 | 2.53 | 782 | 276 | 897 | 161 | 4.71 | 2.80 | 5.04 | 2.14 | 0.431 | 78.2 | 37.0 |

付録　断面性能表

## 付表 3　不等辺不等厚山形鋼の標準断面寸法と断面特性 (JIS G 3192)

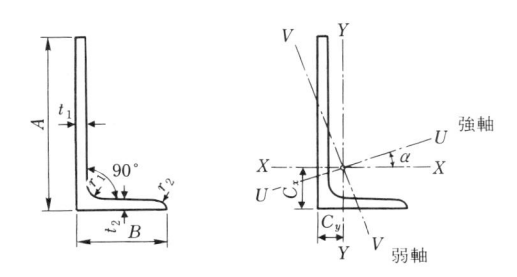

| 断面寸法 mm | | | | | 断面積 $cm^2$ | 単位質量 $kg/m$ | 重心位置 cm | | 断面2次モーメント $cm^4$ | | | | 断面2次半径 cm | | | | $\tan\alpha$ | 断面係数 $cm^3$ | |
|---|---|---|---|---|---|---|---|---|---|---|---|---|---|---|---|---|---|---|---|
| $A \times B$ | $t_1$ | $t_2$ | $r_1$ | $r_2$ | | | $C_x$ | $C_y$ | $I_x$ | $I_y$ | $I_u$ | $I_v$ | $i_x$ | $i_y$ | $i_u$ | $i_v$ | | $Z_x$ | $Z_y$ |
| 200×90 | 9 | 14 | 14 | 7 | 29.66 | 23.3 | 6.36 | 2.15 | 1210 | 200 | 1290 | 125 | 6.39 | 2.60 | 6.58 | 2.05 | 0.263 | 88.7 | 29.2 |
| 250×90 | 10 | 15 | 17 | 8.5 | 37.47 | 29.4 | 8.61 | 1.92 | 2440 | 223 | 2520 | 147 | 8.08 | 2.44 | 8.20 | 1.98 | 0.182 | 149 | 31.5 |
| 250×90 | 12 | 16 | 17 | 8.5 | 42.95 | 33.7 | 8.99 | 1.89 | 2790 | 238 | 2870 | 160 | 8.07 | 2.35 | 8.18 | 1.93 | 0.173 | 174 | 33.5 |
| 300×90 | 11 | 16 | 19 | 9.5 | 46.22 | 36.3 | 11.0 | 1.76 | 4370 | 245 | 4440 | 168 | 9.72 | 2.30 | 9.80 | 1.90 | 0.136 | 229 | 33.8 |
| 300×90 | 13 | 17 | 19 | 9.5 | 52.67 | 41.3 | 11.3 | 1.75 | 4940 | 259 | 5020 | 181 | 9.68 | 2.22 | 9.76 | 1.85 | 0.128 | 265 | 35.8 |
| 350×100 | 12 | 17 | 22 | 11 | 57.74 | 45.3 | 13.0 | 1.87 | 7440 | 362 | 7550 | 251 | 11.3 | 2.50 | 11.4 | 2.08 | 0.124 | 338 | 44.5 |
| 400×100 | 13 | 18 | 24 | 12 | 68.59 | 53.8 | 15.4 | 1.77 | 11500 | 388 | 11600 | 277 | 12.9 | 2.38 | 13.0 | 2.01 | 0.100 | 467 | 47.1 |

付表 4　構形鋼の標準断面寸法と断面特性 （JIS G 3192）

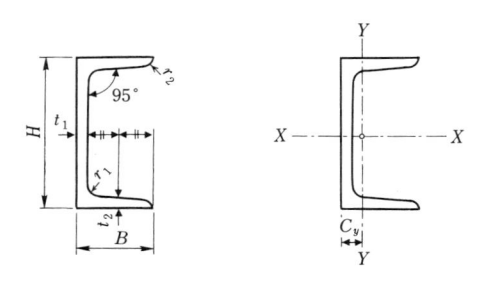

| 断面寸法 mm | | | | | 断面積 $cm^2$ | 単位質量 kg/m | 重心位置 cm | | 断面2次モーメント $cm^4$ | | 断面2次半径 cm | | 断面係数 $cm^3$ | |
|---|---|---|---|---|---|---|---|---|---|---|---|---|---|---|
| $H \times B$ | $t_1$ | $t_2$ | $r_1$ | $r_2$ | | | $C_x$ | $C_y$ | $I_x$ | $I_y$ | $i_x$ | $i_y$ | $Z_x$ | $Z_y$ |
| 75×40 | 5 | 7 | 8 | 4 | 8.818 | 6.92 | 0 | 1.28 | 75.3 | 12.2 | 2.92 | 1.17 | 20.1 | 4.47 |
| 100×50 | 5 | 7.5 | 8 | 4 | 11.92 | 9.36 | 0 | 1.54 | 188 | 26.0 | 3.97 | 1.48 | 37.6 | 7.52 |
| 125×65 | 6 | 8 | 8 | 4 | 17.11 | 13.4 | 0 | 1.90 | 424 | 61.8 | 4.98 | 1.90 | 67.8 | 13.4 |
| 150×75 | 6.5 | 10 | 10 | 5 | 23.71 | 18.6 | 0 | 2.28 | 861 | 117 | 6.03 | 2.22 | 115 | 22.4 |
| 150×75 | 9 | 12.5 | 15 | 7.5 | 30.59 | 24.0 | 0 | 2.31 | 1050 | 147 | 5.86 | 2.19 | 140 | 28.3 |
| 180×75 | 7 | 10.5 | 11 | 5.5 | 27.20 | 21.4 | 0 | 2.13 | 1380 | 131 | 7.12 | 2.19 | 153 | 24.3 |
| 200×80 | 7.5 | 11 | 12 | 6 | 31.33 | 24.6 | 0 | 2.21 | 1950 | 168 | 7.88 | 2.32 | 195 | 29.1 |
| 200×90 | 8 | 13.5 | 14 | 7 | 38.65 | 30.3 | 0 | 2.74 | 2490 | 277 | 8.02 | 2.68 | 249 | 44.2 |
| 250×90 | 9 | 13 | 14 | 7 | 44.07 | 34.6 | 0 | 2.40 | 4180 | 294 | 9.74 | 2.58 | 334 | 44.5 |
| 250×90 | 11 | 14.5 | 17 | 8.5 | 51.17 | 40.2 | 0 | 2.40 | 4680 | 329 | 9.56 | 2.54 | 374 | 49.9 |
| 300×90 | 9 | 13 | 14 | 7 | 48.57 | 38.1 | 0 | 2.22 | 6440 | 309 | 11.5 | 2.52 | 429 | 45.7 |
| 300×90 | 10 | 15.5 | 19 | 9.5 | 55.74 | 43.8 | 0 | 2.34 | 7410 | 360 | 11.5 | 2.54 | 494 | 54.1 |
| 300×90 | 12 | 16 | 19 | 9.5 | 61.90 | 48.6 | 0 | 2.28 | 7870 | 379 | 11.3 | 2.48 | 525 | 56.4 |
| 380×100 | 10.5 | 16 | 18 | 9 | 69.39 | 54.5 | 0 | 2.41 | 14500 | 535 | 14.5 | 2.78 | 763 | 70.5 |
| 380×100 | 13 | 16.5 | 18 | 9 | 78.96 | 62.0 | 0 | 2.33 | 15600 | 565 | 14.1 | 2.67 | 823 | 73.6 |
| 380×100 | 13 | 20 | 24 | 12 | 85.71 | 67.3 | 0 | 2.54 | 17600 | 655 | 14.3 | 2.76 | 926 | 87.8 |

## 付表5  I形鋼の標準断面寸法と断面特性（JIS G 3192）

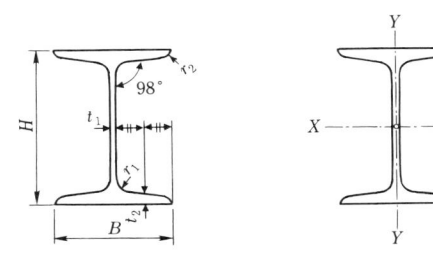

| 断面寸法 mm | | | | | 断面積 $cm^2$ | 単位質量 kg/m | 重心位置 cm | | 断面2次モーメント $cm^4$ | | 断面2次半径 cm | | 断面係数 $cm^3$ | |
|---|---|---|---|---|---|---|---|---|---|---|---|---|---|---|
| $H \times B$ | $t_1$ | $t_2$ | $r_1$ | $r_2$ | | | $C_x$ | $C_y$ | $I_x$ | $I_y$ | $i_x$ | $i_y$ | $Z_x$ | $Z_y$ |
| 100× 75 | 5 | 8 | 7 | 3.5 | 16.43 | 12.9 | 0 | 0 | 281 | 47.3 | 4.14 | 1.70 | 56.2 | 12.6 |
| 125× 75 | 5.5 | 9.5 | 9 | 4.5 | 20.45 | 16.1 | 0 | 0 | 538 | 57.5 | 5.13 | 1.68 | 86.0 | 15.3 |
| 150× 75 | 5.5 | 9.5 | 9 | 4.5 | 21.83 | 17.1 | 0 | 0 | 819 | 57.5 | 6.12 | 1.62 | 109 | 15.3 |
| 150×125 | 8.5 | 14 | 13 | 6.5 | 46.15 | 36.2 | 0 | 0 | 1760 | 385 | 6.18 | 2.89 | 235 | 61.6 |
| 180×100 | 6 | 10 | 10 | 5 | 30.06 | 23.6 | 0 | 0 | 1670 | 138 | 7.45 | 2.14 | 186 | 27.5 |
| 200×100 | 7 | 10 | 10 | 5 | 33.06 | 26.0 | 0 | 0 | 2170 | 138 | 8.11 | 2.05 | 217 | 27.7 |
| 200×150 | 9 | 16 | 15 | 7.5 | 64.16 | 50.4 | 0 | 0 | 4460 | 753 | 8.34 | 3.43 | 446 | 100 |
| 250×125 | 7.5 | 12.5 | 12 | 6 | 48.79 | 38.3 | 0 | 0 | 5180 | 337 | 10.3 | 2.63 | 414 | 53.9 |
| 250×125 | 10 | 19 | 21 | 10.5 | 70.73 | 55.5 | 0 | 0 | 7310 | 538 | 10.2 | 2.76 | 585 | 86.0 |
| 300×150 | 8 | 13 | 12 | 6 | 61.58 | 48.3 | 0 | 0 | 9480 | 588 | 12.4 | 3.09 | 632 | 78.4 |
| 300×150 | 10 | 18.5 | 19 | 9.5 | 83.47 | 65.5 | 0 | 0 | 12700 | 886 | 12.3 | 3.26 | 849 | 118 |
| 300×150 | 11.5 | 22 | 23 | 11.5 | 97.88 | 76.8 | 0 | 0 | 14700 | 1080 | 12.2 | 3.32 | 978 | 143 |
| 350×150 | 9 | 15 | 13 | 6.5 | 74.58 | 58.5 | 0 | 0 | 15200 | 702 | 14.3 | 3.07 | 870 | 93.5 |
| 350×150 | 12 | 24 | 25 | 12.5 | 111.1 | 87.2 | 0 | 0 | 22400 | 1180 | 14.2 | 3.26 | 1280 | 158 |
| 400×150 | 10 | 18 | 17 | 8.5 | 91.73 | 72.0 | 0 | 0 | 24100 | 864 | 16.2 | 3.07 | 1200 | 115 |
| 400×150 | 12.5 | 25 | 27 | 13.5 | 122.1 | 95.8 | 0 | 0 | 31700 | 1240 | 16.1 | 3.18 | 1580 | 165 |
| 450×175 | 11 | 20 | 19 | 9.5 | 116.8 | 91.7 | 0 | 0 | 39200 | 1510 | 18.3 | 3.60 | 1740 | 173 |
| 450×175 | 13 | 26 | 27 | 13.5 | 146.1 | 115 | 0 | 0 | 48800 | 2020 | 18.3 | 3.72 | 2170 | 231 |
| 600×190 | 13 | 25 | 25 | 12.5 | 169.4 | 133 | 0 | 0 | 98400 | 2460 | 24.1 | 3.81 | 3280 | 259 |
| 600×190 | 16 | 35 | 38 | 19 | 224.5 | 176 | 0 | 0 | 130000 | 3540 | 24.1 | 3.97 | 4330 | 373 |

## 付表6　H形鋼の標準断面寸法と断面特性（JIS G 3192）

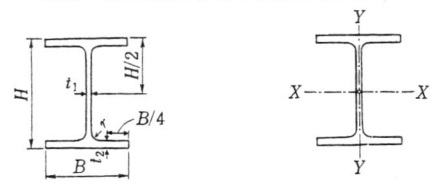

| 呼称寸法 (高さ×辺) | 断面寸法 mm $H \times B$ | $t_1$ | $t_2$ | $r$ | 断面積 cm² | 単位質量 kg/m | 断面2次モーメント cm⁴ $I_x$ | $I_y$ | 断面2次半径 cm $i_x$ | $i_y$ | 断面係数 cm³ $Z_x$ | $Z_y$ | 許容曲げ応力度算定用断面2次半径 cm $i_y^*$ | 塑性断面係数 cm³ $Z_{px}$ | $Z_{py}$ |
|---|---|---|---|---|---|---|---|---|---|---|---|---|---|---|---|
| 100×50 | 100×50 | 5 | 7 | 8 | 11.85 | 9.30 | 187 | 14.8 | 3.98 | 1.12 | 37.5 | 5.91 | 1.31 | 44.1 | 9.52 |
| 100×100 | 100×100 | 6 | 8 | 8 | 21.59 | 16.9 | 378 | 134 | 4.18 | 2.49 | 75.6 | 26.7 | 2.75 | 86.4 | 41.0 |
| 125×60 | 125×60 | 6 | 8 | 8 | 16.69 | 13.1 | 409 | 29.1 | 4.95 | 1.32 | 65.5 | 9.71 | 1.57 | 76.8 | 15.6 |
| 125×125 | 125×125 | 6.5 | 9 | 8 | 30.00 | 23.6 | 839 | 293 | 5.29 | 3.13 | 134 | 46.9 | 3.45 | 152 | 71.7 |
| 150×75 | 150×75 | 5 | 7 | 8 | 17.85 | 14.0 | 666 | 49.5 | 6.11 | 1.66 | 88.8 | 13.2 | 1.96 | 102 | 20.8 |
| 150×100 | 148×100 | 6 | 9 | 8 | 26.35 | 20.7 | 1000 | 150 | 6.17 | 2.39 | 135 | 30.1 | 2.71 | 154 | 46.4 |
| 150×150 | 150×150 | 7 | 10 | 8 | 39.65 | 31.1 | 1620 | 563 | 6.40 | 3.77 | 216 | 75.1 | 4.15 | 243 | 114 |
| 175×90 | 175×90 | 5 | 8 | 8 | 22.90 | 18.0 | 1210 | 97.5 | 7.26 | 2.06 | 138 | 21.7 | 2.39 | 156 | 33.6 |
| 175×175 | 175×175 | 7.5 | 11 | 13 | 51.42 | 40.4 | 2900 | 984 | 7.50 | 4.37 | 331 | 112 | 4.80 | 370 | 172 |
| 200×100 | 198×99 | 4.5 | 7 | 8 | 22.69 | 17.8 | 1540 | 113 | 8.25 | 2.24 | 156 | 22.9 | 2.60 | 175 | 35.5 |
| | 200×100 | 5.5 | 8 | 8 | 26.67 | 20.9 | 1810 | 134 | 8.23 | 2.24 | 181 | 26.7 | 2.63 | 205 | 41.6 |
| 200×150 | 194×150 | 6 | 9 | 8 | 38.11 | 29.9 | 2630 | 507 | 8.30 | 3.65 | 271 | 67.6 | 4.09 | 301 | 103 |
| 200×200 | 200×200 | 8 | 12 | 13 | 63.53 | 49.9 | 4720 | 1600 | 8.62 | 5.02 | 472 | 160 | 5.50 | 525 | 244 |
| | *200×204 | 12 | 12 | 13 | 71.53 | 56.2 | 4980 | 1700 | 8.35 | 4.88 | 498 | 167 | 5.53 | 566 | 257 |
| 250×125 | 248×124 | 5 | 8 | 8 | 31.99 | 25.1 | 3450 | 255 | 10.4 | 2.82 | 278 | 41.1 | 3.27 | 312 | 63.2 |
| | 250×125 | 6 | 9 | 8 | 36.97 | 29.0 | 3960 | 294 | 10.4 | 2.82 | 317 | 47.0 | 3.30 | 358 | 72.7 |
| 250×175 | 244×175 | 7 | 11 | 13 | 55.49 | 43.6 | 6040 | 984 | 10.4 | 4.21 | 495 | 112 | 4.72 | 550 | 172 |
| 250×250 | 250×250 | 9 | 14 | 13 | 91.43 | 71.8 | 10700 | 3650 | 10.8 | 6.32 | 860 | 292 | 6.91 | 953 | 443 |
| | *250×255 | 14 | 14 | 13 | 103.9 | 81.6 | 11400 | 3880 | 10.5 | 6.11 | 912 | 304 | 6.93 | 1030 | 467 |
| 300×150 | 298×149 | 5.5 | 8 | 13 | 40.80 | 32.0 | 6320 | 442 | 12.4 | 3.29 | 424 | 59.3 | 3.85 | 475 | 91.8 |
| | 300×150 | 6.5 | 9 | 13 | 46.78 | 36.7 | 7210 | 508 | 12.4 | 3.29 | 481 | 67.7 | 3.87 | 542 | 105 |
| 300×200 | 294×200 | 8 | 12 | 13 | 71.05 | 55.8 | 11100 | 1600 | 12.5 | 4.75 | 756 | 160 | 5.38 | 1380 | 445 |
| 300×300 | *294×302 | 12 | 12 | 13 | 106.3 | 83.4 | 16600 | 5510 | 12.5 | 7.20 | 1130 | 365 | 8.16 | 1260 | 558 |
| | 300×300 | 10 | 15 | 13 | 118.4 | 93.0 | 20200 | 6750 | 13.1 | 7.55 | 1350 | 450 | 8.16 | 1480 | 683 |
| | 300×305 | 15 | 15 | 13 | 133.4 | 105 | 21300 | 7100 | 12.6 | 7.30 | 1420 | 466 | 8.28 | 1600 | 714 |
| 350×175 | 346×174 | 6 | 9 | 13 | 52.45 | 41.2 | 11000 | 791 | 14.5 | 3.88 | 638 | 91.0 | 4.53 | 713 | 140 |
| | 350×175 | 7 | 11 | 13 | 62.91 | 49.4 | 13500 | 984 | 14.6 | 3.96 | 771 | 112 | 4.60 | 864 | 173 |
| 350×250 | 340×250 | 9 | 14 | 13 | 99.53 | 78.1 | 21200 | 3650 | 14.6 | 6.05 | 1250 | 292 | 6.79 | 1380 | 445 |
| 350×350 | *344×348 | 10 | 16 | 13 | 144.0 | 113 | 32800 | 11200 | 15.1 | 8.84 | 1910 | 646 | 9.64 | 2090 | 978 |
| | 350×350 | 12 | 19 | 13 | 171.9 | 135 | 39800 | 13600 | 15.2 | 8.89 | 2280 | 776 | 9.71 | 2520 | 1180 |
| 400×200 | 396×199 | 7 | 11 | 13 | 71.41 | 56.1 | 19800 | 1450 | 16.6 | 4.50 | 999 | 145 | 5.23 | 1110 | 223 |
| | 400×200 | 8 | 13 | 13 | 83.37 | 65.4 | 23500 | 1740 | 16.8 | 4.56 | 1170 | 174 | 5.29 | 1310 | 267 |
| 400×300 | 390×300 | 10 | 16 | 13 | 133.2 | 105 | 37900 | 7200 | 16.9 | 7.35 | 1940 | 480 | 8.19 | 2140 | 730 |
| 400×400 | *388×402 | 15 | 15 | 22 | 178.5 | 140 | 49000 | 16300 | 16.6 | 9.55 | 2520 | 809 | 10.8 | 2800 | 1240 |
| | *394×398 | 11 | 18 | 22 | 186.8 | 147 | 56100 | 18900 | 17.3 | 10.1 | 2850 | 951 | 10.9 | 3120 | 1430 |
| | 400×400 | 13 | 21 | 22 | 218.7 | 172 | 66600 | 22400 | 17.5 | 10.1 | 3330 | 1120 | 11.0 | 3670 | 1700 |
| | *400×408 | 21 | 21 | 22 | 250.7 | 197 | 70900 | 23800 | 16.8 | 9.75 | 3540 | 1170 | 11.1 | 3990 | 1790 |
| | *414×405 | 18 | 28 | 22 | 295.4 | 232 | 92800 | 31000 | 17.7 | 10.2 | 4480 | 1530 | 11.2 | 5030 | 2330 |
| | *428×407 | 20 | 35 | 22 | 360.7 | 283 | 119000 | 39400 | 18.2 | 10.4 | 5570 | 1930 | 11.4 | 6310 | 2940 |
| | *458×417 | 30 | 50 | 22 | 528.6 | 415 | 187000 | 60500 | 18.8 | 10.7 | 8170 | 2900 | 11.8 | 9540 | 4440 |
| | *498×432 | 45 | 70 | 22 | 770.1 | 605 | 298000 | 94400 | 19.7 | 11.1 | 12000 | 4370 | 12.3 | 14500 | 6720 |
| 450×200 | 446×199 | 8 | 12 | 13 | 82.97 | 65.1 | 28100 | 1580 | 18.4 | 4.36 | 1260 | 159 | 5.16 | 1420 | 245 |
| | 450×200 | 9 | 14 | 13 | 95.43 | 74.9 | 32900 | 1870 | 18.6 | 4.43 | 1460 | 187 | 5.23 | 1650 | 290 |
| 450×300 | 440×300 | 11 | 18 | 13 | 153.9 | 121 | 54700 | 8110 | 18.9 | 7.26 | 2490 | 540 | 8.16 | 2760 | 823 |
| 500×200 | 496×199 | 9 | 14 | 13 | 99.29 | 77.9 | 40800 | 1840 | 20.3 | 4.31 | 1650 | 185 | 5.14 | 1870 | 288 |
| | 500×200 | 10 | 16 | 13 | 112.2 | 88.2 | 46800 | 2140 | 20.4 | 4.36 | 1870 | 214 | 5.20 | 2130 | 333 |
| | *506×201 | 11 | 19 | 13 | 129.3 | 102 | 55500 | 2580 | 20.7 | 4.46 | 2190 | 256 | 5.28 | 2500 | 399 |
| 500×300 | 482×300 | 11 | 15 | 13 | 141.2 | 111 | 58300 | 6760 | 20.3 | 6.92 | 2420 | 450 | 7.99 | 2700 | 690 |
| | 488×300 | 11 | 18 | 13 | 159.2 | 125 | 68900 | 8110 | 20.8 | 7.14 | 2820 | 540 | 8.10 | 3130 | 825 |
| 600×200 | 596×199 | 10 | 15 | 13 | 117.8 | 92.5 | 66600 | 1980 | 23.8 | 4.10 | 2240 | 199 | 5.03 | 2580 | 312 |
| | 600×200 | 11 | 17 | 13 | 131.7 | 103 | 75600 | 2270 | 24.0 | 4.16 | 2520 | 227 | 5.09 | 2900 | 358 |
| | *606×201 | 12 | 20 | 13 | 149.8 | 118 | 88300 | 2720 | 24.3 | 4.26 | 2910 | 270 | 5.17 | 3360 | 426 |
| 600×300 | 582×300 | 12 | 17 | 13 | 169.2 | 133 | 98900 | 7660 | 24.2 | 6.73 | 3400 | 511 | 7.90 | 3820 | 786 |
| | 588×300 | 12 | 20 | 13 | 187.2 | 147 | 114000 | 9010 | 24.7 | 6.94 | 3890 | 601 | 8.01 | 4350 | 921 |
| | *594×302 | 14 | 23 | 13 | 217.1 | 170 | 134000 | 10600 | 24.8 | 6.99 | 4500 | 700 | 8.08 | 5060 | 1080 |
| 700×300 | *692×300 | 13 | 20 | 18 | 207.5 | 163 | 168000 | 9020 | 28.5 | 6.59 | 4870 | 601 | 7.81 | 5500 | 930 |
| | 700×300 | 13 | 24 | 18 | 231.5 | 182 | 201000 | 10800 | 29.2 | 6.83 | 5640 | 721 | 7.95 | 6340 | 1110 |
| 800×300 | *792×300 | 14 | 22 | 18 | 239.5 | 188 | 248000 | 9920 | 32.2 | 6.44 | 6270 | 661 | 7.74 | 7140 | 1030 |
| | 800×300 | 14 | 26 | 18 | 263.5 | 207 | 286000 | 11600 | 33.0 | 6.67 | 7160 | 781 | 7.87 | 8100 | 1210 |
| 900×300 | *890×299 | 15 | 23 | 18 | 266.9 | 210 | 339000 | 10300 | 35.6 | 6.20 | 7610 | 687 | 7.59 | 8750 | 1080 |
| | 900×300 | 16 | 28 | 18 | 305.8 | 240 | 404000 | 12600 | 36.4 | 6.43 | 8990 | 842 | 7.75 | 10300 | 1320 |
| | *912×302 | 18 | 34 | 18 | 360.1 | 283 | 491000 | 15700 | 36.9 | 6.59 | 10800 | 1040 | 7.90 | 12300 | 1620 |

備考1．呼称寸法が同じ断面は内法高さが一定である。
備考2．*印以外は汎用品を示す。

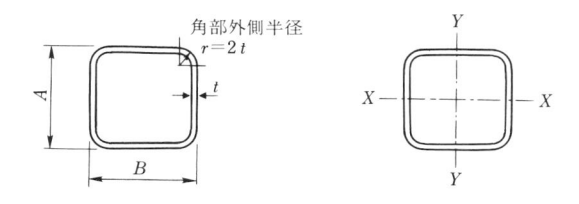

付表7　一般構造用角形鋼管の標準断面寸法と断面特性（JIS G 3466，正方形）

| 断面寸法 mm | | 単位質量 kg/m | 断面積 cm² | 断面2次モーメント cm⁴ | 断面係数 cm³ | 断面2次半径 cm | 塑性断面係数 cm³ |
|---|---|---|---|---|---|---|---|
| $A \times B$ | $t$ | | | $I_x, I_y$ | $Z_x, Z_y$ | $i_x, i_y$ | $Z_{px}, Z_{py}$ |
| 40×40 | 1.6 | 1.88 | 2.392 | 5.79 | 2.90 | 1.56 | 3.40 |
| | 2.3 | 2.62 | 3.332 | 7.73 | 3.86 | 1.52 | 4.61 |
| 50×50 | 1.6 | 2.38 | 3.032 | 11.7 | 4.68 | 1.96 | 5.45 |
| | 2.3 | 3.34 | 4.252 | 15.9 | 6.34 | 1.93 | 7.49 |
| | 3.2 | 4.50 | 5.727 | 20.4 | 8.16 | 1.89 | 9.80 |
| 60×60 | 1.6 | 2.88 | 3.672 | 20.7 | 6.89 | 2.37 | 7.98 |
| | 2.3 | 4.06 | 5.172 | 28.3 | 9.44 | 2.34 | 11.1 |
| | 3.2 | 5.50 | 7.007 | 36.9 | 12.3 | 2.30 | 14.6 |
| 75×75 | 1.6 | 3.64 | 4.632 | 41.3 | 11.0 | 2.99 | 12.7 |
| | 2.3 | 5.14 | 6.552 | 57.1 | 15.2 | 2.95 | 17.7 |
| | 3.2 | 7.01 | 8.927 | 75.5 | 20.1 | 2.91 | 23.7 |
| | 4.5 | 9.55 | 12.17 | 98.6 | 26.3 | 2.85 | 31.4 |
| 80×80 | 2.3 | 5.50 | 7.012 | 69.9 | 17.5 | 3.16 | 20.3 |
| | 3.2 | 7.51 | 9.567 | 92.7 | 23.2 | 3.11 | 27.2 |
| | 4.5 | 10.3 | 13.07 | 122 | 30.4 | 3.05 | 36.2 |
| 90×90 | 2.3 | 6.23 | 7.932 | 101 | 22.4 | 3.56 | 25.9 |
| | 3.2 | 8.51 | 10.85 | 135 | 29.9 | 3.52 | 34.9 |
| 100×100 | 2.3 | 6.95 | 8.852 | 140 | 27.9 | 3.97 | 32.2 |
| | 3.2 | 9.52 | 12.13 | 187 | 37.5 | 3.93 | 43.6 |
| | 4.0 | 11.7 | 14.95 | 226 | 45.3 | 3.89 | 53.1 |
| | 4.5 | 13.1 | 16.67 | 249 | 49.9 | 3.87 | 58.8 |
| | 6.0 | 17.0 | 21.63 | 311 | 62.3 | 3.79 | 74.5 |
| | 9.0 | 24.1 | 30.67 | 408 | 81.6 | 3.65 | 100 |
| | 12.0 | 30.2 | 38.53 | 471 | 94.3 | 3.50 | 118 |
| 125×125 | 3.2 | 12.0 | 15.33 | 376 | 60.1 | 4.95 | 69.5 |
| | 4.5 | 16.6 | 21.17 | 506 | 80.9 | 4.89 | 94.6 |
| | 5.0 | 18.3 | 23.36 | 553 | 88.4 | 4.86 | 104 |
| | 6.0 | 21.7 | 27.63 | 641 | 103 | 4.82 | 121 |
| | 9.0 | 31.1 | 39.67 | 865 | 138 | 4.67 | 167 |
| | 12.0 | 39.7 | 50.53 | 1030 | 165 | 4.52 | 204 |
| 150×150 | 4.5 | 20.1 | 25.67 | 896 | 120 | 5.91 | 139 |
| | 5.0 | 22.3 | 28.36 | 982 | 131 | 5.89 | 153 |
| | 6.0 | 26.4 | 33.63 | 1150 | 153 | 5.84 | 179 |
| | 9.0 | 38.2 | 48.67 | 1580 | 210 | 5.69 | 252 |
| 175×175 | 4.5 | 23.7 | 30.17 | 1450 | 166 | 6.93 | 192 |
| | 5.0 | 26.2 | 33.36 | 1590 | 182 | 6.91 | 211 |
| | 6.0 | 31.1 | 39.63 | 1860 | 213 | 6.86 | 249 |
| 200×200 | 4.5 | 27.2 | 34.67 | 2190 | 219 | 7.95 | 253 |
| | 6.0 | 35.8 | 45.63 | 2830 | 283 | 7.88 | 329 |
| | 8.0 | 46.9 | 59.79 | 3620 | 362 | 7.78 | 425 |
| | 9.0 | 52.3 | 66.67 | 3990 | 399 | 7.73 | 470 |
| | 12.0 | 67.9 | 86.53 | 4980 | 498 | 7.59 | 596 |
| 250×250 | 5.0 | 38.0 | 48.36 | 4810 | 384 | 9.97 | 442 |
| | 6.0 | 45.2 | 57.63 | 5670 | 454 | 9.92 | 524 |
| | 8.0 | 59.5 | 75.79 | 7320 | 585 | 9.82 | 681 |
| | 9.0 | 66.5 | 84.67 | 8090 | 647 | 9.78 | 757 |
| | 12.0 | 86.8 | 110.5 | 10300 | 820 | 9.63 | 970 |
| 300×300 | 4.5 | 41.3 | 52.67 | 7630 | 508 | 12.0 | 581 |
| | 6.0 | 54.7 | 69.63 | 9960 | 664 | 12.0 | 764 |
| | 9.0 | 80.6 | 102.7 | 14300 | 956 | 11.8 | 1110 |
| | 12.0 | 106 | 134.5 | 18300 | 1220 | 11.7 | 1430 |
| 350×350 | 9.0 | 94.7 | 120.7 | 23200 | 1320 | 13.9 | 1530 |
| | 12.0 | 124 | 158.5 | 29800 | 1700 | 13.7 | 1990 |

付表 8　建築構造用炭素鋼管の標準断面寸法と断面特性（JIS G 3475）
（外径が 508 mm を超えるものは省略）

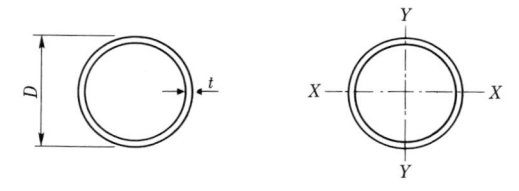

| 断面寸法 mm | | 単位質量 kg/m | 断面積 $cm^2$ | 断面2次モーメント $cm^4$ | 断面係数 $cm^3$ | 断面2次半径 cm | 塑性断面係数 $cm^3$ |
|---|---|---|---|---|---|---|---|
| $D$ | $t$ | | | $I_x, I_y$ | $Z_x, Z_y$ | $i_x, i_y$ | $Z_{px}, Z_{py}$ |
| 60.5 | 3.2 | 4.52 | 5.760 | 23.7 | 7.84 | 2.03 | 10.5 |
| | 4.5 | 6.21 | 7.917 | 31.2 | 10.3 | 1.99 | 14.1 |
| 76.3 | 3.2 | 5.77 | 7.349 | 49.2 | 12.9 | 2.59 | 17.1 |
| | 4.5 | 7.97 | 10.15 | 65.7 | 17.2 | 2.54 | 23.2 |
| 89.1 | 3.2 | 6.78 | 8.636 | 79.8 | 17.9 | 3.04 | 23.6 |
| | 4.5 | 9.39 | 11.96 | 107 | 24.1 | 3.00 | 32.2 |
| 101.6 | 3.2 | 7.76 | 9.892 | 120 | 23.6 | 3.48 | 31.0 |
| | 4.5 | 10.8 | 13.73 | 162 | 31.9 | 3.44 | 42.5 |
| 114.3 | 3.2 | 8.77 | 11.17 | 172 | 30.2 | 3.93 | 39.5 |
| | 4.5 | 12.2 | 15.52 | 234 | 41.0 | 3.89 | 54.3 |
| 139.8 | 4.5 | 15.0 | 19.13 | 438 | 62.7 | 4.79 | 82.4 |
| | 6.0 | 19.8 | 25.22 | 566 | 80.9 | 4.74 | 107 |
| 165.2 | 4.5 | 17.8 | 22.72 | 734 | 88.9 | 5.68 | 116 |
| | 6.0 | 23.6 | 30.01 | 952 | 115 | 5.63 | 152 |
| 190.7 | 4.5 | 20.7 | 26.32 | 1140 | 120 | 6.59 | 156 |
| | 6.0 | 27.3 | 34.82 | 1490 | 156 | 6.53 | 205 |
| | 8.0 | 36.0 | 45.92 | 1920 | 201 | 6.47 | 267 |
| 216.3 | 6.0 | 31.1 | 39.64 | 2190 | 203 | 7.44 | 265 |
| | 8.0 | 41.1 | 52.35 | 2840 | 263 | 7.37 | 347 |
| 267.4 | 6.0 | 38.7 | 49.27 | 4210 | 315 | 9.24 | 410 |
| | 8.0 | 51.2 | 65.19 | 5490 | 411 | 9.18 | 538 |
| | 9.0 | 57.3 | 73.06 | 6110 | 457 | 9.14 | 601 |
| 318.5 | 6.0 | 46.2 | 58.90 | 7190 | 452 | 11.1 | 586 |
| | 8.0 | 61.3 | 78.04 | 9410 | 591 | 11.0 | 771 |
| | 9.0 | 68.7 | 87.51 | 10500 | 659 | 10.9 | 862 |
| 355.6 | 6.0 | 51.7 | 65.90 | 10100 | 566 | 12.4 | 733 |
| | 8.0 | 68.6 | 87.36 | 13200 | 742 | 12.3 | 967 |
| | 9.0 | 76.9 | 98.00 | 14700 | 828 | 12.3 | 1080 |
| | 12.0 | 102 | 129.5 | 19100 | 1080 | 12.2 | 1420 |
| 406.4 | 9.0 | 88.2 | 112.4 | 22200 | 1090 | 14.1 | 1420 |
| | 12.0 | 117 | 148.7 | 28900 | 1420 | 14.0 | 1870 |
| | 14.0 | 135 | 172.6 | 33300 | 1640 | 13.9 | 2160 |
| | 16.0 | 154 | 196.2 | 37400 | 1840 | 13.8 | 2440 |
| | 19.0 | 182 | 231.2 | 43500 | 2140 | 13.7 | 2850 |
| 457.2 | 9.0 | 99.5 | 126.7 | 31800 | 1390 | 15.8 | 1810 |
| | 12.0 | 132 | 167.8 | 41600 | 1820 | 15.7 | 2380 |
| | 14.0 | 153 | 194.9 | 47900 | 2100 | 15.7 | 2750 |
| | 16.0 | 174 | 221.8 | 54000 | 2360 | 15.6 | 3120 |
| | 19.0 | 205 | 261.6 | 62900 | 2750 | 15.5 | 3650 |
| 500.0 | 9.0 | 109 | 138.8 | 41800 | 1670 | 17.4 | 2170 |
| | 12.0 | 144 | 184.0 | 54800 | 2190 | 17.3 | 2860 |
| | 14.0 | 168 | 213.8 | 63200 | 2530 | 17.2 | 3310 |
| | 16.0 | 191 | 243.3 | 71300 | 2850 | 17.1 | 3750 |
| | 19.0 | 225 | 287.1 | 83200 | 3330 | 17.0 | 4400 |
| 508.0 | 9.0 | 111 | 141.1 | 43900 | 1730 | 17.6 | 2240 |
| | 12.0 | 147 | 187.0 | 57500 | 2270 | 17.5 | 2950 |
| | 14.0 | 171 | 217.3 | 66300 | 2610 | 17.5 | 3420 |
| | 16.0 | 194 | 247.3 | 74900 | 2950 | 17.4 | 3870 |
| | 19.0 | 229 | 291.9 | 87500 | 3440 | 17.3 | 4550 |
| | 22.0 | 264 | 335.9 | 99400 | 3910 | 17.2 | 5200 |

付録　断面性能表

## 付表9　軽山形鋼の標準断面寸法と断面特性 (JIS G 3350)

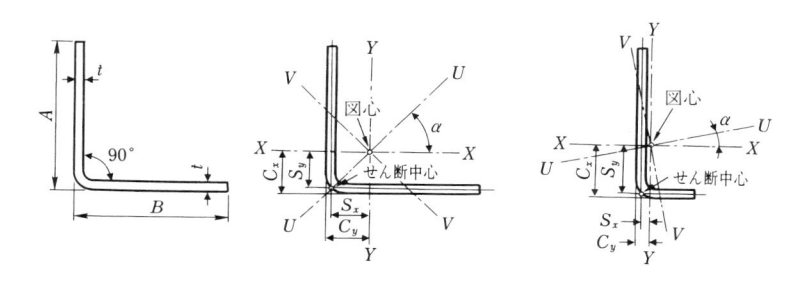

| 断面寸法 | | | 断面積 | 単位質量 | 重心位置 cm | | 断面2次モーメント cm$^4$ | | | | 断面2次半径 cm | | | | tan α | 断面係数 cm$^3$ | | せん断中心 cm | |
|---|---|---|---|---|---|---|---|---|---|---|---|---|---|---|---|---|---|---|---|
| $A \times B$ | t | | cm$^2$ | kg/m | $C_x$ | $C_y$ | $I_x$ | $I_y$ | $I_u$ | $I_v$ | $i_x$ | $i_y$ | $i_u$ | $i_v$ | | $Z_x$ | $Z_y$ | $S_x$ | $S_y$ |
| 60×60 | 3.2 | | 3.672 | 2.88 | 1.65 | 1.65 | 13.1 | 13.1 | 21.3 | 5.03 | 1.89 | 1.89 | 2.41 | 1.17 | 1.00 | 3.02 | 3.02 | 1.49 | 1.49 |
| 50×50 | 3.2 | | 3.032 | 2.38 | 1.40 | 1.40 | 7.47 | 7.47 | 12.1 | 2.83 | 1.57 | 1.57 | 2.00 | 0.97 | 1.00 | 2.07 | 2.07 | 1.24 | 1.24 |
| | 2.3 | | 2.213 | 1.74 | 1.36 | 1.36 | 5.54 | 5.54 | 8.94 | 2.13 | 1.58 | 1.58 | 2.01 | 0.98 | 1.00 | 1.52 | 1.52 | 1.24 | 1.24 |
| 40×40 | 3.2 | | 2.392 | 1.88 | 1.15 | 1.15 | 3.72 | 3.72 | 6.04 | 1.39 | 1.25 | 1.25 | 1.59 | 0.76 | 1.00 | 1.30 | 1.30 | 0.99 | 0.99 |
| 30×30 | 3.2 | | 1.752 | 1.38 | 0.90 | 0.90 | 1.50 | 1.50 | 2.45 | 0.54 | 0.92 | 0.92 | 1.18 | 0.56 | 1.00 | 0.71 | 0.71 | 0.74 | 0.74 |
| 75×30 | 3.2 | | 3.192 | 2.51 | 2.86 | 0.57 | 18.9 | 1.94 | 19.6 | 1.47 | 2.43 | 0.78 | 2.48 | 0.62 | 0.198 | 4.07 | 0.80 | 0.41 | 2.70 |

付表10 軽溝形鋼の標準断面寸法と断面特性 (JIS G 3350)

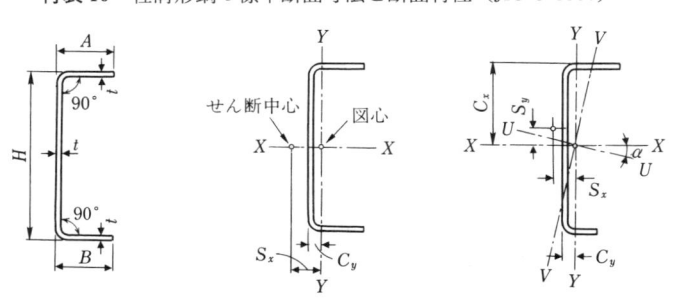

| 断面寸法 $H \times A \times B$ | $t$ | 断面積 $cm^2$ | 単位質量 kg/m | 重心位置 cm $C_x$ | 重心位置 cm $C_y$ | 断面2次モーメント $cm^4$ $I_x$ | 断面2次モーメント $cm^4$ $I_y$ | 断面2次半径 cm $i_x$ | 断面2次半径 cm $i_y$ | 断面係数 $cm^3$ $Z_x$ | 断面係数 $cm^3$ $Z_y$ | せん断中心 cm $S_x$ | せん断中心 cm $S_y$ |
|---|---|---|---|---|---|---|---|---|---|---|---|---|---|
| 450×75×75 | 6.0 | 34.82 | 27.3 | 0 | 1.19 | 8400 | 122 | 15.5 | 1.87 | 374 | 19.4 | 2.7 | 0 |
| 450×75×75 | 4.5 | 26.33 | 20.7 | 0 | 1.13 | 6430 | 94.3 | 15.6 | 1.89 | 286 | 14.8 | 2.7 | 0 |
| 400×75×75 | 6.0 | 31.82 | 25.0 | 0 | 1.28 | 6230 | 120 | 14.0 | 1.94 | 312 | 19.2 | 2.9 | 0 |
| 400×75×75 | 4.5 | 24.08 | 18.9 | 0 | 1.21 | 4780 | 92.2 | 14.1 | 1.96 | 239 | 14.7 | 2.9 | 0 |
| 350×50×50 | 4.5 | 19.58 | 15.4 | 0 | 0.75 | 2750 | 27.5 | 11.9 | 1.19 | 157 | 6.48 | 1.6 | 0 |
| 350×50×50 | 4.0 | 17.47 | 13.7 | 0 | 0.73 | 2470 | 24.8 | 11.9 | 1.19 | 141 | 5.81 | 1.6 | 0 |
| 300×50×50 | 4.5 | 17.33 | 13.6 | 0 | 0.82 | 1850 | 26.8 | 10.3 | 1.24 | 123 | 6.41 | 1.8 | 0 |
| 300×50×50 | 4.0 | 15.47 | 12.1 | 0 | 0.80 | 1660 | 24.1 | 10.4 | 1.25 | 111 | 5.74 | 1.8 | 0 |
| 250×75×75 | 6.0 | 22.82 | 17.9 | 0 | 1.66 | 1940 | 107 | 9.23 | 2.17 | 155 | 18.4 | 3.7 | 0 |
| 250×50×50 | 4.5 | 15.08 | 11.8 | 0 | 0.91 | 1160 | 25.9 | 8.78 | 1.31 | 93.0 | 6.31 | 2.0 | 0 |
| 250×50×50 | 4.0 | 13.47 | 10.6 | 0 | 0.88 | 1050 | 23.3 | 8.81 | 1.32 | 83.7 | 5.66 | 2.0 | 0 |
| 200×75×75 | 6.0 | 19.82 | 15.6 | 0 | 1.87 | 1130 | 101 | 7.56 | 2.25 | 113 | 17.9 | 4.1 | 0 |
| 200×75×75 | 4.5 | 12.83 | 10.1 | 0 | 1.03 | 666 | 24.6 | 7.20 | 1.38 | 66.6 | 6.19 | 2.2 | 0 |
| 200×50×50 | 4.0 | 11.47 | 9.00 | 0 | 1.00 | 600 | 22.2 | 7.23 | 1.39 | 60.0 | 5.55 | 2.2 | 0 |
| 200×50×50 | 3.2 | 9.263 | 7.27 | 0 | 0.97 | 490 | 18.2 | 7.28 | 1.40 | 49.0 | 4.51 | 2.3 | 0 |
| 150×75×75 | 6.0 | 16.82 | 13.2 | 0 | 2.15 | 573 | 91.9 | 5.84 | 2.34 | 76.4 | 17.2 | 4.6 | 0 |
| 150×75×75 | 4.5 | 12.83 | 10.1 | 0 | 2.08 | 448 | 71.4 | 5.91 | 2.36 | 59.8 | 13.2 | 4.6 | 0 |
| 150×75×75 | 4.0 | 11.47 | 9.00 | 0 | 2.06 | 404 | 64.2 | 5.93 | 2.36 | 53.9 | 11.8 | 4.6 | 0 |
| 150×50×50 | 4.5 | 10.58 | 8.31 | 0 | 1.20 | 329 | 22.8 | 5.58 | 1.47 | 43.9 | 5.99 | 2.6 | 0 |
| 150×50×50 | 3.2 | 7.663 | 6.02 | 0 | 1.14 | 244 | 16.9 | 5.64 | 1.48 | 32.5 | 4.37 | 2.6 | 0 |
| 120×40×40 | 2.3 | 5.576 | 4.38 | 0 | 1.10 | 181 | 12.5 | 5.69 | 1.50 | 24.1 | 3.20 | 2.6 | 0 |
| 120×40×40 | 3.2 | 6.063 | 4.76 | 0 | 0.94 | 122 | 8.43 | 4.48 | 1.18 | 20.3 | 2.75 | 2.1 | 0 |
| 100×50×50 | 3.2 | 6.063 | 4.76 | 0 | 1.40 | 93.6 | 14.9 | 3.93 | 1.57 | 18.7 | 4.15 | 3.1 | 0 |
| 100×50×50 | 2.3 | 4.426 | 3.47 | 0 | 1.36 | 69.9 | 11.1 | 3.97 | 1.58 | 14.0 | 3.04 | 3.1 | 0 |
| 100×40×40 | 3.2 | 5.423 | 4.26 | 0 | 1.03 | 78.6 | 7.99 | 3.81 | 1.21 | 15.7 | 2.69 | 2.2 | 0 |
| 100×40×40 | 2.3 | 3.966 | 3.11 | 0 | 0.99 | 58.9 | 5.96 | 3.85 | 1.23 | 11.8 | 1.98 | 2.2 | 0 |
| 80×40×40 | 2.3 | 3.506 | 2.75 | 0 | 1.11 | 34.9 | 5.56 | 3.16 | 1.26 | 8.73 | 1.92 | 2.4 | 0 |
| 60×30×30 | 2.3 | 2.586 | 2.03 | 0 | 0.86 | 14.2 | 2.27 | 2.34 | 0.94 | 4.72 | 1.06 | 1.8 | 0 |
| 60×30×30 | 1.6 | 1.836 | 1.44 | 0 | 0.82 | 10.5 | 1.64 | 2.37 | 0.95 | 3.45 | 0.75 | 1.8 | 0 |
| 40×40×40 | 3.2 | 3.503 | 2.75 | 0 | 1.51 | 9.21 | 5.72 | 1.62 | 1.28 | 4.60 | 2.30 | 3.0 | 0 |
| 40×40×40 | 2.3 | 2.586 | 2.03 | 0 | 1.46 | 7.13 | 3.54 | 1.66 | 1.17 | 3.57 | 1.39 | 3.0 | 0 |
| 38×15×15 | 1.6 | 1.004 | 0.788 | 0 | 0.40 | 2.04 | 0.20 | 1.42 | 0.45 | 1.07 | 0.18 | 0.8 | 0 |
| 19×12×12 | 1.6 | 0.6039 | 0.474 | 0 | 0.41 | 0.32 | 0.08 | 0.72 | 0.37 | 0.33 | 0.11 | 0.8 | 0 |
| 150×75×30 | 6.0 | 14.12 | 11.1 | 6.33 | 1.56 | 4.06 | 56.4 | 5.36 | 2.00 | 46.9 | 9.49 | 2.2 | 4.5 |
| 100×50×25 | 2.3 | 3.621 | 2.84 | 3.91 | 0.94 | 46.4 | 4.96 | 3.58 | 1.17 | 7.62 | 1.22 | 1.2 | 3.0 |
| 75×40×15 | 3.2 | 3.823 | 3.00 | 3.91 | 0.80 | 21.0 | 3.93 | 2.34 | 1.01 | 4.68 | 1.23 | 1.2 | 2.1 |
| 75×40×15 | 2.3 | 2.816 | 2.21 | 3.01 | 0.81 | 20.8 | 3.12 | 2.72 | 1.05 | 4.63 | 0.98 | 1.2 | 2.1 |
| 50×25×10 | 2.3 | 1.781 | 1.40 | 1.97 | 0.54 | 5.59 | 0.79 | 1.77 | 0.67 | 1.84 | 0.40 | 0.7 | 1.5 |
| 40×40×15 | 3.2 | 2.703 | 2.12 | 1.46 | 1.14 | 5.71 | 3.68 | 1.45 | 1.17 | 2.24 | 1.29 | 1.4 | 1.2 |

付録 断面性能表

## 付表11 リップ溝形鋼の標準断面寸法と断面特性(JIS G 3350)

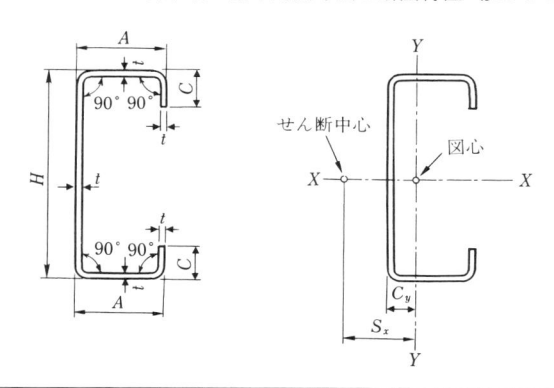

| 断面寸法 $H \times A \times C$ | $t$ | 断面積 $cm^2$ | 単位質量 kg/m | 重心位置 cm $C_x$ | 重心位置 cm $C_y$ | 断面2次モーメント $cm^4$ $I_x$ | 断面2次モーメント $cm^4$ $I_y$ | 断面2次半径 cm $i_x$ | 断面2次半径 cm $i_y$ | 断面係数 $cm^3$ $Z_x$ | 断面係数 $cm^3$ $Z_y$ | せん断中心 cm $S_x$ | せん断中心 cm $S_y$ |
|---|---|---|---|---|---|---|---|---|---|---|---|---|---|
| $250 \times 75 \times 25$ | 4.5 | 18.92 | 14.9 | 0 | 2.07 | 1690 | 129 | 9.44 | 2.62 | 135 | 23.8 | 5.1 | 0 |
| $200 \times 75 \times 25$ | 4.5 | 16.67 | 13.1 | 0 | 2.32 | 990 | 121 | 7.61 | 2.69 | 99.0 | 23.3 | 5.6 | 0 |
|  | 4.0 | 14.95 | 11.7 | 0 | 2.32 | 895 | 110 | 7.74 | 2.72 | 89.5 | 21.3 | 5.7 | 0 |
|  | 3.2 | 12.13 | 9.52 | 0 | 2.33 | 736 | 92.3 | 7.70 | 2.76 | 73.6 | 17.8 | 5.7 | 0 |
| $200 \times 75 \times 20$ | 4.5 | 16.22 | 12.7 | 0 | 2.19 | 963 | 109 | 7.71 | 2.60 | 96.3 | 20.6 | 5.3 | 0 |
|  | 4.0 | 14.55 | 11.4 | 0 | 2.19 | 871 | 100 | 7.74 | 2.62 | 87.1 | 18.9 | 5.3 | 0 |
|  | 3.2 | 11.81 | 9.27 | 0 | 2.19 | 716 | 84.1 | 7.79 | 2.67 | 71.6 | 15.8 | 5.4 | 0 |
| $150 \times 75 \times 25$ | 4.5 | 14.42 | 11.3 | 0 | 2.65 | 501 | 109 | 5.90 | 2.75 | 66.9 | 22.5 | 6.3 | 0 |
|  | 4.0 | 12.95 | 10.2 | 0 | 2.65 | 455 | 99.8 | 5.93 | 2.78 | 60.6 | 20.6 | 6.3 | 0 |
|  | 3.2 | 10.53 | 8.27 | 0 | 2.66 | 375 | 83.6 | 5.97 | 2.82 | 50.0 | 17.3 | 6.4 | 0 |
| $150 \times 75 \times 20$ | 4.5 | 13.97 | 11.0 | 0 | 2.50 | 489 | 99.2 | 5.92 | 2.66 | 65.2 | 19.8 | 6.0 | 0 |
|  | 4.0 | 12.55 | 9.85 | 0 | 2.51 | 445 | 91.0 | 5.95 | 2.69 | 59.3 | 18.2 | 5.8 | 0 |
|  | 3.2 | 10.21 | 8.01 | 0 | 2.51 | 366 | 76.4 | 5.99 | 2.74 | 48.9 | 15.3 | 5.1 | 0 |
| $150 \times 65 \times 20$ | 4.0 | 11.75 | 9.22 | 0 | 2.11 | 401 | 63.7 | 5.84 | 2.33 | 53.5 | 14.5 | 5.0 | 0 |
|  | 3.2 | 9.567 | 7.51 | 0 | 2.11 | 332 | 53.8 | 5.89 | 2.37 | 44.3 | 12.2 | 5.1 | 0 |
|  | 2.3 | 7.012 | 5.50 | 0 | 2.12 | 248 | 41.1 | 5.94 | 2.42 | 33.0 | 9.37 | 5.2 | 0 |
| $150 \times 50 \times 20$ | 4.5 | 11.72 | 9.20 | 0 | 1.54 | 368 | 35.7 | 5.60 | 1.75 | 49.0 | 10.5 | 3.7 | 0 |
|  | 3.2 | 8.607 | 6.76 | 0 | 1.54 | 280 | 28.3 | 5.71 | 1.81 | 37.4 | 8.19 | 3.8 | 0 |
|  | 2.3 | 6.322 | 4.96 | 0 | 1.55 | 210 | 21.9 | 5.77 | 1.86 | 28.0 | 6.33 | 3.8 | 0 |
| $125 \times 50 \times 20$ | 4.5 | 10.59 | 8.32 | 0 | 1.68 | 238 | 33.5 | 4.74 | 1.78 | 38.0 | 10.0 | 4.0 | 0 |
|  | 4.0 | 9.548 | 7.50 | 0 | 1.68 | 217 | 33.1 | 4.77 | 1.81 | 34.7 | 9.38 | 4.0 | 0 |
|  | 3.2 | 7.807 | 6.13 | 0 | 1.68 | 181 | 26.6 | 4.82 | 1.85 | 29.0 | 8.02 | 4.0 | 0 |
|  | 2.3 | 5.747 | 4.51 | 0 | 1.69 | 137 | 20.6 | 4.88 | 1.89 | 21.9 | 6.22 | 4.1 | 0 |
| $120 \times 60 \times 25$ | 4.5 | 11.72 | 9.20 | 0 | 2.25 | 252 | 58.0 | 4.63 | 2.22 | 41.9 | 15.5 | 5.3 | 0 |
| $120 \times 60 \times 20$ | 3.2 | 8.287 | 6.51 | 0 | 2.12 | 186 | 40.9 | 4.74 | 2.22 | 31.0 | 10.5 | 4.9 | 0 |
|  | 2.3 | 6.092 | 4.78 | 0 | 2.13 | 140 | 31.3 | 4.79 | 2.27 | 23.3 | 8.10 | 5.1 | 0 |
| $120 \times 40 \times 20$ | 3.2 | 7.007 | 5.50 | 0 | 1.32 | 144 | 15.3 | 4.53 | 1.48 | 24.0 | 5.71 | 3.4 | 0 |
| $100 \times 50 \times 20$ | 4.5 | 9.469 | 7.43 | 0 | 1.86 | 139 | 30.9 | 3.82 | 1.81 | 27.7 | 9.82 | 4.3 | 0 |
|  | 4.0 | 8.548 | 6.71 | 0 | 1.86 | 127 | 28.7 | 3.85 | 1.83 | 25.4 | 9.13 | 4.3 | 0 |
|  | 3.2 | 7.007 | 5.50 | 0 | 1.86 | 107 | 24.5 | 3.90 | 1.87 | 21.3 | 7.81 | 4.4 | 0 |
|  | 2.8 | 6.205 | 4.87 | 0 | 1.88 | 99.8 | 23.2 | 3.96 | 1.91 | 20.0 | 7.44 | 4.3 | 0 |
|  | 2.3 | 5.172 | 4.06 | 0 | 1.86 | 80.7 | 19.0 | 3.95 | 1.92 | 16.1 | 6.06 | 4.4 | 0 |
|  | 2.0 | 4.537 | 3.56 | 0 | 1.86 | 71.4 | 16.9 | 3.97 | 1.93 | 14.3 | 5.40 | 4.4 | 0 |
|  | 1.6 | 3.672 | 2.88 | 0 | 1.87 | 58.4 | 14.0 | 3.99 | 1.95 | 11.7 | 4.47 | 4.5 | 0 |
| $90 \times 45 \times 20$ | 3.2 | 6.367 | 5.00 | 0 | 1.72 | 76.9 | 18.3 | 3.48 | 1.69 | 17.1 | 6.57 | 4.1 | 0 |
|  | 2.3 | 4.712 | 3.70 | 0 | 1.73 | 58.6 | 14.2 | 3.53 | 1.74 | 13.0 | 5.14 | 4.1 | 0 |
|  | 1.6 | 3.352 | 2.63 | 0 | 1.73 | 42.6 | 10.5 | 3.56 | 1.77 | 9.46 | 3.80 | 4.2 | 0 |
| $75 \times 45 \times 15$ | 2.3 | 4.137 | 3.25 | 0 | 1.72 | 37.1 | 11.8 | 3.00 | 1.69 | 9.90 | 4.24 | 4.0 | 0 |
|  | 2.0 | 3.637 | 2.86 | 0 | 1.72 | 33.0 | 10.5 | 3.01 | 1.70 | 8.79 | 3.76 | 4.0 | 0 |
|  | 1.6 | 2.952 | 2.32 | 0 | 1.72 | 27.1 | 8.71 | 3.03 | 1.72 | 7.24 | 3.13 | 4.1 | 0 |
| $75 \times 35 \times 15$ | 2.3 | 3.677 | 2.89 | 0 | 1.29 | 31.0 | 6.58 | 2.91 | 1.34 | 8.28 | 2.98 | 3.1 | 0 |
| $70 \times 40 \times 25$ | 1.6 | 3.032 | 2.38 | 0 | 1.80 | 22.0 | 8.00 | 2.69 | 1.62 | 6.29 | 3.64 | 4.4 | 0 |
| $60 \times 30 \times 10$ | 2.3 | 2.872 | 2.25 | 0 | 1.06 | 15.6 | 3.32 | 2.33 | 1.07 | 5.20 | 1.71 | 2.5 | 0 |
|  | 2.0 | 2.537 | 1.99 | 0 | 1.06 | 14.0 | 3.01 | 2.35 | 1.09 | 4.65 | 1.55 | 2.5 | 0 |
|  | 1.6 | 2.072 | 1.63 | 0 | 1.06 | 11.6 | 2.56 | 2.37 | 1.11 | 3.88 | 1.32 | 2.5 | 0 |

**付表 12** 鉄筋コンクリート用棒鋼の標準断面寸法と断面特性
（JIS G 3112, 異形棒鋼）

| 呼び名 | 公称直径 mm $d$ | 公称周長 mm $\phi$ | 公称断面積 cm$^2$ $a$ | 単位質量 kg/m |
|---|---|---|---|---|
| D6  | 6.35 | 2.0 | 0.3167 | 0.249 |
| D10 | 9.53 | 3.0 | 0.7133 | 0.560 |
| D13 | 12.7 | 4.0 | 1.267 | 0.995 |
| D16 | 15.9 | 5.0 | 1.986 | 1.56 |
| D19 | 19.1 | 6.0 | 2.865 | 2.25 |
| D22 | 22.2 | 7.0 | 3.871 | 3.04 |
| D25 | 25.4 | 8.0 | 5.067 | 3.98 |
| D29 | 28.6 | 9.0 | 6.424 | 5.04 |
| D32 | 31.8 | 10.0 | 7.942 | 6.23 |
| D35 | 34.9 | 11.0 | 9.566 | 7.51 |
| D38 | 38.1 | 12.0 | 11.40 | 8.95 |
| D41 | 41.3 | 13.0 | 13.40 | 10.5 |
| D51 | 50.8 | 16.0 | 20.27 | 15.9 |

## 付表 13　鋼管杭の標準断面寸法と断面特性
(JIS A 5525, 外径が 1000 mm を超えるものを省略)

| 断面寸法 (外径×厚さ) mm | | 断面積 $cm^2$ | 単位質量 kg/m | 断面2次モーメント $cm^4$ | 断面係数 $cm^3$ | 断面2次半径 cm | 外側表面積 $m^2/m$ |
|---|---|---|---|---|---|---|---|
| $D$ | $t$ | $A$ | | $I$ | $Z$ | $i$ | |
| 318.5 | 6.9 | 67.5 | 53.0 | 8200 | 515 | 11.0 | 1.00 |
|  | 10.3 | 99.7 | 78.3 | 11900 | 744 | 10.9 | 1.00 |
| 355.6 | 6.4 | 70.2 | 55.1 | 10700 | 602 | 12.4 | 1.12 |
|  | 7.9 | 86.3 | 67.7 | 13000 | 734 | 12.3 | 1.12 |
|  | 11.1 | 120.1 | 94.3 | 17800 | 1003 | 12.2 | 1.12 |
| 400 | 9 | 110.6 | 86.8 | 21100 | 1057 | 13.8 | 1.26 |
|  | 12 | 146.3 | 115 | 27600 | 1378 | 13.7 | 1.26 |
| 406.4 | 9 | 112.4 | 88.2 | 22200 | 1092 | 14.1 | 1.28 |
|  | 12 | 148.7 | 117 | 28900 | 1424 | 14.0 | 1.28 |
| 500 | 9 | 138.8 | 109 | 41800 | 1670 | 17.4 | 1.57 |
|  | 12 | 184.0 | 144 | 54800 | 2190 | 17.3 | 1.57 |
|  | 14 | 213.8 | 168 | 63200 | 2530 | 17.2 | 1.57 |
| 508 | 9 | 141.1 | 111 | 43900 | 1730 | 17.6 | 1.60 |
|  | 12 | 187.0 | 147 | 57500 | 2270 | 17.5 | 1.60 |
|  | 14 | 217.3 | 171 | 66300 | 2610 | 17.5 | 1.60 |
| 600 | 9 | 167.1 | 131 | 73000 | 2430 | 20.9 | 1.88 |
|  | 12 | 221.7 | 174 | 95800 | 3190 | 20.8 | 1.88 |
|  | 14 | 257.7 | 202 | 111000 | 3690 | 20.7 | 1.88 |
|  | 16 | 293.6 | 230 | 125000 | 4170 | 20.7 | 1.88 |
| 609.6 | 9 | 169.8 | 133 | 76600 | 2510 | 21.2 | 1.92 |
|  | 12 | 225.3 | 177 | 101000 | 3300 | 21.1 | 1.92 |
|  | 14 | 262.0 | 206 | 116000 | 3810 | 21.1 | 1.92 |
|  | 16 | 298.4 | 234 | 132000 | 4310 | 21.0 | 1.92 |
| 700 | 9 | 195.4 | 153 | 117000 | 3330 | 24.4 | 2.20 |
|  | 12 | 259.4 | 204 | 154000 | 4390 | 24.3 | 2.20 |
|  | 14 | 301.7 | 237 | 178000 | 5070 | 24.3 | 2.20 |
|  | 16 | 343.8 | 270 | 201000 | 5750 | 24.2 | 2.20 |
| 711.2 | 9 | 198.5 | 156 | 122000 | 3440 | 24.8 | 2.23 |
|  | 12 | 263.6 | 207 | 161000 | 4530 | 24.7 | 2.23 |
|  | 14 | 306.6 | 241 | 186000 | 5240 | 24.7 | 2.23 |
|  | 16 | 349.4 | 274 | 211000 | 5940 | 24.6 | 2.23 |
| 800 | 9 | 223.6 | 176 | 175000 | 4370 | 28.0 | 2.51 |
|  | 12 | 297.1 | 233 | 231000 | 5770 | 27.9 | 2.51 |
|  | 14 | 345.7 | 271 | 267000 | 6680 | 27.8 | 2.51 |
|  | 16 | 394.1 | 309 | 303000 | 7570 | 27.7 | 2.51 |
| 812.8 | 9 | 227.3 | 178 | 184000 | 4520 | 28.4 | 2.55 |
|  | 12 | 301.9 | 237 | 242000 | 5960 | 28.3 | 2.55 |
|  | 14 | 351.3 | 276 | 280000 | 6900 | 28.2 | 2.55 |
|  | 16 | 400.5 | 314 | 318000 | 7820 | 28.2 | 2.55 |
| 900 | 12 | 334.8 | 263 | 330000 | 7330 | 31.4 | 2.83 |
|  | 14 | 389.7 | 306 | 382000 | 8500 | 31.3 | 2.83 |
|  | 16 | 444.3 | 349 | 434000 | 9650 | 31.3 | 2.83 |
|  | 19 | 525.9 | 413 | 510000 | 11300 | 31.2 | 2.83 |
| 914.4 | 12 | 340.2 | 267 | 346000 | 7580 | 31.9 | 2.87 |
|  | 14 | 396.0 | 311 | 401000 | 8780 | 31.8 | 2.87 |
|  | 16 | 451.6 | 354 | 456000 | 9970 | 31.8 | 2.87 |
|  | 19 | 534.5 | 420 | 536000 | 11700 | 31.7 | 2.87 |
| 1000 | 12 | 372.5 | 292 | 455000 | 9090 | 34.9 | 3.14 |
|  | 14 | 433.7 | 340 | 527000 | 10500 | 34.9 | 3.14 |
|  | 16 | 494.6 | 388 | 599000 | 12000 | 34.8 | 3.14 |
|  | 19 | 585.6 | 460 | 705000 | 14100 | 34.7 | 3.14 |

# 索　　　引

## 〈ア〉

| | |
|---|---|
| アーク | 243 |
| アークエアガウジング | 266 |
| アークストライク | 259 |
| アーク長 | 247 |
| アーク電圧 | 254 |
| アーク溶接 | 243 |
| アーチ構造 | 30 |
| RC杭 | 375, 394 |
| アイアンブリッジ | 4 |
| I形開先 | 290 |
| I形鋼 | 42, 435 |
| アイゾット衝撃試験 | 269 |
| 亜鉛めっきボルト | 216 |
| 赤　錆 | 238 |
| アクティブガスアーク溶接 | 249 |
| 頭付きスタッド | 25, 206, 363* |
| 厚　板 | 42 |
| 圧延工程 | 41 |
| 圧延直交方向 | 46 |
| 圧延縁 | 228 |
| 圧延方向 | 46 |
| 圧　壊 | 325 |
| 厚鋼鈑 | 42 |
| 圧　子 | 256 |
| 圧縮係数 | 380 |
| 圧縮材 | 85 |
| 圧縮指数 | 380 |
| 圧縮性 | 378 |
| 圧　接 | 245 |
| 圧入杭 | 375 |
| 圧密応力 | 391 |
| 圧密荷重 | 391 |
| 圧密沈下 | 389, 391* |
| 圧力球根 | 382 |
| 当て金継手 | 290 |
| 孔あき梁 | 132 |
| 孔あけ加工 | 229 |
| 孔　径 | 229 |
| アプセット溶接 | 253 |
| アルゴン | 249 |
| アンカーボルト | 321, 335* |
| アンカーボルトの抜出し | 324 |
| アンカーボルトの破断 | 324 |
| 安全衛生管理 | 294 |
| 安全性 | 16 |
| 安全率 | 15 |
| アンダーマッチング | 260 |
| アンダカット | 264 |

## 〈イ〉

| | |
|---|---|
| 硫　黄 | 48 |
| 硫黄割れ | 263 |
| 異形棒鋼 | 442 |
| 異種基礎 | 375 |
| 板厚方向 | 47 |
| 板座屈 | 183 |
| 板座屈係数 | 188 |
| 板状試験片 | 44 |
| 板の曲げ剛性 | 185 |
| 板要素 | 183 |
| 1縁支持1縁自由 | 188 |
| 一軸圧縮強さ | 380 |
| 一軸応力状態 | 58 |
| 1次締め | 236 |
| 1次曲げモーメント | 143 |
| 1面せん断 | 209 |
| 1面摩擦 | 210 |
| 一様伸び | 46 |
| 一様曲げ | 126 |
| 一定振幅応力 | 279 |
| 一般構造用圧延鋼材 | 49, 51 |
| 一般構造用角形鋼管 | 49, 51, 137 |
| 一般構造用軽量形鋼 | 49, 51 |
| 一般構造用炭素鋼管 | 49, 51 |
| 一般構造用溶接軽量H形鋼 | 51 |
| イナートガスアーク溶接 | 249 |
| 異方性 | 2, 57 |
| イルミナイト系 | 247 |

## 〈ウ〉

| | |
|---|---|
| ウィングプレート | 322 |
| ウェブ | 13, 117, 120 |
| ウェブ・クリッピング | 131 |
| ウェブフィレット先端 | 131 |
| 浮き錆 | 238 |
| 薄　板 | 43 |
| 薄鋼板 | 43 |
| 薄肉開断面 | 165 |
| 薄肉閉断面 | 167 |
| 打込み杭 | 375 |
| 打込み式高力ボルト | 209 |
| 内ダイアフラム | 307 |
| 埋込み杭 | 375 |
| 埋込み柱脚 | 323, 341* |
| 裏当て | 236 |
| 裏はつり | 236 |
| 裏溶接 | 236 |
| 上向姿勢 | 293 |

## 〈エ〉

| | |
|---|---|
| 永久ひずみ | 45 |

索　引

| | | | | | |
|---|---|---|---|---|---|
| 永続性 | 3 | エンクローズ溶接 | 253 | 介在物 | 48 |
| H形開先 | 290 | 円形鋼管 | 43 | 開　先 | 284 |
| H形鋼 | 12, 436 | 遠心力鋳鋼管 | 43 | 開先角度 | 290 |
| H形鋼杭 | 375, 394 | 延　性 | 1 | 開先加工 | 290 |
| H形断面 | 25 | 延性き裂 | 56, 276 | 開先形状 | 290 |
| 液状化 | 393 | 延性破壊 | 267 | 開先標準 | 290 |
| 液性限界 | 379 | 延性破面 | 270 | 開先深さ | 290 |
| 液性指数 | 379 | 延性破面率 | 271 | 開先面 | 290 |
| エコー | 264 | 縁端距離 | 70, 228 | 開先溶接 | 284 |
| SR | 51 | 鉛直許容耐力 | 400 | 回転ジグ | 293 |
| SRR | 51 | 鉛直支持力 | 397 | ガウジング | 266 |
| SHK | 51 | 円筒の局部座屈 | 190 | 化学成分 | 39, 47* |
| SS | 49, 51 | エンドタブ | 286 | 角形鋼管 | 43, 437 |
| SSC | 49, 51 | エンドプレート形式 | 213 | 拡散性水素 | 257 |
| SN | 49, 51 | | | 角変形 | 261 |
| SNR | 51 | 〈オ〉 | | 加工硬化 | 43 |
| SM | 49, 51 | | | 加工性 | 2 |
| SMA | 51 | 尾 | 291 | 重ね合わせの原理 | 15 |
| SKK | 51 | 追締め | 238 | 重ね継手 | 290 |
| SC | 51 | オイラー荷重 | 86 | 荷　重 | 15 |
| SCW | 51 | オイラー座屈 | 85*, 132 | 荷重効果 | 18 |
| SWH | 51 | 応答スペクトル | 9 | 荷重抵抗係数設計法 | 18 |
| SD | 51 | 応力-ひずみ曲線 | 44 | 荷重点スチフナ | 132 |
| SDR | 51 | 応力拡大係数 | 272 | 荷重の組合せ | 15 |
| STK | 49, 51 | 応力再配分 | 16 | 荷重-変形曲線 | 142 |
| STKR | 49, 51 | 応力三軸度 | 59 | ガス圧接 | 253 |
| STKN | 51 | 応力集中 | 280 | ガス孔あけ | 229 |
| SDP | 51 | 応力集中係数 | 281 | ガスシールドアーク溶接 | 249 |
| SV | 215 | 応力除去焼なまし | 60 | 風荷重 | 15 |
| SUS | 51, 54 | 応力直交方向の縁端距離 | 228 | ガセットプレート | 69, 176 |
| S-N 曲線 | 279 | 応力方向の縁端距離 | 228 | 形　鋼 | 4 |
| X 形開先 | 290 | オーバーマッチング | 286 | 硬　さ | 256 |
| $N$ 値 | 381 | オーバラップ | 264 | 片振り | 279 |
| エネルギー遷移温度 | 272 | 大　梁 | 25, 109 | 片持ち梁 | 111 |
| エネルギー遷移曲線 | 271 | 遅れ破壊 | 218 | 割裂破壊 | 325 |
| $F$ 値 | 51 | 押込み杭 | 375 | 角継手 | 290 |
| F8T, F10T | 218 | 押抜き試験 | 363 | 角　部 | 200, 275 |
| FR鋼 | 56 | 帯板形式 | 98 | 壁式構造 | 33 |
| Fc | 364 | | | 上降伏点 | 46 |
| M16など | 215 | 〈カ〉 | | ガラス | 1 |
| $M\text{-}N$ 相関式 | 144, 333 | 過圧密 | 391 | 仮付溶接 | 259 |
| エレクトロガス溶接 | 253 | カーテンウォール構法 | 7 | 仮ボルト | 236 |
| エレクトロスラグ溶接 | 252 | カーリング | 70 | カルマン | 195 |
| | | 貝殻模様 | 277 | | |

索　引

| | | | | | | |
|---|---|---|---|---|---|---|
| 間隙比 | 379 | 許容引張応力度 | 77 | くびれ | 267 |
| 含水比 | 379 | 許容曲げ応力度 | 134 | 組立圧縮材 | 95 |
| 完全片振り | 279 | 許容圧縮応力度 | 102, 132 | 組立引張材 | 64 |
| 完全合成梁 | 350 | 許容支圧応力度 | 328 | 組立溶接 | 259 |
| 完全弾塑性型 | 54 | 許容せん断応力度 | 137 | グラビティ溶接 | 248 |
| 完全張力場理論 | 197 | 許容応力度設計法 | 13, 15* | クリープ | 2, 359 |
| 完全溶込み溶接 | 284, 285* | 許容差 | 44 | 繰返し応力 | 278 |
| 完全両振り | 279 | 許容支持力度(地盤の) | 388 | 繰返し挙動 | 75 |
| 乾　燥 | 248 | 許容支持力(地盤の) | 386 | クレータ割れ | 263 |
| 乾燥収縮 | 359 | 許容水平耐力(杭の) | 402 | クレーンランウェイガーダー | |
| カンチレバー | 111 | 許容水平抵抗力(杭の) | 402 | | 277 |
| 岩　盤 | 377 | 許容水平抵抗力(直接基礎の) | | 黒　皮 | 238 |
| | | | 385 | クロム | 48 |
| 〈キ〉 | | 許容せん断耐力(ファスナの) | | 群　杭 | 375 |
| | | | 220 | | |
| 機械仕上げ縁 | 228 | 許容地耐力度 | 384 | 〈ケ〉 | |
| 機械的性質 | 39 | 許容沈下量 | 392 | | |
| 機械的接合 | 205 | 許容破壊確率 | 17 | 径厚比 | 183 |
| 木　杭 | 375 | 許容引張耐力(ファスナの) | | 形状係数(断面の) | 123 |
| 気　孔 | 263 | | 222 | 形状係数(応力集中の) | 281 |
| 既製杭 | 374 | 切欠き | 269 | 形状係数(基礎スラブの) | 387 |
| 基　線 | 291 | 切欠き感度 | 280 | 係数倍荷重 | 16 |
| 基　礎 | 373 | 切欠き係数 | 280 | 軽Z形鋼 | 42 |
| 基礎杭 | 373 | 切欠き靱性 | 271 | 硅　素 | 48 |
| 基礎スラブ | 373 | 技量検定試験 | 293 | 軽溝形鋼 | 42, 440 |
| 基礎梁 | 373 | キルヒホッフの仮定 | 185 | 軽山形鋼 | 42, 439 |
| 基礎ボルト | 206 | き　裂 | 272, 276 | 軽量形鋼 | 43 |
| 基本記号 | 291 | き裂先端開口変位 | 274 | K形開先 | 290 |
| 基本質量 | 41 | 均一性 | 2 | ゲージ | 228 |
| 脚　長 | 286 | 銀　点 | 263 | ケーブル構造 | 30 |
| 逆ひずみ | 261 | 均等係数 | 379 | ケーブルネット構造 | 31 |
| キャリブレーション | 18 | | | 桁 | 109 |
| キャンバー | 114, 359 | 〈ク〉 | | 結晶粒 | 57 |
| 境界条件→支持条件 | | | | 欠損断面積 | 64 |
| 狭降伏点鋼 | 53 | 杭 | 373 | 現位置試験 | 381 |
| 強　軸 | 115 | 杭打ち試験 | 399 | 限界繰返し数 | 280 |
| 矯　正 | 261 | 杭基礎 | 373, 394*, 408 | 限界径厚比 | 184, 198 |
| 強柱弱梁骨組 | 34 | 杭頭固定 | 397 | 限界状態 | 17 |
| 狭YP鋼 | 53 | 杭頭ピン | 397 | 限界状態設計法 | 13, 17* |
| 極限荷重 | 16 | 杭の載荷試験 | 382 | 限界幅厚比 | 184, 198 |
| 極限支持力度 | 387 | 空間構造 | 29 | 限界細長比 | 101 |
| 局部座屈 | 85, 110, 183* | 空気膜構造 | 31 | 弦　材 | 29 |
| 許容鉛直支持力 | 397 | クーロン | 378 | 建築基準法 | 206 |
| 許容応力度 | 15 | グッドマン線図 | 281 | 建築構造用圧延鋼材 | 13, 49, 51 |

| | | | | | | |
|---|---|---|---|---|---|---|
| 建築構造用圧延棒鋼 | 51, 336 | 構造用鋼材 | 39 | 最高硬さ | 255 |
| 建築構造用アンカーボルト | 335 | 拘束応力 | 262 | 最小接合規定 | 227 |
| 建築構造用ステンレス鋼材 | 51, 55 | 鋼　帯 | 43 | サイズ | 286 |
| | | 高張力鋼 | 40 | 最大せん断耐力 | 220 |
| 建築構造用炭素鋼管 | 51, 438 | 鋼　板 | 4, 42 | 最大せん断強さ | 209 |
| 現地調査 | 381 | 降伏条件 | 58 | 最大耐力 | 65 |
| 現場溶接 | 312 | 降伏線 | 67 | 最大引張耐力 | 222 |
| | | 降伏せん断耐力 | 220 | 最大モーメント | 123 |
| 〈コ〉 | | 降伏せん断強さ | 209 | 材料力学的性質 | 44 |
| コア構造 | 27 | 降伏せん断力 | 124 | 座　金 | 212, 217, 328 |
| 鋼 | 1, 8 | 降伏棚 | 46 | 座　屈 | 3 |
| 高温割れ | 263 | 降伏耐力 | 65 | 　板座屈 | 183 |
| 硬　化 | 255 | 降伏強さ | 46 | 　オイラー座屈 | 86 |
| 鋼　塊 | 4 | 降伏点 | 45 | 　局部座屈 | 183 |
| 硬化曲線 | 258 | 降伏比 | 46 | 　個材座屈 | 92 |
| 鋼　管 | 43, 438 | 降伏引張耐力 | 222 | 　節点間座屈 | 92 |
| 鋼管杭 | 375, 394, 443 | 降伏メカニズム | 309 | 　せん断座屈 | 192 |
| 高強度プレストレストコンクリート杭 | 394 | 降伏モーメント | 122 | 　弾性座屈 | 98 |
| | | 鋼　片 | 4 | 　ねじり座屈 | 151 |
| 合金鋼 | 40 | 高ヤング係数鋼 | 56 | 　熱応力座屈 | 107 |
| 鋼　杭 | 375 | 高力ボルト | 206, 217*, 223 | 　非弾性座屈 | 98 |
| 硬　鋼 | 39 | 高力ボルト摩擦接合 | 209 | 　棒の座屈 | 86 |
| 高合金鋼 | 40 | 高力六角ボルト | 217 | 　曲げ座屈 | 86 |
| 鋼構造 | 1 | 高炉材 | 40 | 　曲げねじり座屈 | 150 |
| 鋼構造物 | 9 | コート | 5 | 　横座屈 | 125 |
| 鋼　骨 | 9 | コーン状破壊 | 325, 347* | 座屈応力度 | 88 |
| 鋼　材 | 39, 42* | 極厚 H 形鋼 | 12 | 座屈後安定耐力 | 103 |
| 高サイクル疲労 | 276 | 極軟鋼 | 39 | 座屈後挙動 | 194 |
| 高酸化チタン系 | 248 | 個材座屈 | 92 | 座屈後耐力 | 185, 194 |
| 高周波抵抗溶接 | 254 | 固定荷重 | 15 | 座屈軸 | 89 |
| 公称荷重 | 15 | 固定支持 | 176 | 座屈長さ係数 | 89 |
| 工場溶接 | 312 | 固定柱脚 | 321, 329, 332 | 座屈補剛 | 90 |
| 剛　性 | 3 | 後　熱 | 259 | 座屈モードの遷移 | 91 |
| 鋼製基礎梁 | 375 | 小　梁 | 25, 109 | 座屈劣化 | 144 |
| 合成梁 | 26, 109, 349* | コンクリート | 1 | 砂質地盤 | 377 |
| 剛性率 | 25 | コンクリート杭 | 375 | 砂質土 | 377 |
| 洪積層 | 377 | 混合ガスアーク溶接 | 250 | SUS | 54 |
| 剛接合 | 308 | | | 錆 | 3 |
| 高セルロース系 | 247 | 〈サ〉 | | サブマージアーク溶接 | 251 |
| 構造解析 | 14 | 最外縁応力度 | 121 | 作用応力度 | 15 |
| 高層建築 | 26 | 最外縁降伏 | 122, 145 | サン・ブナン | 162 |
| 構造抵抗 | 18 | 載荷試験(地盤・杭の) | 381 | サン・ブナンねじり | 163 |
| 構造特性係数 | 201 | 載荷速度 | 45 | サン・ブナンねじり剛性 | 163 |

# 索　引

| | | | | | |
|---|---|---|---|---|---|
| サン・ブナンねじり定数 | 126, 163* | 地震荷重 | 15 | 上部構造 | 373 |
| 酸　素 | 48 | 地震被害 | 294 | 正味断面積 | 65 |
| 残留応力 | 59, 261 | JIS 鋼材 | 49 | ショートビード | 259 |
| 残留ひずみ | 45 | 下向姿勢 | 293 | 初期不整 | 92 |
| | | 止　端 | 264 | ショットブラスト | 238 |
| 〈シ〉 | | 止端割れ | 262 | 資料調査 | 381 |
| | | 自動溶接 | 246 | シルト | 378 |
| シアコネクタ | 25, 349 | 地　盤 | 377 | 靱　性 | 65, 271 |
| 支圧応力度 | 326 | 地盤条件 | 376 | 心　線 | 247 |
| 支圧接合 | 208 | 地盤調査 | 381 | 浸透探傷試験 | 265 |
| 支圧破壊 | 325 | 磁粉探傷試験 | 265 | 信頼性設計 | 17 |
| 支圧力 | 209 | 絞　り | 47 | | |
| シアプレート | 328 | 縞鋼鈑 | 43 | 〈ス〉 | |
| シアラグ | 28, 351 | 締付け | 236 | 垂下特性 | 247 |
| シアリップ | 268 | 下降伏点 | 46 | 水　素 | 48 |
| 市街地建築物法 | 206 | 弱　軸 | 115 | 水平地盤反力係数 | 402 |
| シーカント式 | 148 | 斜方隅肉溶接 | 285 | 水平抵抗(杭の) | 400 |
| CT 形鋼 | 42 | シャルピー吸収エネルギー | | スーパー・ストラクチャー | |
| シートアングル形式 | 214 | | 270 | | 27 |
| シーム溶接 | 253 | シャルピー衝撃試験 | 269 | スカラップ | 312 |
| シーメンス | 5 | シャルピー衝撃値 | 270 | 筋かい | 24, 63 |
| J 積分 | 274 | シャンレー荷重 | 100 | 筋かい付きラーメン構造 | 24 |
| J 形開先 | 290 | 縦圧試験 | 215 | 図　心 | 110 |
| シェブロンパターン | 268 | 秀英社印刷工場 | 10 | スタッド溶接 | 254 |
| シェル構造 | 31 | 自由縁 | 189 | スチールハウス | 34 |
| 時間強度 | 280 | 終局限界状態 | 17 | スチフナ | 131, 194 |
| 軸組形式 | 33 | 終局耐力設計法 | 16 | ステンレス鋼 | 54 |
| 軸組筋かい | 63 | 十字継手 | 290 | ステンレス鋼高力ボルト | 240 |
| 軸　径 | 218 | 収　縮 | 260 | ステンレス鋼ボルト | 217 |
| 仕口降伏型 | 308 | 修正係数 | 99 | ストライエーション | 278 |
| 軸　部 | 65 | 修正係数荷重 | 99 | 砂 | 377 |
| 軸部の降伏耐力 | 65 | 自由端 | 176 | スパッタ | 248, 291* |
| 軸力計 | 237 | 自由ねじり | 162 | スプリットティ形式 | 214 |
| 軸力比 | 145 | 修復限界状態 | 17 | すべり係数 | 210 |
| 試験温度 | 271 | 充腹材 | 95 | すべり耐力 | 210 |
| 支持杭 | 375 | 充腹軸 | 95 | すべり面 | 386 |
| 支持条件 | | 主　軸 | 115 | スポット溶接 | 253 |
| 　板の | 188 | 受働土圧 | 385 | 隅肉溶接 | 72, 285, 286* |
| 　ねじりの | 175 | 主要 5 元素 | 48 | スラグ | 247 |
| 　柱(棒)の | 88, 89 | 純せん断 | 192 | スラグ巻込み | 263 |
| 　梁(曲げ材)の | 112, 127 | 純　鉄 | 39 | スリップ形 | 77 |
| 支持力係数 | 387 | 純曲げ | 126 | スロット溶接 | 285 |
| 地　震 | 274 | 使用限界状態 | 17 | | |

索　引

## 〈セ〉

| | |
|---|---|
| 脆　化 | 256 |
| 脆化曲線 | 260 |
| 正規圧密 | 391 |
| 成　形 | 2 |
| 製鋼工程 | 40 |
| 生産システム | 20 |
| 制震構造 | 35 |
| 静水圧応力度 | 59 |
| 脆性破壊 | 3, 267* |
| 脆性破面 | 268 |
| 脆性破面率 | 270 |
| 製銑工程 | 40 |
| 静定梁 | 112 |
| 製鉄メーカー | 20 |
| 性能設計法 | 14, 18* |
| 性能マトリックス | 19 |
| 正曲げ | 350, 354, 359 |
| 静力学 | 9 |
| 積載荷重 | 15 |
| 積雪荷重 | 15 |
| 積層ゴム | 34 |
| 石炭製鉄法 | 6 |
| せぎり継手 | 289 |
| 施工性確認試験 | 293 |
| 設計荷重 | 14 |
| 設計規範 | 14 |
| 設計基準強度 | 50 |
| 設計最大強度 | 50 |
| 設計法 | 13 |
| 　許容応力度設計法 | 13, 14* |
| 　限界状態設計法 | 14, 17* |
| 　終局耐力設計法 | 16 |
| 　性能設計法 | 14, 18* |
| 　塑性設計法 | 14, 16* |
| 　弾性設計法 | 15 |
| 設計ボルト張力 | 223 |
| 接合部係数 | 74, 309 |
| 接合部の最大耐力 | 65 |
| 接線係数 | 98 |
| 接線係数荷重 | 98 |
| 接地圧 | 382 |
| 接地圧係数 | 384 |
| 節点間座屈 | 92 |
| 折板構造 | 32 |
| 迫りもちトラス | 29 |
| セルフシールドアーク溶接 | 251 |
| 遷移温度 | 272 |
| 遷移曲線 | 271 |
| 全強接合 | 241, 285 |
| 線形弾性 | 2 |
| 線形破壊力学 | 272 |
| 線形累積損傷則 | 283 |
| 先行圧密応力 | 380 |
| 全姿勢 | 293 |
| 全周溶接 | 292 |
| 漸増載荷 | 16 |
| 全塑性 | 122 |
| 全塑性状態 | 145 |
| 全塑性耐力 | 122 |
| 全塑性モーメント | 122, 145 |
| せん断孔あけ | 229 |
| せん断応力度 | 116, 209 |
| せん断剛性 | 96 |
| せん断座屈 | 192 |
| せん断接合 | 207, 220 |
| せん断弾性係数 | 41 |
| せん断中心 | 120 |
| せん断強さ | 378 |
| せん断変形 | 116 |
| 全断面降伏 | 122 |
| 全断面積 | 64 |
| せん断流 | 118, 168 |
| せん断流理論 | 118 |
| 銑　鉄 | 4 |
| 線膨張係数 | 41, 107 |
| 前面隅肉溶接 | 72, 285 |

## 〈ソ〉

| | |
|---|---|
| 層 | 247 |
| 層間変形 | 25 |
| 走査型電子顕微鏡(SEM) | 269 |
| 相対密度 | 379 |
| 即時沈下 | 389, 390* |
| 側面隅肉溶接 | 72, 285 |
| 塑性解析 | 16 |
| 塑性限界(土の) | 379 |
| 塑性指数(土の) | 379 |
| 塑性設計法 | 14, 16* |
| 塑性断面係数 | 123 |
| 塑性ヒンジ | 16 |
| 塑性変形能力 | 65, 200 |
| 塑性力学 | 9 |
| 外ダイアフラム | 307 |
| 外法一定H形鋼 | 13 |
| ソフト・ファースト・ストーリー | 35 |
| 反　り | 162 |
| 反り応力 | 172 |
| ソリッドワイヤ | 250 |
| 反りねじり | 162, 169* |
| 反りねじり剛性 | 170 |
| 反りねじり定数 | 126, 169 |
| 存在応力 | 316 |
| 損傷限界状態 | 17 |

## 〈タ〉

| | |
|---|---|
| ダービー2世 | 5 |
| ターンバックル | 75 |
| 耐火鋼 | 56 |
| 耐火鋼高力ボルト | 240 |
| 耐火性 | 3 |
| 耐火被覆 | 4 |
| 耐候性鋼高力ボルト | 239 |
| 耐震構造 | 34 |
| 体心立方格子 | 57 |
| 大スパン建築 | 29 |
| タイド・アーチ | 32 |
| 耐　力 | 46 |
| 耐力比 | 309 |
| 多軸応力状態 | 58 |
| タック溶接 | 259 |
| 縦収縮 | 261 |
| 縦曲り変形 | 261 |
| 立向姿勢 | 293 |
| 立向上進溶接 | 252 |
| 縦割れ | 263 |

| | | | | | | |
|---|---|---|---|---|---|---|
| ダブル・モデュラス・ロード | 99 | 弾性断面係数 | 111 | 〈テ〉 | |
| 多面体構造 | 32 | 有効断面係数 | 125 | T継手 | 290 |
| たわみ | 110 | 有効塑性断面係数 | 125 | TMCP鋼 | 52 |
| たわみ曲線の方程式 | 110 | 断面2次半径 | 88 | 低温割れ | 263 |
| たわみ制限 | 114 | 端モーメント比 | 129 | ティグ溶接 | 250 |
| 単位反り | 170 | 〈チ〉 | | 低合金鋼 | 40 |
| 単位体積重量 | 379 | ちぎれ破断 | 71, 212 | 低降伏点鋼 | 54 |
| 単一圧縮材 | 95 | 窒素 | 48 | 低降伏比高張力鋼 | 52 |
| 単一引張材 | 64 | 千鳥 | 67 | 抵抗溶接 | 253 |
| 短期 | 15 | 千鳥隅肉溶接 | 285 | 低サイクル疲労 | 276 |
| 単曲率 | 129 | チャン | 400 | 低水素系 | 248 |
| 単杭 | 375 | チャンネル | 119 | 低YR高張力鋼 | 52 |
| 単材アーチ | 30 | 中間スチフナ | 193 | 低YP鋼 | 52 |
| 炭酸ガスアーク溶接 | 249 | 柱脚 | 321 | ディンプルパターン | 276 |
| 炭酸ガス半自動溶接 | 250 | 柱脚回転剛性 | 326 | Ds値 | 201 |
| タンジェント・モデュラス | 98 | 鋳鋼製接合ブロック | 307 | テーパープレート | 239 |
| タンジェント・モデュラス・ロード | 98 | 中心圧縮材 | 85 | てこ反力 | 214 |
| | | 沖積層 | 377 | デッキプレート | 25, 352 |
| 単純支持 | 127, 175 | 鋳造 | 2 | 鉄筋コンクリート | 9 |
| 探触子 | 264 | 中低層建築 | 24 | 鉄筋コンクリート杭 | 394 |
| 弾性限 | 45 | 鋳鉄 | 4, 39 | 鉄筋コンクリート床スラブ | 25 |
| 弾性限耐力 | 122 | チューブ構造 | 27 | 鉄筋コンクリート用再生棒鋼 | 51 |
| 弾性座屈 | 98 | 中ボルト | 216 | | |
| 弾性座屈曲線 | 101 | 中立軸 | 110 | 鉄筋コンクリート用棒鋼 | 51, 442 |
| 弾性設計法 | 15 | 中立線 | 110 | | |
| 弾性断面係数 | 111 | 超音波探傷試験 | 264 | 鉄骨 | 4 |
| 弾性定数 | 41, 55 | 長期 | 15 | 鉄骨構造 | 1 |
| 弾性力学 | 7 | 張弦梁構造 | 32 | 鉄骨加工メーカー | 20 |
| 鍛接 | 243 | 超高層建築 | 26 | 鉄粉酸化鉄系 | 248 |
| 炭素 | 47 | 調質鋼 | 40 | 手溶接 | 246 |
| 単層ラチス | 29 | 張力構造 | 30 | テルツァーギ | 386 |
| 断続隅肉溶接 | 285 | 張力場理論 | 196 | テルミット溶接 | 253 |
| 炭素鋼 | 39 | 直接基礎 | 373, 382*, 404 | 転造ねじ | 336 |
| 炭素鋼鋳鋼品 | 51 | 沈下 | 389 | 転炉法 | 8 |
| 炭素当量 | 257 | 沈下係数 | 390 | 電炉材 | 40 |
| 短柱 | 183 | 〈ツ〉 | | 〈ト〉 | |
| 鍛鉄 | 7 | 突合せ継手 | 289 | 銅 | 48 |
| ダンパー | 34 | 突合せ溶接 | 289 | 銅当て金 | 252 |
| 断面係数 | 111 | 継手効率 | 244 | 等価応力度 | 58 |
| 　圧縮側断面係数 | 111 | 継目無鋼管 | 43 | 等価欠損断面積 | 68 |
| 　引張側断面係数 | 111 | 吊り構造 | 30 | 等価有効断面 | 353 |
| 　塑性断面係数 | 123 | | | | |

索　引

| | | | | | |
|---|---|---|---|---|---|
| 等脚隅肉 | 286 | 2重ナット | 322 | ノンガスシールドアーク溶接 | 251 |
| トウクラック | 262 | ニッケル | 48 | | |
| 透水係数 | 380 | 2面せん断 | 209 | 〈ハ〉 | |
| 透水性 | 378 | 2面摩擦 | 210 | | |
| 導入軸力 | 210, 219 | 入　熱 | 254 | 倍扇形面積 | 170 |
| 胴　縁 | 109 | | | パイルキャップ | 373 |
| 等辺山形鋼 | 42, 431 | 〈ヌ〉 | | バウシンガー効果 | 54 |
| 等方性 | 2, 57 | | | 破壊確率 | 18 |
| 動力学 | 9 | 布基礎 | 374 | 破壊靱性 | 271 |
| 通しダイアフラム | 307 | | | 破壊力学 | 272 |
| ドーム構造 | 32 | 〈ネ〉 | | 破壊力学的性質 | 44 |
| 特殊鋼 | 40 | 根入れ効果 | 387 | 鋼 | 8 |
| 独立フーチング基礎 | 374 | ね　じ | 206 | 羽子板 | 76 |
| 溶込み不足 | 264 | ねじの種類 | 216 | 箱形断面 | 25 |
| 土質試験 | 378, 381 | ねじの等級 | 216 | 端あき | 228 |
| 土質柱状図 | 376 | ねじの有効断面 | 223 | 端抜け破断 | 70, 212 |
| 共回り | 237 | ねじの呼び | 224, 225 | 場所打ちコンクリート杭 | 374 |
| トラスアーチ | 30 | ねじ部 | 216, 217 | 柱 | 24, 85 |
| トラス構造 | 29 | ねじり | 109, 119, 161* | 柱－梁接合部 | 110 |
| ドリル孔あけ | 229 | ねじり座屈 | 151 | 柱貫通型 | 305 |
| トルク | 219 | ねじり中心 | 120 | 柱降伏型 | 53, 308 |
| トルク係数 | 219 | ねじれ振動 | 25 | 柱梁接合パネル | 313 |
| トルクコントロール法 | 237 | 根　太 | 109 | 柱梁接合部 | 305 |
| トルシア形高力ボルト | 219 | 熱影響部 | 254 | 柱梁非貫通型 | 305 |
| トレスカの降伏条件 | 58 | 熱応力 | 107 | パス | 247 |
| ドンネル | 191 | 熱応力座屈 | 107 | パス間温度 | 260 |
| | | 熱間圧延 | 42 | 肌すき | 238 |
| 〈ナ〉 | | 熱間圧延形鋼 | 42 | 破断 | |
| | | 熱間成形 | 42 | 脆性破断 | 276 |
| 内部摩擦角 | 380 | 熱処理 | 40 | ちぎれ破断 | 71 |
| 梨形割れ | 263 | 熱伝導率 | 55 | 端抜け破断 | 70 |
| ナット | 215, 217 | 根巻き柱脚 | 323, 336* | ファスナ破断 | 72 |
| ナット回転法 | 237 | 粘性土 | 377 | 有効断面破断 | 67 |
| 並目ねじ | 335 | 粘着力 | 380 | 溶接継目破断 | 72 |
| 軟　化 | 256 | 粘　土 | 377 | 破断線 | 67 |
| 軟　鋼 | 39 | 粘土質地盤 | 377 | 破断耐力 | 65 |
| | | | | 破断伸び | 46 |
| 〈ニ〉 | | 〈ノ〉 | | ハット形鋼 | 42 |
| 2縁支持 | 188 | のこ引き縁 | 228 | バットシーム溶接 | 253 |
| 肉盛溶接 | 285 | ノッチ | 269 | パドル法 | 7 |
| 2軸曲げ | 74. 109 | のど厚 | 285 | パネル形式 | 33 |
| 2次曲げモーメント | 143, 149 | のど断面 | 287 | パネル降伏型 | 308 |
| 二重係数 | 99 | のど断面積 | 287 | パネルゾーン | 313 |
| 二重係数荷重 | 99 | 伸　び | 46 | | |

| | | | | | | |
|---|---|---|---|---|---|---|
| 幅厚比 | 183, 185 | 引張試験片 | 44 | 不静定梁 | 112 | |
| 幅厚比制限 | 197 | 引張材 | 63 | 縁応力度 | 195 | |
| 破面遷移温度 | 272 | 引張接合 | 207, 221, 226 | 普通鋼 | 40 | |
| 破面遷移曲線 | 271 | 引張強さ | 46 | 物理試験 | 378 | |
| 梁 | 24, 109 | 非破壊検査 | 264 | 不等脚隅肉 | 286 | |
| 梁-柱 | 141 | 非破壊試験 | 264 | 不同沈下 | 392 | |
| 梁貫通型 | 305 | 被覆アーク溶接 | 246 | 不等辺山形鋼 | 42, 432 | |
| 梁貫通孔 | 133 | 被覆アーク溶接棒 | 247 | 不等辺不等厚山形鋼 | 433 | |
| 梁降伏型 | 53, 308 | 被覆材 | 247 | 負の摩擦力 | 400 | |
| 梁降伏型骨組 | 34 | ヒューム | 294 | 部分片振り | 279 | |
| 半剛接合 | 308 | 兵庫県南部地震 | 294 | 部分降伏 | 122, 145 | |
| 半固定柱脚 | 321, 329, 332 | 標準貫入試験 | 381 | 部分溶込み溶接 | 284, 288* | |
| 半自動溶接 | 246 | 標準ボルト張力 | 224 | 部分両振り | 279 | |
| 阪神・淡路大震災 | 294 | 標点 | 44 | 負曲げ | 350, 356, 361 | |
| パンチングシア破壊 | 325 | 標点距離 | 44 | ブライアン | 188 | |
| | | 平鋼 | 43 | フラクトグラフィ | 269 | |
| 〈ヒ〉 | | 比例限 | 45 | プラグ溶接 | 285 | |
| PHC杭 | 375, 394 | 疲労 | 276 | ブラケット | 311 | |
| PC杭 | 375, 394 | 疲労強度 | 280 | ブラスト | 238 | |
| ビーチマーク | 277 | 疲労限 | 280 | フラックス | 247 | |
| P-δ崩壊 | 144 | 疲労破面 | 277 | フラックス入りワイヤ | 250 | |
| ビード | 247 | 品質 | 2 | フラッシュ溶接 | 254 | |
| ビード下割れ | 262 | ピン柱脚 | 321, 326, 331 | フランジ | 13, 117, 120 | |
| ビーム・コラム | 141 | ピンテール | 217, 238 | プラントル | 162, 386 | |
| 引抜き試験(杭の) | 402 | | | フレア溶接 | 284 | |
| 引抜き抵抗力(杭の) | 402 | 〈フ〉 | | ブレース | 24, 63 | |
| 比強度 | 1 | ファスナ | 205 | プレートガーダー | 192 | |
| 比剛度 | 1 | ファスナ破断 | 72, 212 | プレストレスト構造 | 32 | |
| 非充腹材 | 95 | V形開先 | 290 | プレストレストコンクリート杭 | 394 | |
| 非充腹軸 | 95 | フィラープレート | 239 | | | |
| 微小変形の仮定 | 110 | フィレット | 167 | ブレットの公式 | 68 | |
| ひずみ硬化 | 46 | ブーシネスク | 389 | プレファブ性 | 2 | |
| ひずみ脆化 | 43 | フーチング基礎 | 373 | プレファブ住宅 | 32 | |
| 被接合材 | 205 | フェイルセーフ | 297 | ブローホール | 263 | |
| 非線形破壊力学 | 272 | 付加曲げモーメント | 143, 149 | プロジェクション溶接 | 253 | |
| 非弾性局部座屈 | 190 | 不完全合成梁 | 350 | | | |
| 非弾性座屈 | 98 | 不完全張力場理論 | 197 | 〈ヘ〉 | | |
| 非弾性座屈曲線 | 101 | 不均一性 | 2 | 平行弦トラス | 29 | |
| 非弾性横座屈 | 130 | 複曲率 | 129 | 平行部 | 44 | |
| 非調質鋼 | 40 | 複合フーチング基礎 | 374 | 閉塞効果 | 394 | |
| ビッカース硬さ | 256 | 複層ラチス | 30 | 平板載荷試験 | 381 | |
| ピッチ | 70, 227 | 腐食 | 3 | 平面トラス | 29 | |
| ピット | 263 | 腐食代 | 395 | 平面保持の仮定 | 110 | |

索　引

| 併用継手 | 229 | ホットスポット | 280 | 溝形断面 | 119 |
| --- | --- | --- | --- | --- | --- |
| 並列隅肉溶接 | 285 | 保有耐力接合 | 75, 309, 323 | 三井本館 | 11 |
| 平炉法 | 8 | ボルト | 206, 215, 220 | ミルシート | 39 |
| ベースプレート | 321 | 本締め | 237 | | |
| ベースプレートの面外曲げ | | ポンチ | 229 | 〈ム〉 | |
| | 324 | 本調査 | 381 | むくり | 114, 359 |
| 劈開破壊 | 269 | ボンド | 254 | 無収縮モルタル | 322 |
| べた基礎 | 373 | ボンド脆化 | 260 | | |
| ベッセマー | 5 | 本溶接 | 259 | 〈メ〉 | |
| ベベル角度 | 290 | | | メートル並目ねじ | 216 |
| へりあき | 228 | 〈マ〉 | | メートルねじ | 216 |
| へり継手 | 290 | マーキング | 237 | メガ・ストラクチャー | 27 |
| 変形係数(地盤の) | 380 | マイナー則 | 282 | メタルアーク溶接 | 249 |
| 偏心 | 63, 94 | 膜構造 | 31 | 面外挙動 | 109 |
| 偏心圧縮材 | 85 | マグ溶接 | 249 | 免震構造 | 34 |
| 偏心圧縮柱 | 94 | 膜類似理論 | 162, 163* | 面内挙動 | 109, 147 |
| 偏心距離 | 73 | マクロ組織 | 275 | | |
| 偏心接合 | 73 | 曲げ圧縮材 | 85, 141 | 〈モ〉 | |
| 偏心モーメント | 73 | 曲げ剛性 | 87, 185 | モーメント勾配 | 128 |
| 偏心率 | 25 | 曲げ材 | 109 | 目視試験 | 264 |
| 偏析 | 48 | 曲げ座屈 | 86 | 元たわみ | 92 |
| 変断面圧縮材 | 98 | 曲げねじり座屈 | 150 | 戻り止め | 206 |
| 辺長比 | 193 | 曲げねじり定数 | 169 | 母屋 | 109 |
| 変動振幅応力 | 279 | 曲げ引張材 | 142 | モリブデン | 48 |
| | | 摩擦 | 327 | | |
| 〈ホ〉 | | 摩擦杭 | 375 | 〈ヤ〉 | |
| ポアソン比 | 41 | 摩擦接合 | 208, 223 | 矢 | 291 |
| 崩壊荷重 | 16 | 摩擦面処理 | 238 | 冶金的接合 | 205, 244 |
| 放射線透過試験 | 265 | 摩擦面の数 | 210 | 屋根筋かい | 63 |
| 棒状試験片 | 44 | 摩天楼 | 8 | 山形鋼 | 42, 431 |
| 棒の座屈 | 86 | マルタン | 5 | 山形トラス | 29 |
| 飽和度 | 379 | 丸屋根型 | 46 | ヤング係数 | 1, 3, 41 |
| 飽和土 | 379 | 回し溶接 | 287 | ヤング係数比 | 329, 353 |
| ホームインシュアランスビル | | マンガン | 48 | | |
| | 8 | マンソン-コフィン則 | 283 | 〈ユ〉 | |
| 補剛縁 | 200 | | | U形開先 | 290 |
| 保護ガス | 247 | 〈ミ〉 | | 有効厚さ | 352 |
| 母材 | 254 | 未圧密 | 391 | 有孔カバープレート形式 | 98 |
| 補修溶接 | 266 | ミーゼスの降伏条件 | 58 | 有効座屈長さ | 88 |
| 補助記号 | 291 | みがき高力ボルト | 209 | 有効塑性断面係数 | 125 |
| 細長比 | 75, 88* | ミグ溶接 | 250 | 有効断面 | 65 |
| 細長比制限 | 103 | ミクロ組織 | 57 | 有効断面係数 | 125 |
| 細目ねじ | 336 | 溝形鋼 | 434 | 有効断面積 | 64 |

| | | | | | |
|---|---|---|---|---|---|
| 有効断面積比 | 66 | 溶接方法 | 245 | リバーパターン | 269 |
| 有効断面破断 | 67, 212 | 溶接割れ | 262 | リブプレート | 322 |
| 有効長さ | 287 | 溶接割れ感受性指数 | 257 | リベット | 205, 214. 220 |
| 有効幅 | 194, 351 | 溶接割れ感受性組成 | 257 | 両振り | 279 |
| 有効幅厚比 | 195, 200 | 溶着金属 | 247 | リラクセーション | 2, 224 |
| 融合不良 | 264 | 溶融亜鉛めっき高力ボルト | | 履歴曲線 | 76 |
| 有効細長比 | 88 | | 240 | 燐 | 48 |
| 融接 | 245 | 溶融池 | 247 | 臨時日本標準規格 | 206 |
| ユニット形式 | 33 | 横座屈 | 109, 125* | | |
| | | 横座屈補剛 | 130 | 〈ル〉 | |
| 〈ヨ〉 | | 横座屈モーメント | 125, 128 | ルート間隔 | 290 |
| 溶加材 | 250 | 横収縮 | 261 | ルート半径 | 290 |
| 溶鋼 | 4 | 横補剛 | 91 | ルート面 | 290 |
| 溶接 | 2, 243 | 横向姿勢 | 293 | ルート割れ | 262 |
| 溶接機 | 247 | 横割れ | 263 | | |
| 溶接記号 | 291 | 横座屈モーメント係数 | 129 | 〈レ〉 | |
| 溶接金属 | 247 | 予熱 | 259 | 冷間圧延 | 42 |
| 溶接組立H形断面 | 42 | 呼び径 | 215 | 冷間成形 | 43 |
| 溶接組立断面 | 43 | 呼び径六角ボルト | 216 | 冷却速度 | 258 |
| 溶接組立箱形断面 | 42 | 予備調査 | 381 | 0.2%オフセット耐力 | 46 |
| 溶接欠陥 | 3, 262 | 余盛 | 280 | レーザ溶接 | 253 |
| 溶接構造用圧延鋼材 | 51 | | | レ形開先 | 290 |
| 溶接構造用遠心力鋳鋼管 | 51 | 〈ラ〉 | | 礫 | 377 |
| 溶接構造用耐候性熱間圧延 | | ラーメン構造 | 24 | 連層耐力壁構造 | 27 |
| 鋼材 | 51 | ライムチタニア系 | 247 | 連続隅肉溶接 | 285 |
| 溶接構造用鋳鋼品 | 51 | ラチス材 | 29 | 連続フーチング基礎 | 374 |
| 溶接姿勢 | 293 | ラメラテア | 47, 262 | 錬鉄 | 7 |
| 溶接性 | 256 | | | | |
| 溶接施工 | 293 | 〈リ〉 | | 〈ロ〉 | |
| 溶接線 | 261 | 離間耐力 | 213 | ろう接 | 246 |
| 溶接速度 | 255 | 力学試験(土の) | 378 | 露出柱脚 | 321, 324*, 342 |
| 溶接継手 | 289 | 力学的性質 | 39, 44* | ロックウェル硬さ | 219 |
| 溶接継目 | 284 | リサイクル | 2 | | |
| 溶接継目破断 | 72, 325 | 立体トラス | 29 | 〈ワ〉 | |
| 溶接電流 | 254 | リップ | 200 | ワイヤ | 249, 251, 252 |
| 溶接熱影響部 | 3, 254 | リップZ形鋼 | 42 | ワグナー | 162 |
| 溶接ひずみ | 260 | リップ溝形鋼 | 42, 441 | 割れ | 263 |
| 溶接変形 | 260 | リデュースト・モデュラス・ | | 割れ感受性 | 257 |
| 溶接棒 | 247 | ロード | 99 | | |

# Memorandum

# Memorandum

〈著者紹介〉

桑村　仁（くわむら　ひとし）
　　1975年　東京大学工学部建築学科卒業
　　専門分野　建築構造学
　　現　在　東京大学名誉教授．Ph. D

鋼構造の性能と設計

2002年11月20日　初版1刷発行
2023年 4月25日　初版5刷発行　　　　　　　　　　　　　検印廃止

著　者　桑村　仁　©2002
発行者　南條　光章
発行所　共立出版株式会社
　　〒112-0006　東京都文京区小日向4丁目6番19号
　　電話　03-3947-2511
　　振替　00110-2-57035
　　URL　www.kyoritsu-pub.co.jp

（一般社団法人　自然科学書協会　会員）

印刷・製本　藤原印刷
NDC 524.6／Printed in Japan

ISBN 978-4-320-07674-7

|JCOPY|＜出版者著作権管理機構委託出版物＞
本書の無断複製は著作権法上での例外を除き禁じられています．複製される場合は，そのつど事前に，出版者著作権管理機構（TEL：03-5244-5088，FAX：03-5244-5089，e-mail：info@jcopy.or.jp）の許諾を得てください．

# ■建築学関連書

www.kyoritsu-pub.co.jp　**共立出版**

**現場必携 建築構造ポケットブック** 第6版
建築構造ポケットブック編集委員会編　ポケット判・926頁

**机上版 建築構造ポケットブック** 第6版
建築構造ポケットブック編集委員会編・・・・四六判・926頁

**建築構造ポケットブック** 計算例編
建築構造ポケットブック編集委員会編・・・・四六判・408頁

**15分スケッチのすすめ** 日本的な建築と町並みを描く
山田雅夫著・・・・・・・・・・・・・・・・・・・・・・・・A5判・112頁

**建築法規** 第2版増補（建築学の基礎 4）
矢吹茂郎・加藤健三著・・・・・・・・・・・・・・・・A5判・336頁

**西洋建築史**（建築学の基礎 3）
桐敷真次郎著・・・・・・・・・・・・・・・・・・・・・・A5判・200頁

**近代建築史**（建築学の基礎 5）
桐敷真次郎著・・・・・・・・・・・・・・・・・・・・・・A5判・326頁

**日本建築史**（建築学の基礎 6）
後藤　治著・・・・・・・・・・・・・・・・・・・・・・・・A5判・304頁

**建築材料学**
三橋博巳・大濱嘉彦・小野英哲編集・・・・・・A5判・310頁

**新版 建築応用力学**
小野　薫・加藤　渉共著・・・・・・・・・・・・・・B5判・196頁

**SI対応 建築構造力学**
林　貞夫著・・・・・・・・・・・・・・・・・・・・・・・・A5判・288頁

**建築構造計画概論**（建築学の基礎 9）
神田　順著・・・・・・・・・・・・・・・・・・・・・・・・A5判・180頁

**鋼構造の性能と設計**
桑村　仁著・・・・・・・・・・・・・・・・・・・・・・・・A5判・470頁

**建築基礎構造**
林　貞夫著・・・・・・・・・・・・・・・・・・・・・・・・A5判・192頁

**鉄筋コンクリート構造** 第2版（建築学の基礎 2）
市之瀬敏勝著・・・・・・・・・・・・・・・・・・・・・・A5判・240頁

**木質構造** 第4版（建築学の基礎 1）
杉山英男編著・・・・・・・・・・・・・・・・・・・・・・A5判・344頁

**実用図学**
阿部・榊・鈴木・橋寺・安福著・・・・・・・・・・B5判・138頁

**住宅デザインの実際** 進化する間取り/外断熱住宅
黒澤和隆編著・・・・・・・・・・・・・・・・・・・・・・A5判・172頁

**設計力を育てる建築計画100選**
今井正次・櫻井康宏著・・・・・・・・・・・・・・・・B5判・372頁

**建築施工法** 最新改訂4版
大島久欣原著／池永・大島・長内共著・・・・A5判・364頁

**既存杭等再使用の設計マニュアル（案）**
構造法令研究会編・・・・・・・・・・・・・・・・・・・A4判・168頁

**建築・環境音響学** 第3版
前川純一・森本政之・阪上公博著・・・・・・・・A5判・282頁

**都市の計画と設計** 第3版
小嶋勝衛・横内憲久監修・・・・・・・・・・・・・・B5判・260頁

**都市計画** 第3版増補
日笠　端・日端康雄著・・・・・・・・・・・・・・・・A5判・376頁

**都市と地域の数理モデル** 都市解析における数学的方法
栗田　治著・・・・・・・・・・・・・・・・・・・・・・・・B5判・288頁

**風景のとらえ方・つくり方** 九州実践編
小林一郎監修／風景デザイン研究会著・・・・・B5判・252頁

**景観のグランドデザイン**
中越信和編著・・・・・・・・・・・・・・・・・・・・・・A5判・192頁

**東京ベイサイドアーキテクチュアガイドブック**
畔柳昭雄＋親水まちづくり研究会編・・・・・・B6判・198頁

**火災便覧** 第4版
日本火災学会編・・・・・・・・・・・・・・・・・・・・A5判・1580頁

**基礎 火災現象原論**
J.G.Quintiere著／大宮喜文・若月　薫訳・・・・B5判・216頁

**はじめて学ぶ建物と火災**
日本火災学会編・・・・・・・・・・・・・・・・・・・・B5判・194頁

**建築防災**（建築学の基礎 7）
大宮・奥田・喜々津・古賀・勅使川原・福山・遊佐著 A5判・266頁

**都市の大火と防火計画** その歴史と対策の歩み
菅原進一著・・・・・・・・・・・・・・・・・・・・・・・・A5判・244頁

**火災と建築**
日本火災学会編・・・・・・・・・・・・・・・・・・・・B5判・352頁

**造形数理**（造形ライブラリー 01）
古山正雄著・・・・・・・・・・・・・・・・・・・・・・・・B5変型判・220頁

**素材の美学** 表面が動き始めるとき…（造形ライブラリー 02）
エルウィン・ビライ著・・・・・・・・・・・・・・・・B5変型判・200頁

**建築システム論**（造形ライブラリー 03）
加藤直樹・大崎　純・谷　明勲著・・・・・・・・B5変型判・224頁

**建築を旅する**（造形ライブラリー 04）
岸　和郎著・・・・・・・・・・・・・・・・・・・・・・・・B5変型判・256頁

**都市モデル読本**（造形ライブラリー 05）
栗田　治著・・・・・・・・・・・・・・・・・・・・・・・・B5変型判・200頁

**風景学** 風景と景観をめぐる歴史と現在（造形ライブラリー 06）
中川　理著・・・・・・・・・・・・・・・・・・・・・・・・B5変型判・216頁

**造形力学**（造形ライブラリー 07）
森迫清貴著・・・・・・・・・・・・・・・・・・・・・・・・B5変型判・248頁

**論より実践 建築修復学**（造形ライブラリー 08）
後藤　治著・・・・・・・・・・・・・・・・・・・・・・・・B5変型判・198頁